UTB 8230

Eine Arbeitsgemeinschaft der Verlage

Beltz Verlag Weinheim und Basel
Böhlau Verlag Köln · Weimar · Wien
Wilhelm Fink Verlag München
A. Francke Verlag Tübingen und Basel
Paul Haupt Verlag Bern · Stuttgart · Wien
Verlag Leske + Budrich Opladen
Lucius & Lucius Verlagsgesellschaft Stuttgart
Mohr Siebeck Tübingen
C.F. Müller Verlag Heidelberg
Ernst Reinhardt Verlag München und Basel
Ferdinand Schöningh Verlag Paderborn · München · Wien · Zürich
Eugen Ulmer Verlag Stuttgart
UVK Verlagsgesellschaft Konstanz
Vandenhoek & Ruprecht Göttingen
WUV Facultas · Wien

Friedrich-Karl Holtmeier

Tiere in der Landschaft

Einfluss und ökologische Bedeutung

2. Erweiterte Auflage

99 Abbildungen
72 Schwarzweißfotos
14 Tabellen

Verlag Eugen Ulmer Stuttgart

Prof. Dr. Friedrich-Karl Holtmeier, geb. 1939 in Moers, lehrt am Institut für Landschaftsökologie der Westfälischen Wilhelms-Universität zu Münster. Studium der Geographie, Geologie, Meteorologie und Botanik an der Friedrich-Wilhelms-Universität in Bonn. Dort 1965 Promotion zum Dr. rer. nat. (Bonn). Habilitation und Professur für Landschaftsökologie 1973 in Münster.
Forschungsschwerpunkte: Ökosysteme der Hochgebirge und Hohen Breiten, insbesondere ökologische Differenzierung der Waldgrenzgebiete der Hochgebirge und der Subarktis. Ein weiterer thematischer Schwerpunkt sind die Funktion und Wirkung der Tiere in der Landschaft. Die regionalen Schwerpunkte liegen in den Alpen, im nördlichen Nordeuropa sowie in den Rocky Mountains und anderen Hochgebirgen im Westen Nordamerikas.

Prof. Dr. Friedrich-Karl Holtmeier
Institut für Landschaftsökologie
Robert-Koch-Str.26
48149 Münster

Die Deutsche Bibliothek – CIP-Einheitsaufnahme

Ein Titeldatensatz für diese Publikation ist bei
Der Deutschen Bibliothek erhältlich.

ISBN 3-8252-8230-9 (UTB)
ISBN 3-8001-2783-0 (Ulmer)

© 2002 Verlag Eugen Ulmer GmbH & Co.
Wollgrasweg 41, 70599 Stuttgart (Hohenheim)
E-mail: info@ulmer.de
Internet: www.ulmer.de
Lektorat: Dr. Nadja Kneissler
Repro: Typomedia, Stuttgart
Druck und Bindung: WB-Druck, Rieden
Printed in Germany

ISBN 3-8252-8230-9 (UTB-Bestellnummer)

Vorwort

Die erste Auflage dieses Buches ist 1999 in der Schriftenreihe des Instituts für Landschafts-ökologie der Universität Münster in vergleichsweise geringer Auflage erschienen und war bald vergriffen. Nach dem starken Zuspruch, den dieser Band gefunden hat, lag es nahe, eine überarbeitete und etwas erweiterte Version in größerer Auflage zu veröffentlichen. Gerne bin ich daher auf das Angebot des Eugen-Ulmer-Verlages eingegangen, diesen Band in die UTB-Reihe auf-zunehmen.

Im Mittelpunkt der Ausführungen, in die auch eigene Beobachtungen und Untersuchungen des Verfassers eingeflossen sind, stehen die Wirkungen wildlebender und verwilderter Säuge-tiere, insbesondere von Pflanzenfressern, sowie von Vögeln und Insekten auf ihren Lebensraum. Eine der größten Schwierigkeiten war die Auswahl geeigneter Beispiele aus einem nicht mehr überschaubaren und überdies sehr heterogenen Schrifttum. Die begrenzte Anzahl von Beispielen ermöglicht eine stärker ins Detail gehende Darstellung als sie normalerweise, zum Beispiel in einem Lehrbuch (z. B. KRATOCHWIL und SCHWABE 2001), bei einem derart weitgespannten und fachübergreifenden Thema üblich ist. Nur eine detaillierte, gerade auch Besonderheiten berück-sichtigende Darstellung kann den notwendigen Einblick in die meist sehr komplexen Zusammen-hänge und – im Vergleich der Fallbeispiele – in die besondere Problematik einer Übertragung lokal gewonnener Erkenntnisse auf andere Lebensräume vermitteln. Allzu leicht kommt es sonst bei dem Bemühen, in der Vielfalt grundlegende Regelhaftigkeiten zu entdecken, zu vorschnellen Verallgemeinerungen vermeintlicher Ursachen-Wirkungs-Beziehungen. Entsprechend umfang-reich ist das auch weit verstreute Quellen enthaltende Literaturverzeichnis geworden. Arbeiten russischer Wissenschaftler wurden allerdings nur herangezogen, wenn sie als Übersetzungen ins Englische oder Deutsche vorlagen. Einige dieser Veröffentlichungen, wie zum Beispiel die detail-lierte Monographie über die Murmeltiere von BIBIKOW (1996), lassen wünschen, dass möglichst viele der russischsprachigen Veröffentlichungen auch dem Wissenschaftlerkreis zugänglich ge-macht werden, der nicht des Russischen mächtig ist. Hier und da lieferten auch Pressemitteilun-gen und Fernsehberichte sowie das Internet nützliche Informationen, beispielsweise zu Fragen der Naturschutzpolitik, der Landschaftspflege und insbesondere über aktuelle "ökologische Ka-tastrophen", wie sie unter anderem auch durch die Ansiedlung von Tierarten in fremden Lebens-räumen ausgelöst werden können (insbesondere Kapitel 3 und 4). Nahezu jeder Tag bringt hier "Überraschungen". Gerade sie machen deutlich, dass Entwicklungen zwar rekonstruierbar sind, ihr weiterer Verlauf und Konsequenzen aber zumindest langfristig nicht voraussagbar sind, da wir die einem ständigem Wandel unterliegenden Rahmenbedingungen (natürliche, wirtschaftliche, politische usw.), unter denen sie sich vollziehen werden, nicht kennen.

Mein Dank gilt all denen, die zum Gelingen dieses Buches beigetragen haben. An erster Stelle nenne ich hier Frau Prof. Dr. Gabriele Broll (Institut für Strukturforschung und Planung in agrari-schen Intensivgebieten, Abteilung Geoökologie, Universität Vechta) sowie die Herren Prof. Dr. Hermann Mattes und Prof. Dr. Gerd Schulte (Institut für Landschaftsökologie, Münster), denen es nie zuviel wurde, mit mir die mich beim Schreiben dieser Darstellung bewegenden Fragen und Probleme zu diskutieren. Ebenso geht mein Dank an Frau Prof. Dr. Diana F. Tomback (Depart-ment of Biology, University of Colorado, Denver), mit der mich insbesondere unser beidseitiges Interesse an den Hähervögeln seit langem verbindet, und an Frau Dr. Sabine Begall (Universität Essen, Allgemeine Zoologie). Nicht zuletzt danke ich meinen ehemaligen Mitarbeitern Herrn Dr. Andreas Müterthies und Herrn Dr. Markus Reichstein sowie meinen Hilfskräften Frau Dipl.-

Landschaftsökologin Kerstin Anschlag und Frau Lisette van der Giessen für die Hilfe bei der zeitraubenden Erstellung der Abbildungen, des Sachregisters und der Tiernamenliste.

Mit Literatur, Literaturhinweisen, Daten und/oder Bildmaterial versorgten mich auch Mr. Samuel W. Albrecht (National Bison Association, Denver), Dr. Thorsten Becker (Institut für Allgemeine Botanik, Universität Hamburg), Dr. James B. Benedict (Center for Mountain Archeology, Ward, Colorado) und Mrs. Audrey DeLella-Benedict (Cloudy Ridge Naturalists, Ward, Colorado), Privatdozent Dr. Manfred Bölter (Institut für Polarökologie, Kiel), Dr. Larry E. Burrows (Landcare Research, Christchurch, Neuseeland), Dr. David H. M. Cummings (WWF Programme Office, Simbabwe), Frau Fil. Maisteri Saini Heino (Kevo Subarctic Research Institute, Finnland), Dr. Jim Hone (Faculty of Applied Science, University of Canberra, Australien), Dr. Quentin Hart (Bureau of Rural Sciences, Canberra), Dipl.-Geograph Matthias Kaiser (Institut für Landschaftsökologie, Münster), Dr. Walter Leuthold-Glinz (Zürich), Prof. Dr. Frank Lehmkuhl (Geographisches Institut, Aachen), Prof. Dr. Ernst Löffler (Lehrstuhl für Physikalische Geographie, Universität Saarbrücken), Dr. Ward McCaughey (Intermountain Forestry Sciences Laboratory, Montana State University, Bozeman, Montana), Dr. McIllroy (Commonwealth Scientific and Industrial Research Organization = CSIRO, Australien), Dr. Seppo Neuvonen (Subarctic Research Institute Kevo, Finnland), Dr. Ralf Peveling (Institut für Natur-, Landschafts- und Umweltschutz, Biogeographie, Universität Basel, Schweiz), Dr. Wyman C. Schmidt (Intermountain Forestry Sciences Laboratory, Montana State University, Bozeman, Montana), Dr. Marja-Liisa Räisänen (Geological Survey of Finland, Kuopio), Dr. Paul Ratti (Jagd- und Fischereiinspektorat, Chur, Schweiz), Mr. William Anthony Rygg (California Energy Commission, Sacramento), Prof. Dr. George B. Schaller (Wildlife Conservation Society, New York), Dr. Olle Tenow (Department of Entomology, Swedish University of Agricultural Sciences, Uppsala), Frau Antje Teuwsen (Münster), Prof. Dr. Michael J. Tyler (Belair, Süd-Australien), Prof. Dr. Clemens Tysdell (Department of Economics, The University of Ola, St. Lucia, Australien) sowie Dr. Peter Wardle (Landcare Research, Lincoln, Neuseeland). Auch ihnen sei herzlich gedankt.

Besonderen Dank schulde ich Herrn Roland Ulmer ich für die Aufnahme dieses Bandes in die UTB-Reihe und der Lektoratsleiterin des Ulmer-Verlages Frau Dr. Nadja Kneissler für die Betreuung bei der Vorbereitung des Manuskriptes für den Druck.

Münster, im Frühjahr 2002

Friedrich-Karl Holtmeier

Inhaltsverzeichnis

Inhaltsverzeichnis

*"Es ist ein Trugschluss, dass einfache Antworten auf einfach
erscheinende Fragen in der Ökologie möglich sind"*
(H. REMMERT 1980).

1 Einleitung

Die nachfolgenden Ausführungen sollen den Blick auf ein in besonderem Maße die Landschaftsökologie berührendes Problemfeld lenken, das von vielen Landschaftsökologen bisher weitgehend "übersehen", vielleicht sogar "gemieden" worden ist. Auch in der zoologischen und tieröko-
logischen Fachliteratur findet es zumeist nur randlich Erwähnung. Verständlicherweise wird dort
der Wirkung des Lebensraumes auf die Tiere größeres Gewicht beigemessen (z. B. RAMMER
1936; REMMERT 1980 a; KLOFT und GRUSCHWITZ 1988) als deren Wirkungen auf die Landschaft
(siehe aber JOHNSTON 1995; REMMERT 1998). Dies gilt im Prinzip auch für die neueren Studien
von zoologischer Seite, die das populationsökologisch wirksame räumliche Verhalten von Tieren
auf landschaftsökologischer Betrachtungsebene (Landschaftsmosaik) untersuchen (u. a. BARRETT
und PELES 1999). Andererseits richtet sich das Interesse in zunehmendem Maße auf die funktionale Rolle der Tiere in den Ökosystemen und ihre Wirkungen auf diese. Hier sei stellvertretend
auf die zahlreichen Einzeluntersuchungen verwiesen, die in Zeitschriften wie BioScience, Wildlife Monographs, Journal of Ecology, Journal of Applied Ecology, Ecology, Oikos, Journal of
Animal Ecology, Journal of Mammalogy oder dem Journal of Wildlife Management erschienen
sind. Auch die seit den sechziger Jahren des vorigen Jahrhunderts in großem Umfang in der Serengeti und anderen afrikanischen Nationalparks durchgeführten Forschungsarbeiten müssen hier
genannt werden (u. a. SINCLAIR und NORTON-GRIFFITHS 1979; HUNTLEY und WALKER 1982;
OWEN-SMITH 1983; SINCLAIR und ARCESE 1995) sowie die Sammelwerke, zum Beispiel über den
Einfluss der Beweidung auf Grasländer (u. a. HODGSON und ILLIUS 1996; DU TOIT und CUMMING
1999). Nicht zuletzt haben die zu Beginn der neunziger Jahre zunehmende Diskussion über die
Ursachen und die Funktion der Biodiversität in den Ökosystemen sowie die wachsende Zahl von
Untersuchungen über den Einfluss von Störungen, beispielsweise durch die Einschleppung von
Parasiten, Ansiedlung von fremden Arten, infolge von Massenvermehrungen, Überbeweidung
oder auch Sturmkatastrophen, Hochwassern und Freizeitaktivitäten (u. a. TURNER und STRATTON
1987; HUSTON 1994; HUGGET 1995; BAYERISCHE AKADEMIE FÜR NATURSCHUTZ UND LAND-
SCHAFTSPFLEGE 2001), die Wirkungen der Tiere in ihrem Lebensraum stärker ins Blickfeld rücken lassen. Dies gilt unter anderem auch für die sich in jüngerer Zeit mehrenden Untersuchungen über die vermutlichen Wirkungen der großen Pflanzenfresser auf die pleistozäne und nacheis-
zeitliche Vegetationsentwicklung in Mitteleuropa sowie über die potentielle Eignung der Herbivoren als Instrumente der Landschaftspflege (u. a. BEUTLER 1992, 1996, 1997; GEISER 1992;
SCHÜLE 1992; WALLIS DE VRIES 1995; BUNZEL-DRÜKE et al. 1994; GEISSEN 1996; HAMILTON
1996; HOFMANN et al. 1998; GERKEN und GÖRNER 1999; siehe auch Kapitel 2.3.2.4 und 4.2).
Vergleichsweise umfangreich ist auch die Literatur über den Einfluss von Insekten (insbesondere
Termiten, Waldschadinsekten) und bodenwühlenden Nagern auf ihren Lebensraum. Eine breit
angelegte und ausführliche Darstellung der Ökologie der Lebensgemeinschaften geben KRA-
TOCHWIL und SCHWABE (2001).

Gleichwohl sind ökosystemar ausgerichtete Arbeiten, bei denen die Tiere als Faktoren beziehungsweise in ihrer Funktion im Mittelpunkt der Betrachtungen und Forschungen stehen, im Vergleich zu den zahllosen autökologischen Untersuchungen immer noch selten. Auch zeigt sich, dass sich viele Erklärungen – zum Beispiel hinsichtlich der Wirkung der Beweidung auf die Artendiversität der Pflanzen in einem Ökosystem oder auch bezüglich der die Populationszyklen steuernden Faktoren – oftmals auf der Ebene plausibler Hypothesen bewegen, deren wissenschaftliche Absicherung aber noch aussteht. Das große Problem liegt dabei in der Komplexität der Wirkungsbeziehungen zwischen den Tieren und ihren Lebensräumen, die experimentell zu analysieren wohl immer nur partiell möglich sein wird, zumal auf jeder Betrachtungs- oder Wirkungsebene (aut-, dem-, synökologisch, Abb. 1) die Wechselbeziehungen eine neue Qualität

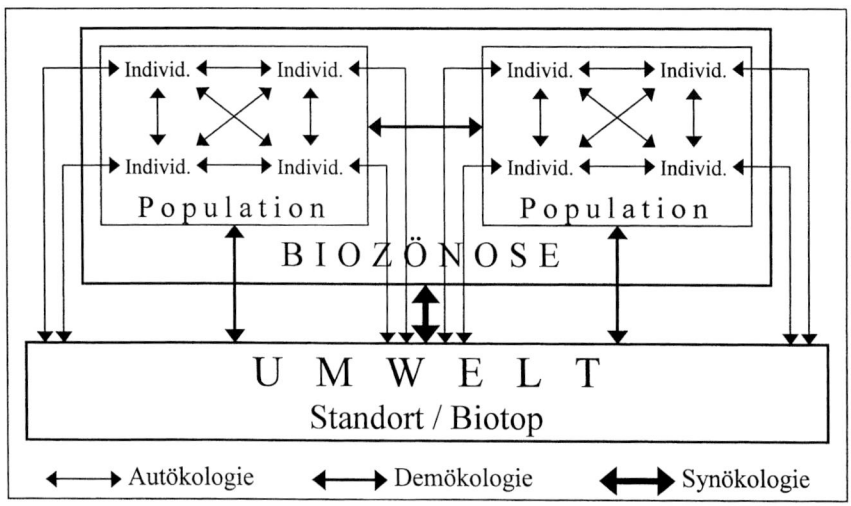

Abb. 1: Autökologische sowie dem- und synökologische Wechselbeziehungen in einem Ökosystem (Entwurf HOLTMEIER).

aufweisen und entsprechender Analyse- und Bewertungsmethoden bedürfen. Eine Voraussage der Reaktion von Ökosystemen auf eine Veränderung zum Beispiel der klimatischen Rahmenbedingungen oder nach Einschleppung von Parasiten ist nämlich anhand der Kenntnis der Reaktion ihrer einzelnen Teilgrößen allein nicht möglich. Dennoch werden vor allem experimentelle Untersuchungen (zum Beispiel der Vergleich von Ausschlussflächen mit durch Tiere "gestörten" Flächen) die Einblicke und abgesicherten Kenntnisse vermitteln, die zum Verständnis der Wechselbeziehungen zwischen den einzelnen Komponenten und zur Überprüfung vieler Hypothesen unerlässlich sind. Eine weitere Schwierigkeit besteht darin, aus Fallstudien allgemeingültige Aussagen abzuleiten, denn die Wirkungen der Tiere in ihrem Lebensraum erklären sich aus den jeweiligen lokalen Bedingungen und Besonderheiten. Somit verbietet sich zumeist die direkte Übertragung von im Einzelfall gewonnenen Einsichten und auch darauf fußenden Modellen auf andere Räume oder ist nur beschränkt möglich.

Überdies kommt es auf den spezifischen Aspekt an, unter dem die Beurteilung der Einflüsse der Tiere auf ihren Lebensraum vorgenommen wird. Dafür ist unter anderem die "Borkenkäferkatastrophe" im Nationalpark Bayerischer Wald während der ausgehenden neunziger Jahre des vorigen Jahrhunderts ein treffendes Beispiel. Borkenkäfer (Scolytidae) gehören zum Wald wie

Spechte und andere Waldtiere, und doch gelten sie als "Schadinsekten". Die Käfer befallen in erster Linie schon anderweitig geschwächte Bäume. Unter bestimmten Voraussetzungen, die eine Massenvermehrung begünstigen (z. B. viel Totholz infolge von Luftschadstoffeinträgen oder Sturmschäden und eine trocken-warme Witterung im folgenden Frühjahr; WEISSBACHER 1999), können sie aber zum Zusammenbruch auch großer Waldbestände führen, wie es im Nationalpark Bayerischer Wald der Fall ist. Andererseits leiten sie, wie auch dort nicht zu übersehen ist, die Erneuerung der Wälder ein (NÜSSLEIN et al. 2000). Für die am Wald wirtschaftlich Interessierten (Waldbesitzer, Fremdenverkehrsgewerbe) war das Massenauftreten der Borkenkäfer die ökonomische Katastrophe schlechthin, und sie forderten eine effektive Bekämpfung dieser "Waldschädlinge", zumal den an die sogenannte "Naturzone" angrenzenden Wirtschaftwälder ein erhöhtes Befallsrisiko droht (WEISSBACHER 1999). Die Aussicht auf eine allmähliche natürliche Erneuerung des Waldes ist auch heute noch aus ihrer Sicht keine tragbare Alternative. Die Naturschützer und die Leitung des Nationalparks hingegen sehen in dem Ereignis in erster Linie die Selbstregulierung der Natur verwirklicht und lehnen daher jeden Eingriff, der gewissermaßen die Natur vor der Natur schützen würde, ab.

Rotwild (*Cervus elaphus*) kann, wenn es in großer Zahl vorkommt, unter Umständen die natürliche Waldverjüngung beeinträchtigen oder unmöglich machen. Dann ist – mit Blick auf eine ertragsorientierte Waldbewirtschaftung – gewöhnlich von "überhöhten" Beständen die Rede. Aber auch bei den Bemühungen um die Erhaltung naturnaher Wälder oder die Rückführung von Wäldern in einen naturnahen Zustand wird das Rotwild nur solange als "natürlicher" Teil der Lebensgemeinschaft "Wald" betrachtet, als es die Entwicklung nicht nachhaltig stört (MAYER 1975; NEUMANN 1979; MOSER 1988). Andererseits kann Rotwild, wie beispielsweise langjährige Beobachtungen im schweizerischen Nationalpark zeigen (KRÜSI et al. 1995 a und 1995 b), dort nur bei einer ausreichenden Populationsdichte zur Erhaltung der botanischen Diversität beitragen, die der Mensch im Laufe der Jahrhunderte durch Waldrodungen und die Anlage von Weideflächen geschaffen hat (Kapitel 2.3.2.4 sowie Abb. 39), und die man für erhaltenswert erachtet. Wildschweine (*Sus scrofa*), von Forstleuten nicht ungern gesehen, weil sie bei der Suche nach Nahrung den Waldboden umbrechen und auf diese Weise günstige Voraussetzungen für die Waldverjüngung schaffen, können Felder, Weinberge und Gartenanlagen regelrecht verwüsten (Kapitel 4.2 und 4.4). Leicht ließen sich weitere Beispiele anführen, die die Probleme bei der Beurteilung der Wirkungen von Tieren auf die Landschaft verdeutlichen, doch sei es hier bei diesen Fällen belassen.

Die Tiere als Elemente eines Ökoystems, einer Landschaft bzw. eines Ökosystemverbundes können unter sehr verschiedenen, so auch landschaftsökologischen Aspekten betrachtet werden – und wenn man z. B. Biotopverbundplanung und Ökomanagement betreibt, müssen sie in erster Linie als Teil des Ganzen gesehen werden. Nicht selten führen beispielsweise auf den Schutz einer Art ausgerichtete Biotoppflegemaßnahmen (z. B. Wiedervernässung ehemaliger Feuchtwiesen) zu Systemveränderungen, deren Folgen nicht berücksichtigt oder anfangs auch gar nicht absehbar waren. Umgekehrt kann die Bekämpfung einer Art weitreichende Folgen für andere Glieder der Lebensgemeinschaft und das Gesamtsystem haben. Maulwürfe zum Beispiel sind ein Albtraum für Gartenbesitzer und werden auch auf Sportanlagen und anderen Rasenflächen sowie auf Weiden und Mähwiesen nicht gerne gesehen. Bei uns völlig geschützt, werden sie in manchen anderen Ländern (z. B. England) nach wie vor mit Gift und Totschlagfallen bekämpft. Beide Maßnahmen gelten als "inhuman", der Gifteinsatz zudem als umweltgefährdend. Man sucht daher nach besseren, nicht tödlichen Mitteln und setzt beispielsweise Repellentien ein, um die Maulwürfe zu vergrämen. Als eine weitere Möglichkeit wurde auch die Reduzierung der Regenwürmer als wichtigster Nahrungsgrundlage der Maulwürfe in Erwägung gezogen (EDWARDS et al. 1999).Würde man aber die Regenwurmdichte drastisch vermindern – was zum Beispiel durch systematische Entfernung der Streu, durch Förderung der krautreichen Vegetation mittels graswuchshemmender Herbizide oder auch die Anwendung sauren Stickstoffdüngers leicht möglich wäre (SCHAEFER 1981) – , so hätte dies nicht nur für die Maulwürfe und Regenwürmer, sondern auch für den Boden und die Stoffumsätze nachteilige Folgen.

Aus landschaftsökologischer Sicht ist daher die Funktion der Tiere im Beziehungsgefüge der abiotischen und biotischen Komponenten von primärem Interesse. Das betrifft aber weniger das einzelne Tier als Faktor als vielmehr die Populationen. Die Wirkungen der Tiere auf die Landschaft kann man andererseits nicht isoliert betrachten von den Einflüssen, die diese als Lebensraum auf die Tiere ausübt. Aut- und synökologische wie landschaftsökologische Aspekte müssen daher eng miteinander verknüpft werden. Von besonderer Bedeutung sind dabei die Ausstattung (Boden, Vegetation, Klima, Wasserhaushalt usw.), die räumlichen und funktionalen Strukturen sowie die Entwicklungsstadien der Ökosysteme.

Früher ist die Bedeutung der Tiere oftmals an ihrem Einfluss auf das Landschaftsbild bemessen worden (u. a. MERTENS 1961; DE LATTIN 1967). Der ist insgesamt und etwa im Vergleich zu dem der Vegetation oder auch dem des Menschen gesehen zugegebenermaßen meist sehr gering, wenn man einmal von den Bibern absieht, die mit ihren Dammbauten ganze Talökosysteme umgestalten können. Nicht von ungefähr sind sie daher auch zum Paradebeispiel geworden, das in kaum einem Schul- oder Lehrbuch für Biologie oder Geographie und auch nicht in der vorliegenden Darstellung fehlt. Ebenso können Termitenbauten das Gesicht der Landschaft maßgeblich beeinflussen, wie es zum Beispiel in den Termitensavannen Ostafrikas der Fall ist (u. a. TROLL 1936; HESSE 1955; LEE und WOOD 1971; DARLINGTON 1985; SCHMITT 1991; siehe Kapitel 2.7.2). Dasselbe gilt für die aus dem westlichen Nordamerika (von Kanada bis Mexiko), Afrika (Kenia, südliches Afrika), vom peruanischen Altiplano und aus Argentinien beschriebenen "Mima-mounds", die im Verlauf einiger tausend Jahre von bodenwühlenden Nagern geschaffen wurden (DALQUEST und SCHEFFER 1942; PRICE 1949; SCHEFFER 1858; ROSS et al. 1968; MIELKE 1977; COX 1984; GAKAHU und COX 1984; COX und GAKAHU 1986; COX und ROIG 1986; COX und ALLEN 1987; COX und HUNT 1990; SCHMITT 1991; BUSSMANN 1994). Bei den "Mima-mounds" (der Name ist von der Mima-Prärie im Thurston County, westliches Washington, abgeleitet) oder den "heuweltjies" (= kleine Hügel in Afrikaans) Südafrikas (LOVEGROVE 1991) handelt es sich um Erdhügel von bis zu zwei Meter Höhe mit einem Durchmesser von 25 bis 50 m. Ihre Dichte kann 50 bis100 Stück pro Hektar betragen. Den "Mima-mounds" sehr ähnlich sind auch die in der Grassteppe stellenweise weithin sichtbaren, durch das Europäische Steppenmurmeltier (*Marmota bobak bobak*) geschaffenen Hügel (siehe auch BIBIKOW 1996). Über Jahrzehnte hinweg prägt der Verbiss durch Steinauerhühner (*Tetrao urogalloides*) stellenweise den Aspekt der Lärchentaiga im nordöstlichen Sibirien (siehe Kapitel 2.3). Ein weiteres Beispiel – doch eher in erdgeschichtlicher Dimension – wären die Korallen, die sozusagen "posthum" Relief und Böden gehobener und landfest gewordener Meeresböden beeinflussen.

Manche Arten treten erst dann auffällig in Erscheinung, wenn es zum Beispiel infolge von Massenvermehrungen zu unerwarteten Schäden oder gar Katastrophen kommt, denen der Mensch oft recht hilflos gegenübersteht (z. B. Heuschrecken, Forst-Schadinsekten, Feldmäuse, Afrikanische Blutschnabelwebervögel; Kapitel 2.4.3). Auch der Zusammenbruch einer Population mit seinen Folgen macht manchmal erst die Bedeutung der Tiere als Faktor bewusst; wenn beispielsweise nach dem Zusammenbruch einer Biberpopulation – aus welchen Gründen auch immer (Nahrungsmangel, Krankheiten) – infolge des Verfalls der Dämme und daher erhöhter Abflussspitzen die Erosion zunimmt.

Die Wirkungen anderer Tiergruppen sind weit weniger spektakulär, oft sogar visuell nicht erfassbar. Gleichwohl vermögen sie die Ökosysteme zum Teil tiefgreifend und nachhaltig zu beeinflussen. Man könnte es auch so formulieren: In den Ökosystemen laufen viele Prozesse ab oder treten Veränderungen ein, zu denen es ohne den Einfluss der Tiere niemals kommen würde (siehe auch VITOUSEK 1986; NAIMAN 1988). Hierzu gehören z. B. die Verbreitung der Samen und die Bestäubung einer ganzen Reihe von Pflanzenarten, die Bioturbation mit all ihren Folgen für die Bodenbildung und nicht selten auch das Kleinrelief, die Beeinflussung der chemischen Inhaltsstoffe der Nahrungspflanzen (Abwehrreaktion der Pflanzen) und die Verbesserung des C/N-Verhältnisses in der Humusauflage sowie die Selektion verbiss- und vertrittresistenter Pflanzen. Beispielsweise spielen Schneegänse (*Chen c. caerulescens*) in ihren Brutgebieten an der Westküste der Hudson Bay dort, wo sie Kolonien bilden und die Vegetationsstruktur und -zusammensetzung in nachhaltiger Weise beeinflussen, die Rolle eines Schlüsselfaktors (PAINE 1969; KERBES et al. 1990). Dieselbe Funktion kommt auch den Bibern, manchen großen Pflanzenfressern in Grasland- und Waldökosystemen, einer Reihe samenverbreitender Tiere, wie beispielsweise den Tannenhähern, sowie auch vielen Termitenarten zu. So ist auch zum Beispiel das oft sehr abwechslungsreiche Vegetationsmosaik nordamerikanischer Prärien ohne die "Störungen" durch Prärienhunde, Bisons und andere Huftiere nur zum Teil erklärbar (Kapitel 2.3.2.2).

In der Landschaftsökologie ist insbesondere die Rolle der wildlebenden Tiere vernachlässigt worden (siehe auch KLINK 1978), bis auf wenige Ausnahmen. Zu diesen gehören die Arbeit von TROLL (1936) über die Termitensavannen, die Untersuchungen von SCHWEINFURTH (1966) zur Pflanzengeographie und Ökologie Neuseelands sowie mit Einschränkung auch die Ausführungen von SCHOTT (1934) über die kanadischen Biberwiesen. Selbst eine kleine Studie von WERNER (1977) über den Einfluss von Kammratten (*Ctenomys* spec.) verdient hier erwähnt zu werden. BUTLER (1995) stellt die Rolle der Tiere als geomorphologische Faktoren dar. LÖFFLER (1996 a) beschreibt den Einfluss der Termiten auf die Reliefgenese in wechselfeuchten Tropengebieten. Eine Übersicht über den Einfluss kleiner Säugetiere auf die Landschaft im Zusammenhang mit der Mosaikzyklus-Hypothese gibt KORN (1991). KOMARKOVA und WIELGOLASKI (1999) streifen in einer Darstellung über die "Belastungen" und Reaktionen der Ökosysteme hoher Breiten und der Hochgebirge auf Umwelteinflüsse auch kurz die Wirkungen von Tieren als "Störfaktoren". Die systematische Darstellung der Ökozonen der Erde von SCHULTZ (1988, 2000) vermittelt in gedrängter Form einen Eindruck von der Bedeutung der Tierwelt für den Energieumsatz in den zonentypischen Ökosystemen.

Meist aber werden die Tiere als "Inventar" von Landschaften und Landschaftsgürteln erwähnt (z. B. MÜLLER-HOHENSTEIN 1979; FORMAN 1995; HUGGET 1995) oder als Objekte des Naturschutzes beziehungsweise als Indikatoren bestimmter Umweltzustände und ihrer Veränderungen betrachtet (u. a. JUNGBLUTH 1978; HAMMELBACHER und MÜHLENBERG 1986; KRONAUER 1988; RIECKEN 1990, 1991, 1992; MEINIG 1992; HANLEY 1993, 1996; BASTIAN und SCHREIBER 1994, HANDKE 1996; JEDICKE 1996; PETRAK 1996; SCHULZ und FINCH 1997; BRINKMANN 1998; SCHÖNBORN 1999; SCHLUMPRECHT et al. 2001). Die abiotischen Komponenten der Ökosysteme und die Vegetation stehen eindeutig im Vordergrund. Einer der Gründe dafür ist sicher darin zu sehen, dass der Vegetation hinsichtlich ihrer Masse, ihrer Rolle als Primärproduzent und auch ihrer landschaftsstrukturierenden Funktion eine zentrale Bedeutung zukommt. Der ausschlaggebende Grund liegt aber wohl darin, dass die Tiere selbst – ihre Artenzahl übertrifft die der Pflanzen um ein Vielfaches (in Deutschland beispielsweise zwischen 40 000 und 50 000 Tierarten, NOWAK 1982; RÖSER 1988, etwa 1 900 Pflanzenarten) – wie ihre Wirkungen im Ökosystem im allgemeinen wesentlich schwieriger zu erfassen sind als die Vegetation, der Boden oder etwa das Reliefformengefüge. Das zeigt sich insbesondere bei der Entwicklung landschaftsökologischer Modelle. Zu sehr sind die Wirkungen der Tiere von den lokalen Gegebenheiten und vor allem auch von den veränderlichen Populationsgrößen abhängig, die wiederum von den Biotopbedingungen und endogenen Faktoren (z. B. Reproduktionsverhalten, sog. "Selbstregulierung" bei überhöhter Populationsdichte und verstärkter Konkurrenz; siehe Kapitel 2.2. sowie SCHWERDTFEGER 1968; REMMERT 1980 a; TISCHLER 1990) gesteuert werden. Modelle – notgedrungen stark vereinfachend und verallgemeinernd – verschleiern hier die Probleme oftmals eher, als dass sie sie zu ihrer Lösung beitragen.

Die Erwartungen und Anforderungen aus der Praxis laufen – wie es häufig und mit der zunehmenden Verplanung der Landschaft in steigendem Maße der Fall ist – den Möglichkeiten, auf drängende Fragen wirklich begründete Antworten geben zu können, inzwischen weit voraus. Besonders deutlich wird dies zum Beispiel im Hinblick auf die unerwarteten Probleme, die mit der Ansiedlung von Tierarten in neuen oder der Wiederansiedlung in ehemaligen, vom Menschen aber oftmals tiefgreifend veränderten und vielfältigen Nutzungsansprüchen unterliegenden Lebensräumen verbunden sind (Kapitel 3.1 und 3.2). Aber selbst auf den ersten Blick scheinbar so einfache Fragen, wie die nach der Funktion der Vorratswirtschaft vieler Arten, etwa im Rahmen der Sukzession, erweisen sich als hochkomplex und lassen sich nicht generell beantworten. Ein akutes Problem sind auch die Auswirkungen des vielfach künstlich überhöhten Wildbesatzes, ein typisches Zeichen für in ihren natürlichen Regelmechanismen gestörte ökologischen Beziehungsgefüge (Kapitel 2.3.2.4 sowie Abb. 31 und 97). Zu seiner Lösung bedarf es vor allem der politischen Durchsetzung von durch Forschung und Erfahrung (etwa mit dem Zerfall von Wäldern infolge nahezu ausgeschlossener Verjüngung) gut begründeten Einsichten in die ökosystemaren Zusammenhänge gegen eine zwar verhältnismäßig kleine aber politisch sehr mächtige Lobby.

Nicht weniger kritisch ist die Überbeweidung. Ihr Einfluss auf die Vegetation und den Landschaftswandel ist ein schon traditionelles geographisches Forschungsobjekt (u. a. CLARK 1956; SIMOONS 1974; MEURER 1986 a, 1986 b, 1988). In den meisten Regionen Mitteleuropas gehört sie zwar der Vergangenheit an, im Mittelmeerraum und in vielen Ländern der Dritten Welt ist sie dagegen noch weit verbreitet. Sie verursacht Schäden, die letztlich die Tragfähigkeit der Lebensräume auch für den Menschen immer weiter reduzieren. Im Gegensatz zu den Problemen mit künstlich überhöhten Wildbesätzen – zum Beispiel in einem Industriestaat wie Deutschland, wo die Existenz der Menschen nun wirklich nicht vom Wild abhängt – ist das Problem der Überbeweidung in den Ländern der Dritten Welt infolge der gesamtwirtschaftlichen Rahmenbedingungen und auch soziokultureller Hintergründe wohl kaum über eine auf Einsicht begründete Nutzungsbeschränkung zu lösen, zumindest nicht in absehbarer Zeit.

Schon diese hier nur angerissenen Beispiele lassen deutlich werden, dass eine allgemeine Aussage über die Bedeutung der Tiere als landschaftsökologische Faktoren nicht möglich ist, andererseits aber oftmals ein dringender Handlungsbedarf besteht. Um ihn zu erfüllen, bedarf es einer konkreten Einschätzung und Bewertung der Wirkungen der Tiere unter ganz speziellen, oftmals über den rein landschaftlichen Rahmen hinausgehenden und beispielsweise den soziokulturellen und ökonomischen Verhältnissen Rechnung tragenden Aspekten. Dabei kann es durchaus dazu kommen, dass man – bei allem Verständnis für das Bemühen um "Wiedergutmachung" – zum Beispiel von der Wiederansiedlung einer Art in ihrem ehemaligen Lebensraum abraten muß, weil aufgrund der seit Verschwinden dieser Art stark veränderten Bedingungen und der heute auf diesen Raum gerichteten Nutzungsansprüche ein permanenter Konflikt vorprogrammiert ist. Dessen Bewältigung geht dann zumeist auf Kosten der Tiere. Gerade im Naturschutz Engagierte sind in ihrem Bestreben "Gutes zu tun" leicht geneigt, diesen Aspekt zu verdrängen.

Zwei Jahre nach Erscheinen der ersten Auflage dieses Buches (HOLTMEIER 1999) erschien das umfassende Werk über die Ökologie der Lebensgemeinschaften von KRATOCHWIL und SCHWABE (2001), in dem die vielfältigen biozönotischen Verflechtungen von Pflanzen- und Tiergemeinschaften unter Einbeziehung auch landschaftsökologischer Aspekte behandelt werden. Die vorliegende Darstellung soll nun kein das derzeitige Wissen akkumulierendes Lehrbuch oder Nachschlagewerk sein, sondern Studierenden und andere Interessierten einen "Einstieg" bieten in ein äußerst vielschichtiges und interessantes Problemfeld, wobei aber vor allem auch andere Aspekte als die gerade von ökologischen Systemanalytikern vorrangig behandelte Rolle der Tiere beim Energieumsatz im Mittelpunkt der Betrachtung stehen, so zum Beispiel der Einfluss auf den Boden, auf die Verbreitung und Zusammensetzung der Vegetation, auf die Sukzession oder auch die Bedeutung von "Schlüsselarten". Zum anderen soll sie das Verständnis für die so komplexe Problematik, wie sie sich zum Beispiel bei der Ansiedlung und Wiederansiedlung von Tierarten in ihren ehemaligen, vom Menschen aber grundlegend veränderten Lebensräumen ergibt, fördern und damit auch Argumente liefern für eine konstruktive Kritik des oftmals mehr von Emotionen und "Wiedergutmachungsbemühungen" (Kapitel 3.2) denn von ökologischer Einsicht getragenem Aktionismus gerade seitens mancher vermeintlicher Naturschützer.

2 Funktionen und Wirkungen der Tiere in der Landschaft

Aus landschaftsökologischer Sicht sind die Funktionen und Wirkungen der Tiere im Beziehungs-gefüge der abiotischen und biotischen Komponenten in den einzelnen Ökosystemen und im Öko-systemverbund (siehe unten) von primärem Interesse. Das betrifft aber weniger das einzelne Tier als vielmehr die Populationen (Kapitel 2.2). Die Wirkungen der Tiere auf die Landschaft kann man andererseits nicht isoliert betrachten von den Einflüssen, die diese als Lebensraum auf die Tiere ausübt. Aut- und synökologische wie landschaftsökologische Aspekte müssen daher eng miteinander verknüpft werden. Von besonderer Bedeutung sind dabei die Ausstattung (Boden, Vegetation, Klima, Wasserhaushalt usw.) der Landschaft, ihre räumlichen Strukturen sowie ihr Entwicklungszustand.

2.1 Landschaft: Lebensraum und Beziehungsgefüge abiotischer und biotischer Faktoren

Der Landschaftsbegriff ist in der geographischen Fachliteratur vielfach und keineswegs mit einheitlichem Ergebnis diskutiert worden (zusammenfassende Darstellung u. a. in LESER 1976, 1991). Das war aber bei einem unter so vielen Aspekten (Geschichte, Wirtschaft, Wissenschaft, Kunst, Ästhetik u. v. a.) betrachtbaren Objekt von vornherein auch nicht zu erwarten. Im vor-liegenden Zusammenhang wird daher unter Landschaft ganz pragmatisch der von Tieren besie-delte Raum verstanden, also die Feldflur, die Gewässer, die Wälder, die Moore und auch die be-bauten Areale in ihrer räumlichen Struktur und funktionalen Verzahnung. Manche Tiere sind eng an bestimmte Bereiche, zum Beispiel Gewässer, gebunden (z. B. Fische, Krebse), für andere sind sie Teilhabitate (z. B. Amphibien, Libellen, Graureiher, Meeresvögel, Flusspferde). Die Lebens-räume der einzelnen Arten überlappen und durchdringen sich, sofern nicht interspezifische Kon-kurrenz um lebensnotwendige Ressourcen (Nahrung, Brutplätze usw.) dies ausschließt. Es gibt in der Landschaft keinen Raum, in dem nur eine Art vorkommt, immer handelt es sich um Zoozö-nosen. Aber nicht nur durch Konkurrenz, sondern auch indirekt kann eine Art den Raum für eine andere unbewohnbar machen, zum Beispiel durch die von ihr verursachte Veränderung der Vege-tationsstruktur. Andererseits "profitieren" manche Arten von anderen. So "erschließen" Elefanten in den Sumpfsavannen Ostafrikas für kleinere Huftiere neue Nahrungsquellen, indem sie die für diese undurchdringliche Vegetation niedertrampeln und dadurch gleichzeitig das Wachstum von Gräsern mit hohem Nährwert ermöglichen. Vergleichbare Wirkungen gehen von den in den afri-kanischen Regenwäldern lebenden Waldelefanten aus. Indem sie Bäume umstürzen oder durch Abziehen der Rinde zum Absterben bringen, schaffen sie zudem Lücken im Bestand, in denen unter günstigeren Lichtverhältnissen nährstoffreiche Gräser und Kräuter aufkommen können, die wiederum anderen Tieren als Nahrung dienen. An manchen Stellen legen die Elefanten durch Aufwühlen des Bodens oder Zerstörung von Termitenbauten auch mineralreiche Erde ("Salzle-cken") frei, mit der sie und andere Tiere zum Teil ihren Mineralbedarf decken.

Verschiedene Säugetiere, wie Dachse, Füchse, Präriehunde, kleine Erdferkel, Rennmäuse, Kängururatten und Kaninchen, legen unterirdische Baue an, die später, wenn sie verlassen worden sind, auch von anderen Säugetieren sowie Reptilien, Amphibien und Hummeln als Nest oder Versteck genutzt werden (siehe auch BLUMENBERG 1986; KORN 1991; HAWKINS und NICOLETTO 1992; GRUTTKE 1994; BOYE 1996). Auch in zerfallenen Maulwurfshügeln findet man Nester verschiedener Wildbienenarten (WESTRICH 1989).

Einzelnstehende große Akazien (*Acacia erioloba, Acacia hämatoxylon*) sind in nährstoffarmen Savannen, wie beispielsweise in der Kalahari, Anziehungspunkte für zahlreiche Tiere. Sie bieten ihnen Schatten, Nistmöglichkeiten und in beschränktem Umfang auch Nahrung (BELSKY und CANHAM 1994). Daher kommt es unter diesen Bäumen zu einer beträchtlichen Nährstoffanreicherung durch Kot, herabfallendes Nestmaterial und tierische Überreste. Hier wurden doppelt so hohe Stickstoff- und Kaliummengen sowie zweieinhalbfach höhere Phosphorkonzentrationen festgestellt wie in dem umgebenden oligotrophen Grasland. Die Eutrophierung wie auch der von den Bäumen gebotene Schatten begünstigen die Ansiedlung von Pflanzen mit fleischigen Früchten, die wiederum durch Tiere hierher gelangen. Die Vegetationsstruktur unter den Bäumen wie das gesamte Vegetationsmosaik – der auffällige Wechsel nährstoffreicher und schattiger Bauminseln mit oligotrophem Grasland – scheint daher von diesen Wechselbeziehungen zwischen den solitären großen Akazien und den Tieren abzuhängen. Bei einer Überbeweidung, die zu niedrigen Akaziendickichten führt, geht diese Biodiversität verloren (DEAN et al. 1999).

Gewässer, Moore, Wälder, Heiden usw. mit ihren charakteristischen Lebensgemeinschaften sowie ihren Klima-, Relief-, Boden- und Nährstoffverhältnissen kann man als Ökosysteme bezeichnen. Ihr gemeinsames Merkmal sind die in ihnen ablaufenden und – sofern die Ökosysteme noch "intakt" sind – sich bis zu einem gewissen Grade selbst regulierenden Stoff- und Energiekreisläufe (ELLENBERG 1973). Die Wirkungen innerer oder äußerer Störungen auf Ökosysteme sind aber in nur eingeschränktem Maße voraussagbar, denn Ökosysteme sind dynamische Systeme, deren Komponenten und Prozesse ständigen, durch die exogenen (z. B. Klima, Stoffeinträge, Einschleppung von Krankheiten und Parasiten) und endogenen (z. B. Reproduktionsverhalten, Konkurrenz) Einflüsse verursachten Veränderungen unterliegen. Der Vergleich mit einem vielteiligen Mobile, wie ihn REMMERT (1980 a) zog, ist auf den ersten Blick didaktisch nicht ungeschickt, doch er hinkt. Das Mobile kann zwar die wechselseitigen Abhängigkeiten der einzelnen Systemglieder nach einem äußeren Impuls verdeutlichen, doch bleiben im Gegensatz zu einem Ökosystem die Komponenten qualitativ unverändert.

Die Landschaft ist ein Mosaik oder Verbund von miteinander zum Teil in direkten und indirekten Wechselwirkungen stehenden Ökosystemen (FORMAN und GODRON 1981; FORMAN 1995; siehe auch Kapitel 2.1.2) unterschiedlicher Dimension, dessen räumliche Struktur meist durch das Relief vorgegeben ist. Die Beziehungen zwischen den Komponenten in den Ökosystemen sind vielschichtig und kompliziert. Einen Eindruck davon vermitteln die in der Literatur vielfach publizierten Struktur- und Flussdiagramme von Ökosystemen (z. B. ELLENBERG 1973, SCHREIBER 1980 b, 1989) oder auch nur ihrer Teilsysteme (LESER 1976, 1986, 1991; MOSIMANN 1984). Diese sehr differenzierten und scheinbar perfekten Darstellungen täuschen aber leicht darüber hinweg, dass es bislang noch sehr schwierig ist, die Stoff- und Energieflüsse selbst in sehr einfach organisierten Ökosystemen auch nur annäherungsweise zu erfassen. Über Teilkomplexe, etwa über den Wasserhaushalt, sind wir vergleichsweise gut, über die Rolle der Tiere dagegen nur sehr unzureichend informiert.

Die im Hinblick auf die Landschaft relevanten Wirkungen der Tiere in den ökologischen Wechselbeziehungsgefügen (Abb. 2) erstrecken sich in erster Linie auf die Vegetation und die Biozönosen insgesamt sowie auf den Boden, das Kleinrelief und die Stoffumsätze. Wirkungen der Tiere auf das Klima kommen eher auf indirektem Wege zum Tragen, wenn man einmal von der Atmung, der Wärmeabgabe oder auch der Ausscheidung von Methan (ZIMMERMAN et al.

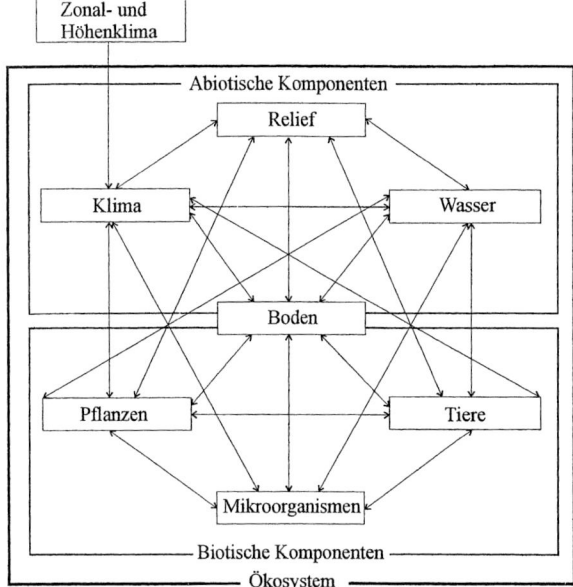

Abb. 2: Wechselbeziehungen der abiotischen und biotischen Faktoren in einem Ökosystem (stark vereinfacht). Da im Boden zahlreiche Prozesse ablaufen und Veränderungen vor sich gehen, die ohne die Mitwirkung der biotischen Komponenten nicht möglich sind, ist er hier als "Bindeglied" zwischen dem abiotischen und biotischen Bereich dargestellt (Entwurf HOLTMEIER).

1982; COLLINS und WOOD 1984; RASMUSSEN und KHALIL 1986; SCHÜTZ et al. 1990; FABIAN 1991; SCHÖNWIESE 1992; RUDOPLPH 1994), etwa durch Rinderherden oder Herden wildlebender Wiederkäuer in tropischen Grasländern sowie auch durch Termiten, absieht. So ändern sich beispielsweise im Falle dauernder Beweidung mit der Zeit die Zusammensetzung und die Struktur der Vegetation und damit auch die bestandesklimatischen Verhältnisse (Strahlung, Temperatur, Feuchte, Luftaustausch), die wiederum zusammen mit der Verdichtung des Bodens durch die Trittbelastung die Bodenfeuchte beeinflussen. Infolge der Verdichtung des Bodens können Oberflächenabfluss und Bodenabtrag zunehmen. Rückwirkungen auf die Vegetationsdecke und die bestandesklimatischen Bedingungen sind wahrscheinlich. Von weitreichender Bedeutung ist überdies die Verbreitung von Diasporen durch Tiere (Kapitel 2.5). Sie erfolgt oft über große Distanzen und ist nicht selten effektiver als zum Beispiel die Verbreitung von Samen durch Wind oder Fließgewässer. Auch im Verlauf der nacheiszeitlichen Ausbreitung der Pflanzen hat sie eine große Rolle gespielt. Im Gegensatz zu den Herbivoren geht von den Carnivoren kaum eine Wirkung auf die räumlichen und zeitlichen Strukturen (Entwicklung) der Ökosysteme aus – von bodenwühlenden Carnivoren (z. B. Maulwurf) einmal abgesehen.

2.1.1 Funktionen der Tiere bei Stoff- und Energieflüssen in Ökosystemen

Hinsichtlich der Mitwirkung der verschiedenen Tiergruppen am Stoff- und Energieumsatz stehen die streu- und bodenbewohnenden Tiere an erster Stelle. In der Streu und im A_h-Horizont finden die mit Abstand größten Energieumsätze beim Abbau der abgestorbenen organischen Substanz statt. Rund 80 bis 90 % der jährlich gebildeten pflanzlichen Substanz geht unmittelbar an die Bodenschicht. Während der chemische Abbau im wesentlichen durch Mikroorganismen (Bakterien, Pilze, Algen, Protozoen) erfolgt, wirken die größeren Bodentiere, wie zum Beispiel Lumbriciden, als Primärzersetzer. Diese sind zwar für den Abbau der Streu nicht unbedingt notwendig, doch schließt man zum Beispiel bei Versuchen mit "litter bags" (Netzbeutel) die Wirbellosen aus, so verlangsamt sich der Streuabbau erheblich (MADGE 1965; ZLOTIN 1971; BECK 1989; CHEW 1994; Abb. 3). Einen noch stärkeren Verzögerungseffekt beobachtet man, wenn die Mesofauna, wie beispielsweise Collembolen, ausgeschlossen wird (BECK 1989). Sogar in einem tropischen

Regenwald, mit an sich doch sehr hoher mikrobieller Aktivität, blieben bei einem solchen Versuch mit feinmaschigen "litter bags" 90 % der Blattstreu unzersetzt (MADGE 1965).

Dung- und Aaskäfer vergraben Dung und Aas als Nahrung für ihre Brut und beschleunigen dadurch den Stoffumsatz. In den Savannen Ostafrikas spielen sie – in Afrika gibt es mehr als 2000 Arten – insbesondere während der feuchten Jahreszeit eine wichtige Rolle, weil sie den in großen Mengen anfallenden Kot der riesigen Herden herbivorer Großsäuger beseitigen. Unter günstigen Voraussetzungen kann dies sehr schnell geschehen. Schon nach gut vierzehn Tagen sind dann die meisten Dunghaufen verschwunden (ANDERSON und COE 1974).

Einige Arten haben sich auf den Kot bestimmter Säugerarten spezia-

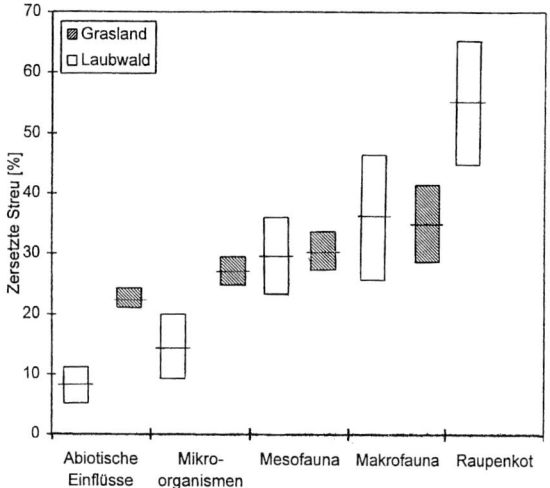

Abb. 3: Abbau von Laub- und Grasstreu (Mai – Oktober) unter dem Einfluss (kumulierend von links nach rechts) von abiotischen Faktoren, Mikroorganismen, Primärzersetzern und Raupenkot (Ergebnisse von Litterbag-Versuchen, nach ZLOTIN 1971, aus CHEW 1994). Die Säulen geben die Standardabweichung an.

lisiert, wie zum Beispiel der fast golfballgroße Sonnenkäfer (*Heliocopris dilloni*) auf den Kot von Elefanten (KINGSTON und COE 1977). Andere haben besondere Verhaltensweisen entwickelt, die die interspezifische Konkurrenz bei der Nutzung des Kots vermindern (CAMBEFORT und HANSKI 1991). Manche Käfer dringen in die Kothaufen ein und bleiben solange darin, bis sie ihnen alle Nährstoffe entzogen haben, oder die Haufen zerfallen. Einige Arten legen unter den Kothaufen Gänge an, in die sie den Kot hineinziehen, und andere wieder stellen aus dem Kot "Pillen" her, die sie bis zu 15 m weit rollen und erst dann eingraben. Auf diese Weise düngen und durchlüften sie auch noch den Boden. Ohne diese Kotkäfer wären die Savannen vermutlich längst am Dung der großen Pflanzenfresser "erstickt" (HEINRICH und BATHOLOMEW 1980). Vergleichbares geschieht auch in den Steppen Zentralasiens, wenngleich dort die großen Pflanzenfresser (z. B. Wildesel, Antilopen, Gazellen) längst nicht so zahlreich sind wie in den afrikanischen Savannen (BOTKIN et al. 1981).

Auch unsere Mistkäfer zeigen ein entsprechendes Verhalten. Der Wald-Mistkäfer (*Getrupes stercorosus*) gräbt unter Dünger gleich welcher Art bis zu 40 cm tiefe Röhren und praktiziert seine aus Mist gefertigten Brutpillen hinein. Der Große Rosskäfer (*Geotrupes stercorarius*) zieht Rinder- und Pferdekot vor, ebenso der Mondkäfer (*Copris lunaris*). Der Frühlingsmistkäfer (*Geotrupes vernalis*) bringt Schafsmist und Wildlosung in seine unterirdischen Brutkammern, während der Kleine Pillendreher (*Sisyphus schaefferi*) Pillen aus Kuh- und Schafkot herstellt, die er dann einscharrt.

In Australien war der Kot der vielen Millionen Rinder und Schafe zu einer Gefahr für das Weideland und damit für die Viehwirtschaft geworden, weil die einheimischen Dungkäfer (rund 250 Arten der Unterfamilie Scarabaeinae) nicht in der Lage sind, den im Vergleich zum Känguru-Kot in riesigen Mengen anfallenden und sehr wasserhaltigen Dung der Rinder und Schafe zu zersetzen. Sie nutzen ihn bestenfalls teilweise und auch nur während eines begrenzten Zeitraumes im Jahresverlauf. Die meisten Kuhfladen trocknen aus, werden hart und bleiben nahezu unverändert monate- oder auch jahrelang liegen, bis sie irgendwann doch zerfallen oder Termiten sich ihrer bemächtigen (FERRAR und WATSON 1970; LEE und WOOD 1971; WATERHOUSE 1974). Somit wird auf großen Flächen die Nährstoffrückführung an den Boden nahezu unterbunden. Zudem siedeln sich in unmittelbarer Nähe zu den Dunghaufen Pflanzen an, die vom Vieh gemieden werden und sich daher auf Kosten der eigentlichen Futterpflanzen ausbreiten können. Viel Weideland wird auf diese Weise unbrauchbar. Weiter finden in den Dunghaufen Parasiten, wie zum Beispiel die einheimische Buschfliege (*Musca vetustissima*) oder die aus Timor eingeschleppte Büffelfliege (*Haematobia irritans exigua*), günstige Lebensbedingungen und bedrohen als Krankheitserreger die Viehwirtschaft.

Um diesen Problemen zu begegnen, begann man Ende der sechziger Jahre des vorigen Jahrhunderts afrikanische Dungkäfer einzuführen (WATERHOUSE 1974; BORNEMISSZA 1976; DOUBE et al. 1991). Davon haben sich *Ontophagus gazella* und *Euoniticellus intermedius* sowie *Euoniticellus africanus* besonders erfolgreich ausgebreitet. Diese Dungkäfer "verarbeiten" rund 90 % der jährlichen anfallenden Kotmenge der Weidetiere und bringen den Dung und die in ihm enthaltenen Nährstoffe wieder in den Boden ein. Gleichzeitig verbessern sie durch ihre Grabtätigkeit und mit ihren Exkrementen die bodenphysikalischen Verhältnisse (Durchlüftung, Wasserhaushalt, Gefügestabilität) und wirken der Verdichtung sowie der Verschlämmung entgegen. Nicht zuletzt reduzieren die Dungkäfer mit der Beseitigung der Dunghaufen auch die Brutstätten der Rinderparasiten. Zumindest teilweise hat man das Dungproblem mit der Ansiedlung der afrikanischen Käfer gelöst. Um es völlig in den Griff zu bekommen und in allen Regionen des Kontinentes ganzjährig einen möglichst vollständigen Dungabbau zu erreichen, bedarf es wegen der unterschiedlichen ökologischen Ansprüche der Käfer und ihrer synökologischen Einbindung in die raumtypischen ökologischen Beziehungsgefüge der Ansiedlung von schätzungsweise 100 wieteren Dungkäferarten (TOPP 1981).

Je nach Ökosystemcharakter sind die Geschwindigkeit des Energietransportes sowie die Menge der umgesetzten Stoffe und auch das "Gewicht" der einzelnen Kreislaufglieder (so auch der Tiere) sehr verschieden (siehe dazu u. a. ODUM 1971, 1983; WALTER 1977; REMMERT 1980 a, 1980 b; SCHULTZ 1988, 2000). Ein Buchenwald unterscheidet sich hier wesentlich von einem Fichten- oder Kiefernwald, ein fließendes von einem stehenden Gewässer und eine alpine Heide von einer subarktischen Zwergstrauch-Flechtenheide. Während zum Beispiel die hinsichtlich der Funktion der Ökosysteme sehr große Leistung der Saprophagen außer Zweifel steht, ist das für die Blattfresser nicht so eindeutig zu beantworten. In einem mitteleuropäischen Buchenwald verbrauchen sie kaum mehr als als 1% der Blattmasse (REMMERT 1973). Daher kann man in einem einigermaßen naturnahen terrestrischen Ökosystem die Notwendigkeit ihrer Existenz und damit gleichzeitig die ihrer Regulatoren (Zoophage) durchaus in Frage stellen (FUNKE 1973); das System würde wohl ohne sie ebenso gut funktionieren, wobei allerdings durch Pflanzenfresser ausgelöste Veränderungen des Systems nicht von vornherein auszuschließen wären. Was in einem mitteleuropäischen Buchenwald gelten mag, muss außerdem nicht auch in anderen Ökosystemen, zumal in anderen Klimazonen gelegenen, zutreffen.

Blicken wir beispielsweise auf die ostafrikanischen Savannen, so müssen wir den großen Herbivoren (i. w. gras- und laubfressende Huftiere) eine sehr viel größere Bedeutung einräumen. Sie verbrauchen fast die Hälfte, in einigen Gebieten der Serengeti zum Beispiel bis zu 90 % der jährlich produzierten Grasmenge (HOWE und WESTLEY 1993) und beeinflussen nachhaltig die Zusammensetzung und Struktur der Vegetation sowie die Sukzession und die Stoffumsätze (u. a. BUECHNER und DAWKINS 1961; LAWS 1970; LAWS et al. 1970; WING und BUSS 1970; BRAUN 1973; BOTKIN et al. 1981; CUMMING 1982; OWEN-SMITH 1982; PARKER 1983; HATTON und SMART 1984; BELSKY 1992; siehe auch Kapitel 2.3.2.1).

Auch in der Tundra, in der die wechselwarmen Primärzersetzer während eines großen Teil des Jahres inaktiv sind, kommt den warmblütigen Pflanzenfressern beim Umsatz der pflanzlichen Substanzen eine vermutlich größere Bedeutung zu als etwa in Laubwäldern der gemäßigten

Breiten. Der Magen der Rentiere, Moschusochsen, Schneehasen, Erdhörnchen, Wildgänse, Lemminge und anderer Wühlmäuse stellt sozusagen eine auch im arktischen Winter funktionierende "Gärkammer" dar, in der die Pflanzenreste schon für den weiteren Zersetzungsprozess "vorbereitet" werden (REMMERT 1980 b). Zudem verbessern sich mit der Zufuhr von Stickstoff durch die Ausscheidungen der Pflanzenfresser die Mineralisierungsbedingungen und damit die Nährstoffversorgung der Pflanzen, zumal ein Großteil des Stickstoffs in den Exkrementen schon in mineralisierter (Ammonium) beziehungsweise leicht löslicher Form (Harnstoff) vorliegt (u. a. MCKENDRICK et al. 1980; CARGILL und JEFFERIES 1984; BAZELY und JEFFERIES 1985; siehe auch Kapitel 2.3.2.3). Ebenso wirkt sich die Zufuhr von Phosphor positiv auf den Streuabbau und die Nährstoffnachlieferung aus (REMMERT 1980 b).

2.1.2 Funktionen der Tiere bei Stoff- und Energieflüssen zwischen Ökosystemen

Tiere beeinflussen auch die Stoffflüsse zwischen Ökosystemen (u. a. WOODMANSEE 1978; MCNAUGHTON 1985). So waren atypisch hohe Nitratgehalte, die in Gewässern verschiedener, von ungestörten Laubmischwäldern bedeckter Einzugsgebiete im nördlichen Carolina gemessen wurden, eindeutig auf den Kahlfraß der Laubwälder während einer Massenvermehrung des "fall cankerworms" (*Alsophila pometaria*: Lepidoptera, Geometridae) zurückzuführen. Während die Bäume in Reaktion auf den Kahlfraß zunächst weniger Holz (Stützgewebe) bildeten, nahmen die Blattproduktion und damit die Menge vergleichsweise leicht zersetzbarer Streu (engeres C/N-Verhältnis) zu. Weiter steigerten große Mengen an mineralreichem Raupenkot die Nitrifikation so sehr, dass nur ein Teil des Nitrats in den Waldbeständen selbst von den Pflanzen aufgenommen oder im Boden gespeichert werden konnte, und ein Großteil in die Gewässer ausgetragen wurde (SWANK et al. 1981).

Auf den das niederländische Großschutzgebiet Oostvaardersplassen umgebenden landwirtschaftlichen Flächen äsen Zehntausende von Graugänsen (*Anser anser*) und andere nordische Gänsearten (z. B. Nonnengans, *Branta leucopis*, Blässgans, *Anser albifrons*), die sich auf dem Durchzug befinden oder überwintern. Sie übernachten auf den im Kern des Schutzgebietes gelegenen "Plassen" (von ausgedehnten Schilfröhrichten umgebene Flachgewässer) und setzen dort mit ihrem Kot große Mengen an Nährstoffen ab, die zu einer starken Eutrophierung der Gewässer führen (KRÜGER 1999).

In umgekehrter Richtung – vom Wasser zum Land – verläuft der Stickstofffluss, wenn beispielsweise Bären mit ihrem Kot und Urin in den ufernahen Waldbeständen Stickstoff und andere Nährstoffe ausscheiden, die sie mit den von ihnen gefressenen Lachsen aufgenommen haben. Dieser Stickstoffeintrag kann 10 % bis 20 % der in den flussbegleitenden Beständen vorhandenen Stickstoffmenge erreichen (HILDERBRAND et al. 1999). Auch Flussotter (*Lutra canadensis*) setzen entlang der Küste in ihren ufernahen Latrinen (Abstände der Latrinen zueinander 25 bis 300 m) marinen Stickstoff in solchen Mengen ab, dass es in der Vegetation zu signifikant höheren Stickstoffkonzentrationen kommt, wie auch durch Tracer-Versuche (δ^{15}N) in Alaska bestätigt wird (BEN-DAVID et al. 1998).

Europäische Wildschweine, die sich während der vierziger Jahre im Great-Smoky-Mountains-Nationalpark (südliche Appalachen) in großer Zahl ausgebreitet haben (BRATTON 1975), führen dort nicht nur zu einer starken Veränderung der Böden (extreme Bioturbation, erhöhte Konzentration von Stickstoff und Kalium in der Bodenlösung bis in einen Meter Tiefe) und der Vegetationsstruktur in den Laubwäldern selbst, sondern auch zu einem erhöhten Nitrataustrag in die Fließgewässer (SINGER et al. 1984, Tab. 1). Rotwild, vor allem säugende Hirschkühe, äsen mit Vorliebe eiweißreiche Nahrung, wie sie beispielsweise in ehemaligen Lägerfluren oder auf be-

Tab. 1: Auswirkungen der Wühltätigkeit von Wildschweinen (*Sus scrofa*) auf die Bodeneigenschaften (A-Horizont) in hochgelegenen Laubwäldern im Great Smoky Mountains Nationalpark (nach SINGER et al. 1984).

	ohne Schweine	mit Schweinen
unbewachsener Boden (%)	0	80
Laubstreu (kg/ha)	3095	1830
Nitrat (µg/g)	19	29
Calcium (µg/g)	90	56
Phosphor (µg/g)	58	32
Nitratauswaschung (mg/l) in Fließgewässer	3,8	6,6
Nitrat (mg/l) im Fließgewässer	0,7	1,5

wässerten und gedüngten Wiesen reichlich vorhanden ist. Die Ruhezonen des Wildes liegen jedoch im Wald, und dort werden dann die von den Äsungsflächen stammenden Nährstoffe in dieses Teilhabitat eingetragen (SCHÜTZ et al. 2000). In den Savannen und Steppen können schnell wandernde Huftierherden zu beträchtlichen Nährstofftransporten auch zwischen relativ weit voneinander entfernten Weidegebieten führen (MCNAUGHTON 1985). Flusspferde (*Hippopotamus amphibius*) grasen in der Savanne und setzen ihre Ausscheidungen in Gewässern ab (LAWS 1968).

Auf Aldabra-Island, einem großen Korallenatoll im westlichen Indischen Ozean (NNW von Madagaskar), verbessern verwilderte Ziegen (*Capra hircus*) die Nahrungsgrundlage der dort in großer Zahl lebenden Riesenschildkröten (*Geochelone gigantea*). Die Ziegen streifen tagsüber weit umher und kehren dann zu ihren Schlafplätzen an die Küste zurück. Mit den großen Mengen Kot, die sie dort absetzen, führen sie den Böden zusätzliche Nährstoffe aus anderen Gebieten zu, die für die Schildkröten nicht zugänglich sind (GOULD und SWINGLAND 1980).

Zu Stoffflüssen zwischen verschiedenen terrestrischen Ökosystemen tragen auch auf dem Land brütende Wasservögel und Meeresvögel bei. So bringen beispielsweise Graureiher (*Ardea cinera*) und Kormorane (*Phalacrocorax carbo*) die aus den Nahrungsbiotopen entnommenen Stoffe in ihre Brutkolonien und setzen sie dort mit den Exkrementen auf einer vergleichsweise kleinen Fläche ab. Da die Ausscheidungen extrem stickstoffreich sind (Harnsäure und Guanin) und einen sehr niedrigen pH-Wert (um 3) aufweisen, führen sie zu gravierenden Veränderungen der Baum- und Krautschicht (siehe auch GERKEN et al. 1992). Bei Untersuchungen in einer mit rund 8 000 Individuen besetzten und gut 12 Hektar großen Brutkolonie von Nachtreihern (*Nycticorax nycticorax*), Kanadareihern (*Ardea herodias*) und Silberreihern (*Egretta alba*) wurde festgestellt, dass bei zunehmender Nestdichte und steigendem Guanoeintrag die Vegetationsbedeckung deutlich zurückging (WESELOH und BROWN 1971).

Hinsichtlich der Größenordnung wesentlich bedeutender als dieser Stofffluss zwischen terrestrischen Ökosystemen ist der Eintrag von Nährstoffen vom Meer auf das Land durch Sturmvögel, Sturmtaucher, Kormorane und Pinguine. Allseits bekannt sind die großen Guanolagerstätten entlang der peruanischen und chilenischen Küste, die dort unter ariden Klimabedingungen durch die Anhäufung von Kot, vor allem von Guano-Kormoranen (*Phalocrocorax bougainvillei*), Tölpeln (*Sula variegata* und *S. nebouxii*), Meerespelikanen (*Pelecanus occidentalis*) und Humboldt-Pinguinen (*Spheniscus humboldti*) entstanden sind (Foto 1). Entsprechendes gilt für den Küstenbereich Südwestafrikas. Auch dort sind in erster Linie Tölpel, Kormorane (*Phalacrocorax capensis*) und Brillenpinguine (*Spheniscus demersus*) die wichtigsten Guanolieferanten (CROCKER 1966). Praktisch ist aber in allen Brutkolonien von Seevögeln eine starke Anreicherung von Phosphat, Kalium und Stickstoff sowie eine Verengung des C/N-Verhältnisses festzustellen (u. a. ASTON 1909; LEAMY und BLAKEMORE 1960; BLAKEMORE und GIBBS 1968; SMITH 1976; WORMELL 1976; BURGER et al. 1978). Da das Nestmaterial sehr stark mit Ammonium angereichert ist, sind alle Austauscherplätze damit belegt, so dass die Ca- und Mg-Ionen ausgewaschen werden. Die Nitrifikation des Ammonium führt dann zur Versauerung.

Foto 1: Akkumulation von Guano an der chilenischen Küste im Nationalpark Pan de Azocar (A. MÜTERTHIES, Februar 1994).

Foto 2: Kehlstreifen- oder Zügelpinguine (*Pygoscelis antarctica* in der Admirality Bay, King George Island, Süd-Shetlands (M. BÖLTER, 1984).

Riesige Kolonien von Meeresvögeln gibt es vor allem auf den subantarktischen und arktischen Inseln sowie an der Küste des antarktischen Kontinents. Bis auf zwei bisher beobachtete einheimische und einige wenige adventive Blütenpflanzen existieren dort keine anderen höher organisierten Pflanzen. Flechten, Moose, Pilze und Algen herrschen vor (WALTER und BRECKLE 1991). Von rund 50 Insekten sowie verschiedenen Milben- und Collembolenarten abgesehen, gibt es dort auch keine ausschließlich terrestrisch lebenden Tierarten. Daher sind vor allem die Pinguine sowie einige flugfähige Vogelarten die wichtigsten dem Festland organische Substanz zuführenden Lebewesen (BOYD et al. 1966; ALLEN et al. 1967; JOLY et al. 1987). In der Antarktis leben ungefähr 100 Millionen Pinguine (WILSON 1983; LAWS 1985). Sie stellen 90 % der gesamten Vogelbiomasse der Antarktis (ODENING 1984). Am weitesten sind allem Anschein nach die Adelie-Pinguine (*Pygoscelis adeliae*) und die Kehlstreifen- oder Zügelpinguine (*Pygoscelis antarctica*) verbreitet (Foto 2). Sie nisten überall an den antarktischen Küsten, wo sich geeignete Brutplätze finden (MÜLLER-SCHWARZE 1984).

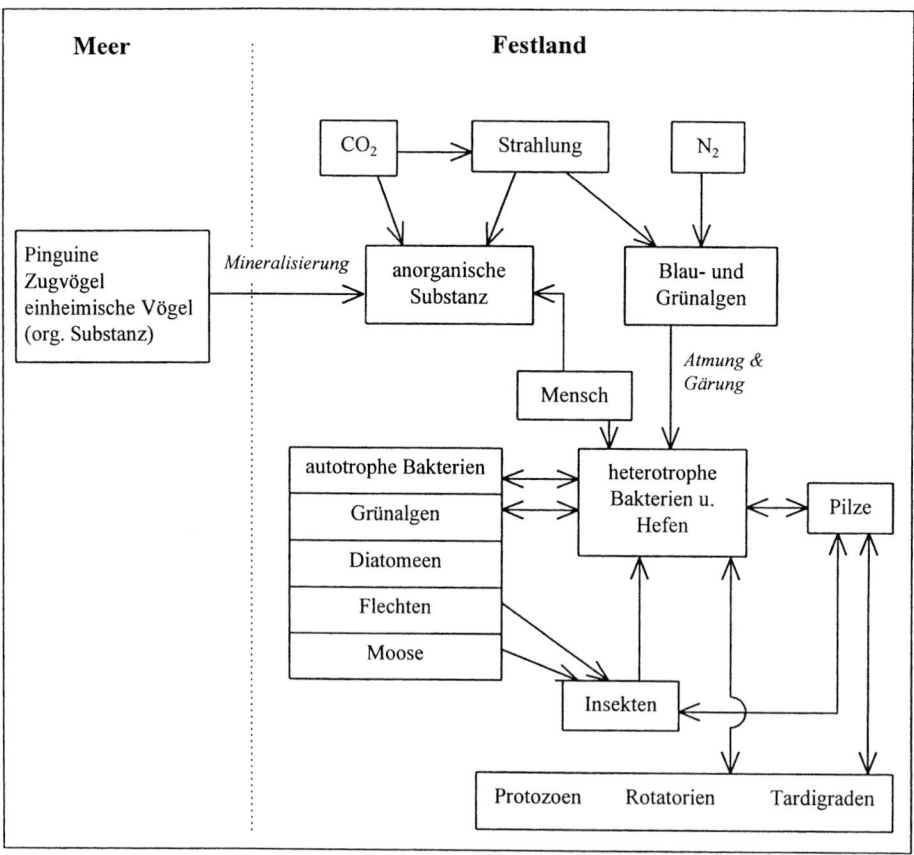

Abb. 4: Der Einfluss von Meeresvögeln auf Stoffumsatz, Stoffflüsse und Organismen auf dem antarktischen Festland (nach BOYD et al. 1966, verändert).

Die antarktischen Meere gehören zu den produktivsten Lebensräumen der Erde überhaupt und bieten den Meeresvögel ein praktisch unbegrenztes Nahrungsangebot. Im Laufe eines Jahres verbrauchen die Pinguine und die anderen Meeresvögel (Albatrosse, Sturmvögel, Tauchvögel und

Sturmschwalben) zwischen 115 und 130 Millionen Tonnen Krill sowie auch in großem Umfang Fische und Tintenfische (CROXALL 1984; ODENING 1984; LAWS 1985). Während der Brutzeit setzen sie in ihren zahlreichen, einige zehntausend oder hunderttausend, in Ausnahmefällen auch mehrere Millionen Individuen zählenden Brutkolonien entlang der Küste riesige Mengen Kot ab. Nach Schätzungen (TATUR und MYRCHA 1984; MYRCHA und TATUR 1991) werden solchen Kolonien jährlich etwa 10 Kilogramm eiweißreicher Exkremente (Trockengewicht) pro Quadratmeter zugeführt (siehe auch MÜLLER-SCHWARZE 1984). Dieser nährstoffreiche organische "Dünger" bildet eine wichtige Grundlage für die Stoff- und Energieflüsse in dem hier vergleichsweise einfach strukturierten festländischen Nahrungsnetz (Abb. 4). Während an der Küste des antarktischen Kontinents der Guano wegen der tiefen Temperaturen und unzureichender Feuchte nicht mineralisiert wird, findet auf den antarktischen Inseln unter etwas günstigeren thermischen und hygrischen Bedingungen ein vergleichsweise rascher Abbau der Exkremente statt. Die dabei entstehenden aggressiven Lösungen führen zur Phosphatisierung des anstehenden Gesteins (MYRCHA et al. 1985; TATUR 1989; siehe auch Abb. 5). In aufgegebenen Brutkolonien bildet der in großen Mengen akkumulierte und nur einer allmählichen Umwandlung und Auswaschung unterliegende Guano für viele hundert, vielleicht sogar mehrere tausend Jahre eine relativ reiche Nährstoffquelle für die Pflanzen (MYRCHA und TATUR 1991). Untersuchungen auf dem antarktischen Inexpressible Island (Terra Nova Bay, Westküste des Rossmeeres) weisen gleichwohl darauf hin, dass die durch Pinguin-Kolonien (hier Adelie-Pinguine) verursachten Veränderungen der Böden allmählich wieder verschwinden können, wenn die Brutplätze aufgegeben werden, mit Ausnahme der von den Vögeln zum Bau ihrer Nester verwendeten Steinchen, die diese aus der Umgebung zusammengetragen haben (CAMPBELL und CLAIRIDGE 1966).

Doch nicht nur in der Antarktis und Subantarktis spielen die Brutkolonien von Meeresvögeln hinsichtlich der Stoffflüsse und -umsätze auf dem Land eine oft wichtige Rolle. Auf der Insel Rhum (Westküste Schottlands) ist oberhalb 600 m unter dem Einfluss der von Ende März bis Mitte Oktober anhaltenden Düngung durch die dort in großer Zahl nistenden Schwarzschnabel-Sturmtaucher (*Puffinus puffinus)* eine üppige Grasvegetation entstanden (die sogenannten "shearwater greens"), wie sie sonst nur unmittelbar entlang der Küste zu finden ist. Denselben Effekt hatte in einem fünfjährigen Versuch die wiederholte Düngung der nahezu unbewachsenen ultrabasischen Böden mit NPK-Dünger. Innerhalb von fünf Jahren nahm die Vegetationsbedeckung von 5 % auf über 60 % zu, und es entstand ein krautreicher Straußgras-Schwingel-Rasen. Die "shearwater greens" bieten nicht nur den Rothirschen (*Cervus elaphus*) optimale Nahrung, sondern sind überhaupt die Grundlage für die Entwicklung einer komplexen Biozönose, wie sie ohne den Einfluss der Sturmtaucher in dieser Höhe nicht vorkommen würde (WORMELL 1976).

Wiederholt ist die kräftige grüne Färbung der ornithogenen Tundra von Vogelrastplätzen und Schuttfächern am Fuß von Vogelfelsen beschrieben worden (u. a. SUMMERHAYES und ELTON 1928; HINZ 1976; EUROLA und HAKALA 1977; HARTMANN 1980; WÜTHRICH 1992, 1994; MÖLLER 2000). Unterhalb von Vogelfelsen kommt es zu einer catenenartigen Abfolge von Zonen unterschiedlicher Nährstoffkonzentrationen und ihnen entsprechender Vegetation ("cliff series", SUMMERHAYES und ELTON 1928). Unmittelbar am Fuße der Vogelfelsen können die Konzentrationen von Phosphor, Kalium und Magnesium das Tausendfache der normalen Tundra erreichen (WÜTHRICH 1992, 1994), so dass sie toxisch wirken und keine höheren Pflanzen aufkommen lassen. Weiter unterhalb gehen die Nährstoffkonzentrationen zurück, und die Diversität der Vegetation nimmt zu (Abb. 6). Solange Seevögel permanent Nährstoffe in die Kliffs eintragen, bleibt die gradientartige Verteilung der Nährstoffe erhalten. Nach der Brutzeit aber, wenn die Vögel die Kolonien verlassen, werden die Nährstoffe durch das Wasser hangabwärts verlagert, wo sie in den humusreichen ornithogenen Böden für eine gewisse Zeit gespeichert werden. Nur ein Teil des Stoffkreislaufes erfolgt an Land. Da praktisch keine Herbivoren vorhanden sind, die lebende Pflanzen oder Pflanzenteile konsumieren, sterben die Pflanzen am Ende der Vegetationsperiode ab. Deshalb werden dem Boden auch keine Nährstoffe in schon mineralisierter (z. B. Ammonium) oder leicht löslicher Form (z. B. Harnstoff) zugeführt, wie es in der festländischen Tundra durch die warmblütigen Pflanzenfresser geschieht. Aufgrund der klimatischen Bedingungen und wegen der geringen Zahl von Primärzersetzern wird die organische Substanz nur sehr langsam abgebaut. So entsteht ein im wesenlichen mechanisch zerkleinerter Detritus, der zum großen Teil über den Abfluss zusammen mit den gelösten Stoffen wieder ins Meer gelangt (KLEKOWSKI und OPALINSKI 1986).

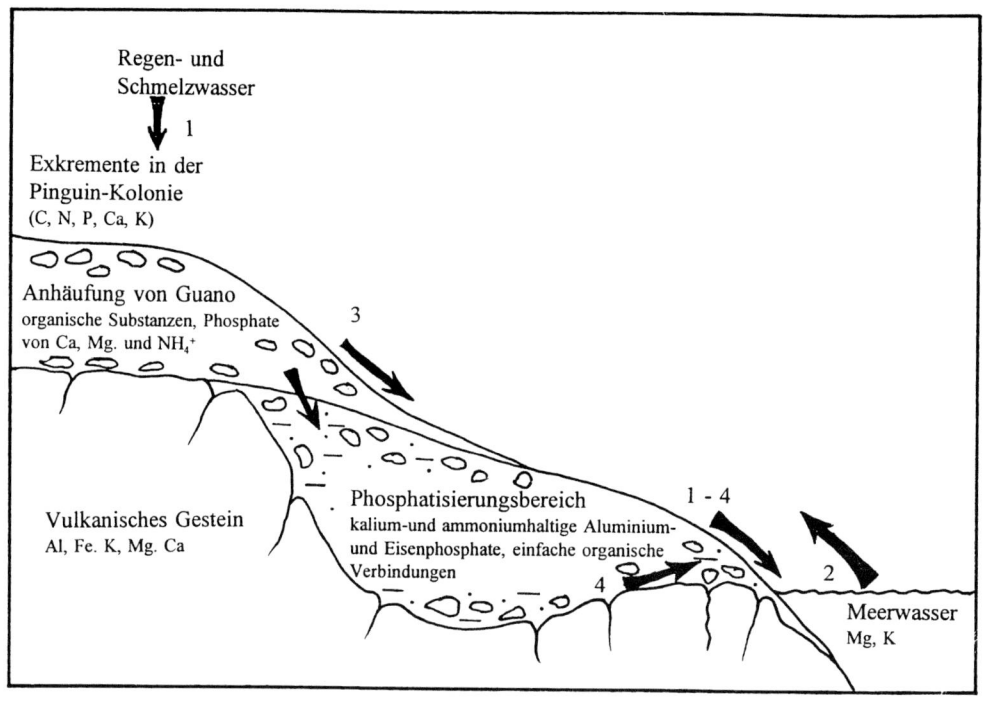

Abb. 5: An der Entstehung ornithogener Ablagerungen beteiligte Faktoren (aus MYRCHA et al. 1985, verändert).
1 Regen und Schmelzwasser, 2 mit der Pinguinnahrung oder als Aerosol dem Land zugeführtes Meerwasser, 3 Auswaschung (Abspülung) von der Oberfläche der Guanoablagerungen, hoher Nährstoffgehalt, alkalische Reaktion (NH_4^+, NO_3^-), 4 Auswaschung der Guanoablagerungen durch das Sickerwasser, hoher Nährstoffgehalt, saure Reaktion (NO_3^- NH_4^+).

Mitunter kommt es aber auch in den Vogelfelsen selbst stellenweise zu einer erheblichen Nährstoffakkumulation, die eine üppige Vegetation zur Folge hat. Dabei scheint die Struktur der Kliffs die entscheidende Rolle zu spielen. Auf Ekkerøy zum Beispiel, einer etwa 12 km östlich von Vadsø im Varangerfjord (Norwegen) gelegenen Halbinsel, bilden horizontal lagernde kambrische Schiefer ein senkrechtes Kliff, in dem etwa 20 000 Dreizehenmöwenpaare (*Rissa tridactyla*) ihre Nester in mehreren "Stockwerken" unter vorspringenden und etwas Schutz bietenden "Schieferdächern" angelegt haben (Abb. 7). Exkremente, Nestmaterial und Nahrungsreste fallen auf die unterhalb der Nester gelegenen Felsbänder herab und sammeln sich dort an. Gelöste Nährstoffe werden mit dem Tropfwasser eingetragen. Die Nährstoffanreicherung sowie auch die gute Durchfeuchtung des auf den horizontalen Schieferbändern akkumulierten Materials haben eine nahezu luxuriös anmutende Vegetation zur Folge, die im wesentlichen aus Strandkamille

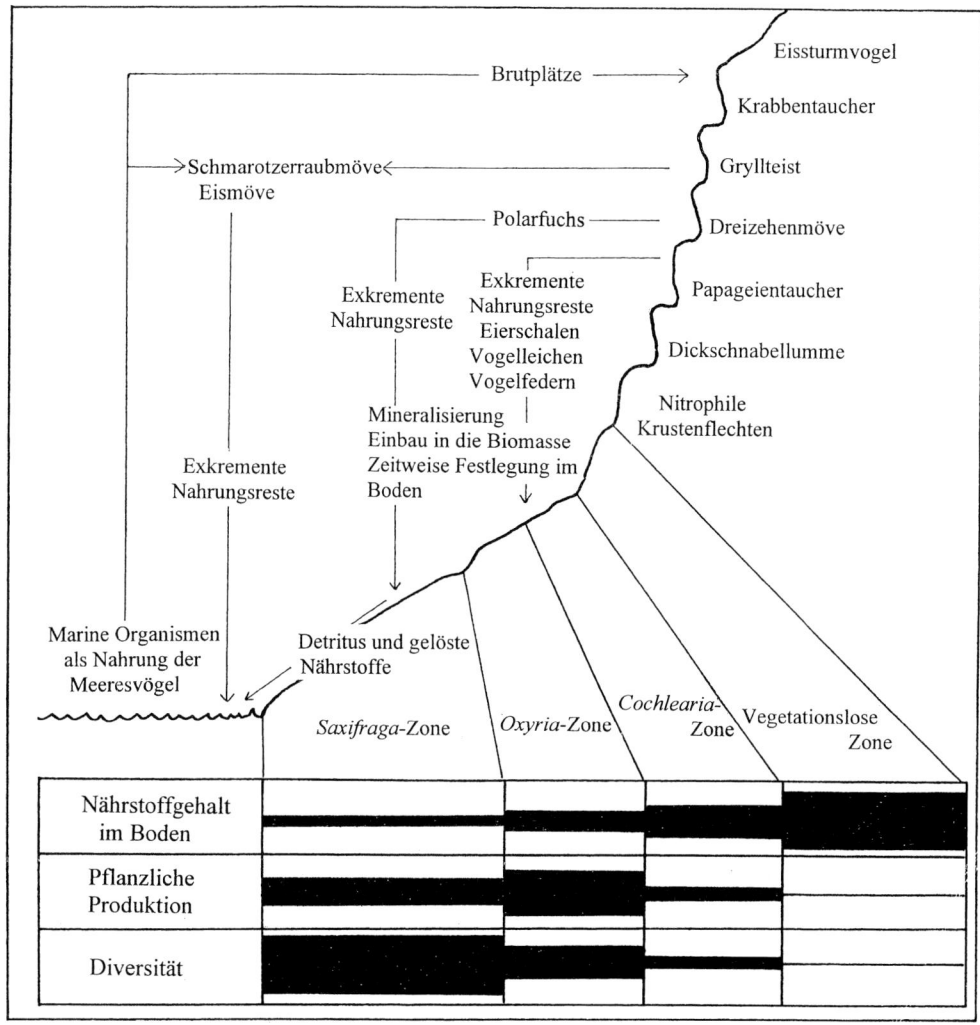

Abb. 6: Vegetationszonierung auf einem Vogelfelsen (Nordwestspitzbergen) und ihre Ursachen (nach WÜTHRICH und THANNHEISER 1996, verändert).

(*Tripleurospermun mairitimum*), Großer Fetthenne (*Sedum telephium*) sowie Gemeiner Schafgarbe (*Achillea milleflorum*) sowie Gräsern besteht. Auch in den das Kliff gliedernden senkrechten, feuchten Klüften (Tropfwasser, Oberflächenabfluss) haben sich dichte Vegetationskomplexe entwickelt, die wie Balkongeranien über die Felsen herabhängen (Foto 3). Am Fuß des Kliffs zeigen unter anderem Brennnesselbestände die starke Eutrophierung an. Da ein Großteil der Nährstoffe im Kliff verbleibt und von der Vegetation aufgenommen wird, sind toxisch wirkende Konzentrationen am Fuß des Kliffs unwahrscheinlich. Die ständige natürliche Düngerzufuhr nutzend, hat man sogar dicht unter den Felsen an mehreren Stellen einige 30 bis 40 m^2 große Kartoffeläcker angelegt, die offensichtlich recht ertragreich sind, bei mangelnder Pflege aber rasch von typischen Stickstoffzeigern (Brennnesseln, Sauerampfer u. a.) überwuchert werden. Aus bislang nicht bekannten Gründen haben die Möwen im Jahr 2001 diese Kolonie aufgegeben.

Foto 3. Kolonie von Dreize-
henmöwen (*Rissa tridactyla*)
auf Eĸkerøy, Varangerfjord
(Nordnorwegen) mit üppiger
Vegetation (vgl. Abb. 7) in
den Felsen und unterhalb des
Kliffs. Links ist ein Teil eines eingezäunten Kartoffel-
ackers zu erkennen (F.-K.
HOLTMEIER, 29. 08. 2001).

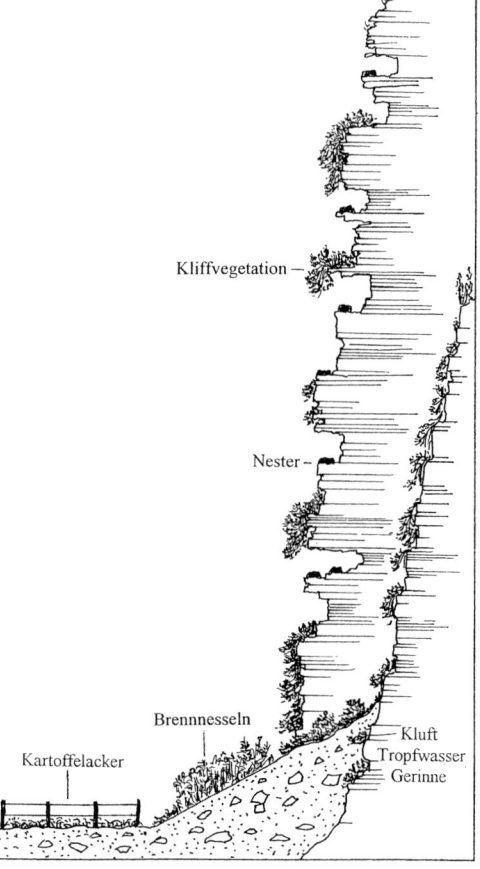

Abb. 7: Profil (schematisch)
durch die Brutkolonie (siehe
Foto 3) (nach einer Gelände-
skizze vom 29. 08. 2001).

Eine vergleichbar üppige, auf reichliche Nährstoffversorgung zurückzuführende Vegetation (mit *Angelica archangelica* und *Matricaria maritima* in Vogelfelsen beschreibt VOGEL (1988) aus Island.

Die Wirkung der Meeresvögel betrifft zwar in erster Linie den unmittelbaren Küstenbereich, doch stellenweise dringen sie auch weit landeinwärts in die Tundra ein. Ihr werden mit den Ausscheidungen der Vögel große Nährstoffmengen zugeführt, die den Stoffumsatz und darüber die Vegetation beeinflussen (REMMERT 1968, 1980 b).

2.1.3 Tiere als Ursache qualitativer und struktureller Veränderungen ihres Lebensraumes

Bei der Betrachtung der Tiere als landschaftsökologische Faktoren ist ihre Bedeutung nicht nur an ihrer Anzahl, dem Verzehr von lebender Phytomasse und abgestorbenen organischen Substanzen, kurz ihrer direkten Beteiligung am Energieumsatz zu messen, sondern man sollte das Verhalten der Tiere, ihre Ernährungsgewohnheiten, jahreszeitliche Wanderungen usw. mit in die Analyse einbeziehen (siehe u. a. REMMERT 1980 a; GESSAMAN und MACMAHON 1984; PETRAK 1993). So sind die Rehe für den Umsatz der Phytomasse über die Nahrungskette in einem Buchenwald fast ohne Bedeutung, während sie ihn durch Verbiss des Jungwuchses (Kapitel 2.3.1.3) in der Entwicklung und damit in seiner Qualität als Lebensraum auf lange Sicht beeinflussen können.

Dies gilt beispielsweise auch für die Steinauerhühner, die in der nordostsibirischen Lärchenwaldregion bei Magadan stellenweise das Höhenwachstum der jungen Lärchen hemmen, indem sie während des Winters die Knospen und jungen Triebe der Bäume verbeißen und vor allem die dünnen Zweige abbrechen, wenn sie versuchen, auf ihnen zu landen. Ein ausgewachsener Hahn wiegt immerhin zwischen drei und vier Kilogramm. Daher halten sich die Hähne auch im wesentlichem auf dem Boden auf und verbeißen nur den Jungwuchs, während die leichteren Hennen die Kronen der hohen Bäume bevorzugen und zurechtstutzen. Die Lärchentriebe sind die einzige Winternahrung der Steinauerhühner. Nur von Mai bis Oktober nutzen sie die Bodenvegetation. Infolge des über Jahrzehnte hinweg erfolgenden Verbisses des Lärchenjungwuchses entstehen regelrechte "Lärchen-Gärten" mit bonsai-artigen Wuchsformen, die den Aspekt der Lärchentaiga prägen (ANDREEV 1991; KLAUS und ANDREEV 2001). Die Wirkungen der Steinauerhühner auf die Stoffumsätze in den Lärchenbeständen dürften demgegenüber eine verhältnismäßig geringe Rolle spielen.

Auch der Einfluss herbivorer und granivorer Kleinsäuger auf die Energieflüsse und die Nährstoffdynamik von Waldökosystemen scheint unbedeutend zu sein. Signifikante Auswirkungen treten allenfalls in frühen Sukzessionsstadien auf, wenn die Bäume noch jung sind und empfindlich auf Schädigungen reagieren, oder auch wenn Samen und Sämlinge vernichtet werden (POTTER 1978; siehe auch Kapitel 2.5.2). So verbeißen zum Beispiel Rothörnchen (Chickarees, *Tamasciurus hudsonicus*) die Rinde junger Ahorne (*Acer saccharum*, *Acer rubrum*) und trinken den austretenden Saft. In diese Verletzungen dringen Schimmelpilze und Bakterien ein und verursachen Krebs (SHIGO 1967). Andererseits können zum Beispiel mykophage Kleinsäuger ein Waldökosystem nachhaltig beeinflussen, obwohl sie hinsichtlich ihres Anteils an der Biomasse oder auch des Stoffumsatzes überhaupt nicht ins Gewicht fallen. Zum Beispiel leben Flughörnchen (*Glaucomys sabrinus*), Grauhörnchen (*Sciurus griseus*), Abert´s Hörnchen (*Sciurus aberti*), Chipmunks (*Eutamias* spec.), Chickarees und verschiedene Wühlmausarten unter anderem von den Fruchtkörpern hypogäischer Mykorrhizapilze – dabei handelt sich vor allem um Basidiomyceten und Ascomyceten (siehe auch FOGEL und TRAPPE 1978). Dort, wo diese Kleinsäuger ihren Kot absetzen, "impfen" sie den Boden mit den Sporen der für die Ernährung der Bäume notwendigen

Mykorrhizapilze und tragen auf diese Weise zur Erhaltung der Wälder bei (MASER et al. 1978 a; MASER et al. 1978 b; KOTTER und FARENTINOS 1984 a, 1984 b; MASER et al. 1985; HAYES et al. 1986; MASER et al. 1986; MASER und MASER 1987; CAREY et al. 1999). Nach Schätzungen sollen in nur einem Gramm trockenen Kots zwischen 200 Millionen und 1 Milliarde Pilzsporen enthalten sein (KOTTER 1981 a, 1981 b). In Australien bestehen entsprechende Beziehungen zwischen einigen mykophagen Beuteltieren und ektotrophen Eukalypten (MALAJCZUK et al. 1987). So spielt beispielsweise das Rattenkänguru (*Bettongia penicillata*) eine Schlüsselrolle bei der Sukzession auf Brandflächen, indem es dort große Mengen von Fruchtkörpern ektotropher Mykorrhizapilze verbreitet, die für die Nährstoffversorgung der Bäume und Sträucher unerlässlich sind (LAMONT et al. 1985). Kleinsäuger können überdies die am Boden liegenden Baumstämme mit Pilzsporen impfen und auf diese Weise den Abbau des Totholzes beschleunigen (MASER et al. 1978 b; MACMAHON 1981). Besonders in tropischen Regionen wäre dies von weitreichender Bedeutung, da die dortigen endobiontischen Pilze nicht spezialisiert sind und somit in jedem Holz gedeihen (MALLOCH et al. 1980).

Nach dem Ausbruch des Mt. Helens am 18. Mai 1980 brachten Taschenratten ("pocket gopher", *Thomomys talpoides*) und Ameisen, welche die Überschüttung mit Asche überlebt hatten, alten Boden und damit auch die darin enthaltenen Mykorrhizapilze an die Oberfläche der sterilen Aschenauflage (Kapitel 2.6.2). Dadurch verbesserten sich die Voraussetzungen für das Pflanzenwachstum (ANDERSEN und MACMAHON 1985; ALLEN und MACMAHON 1988; ALLEN 1991; ALLEN und GRISAFULLI 1994).

Die Funktion einzelner Tiergruppen ist zum Teil sehr komplex. Zum Beispiel können Chipmunks einerseits die Verjüngung in Waldbeständen erschweren, indem sie die Samen fressen, andererseits aber durch die Verbreitung der Mykorrhizapilze die Nährstoffversorgung der Bäume sichern. Phyllophage Käfer sowie andere laubfressende Insekten vermögen in einem Laubwald zwar für kurze Zeit die Blattmasse zu vermindern, doch senken sie dadurch nicht unbedingt auch die Produktion. Nicht zu hohe Blattverluste (bis zu 30 %, VORONTZOV, zitiert in PERRY 1994) haben eine stimulierende Wirkung auf die Photosynthese des verbliebenen Laubes. Am Waldboden setzt aufgrund der nunmehr günstigeren Lichtbedingungen ein üppigeres Wachstum ein, das den durch den Blattfraß in den höheren Vegetationsschichten eingetretenen Produktionsverlust unter Umständen ausgleichen kann. Hinzu kommt, dass vorzugsweise abgängige Bäume und Sträucher befallen werden (PERRY 1994) und nach dem Käferfraß unter bestimmten Bedingungen rascher absterben. Dadurch entstehen wiederum günstigere Voraussetzungen (verminderte Licht- und Nährstoffkonkurrenz) für die Verjüngung. Der mineralreiche Kot der Käfer sowie ihre viel Stickstoff und Phosphor enthaltenden Leichen verbessern schließlich die Mineralisierungsbedingungen am Waldboden (Abb. 8).

Dasselbe gilt beispielsweise auch für die "Kahlfraßschäden" durch die Raupen des Grünen Eichenwicklers (*Tortrix viridana*), des Schwammspinners (*Lymantria dispar*) und anderer "Forstschadinsekten" (siehe NOVAK et al. 1989) während ihrer gelegentlichen Massenvermehrungen, die von den Medien sofort als ökologische Katastrophe dargestellt werden (Kapitel 2.2.1). Im Grunde handelt es sich aber um ein systemimmanentes Phänomen, das nur nicht so recht der populären Vorstellung von einer "intakten Natur" entspricht. Zur Ergänzung noch einige Zahlen: In einem Eichenwald bei Kursk (Russland) reduzierten die Raupen des Eichenwicklers die Blattfläche der Eichen um 70 %. Die übrigen Bäume sowie die Krautschicht erhielten nun nicht nur mehr Licht, sondern wegen der geringereren Interzeption auch mehr Wasser. Mit der Zufuhr angenagter Eichenblätter, großer Mengen von Exkrementen, Exuvien und Leichen wurden dem Boden um 17 % erhöhte Stickstoff- und Phosphormengen zugeführt. Der Kaliumgehalt stieg um 13 %. Die infolgedessen gesteigerte Mineralisierung (bis zu zweieinhalbfach erhöhte Bodenatmung) verbesserte die Nährstoffversorgung der nicht kahlgefressenen Pflanzen und führte schließlich zu einer Veränderung der Zusammensetzung der Krautschicht (RABOTNOV 1995).

In einem 110 bis 115-jährigen auf podsoliertem Gley mit feinhumusreichem Rohhumus stockenden Eichenbestand in der Hohen Ward (in der Nähe von Münster, Westfalen) wurden während der Monate Mai bis Juli 1995 im Bestandesniederschlag deutlich höhere pH-Werte gemessen als in den Freilandniederschlägen. Die erhöhten pH-Werte waren Folge von Stoffeinträgen aus dem Kronenraum sowie zu einem großen Teil der Ausscheidungen des zu dieser Zeit in Massen auftretenden Grünen Eichenwicklers. Sie ließen den pH-Wert im Bereich der Kronentraufe auf 7.1 ansteigen (= 2.6 Stufen höher als beim Freiland-

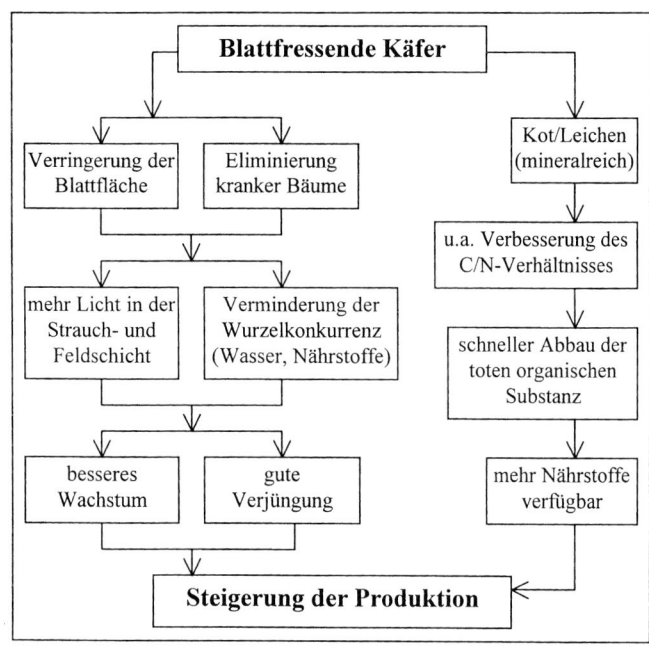

Abb. 8: Der Einfluss blattfressender Käfer auf die pflanzliche Produktion in einem Laubwald (Entwurf HOLTMEIER).

niederschlag). Gleichzeitig waren mit einer jährlichen Zufuhr von 37,91 kg/ha deutlich höhere Kaliumeinträge gegenüber einem ebenfalls untersuchten Buchenbestand zu verzeichnen (28,95 kg/ha/a; HÖPER 1997).

Bei Untersuchungen über den Einfluss von Grashüpfern (*Melanoplus frigidus,* Nordische Gebirgsschrecke / *Aeropus sibiricus,* Sibirische Keulenschrecke) in alpinen Krummseggengesellschaften zeigte sich, dass sie zwischen 19 % und 30 % der oberirdischen Blütenpflanzenmasse verbrauchen, aber nur 3 % zum Aufbau von Körpersubstanz nutzen. Die Atmung der Grashüpfer führt zu hohen Kohlenstoffverlusten. Da die Grashüpfer ihr Habitat nicht verlassen, werden indessen die anderen Nährstoffe, darunter besonders Stickstoff, dem System über die Auscheidungen und Leichen der Grashüpfer wieder zugeführt. Das C/N-Verhältnis wird enger und die Mineralisierung der organischen Substanz beschleunigt (BLUMER und DIEMER 1996).

Auch Blattläuse können den Stoffumsatz deutlich steigern. Da die ihnen als Nahrung dienenden Pflanzensäfte zwar sehr viel Zucker aber nur wenig Eiweiß und lebensnotwendige Spurenelemente enthalten, müssen die Blattläuse, um ihren Bedarf daran zu decken, viel mehr Zucker aufnehmen als sie für ihren Stoffwechsel brauchen. Den überschüssigen Zucker (ca. 78 %: Glucose, Sucrose, Fructose und Melezitose) scheiden sie mit ihrem flüssigen Kot, dem sogenannten Honigtau, aus. Nach vorsichtigen Schätzungen wurden beispielsweise unter Linden dem Boden pro Quadratmeter und Jahr durchschnittlich ein Kilogramm Zucker zugeführt (LLEWELLYN 1972). Er bildet nicht nur eine wichtige Nahrungsgrundlage für Ameisen, Fliegen und Wespen, sondern ist auch eine Kohlenstoffquelle für nichtsymbiontische Stickstoff fixierende Bakterien. Die Zuführung des Honigtaus bedeutet also eine Erhöhung des Stickstoffgehaltes im Boden (DELWICHE und WIJLER 1956; GRAF 1971; OWEN und WIEGERT 1976; DIGHTON 1978; PETELLE 1980, 1984). Insbesondere in sehr stickstoffarmen Ökosystemen, wie zum Beispiel in der Tundra, in der die

Stickstoffmineralisierung im allgemeinen sehr langsam erfolgt, kann diese Stickstoffzufuhr von nachhaltiger Bedeutung für den Stoffumsatz sein (REMMERT 1980 a, 1980 b). Andererseits werden Laubbäumen mit dem Saft alljährlich große Mengen an hochwertigen Assimilaten entzogen, so dass Zuwachsverluste nicht auszuschließen sind. Daran sind letztlich die in Symbiose mit den Blattläusen lebenden Ameisen nicht unbeteiligt, da sie die Blattläuse "pflegen" (z. B. Schutz vor Fressfeinden, Überwinterung der Eier einiger Blattlausarten in den Nestkammern der Ameisen) und somit deren Populationswachstum fördern (KLIMETZEK und WELLENSTEIN 1978; STARY 1990).

Einige Schaumzikaden (Cercopidae) zapfen den Saftstrom von Bäumen an. Das Wasser enthält sehr stark verdünnte Aminosäuren. Manche dieser Zikadenarten, wie beispielsweise die Wiesenschaumzikade (*Philaenus spumarius*) benutzen dieses Wasser, um Schaumnester (= sogenannter "Kuckucksspeichel") herzustellen, in denen die Nymphe lebt. Andere scheiden das Wasser direkt auf den Boden aus, wie beispielsweise *Ptleus grossus*, eine große und gesellig lebende Schaumzikade in Westafrika. Sie ernährt sich während der Trockenzeit von den Früchten baumförmiger Leguminosen. Wie in allen tropischen Wäldern sind auch hier die Nährstoffe in den obersten Zentimetern des Bodens konzentriert. Das Wurzelsystem der Bäume ist diesen Bedingungen angepasst und oberflächennah sowie horizontal weit ausgreifend entwickelt. Nur wenige Wurzeln reichen so tief, dass sie auch während der Trockenzeit die Bäume mit Grundwasser versorgen können. Die im Oberboden befindlichen Nährstoffe sind für die Bäume zu dieser Jahreszeit nicht verfügbar, weil es dort normalerweise zu trocken ist. Unter stark befallenen Bäumen dagegen wird dem Oberboden durch die Zikaden so viel Wasser zugeführt, dass er selbst während der Trockenzeit anhaltend und gut durchfeuchtet ist. Unter diesen Bedingungen können dann nicht nur Samen keimen, die sonst in Trockenruhe verharren würden, sondern auch die Mineralisierung wird nicht unterbrochen, und die Bäume können selbst in der trockenen Jahreszeit die Nährstoffe aus dem Oberboden aufnehmen. Voraussetzung ist allerdings, dass die Wasserversorgung der Bäume aus dem Grundwasser den Entzug durch Verdunstung und die Schaumzikaden nicht unterschreitet (OWEN und WIEGERT 1976).

Viele Pflanzen könnten sich ohne Bestäubung durch Tiere (Vögel, Insekten, Fledermäuse, Flughunde) nicht vermehren. Im Laufe der Evolution haben sich zum Teil mutualistische Beziehungen zwischen diesen Pflanzen und den bestäubenden Tieren entwickelt. Für die Erhaltung der Arten ist dies von entscheidender Bedeutung (FAEGRI und VAN DER PIJL 1971; FEINSINGER 1983; WHITAKER und JONES 1994). Beispielsweise sind der Saguaro- oder Riesenkaktus (*Carnegia gigantea*), eine der vorherrschenden Pflanzen in der Sonorawüste, und auch der Orgelpfeifenkaktus (*Lemaieocerus thurberi*) auf Fremdbestäubung angewiesen. Zu den wichtigsten Bestäubern zählen die tagaktive Honigbiene (*Apis mellifera*), die nachtaktive Langnasen-Fledermaus (*Leptonycteris nivalis*) und (nur beim Riesenkaktus) die Weißflügeltaube ("western white-winged dove", *Zenaida asiatica mearnsi*) (ALCORN et al. 1959; ALCORN et al. 1961; ALCORN et al. 1962; McGREGOR et al. 1962).

Man braucht kein Systemanalytiker zu sein, um auch diese komplexen Wirkungen schließlich auf Produktivitätsaspekte reduzieren zu können. Es geht aber nicht allein darum, sondern auch um die Qualität der Ökosysteme als Lebensraum und darum, wie diese durch die Tiere beeinflusst wird, zum Beispiel über die Veränderung der Zusammensetzung, der Sukzession und der Struktur der Vegetation. Auch Mutualismen, beispielsweise zwischen Herbivoren und ihrer Nahrungsgrundlage, spielen in diesem Zusammenhang eine nicht unerhebliche Rolle (MATTES 1978, 1982; McNAUGHTON 1979 a; OWEN und WIEGERT 1981; TOMBACK 1982; TOMBACK und LINHART 1990). Zum Beispiel haben sich unter dem Selektionsdruck von Grasfressern vollkommen an die Beweidung angepasste Grasformationen entwickelt, die aus vielen, zum Teil sehr großflächigen und überdies langlebigen Klonen mit jeweils vielen Klonfolgen bestehen (HABERD 1962, 1967; OWEN und WIEGERT 1981). Viele Grasarten scheinen ohne Beweidung gar nicht überleben zu können (siehe auch MCNAUGHTON 1979 a). Die vorwiegend vegetative Ausbreitung wird als Reaktion der Gräser auf den Verbiss gesehen. Dieser schränkt die Produktion von Samen ein (u. a. MCNAUGHTON 1979 b; OWEN und WIEGERT 1981), die vegetative Vermehrung aber sichert den Fortbestand der Gräser und damit die Nahrungsgrundlage der Herbivoren. BELSKY (1986) kommt hingegen nach einer gründlichen Review der einschlägigen Literatur zu dem Schluss, dass bislang kein wirklicher Beweis für eine positive Wirkung der Herbivorie auf die Nahrungspflanzen im Sinne einer Steigerung der Produktivität und Vitalität vorliegt. Auch die Vermutung, dass an den Gräsern haftender Speichel von herbivoren Säugetieren und Grashüpfern das Graswachstum stimuliert, konnte nicht nachgewiesen werden (REARDON et al. 1972, 1974; DETLING et al. 1980). Andererseits sollen herbivore Insekten dem Gras wachstumsfördernde Substanzen injizieren (DYER und BOKHARI 1976). Das alles sind Vorgänge, die sich nur schwer, wenn überhaupt, quantifizieren und bilanzieren lassen und deswegen in den gängigen Energieflussmodellen unberücksichtigt bleiben.

2.2 Bedeutung der Populationsdichte

Das Ausmaß der Wirkung der Tiere auf die Landschaft steht in engem Zusammenhang mit ihrer Populationsdichte. Diese ist Schwankungen unterworfen, die sehr verschiedene Ursachen haben können. Dabei kann es sich um populationsinterne Einflüsse handeln, wie beispielsweise Territorialverhalten und Reproduktion, oder um äußere, wie langanhaltende Dürreperioden, extrem schneereiche Winter, Feuer, Überschwemmungen und andere "Naturkatastrophen" sowie nicht zuletzt auch Einwirkungen des Menschen (Jagd, Veränderungen des Lebensraumes u.a.m.). Bisweilen wirken endogene und exogene Einflüsse auch gleichzeitig und sind in ihrer spezifischen Wirkung kaum, oftmals überhaupt nicht zu identifizieren.

2.2.1 Habitatbedingungen und Selbstregulierung als Ursachen von Dichteschwankungen

Bei den Dichteschwankungen kann es sich einerseits um jährliche Fluktuationen handeln, wie sie zum Beispiel durch den Witterungsverlauf, das Nahrungsangebot, die Kondition der Tiere sowie durch das zum Teil davon abhängige Verhältnis von Natalität und Mortalität hervorgerufen werden. Beispielsweise wurde nach guter Buchenmast im Herbst eine starke Vermehrung der Rötelmäuse (*Clethrionomys glareolus*) und der Gelbhalsmäuse (*Apodemus flavicollis*) während des folgenden Winters unter der Schneedecke beobachtet (Abb. 9). Im Herbst darauf gab es keine Bucheckern, und im Winter fand keine Vermehrung statt (BÄUMLER und HOHENADL 1980). Zum anderen können aber starke Schwankungen auftreten, charakterisiert durch ein stetiges Populationswachstum über mindestens zwei Generationen (CAUGHLEY 1970), auf das dann eine plötzliche Abnahme erfolgt. So wimmelt es in manchen Jahren von Marienkäfern, Mäusen oder Kaninchen, in anderen treten sie kaum in Erscheinung.

Massenvermehrungen bei den Feldmäusen (*Microtus arvalis*), wie in den Grünland- und Ackerbaugebieten des nordwestdeutschen Tieflandes, haben die Menschen bis zur Verzweiflung und in die Kirchen getrieben, wo sie durch Gebete Erlösung von diesen Plagen erflehten. Die Feldmäuse zeichnen sich durch eine unglaubliche Vermehrungsfähigkeit aus. Schon vom 12. Lebenstage an sind sie fortpflanzungsfähig und können dann alle drei Wochen einen Wurf mit fünf

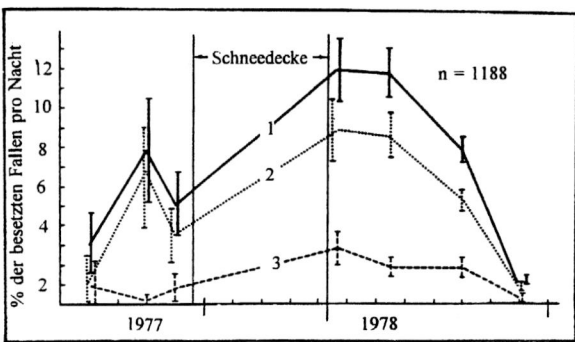

Abb. 9: Entwicklung der Mäusedichte nach einer Buchenmast im Herbst 1977. 1 Gesamtdichte, 2 Rötelmaus, 3 Gelbhalsmaus (nach BÄUMLER und HOHENADL 1980).

und mehr Jungen zur Welt bringen. Die Fortpflanzungsperiode erstreckt sich in Mitteleuropa von März bis Oktober, doch sind auch Wintervermehrungen nicht selten. Bei steigender Populationsdichte geht die Reviergröße zurück, und mehrere Weibchen bilden zusammen eine Nestgemeinschaft. In ihr ziehen sie gemeinsam ihre Jungen auf. Da mit zunehmender Mäusedichte Revierkämpfe zwischen rivalisierenden Männchen häufiger werden, nimmt deren Zahl stark ab. Infolge der Verschiebung des Geschlechterverhältnisses zugunsten der weiblichen Tiere sind Massenvermehrungen vorprogrammiert (siehe auch FRANK 1986). Weder die zahlreichen natürlichen Feinde der Feldmäuse noch umfangreiche Bekämpfungsmaßnahmen, wie zum Beispiel Ausräuchern, Einsatz von Schweinen, die die Äcker durchwühlten, oder Gift, haben solche Massenvermehrungen verhindern können. Daran hat sich bis heute nur wenig geändert (LEICHT 1979). Während der vierziger und fünfziger Jahre des vorigen Jahrhunderts kam es auch zu bis dahin nicht beobachteten großen Massenvermehrungen der Erdmäuse (*Microtus agrestis*), die auf den ausgedehnten, während der Kriegs- und Nachkriegszeit entstandenen und danach völlig vergrasten Kahlflächen optimale Existenzbedingungen vorfanden. Die Mäuse richteten in den Aufforstungen große Schäden (Verbiss, Ringeln) an, denen die Forstleute ziemlich hilflos gegenüberstanden (FRANK 1986).

Solche Massenvermehrungen führen auch in den Medien umgehend zu Katastrophenmeldungen, wie zum Beispiel die nachfolgend wiedergegebenen.

Maikäfer – Abartige Kalamität. Die Wälder im Hessischen Riet werden von einer nie dagewesenen Plage heimgesucht (FOCUS 18, vom 27. April 1998).

oder

Mäuse überrennen die Mongolei - In der Mongolei droht eine Hungersnot, verursacht durch eine verheerende Mäuseplage. Bis zu 40 Millionen Exemplare der Feldmausart Microtus Brandti fressen in den Steppen östlich der Hauptstadt Ulan Bator die Gräser ab und gefährden in dem 400 000 Quadratkilometer großen Gebiet die Lebensgrundlage von Rindern, Ziegen und Schafen. Schon kommt es im ganzen Land zu Engpässen in der Milchversorgung. Der englische Geograph Nicholas Middleton, Dozent an der Universität Oxford: "Wo man in der Steppe auch hinfährt – überall wimmelt es nur so von Mäusen." Deren explosionsartige Vermehrung wurde durch Pelztierjäger begünstigt, die den Bestand an Füchsen und Wölfen, die Hauptfeinde der Nager sind, stark dezimiert haben (DER SPIEGEL 32, 1990).

"Abartig" ist im ersten Falle allein die Formulierung - sie liegt auf einer Ebene wie die seinerzeit von BEZZEL (1983) zitierte Verlautbarung aus dem Bundesministerium für Ernährung, Landwirtschaft und Forsten, dass der Habicht eine "übernatürlich hohe Dichte" erreicht habe (Kapitel 4.4) oder dass Nebelkrähen und Kolkraben einen "Bestandesüberschuss" produziert hätten (GORETZKI 1999). Die Maikäfer verhalten sich dagegen völlig "normal". Im zweiten Fall ist die Begründung, dass die Pelztierjäger die Massenvermehrung begünstigt hätten, eine der üblichen im

Trend liegenden "boulevard-ökologischen" Erklärungen, die aber jeder Grundlage entbehrt. Der Überweidung durch Rinder, Schafe und Ziegen ist in diesem Zusammenhang ein erheblich grösserer Einfluss zuzuschreiben, denn alle Prädatoren zusammen wären nicht in der Lage, gegen diese Masse von Wühlmäusen anzufressen.

Weit verbreitet sind zyklische Massenvermehrungen bei herbivoren Insekten, vor allem in den Wäldern der höheren Breiten, in deren Verlauf die Populationen mancher Insektenarten, die normalerweise nur einen vergleichsweise geringen Anteil an der Gesamtzahl der in den Wäldern lebenden Insekten ausmachen (unter den Lepidopteren sind es beispielsweise nur 1 - 2 %), von Zeit zu Zeit explosionsartig anwachsen. Typische Beispiele dafür sind unter anderem die Massenvermehrungen des Grünen Spanners (*Epirrita autumnata*) in den subarktischen Birkenwäldern Nordeuropas (Kapitel 2.4.1) und des Grauen Lärchenwicklers (*Zeiraphera griseana*) in den zentralalpinen Lärchenwäldern (Kapitel 2.4.2). Die Kulminationsphasen erstrecken sich gewöhnlich über ein bis drei Jahre, danach bricht die Population infolge Nahrungsmangels (unzureichende Menge und Qualität) zusammen. Weitere Beispiele sind der "mountain pine beetle" (*Dendroctonus ponderosae*) und der "spruce budworm" (*Choristoneura fumifera*) im westlichen Nordamerika (Kapitel 2.4.3.1 und 2.4.3.2).

Die Regulierung von Populationen erfolgt aber nicht nur über Nahrungsverknappung, Fressfeinde und/oder Territorialverhalten, sondern es kann durchaus auch der Fall eintreten, dass die sich nach einem Kahlfraß entwickelnde Vegetation bestimmte Habitatansprüche nicht mehr erfüllen kann. Ein gutes Beispiel dafür ist die Schilfeule (*Nonagria, Archanara*). Das Schilf bildet für diese Lepidopteren nicht nur die Nahrungsgrundlage, sondern ist gleichzeitig auch für die Verpuppung unerlässlich. Die Schilfeule verpuppt sich im Juli/August in den bodennahen Internodien der Schilfhalme, die dazu einen Mindestdurchmesser von knapp sieben Millimetern aufweisen müssen. Die Schilfbestände reagieren auf den Kahlfraß durch die Schilfeule, indem nach zwei- bis dreijährigem Befall statt großer Halme in relativ geringer Zahl sehr viele dünne Halme austreiben. So zeichnen sich von der Schilfeule stark befallene Schilfbestände durch ein Mosaik von Bereichen mit kräftigen, aber vergleichsweise weitständigen Halmen und anderen mit sehr vielen dünnen, dichtstehenden Halmen aus (VOGEL 1985). Letztere bieten den schlüpfenden Raupen dann zwar qualitätvolle Nahrung im Überfluss, doch mangelt es an Verpuppungsmöglichkeiten, und die Population bricht zusammen.

Solche Massenvermehrungen stellen den Extremfall der Schwankungsbreite in der Populationsdynamik dar. Während der Progressionsphase steigt die Dichte exponentiell an, bis zum Beispiel die Nahrungsgrundlage nicht mehr ausreicht, oder ein anderer existenzieller Faktor begrenzend wirkt. So führt das zunehmende Gedränge zu sozialem Streß, der unter Umständen den physischen Zusammenbruch der Population zur Folge haben kann, wie es u. a. bei Massenvermehrungen von Feldmäusen beobachtet wurde (u. a. FRANK 1953, 1954). In anderen Fällen kommt es zu Massenabwanderungen. Ein gutes Beispiel dafür sind die Lemmingzüge (u. a. BATZLI 1981). Nach dem plötzlichen Rückgang der Populationsdichte auf ein meist sehr niedriges Niveau beginnt die Entwicklung von neuem (siehe auch Abb. 11 b). Derartige Gradationen erstrecken sich gewöhnlich über mehrere Jahre. In den meisten Fällen ist die Amplitude der Populationsschwankung jedoch wesentlich geringer.

Die Populationsschwankungen sind Ergebnis einer Vielzahl von dichteabhängigen und dichteunabhängigen Faktoren, die sich wiederum wechselseitig beeinflussen (Abb. 10). Mit wachsender Populationsdichte kommt es in steigendem Maße zu Vorgängen, die man, nicht ganz präzis (siehe unten), als Selbstregulation bezeichnet. Dazu zählen unter anderem der Rückgang der Reproduktion (z. B. weniger Zwillings- und Mehrlingsgeburten, verzögerter Eintritt der Geschlechtsreife, mehr männliche als weibliche Nachkommen, Sozialverhalten). Dagegen kommt es unter günstigen Bedingungen zu einer erhöhten Vermehrung. Zum Beispiel stellte man während der Progressionsphase einer Weißwedelhirsch-Population in einem mit Nahrung optimal ausgestatteten

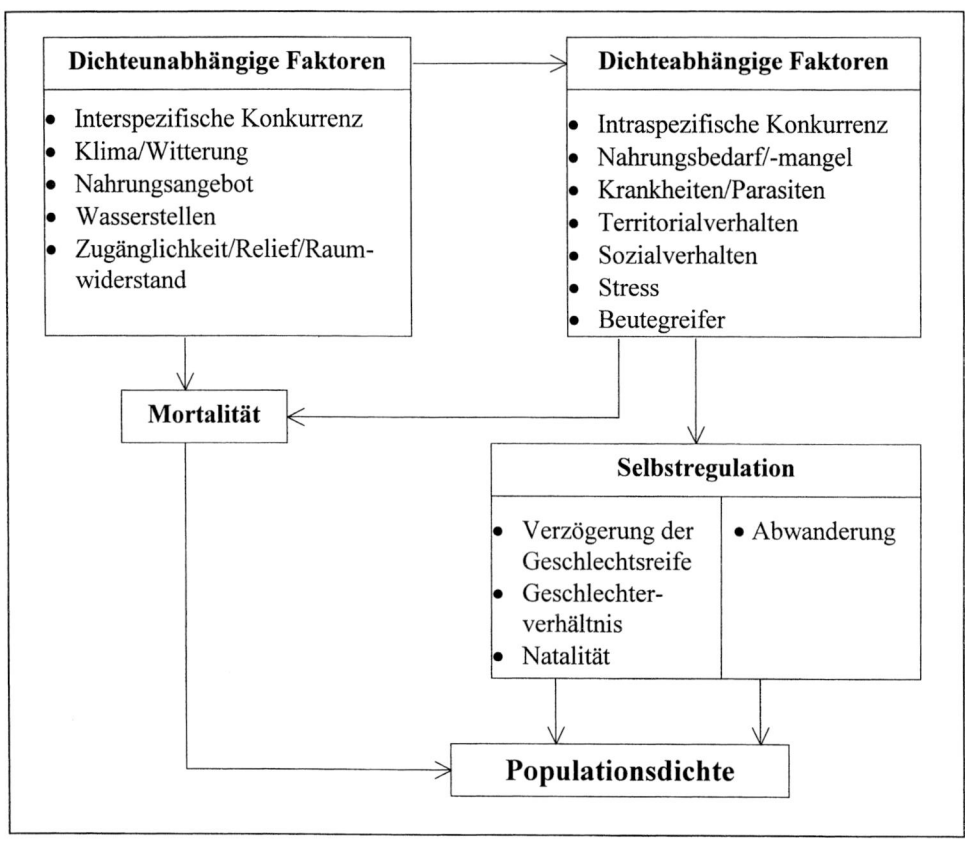

Abb. 10: Dichteabhängige und dichteunabhängige Faktoren und ihre Wirkungen auf die Populationsdichte (Entwurf HOLTMEIER).

Gebiet in Kanada fest, dass schon die sechs Monate alten Hirschkühe tragend waren, und bei mehr als der Hälfte der älteren Tiere verzeichnete man Zwillings- anstelle von Einzelgeburten. Rehgeißen bringen unter entsprechenden Verhältnissen mehr weiblichen Nachwuchs zur Welt, und innerhalb kurzer Zeit kann ein Überschuss an weiblichen Tieren entstehen (ELLENBERG 1978; MÜRI 1999 a, 1999 b). Die künstliche Reduktion einer Population von Schneeziegen (*Oreamnos americanus*) in den Rocky Mountains hatte eine entsprechende Entwicklung zur Folge (HOUSTON und STEVENS 1988). Auch beim Wapiti (*Cervus canadensis*) sind unter günstigen Bedingungen etwa 25 % aller Geburten Zwillingsgeburten, während bei hoher Dichte nur in 1 % der Fälle Zwillinge zur Welt kommen. In solchen Fällen nimmt infolge der bei kritisch werdender Dichte einsetzenden Selbstregulierung die Populationsentwicklung einen sigmoiden Verlauf, die Dichte nähert sich also asymptotisch dem sogenannten K-Wert (=Aufnahmekapazität, Tragfähigkeit) des jeweiligen Lebensraumes (Abb. 11 a). Nicht selten aber greifen die Selbstregulierungsmechanismen erst mit einer gewissen Verzögerung, so dass der K-Wert eine Zeit lang überschritten wird. Die Dichte geht auf ein Niveau unterhalb der Tragfähigkeitsgrenze zurück und kann nach einiger Zeit, wenn die Bedingungen sich gebessert haben, erneut ansteigen. Die Populationsdichte schwankt in diesen Fällen mit relativ geringer Amplitude um den K-Wert und kann sich dabei auf ein sogenanntes Fließgleichgewicht einpendeln (Abb. 11 c).

Solche Entwicklungen sind sowohl in längst etablierten Populationen als vor allem aber nach der Ansiedlung von Tieren in vorher nicht von ihnen bewohnten Lebensräumen zu beobachten (RINEY 1964; CAUGHLEY 1970; CHALLIES 1975).

Die Kurven (Abb. 11 a, b, c) stellen einige Grundtypen von stetig verlaufenden Populationsentwicklungen dar. In der komplexen Wirklichkeit vollziehen sich die Entwicklungen aber nicht stetig, sondern in unterschiedlichen Zeitschritten zeitdiskret (z. B. Generationen). Zudem werden sie von zahlreichen, sich zum Teil wechselsei-

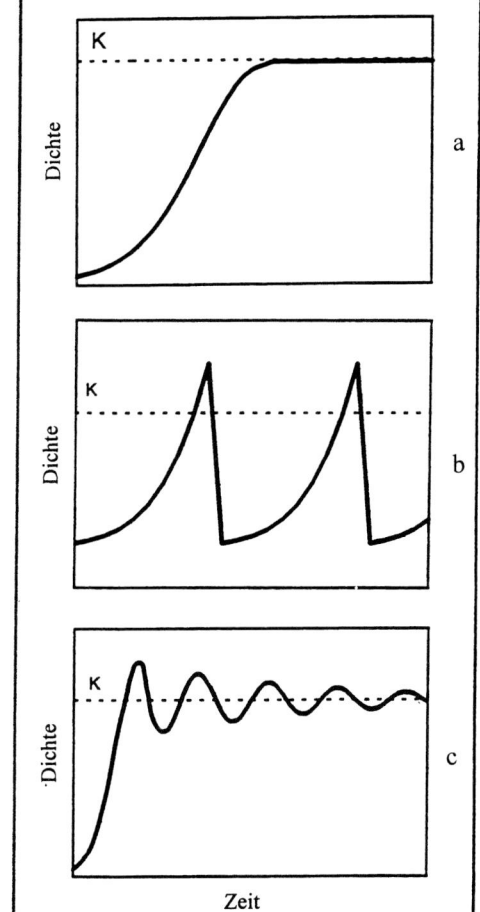

Abb. 11: Grundtypen der Populationsdynamik (nach ODUM 1991, verändert).
a) Infolge der sich aus dem Populationswachstum ergebenden negativen Rückkoppelungen nimmt die Zuwachsrate mit steigender Dichte immer mehr ab und nähert sich asymptotisch der Tragfähigkeitsgrenze (K) des Lebensraumes.
b) Zyklische Massenvermehrung. Exponentielles Wachstum der Population bis die Tragfähigkeitsgrenze (K) erreicht und oft auch kurzfristig überschritten wird. Danach folgt ein rascher Rückgang auf eine sehr niedrige Dichte, bis die lebensnotwendigen Ressourcen ein erneutes exponentielles Wachstum erlauben.
c) Nach Übernutzung verzögerte Wirkung der Selbstregulation und allmähliches Einpendeln auf ein "Gleichgewicht" mit abnehmenden Schwankungen um den K-Wert.

tig und oft nichtlinear beeinflussenden Variablen gesteuert. Schon eine nur geringfügige Änderung der Dichte der Ausgangspopulation und/oder der Vermehrungsrate in einem sehr einfachen Modell (Abb. 12) kann dazu führen, dass die Populationsentwicklungen nach einer bestimmten Zeit unvorhersehbare, chaotische Verläufe nehmen (CHRISTIANSEN und FENCHEL 1977; COSTANTINO et al. 1991).

Zyklische Populationsschwankungen, teilweise in Massenvermehrungen kulminierend (z. B. bei *Epirrita autumnata*; Kapitel 2.4.1), sind eine durchaus natürliche Erscheinung. In vielen Fällen aber haben Veränderungen der natürlichen Lebensräume derartige Massenvermehrungen begünstigt. So verbesserten sich in den Savannen Afrikas die Lebensbedingungen für die afrikanischen Webervögel (*Quelea quelea*) mit der Ausweitung des Getreideanbaus (Mais, Weizen, Hirse, Reis) und der damit einhergehenden Anlage von Wasserreservoiren für die künstliche Bewässerung beträchtlich (SCHMUTTERER 1965; DREISER 1993; Kapitel 2.4.4). Infolgedessen finden die Webervögel nicht nur Nahrung im Überfluss, sondern auch während der Trockenzeit fast überall Wasser in erreichbarer Nähe. Darüber hinaus hat sich mit der Anpflanzung von Akazien entlang der Flussläufe die Zahl sicherer Brutplätze erhöht.

In den Wäldern des Yellowstone Parks, deren langfristige Entwicklungszyklen durch Waldbrände gesteuert werden (ROMME und DESPAIN 1990), hat die Brandbekämpfung die ökologischen Bedingungen dahingehend verändert, dass Massenvermehrungen des "mountain

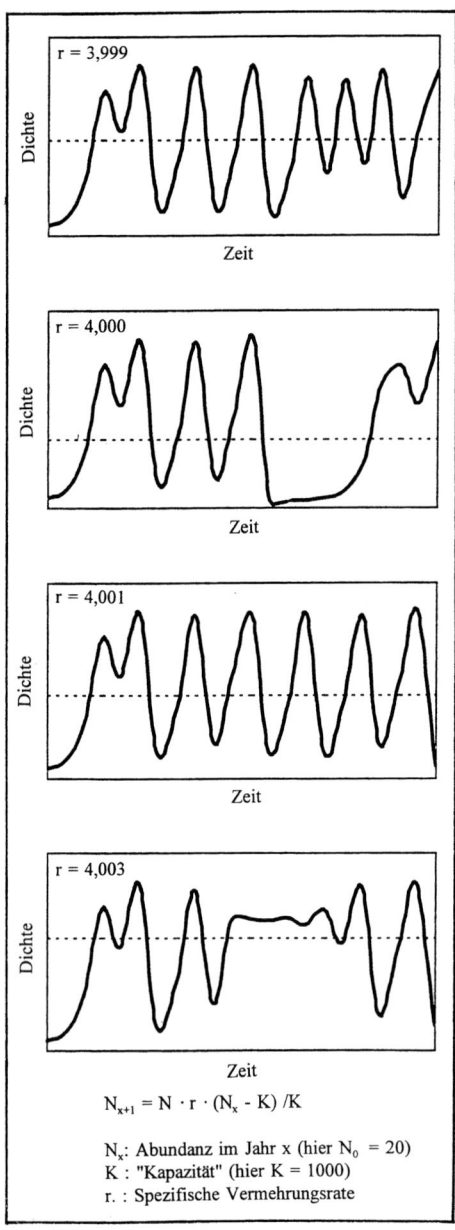

$$N_{x+1} = N \cdot r \cdot (N_x - K) / K$$

N_x: Abundanz im Jahr x (hier N_0 = 20)
K : "Kapazität" (hier K = 1000)
r. : Spezifische Vermehrungsrate

Abb. 12: Simulation der Populationsentwicklung in Abhängigkeit von einer leicht zunehmenden Vermehrungsrate (Entwurf HOLTMEIER/REICHSTEIN).

pine beetle" begünstigt werden (siehe auch AMMAN 1977). Auch das Ausmaß der während der Höhepunkte der Massenvermehrungen des Grauen Lärchenwicklers verursachten Schäden in den zentralalpinen Lärchenwäldern dürfte durch die vom Menschen geförderte Entwicklung reiner Lärchenbestände zugenommen haben (AUER 1947; HOLTMEIER 1967 a, 1974, 1995 a; siehe auch Kapitel 2.4.2).

In den meisten Fällen scheint die Verfügbarkeit von Nahrung (Menge, Qualität) in den die Populationen kontrollierenden Faktorenkomplex impliziert zu sein (REMMERT 1980 a) und eine Art Schlüsselfunktion zu besitzen (VERME 1969; THORNE et al. 1976; REMMERT 1980 a; CAUGHLEY 1983; SINCLAIR 1985; CLUTTON-BROCK et al. 1987; HOUSTON und STEVENS 1988; CHOQUENOT 1991). Solange die Menge und vor allem die Qualität des Nahrungsangebotes ausreichen und weder Territorialverhalten noch Feinde, Krankheiten oder auch der Mangel an Brutplätzen beziehungsweise an anderen notwendigen Biotopeigenschaften begrenzend wirken, ist theoretisch ein Wachstum der Populationen bis zur maximalen Tragfähigkeit des Lebensraumes möglich, sofern die Wachstumsrate in einem linear proportionalen Verhältnis zur Populationsdichte zurückgeht. Kritisch wird die Situation für die Tiere und ihren Lebensraum, wenn der Nahrungsbedarf nicht mehr gedeckt werden kann und der K-Wert zeitweilig überschritten wird (Abb. 11 b und 11 c). Dies kann an äußeren, dichteunabhängigen Einflüssen liegen (z. B Klima), die die Nahrungsgrundlage beeinträchtigen, oder/und an erst "verspätet" greifenden Selbstregulierungsmechanismen.

Bei herbivoren Säugern zum Beispiel bedeutet dies Überbeweidung, verbunden mit vermehrtem Umherlaufen bei der Futtersuche und infolgedessen steigendem Energiebedarf. Auch das Nahrungsspektrum verändert sich. Während beispielsweise Rot- und Rehwild bei geringer Populationsdichte nur Nahrungspflanzen von bester Qualität annehmen, fressen sie bei zunehmender Dichte auch solche, die sie vorher verschmähten (SCHRÖDER 1972). Häufige Fluchten vor Fressfeinden und andere Störungen erhöhen den Energieverbrauch (Abb. 13; siehe auch Abb. 29). Vor allem während des Winters, wenn kein entsprechendes Nahrungsangebot vorhanden ist, wirken sich solche Einflüsse

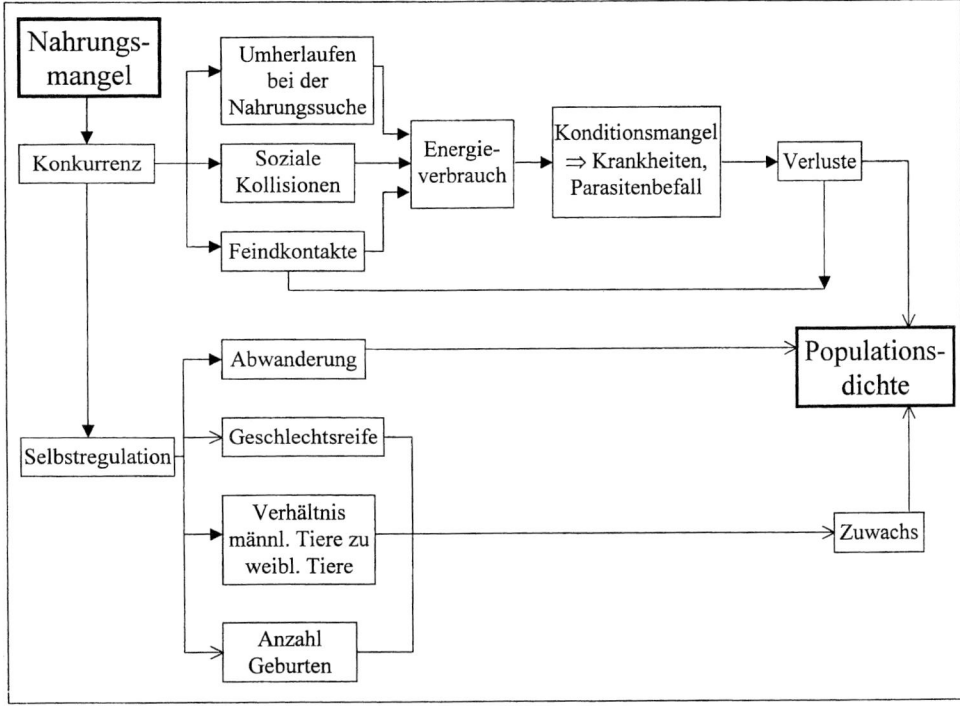

Abb. 13: Wirkungen des Nahrungsmangels auf die Populationsdichte (Ausgefüllte Pfeilspitzen bedeuten Zunahme, Wachstum, offene Pfeilspitzen Abnahme (Entwurf HOLTMEIER).

nachteilig auf die Tiere aus. Mit der Zeit stellen sich Konditionsmängel ein, die unter Umständen zum Tod der geschwächten und nicht mehr ausreichend widerstandsfähigen Individuen führen. Eine unzureichende Ernährung während des Winters kann ein zu geringes Geburtsgewicht und eine dadurch erhöhte Mortalität der Jungtiere zur Folge haben (z. B. ALBON et al. 1983). Die Vermehrungsrate sinkt infolge der primär durch den Nahrungsmangel ausgelösten Selbstregulierung. Überzählige und konkurrenzschwache Tiere werden abgedrängt (siehe auch KLEIN 1970; CARL 1971; BATZLI 1983) oder wandern ab, sofern dem nicht unüberwindliche Hindernisse entgegenstehen. Von isoliert gelegenen Meeresinseln ist beispielsweise eine Abwanderung herbivorer Säugetiere kaum möglich. Wenn sich die Vegetation nach dem Rückgang der Populationsdichte erholt hat, kann diese aufgrund der nunmehr verbesserten Nahrungsgrundlage wieder anwachsen. Nicht ins gewohnte Bild passen Beobachtungen in Südschweden, bei denen man feststellte, dass die Übernutzung der Nahrungsgrundlage durch Elche in ihren Winteräsungsgebieten nicht unbedingt eine Abwanderung in Gebiete mit geringerer Elchdichte zur Folge hat (SWEANOR und SANDEGREN 1989; siehe auch Kapitel 2.3.2.4)

2.2.2 Wirkungen des Räuber-Beute-Verhältnisses auf die Populationsdichte

Es ist hier nicht der Ort, auf alle die Populationsdichte beeinflussenden Faktoren einzugehen (siehe dazu SCHWERDTFEGER 1968; REMMERT 1980 a; ODUM 1991). Einige Bemerkungen über den Einfluss des Räuber-Beute-Verhältnisses erscheinen gleichwohl angebracht, wird doch in der populärwissenschaftlichen und naturschutzorientierten Literatur sowie auch in Jägerkreisen den Beutegreifern zumeist eine zu große Bedeutung als populationsregulierender Faktor beigemessen. So werden mitunter, insbesondere seitens des Naturschutzes, die Bemühungen um die Wiederansiedlung von großen Raubtieren in ihren ehemaligen Lebensräumen damit begründet (siehe Kapitel 3.2.3), und immer wieder hört man aus dem Munde von Jägern, dass sie heutzutage die Regulatorfunktion der aus unseren Landschaften verschwundenen großen Prädatoren erfüllen müßten.

Nun besteht zwar zwischen dem Bestand der Beutetiere und der Zahl der Räuber eine enge Abhängigkeit – als "Beweis" werden häufig die sich in Zyklen von 8-11 Jahren vollziehenden Bestandesschwankungen von Schneeschuhhasen (*Lepus americanus*) und Luchspopulationen (*Lynx canadensis*) herangezogen (Abb. 14) – , doch verwechselt man dabei häufig Ursache und Wirkung. So besteht die Luchsnahrung zu 3/4 aus Schneehasen. Da den Luchsen aber nur etwa 1/10 aller Schneeschuhhasen zum Opfer fällt, heißt das, dass der Hasenbestand für die Luchspopulation mehr bedeutet als diese für den Bestand der Schneeschuhhasen (REMMERT 1980 a).

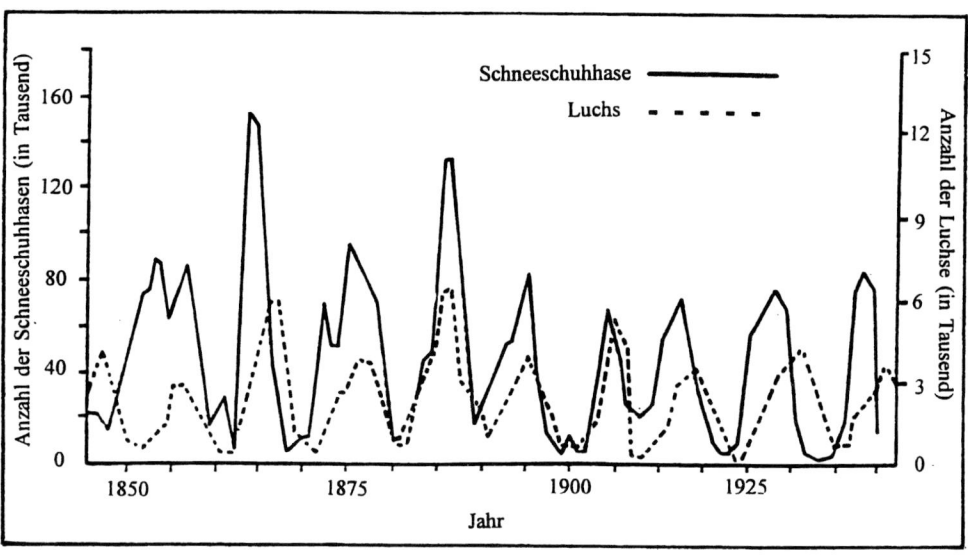

Abb. 14: Zyklische Bestandesschwankungen des Schneehasen (*Lepus americanus*) und des Luchses (*Lynx lynx*). Die Schwankungen entsprechen der Zahl der bei der Hudson Bay Company abgelieferten Felle (MCLULICK 1937).

Die vom Luchs erbeuteten Schneehasen weisen größtenteils eine schlechte körperliche Kondition auf (PEASE et al. 1979; KEITH 1983; KEITH et al. 1984; SMITH et al. 1988). Dies scheint dafür zu sprechen, dass die Einbrüche der Schneehasenpopulation im wesentlichen auf Nahrungsmangel – vor allem wohl an qualitätsvoller Nahrung – zurückzuführen sind. So nimmt nach starkem Verbiss in den Futterpflanzen (z. B. junge Triebe) der Gehalt an allelopathisch wirkenden Verbindungen zu (BRYANT 1981; BRYANT et al. 1983; BRYANT et al. 1985; BRYANT und CHAPIN III 1986; BRYANT et al. 1989) und macht diese Pflanzen für den Hasen ungenießbar. SMITH et al. (1988) konnten dagegen bei ihren Untersuchungen keinen absoluten Nahrungsmangel feststellen. Auch sehen sie in den chemischen Abwehrstoffen keine entscheidende Ursache für den Rückgang der Schneehasenpopulation, wenngleich auch sie Folgen der Beeinträchtigung der Nahrungsqualität nicht ausschließen. Doch selbst wenn kein absoluter Nahrungsmangel herrscht, sind die Schneehasen bei steigender Populationsdichte gezwungen, bei der Nahrungssuche weitere Wege zu machen und auch abseits ausreichender Deckungsmöglichkeiten ihr Futter zu suchen. Dies erfordert einen erhöhten Energieaufwand. Überdies nimmt die Gefährdung durch Beutegreifer zu, und häufigeres Flüchten steigert zusätzlich den Energieverbrauch (siehe auch Abb. 13). So kamen auch KEITH et al. (1984) aufgrund ihrer Untersuchungen in Alberta (Kanada) zu dem Ergebnis, dass der Nahrungsmangel zwar der primäre Auslöser des Populationseinbruchs ist, in den folgenden ein bis zwei Wintern jedoch die schlechte Ernährung und die Beutegreifer zusammen eine hohe Mortalität der Hasen verursachen. In einer späteren Phase sind möglicherweise die Räuber allein dafür verantwortlich (siehe auch HODGES et al. 1999).

Auch die zyklischen Bestandesschwankungen von Lemmingen (*Lemmus lemmus*) und anderen Mikrotinen in den subarktischen/arktischen Breiten werden primär den klimaabhängigen Fluktuationen der Quantität und Qualität der pflanzlichen Nahrungsgrundlage zugeschrieben. Der Wärmemangel, die phänologische Entwicklung der Nahrungspflanzen, die langsame Mineralisierung und die daraus resultierende schlechte Nährstoffversorgung der Pflanzen sowie nach Verbiss gebildete sekundäre Inhaltsstoffe sollen dabei die steuernden Faktoren sein (KALELA 1962; CHAPIN III et al. 1978; CHAPIN III 1980; LAINE und HENTTONEN 1983). Ebenso wie die Nahrung dürften jedoch auch die winterlichen Lebensbedingungen, insbesondere die Temperaturen und die Schneedeckenverhältnisse, sowie der Einfluss von Raubtieren (vor allem Wiesel), die Populationsentwicklung beeinflussen (MACLEAN et al. 1974; BATZLI 1981).

Untersuchungen bei Kilpisjärvi (Finnisch-Lappland) zeigen, dass dort die Zyklen der verschiedenen Wühlmausarten (*Clethrionomys rufocanus, Clethrionomys rutilus, Microtus agrestis, Microtus oeconomus* und *Lemmus lemmus*) im Allgemeinen synchron verlaufen, von einigen, wohl durch interspezifische Konkurrenz bedingten Unterschieden, vor allem während der Progressionsphase und des Höhepunktes der Populationsdichte, abgesehen (siehe auch ANDERSSON und JONASSON 1986). Das Dichteminimum erreichen alle Arten jedoch zu demselben Zeitpunkt. Ebenso ist für das gesamte nördliche Fennoskandien (MYRBERGET 1973; CHRISTIANSEN 1983), einschließlich der Kola-Halbinsel (KOSHINKA 1970), ein gelegentlich synchrones Verhalten der Nagerpopulationen belegt.

Restlos geklärt sind die Zusammenhänge zwischen der Populationsentwicklung und den sie kontrollierenden Faktoren aber noch nicht, und bisweilen bereitet es Schwierigkeiten, Ursachen und Wirkungen zweifelsfrei auseinander zu halten. So sehen beispielsweise LAINE und HENTTONEN (1983) in den ihrer Ansicht nach von den Wärme- und Nährstoffverhältnissen abhängigen Blühzyklen der Pflanzen einen Auslöser für den Anstieg der Kleinsäugerpopulationen, während JÄRVINEN (1987) den Verbiss der Pflanzenknospen durch die Lemminge für die Ursache der Fluktuationen der Blühhäufigkeit hält. Die vielfach beschriebene Abhängigkeit der Populationsentwicklung direkt von der als Nahrung verfügbaren Phytomasse ist auch nicht eindeutig nachzuweisen. So wurde bei vielen Untersuchungen festgestellt, dass auf dem Höhepunkt der Populationsdichte die Reproduktion schon aufhört, wenn noch reichlich Nahrung zur Verfügung steht (KALELA 1957; SCHAFFER und TAMARIN 1973; KREBS und MYERS 1974; VIITALA 1977; OKSANEN und OKSANEN 1981). Das mag im Hinblick auf kommende "schlechte Zeiten" sinnvoll erscheinen, da die spät im Sommer Geborenen geringere Überlebenschancen haben, doch bleibt es dahingestellt, ob es sich dabei um eine Adaption handelt. Nach Beobachtungen von MYRBERGET (1986) bei Kilpisjärvi lässt sich der Einfluss des Witterungsverlaufes auf die Populationsszyklen statistisch nicht absichern. ANDERSSON und JONASSON (1986) fassen den Stand der Forschung dahingehend zusammen, dass die bekannten Hypothesen über die ursächlichen Zusammenhänge zwischen Fluktuation der Nahrungsgrundlage (Menge, Qualität, phänologische Entwicklung) und den Nagerzyklen (z. B. KALELA 1962; TAST und KALELA 1971; LAINE und HENTTONEN 1983) das komplexe Phänomen nicht zufriedenstellend erklären (siehe auch SCHULTZ 1972; RHOADES 1983), ungeachtet einmal auch der regionalen Besonderheiten (ANDERSSON und JONASSON 1986).

43

Wie dem auch sei, die Schwankungen dieser Kleinsäugerpopulationen kontrollieren den Bestand der Schnee-Eulen (*Nyctea scandiaca*), Mauswiesel (*Mustela nivalis*) und Hermeline (*Mustela erminea*). Gleichwohl kann aber die Zahl der Mauswiesel während des Höhepunktes der Kleinsäugerpopulationen so groß werden – sie reagieren als r-Strategen sofort mit einer erhöhten Reproduktion auf das reichliche Angebot an Beutetieren (BATZLI 1981) –, dass letztere im Spätwinter und im folgenden Sommer einem erheblichen Feinddruck ausgesetzt sind (TAST und KALELA 1971; LAINE und HENTTONEN 1983). Entsprechende Beobachtungen wurden im Rahmen von Untersuchungen über den Einfluss von Wieseln und anderen Beutegreifern auf Lemmingpopulationen bei Point Barrow (Alaska) und auf Banks Island (Northwest Territories, Kanada) gemacht (THOMPSON 1955; MAHER 1967; MACLEAN et al. 1974; FITZGERALD 1981). Während der Regressionsphase war dort die Wirkung der Räuber auf die Populationsdichte besonders groß, insbesondere die der Wiesel. Vermutlich töteten sie in erster Linie weibliche Tiere und ihre Jungen in den Winternestern, während Schnee-Eulen mehr Männchen als Weibchen griffen (PITELKA 1957). Den Spatelraubmöwen (*Stercorarius pomarius*) fielen Lemminge beiderlei Geschlechts gleichhäufig zum Opfer (MAHER 1970).

Auf die im Prinzip vergleichbare Situation bei den Massenvermehrungen der Feldmäuse wurde schon eingangs hingewiesen. Ihr erfolgreichster Fressfeind ist der Mäusebussard (*Buteo buteo*). In günstigen Jahren machen sie etwa 3/4 seiner Beute aus, in mäusearmen Jahren nur noch 1/3 bis 1/4 (LEICHT 1979). Dann müssen die nun relativ häufigen Bussarde zum Teil auf andere Beutetiere (Kriechtiere, Maulwürfe, Spitzmäuse, kleine Säugetiere, Vögel) ausweichen (Beutewechsel, siehe. auch Abb. 17 und 18). Die Anzahl der Bussarde kann dabei durchaus konstant bleiben, doch gehen die Bruten zurück (HOHMANN 1994; STEINER 1999). Obwohl die Feldmaus neben dem Bussard noch viele andere Feinde hat (andere Greifvögel, Storch, Graureiher, Rabenkrähe, Würger, Mauswiesel, Hermelin, Iltis, Fuchs, Wildschwein, Igel, Katze u. a.), kommt es regelmäßig zu explosionsartigen Massenvermehrungen.

Einen guten Einblick in die Räuber-Beute-Beziehungen bieten auch die Untersuchungen über die Entwicklung des Elch- und Wolfbestandes auf der Isle Royale im Oberen See (U.S.A.). Die gut 500 km² große Insel erstreckt sich in einem Abstand zwischen 20 und 30 km annähernd parallel zum kanadischen Nordufer des Sees. Anfang dieses Jahrhunderts erreichten einige Elche (*Alces alces*) die Insel, vermutlich über das Eis oder schwimmend (Abb. 15, ALLEN 1974). Die letzten Zuwanderer erschienen wären des Winters 1912/1913. Im Jahre 1915 betrug die Zahl der Elche etwa 200. Die Vegetation war unberührt von anderen herbivoren Großsäugern. Die wenigen Waldkaribus, die im Winter über das Eis auf die Insel kamen, hielten sich entlang des feuchten küstennahen Bereiches auf, wo sie sich von den Flechten an den Bäumen ernährten (ALLEN 1974; PASTOR et al. 1988). Dank guten Nahrungsangebotes nahm der Elchbestand sehr rasch zu, ein für solche Einwanderungen typisches Phänomen (RINEY 1964; CAUGHLEY 1970). Um 1932 überschritt die Bestandesdichte mit vermutlich 2 000 bis 5 000 Tieren (4 bis 10 Elche/km²) bereits deutlich die Tragfähigkeit dieses Lebensraumes. Überall zeigten Pappeln, Birken, Vogelbeeren, Balsamtannen sowie

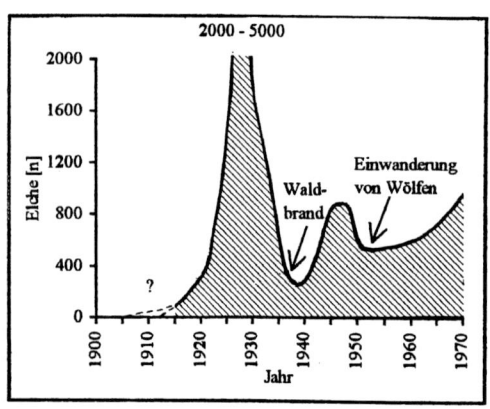

Abbb. 15: Entwicklung des Elchbestandes auf der Isle Royale (U.S.A.) bis 1970 (nach KREFTING 1974, verändert).

auch die Wasserpflanzen Spuren der Überbeweidung (MURIE 1934; HICKIE 1936). Der in vielen Teilen der Insel in der unteren Kronenschicht der Waldbestände vorherrschende Taxus (*Taxus canadensis*) wurde nahezu ausgemerzt (SLAVIK und JANKE 1987). Unzureichende Ernährung führte dann 1933/1934 zu einem drastischen Rückgang der Populationsdichte auf schätzungsweise 200 Elche (ALDOUS und KREFTING 1946). Eine großer Waldbrand im Jahre 1936, der rund ein Viertel der Insel erfasste, schränkte für zwei bis drei weitere Jahre die Nahrungsgrundlage erheblich ein. Danach aber erholte sich der Bestand allmählich, und 1948 gab es auf der Isle Royale wieder 800 Elche. Diese Zunahme wird hauptsächlich auf die nach dem Waldbrand aufgekommene Sekundärvegetation (*Populus balsamea*, *Betula papyrifera* u. a.) zurückgeführt, mit der sich die Nahrungsgrundlage entscheidend verbessert hatte. Erhöhte Populationsdichten von Elchen und auch anderen Hirscharten nach Waldbränden oder auch nach großen Kahlschlägen sind übrigens ein auch in anderen Waldregionen verbreitetes und geradezu regelhaftes Phänomen (u. a. FLOOK 1962; STRANDGAARD 1982). Zwei strenge Winter (1948/1949 und 1949/1950) in Folge ließen dann die Populationsdichte auf rund 500 Elche zurückgehen, wozu vor allem die wegen der ungünstigen Witterungsbedingungen erhöhte Sterblichkeit der Elchkälber beigetragen haben dürfte (siehe auch MECH et al. 1987).

Zur selben Zeit – zwischen 1948 und 1950 – waren Timberwölfe (*Canis lupus*) auf der Insel erschienen. Vorher gab es dort keine Raubtiere, die den Elchen hätten gefährlich werden können. Allen Voraussagen, die Wolfspopulation sei außer Kontrolle geraten und würde die Elche ausrotten, zum Trotz, und obwohl zwischen 1950 und 1970 die Nahrungspflanzen, mit Ausnahme der Balsamtanne, knapper geworden waren, wuchs der Elchbestand bis Ende der sechziger Jahre auf weit über 1 000 Tiere (etwa 3 Elche/km^2) an (BRANDNER et al. 1990). Man schreibt dies der guten Sommer- und Herbstäsung (also der Nahrungsqualität) zu, dank derer die Elche mit einer guten Kondition in den Winter gehen konnten. Die Anzahl der Wölfe hatte sich im selben Zeitraum verdoppelt. Das bedeutet aber, dass sie nur den "Überschuss" an Elchen "abgeschöpft" hatten (HANSEN et al. 1973) und ihr Bestand durch die Elchpopulation gesteuert worden war.

Vergleichbares wird von Axishirschen (*Axis axis*) und Tigern (*Panthera tigris*) im Kanha-Nationalpark (Zentralindien) berichtet (KURT 1982). Trotz des in den Jahren 1972 bis 1976 um 30 % (von 31 auf 48 Tiger) gestiegenen Tigerbestandes und obwohl die Axishirsche in diesem Gebiet nicht nur von Tigern, sondern auch von Rothunden (*Cuon alpinus*), Goldschakalen (*Canis aureus*) und Leoparden (*Panthera pardus*) gejagt werden, nahm der Bestand der Axishirsche von 6 500 auf 13 000 Tiere zu. In der Serengeti (Ostafrika) wuchsen die Gnu- und Kaffernbüffelbestände nach Eindämmung der Ende des 20. Jahrhunderts durch Hausrinder aus Russland oder Südeuropa eingeschleppten Rinderpest – sie ist seitdem die wichtigste Todesursache auch bei den wildlebenden Wiederkäuern der Savanne – stark an, trotz der Gegenwart der vielen Beutegreifer (SINCLAIR 1979 a, 1979 b).

Im Falle der Räuber-Beute-Beziehungen auf der Isle Royale darf man aber nicht außer Acht lassen, dass neben den Elchen auch Biber – und davon gab es schätzungsweise um 2 000 auf der Insel – den Wölfen als Nahrung dienten, allerdings nur in der Zeit von April bis November (MECH et al. 1987). Aber auch die Biberkolonien wuchsen trotz der Verluste durch die Wölfe an (ALLEN 1974).

Eine unerwartete Entwicklung bahnte sich nach den extrem schneereichen Wintern 1969, 1971 und 1972 an. Im Gegensatz zu schneeärmeren Wintern, in denen die Wölfe nur hier und da auf einen der weit über den Raum verstreuten Elche trafen, nahm die Anzahl der von Wölfen getöteten Elche drastisch zu. Etwa doppelt so viele Kälber wie vordem fielen den Wölfen zum Opfer. Wegen der hohen Schneedecke hielten sich die Elchkühe mit ihren Kälbern in den windgefegten, schneeärmeren und deshalb leichter begehbaren Küstenbereichen auf. Dort fanden die Kälber aber nicht mehr genügend Nahrung , weil die Bäume in diesen schon früher von den Elchen stark genutzten Bereichen bis in eine für die Jungtiere nicht erreichbare Höhe kahlgefressen waren. Völlige Erschöpfung der Jungtiere war die Folge, wie sich auch aus dem Fehlen selbst geringer Fettmengen im Knochenmark verendeter Tiere schließen ließ. Auf den vergleichsweise engen Küstensaum konzentriert, wurden die entkräfteten Tiere leichte Beute der Wölfe, zumal auch diese auf ihren Streifzügen die schneeärmeren Küstenbereiche benutzten. Auch noch in den diesen schneereichen Wintern folgenden Jahren blieben die Verluste an Jungtieren durch Wölfe im Vergleich zur Zeit vorher relativ hoch (Abb. 16). Dies ist möglicherweise darauf zurückzuführen, dass die körperliche Konstitution der Elchkälber, die nach einem dieser extremen Winter geboren worden waren oder ihn in ihrem ersten Lebensjahr überstanden hatten, noch auf Jahre hinaus geschwächt war, und sie deshalb leichter ihren Fressfeinden zum Opfer fielen als gut konditionierte Jungtiere (ALLEN 1974). Der demzufolge stark angewachsene Wolfsbestand hielt die Elchpopulation zwischen 1975 und dem Beginn der achtziger Jahre auf einem vergleichsweise niedrigen Niveau. Unmittelbar nach dem Einbruch der Wolfspopulation wuchs die Elchdichte sprunghaft an. Fast die Hälfte der 1983 auf der Isle Royale lebenden Elche soll 1981 und 1982 geboren worden sein (PETERSON et al. 1984). Seither ist mit Ausnahme eines leichten Einbruchs Ende der achtziger Jahre ein Anstieg des Elchbestandes zu verzeichnen, dem auch die Wolfspopulation folgt (MCLAREN und PETERSON 1994).

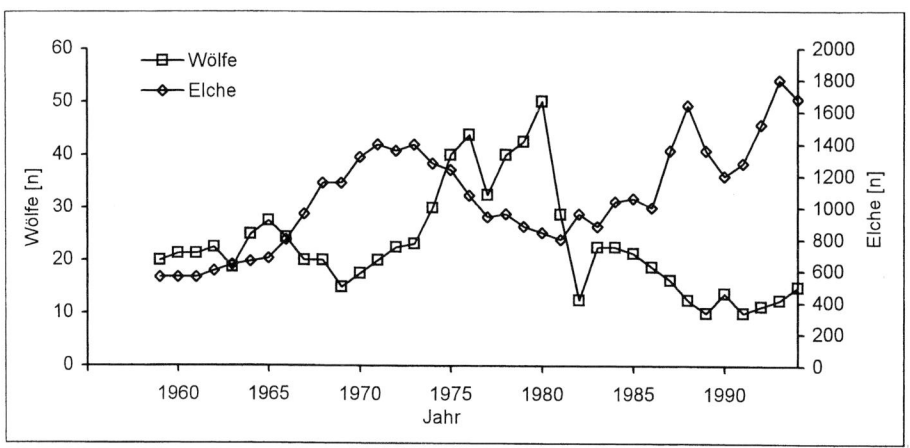

Abb. 16: Bestandeschwankungen von Elchen und Wölfen auf der Isle Royale (nach MCLAREN und PETERSON 1994, verändert).

Neuere, auf den nunmehr mehr als 40-jährigen Daten fußende Untersuchungen auf der Isle Royale (POST et al. 1999) deuten darauf hin, dass auch das Sozialverhalten der Wölfe von den wechselnden klimatischen Bedingungen beeinflusst wird und sich auf die Räuber-Beute-Beziehung zwischen Wölfen und Elchen auswirkt. So jagen die Wölfe in den härteren, schneereichen Wintern in Rudeln von durchschnittlich 12 Tieren, während die Rudel in milderen Wintern höchstens aus vier bis fünf Tieren bestehen. Die Bildung größerer Rudel hängt damit zusammen, dass in strengeren Wintern die geschlechtsreifen Jungtiere noch bei den Elterntieren bleiben. Große Rudel töten wiederum mehr Elche als kleine, oder – umgekehrt – in milderen Wintern entgehen mehr Elche weniger Wölfen. Deshalb führen letztlich auch mildere Winter zu vermehrtem Verbiss (Kapitel 2.3.2.4).

Die Diskussion über die den Populationsschwankungen der Elche zu Grunde liegenden Regulierungsmechanismen hält weiter an, und je mehr Fallstudien und Modelle einbezogen werden, umso komplexer erweist sich das Phänomen. Regional unterschiedliche Bedingungen (u. a. alternativ verfügbare Beute, Einfluss verschiedener Beutegreifer, pflanzliche Produktivität, Nährstoffhaushalt, Klima, insbesondere Schneedeckenverhältnisse) wie auch die postglaziale Entwicklung der Vegetation (z. B. Bildung von Abwehrstoffen) unter dem Einfluss der Elche erfordern eine sehr differenzierte Betrachtung (u. a. MESSIER 1994, VAN BALLENBERGHE und BALLARD 1994; BOWYER et al. 1997).

Der Einfluss der Prädatoren auf die Populationen ihrer Beutetiere hängt auch davon ab, ob die Räuber bei sinkender Anzahl einer Art auf alternative Beute ausweichen können. Ein gutes Beispiel dafür bieten die Untersuchungen über die Karibuherde im Nelchina-Becken (Zentralalaska). Dort war der Karibubestand Mitte der siebziger Jahre infolge dreier aufeinander folgender extremer Winter und starker Bejagung auf ein Zehntel der vorherigen Dichte zurückgegangen. Obwohl die Anzahl der Wölfe in diesem Gebiet zu diesem Zeitpunkt einen Höchststand erreicht hatte, konnte sich der Karibubestand bis 1981 wieder verdoppeln (VAN BALLENBERGHE 1985). Das lag zum einen daran, dass während des Tiefststandes der Populationsdichte der für die Selbsterhaltung der Karibuherde kritische Grenzwert von 100 Karibus/Wolf (BERGERUD 1983) noch nicht unterschritten worden war. Zum anderen trafen viele Wolfsrudel bei der geringen Karibudichte innerhalb ihrer Territorien seltener auf Karibus und ernährten sich an ihrer statt von Elchen, deren Bestand im Verhältnis zur Wolfsdichte zu dieser Zeit vergleichsweise hoch war (BERGERUD 1983; GASAWAY et al. 1983). Hätten die Wölfe nicht auf die Elche ausweichen können, wäre der Karibubestand eventuell unter eine kritische Dichte gesunken, bei der insbesondere infolge der dann hohen Verluste an Kälbern die Existenz der Herde gefährdet worden wäre.

Auch die Untersuchungen über den Einfluss der Beutegreifer auf die Fluktuationen der Lemmingpopulationen deuten darauf hin, dass neben den Schneedeckenverhältnissen und den Temperaturen innerhalb der Schneedecke – davon hängt die Vermehrung der Lemminge während des Winters ab – die Verfügbarkeit alternativer Beute für Wiesel und andere Beutegreifer einen starken Einfluss auf eine in der Regression befindliche Lemmingpopulation haben kann (MACLEAN et al. 1974). Studien über den Einfluss des amerikanischen Nerzes (Mink, *Mustela vison*) an der oberen Themse belegen, dass ihm weniger Rallen und Moorhühner zum Opfer fallen, wenn er zum Beispiel auch Kaninchen töten kann (FERRERAS und MACDONALD 1999; siehe auch GERELL 1967, DUNSTONE 1993).

Ebenso sind die Wechselwirkungen zwischen Luchs und Schneehasen in Wirklichkeit vielschichtiger, als es in den Populationskurven (siehe auch Abb. 14) zum Ausdruck kommt. Wie der Wolf weicht auch der Luchs als nicht spezialisierter Räuber bei Mangel an Schneeschuhhasen auf andere Beutetiere aus. So sind im Falle, dass der über die zyklischen Populationsschwankungen der Schneehasen gesteuerte Luchsbestand sein Maximum erreicht hat, die Schneehasenpopulation aber infolge Nahrungsmangels drastisch zurückgeht, zum Beispiel die Rauhfußhühner einer erhöhten Verfolgung durch den Luchs ausgesetzt. Ihre zyklischen Bestandesschwankungen werden also direkt durch den Luchs kontrolliert, während dessen Bestand den Schneeschuhhasenzyklen folgt – und die hängen wiederum im Wesentlichen von den übergeordneten Rahmenbedingungen (Klima, Nahrungsangebot, Vorhandensein anderer existentieller Biotoprequisiten) und weniger von der Anzahl der Beutegreifer ab (Abb. 17).

Eine besonders komplexe Situation, bei der die ursprünglichen Räuber-Beute-Beziehungen infolge der Ansiedlung des Schneeschuhhasen einen nachhaltigen Wandel erfahren haben, beschreibt BERGERUD (1989) aus Neufundland. Die Nahrungspyramide steht dort sozusagen "auf dem Kopf". Fünf einheimischen pflanzenfressenden Säugerarten (Schneehase, *Lepus arcticus*, Karibu, *Rangifer tarandus*, Biber, *Castor fiber,* Wiesenwühlmaus, *Microtus pennsylvanicus*, Bisam, *Ondatra zibethicus*) stehen dort neun Carnivoren gegenüber (Wolf, *Canis lupus*, Rotfuchs, *Vulpes vulpes*, Luchs, *Lynx lynx*, Fischotter, *Lutra canadensis*, Schwarzbär, *Ursus americanus*, Hermelin, *Mustela erminea*, Fichtenmarder, *Martes americana*, sowie zwei Fledermausarten). Ursprünglich war der Wolf der Hauptfeind des Karibus. Er wurde 1911 ausgerottet. Luchse waren damals eher selten und ernährten sich vorwiegend von den einheimischen arktischen

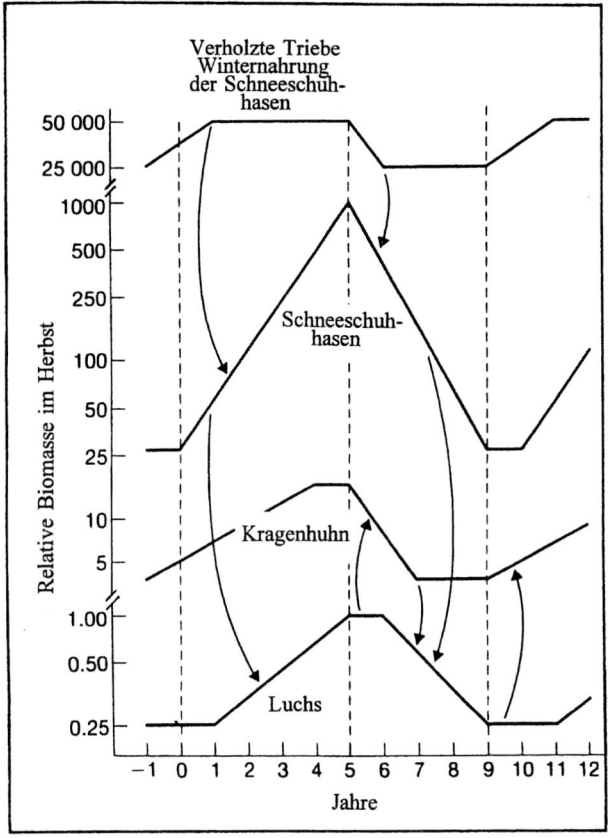

Abb. 17: Fluktuationen der wichtigsten Komponenten (relative Biomasse) eines Wildzyklus in Alberta (Kanada) mit Beutewechsel des Luchses (nach KEITH 1983, verändert).

Schneehasen. Zur Verbesserung der Ernährungssituation der Neufundländer führte man im Jahre 1864 Schneeschuhhasen ein. Diese vermehrten sich sehr schnell und bildeten bald die wichtigste Beute der Luchse, deren Bestand daraufhin ebenfalls stark anstieg. Als die Schneeschuhhasenpopulation nach gut 20 Jahren drastisch zurückging – der übliche Einbruch nach dem auf eine Ansiedlung folgenden Höhepunkt der Populationsentwicklung – wechselten die Luchse wieder auf arktische Schneehasen und Karibukälber über und reduzierten deren Bestände in der Folgezeit erheblich. Unter dem Einfluss der zahlreichen Luchse und der starken Bejagung schrumpfte der um die Jahrhundertwende noch ungefähr 40 000 Tiere zählende Karibubestand bis 1925 auf unter 1 000 Exemplare. Bei den Schneeschuhhasen zeigten sich nun nach dem ersten Einbruch periodische Populationsschwankungen mit zehnjährigen Zyklen. Infolgedessen wechseln seither die Luchse in diesem Rhythmus zwischen den Schneeschuhhasen und Karibus als Beute (Abb. 18). Die arktischen Schneehasen überleben nur, weil sie so selten geworden sind. Ihre Bejagung würde für den Luchs einen sehr hohen Energieaufwand bedeuten. Als Beute spielen sie daher für ihn nur noch bei abnehmender Schneeschuhhasendichte eine Rolle.

In einer vergleichbaren Situation wie der arktische Schneehase auf Neufundland befanden sich auch die Elche im Darwin-Schutzgebiet der ehemaligen Sowjetunion (Abb. 19). Während zwischen 1953 und 1965 die Populationsdichte der Wölfe annähernd parallel zur Entwicklung des Elchbestandes verlief, nahm sie, als dieser ein sehr niedriges Niveau erreichte, dennoch sprunghaft zu. Man kann daher annehmen, dass die Wölfe auf andere Beutetiere wechseln konnten und seitdem aufgrund ihrer großen Zahl einen Wiederanstieg des Elchbestandes verhindern. In manchen Fällen konkurrieren aber auch mehrere Raubtierarten um die Beute und setzen die Beutepopulation einem so hohen Druck aus, dass diese die vom Angebot an Nahrung und anderen existentiellen Biotoprequisiten abhängige Tragfähigkeit ihres Lebensraumes nicht erreicht.

Die Frage, ob Räuber ihre Beute regulieren, läßt sich nicht generell mit ja oder nein beantworten, sondern es kommt ganz auf die gegebenen Rahmenbedingungen an. Jeder Fall bedarf einer differenzierten Betrachtung. Mitunter sind die Räuber für die Populationsentwicklung der Beutetiere praktisch bedeutungslos, während letztere in anderen Fällen von ihnen reguliert werden.

Unter anderem spielt dabei die Struktur der Landschaft eine wichtige Rolle. Habitatgeneralisten wie beispielsweise Füchse, Waschbären oder auch Aaskrähen, die von dem reichen Nahrungsangebot der Agrarlandschaft sowie der Siedlungsbereiche profitieren, jagen auch in den angrenzenden Feldgehölzen und Waldbeständen, wo ihnen Gelege und Nestlinge bodenbrütender Vögel in größerer Zahl zum Opfer fallen, als wenn ihnen nur die diese Biotope bewohnenden Räuber nachstellen würden (SCHNEIDER 2001). In Schweden zum Beispiel wird der Rückgang des Auerhuhns dem Einfluss der mit der fortschreitenden Fragmentierung der ursprünglichen Waldlandschaft zunehmenden Populationen räuberischer Generalisten zugeschrieben (ANDRÉN 1992, 1995; HJORTH 1994). In den Hoch-

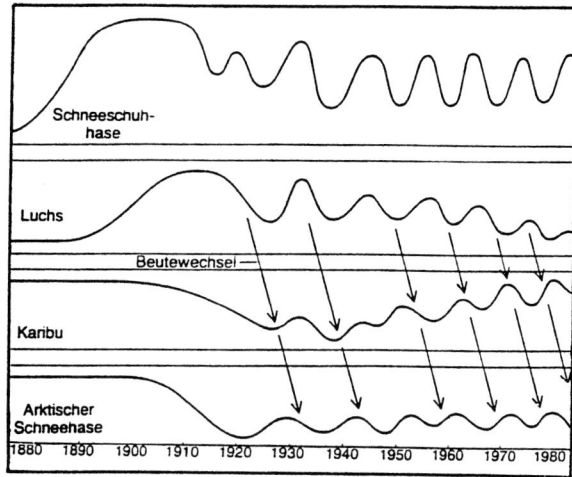

Abb. 18: Bestandesschwankungen von Schneeschuhhasen (*Lepus americanus*), Luchsen (*Lynx lynx*), Karibus (*Rangifer tarandus*) und Arktischen Schneehasen (*Lepus arcticus*). Heute steuert der etwa zehnjährige Zyklus der Schneeschuhhasen-Population den Luchsbestand. Über den während des Tiefststandes der Schneeschuhhasenpopulation erfolgenden Beutewechsel des Luchses werden die Bestände der Karibus und der arktischen Schneehasen beeinflusst (nach BERGERUD 1989, verändert).

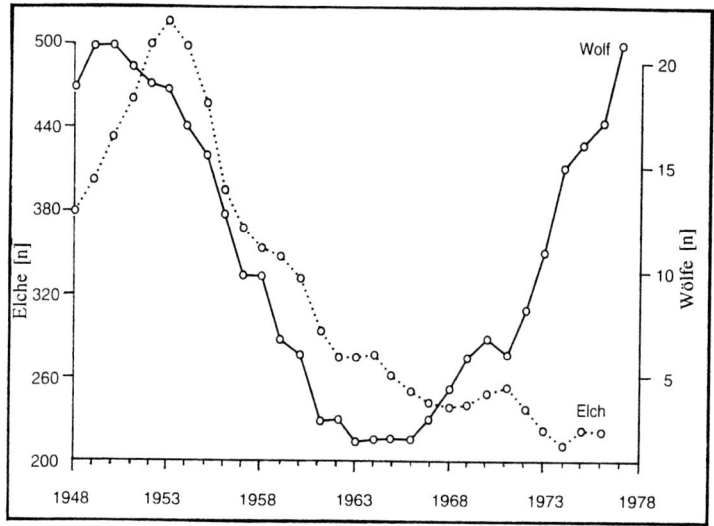

Abb. 19: Elch- und Wolfbestände im Darwin-Schutzgebiet der ehemaligen Sowjetunion (nach FILONOV und KALECKAJA 1985, in BIBIKOW 1985, verändert).

lagenwäldern des Nordschwarzwaldes, die dem Auerhuhn sehr günstige Lebensbedingungen bieten, ist der Einfluss der Beutegreifer im Vergleich zu weniger geeigneten Randgebieten gering. Selbst die nach erfolgreicher Bekämpfung der Tollwut zahlreicher gewordenen Füchse haben bislang nicht zu spürbaren Einbrüchen des Auerhuhnbestandes geführt. Möglicherweise liegt dies daran, dass für den Fuchs in den abseits von landwirtschaftlich genutzten Flächen und Siedlungsabfällen gelegenen Hochlagenwäldern das Angebot alternativer Beute zu gering ist. So verhindert zum Beispiel die waldbauliche Förderung der Naturverjüngung der Fichte zunehmend die Vergrasung der Kahlflächen und führt auf diese Weise zu einem Rückgang des Mäusebestandes (SCHROTH 1994). Der Einfluss des Beutegreifers auf die Auerhuhnpopulation wird hier also durch die mehr oder weniger günstigen, letztlich von den Eingriffen des Menschen geprägten Habitatstrukturen relativiert.

Auch die Produktivität und der jahreszeitliche Wandel der Ökosysteme spielen eine oft entscheidende Rolle (SINCLAIR 1983). Dies zeigte sich beispielsweise in den ostafrikanischen Savannen, in denen 1964 die Rinderpest, die vor allem den Gnuherden erheblich zugesetzt hatte, ausgemerzt worden war. Im Ngorongoro-Krater, in dem ganzjährige Niederschläge eine hohe Grasproduktion ermöglichen, sind die Herden (*Connochaetes taurinus*) nicht gezwungen, im Rhythmus der Jahreszeiten in andere Gebiete zu wandern, wie es in der Serengeti und im Mara-Nationalpark mit ihrer langen Trockenzeit der Fall ist. Im Krater-Gebiet, wo den Löwen (*Panthera leo*) und Hyänen (*Crocuta crocuta*) alljährlich ungefähr 14 % des Gnu-Bestandes zum Opfer fallen (ELLIOT und COWAN 1978), hatte die Auslöschung der Rinderpest keinen Einfluss auf die Gnubestände. Zwischen 1958 und 1978 blieben sie mit 10 000 bis 15 000 Tieren vergleichsweise stabil, ein Zeichen dafür, dass nicht das (ganzjährig vorhandene) Nahrungsangebot, sondern die Beutegreifer die Gnu-Bestände kontrollieren.

Ein weiteres Beispiel dafür sind die Gnuherden im Krüger-Nationalpark. Dort beobachtete man, dass nach erhöhten Niederschlägen und infolgedessen kräftigerem Wachstum der Savannengräser die Gnus kleinere Gruppen bilden und dann dort weiden, wo kürzeres Gras vorhanden ist. Dies führte zu erhöhten Verlusten durch Raubtiere. Da man glaubte, die Gnupopulation hätte die Tragfähigkeit des Parkgebietes überschritten, wurden auch noch Abschüsse durchgeführt. Als die Regulierungsmaßnahmen eingestellt wurden, ging der Gnubestand jedoch weiter zurück. Dabei dürften die Prädatoren die entscheidende Rolle gespielt haben (SMUTS 1978; SINCLAIR 1992).

Anders in der Serengeti: Die Gnus bilden dort einige zehntausend und gelegentlich sogar mehrere hunderttausend Tiere zählende Herden, die im jahreszeitlichen Rhythmus aus dem südöstlichen Parkgebiet mit kurzen Zwischenaufenthalten nach Nordwesten und Norden wandern und erst mit Beginn der Regenzeit wieder an den Ausgangspunkt zurückkehren (Abb. 20). Während der Abwesenheit der Gnuherden in der Trockenzeit sind dort die Löwen und Hyänen im Wesentlichen auf die dort verbliebenen Leierantilopen (*Damaliscus lanatus*), Kuhantilopen (*Alcelaphus buselaphus*) und Warzenschweine (*Phacocoreus aethiopicus)* als Beute angewiesen, während ihnen nur um ein Prozent des Gnu-Bestandes zum Opfer fällt. Mit der Auslöschung der Rinderpest wuchs daher dort die Gnu-Population um das Fünffache, und auch die Zahl der Büffel stieg stark an (SINCLAIR 1979 a, 1979 b, 1983; SINCLAIR et al. 1985; HUSTON 1997). Die jahreszeitlichen Wanderungen der Herden relativieren hier also den Einfluss der Räuber (siehe auch MADDOCK 1979).

Immer wieder in Lehrbüchern erwähnt wird auch die Entwicklung der Maultierhirschpopulation (*Odocoileus hemionus*) auf dem nördlich des Grand Canyon gelegenen Kaibabplateau (Arizona). Die zwischen 1906 und 1924 erfolgte starke Zunahme von etwa 4 000 auf 100 000 Hirsche (RASMUSSEN 1941; KLEIN 1970) ging mit der durch den Menschen verursachten Abnahme der Raubtiere (Puma, *Felis concolor*, und Kojote, *Canis latrans*) einher und wurde – die Erklärung lag scheinbar auf der Hand – dem geringeren Feinddruck zugeschrieben. LAUCKHART (1961) und HOWARD (1965) sehen dagegen im Rückgang der Beweidung durch Schafe – ihr Bestand verminderte sich zwischen 1889 und 1908 von 200 000 auf 5 000 Tiere (Russo 1964) – sowie in den durch Feuer veränderten Habitatbedingungen die ausschlaggebenden Faktoren und gestehen der Abnahme der Anzahl der Raubtiere eine eher nachgeordnete Rolle zu.

Bei näherer Betrachtung zeigt sich, dass die zunächst den Wechselbeziehungen zwischen Beutetieren und ihren Fressfeinden zugeschriebenen Populationsschwankungen komplexere Ursachen haben, als es zunächst den Anschein hat. Zum Beispiel spielen bei den stark schwankenden Populationsdichten der Karibus (Delta-Herde, Alaska) neben ungünstigen Witterungsbedingungen ,knappem Nahrungsangebot während des Winters und den Beutegreifern (Wolf, Bär, Adler) offensichtlich Moskitos (*Aedes* spec.) und Dasselfliegen (*Cephenemia trompe* und *Hypoderma tarandi*) eine nicht zu unterschätzende Rolle (Mörschel 1996, 1999; Mörschel und Klein 1997). Sie behindern die Karibus ständig beim Fressen. Diese können daher die kurze Vegetationsperiode nur in eingeschränktem Maße zum Aufbau neuer Fettreserven nutzen. Bei den Versuchen, den allgegenwärti-

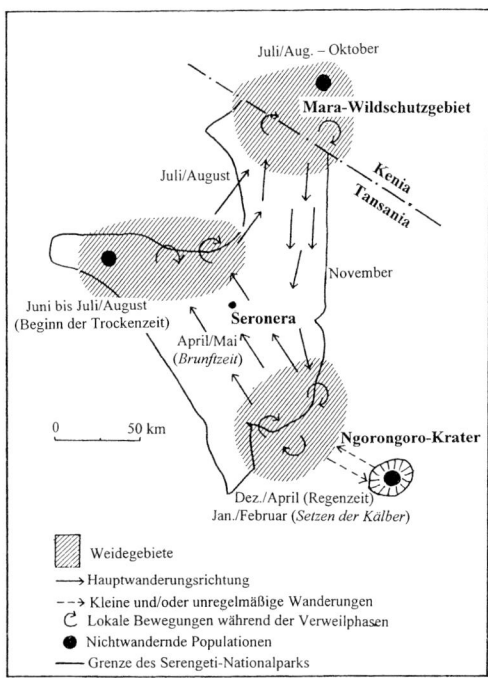

Abb. 20: Saisonale, die Parkgrenzen zum Teil überschreitende Wanderungen der Gnus im Serengeti-Mara-Gebiet (nach Leuthold 1977 a, verändert; s. auch Sinclair 1995).

gen Plagegeistern zu entgehen, verbrauchen die Karibus zudem viel Energie, die sie dringend brauchen, um den nächsten Winter zu überstehen. Es scheint daher durchaus plausibel, dass ein warmer, insektenreicher Sommer zu einem Einbruch der Population in einem nachfolgenden harten Winter führen kann. Die Wölfe und anderen Beutegreifer wären somit nicht die alleinige Ursache, wohl aber die Nutznießer.

2.3 Wirkungen von Pflanzenfressern auf Vegetation und Lebensraum

Die Pflanzendecke wird durch die Pflanzenfresser in mannigfacher Weise beeinflusst. Während Carnivoren auf einzelne Beutetiere angewiesen sind, steht den großen Pflanzenfressern zumeist ein über den Raum verteiltes Nahrungsangebot mit einem vergleichsweise geringen und stark wechselnden Nährwert zur Verfügung (Jarman und Sinclair 1979; Senft et al. 1987). Die Größe des Nahrungsbedarfes hängt einerseits von der Qualität und Verfügbarkeit der Nahrung ab, andererseits von zahlreichen artspezifischen Eigenschaften der Tiere sowie ihrer Anzahl, der Zusammensetzung beziehungsweise der Altersstruktur der Herden/Rudel, der Jahreszeit (siehe auch Abb. 21), der Kondition und anderen Bedingungen.

Die Menge der von den Herbivoren verbrauchten pflanzlichen Substanz ist je nach Vegetationstyp verschieden. In Wäldern fressen alle Herbivoren zusammen nicht einmal 10 % der pflanzlichen Substanz, während ihnen – weltweit gesehen – in Grasländern zwischen 30 % und 40 %, unter Umständen aber auch 50% und mehr der oberirdischen und vermutlich um 25 % der unterirdischen pflanzlichen Biomasse als Nahrung dienen (COLEMAN et al. 1976; INGHAM und DETLING 1984; SALA 1988; CHEW 1994), wobei die unterirdischen Pflanzenteile vor allem von Nematoden und anderen Invertebraten genutzt werden (DETLING 1988). Doch selbst in der hocharktischen Tundra verbrauchen beispielsweise Moschusochsen (*Ovibos moschatus*) unter bestimmten Bedingungen bis zu 50 % der oberirdischen Pflanzenmasse (Kapitel 2.3.2.3).

Blatt- beziehungsweise Nadelverlust durch Herbivoren können den Kohlenstofferwerb beeinträchtigen und zu einer hohen Wurzelmortalität führen, die wiederum die Wasser- und Nährstoffaufnahme einschränkt (CLANCY et al. 1995) und unter Umständen die Konkurrenzkraft der Pflanzen beeinträchtigt. Andererseits wirkt die Reduktion der transpirierenden Oberfläche einem eventuellen Wassermangel entgegen. Starker Fraß kann aber unter Umständen auch eine vermehrte Neubildung von Blättern oder Nadeln zur Folge haben. Nicht zuletzt führen die Ausscheidungen zum Beispiel herbivorer Insekten sowie deren Leichen zu einer Steigerung der Mineralisierung der Streu und damit zu einer erhöhten Verfügbarkeit von Nährstoffen, die sich wiederum auf die Produktivität positiv auswirkt (siehe auch Kapitel 2.1.3 sowie Abb. 8).

Entscheidend ist aber nicht nur der Verbrauch an Phytomasse insgesamt, sondern was und wie viel wann (z. B. Jahreszeit, Sukzessionsstadium) gefressen wird. Beispielsweise hat der Verbrauch einer bestimmten Energiemenge in Form von voll entwickelten Blättern eine andere Wirkung auf einen Baum oder auch einen Bestand, als wenn dieselbe Energiemenge in Form von Knospen, frischen Trieben oder Samen aufgenommen würde. Durch Samenfraß und anderweitige Schädigung der Reproduktionsorgane (Verbiss der Knospen) kann die Verjüngung erschwert oder auch unterbunden werden. Beispielsweise fressen Rötelmäuse und Gelbhalsmäuse nicht nur Bucheckern, Ahorn-, Tannen- und Fichtensamen, sondern vernichten im Frühjahr auch die aufkeimenden Samen dieser Waldbäume (DRODZ 1966; ASHBY 1967; TURCEK 1967; WATTS 1969; BÄUMLER und HOHENADL 1980). Dies führt unter Umständen zu Überalterung und tiefgreifenden Strukturveränderungen. Andererseits kann auch die Verbreitung von Samen durch Tiere die Zusammensetzung, Sukzession und Struktur von Pflanzenbeständen nachhaltig beeinflussen und zu Veränderungen der Biotopbedingungen für andere Tiere und der Struktur der gesamten Biozönose führen (z. B. LAWS 1970; WHICKER und DETLING 1988 a, 1988 b). Hinsichtlich der Folgen des Verbrauchs an Phytomasse kommt es zudem auf den phänologischen Entwicklungszustand der Vegetation (Jahreszeit) und die Sukzessionsphase an, in der sich die Vegetation etwa nach einem Wald- oder Steppenbrand oder auch nach einem Kahlschlag befindet. Selbst ein sehr geringer Verbrauch an Phytomasse kann daher weitreichende Folgen für ein Ökosystem haben. Daher beeinflussen die Pflanzenfresser – und so auch die Carnivoren – die Ökosysteme wesentlich stärker als Regulatoren denn durch die Weitergabe von Energie (CHEW 1994). Diese Wirkungen sind quantitativ zwar kaum erfassbar, aber nicht minder effektiv als zum Beispiel der reine Kahlfraß (siehe auch JANZEN 1983). Angaben über den Verbrauch an Phytomasse allein vermitteln deshalb nur eine unvollkommene Vorstellung vom Einfluss der Insekten auf das jeweilige Ökosystem.

Von großer Bedeutung für die Auswirkungen der Beweidung ist oftmals das Vegetationsmosaik selbst, das wiederum schon Folge der Beweidung sein kann. Es besteht gewöhnlich aus Pflanzengemeinschaften unterschiedlicher Beweidungsresistenz (siehe Kapitel 2.3.1.1 und 2.3.1.2). Untersuchungen dazu führten zum Beispiel TURNER und STRATTON (1987) auf der unmittelbar vor der Küste Georgias (USA) gelegenen Cumberland-Insel durch. Die natürliche Verbreitung der Vegetation auf dieser langgestreckten, SW-NE-streichenden Insel wird im Wesentlichen durch die Reliefverhältnisse und die mehr oder weniger große Entfernung vom Wasser bestimmt: Waldbestände im höher gelegenen Innern, Salzwiesen entlang der Westseite und Dünen an der Ostseite. Bis 1974 durchstreiften verwilderte Pferde, Rinder und Schweine die Insel. Nach der Entfernung der Rinder und Reduzierung des Schweinebestandes, gibt es noch rund 200 Pferde auf Cumberland Island sowie zahlreiche Weißwedelhirsche (*Odocoileus virgianus*). Nachdem letztere nicht mehr bejagt werden und ihre natürlichen Feinde beseitigt worden waren, hat ihre Zahl stark zugenommen. Die Pferde nutzen hauptsächlich Salzwiesen und Grasland, dringen jedoch auch in die Wälder ein, welche allein den Nahrungsbedarf der Pferde nicht decken könnten. Während sich aber die stark beanspruchten Salzwiesen und das Grasland von der Beweidung rasch erholen, ist dies bei der Waldvegetation nicht der Fall. Ähnliche Wirkungen gehen von den Weißwedelhirschen aus. Sie äsen vorzugsweise am oberen Rand der Salzwiesen, auf offenen Grasflächen sowie in den Wiesen zwischen den Dünen und fressen auch die meisten der Laubhölzer im Innern der Insel. Die Salzwiesen wie auch die Grasvegetation zwischen den Dünen sind kurz geschoren wie ein gemähter Rasen und stellenweise auch von Kahlflächen durchsetzt. In den Eichenbeständen (*Quercus virginiana*) vermag infolge der Beweidung und auch von Bränden praktisch kein Unterwuchs aufzukommen. Der Äsungsdruck auf die Wälder wächst, wenn die Hirschpopulation ansteigt und infolgedessen in den anderen Gebieten die Nahrung knapp wird. Die sich von der Beweidung relativ rasch erholenden Salzwiesen und die Grasflächen liefern somit die Energie, die zu den Veränderungen in den Waldbeständen führt.

Das regelmäßige Zusammenwirken von Pflanzenfressern und Feuer spielt in vielen Waldökosystemen und vor allem in den tropischen Grasländern häufig eine entscheidende Rolle. So ist offensichtlich die Entwicklung der offenen, von sehr alten und großen Bäumen mit Stammumfängen (Brusthöhe) zwischen vier und neun Metern gebildeten *Hagenia*-Wälder auf der Südostflanke des Mt. Kenya durch wildlebende Huftiere, vor allem durch Büffel, gefördert worden, indem diese den Unterwuchs auf eine Krautschicht reduzierten und damit den Feuern die Nahrung genommen haben. Da aber die Brände Voraussetzung für die Regeneration dieser Bestände sind, ist über lange Zeiten hinweg jegliche Verjüngung ausgeblieben (LANGE et al. 1997). Umgekehrt haben Wald- und Savannenbrände einen großen Einfluss auf die Sukzession und verbessern auf diese Weise für viele Herbivoren die Nahrungsqualität, während nach längerem Ausbleiben des Feuers (z. B. infolge Waldbrandbekämpfung) die Attraktivität der Nahrungsbiotope deutlich zurückgeht (Kapitel 2.3.2.1 und 2.3.2.4).

2.3.1. Nahrungsbedarf und -angebot

Die Wirkungen der Pflanzenfresser auf die Vegetation hängen von einer Vielzahl von Einflussgrößen ab, die über den Nahrungsbedarf der Pflanzenfresser und das Nahrungsangebot in Wechselbeziehungen miteinander stehen (Abb. 21). Diese Wechselbeziehungen sind sehr komplex und verdienen eine weitergehende Differenzierung. Zunächst sollen pflanzenfressende Säugetiere und Vögel betrachtet werden.

2.3.1.1 Bedeutung für die Nahrungswahl und das räumlich-zeitliche Beweidungsmuster

Je nach Herbivorengruppe ist nur ein bestimmter Teil der Phytomasse als Nahrung verfügbar und verwertbar. Vielfach beschränkt sich der Nahrungserwerb einer Herbivorenart nur auf bestimmte Vegetationsschichten, während andere für sie unerreichbar sind. So äsen Rehe nur in der Feld- und Strauchschicht, während die Baumschicht unbehelligt bleibt. Giraffen dagegen sind in der Lage, an das Laub der Kronen auch hoher Bäume zu gelangen (Foto 4 und 5). Dadurch entgehen sie der Konkurrenz mit anderen Pflanzenfressern in der Savanne. Selbst die Elefanten vermögen

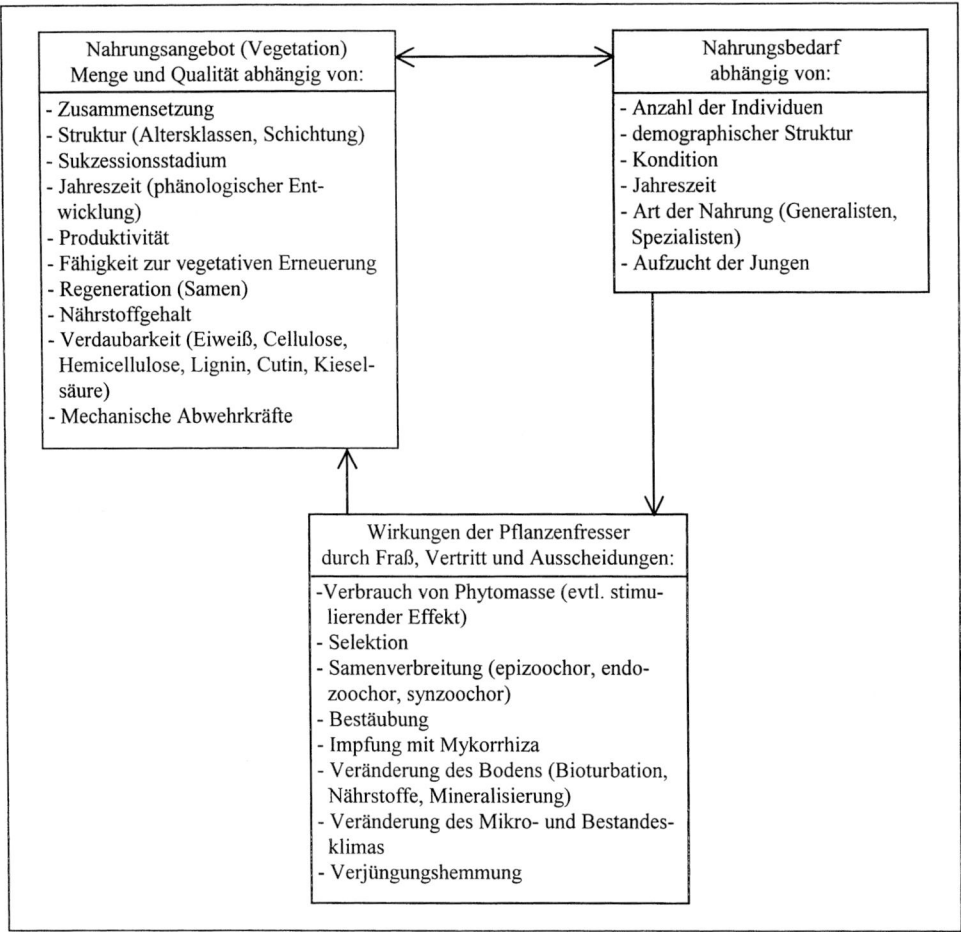

Abb. 21: Beziehungen zwischen Nahrungsangebot und Nahrungsbedarf von Herbivoren (Entwurf HOLTMEIER).

nur das Laub vergleichsweise niedriger Bäume zu nutzen (siehe auch Foto 6). Eine große Anzahl von Pflanzenfressern unterschiedlicher taxonomischer Zugehörigkeit nutzt nur die unterirdischen Organe der Pflanzen, Wurzeln, Rhizome, Zwiebeln, Knollen usw. als Nahrung. Dazu gehören zum Beispiel pflanzenparasitierende Nematoden sowie bodenwühlende bzw. grabende Tiere, wie bestimmte Nagerarten und vor allem Insekten (ANDERSEN 1987). Grizzlybären (*Ursus arctos horribilis*), andere Braunbären (*Ursus arctos*) und Schwarzbären (*Ursus americanus*) wiederum halten sich hinsichtlich ihrer pflanzlichen Nahrung sowohl an die oberirdischen (Gräser, Kräuter, Beeren, Kiefernnüsschen) als auch unterirdischen Pflanzenteile, wie fleischige Wurzeln, Knollen und Zwiebeln (HOLCROFT und HERRERO 1984; MACE et al. 1986; MCCRORY et al. 1986; PULLIAINEN 1986; EDGE et al. 1990; HAMER et al. 1991; KÜHNLEIN und TURNER 1991; BUTLER 1992; MATTSON und REINHART 1997). Dies gilt auch für die Murmeltiere. Sie sind Generalisten, bevorzugen aber Pflanzen beziehungsweise Pflanzenteile, die viele Kohlenhydrate und Eiweiße enthalten (u. a. junge Triebe und Blätter, Blüten, Knospen) sowie auch Knollen und Wurzeln. Mit den unterirdischen Pflanzenteilen polstern sie vor allem auch ihre Baue aus. Zudem verändert sich ihr Nahrungsspektrum im Jahresverlauf (BIBIKOW 1996). Letztlich bleibt infolge dieser Einnischung über die Art der Nahrungswahl keine Vegetationsschicht ungenutzt.

Foto 4: Äsende Giraffen im Tsavo-Nationalpark (W. LEUTHOLD).

Foto 5: Durch Giraffenverbiss geprägte Wuchsform (*Acacia* spec.) im Nairobi-Nationalpark (W. LEUTHOLD).

Das Nahrungsspektrum mancher Pflanzenfresserarten, zum Beispiel von Kaffernbüffeln (*Syncerus caffer*) oder Elefanten (*Loxodonta africana*), ist sehr breit (Gräser, Kräuter, Blätter, Knospen, Früchte, Bastgewebe). Elefanten sind wahrscheinlich die größten Generalisten unter den Pflanzenfressern überhaupt. Sie nutzen mehr als 100 Pflanzenarten (BAX und SHELDRICK 1963). Dagegen gehen andere Herbivoren selektiv vor und nehmen nur bestimmte Pflanzen oder deren besonders nahrhaften Teile auf (z. B. Rehe, *Capreolus capreolus*; Impalas, *Aepyceros melampus*; Leierantilope, *Damaliscus lunatus*). Feldmäuse (*Microtus arvalis*) sind zur Deckung ihres Energiebedarfes auf bestimmte Pflanzen oder Pflanzenteile angewiesen. Zumindest gingen bei kontrollierten Fütterungsversuchen, bei denen den Mäusen täglich ausschließlich frisches Gras vorgesetzt wurde, nach acht Tagen 90 % der Tiere infolge Auszehrung zugrunde. Nach Zufügung von Klee, Heu oder Möhren beziehungsweise kohlenhydrat- oder fettreicher Nahrung stieg dagegen die Überlebensrate an (PELZ und LAUENSTEIN 1989). Manche Arten sind extrem spezialisiert, wie beispielsweise der Panda (*Ailuropoda melanoleuca*) auf Bambus, der Koala (*Phascolarctos cinereus*) auf bestimmte *Eucalyptus*-Arten oder die Seidenraupe (*Bombyx mori*) auf den Maulbeerbaum. Grauhörnchen (*Sciurus carolinensis*; England, Nordamerika) und Eichhörnchen (*Sciurus vulgaris*) fressen im Wesentlichen Nüsse, Eicheln und dergleichen, doch schälen sie auch die Rinde von Bäumen, um an das darunter befindliche zuckerreiche Phloem zu kommen (BACHMANN 1971; KENWARD 1989), und plündern durchaus auch Vogelnester. Über Rentiere wird berichtet, dass sie uringetränkten Schnee aufnehmen, um ihren Salzbedarf zu decken (BLÜTHGEN 1942; siehe auch Schneeziegen, Kapitel 4.1). Die Eskimos benutzen Urin auch als Köder in ihren Rentiererdfallen. Gelegentlich fressen Rentiere auch Lemminge, tote Fische, Vogeleier und Jungvögel (HERRE 1955; KELSALL 1968). Auf abgeworfenen Geweihstangen und auch auf herumliegenden Knochen kauen sie gelegentlich ausgiebig herum (JACOBI 1931; HERRE 1955; KELSALL 1968) und gewinnen auf diese Weise wichtige Mineralstoffe zurück, die sie für ihren Stoffwechsel dringend benötigen.

Tab. 2: Verfügbarkeit der Nahrungsbestandteile für Wiederkäuer (nach VAN SOEST 1982, verändert).

Bestandteile	Verfügbarkeit (%)
lösliche Kohlenhydrate	100
Stärke	>90
organische Säuren	100
Eiweiß	>90
Cellulose	43-73
Hemicellulose	36-79
Lignin	0
Cutin	0
Kieselsäure	0

Entscheidend für die Nahrungswahl ist die mehr oder weniger gute Verdaubarkeit. Sie hängt von den artspezifischen verdauungsphysiologischen Eigenschaften der Pflanzenfresser (HOFMANN 1973; COE 1981) und der Konsistenz der pflanzlichen Nahrung ab, die wiederum durch zahlreiche Faktoren beeinflusst wird (Tab. 2). Hinsichtlich des Nährwertes der Futterpflanzen sind vor allem zwei Dinge entscheidend: die Speicherung von Nährstoffen und die Ausbildung von Schutzeinrichtungen gegen allerlei Umwelteinflüsse (Klima, Verbiss u. a.). Die von den Pflanzen angelegten Reserven ermöglichen ihnen das Überdauern langer kalter oder trockener Perioden sowie auch den erneuten Austrieb nach Schädigungen durch klimatische Einflüsse, Beweidung oder auch nach Kahlfraß durch phyllophage Insekten. Diese gespeicherten Substanzen sind meist gut verdaulich. Als ausschlaggebend für die Präferenz bestimmter Pflanzen hat sich in vielen Untersuchungen das C/N-Verhältnis erwiesen. Daher sind frühe Sukzessionsstadien – etwa nach einem Waldbrand, einem Kahlschlag oder einem großen Windbruch, wenn die frischen Triebe sprießen und ein enges Blatt/Stängelverhältnis gegeben ist – für Pflanzenfresser besonders attraktiv. Stoffe, die der Festigkeit der Pflanze dienen oder ihre Widerstandskraft beispielsweise gegen Verbiss, Schädlinge und Krankheiten erhöhen, wie zum Beispiel Lignin, Cutin sowie sekundäre Stoffe wie Phenole, Terpene oder Alkaloide (siehe auch Abb. 21), setzen dagegen den Nährwert der Futterpflanzen herab (VAN SOEST 1982; COLEY et al. 1985).

Wie die zu Beginn auf Sukzessionsflächen erscheinenden Pflanzen, so weisen auch die bei intensiver Beweidung immer wieder austreibenden Gräser einen relativ hohen Eiweißgehalt auf, während dieser bei leichter Beweidung allmählich zurückgeht, und der Anteil an schwer verdaubarer Substanz zunimmt. Damit erhöht sich auch die Streuauflage, die wiederum infolge der unter ihr herrschenden mikroklimatischen Bedingungen (kühl, feucht, Lichtmangel) den Austrieb frischer Gräser erschwert. So verlieren solche Flächen für die Herbivoren allmählich an Attraktivität (BAKKER et al. 1983). Untersuchungen über den Einfluss von Rotwild auf subalpine Wiesen, die man im schweizerischen Nationalpark (Unterengadin) durchgeführt hat, belegen, dass bei ständiger Äsung der Faseranteil bei Gräsern und Kräutern gegenüber dem Eiweißgehalt im Verlauf der Vegetationsperiode langsamer zunimmt als auf ungestörten Flächen (HOLZGANG et al. 1996).

Bei Untersuchungen über die Auswirkungen verschiedener Pflegemaßnahmen auf die Regenwurmfauna von städtischen Grünflächen erwies sich der englische Vielschnittrasen aus den eben genannten Gründen als eine für die Lumbriciden wesentlich bessere Nahrungsgrundlage als alle anderen, weniger häufig gemähten Flächen (KEPLIN 1995; BROLL und KEPLIN 1995). Dasselbe gilt für intensiv genutzte Weiden, während bei leichter Beweidung der Eiweißgehalt der Vegetation abnimmt, und der Anteil an schwer verdaulicher Substanz steigt.

Gabelantilopen (*Antilocapra americana*) und Bisons (*Bison bison)* grasen häufig in den teilweise einige tausend Hektar bedeckenden Präriehundkolonien, weil die dort von den Präriehunden (*Cynomys ludovicianus*) kurz gehaltenen Gräser leichter verdaulich sind und einen höheren Nährwert besitzen als die Vegetation außerhalb der Kolonien (COPPOCK et al. 1983 a, 1983 b; KRUEGER 1986; WHICKER und DETLING 1988 a, 1988 b). Das ist umso wichtiger, als die Tiere gezwungen sein können, auch schwer verdauliche Nahrung wie den Großen Salbei (*Seriphidum tridentatum*) in mehr oder weniger großem Umfang zu nutzen. Fressen beispielsweise Gabelantilopen, Wapitis oder Maultierhirsche zu viel von diesen an Terpenen und Fasermaterial sehr reichen Sträuchern, so kann dies zu einer ernsthaften Beeinträchtigung der Verdauung und unter Umständen sogar zu erhöhter Mortalität führen (DELELLA-BENEDICT 1991).

Herbivore Vögel fressen gewöhnlich nur gut verdauliche, energiereiche Knospen, Früchte und Samen. In fleischigen Früchten enthaltene hartschalige und unverdauliche Samen werden ausgeschieden und können zur Verbreitung der jeweiligen Pflanzenart beitragen. Rehe sind wegen ihres relativ kleinen Pansens (FEUSTEL 1967; KURT 1991) auf leicht verdauliche Nahrung angewiesen und suchen zwischen den Gräsern einer Wiese die Kräuter und Blüten heraus oder im Wald die frischen, eiweißreichen Triebe von Sträuchern und nicht zu hohen Bäumen sowie, je nach Angebot, Eicheln, Kastanien, Vogelbeeren, Mehlbeeren, Elsbeeren und andere nährstoffreiche Früchte (HOFMANN 1977, 1978). Ohne entsprechende Selektionsmöglichkeiten bei der Futtersuche können Rehe daher nicht überleben (EISFELD 1975). Stünde ihnen nur Grasheu zur Verfügung, so müssten sie bald mit vollem Pansen verhungern. Hirsche, Rinder oder Schafe, aber auch andere große Herbivoren, wie Pferde und Elefanten (als nicht wiederkäuende Pflanzenfresser) kommen dagegen mit vergleichsweise schwer aufschließbarer Nahrung aus. Über eine lange Verweildauer der Nahrung im Verdauungstrakt (beispielsweise ca. 45 Stunden beim Weißwedelhirsch und um 80 Stunden bei Rindern) sowie dank der großen Menge an mikroorganismenreicher Verdauungsflüssigkeit vermögen sie über die Hälfte (Rinder sogar bis zu 70 %) der aufgenommenen Pflanzenfasern zu verdauen (VAN SOEST 1982; ROBBINS 1983). Wenn aber Gras- und Raufutterfresser, wie zum Beispiel das Wisent, nur mit sehr eiweißhaltiger, leicht verdaulicher und energiereicher Nahrung gefüttert würden, bräche ihre Verdauung nach einiger Zeit infolge Übersäuerung zusammen (HOFMANN et al. 1998).

Auch die Nahrungspräferenzen bei den verschiedenen Hirscharten stehen in Zusammenhang mit dem Nährwert der Äsungspflanzen. Wie in Alaska durchgeführte Untersuchungen von Futterpflanzen und Panseninhalten der dort lebenden Schwarzwedelhirsche (*Odocoileus hemionus sitkensis)* und Karibus zeigten, äsen sie in einem Gebiet im Frühjahr und Sommer solange Pflanzen höchsten Nährwertes, bis dieser mit der jahreszeitlichen Entwicklung der Vegetation nachlässt. Danach suchen sie andere Gebiete auf, in denen sich die bevorzugten Futterpflanzen noch in der Frühphase ihrer saisonalen Entwicklung befinden und daher einen hohen Nährwert besitzen (KLEIN 1962, 1968, 1970). Im Winter haben die Pflanzenfresser große Probleme, ausreichende Mengen an gut verdaulicher Nahrung zu finden. Nicht alle Pflanzenteile sind gleich gut geeignet. In den apikalen Teilen von Birkenzweigen zum Beispiel reichern sich gegen Ende der Wachstumsperiode Sekundärstoffe an, von denen einige als Abwehrstoffe wirken (BRYANT et al. 1983; PALO et al. 1992). Zudem weisen die Zweige einen hohen Faseranteil auf. Er nimmt mit dem Durchmesser der Birkenzweige zu. Dünne Zweige wiederum sind zwar leichter zu verdauen, jedoch liefern sie nicht nur wenig Energie, sondern weisen darüber hinaus einen höheren Gehalt an Abwehrstoffen auf.

Für die Pflanzenfresser, zum Beispiel für Elche oder Hasen, ist es demnach von großer Bedeutung, die "richtigen" Zweige zu finden (PALO et al.1992). Kaninchen (*Oryctolagus cuniculus*), Hasen (*Lepus* spec.) und Nagetiere (Rodentia) verfügen über einen vergleichsweise kleinen Verdauungsapparat und auch relativ wenig Verdauungsflüssigkeit. Faserreiche Nahrung (z. B. Grascellulose) vermögen sie daher in einem Verdauungsgang nur zu einem geringen Teil (< 10 %) aufzuschließen. Der im stark vergrößerten Blinddarm produzierte Kot enthält deshalb noch viel ungenutzte Substanz mit einem Eiweißgehalt zwischen 20 % und 40 % sowie im Vergleich zum Normalkot etwa die vierfache Menge Vitamin B_1 (= Vitaminkot, SCHEUNERT und ZIMMERMANN 1952). Kaninchen wie auch Hasen nehmen die weichen Kotballen meist schon am After auf – Jungtiere direkt vom After der Mutter – und verschlucken sie unzerkaut. Im Magen werden die Kotpillen mit dem Speisebrei vermischt und weiter verdaut (LEICHT 1979). Die danach ausgeschiedenen trockenen und harten Kotpillen enthalten nur noch knapp 10 % Eiweiß (siehe auch THACKER und BRANDT 1955; MCBEE 1971). Mit krankhaftem Kotfressen (Koprophagie) hat diese Kotaufnahme nichts zu tun, sondern sie ist ernährungsphysiologisch notwendig (DEMMENT und VAN SOEST 1985; SHORT 1985). Um dies deutlich zu machen, hat HARDER (1949) deshalb den Begriff Coecotrophie vorgeschlagen. Im Experiment wurde nachgewiesen, dass ohne Coecotrophie schwere Vitaminmangelschäden eintreten, die zum Tode der Kaninchen führen. Mittels dieses zweimaligen Passierens des Großteils der Nahrung durch den Verdauungstrakt gelingt es den Kaninchen trotz ihrer größebedingten physiologischen Grenze (kleiner Verdauungsapparat), die pflanzliche Nahrung effektiver zu nutzen. Im Prinzip handelt es sich bei der bakteriellen Aufschließung der Nahrung und der Produktion von Vitamin B_1 um Prozesse, wie sie auch im Pansen der Wiederkäuer ablaufen.

GRZIMEK und GRZIMEK (1960 a, 1960 b) stellten bei ihren Forschungsarbeiten in der Serengeti (Serengeti-Mara-Nationalpark) als erste fest, dass die riesigen Huftierherden nicht alle Gebiete gleich intensiv beweiden und auch nicht alle Grasarten gleichermaßen nutzen, sondern Gräser mit einem höheren Eiweißgehalt eindeutig bevorzugen. Auch zwischen den einzelnen Huftierarten der Serengeti sind feine Unterschiede bei der Nahrungswahl zu erkennen, die letztlich auf die mehr oder weniger große artspezifische Fähigkeit zurückzuführen sind, das Pflanzenmaterial aufzuschließen (SINCLAIR 1974 a, 1974 b, 1977; JARMAN und SINCLAIR 1979). So bevorzugen die kleinen, um 50 kg schweren Impalas kurze, grüne, weiche und blattreiche Gräser, während sie hochwüchsige, robuste gänzlich meiden. In der Trockenzeit, wenn der Fasergehalt der Gräser zunimmt, äsen sie in verstärktem Maße frische Blätter, Blüten und Früchte holziger Pflanzen. Die doppelt so schwere Leierantilope ernährt sich vorwiegend von den eiweißreichen Teilen grüner Gräser, während sie die faserreichen Stängel und Blattscheiden verschmäht. Beide Antilopen äsen also selektiv und vermeiden die Aufnahme schwer verdaulicher Gewebe. Sie vermögen aber das riesige Angebot an Gräsern während der Regenzeit nicht in dem Umfang zu nutzen wie der 400 - 700 kg schwere Kaffernbüffel. Er frisst nahezu wahllos große Mengen grüner Gräser, ohne aber das stärker faserhaltige Material völlig aufschließen zu können (JARMAN und SINCLAIR 1979).

Das gilt insbesondere für die Trockenzeit, wenn der Eiweißgehalt in der Nahrung von 8 % auf weniger als 3 % abnimmt (SINCLAIR 1977; BOTKIN et al. 1981). Möglicherweise vermögen aber diese großen Tiere, die bei ihrer wenig wählerischen Nahrungsaufnahme am meisten von der insgesamt hohen Qualität der Gräser während der Regenzeit profitieren, für die Trockenzeit Eiweißreserven anzulegen (JARMAN und SINCLAIR 1979).

BELL (1970) hat gezeigt, dass Zebras (*Equus burchelli*), Gnus und Thomsongazellen (*Gazella thomsoni*) sich weniger hinsichtlich der von ihnen genutzten Grasarten unterscheiden – hier kommt es zu beträchtlichen Überlappungen bei der Nahrungswahl –, sondern vielmehr durch die Bevorzugung bestimmter Teile der Pflanzen. So fressen Zebras die großen grobfaserigen Stängel, die sie, obwohl sie keine Wiederkäuer sind, besser verwerten können als die Gnus und Gazellen. Erst dann sind die niedrigeren grünen Halme für die Gnus erreichbar, und nachdem diese die Gräser bis dicht über dem Boden abgefressen haben, halten sich die Thomsongazellen an die in großer Dichte sprießenden frischen, nährstoffreichen Gräser.

Die Einnischung der großen Pflanzenfresser in die Savannen-Ökosysteme über die Nahrungspräferenzen und saisonalen Wanderungen (Kapitel 2.3.1.1) scheint nicht durchgehend so perfekt zu sein, wie man es aufgrund der wiederholten Beschreibungen glauben mag. Mitunter genügt schon eine nur geringe räumliche Überlappung zweier im Wesentlichen dieselben Pflanzen nutzenden Arten, um eine starke Nahrungsverknappung für eine oder beide Arten herbeizuführen. Zu einer solchen interspezifischen Konkurrenz kam es beispielsweise in der Serengeti während der Trockenzeiten 1967 - 1969, als eine im Vergleich zur Gesamtpopulation kleine Anzahl von Gnus (gut 7 % = etwas mehr als 1 000 Tiere) in das flussbegleitende Grasland zog. Dies ist der bevorzugte Lebensraum der Büffel (um 2 400 Tiere), wo nun die Gnus durch Verbiss und Vertritt das schon für die Büffel begrenzte Nahrungsangebot erheblich reduzierten. Umgekehrt bedeuten angesichts der gewaltigen Unterschiede der absoluten Populationengrößen die Büffel keine ernsthafte Nahrungskonkurrenz für die Gnus (SINCLAIR 1974 a, 1974 b, 1977).

Wenigstens 4 bis 5 % Rohprotein brauchen die Huftiere während der Trockenzeit, um ihr Körpergewicht zu erhalten (SINCLAIR 1974; COE 1981). Wenn sie keine eiweißreiche Nahrung in ausreichender Menge finden, stellen sich in zunehmendem Maße Konditionsmängel ein. Dies gilt insbesondere für typische Konzentratselektierer, wie beispielsweise Kirkdikdik (*Madoqua kirki*), Springbock (*Antidorcas marsupialis*) oder Steinböckchen (*Raphicerus campestris*). Der Spießbock (*Oryx gazella*) vermag seinen Eiweißbedarf von über 6 % nur zu decken, wenn er bei nachlassender Qualität der Gräser Laub und Fruchtschoten von Sträuchern und Bäumen frisst (LOVEGROVE 1993). Selbst für die in der afrikanischen Savanne lebenden Elefanten (*Loxodonta africana*), die ein vergleichsweise breites Nahrungsspektrum haben – es umfasst Gräser (50 % unter optimalen Bedingungen während der Regenzeit, sonst bis zu 95 %), Blätter, Zweige und Bastgewebe von Holzpflanzen sowie Wurzeln und Rhizome – wird die Ernährung während der Trockenzeit wegen des Proteinmangels und ihres relativ ineffizienten Verdauungssystems problematisch (BENEDICT 1936; MCCULLAGH 1969; WING und BUSS 1970). Ohne entsprechende Eiweißaufnahme vermögen die Elefanten die großen Mengen Grascellulose, die sie nun mal bei ihrer gewaltigen Körpergröße zur Energieversorgung brauchen, nicht zu verdauen – und in der Trockenzeit stehen meist nur noch Laub von Bäumen und Kräuter zur Verfügung (LAWS 1970; siehe auch Foto 6). Während der großen Dürre 1970/71 im Tsavo-Nationalpark (Kenia) starb daher eine große Anzahl von Elefanten, deren Mägen mit extrem eiweißarmem Pflanzenmaterial gefüllt waren (BOTKIN et al. 1981).

Im Vergleich mit der Nahrung des Savannenelefanten weist die Nahrung des in den tropischen Regenwäldern Afrikas lebenden kleineren Waldelefanten (*Loxodonta africana cyclotis*) einen höheren Protein- und Fettgehalt auf, während der Rohfaseranteil geringer ist. Die Nahrung besteht fast ausschließlich aus Blättern, Zweigen, Rinden und Früchten, während Gras mengenmäßig keine Rolle spielt (MERZ 1982). Im Regenwald ist jedoch die Nahrungsqualität nicht nur

Foto 6: Elefanten bei der "Nutzung" der Baumvegetation im Tsavo-Nationalpark (W. LEUT-HOLD).

deutlich besser, sondern über das Jahr hinweg auch ausgeglichener als in den Savannen. Infolgedessen sind im Regenwald auch erheblich höhere Elefantendichten möglich als in der Savanne. Während für die Waldsavanne vom Miombo-Typus ein Richtwert von 0,5 Elefant pro Quadratkilometer als kritische Schwelle gilt (FOWLER und SMITH 1973; CUMMING et al. 1997), werden dem Regenwald Dichten von fast vier Elefanten pro Quadratkilometer zugestanden, ohne dass das Ökosystem Schaden nehmen würde (LAWS et al. 1970).

Anscheinend spielen hinsichtlich der interspezifischen Konkurrenz der großen Pflanzenfresser in der Savanne neben den verdauungsphysiologischen Unterschieden zwischen den Arten auch deren verschiedene Anatomie der Mäuler und Gebisse eine nicht unerhebliche Rolle. So können die breitmäuligen Flusspferde die Grasvegetation so kurz halten ("hippo-lawns"), dass andere Arten nicht mehr in der Lage sind, sie mit ihrem Maul zu fassen und abzuweiden. Damit ließe sich möglicherweise auch das starke Anwachsen der Büffel- und Wasserbockbestände im Ruwenzori-Nationalpark (früher Queen-Elizabeth-Nationalpark) nach einer 1957 erfolgten deutlichen Reduzierung der Flusspferde erklären; bis 1968 war der Büffelbestand um das Sechsfache gestiegen (ELTRINGHAM 1974). Andererseits werden unter Umständen Huftiere mit schmalen Mäulern, die es ihnen erlauben, aus der Grasvegetation sehr gezielt die nährstoffreichen und leicht verdaulichen Blätter herauszusuchen, zu effektiven Konkurrenten der breitmauligen Arten und schließen diese aus, wie es in manchen Gebieten der Serengeti der Fall ist (MURRAY und ILLIUS 1996).

Einfluss der hygrischen Jahreszeiten: In den offenen Savannen werden die Populationsgrößen der Tiere sowie die Menge und Qualität der Nahrung durch den jahreszeitlichen Rhythmus von Regen- und Trockenzeiten gesteuert (Abb. 22). Auf die großen jahreszeitlichen Wanderungen der Gnu-Herden im Serengeti-Mara-Ökosystem – es reicht deutlich über den eigentlichen Serengeti-Nationalpark hinaus – wurde schon im Zusammenhang mit den Ausführungen zum Räuber-Beute-Verhältnis Bezug genommen (Kapitel 2.2.2; siehe auch Abb. 20). Aber auch Elefanten und andere Huftiere folgen den saisonalen Niederschlägen beziehungsweise dem damit steigenden Nahrungsangebot. Während der Trockenzeit sind zum Beispiel die Elefanten auf die Nähe von

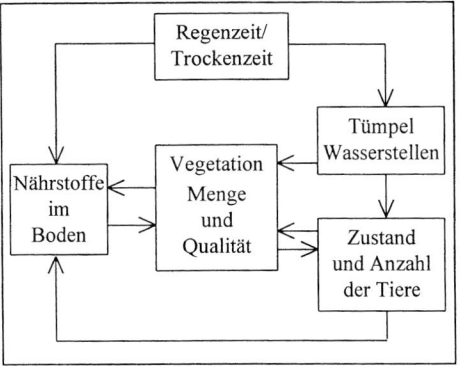

Abb. 22: Der Einfluss von Regen- und Trockenzeit auf das ökologische Beziehungsgefüge in der ostafrikanischen Savanne (nach BOTKIN et al. 1981, verändert).

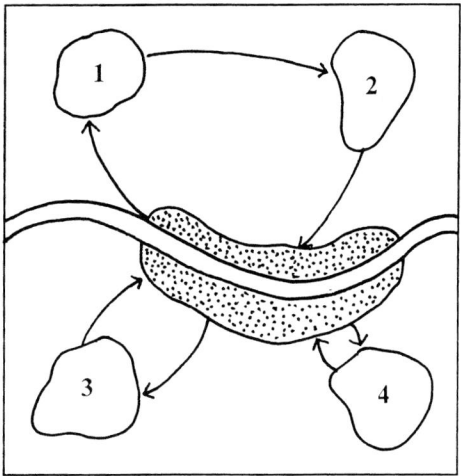

Abb. 23: Habitatnutzung der Elefanten im Tsavo-Nationalpark (trockenzeitliches Habitat punktiert). Die Elefanten folgen den lokalen Niederschlagsereignissen zu Beginn der Regenzeit. Die Zahlen 1 – 4 geben die zeitliche Abfolge der Herdenwanderungen an (nach LEUTHOLD 1977 b, verändert).

permanenten Gewässern angewiesen, wo sie sich dann in oft großer Zahl aufhalten. Von dort ziehen die Elefanten zu Beginn der Regenzeit in die Gebiete, in denen die ersten kräftigen Niederschläge fallen (Abb. 23). Die Dickhäuter scheinen den Regen geradezu zu "riechen". Da diese Niederschläge räumlich und zeitlich sehr ungleichmäßig verteilt auftreten, variieren auch Ziele und Zeitpunkte dieser Herdenwanderungen sowohl im Verlauf eines Jahres als auch von Jahr zu Jahr sehr stark (LEUTHOLD 1977 b).

Der Wechsel von Regen- und Trockenzeiten prägt die Rahmenbedingungen, innerhalb derer sich ein komplexes ökologisches Beziehungsgefüge entwickelt, in dem wiederum die Tiere selbst ein bedeutender, bisweilen sogar systemerhaltender Faktor sind. Die Zusammenhänge zwischen der Gesamtbiomasse der großen Herbivoren und der Niederschlagsmenge (COE et al. 1976) werden jedoch von der chemischen Beschaffenheit der Pflanzen, der Menge pflanzenverfügbarer Nährstoffe und der von den jeweils vorhandenen Wuchsformen abhängigen Struktur der Pflanzendecke und ihrer Qualität als Nahrung (u. a. Verhältnis von Stützgewebe zu Assimilationsorganen) sowie ihrer Verfügbarkeit (FRITZ und DUNCAN 1994) überlagert.

Die Verbreitung der Vegetation und das räumlich-zeitliche Beweidungsmuster wiederum stehen in enger Beziehung zur geomorphologischen Situation und der damit verbundenen catenenartigen Anordnung der Böden (MORRISON et al. 1948; BELL 1970, 1982; EAST 1984; JENSEN und BELSKY 1989; BEN-SHAHAR 1995). Entscheidender Faktor ist dabei die Bodenfeuchteverteilung. Nach den Regenfällen bewegt sich das Sickerwasser von den konvexen Geländebereichen zu den Hohlformen hin. Flachgründige, ausgewaschene und trockene Sandböden auf den Kuppen und schwere, vernäßte Tonböden in den Senken sind die Folge (Abb. 24). Bis ungefähr drei Wochen nach dem Höhepunkt der Regenzeit halten sich alle Grasfresser auf den erhöhten Geländepartien auf, wo dann die kurze frische Grasvegetation eine optimale Nahrungsgrundlage bietet. In der Trockenzeit ziehen die Huftiere von den höher gelegenen Geländebereichen in Richtung der von langhalmigen Gräsern bestandenen Feuchtstandorte in den Senken und Tälern. Mit Ausnahme der Leierantilopen, die bereits vor den Gnus den Standort wechseln, erfolgt der

Wechsel in der Reihenfolge der Körpergröße der Arten. Zuletzt ziehen die Thomsongazellen als kleinste Art in die tieferliegenden Bereiche hinab. Mit Beginn der Regenzeit findet der Ortswechsel, beginnend mit den kleineren Arten, in umgekehrter Richtung statt (BELL 1970).

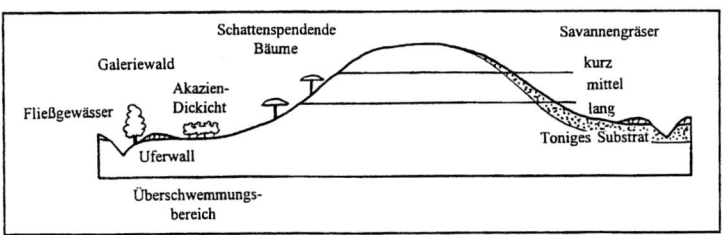

Abb.: 24: Beziehungen zwischen Relief, Vegetation und Böden (Catena) in der Savanne Ostafrikas (Serengeti, nach BELL, 1970, verändert).

In eindrücklicher Weise beschreibt VESEY-FITZGERALD (1960) aus dem Rukwa-Tal (südwestliches Tansania, vormals Tanganjika) einen von alternierender Überschwemmung und Trockenheit gesteuerten Beweidungszyklus. Das Tal wird im Osten und Westen von hohen Steilstufen begrenzt. Auf dem Talboden befindet sich ein von offener Savanne umgebener seichter Salzsee. Das Grasland seinerseits umschließen offene Gehölze aus Akazien und anderen Baumarten. Für die großen Pflanzenfresser gibt es hier zwei kritische Jahreszeiten. Mit Ausnahme der Flusspferde müssen sie während der Regenzeit die Überschwemmungsgebiete verlassen oder sich zumindest auf etwas höher gelegene beziehungsweise nicht so stark überflutete Geländebereiche zurückziehen. Diese lokalen "Wanderungen" verschaffen den Weideflächen eine "Schonzeit". Ohne dass auch nur ein Tropfen Regen fällt, bieten die während der Trockenzeit nach Vertritt und/oder Feuer wieder rasch austreibenden ausdauernden Gräser in der Überschwemmungsebene den Tieren ausreichend Nahrung. Einige Arten, wie beispielsweise der Riedbock (*Redunca redunca*) sowie Leierantilope und Elenantilope (*Tragelaphus oryx*) halten sich in dieser Jahreszeit größtenteils in Nähe der schattenspendenden Bäume auf, wo nach den Bränden frisches Gras sprießt. Wasserstellen gibt es dort nicht. Zebras, Büffel, Puku (*Kobus vardoni*), Flusspferde und Elefanten ziehen indessen die gewässernahen Bereiche der offenen Savanne vor. Infolge dieser verhaltensbedingten räumlichen Separierung bleiben die Flächen zwischen den Gehölzen und den offenen gewässernäheren Bereichen nahezu ungenutzt, obwohl auch dort nach den trockenzeitlichen Bränden frische Gräser austreiben können, aber letztlich nicht zur Erhöhung der Tragfähigkeit des Gesamtgebietes für Huftiere beitragen.

In extrem trockenen Jahren und auch während der heißesten Monate, wenn überhaupt keine offenen Wasserstellen mehr vorhanden sind und auch nachts kaum Tau fällt, versammeln sich die Huftiere in dichten Herden und Rudeln auf dem Überschwemmungsgrasland und in den Süßwassersümpfen. Die starke Beweidung hält die Gräser kurz und stimuliert ihr Wachstum. Die Pflanzen enthalten soviel Wasser, dass die Herbivoren hier überleben können, ohne trinken zu müssen. Die Beweidung und der Tritt der großen, schweren Pflanzenfresser in den von *Vossia cuspidata* dominierten Süßwassersümpfen ebnen den Weg für die nachfolgenden leichteren Huftiere (VESEY-FITZGERALD 1960). In entsprechender Weise halten die während der Regenzeit in den trockeneren Bereichen der Ebene in dichten Herden weidenden Leierantilopen, begleitet von Zebras, Elenantilopen und Büffeln, das Gras kurz und in einem vegetativ ständig aktiven Zustand. Gleichwohl sind nirgends Spuren einer Überbeweidung zu erkennen. Bevor es dazu kommen kann, erfolgt der durch die saisonalen Klimabedingungen gesteuerte Ortswechsel.

Zweifelsohne bieten die semipermanenten Süßwassersümpfe die reichhaltigste Nahrungsgrundlage. Sie werden allerdings schon sehr früh zu Beginn der Regenzeit überschwemmt und stehen bis in die Trockenzeit hinein unter Wasser. Während der Überflutung wächst *Vossia cuspidata* kräftig und vermehrt sich ohne Unterbrechung vegetativ. Mindestens acht Monate lang bleibt hier jede Beweidung aus, ausgenommen durch Flusspferde. Am ausgedehntesten ist das von *Echinochloa pyramidalis* beherrschte Überschwemmungsgrasland. Es ist oft von Beginn der Regenzeit bis in den Februar hinein überflutet. Mit dem Regen beginnt das Gras kräftig zu wachsen. Blüte sowie Samenbildung sind noch vor Ende der Regenzeit abgeschlossen. Wenigstens fünf Monate lang wird dieses Grasland kaum beweidet. Nach der Samenausschüttung sterben die Halme ab, und die Nährstoffe werden in die Rhizome verlagert. Für die Huftiere ist es dann als Nahrung relativ unattraktiv. Von Juni an kann es zu Savannenbränden kommen, nach denen das Gras dank der gespeicherten Nährstoffreserven sofort wieder austreibt, ohne dass Niederschlag nötig wäre. Dann bietet es für die letzten vier Monate der Trockenzeit eine optimale Nahrungsgrundlage. In den randlichen trockeneren Graslandbereichen kann sich die Situation zuspitzen, wenn durch die während der Regenzeit in großer Zahl aus den Überschwemmungsgebieten hierher ausweichenden Huftierherden ein zusätzlicher Beweidungsdruck entsteht, der zu nachhaltigen Schäden in der Vegetation führt. Ohne diese saisonale "Zuwanderung" aus den überfluteten Bereichen wäre die Anzahl der Huftiere hier wegen der während der Trockenmonate spärlichen Nahrungsgrundlage so begrenzt, dass es in der Regenzeit nicht zur Überbeweidung käme. An diesem Beispiel wird einmal mehr die große Bedeutung der Einbindung der Biotope und Teilbiotope in den übergeordneten räumlichen Gesamtzusammenhang deutlich.

Die im Wesentlichen aus annuellen Gräsern bestehenden Weidegebiete in den Akaziengehölzen werden zu Beginn der Regenzeit beweidet, wenn das Wachstum der Sämlinge am stärksten ist und ihnen Tritt und Verbiss nicht viel anhaben können. Bevor diese Weiden ihren saisonalen Entwicklungshöhepunkt erreichen, suchen die Huftiere trockenere Gebiete auf, so dass die Gräser Samen bilden und vertrocknen können, ohne durch die Beweidung geschädigt zu werden. Die vertrocknete Vegetation wird von den Huftieren nochmals unmittelbar nach Ende der Regenzeit genutzt, und zwar solange noch einige offene Wasserstellen vorhanden sind. Diese nochmalige Beweidung aber schadet den annuellen Pflanzen nicht, da sie ihren Lebenszyklus bereits vollendet haben. Überdies veranlassen die trockenzeitlichen Brände sowie die Austrocknung der Wasserstellen die Herden nach einigen Wochen zum Verlassen des Gebietes. Die die Ufer des Salzsees säumende Grasvegetation ist nur für die Flusspferde von Bedeutung, und gelegentlich, wenn es gebrannt hat und neue Halme austreiben, grasen auch andere Tiere hier. Sie bevorzugen jedoch die Überschwemmungsgrasländer (*Vossia* und *Echinochloa*). Zu Schäden durch Überbeweidung kommt es jedenfalls in dem von Brackwasser beeinflussten Ufersaum nie.

Angesichts dieser differenzierten ökologischen Einnischung darf jedoch nicht außer Acht gelassen werden, dass die meisten Untersuchungen darüber stattfanden, als infolge der Rinderpest und auch noch nach ihrer Eindämmung über einen Zeitraum von rund 70 Jahren hinweg Nahrung im Überfluss vorhanden war, und die interspezifische Konkurrenz eine nur geringe Rolle spielte (SINCLAIR 1979 b). Das aber änderte sich, nachdem Anfang der sechziger Jahre des vorigen Jahrhunderts die letzten Fälle von Rinderpest in der Serengeti-Ebene, am Ngorongoro (Tansania) und im Mara-Wildschutzgebiet (Kenia) festgestellt worden waren (SINCLAIR 1979 a). Rasch nahmen die Gnu- und Büffelherden zu (Abb. 25). Der "Beweis" dafür, dass das Ausbleiben der Seuche und nicht irgendwelche anderen Faktoren, wie zum Beispiel eine Abnahme der Prädatoren, eine Verbesserung der Nahrungsgrundlage oder der Rückgang anthropogener Eingriffe, ausschlaggebend für das Populationswachstum waren, ist in der unveränderten Zahl der nichtwiederkäuenden Huftiere (z. B. Zebra) zu sehen (SINCLAIR 1979 b). Ende der sechziger Jahre waren die Gnu- und Büffelherden so groß geworden – ihr Bestand hatte sich mehr als verdoppelt –, dass die Anzahl der Büffel infolge Nahrungsmangels während der Trockenzeit und erhöhter Sterblichkeit zunächst nicht weiter stieg.

Zu Beginn des folgenden Jahrzehnts nahmen dann die Niederschläge beträchtlich zu. Auch während der Trockenzeit bot sich nun Nahrung im Überfluss. Zudem waren die Grasflächen insgesamt größer geworden, weil hier, wie auch in anderen afrikanischen Nationalparks (Kapitel

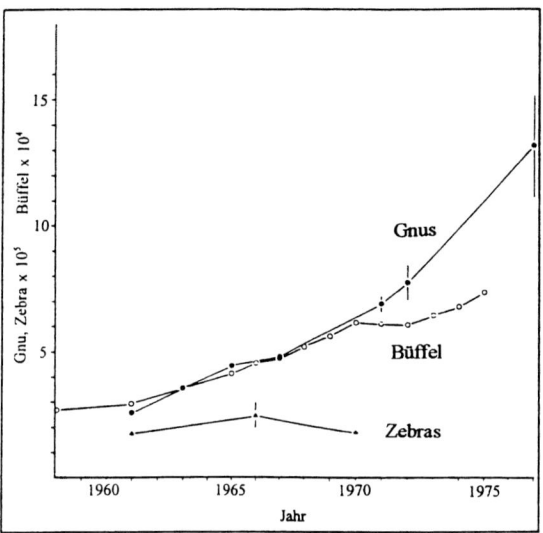

Abb.25: Entwicklung der Gnu-, Büffel- und Zebrabestände in der Serengeti (nach SINCLAIR et al. 1985; DUBLIN et al. 1990; SINCLAIR 1995, verändert).

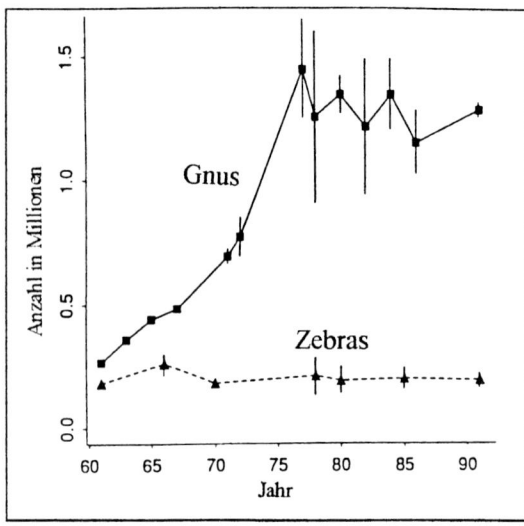

Abb. 26: Entwicklung der Gnu- und Zebrabestände in der nördlichen Serengeti (nach SINCLAIR et al. 1985; DUBLIN et al. 1990; SINCLAIR 1995, verändert).

2.3.2.1), die Elefanten viele Baumbestände zerstört hatten (LEUTHOLD 1978; Foto 6 sowie 9, 10, 11). Dank des großen Nahrungsangebotes konnten die Gnu- und Büffelherden wieder anwachsen (SINCLAIR 1979 a, 1979 b). Die Zahl der Leierantilopen, Kuhantilopen und Impalas nahm indessen nicht zu, weil offensichtlich Gnus und Büffel diesen Nahrungsüberschuss verbrauchten, ohne dass die anderen Grasfresser davon profitieren konnten. Die interspezifische Konkurrenz zwischen den dominierenden großen Pflanzenfressern hatte sich als der ausschlaggebende Faktor erwiesen. Ende der siebziger Jahre führte der Nahrungsmangel während der Trockenzeit schließlich auch zu einem Rückgang der Gnubestände (Abb. 26). Sie haben sich seither auf einem Niveau von ca. 1,3 bis 1,5 Millionen Tieren stabilisiert (DUBLIN et al. 1990; CAMPBELL und BORNER 1995).

Damit aber waren weitreichende Folgen für das Gesamtsystem Serengeti verbunden (Abb. 27). Die stark angewachsene Gnupopulation weitete ihr Weideareal in die Baum- und Buschsavanne aus (siehe auch TALBOT und TALBOT 1963; WATSON 1967; PENNYCUICK 1975). Die Herden beeinflussten die Vegetation nicht allein durch den Verbrauch an Phytomasse, sondern auch die mit der Beweidung einhergehende Veränderung der Konkurrenz unter den Pflanzen, die in erster Linie den nicht mit den Gnus und Büffeln konkurrierenden Herbivoren zugute kommt. In der Baumsavanne reduzierte die Beweidung das brennbare Material und damit die Häufigkeit der trockenzeitlichen Brände. Dies wiederum hatte

eine Zunahme des Akazienjungwuchses zur Folge, auf die wahrscheinlich die nachfolgende Zunahme der Giraffen (*Giraffa camelopardalis*) zurückzuführen ist – weibliche Giraffen ziehen das Laub des Jungwuchses dem der alten Bäume jedenfalls vor. Die stärksten Effekte hatten die durch die dominierenden großen Pflanzenfresser verursachten Veränderungen der Pflanzendecke

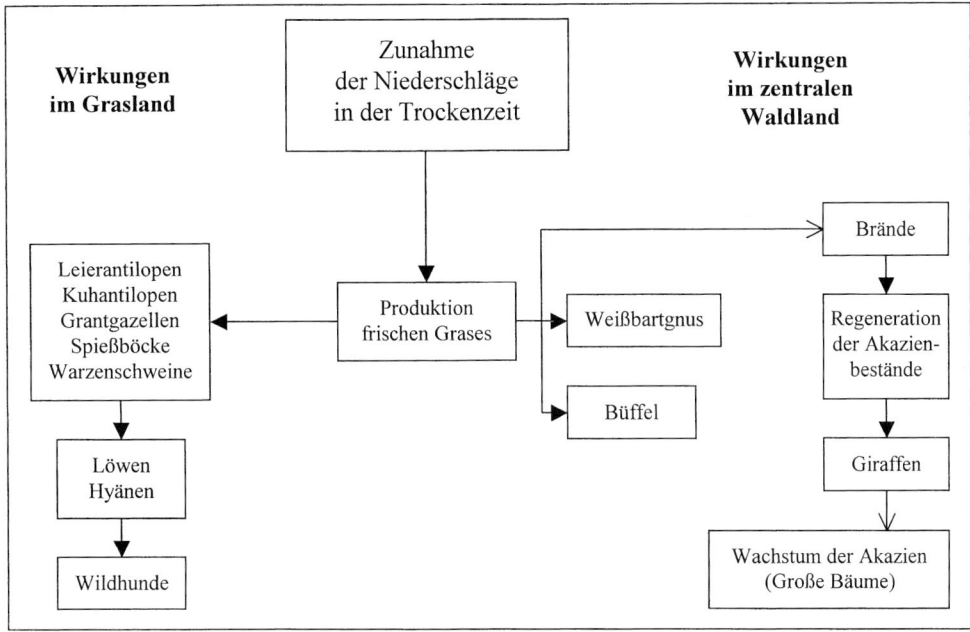

Abb. 27: Wirkungen der Zunahme der trockenzeitlichen Niederschläge während der siebziger Jahre des vorigen Jahrhunderts auf Fauna und Vegetation in der Serengeti. Ausgefüllte Pfeilspitzen bedeuten Zunahme, offene Pfeilspitzen Abnahme (nach SINCLAIR 1979 a, verändert).

in der offenen Savanne. Die Anzahl der Leierantilopen, Kuhantilopen, Warzenschweine, Grantgazellen (*Gazella granti*) und Thomsongazellen nahm während der siebziger Jahre deutlich zu. Spießböcke (*Oryx dammah)* dehnten ihr Verbreitungsgebiet westwärts aus. Büffel besiedelten den Randbereich der Baumsavanne, der früher für sie zu trocken war. Der Bestand der schon vorher in der Baumsavanne lebenden Grasfresser (Impala, Leierantilope, Kuhantilope) konnte indessen wegen der starken Konkurrenz der hier im Vergleich zu den sechziger Jahren jetzt vermehrt grasenden Gnuherden nicht ansteigen.

Einfluss der thermischen Jahreszeiten: Während sich in den Savannen die Nahrungsmenge, das Nahrungsspektrum und die Nahrungsqualität im Wechsel von Trocken- und Regenzeit ändern, geschieht dies in den außertropischen Regionen unter dem Einfluss der thermischen Jahreszeiten (u. a. MRAZ 1960; KLÖTZLI 1965; REMMERT 1973; ELLENBERG 1974; SCHRÖDER 1977; HOFMANN 1978; HESPELER 1992). Ebenso hängt der Energiebedarf der Tiere, insbesondere der Bedarf an Eiweiß, von den Jahreszeiten ab. Beispielsweise brauchen Ren- und andere Hirschkühe (CHARLES et al. 1977; STAINES et al. 1982; REIMERS et al. 1983; OSBORNE 1984; HUDSON und WHITE 1985; HOLZGANG et al. 1996) während der Tragzeit und vor allem während der Laktation eiweißreiche Nahrung, um ausreichend Milch für die Aufzucht der Nachkommen zu produzieren und ihren eigenen gesteigerten Energiebedarf zu decken. Eine schlechte Sommeräsung kann daher die Produktivität einer Herde erheblich beeinträchtigen (JULANDER et al. 1961). Noch während der warmen Jahreszeit müssen die weiblichen Tiere ihr durch Geburt und Jungenaufzucht reduziertes Körpergewicht wieder auf eine Höhe bringen, die es ihnen ermöglicht, den folgenden Winter mit seinem knappen Nahrungsangebot zu überstehen (TORBIT et al. 1985). Das Körpergewicht beeinflusst auch die Fruchtbarkeit sowie die Trächtigkeitsrate und das Fortpflanzungsalter

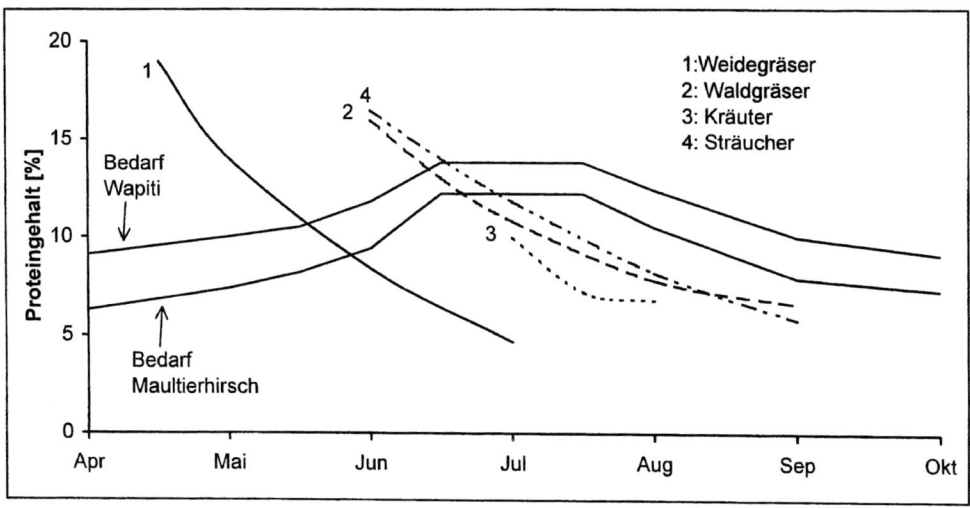

Abb. 28: Proteingehalt verschiedener Nahrungspflanzen und Proteinbedarf von Wapiti (*Cervus canadensis*) und Maultierhirsch (*Odocoileus hemionus*) in den Blue Mountains (östliches Oregon, nach IRWIN et al. 1994, verändert).

(KLEIN 1970; MITCHELL und BROWN 1974; CLUTTON-BROCK et al. 1982; ALBON et al. 1983). Bei Untersuchungen in den Blue Mountains (nordöstliches Oregon, südöstliches Washington) über den Eiweißgehalt der Nahrungspflanzen und den Eiweißbedarf von Wapiti und Maultierhirschen zeigte sich, dass – ungeachtet der nicht unerheblich voneinander abweichenden Daten – die Nahrungsqualität bis Ende der Tragzeit noch relativ gut ist, zu Beginn der Laktation noch gerade ausreicht und vom Höhepunkt der Laktationszeit bis zum Herbst dem Bedarf nicht mehr entspricht (Abb. 28). Gegen den Spätherbst zu sinkt der Proteingehalt der Nahrung auf 7 % (Mindesterhaltungsbedarf ca. 7 %, FRENCH et al. 1955; MOULD und ROBBINS 1981) und darunter. Die Hirsche müssen also die vom Spätsommer an und den Winter hindurch anhaltende Unterversorgung mit Eiweiß während des folgenden Frühjahrs und Frühsommers ausgleichen.

Rehe brauchen nach dem Setzen der Kitze bis zur erneuten Brunft das Vierfache des sogenannten Erhaltungsbedarfs (HESPELER 1992). Im Winter ist der Bedarf dagegen sehr niedrig. Konnten die Rehe im Herbst bei guter Äsung ausreichende Fettreserven anlegen, so liegt er nur wenig über dem reinen Erhaltungsbedarf (ELLENBERG 1974). Stress und Flucht lassen den Energiebedarf allerdings drastisch ansteigen. In unserer Kulturlandschaft sind die Rehe in steigendem Maße Störungen durch den Menschen ausgesetzt. Nur stellen- und zeitweise können sie daher auch in einer reich strukturierten Kulturlandschaft das insbesondere an Wald-, Gehölz- und Heckenrändern während des größten Teils des Jahres günstige Nahrungsangebot nutzen (KURT 1991). Die gewöhnlich wenig strukturierten Wirtschaftswälder bieten dagegen meist keine ausreichenden Mengen energiereichen Futters. Verstärkter Verbiss in den natürlichen und künstlichen Verjüngungen ist die unmittelbare Folge. Für viele wildlebende Wiederkäuer in Klimazonen mit saisonaler Nahrungsverknappung (im Winter bzw. in der Trockenzeit) wurde nachgewiesen, dass sie in diesen Perioden ihren Stoffwechsel herabsetzen und ihren Verdauungsapparat entsprechend "einstellen" (HOFMANN 1978; NATIONAL AUDUBON SOCIETY 1992).

Bei Rotwild, das in störungsfreien Biotopen lebt, beträgt das Verhältnis von Erhaltungsbedarf zum Energieaufwand für Bewegung und Aufrechterhaltung der Körpertemperatur etwa eins zu fünf. In bergigem Gelände steigt der Bedarf für Bewegung auf das Zwei- bis Vierfache an. Muss das Wild bergaufwärts fliehen und sich dabei auch noch den Weg durch tiefen Schnee bahnen (Abb. 29), so kann der Energieverbrauch das Sechzigfache des Ruhebedarfes erreichen. In Gebieten mit häufigen Störungen, wie beispielsweise in touristisch stark frequentierten Alpenregionen, hat dies negative Folgen für die körperliche Konstitution des Wildes und für die Vegetation (z. B. REIMOSER et al. 1987; REIMOSER 1999). So diskutiert man in jüngster Zeit zum Beispiel auch die Einschränkung des in den letzten Jahren in Mode gekommenen Gleitschirmfliegens, um die davon ausgehende Beunruhigung des Steinwildes zu reduzieren (SZEMKUS et al. 1998). Für das Rotwild verschärft sich die Situation noch dadurch, dass die traditionellen Wanderwege zwischen den zumeist im Waldgrenzbereich und darüber liegenden Sommeräsungsgebieten und den Wintereinständen in den Talauen im Gebirge sowie im Alpenvorland durch Straßen, Bahntrassen, Kanäle usw. versperrt sind. In den Bergen Oberbayerns beispielsweise hat der Rotwildbe-

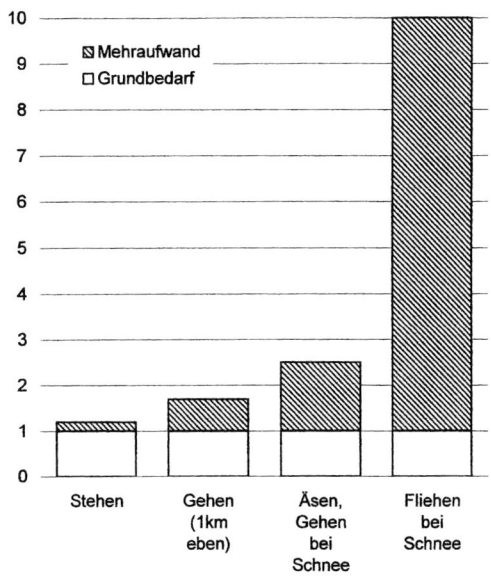

Abb. 29: Energieaufwand des Rothirsches (*Cervus elaphus*) in Abhängigkeit von der Fortbewegungsgeschwindigkeit in schneefreiem und verschneitem Gelände (nach ESSLINGER 1988, verändert).

stand gegenüber dem 19. Jahrhundert um das Vier- bis Fünffache zugenommen (u. a. MEISTER 1969). Infolgedessen unterliegen die Sommeräsungsgebiete einem maximalen Äsungsdruck und einer fortschreitenden Degradierung. Unter diesen durch den Menschen stark veränderten Bedingungen müssen notgedrungen Winterfütterungen angelegt werden, will man schwerwiegende ökologische Beeinträchtigungen des Lebensraumes und wirtschaftliche Schäden vermeiden (ONDERSCHEKA 1986), allerdings bei gleichzeitig strenger Kontrolle, die die Bestände auf einem der Tragfähigkeit angemessenen Niveau hält (Kapitel 2.3.2.4 und 4.1).

2.3.1.2 Bildung und Wirkung von Abwehrstoffen

Manche Pflanzen werden als Nahrung nicht angenommen, weil sie Substanzen enthalten, die die Verdauung beeinträchtigen (z. B. Lignine, Tannine, Kieselsäureverbindungen) oder auch direkt toxisch wirken (Alkaloide, Terpenoide, cyanogene Glycoside). Andere verfügen über mechanische Schutzvorrichtungen wie Dornen, Trichome oder Drüsenhaare. Im Laufe der Zeit kommt es zur positiven Selektion dieser Pflanzen. Dasselbe gilt für vertrittresistente Pflanzen. So sind zum Beispiel die weiten Flächen mit Borstgrasrasen (*Leontodo helvetici-Nardetum*) auf dem Feldberg im Schwarzwald (Foto 7) Ergebnis einer rund tausend Jahre währenden Beweidung durch Schafe (WILMANNS und MÜLLER 1977). Auf den Alpweiden in den Alpen findet man regelmäßig die sogenannten "Nardusleichen", von den Rindern zufällig mit herausgerissene und wieder ausgespiene Borstgräser.

Viele Pflanzen reagieren auf Verbiss aber auch mit der Bildung von Abwehrstoffen (induzierte Resistenz; HOWE und WESTLEY 1993). So treiben beispielsweise Fjellbirken (*Betula pubescens* ssp. *tortuosa*) oder Lärchen (*Larix decidua*), die vom Grünen Spanner beziehungsweise vom

Foto 7: Durch jahrhundertelange Beweidung geprägte Vegetation auf dem Feldberg im Schwarzwald (F.-K. HOLTMEIER, 29. 09. 1987).

Grauen Lärchenwickler während der zyklischen Massenvermehrungen dieser Lepidopteren regelmäßig kahlgefressen werden (Kapitel 2.4.1 und 2.4.2), nach dem Kahlfraß noch in derselben Vegetationsperiode neue Blätter bzw. Nadeln aus. Diese sind nicht nur kleiner und ärmer an Eiweiß als die erste Blatt- bzw. Nadelgeneration, sondern sie enthalten auch hohe Mengen an chemischen Abwehrstoffen, wie zum Beispiel Phenole. Als Nahrung für die Raupen sind diese Nadeln dann ungeeignet (BALTENSWEILER 1962, 1975; TENOW 1972; KALLIO und LEHTONEN 1973; BENZ 1974; HAUKIOJA und HAKALA 1975; LEVIN 1976; RHOADES und CATES 1976; BALTENSWEILER et al. 1977; HAUKIOJA und NIEMELÄ 1977, 1979; HAUKIOJA 1980, 1982; SCHULTZ und BALDWIN 1982; HAUKIOJA et al. 1983; WERNER 1986 a, 1986 b; HOOGESTEGER und KARLSSON 1992). Im Experiment fand man heraus, dass schon die Applikation von Raupenkot für die Fjellbirke sozusagen ein Signal bedeutet, im Folgejahr Blätter auszutreiben, die für die Raupen des Grünen Spanners ungenießbar sind (HAUKIOJA et al. 1985).

Auch die bei Überbeweidung durch Lemminge, Mikrotinen und Schneehasen gebildeten Abwehrstoffe machen die Nahrung für diese Herbivoren ungenießbar und tragen im Rahmen der zyklischen Populationsschwankungen jeweils zum Rückgang der Populationsdichte bei (HAUKIOJA und HAKALA 1975; PEASE et al. 1979; HAUKIOJA 1980; LAINE und HENTTONEN 1983). Man hat herausgefunden (BRYANT et al. 1989), dass Birken und Weiden in Gebieten mit ausgeprägten Schneehasenzyklen (*Lepus timidus* und *Lepus americanus*, Alaska, Sibirien; WOLFF 1980; KEITH 1983) mehr Abwehrstoffe bilden als beispielsweise in Finnland, wo es keine vergleichbaren Zyklen gibt (KEITH 1983). Die Tatsache, dass Schneehasen aus Alaska mehr Birken und Weiden mit großen Mengen an Abwehrstoffen fraßen als Schneehasen in Finnland, lässt sich dahingehend deuten, dass erstere im Laufe der Evolution effektivere Fähigkeiten entwickelt haben, um den Wirkungen toxischer Sekundärstoffe zu entgehen (BRATTSEN 1979). Immerhin haben die Schneehasen im eisfreien Korridor in Alaska länger Zeit gehabt sich anzupassen als die Schneehasen im relativ spät eisfrei gewordenen Finnland (siehe auch BOWYER et al. 1997). Die Abwehrstoffe wiederum können durchaus auch die chemischen Eigenschaften der Streu beeinflussen, indem sie die

Mineralisierung beeinträchtigen (BRYANT und CHAPIN III 1986). Trotz zahlreicher Untersuchungen solcher Wechselwirkungen zwischen Herbivoren und Vegetation (z. B. Verbiss als Wachstumsstimulans oder Auslöser der Bildung von Abwehrstoffen, mutualistische Beziehungen; siehe auch OWEN und WIEGERT 1987) beruhen viele Erklärungen noch auf Plausibilitätsüberlegungen. Es mangelt gewiss nicht an neuen Hypothesen, wohl aber an deren experimentellem Nachweis.

Welche Art von den Herbivoren bevorzugt wird, hängt letztlich davon ab, welche Wahlmöglichkeiten die jeweiligen Verhältnisse bieten. So wird beispielsweise Borstgras (*Nardus stricta*) von Rindern gemieden, wenn es büschelweise wächst, während anderen Gräsern und Kräutern beigemischte Halme durchaus mitgefressen werden (NICHOLSON et al. 1970). In vielen Fällen führt die selektive Beweidung zur Vorherrschaft der Pflanzenarten, die auf Verbiss mit der Bildung von Abwehrstoffen reagieren und daher ungenießbar sind. Andererseits hat selbst langdauernde Beweidung nicht zwangsweise ein Vordringen solcher Arten zur Folge und kann sogar die Ausbreitung besonders nährstoffreicher und leicht verdaulicher Pflanzen fördern (AUGUSTINE und MCNAUGHTON1998).

2.3.1.3 Nahrungsspezialisten und -generalisten, Einfluss auf Artenvielfalt und Diversität

Je nachdem, ob die Pflanzenfresser auf bestimmte Nahrungspflanzen spezialisiert oder aber Generalisten sind, ist ihre Auswirkung auf die Zusammensetzung und die Entwicklung der Vegetationsdecke verschieden. Sie kann sowohl eine Zunahme als auch eine Abnahme der Diversität zur Folge haben (HARPER 1969). Wenn zum Beispiel eine Beweidung durch Generalisten stattfindet, kommt es darauf an, welche Pflanzen dies am wenigsten vertragen können. Sind es die wenig konkurrenzfähigen Spezies, so kann dies unter Umständen eine Verarmung der Vegetation zur Folge haben. Wenn es sich aber um die konkurrenzstarken Arten handelt, führt die Beweidung, sofern sie nicht zu stark wird, möglicherweise zu einer größeren Artenvielfalt, da sich die bislang unterdrückten Pflanzen dann besser entfalten können. Schließt man die Beweidung wieder aus, so dominieren bald wieder die konkurrenzstarken Arten (siehe dazu TANSLEY und ADAMSON 1925; KLÖTZLI 1977).

Zu intensive Beweidung hat ebenso eine Abnahme der Diversität zur Folge, da die Pflanzenfresser ihre bevorzugten Pflanzen nicht mehr in ausreichender Menge vorfinden und auf andere ausweichen, die dem Beweidungsdruck unter Umständen nicht standhalten und verschwinden können. Bei Untersuchungen über den Einfluss von Wildkaninchen auf die Dünenvegetation von Schiermonnikoog (Westfriesische Inseln) hat sich gezeigt, dass sowohl eine plötzliche Zunahme als auch Abnahme des Äsungsdruckes einen Artenschwund mit sich bringen, während sich bei mittelmäßiger Äsung eine maximale Artenvielfalt einstellt (Abb. 30; ZEEVALKING und FRESCO 1977). MCNAUGHTON (1979 b, 1983 a) stellte bei seinen Untersuchungen über den Einfluss von herbivoren Großsäugern auf die Vegetation in der Serengeti ebenfalls auf mäßig beweideten Arealen die höchste Artdiversität fest (siehe auch NAVEH und WHITTAKER 1980). Inwieweit sich jedoch aus diesen Übereinstimmungen eine allgemeingültige Regel ableiten lässt, sei einmal dahingestellt.

Auch hinsichtlich der Auswirkungen selektiver Beweidung ist ausschlaggebend, ob die Pflanzenfresser die konkurrenzstarken oder die konkurrenzschwachen Arten bevorzugen. Im ersten Fall nimmt die Diversität zu, im zweiten geht sie zurück. So führte zum Beispiel die Beweidung von durch Weidelgras (*Lolium perenne*) und Weißklee (*Trifolium repens*) dominierten Rasen mit Schafen zu einer erhöhten Artenvielfalt (JONES 1933), während auf Schafweiden im walisischen Hochland die von den Schafen kaum gefressenen vorherrschenden Gräser, wie das Pfeifengras

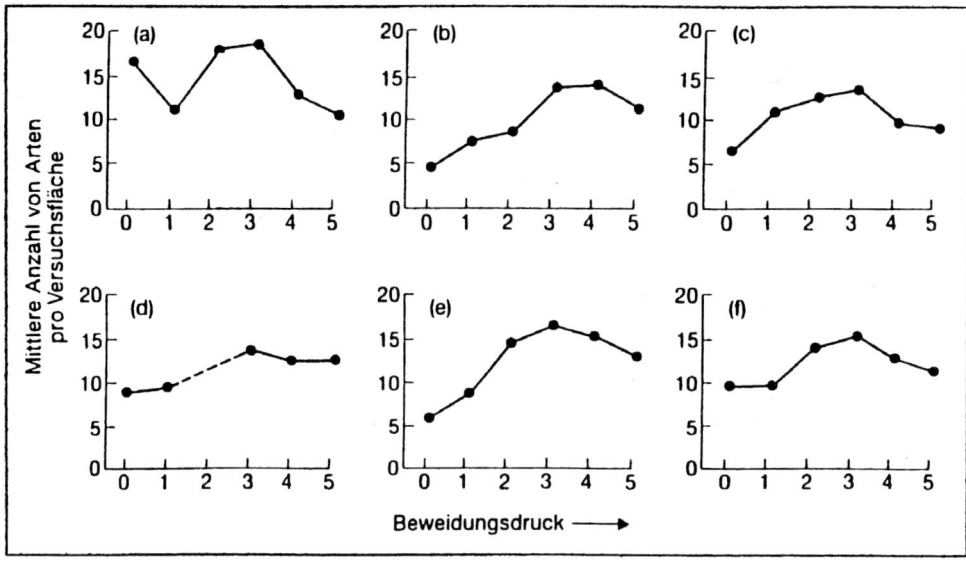

Abb. 30: Veränderung der Artenzahl unter dem Einfluss unterschiedlichen Beweidungsdrucks (Skala 1 – 5) durch Kaninchen auf quadratmetergroßen Flächen auf fünf Sanddünen (a – e) und im Mittel aller Flächen (f) (nach Zeevalking und Fresno 1977, verändert).

(*Molinia caerula*), Roter Schwingel (*Festuca rubra*) und Rotes Straußgras (*Agrostis tenuis*) durch die Beweidung noch gefördert wurden (Milton 1940, 1947). Die Beweidung kann zu einem Vegetationsmosaik führen, das sich deutlich von der Vegetationsdecke der Umgebung unterscheidet.

In den oberbayerischen sub- bis hochmontanen Bergmischwäldern (Abb. 31), die, gemessen an der großen Zahl der Keimlinge und Jungpflanzen, an sich ein enormes Verjüngungspotential aufweisen (Schuster 1990), hat der Wildverbiss (Gämse, Reh- und Rotwild) durch die Beeinträchtigung der natürlichen Verjüngung zu einer fortschreitenden Entmischung der Bestände geführt. Tanne, Bergahorn und andere begleitende Laubhölzer sind zurückgegangen, während die Fichte zur dominanten Baumart geworden ist (Meister 1969; Bernhart 1988, 1990). Häufig geht damit eine Verschiebung zu gräserreichen, artenarmen Beständen einher. Mit den Gräsern wächst die Konkurrenz für die natürliche Verjüngung der bestandesbildenden Baumarten (u. a. Meister 1969; Gossow 1976). Zudem finden hier nun Mäuse bessere Lebensbedingungen. Sie schädigen wiederum vor allem die Laubhölzer und tragen auf diese Weise zur Entmischung bei (Schuster 1990).

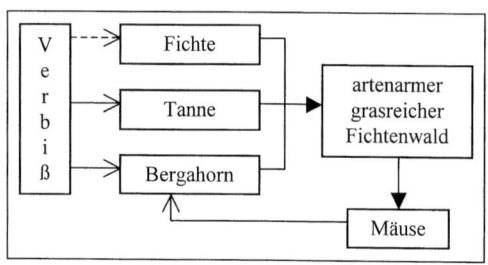

Abb. 31: Einfluss des Wildverbisses (Gämse, Rot- und Rehwild) auf den montanen Bergmischwald in Oberbayern. Ausgefüllte Pfeilspitzen bedeuten Zunahme, offene Pfeilspitzen Abnahme oder Beeinträchtigung. Durchgezogene Pfeile stehen für starken, gerissene Pfeile für geringen Einfluss (Entwurf Holtmeier, nach verschiedenen Quellen).

Im schweizerischen Nationalpark hat der seit den vierziger Jahren merklich angestiegene Äsungsdruck der Rothirsche auf den nicht mehr genutzten subalpinen Weiden aber nicht nur zu einer starken Veränderung der Struktur und Artenzusammensetzung, sondern auch zu einer deutlichen kleinflächigen Zunahme der Artenzahl geführt (SCHÜTZ et al. 2000). Dabei konnten sich manche Arten überhaupt erst unter dem Einfluss der Hirsche ansiedeln. Dazu zählen insbesondere mehrere verbissresistente Gräser und dicht dem Boden anliegende Rosettenpflanzen, die kaum durch die Beweidung beeinträchtigt werden, sowie vom Rotwild verschmähte Pflanzen. Auf stark beästen Dauerbeobachtungsflächen nahm die Artenzahl um 250 % zu (im Durchschnitt 100 %), während sie auf den vom Rotwild wenig genutzten Flächen leicht (ca. 6 %) zurückging.

Murmeltiere verursachen durch Bodenbewegungen und Grasen ebenfalls auffällige kleinräumige Veränderungen in der Pflanzendecke. Dabei ist das Ausmaß dieser Veränderungen, je nach den Feuchtebedingungen und der Produktivität der Vegetationstypen, verschieden. In den subalpinen Wiesen der Olympic Mountains (Washington) gehen mit zunehmendem Murmeltiereinfluss (*Marmota olympus*) die Gräser leicht und die besonders bevorzugten Nahrungspflanzen stark zurück, während die ruderalen und die von den Murmeltieren gemiedenen Arten beträchtlich zunehmen. Mäßiger Murmeltiereinfluss reduziert die dominierenden Arten und erhöht die Diversität der Pflanzengemeinschaft (DEL MORAL 1984).

Bei Untersuchungen in der Prärie von Süd-Dakota (Wind-Cave-Nationalpark) stellte man fest, dass sowohl die Artendiversität insgesamt als auch die Gesamtzahl der Arten in jungen Präriehundkolonien am größten waren. Die im Vergleich zu ungestörten Flächen und den peripheren Bereichen der Kolonien größere Artendiversität war in erster Linie auf das Eindringen von Gräsern und Kräutern zurückzuführen. Am größten waren die durch die Präriehunde ausgelösten Veränderungen in den ersten drei bis acht Jahren nach Gründung der Kolonie. Danach ging die Artendiversität infolge der Ausbreitung von *Artemisia frigida*, in deren Verlauf etwa die Hälfte der Grasarten unter dem gestiegenen Beweidungsdruck der Präriehunde verschwand, wieder zurück. Vermutlich hat dabei die wachsende Konkurrenz der Strauch- und Krautvegetation beschleunigend gewirkt. Bei Untersuchungen in anderen Gebieten kam man zu ähnlichen Ergebnissen (COPPOCK et al. 1983 a, 1983 b). Möglicherweise ist der Rückgang der Gramineen aber auch darauf zurückzuführen, dass sie von den Präriehunden als Nahrung bevorzugt werden, obwohl letztere unter bestimmten Bedingungen auch beträchtliche Mengen an Kräutern und Sträuchern fressen (KOFORD 1958). Ebenso können Bisons, die typische Grasfresser sind und häufig auf Präriehundkolonien grasen, zum Rückgang der Gräser beigetragen haben (COPPOCK et al. 1983 a, 1983 b). Sind auch allgemein gültige Aussagen über den Einfluss von Pflanzenfressern auf die Vegetation jeweils nur mit vielen, den lokalen Gegebenheiten Rechnung tragenden Einschränkungen und gestützt auf Langzeitbeobachtungen möglich, so spricht jedoch auch dieses Beispiel dafür, dass Herbivoren, wenn – was gewöhnlich der Fall ist – ihre Populationsgröße mehr vom Nahrungsangebot als von Beutegreifern oder auch Parasiten gesteuert wird, durchaus dominierende Arten zurückdrängen und Raum für die vorher nicht konkurrenzfähigen Spezies schaffen können.

Auf Dauerwiesen (Trespen-Halbtrockenrasen und Glatthaferwiesen) auf dem Schaffhauser Randen, einem Ausläufer des Schweizer Jura, beobachtete man, dass Feldmäuse durch ihre Nahrungswahl und ihre Exkremente die kleinstandörtlichen Bedingungen deutlich beeinflussen (Abb. 32). Beiderseits oberirdischer Mauspfade wird die Vegetation abgefressen, und die Mäuse tragen Nahrungspflanzen sowie auch Nestmaterial in die Baue hinein. Dort und entlang der Wechsel häufen sich Nahrungsreste, Vorräte, Nestmaterial und Ausscheidungen an. Die Zufuhr des schon zerkleinerten pflanzlichen Materials sowie der mineralreichen Ausscheidungen beschleunigt den Abbau auch schwerer zersetzbarer organischer Substanzen. So stehen die mineralischen Nährstoffe der Vegetation relativ rasch wieder zur Verfügung. Anfänglich annähernd homogene Wiesen wurden in ein abwechslungsreiches Vegetationsmosaik umgewandelt, wobei auf den von den Mäusen beeinflussten Flächen die Vegetation deutlich höher war und eine größere Biomasse aufwies als die mäusefreien Flecken. Vor allem die Halbtrockenrasen wurden unter dem Einfluss der Feldmäuse heterogener, artenreicher und vielfältiger (LEUCHT 1983).

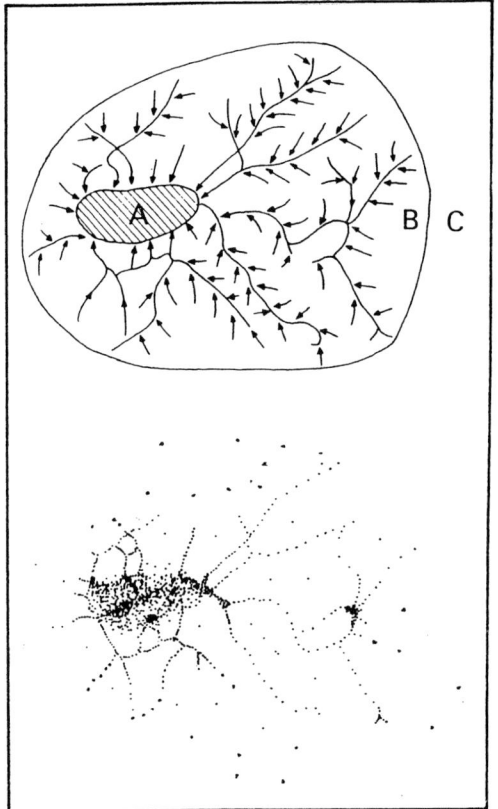

Abb. 32: Feldmauskolonie (oben) in einer Fettwiese. A Nestbereich, B Nahrungsbiotop, C unbeeinflusster Bereich. Die Pfeile geben die Richtung an, in der die Nahrung aus dem Nahrungsbiotop über die Feldmauswechsel an der Oberfläche in die unterirdischen Nester eingetragen wird. Im Nestbereich und entlang der Wechsel werden Nährstoffe (unten) akkumuliert (nach LEUCHT 1983, verändert).

Hinsichtlich des Artenbestandes und der Diversität spielt nicht nur die Beweidungsintensität, sondern auch die Jahreszeit, in der die Beweidung erfolgt, eine Rolle. Beispielsweise zeigte sich bei Untersuchungen in Nordaustralien, dass intensive Beweidung (Rinder) der Langgras-Savanne zu Beginn der Monsunzeit die Artenzusammensetzung und die Produktion deutlich beeinflusst (ASH und MCIVOR 1998). Noch zwei Jahre nach der ersten intensiven Beweidung hatte die Vegetation den dadurch verursachten Phytomassenverlust nicht kompensiert. Das vorher dominierende Büschelgras *Themedra triandra* war zurückgegangen, und krautige Pflanzen hatten zugenommen. Auch der Artenreichtum und die Diversität zeigten deutliche Veränderungen. Die Erhaltung des ursprünglichen Artenbestandes und eine Erholung der besonders beweidungsempfindlichen Pflanzen wie auch ein Ausgleich des Phytomassenverlustes ließ sich nur durch eine starke Reduzierung der Beweidung erreichen. Eine vergleichbare intensive Beweidung während der Trockenzeit blieb dagegen ohne nennenswerte Folgen.

2.3.2 Ausgewählte Lebensräume unter dem Einfluss wildlebender herbivorer Säuger

2.3.2.1 Afrikanische Savannen

Große Huftierherden: Die dichten Populationen von pflanzenfressenden Großsäugern sind einer der bemerkenswertesten Züge des afrikanischen Kontinents. Kein anderer Kontinent hat Vergleichbares zu bieten. In Afrika gibt es zum Beispiel 91 Huftierarten, in Südamerika nur 21. Davon leben nur der Weißwedelhirsch (*Odocoileus virginianus*), der Pampashirsch (*Ozocterus bezoarticus*) und der Sumpfhirsch (*Blastocerus dichotomus*) in vergleichsweise kleinen Restbeständen in der Savanne (OJASTI 1992). Die Biomasse der großen Pflanzenfresser in den afrikanischen

Grasländern und Baumsavannen erreicht etwa 280 kg/ha und ist damit fast zehnmal so groß wie die der vor der Besiedlung durch die Europäer in den nordamerikanischen Prärien lebenden herbivoren großen Säugetiere. Wenn man die Biomasse der afrikanischen großen Herbivoren mit der der nördlichen temperierten Wälder und der borealen Nadelwälder vergleicht, fällt der Unterschied noch drastischer aus. So beträgt beispielsweise die Biomasse der Elche (7 kg/ha) auf der Isle Royale nur ein Vierzigstel der Biomasse der pflanzenfressenden Säuger im Murchison-Falls-Nationalpark, obwohl die Insel im Oberen See weltweit die höchste Elchdichte aufweist (BOTKIN et al. 1981). In Afrika sind von den dort lebenden 44 Arten herbivorer Großsäuger 31 (aus 24 Gattungen) typische Savannenbewohner. Bei den meisten handelt es sich um Paarhufer und Einhufer. Hinzu kommen die Elefanten (OWEN-SMITH 1982). Im Verlauf einer langen Entwicklung erfolgte die funktionale und räumliche Einnischung der Arten in ihren Lebensraum im Wesentlichen über die unterschiedliche Nahrungspräferenz (Abb. 33; Kapitel 2.3.1.1) und die physiologischen Fähigkeiten der verschiedenen Pflanzenfresser, diese Nahrung zu verwerten (siehe

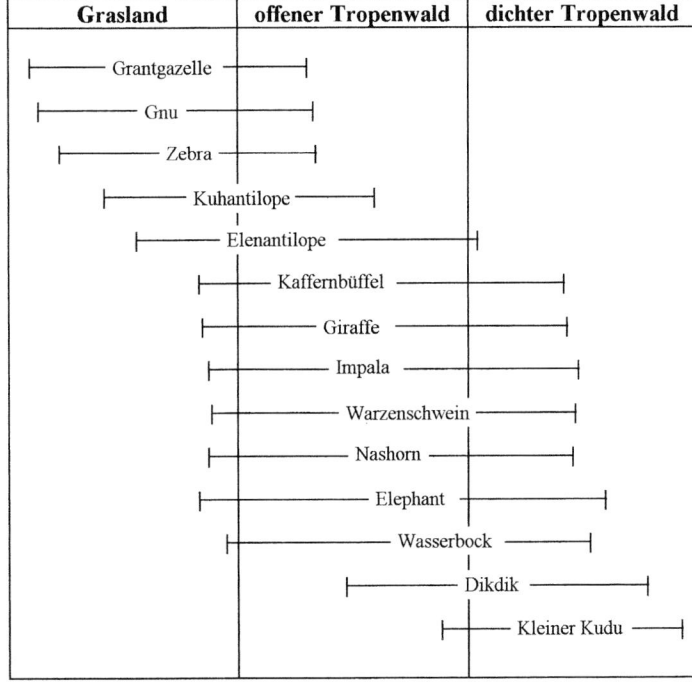

Abb. 33: Habitatpräferenzen der häufigsten großen Herbivoren im Tangarire- und Massaigebiet (Tansania). Die horizontalen Linien geben den prozentualen Anteil der Arten (jeweils bezogen auf ihre Gesamtzahl) innerhalb der drei Vegetationszonen an (nach LAMPREY 1963, verändert).

Tab. 2 sowie LAMPREY 1963; SINCLAIR 1974 a, 1974 b, 1977; HIRST 1975; JARMAN und SINCLAIR 1979; MCNAUGHTON 1983 a, 1988). Eine Vorstellung über die einst riesige Größe der Herden kann der nachstehende Bericht eines glaubwürdigen Augenzeugen (zitiert in ALSCHNER 1980) aus Ostafrika im Jahre 1929 vermitteln. " *Gerade vor uns befand sich die vorderste Linie. Und was für eine Linie! Mindestens zehn Millionen Zebras und Gnus bedeckten kilometerweit das Feld vor uns. Ich bin mir völlig klar darüber, wie übertrieben diese Behauptung klingt. Wenn ich nicht eine Stunde darauf verwendet hätte, eine Zahl zu errechnen, die ungefähr die Größe dieser unglaublichen Herden angeben könnte, würde ich gar nicht daran denken, meine Schätzungen niederzuschreiben. Die Front der riesigen Herde war 16 Kilometer breit. Wir konnten etwa 45*

Kilometer weit die Hänge des Ngorongoro überblicken; und so weit das Auge reichte, sah es Tiere und wieder Tiere." Auch heute noch sind die Herden beeindruckend. Allein in der Serengeti (16 500 km², ohne das Mara-Wildschutzgebiet, siehe auch Abb. 20) leben schätzungsweise 1,3 Millionen Gnus, 200 000 Zebras und um 440 000 Thomsongazellen, die anderen ebenfalls zahlreichen Huftiere einmal außer Acht gelassen (SINCLAIR 1995).

Schon bevor der Mensch auf der Bildfläche erschien, haben die zumeist in Rudeln oder großen Herden lebenden pflanzenfressenden Großsäuger in ihren Verbreitungsgebieten die sogenannten klimazonalen Vegetationsformationen zum Teil nachhaltig überprägt. Gäbe es diese Pflanzenfresser nicht, sähen die Grasländer vermutlich völlig anders aus, auch wenn der Einfluss der Herbivoren neben den Wirkungen der Oberflächengestalt, der bodenchemischen Eigenschaften und der Bodenfeuchteverhältnisse eine nur sekundäre Rolle (COLE 1986; BELSKY 1995) spielen würde. Mit anderen Worten: ohne Einbeziehung der großen Pflanzenfresser sind diese Ökosysteme nicht zu verstehen (MACMAHON 1981; MCNAUGHTON et al. 1988). Außer durch ihre direkten Wirkungen auf die Physiognomie der Pflanzendecke über Veränderungen ihrer Zusammensetzung und Struktur beeinflussen die Pflanzenfresserherden je nach der geographischen Lage (Klima, Vegetation) der jeweiligen Weidegebiete und dem räumlich-zeitlichen Beweidungsverhalten der Arten die Stoffumsätze und den Nährstoffhaushalt in mehr oder minder starkem Maße (WING und BUSS 1970; BOTKIN et al. 1981). In Gras- und Baumsavannen mit mittleren bis hohen Niederschlägen (740 bis 1 200 mm) scheinen die Nährstoffspeicherung in der Vegetation und die Pflanzenfresser (Verbrauch grüner Substanz, eiweißreiche Exkremente, Beschleunigung der Mineralisierung, sofortige Aufnahme der verfügbaren Nährstoffe durch die Pflanzen) Nährstoffausträgen entgegenzuwirken (BOTKIN et al. 1981). Letzten Endes erlauben die verschiedenen Nahrungsansprüche sowie die jahreszeitlich unterschiedliche Nutzung der Vegetation die Koexistenz der vielen Herbivoren (u. a. FERRAR und WALKER 1974; HIRST 1975; JARMAN und SINCLAIR 1979; MCNAUGHTON et al. 1988) – unter der Voraussetzung allerdings, dass keine anderen Faktoren dem entgegenwirken.

Je nachdem, ob es sich dabei um fruchtbare oder unfruchtbare Böden handelt, ist die Wirkung der Herbivoren recht verschieden. Mehr als die Hälfte der Gras- und Buschsavannen Afrikas erstreckt sich auf sehr alten, meist kristallinen Landoberflächen mit trockenen und nährstoffarmen Böden (SCHOLES und HALL 1996). In anderen, durch basische Intrusiv- und Effusivgesteine geprägten Gebieten sind die Böden nährstoffreicher (JONES 1973). Böden, die sich auf carbonathaltigen Sedimenten, Alluvionen und äolischen Ablagerungen entwickelt haben, nehmen eine Zwischenstellung ein. Dies gilt auch für die Nettoprimärproduktion. Die Gräser auf den alten unfruchtbaren Landflächen weisen einen Stickstoffgehalt auf, der unter dem für eine effektive Verdauung der Wiederkäuer nötigen Minimum von etwa 1 % liegt. Nach SINCLAIR (1974 a, 1974 b) sind Eiweißgehalte der Nahrung von mindestens 4 bis 5 % für die Erhaltung des Körpergewichts der Huftiere erforderlich. Entsprechend gering ist die Gesamtbiomasse der Säuger, und Großsäuger (> 200 kg) herrschen vor. In den fruchtbaren Grasländern liegt der Stickstoffgehalt ganzjährig über dem genannten Minimum, so dass sie eine große Anzahl verschiedener Grasfresser ernähren können, wobei der Anteil der kleinen Arten (< 100 kg) vergleichsweise hoch ist. In tropischen Gras-, Busch- und Baumsavannen, die sich auf fruchtbaren Böden entwickelt haben, verbrauchen die Pflanzenfresser um 10 % der Nettoprimärproduktion, in den entsprechenden Vegetationstypen auf unfruchtbaren Böden nutzen sie dagegen um 80 % (SCHOLES und WALKER 1993).

Für die Serengeti beschreiben MCNAUGHTON et al. (1988) drei verschiedene Stoffumsatztypen. Die Serengeti liegt als eine von Bergzügen, Inselbergen und Tälern durchsetzte schiefe Ebene zwischen 1 200 m und 2 000 m im Norden Tansanias (Ostafrika). Ihren südöstlichen Teil bedeckt Grassavanne, die dann mit zunehmender Niederschlagsmenge nach Westen und Norden in Baum- und Buschsavanne übergeht. Der Verbrauch oberirdischer Phytomasse durch die Herbivoren nimmt von weniger als 50 % in der nördlichen auf über 80 % in der südöstlichen Serengeti zu. Für Gebiete, in denen während der gesamten Vegetationsperiode eine intensive Beweidung stattfindet, wie im Süden und Südosten, ist ein sehr schneller Umsatz typisch, was sich größtenteils daraus erklärt, dass die Pflanzen gefressen werden, bevor ihr Faseranteil mit zunehmendem Alter ansteigt und damit ihr Nährwert abnimmt. Mit dem Kot und Urin werden dem Boden viele Nährelemente in einer schon pflanzenverfügbaren (z. B. Ammonium) beziehungsweise schnell mineralisierbaren Form (z. B. Harnstoff) zugeführt. Weiter verhindern die Herden durch Tritt, dass größere Mengen abgestorbenen Pflanzenmaterials stehenbleiben, indem sie es zu Boden treten und dabei zerkleinern. Aber nicht nur in den Ebenen der südlichen und südöstlichen Serengeti, sondern in regenreicheren Gebieten auch auf Hügeln, auf denen sich die Herden während der Regenzeit sammeln, wird der Stoffumsatz durch sie stark beschleunigt. Dort, wo weder Herbivorie noch Feuer von Bedeutung sind, laufen die Umsätze dagegen sehr langsam ab, weil die Menge schwer zersetzbarer pflanzlicher Gewebe (Stämme, Stützgewebe) zunimmt und wesentlich größer ist als in stark beweideten Bereichen.

In anderen Gebieten wiederum kommt es außerhalb der Wachstumsperiode zu periodisch starker Beweidung und Savannenbränden. Die während der Wachstumszeit in den unterschiedlich nährstoffhaltigen und zersetzbaren Pflanzengeweben akkumulierten Nährstoffe werden dem Boden mit der Asche und den Exkrementen wieder zugeführt, oder das abgestorbene Pflanzenmaterial wird durch Tritt in den Boden eingearbeitet. Welcher dieser Faktoren letztlich im Hinblick auf die Umsatzgeschwindigkeit der bedeutendere ist, hängt von der Beschaffenheit und Verfügbarkeit der Futterpflanzen der verschiedenen Weideflächen ab. Bei hoher Nahrungsqualität erfolgt die Mineralisierung in erster Linie über die Ausscheidungen der Pflanzenfresser, während bei schlechter Qualität die Asche und die mechanische Zerkleinerung des Pflanzenmaterials durch den Tritt die entscheidende Rolle spielen. Bei diesen "pulsierenden Zyklen" können größere Nährstoffverluste als bei den anderen Typen auftreten, weil die mit den Ausscheidungen der großen Pflanzenfresser erfolgende Rückführung der Nährstoffe an den Boden nicht synchron mit dem Nährstoffbedarf der Vegetation verläuft. Weiter gehen durch Brände einige Nährelemente verloren, und auch schnell durchziehende Herden können zu einem Nährstoffaustrag führen (MCNAUGHTON 1985).

Obwohl nun der Mensch den Bestand der großen Herbivoren direkt durch Nachstellung und indirekt über die zum Teil gravierende Veränderung der Landschaft sehr stark dezimiert hat, beeinflussen sie nach wie vor in vielen Regionen über ihre Wirkungen auf die Zusammensetzung und die Struktur der Vegetation sowie auf den Boden ihre Lebensräume in gravierender Weise (LAWS 1970). Das gilt vor allem für die heutigen Nationalparks und Wildreservate Ost-, Zentral- und Südafrikas (NORTON-GRIFFITHS 1979; PERRY 1994) mit ihren gegenüber den ursprünglichen Verhältnissen oft deutlich überhöhten Populationen der großen Herbivoren, die zum Teil zu einer drastischen Veränderung ihrer Habitate geführt haben. Wie stark der Einfluss dieser Herden auf ihren Lebensraum wirklich ist, zeigt sich insbesondere dort, wo man die Beweidung künstlich ausgeschlossen hat ("exclosures") und danach deutliche Veränderungen in der Zusammensetzung, Biomasse, Diversität und Struktur der Vegetation sowie auch der bodenphysikalischen und bodenchemischen Verhältnisse eingetreten sind (u. a. LAWS 1970; LOCK 1972; EDROMA 1981; HATTON und SMART 1984; SMART et al. 1985; BELSKY 1992, 1995).

Beispielsweise sind im Murchison-Falls-Nationalpark Flächen, die 24 Jahre lang von der Beweidung durch große Herbivoren ausgenommen waren, wieder von Akazien besiedelt worden, während gleichzeitig die Anzahl der Grasarten um die Hälfte zurückgegangen ist. Verbessert haben sich dagegen die Feuchtebedingungen, Primärzersetzer (Termiten, Ameisen u. a.) sind in großer Zahl vorhanden, und die Nährstoffsituation der Böden ist günstiger geworden. Mit der unter den Akazien erhöhten Streuzufuhr hat der Gehalt der Böden an organischer Substanz deutlich zugenommen. Dies spiegelt sich unter anderem in einer nunmehr dunkleren Färbung der oberen Horizonte der vorher rot-braunen Lehmböden wider. Bis in rund ein Meter Tiefe ist eine

Humusanreicherung festzustellen. Infolge des gestiegenen Gehalts an organischer Substanz verfügen die Böden nunmehr über eine größere Fähigkeit, Nährstoffe in einer pflanzenverfügbaren Form zu speichern. Um das Fünffache haben die Mengen an extrahierbarem Kalium zugenommen, während die Gehalte an extrahierbarem Calcium und Magnesium um das Zwei- bis Dreifache anstiegen, bei gleichzeitiger Veränderung des pH-Wertes von 6.0 auf 7.4. Mit der Zunahme der organischen Substanz wuchs die Gesamtstickstoffmenge um 50 %. Liegen auch keine Angaben über die Menge mineralischen Stickstoffs vor, so lassen sich angesichts der Mineralisierungsbedingungen und auch aus der Gesamtstickstoffmenge Rückschlüsse auf eine ausreichende Versorgung des Mineralbodens mit Ammonium- und Nitratstickstoff ziehen. Dies sind allerdings Veränderungen, wie sie sich bei völligem Ausschluss großer Pflanzenfresser ergeben, eine Situation, die sich unter natürlichen Bedingungen wahrscheinlich nie einstellen würde.

Elefanten und andere Dickhäuter: Besonders spektakulär sind die von Elefanten verursachten "Verwüstungen", über die auch am häufigsten berichtet wird. Elefanten waren einst nahezu über ganz Afrika verbreitet, wenngleich ihr Verbreitungsareal auch früher nicht durchgehend war (LAWS 1970). Auch ihre lokalen Populationsdichten waren nur selten so hoch, wie es heute in den Nationalparks der Fall ist (Foto 8; CUMMING et al. 1997). Der Vollständigkeit halber sei erwähnt,

Foto 8: Teil einer Elefantenherde im Tsavo-Nationalpark (W. LEUTHOLD).

dass sich der Lebensraum der Elefanten in Ostafrika bis in über 4 000 m Höhe erstreckt, wo sie beispielsweise in der "alpinen" Stufe des Mt. Kenya und der Virunga-Vulkane den offenen Beständen der bis zu acht Meter hohen Riesen-Rosettenpflanzen (*Senecio keniodendron*) stark zusetzen, so dass sich an deren Stelle Grasland ausbreitet (MULKEY et al. 1984). Klimaänderungen und vor allem der Mensch haben das Verbreitungsareal der Elefanten sehr stark eingeschränkt, was teilweise zu einem drastischen Anstieg der Populationsdichten in ihren Restlebensräumen geführt hat. Deren Tragfähigkeit ist vielfach bereits überschritten (BUECHNER und DAWKINS 1961; BUSS 1961; BROOKS und BUSS 1962; LAMPREY et al. 1967; NORTON-GRIFFITHS 1979; OWEN-SMITH 1983; DUBLIN et al. 1990; DUBLIN 1995; CUMMING et al. 1997). Hauptursache ist letztlich das extreme Bevölkerungswachstum. In Simbabwe zum Beispiel lebten um die Wende vom 19. zum 20. Jahrhundert weniger als eine halbe Million Menschen, heute sind es 11 Millionen (CUMMINGS et al. 1997). Die Bevölkerung Kenias – heute rund 30 Millionen Einwohner auf 92 % der Staatsfläche – wird sich in den nächsten 25 bis 30 Jahren mehr als verdoppeln (LADO 1992; JOB 1999). Ähnlich liegen die Verhältnisse in vielen anderen Regionen Afrikas.

Nicht selten entrinden Elefanten die Bäume und reißen den Bast ab, bis schließlich der Saftstrom unterbrochen ist. Die dicken Stämme der Affenbrotbäume (*Adansonia digitata*) zerstören sie mit ihren Stoßzähnen, um an das weiche faserige Holz im Innern heranzukommen, das ihnen besonders während der Trockenzeit als Nahrung dient (LEUTHOLD 1978, Foto 9). Oftmals werfen sie große Bäume auch einfach um (Foto 10 und 11), um an die sonst nicht erreichbaren Blätter und Zweige zu gelangen. Gelegentlich geschieht dies aber auch einfach als Reaktion auf Stress, wie er insbesondere bei Nahrungsmangel und hoher Populationsdichte häufig ist (MURRAY 1976). Zudem zerstören die Elefanten den Jungwuchs, verhindern die Regeneration und halten die Bäume niedrig. Indem sie Bäume entwurzeln und Lücken im Kronendach schaffen, können Elefanten andererseits das Wachstum junger Bäume fördern (u. a. CHILDES und WALKER 1987). In vielen Gebieten haben Elefanten Wald- und Buschland in Grasland oder nahezu vegetationslose Flächen verwandelt (LAWS 1970; HATTON und SMART 1984; VAN WIJN-GAARDEN 1985; CUMMING et al. 1997).

Foto 9: Von Elefanten durchlöcherter Affenbrotbaum (*Adansonia digitata*) im Tsavo-Nationalpark (W. LEUTHOLD).

Bekannte Beispiele dafür sind der Murchison-Falls-Nationalpark in Uganda (BUECHNER und DAWKINS 1961; LAWS 1970) und der Tsavo-Nationalpark in Kenia (PARKER 1983; BELSKY 1992) oder auch das südliche Sambesigebiet in Simbabwe (CUMMING et. al. 1997). Im Chobe-Nationalpark (Botswana) geht die Dichte der den Park prägenden Akazienbestände unter dem Einfluss der zahlreichen Elefanten und anderer Herbivoren drastisch zurück. Ausschlaggebend für den Niedergang der Baumsavanne ist wieder die Reduktion des ehemaligen Lebensraumes dieser großen Pflanzenfresser durch den Menschen (PERRY 1994; siehe auch TCHAMBA 1995).

Foto 10: Von Elefanten verwüsteter Baumbestand (*Colophosperum mopane*), Senga Wildlife Research Area, Simbabwe (D. CUMMING, August 1991).

Foto 11: Elefanten zerstören die Baumvegetation im Amboseli-Nationalpark, Kenia (G. B. SCHALLER).

Andererseits beeinflussen Elefanten die Habitatqualität für andere Tiere durchaus auch positiv. Nicht selten "erschließen" sie kleineren Pflanzenfressern neue Nahrungsquellen, indem sie ihnen den Weg bahnen, beispielsweise durch für diese sonst undurchdringbare mehrere Meter hohe Sumpfsavannenvegetation, und damit gleichzeitig das Wachstum von Gräsern mit hohem Nährwert fördern, wie es unter anderem aus den Sumpfsavannen im Gebiet des Rukwa-Sees in Tansania und dem Amboseli-Becken in Kenia beschrieben wird (DARLING 1960; VESEY-FITZGE-RALD 1960; WESTERN 1989). Nachdem die Elefanten die um zwei Meter hohen Sumpfgräser abgefressen haben, nutzen Büffel die erneut austreibende Vegetation. Beweidung und Vertritt durch die Büffel schaffen offene Stellen mit kurzen Gräsern, die wiederum den Leierantilopen als Nahrung dienen (Beweidungssukzession). Durch Umstoßen von Bäumen mitsamt des Wurzeltellers fördern die Elefanten auch die Durchlüftung des Bodens, zumal auf dichtem tonigem Substrat, wie es beispielsweise in den Mopane-Wäldern der Fall ist. Dies ist zwar momentan nur ein sehr punktueller Effekt, über Jahrhunderte hinweg können aber auf diese Weise durchaus größere Areale sukzessive beeinflusst werden (DARLING 1960). Weiter legen Elefanten während der Trockenzeit Wasserlöcher an, von denen dann auch andere Tiere profitieren. Mit der Auslichtung der Baumbestände fördern sie zudem die Ausbreitung von Gräsern und verbessern auch auf diese Weise die Nahrungsgrundlage für viele Grasfresser.

Großes Aufsehen – auch in der Öffentlichkeit – hat Ende der sechziger und in den siebziger Jahren die Entwicklung im Tsavo-Nationalpark erregt, als es angesichts der unübersehbaren "Verwüstungen" zu kontroversen Diskussionen über die Notwendigkeit von Regulierungsabschüssen kam. Sie wurden schließlich auch mit dem Ziel, weiteren Verlusten von Waldland entgegenzuwirken, durchgeführt (LAWS 1969; PARKER 1983). Ein großes Problem lag darin, dass die seinerzeit verfügbaren wissenschaftlichen Untersuchungen und Kenntnisse noch keine verlässliche Grundlage für solche weitreichenden Entscheidungen bieten konnten und man sich im Wesentlichen auf Annahmen und Plausibilitätsüberlegungen stützen musste.

Verfolgt man die Geschichte dieser Landschaft zurück, soweit dies möglich ist, so ist das "Elefantenproblem" im Park eigentlich recht jung. Die ersten Weißen, die dieses Gebiet Ende des vorigen Jahrhunderts bereisten, berichteten von vergleichsweise wenigen Elefanten. Möglicherweise waren die Bestände schon damals wegen der starken Nachfrage nach Elfenbein auf dem Weltmarkt von den Eingeborenen intensiv bejagt worden (PARKER 1979, 1983). Während der Blütezeit des Elfenbeinhandels mussten die Elefantenjäger aus dem Küstengebiet bei Mombasa lange Wege ins Landesinnere – bis an die Ostseite des Rudolph-Sees (ca. 1 000 km) – auf sich nehmen, um lohnende Mengen großer Stoßzähne zu erbeuten. Dabei durchquerten sie regelmäßig auch das Gebiet des heutigen Tsavo-Nationalparks, ohne dass sie dort auf Elefanten stießen. Zumindest gibt es keine Hinweise darauf, was zu erwarten wäre, wenn es sich gelohnt hätte, gerade in diesem küstennahen Gebiet zu jagen (WING und BUSS 1970; PARKER 1983). Schließlich lebten östlich des Rudolph-Sees nur noch wenige Elefanten, während sie den Tsavo-Nationalpark in großer Dichte bevölkerten. Trotz Trophäenjagd im Rahmen von Safaris und vor allem wegen der Wilderei haben dort die Bestände bis zur Gründung des Nationalparks zugenommen. Im Jahre 1957 setzte eine paramilitärische Operation der Wilderei ein vorläufiges Ende. Danach wuchs die Populationsdichte sehr rasch an, wozu vor allem die Zuwanderung aus dem dicht besiedelten und landwirtschaftlich genutzten Umfeld des Parks beitrug (LAWS 1970). Nach Schätzungen von Gewährsleuten (zitiert in PARKER 1983) lebten zeitweise zwischen 48 000 und 50 000 Elefanten im Park und benachbarten Gebieten.

Noch bei Einrichtung des Nationalparks war das von vereinzelten Baobab (*Adansonia digitata*) und anderen großen Bäumen durchsetzte *Commiphora-Acacia*-Wald- und Buschland so dicht, dass es die Wildbeobachtung für die Safaritouristen stark behinderte. Wiederholt versuchte man deshalb sogar, die Bestände durch Brände zu lichten. Die Bemühungen scheiterten jedoch daran, dass kein entflammbarer Grasunterwuchs in ausreichender Dichte vorhanden war (PARKER 1983).

Selbst die häufigen, durch Funkenflug der ein halbes Jahrhundert lang (1900 bis nach 1945) zwischen Nairobi und Mombasa verkehrenden Eisenbahn ausgelösten Brände waren nur lokaler Natur. Der Großteil des Parks erwies sich als "fireproof" (PARKER 1983). Erst nachdem die Elefanten Ende der fünfziger Jahre die Waldbestände in weiten Gebieten, vor allem entlang von Wasserläufen und künstlichen Staudämmen, aufgelockert oder zerstört hatten, und sich das Grasland ausbreiten konnte, wuchs der Einfluss der Savannenbrände. Drastische Regulierungsabschüsse (1965) stießen auf den weltweiten Protest der Tier- und Naturschützer und wurden daraufhin wieder eingestellt (KURT 1977). Die Übernutzung der Vegetation nahm ihren Lauf, gefolgt von Erosion und Austrocknung. Trockenperioden – im Tsavo-Nationalpark treten sie etwa alle 10 Jahre auf – führten zu einer weiteren Verschlechterung der Nahrungsgrundlage. Nur entlang des Galana-Flusses und einiger anderer Gewässer sah es eine Zeit lang noch etwas besser aus. Schließlich aber verhungerten viele Elefanten, weil es in erreichbarer Entfernung von den Gewässern keine Nahrung mehr gab. Der extremen Dürre im Jahre 1971, die vor allem den niederschlagsärmeren östlichen Teil des Nationalparks traf (COBB 1980), fielen zwischen 6 000 und 10 000 Elefanten zum Opfer (PARKER 1979, COBB 1980). Mit der Anlage künstlicher Wasserlöcher wurde die weitere Reduktion etwas verzögert, aber nicht aufgehalten. Hinzu kamen nach der Dürre Verluste durch Wilderei. Zwischen 1970 und 1994 ging die Zahl der Elefanten im Tsavo-Nationalpark von schätzungsweise 30 000 auf rund 6 000 zurück (LEUTHOLD 1995, 1996). Während der achtziger Jahre sind der in großem Umfang betriebenen Wilderei noch mehr Elefanten zum Opfer gefallen als der großen Dürrekatastrophe 1970/71 (LEUTHOLD 1995, 1996; COE 1999).

Tab. 3: Vergleich der Ergebnisse von Straßenzählungen auf der Galana-Ranch in den Jahren 1963 und 1981 bis 1982. Die Zahlen geben den prozentualen Anteil der Gesamtzahl der Individuen einer Art an der Zahl aller beobachteten Tiere wieder (nach PARKER 1983, verändert).

Tierart	1963	1981-82	Veränderung (%)
Blattfresser			
Nashorn (*Ceratotherium simum*)	1.3	0	-100
Dikdik (*Madoqua spec.*)	48.7	0.5	-99
Kleiner Kudu (*Tragelaphus imberbis*)	10.4	0.9	-91
Gerenuk (*Litocranius walleri*)	7.9	1.5	-81
Giraffe (*Giraffa camelopardalis*)	6.7	4.1	-39
Grasfresser			
Elen (*Tragelaphus oryx*)	1.6	2.3	+44
Blatt- und Grasfresser			
Wasserbock (*Kobus ellipsiprymnus*)	2.2	2.1	-5
Warzenschwein (*Phacochoerus aethiopicus*)	3.5	5.3	+51
Grantgazelle (*Gazella granti*)	5.8	22.3	+284
Oryx-Antilope (*Oryx dammah*)	9.6	37.4	+290
Zebra (*Equus burchelli*)	2.3	23.6	+926

Mit der Degradation der Baumsavanne durch die Elefanten sind allem Anschein nach die vordem für das Wald- und Buschlandarten typischen Pflanzenfresser zurückgegangen, während die Graslandarten deutlich zugenommen haben (PARKER 1983; siehe auch Tab. 3), ein Phänomen, das auch in anderen Gebieten festzustellen ist (CUMMING et al. 1997). Nach dem Höhepunkt der Wald- und Buschlandzerstörung im Tsavo-Nationalpark während der sechziger und siebziger Jahre hat die Pflanzendecke begonnen, sich wieder zu erholen. Viele von den Elefanten verdrängte Baumarten, wie *Acacia tortilis, Lannea* spec., *Commiphora* spec. und *Boscia coricacea,* haben sich vielerorts wieder ausgebreitet (LEUTHOLD 1995, 1996; Foto 12 und 13), doch werden sie in

Foto 12: Vegetationsaspekt im Tsavo-Nationalpark (in der Nähe des Parkeingangs bei Manyani) am 21. 08. 1970 (W. LEUTHOLD).

Foto 13: Dieselbe Örtlichkeit wie oben am 29. 07. 1997. Nach dem drastischen Rückgang der Elefantenbestände sind zahlreiche Bäume der Gattungen *Commiphora* und *Boswellia* aufgekommen. Die Gras- und Strauchvegetation ist so dicht geworden, dass die diagonal durch das Bild verlaufende aufgegebene Straße nicht mehr zu erkennen ist. Der große Affenbrotbaum (*Adansonia digitata*) rechts im Bild ist verschwunden (W. LEUTHOLD, aus LEUTHOLD 1995).

ihrer Entwicklung durch die infolge der Ausbreitung der Gräser nun regelmäßig auftretenden Brände gehemmt. Unter feuchteren Bedingungen würde sich möglicherweise wieder eine Baumsavanne entwickeln, und auch die Elefantenbestände könnten sich bei ausreichenden Schutzmaßnahmen gegen die Wilderei wieder erholen, so wie es ein zyklisches Modell (COBB 1980) simuliert. Ebenso gut wäre aber auch eine für unbestimmte Zeit durch die Brände kontrollierte "Klimaxvegetation" denkbar (PARKER 1983). Aufgrund der Ergebnisse von Simulationsmodellen

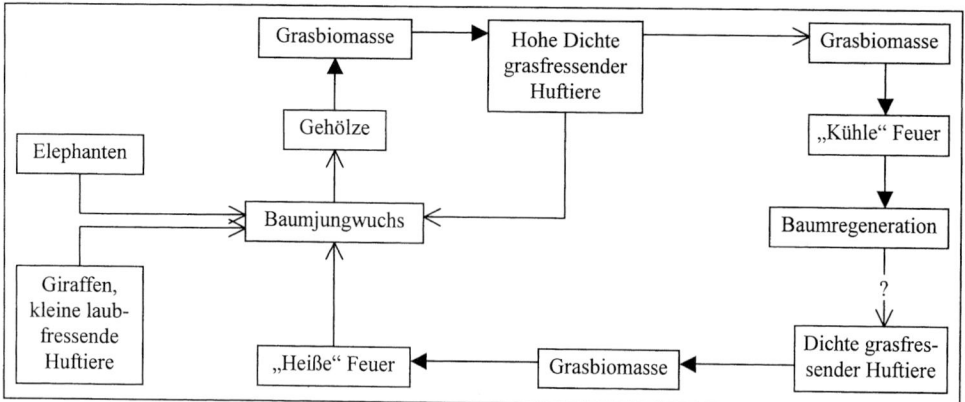

Abb. 34: Der Einfluss der Huftiere, der Elefanten und des Feuers auf die Pflanzendecke in der Serengeti (nach BELSKY 1989, verändert).

nehmen DUBLIN et al. (1990) an, dass in der Serengeti schon allein die Brände Wald- und Buschland in offenes Grasland verwandeln können, während danach die Elefanten (zusammen mit Giraffen und kleineren Huftieren) die Regeneration der Baumvegetation verhindern (Abb. 34). Es ist auch schon die bislang allerdings unbewiesene Hypothese aufgestellt worden, Veränderungen der Art, wie sie sich während der sechziger und siebziger Jahre im Tsavo-Nationalpark abgespielt haben, seien nur eine Momentaufnahme einer jahrhundertelangen, durch vielfältige Wechselwirkungen zwischen den Elefanten und ihrem Lebensraum geprägten natürlichen zyklischen Entwicklung (FORD 1966; COBB 1980; CAUGHLEY 1976 a, 1983). Diese Zyklen sollen etwa 150 bis 200 Jahre umfassen. Ein solcher Zyklus (Abb. 35) könnte folgendermaßen ablaufen: Busch- und

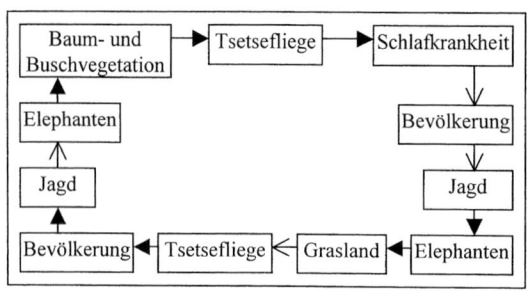

Abb. 35: Hypothetischer Zyklus der durch Tsetsefliege, Mensch und Elefant ausgelösten Veränderungen des Lebensraums. Ausgefüllte Pfeilspitzen bedeuten Zunahmer, offene Pfeilspitzen Abnahme (Entwurf HOLTMEIER, in Anlehnung an verschiedene Autoren).

Baumbestände bieten der Tsetsefliege (*Glossina* spec.) Lebensmöglichkeiten. Sie überträgt die Schlafkrankheit (Trypanosomiasis) auf Mensch und Vieh. Entvölkerung weiter Landstriche ist die Folge. Jetzt werden keine Elefanten mehr gejagt. Deren Anzahl nimmt zu, und die Baum- und Buschsavannen werden zu Grasland. Infolgedessen verschwindet die Tsetsefliege. Erneut wird der Raum besiedelt. Die Eingeborenen stellen den Elefanten nach, deren Bestand nimmt ab, und die Baumvegetation kann sich erholen. Die Tsetsefliege findet wieder zusagende Existenzbedingungen und führt erneut zur Entvölkerung. Damit beginnt der nächste Zyklus. Diese Hypothese stützt sich unter anderem auf die Annahme, dass solche Zyklen sich räumlich eng begrenzt vollzogen und daher nicht zu großflächigen Artenverlusten führten. Zudem müsste es Refugien gegeben haben (und sie müsste es auch in Zukunft geben), aus denen die verschwundenen Arten ihre ehemaligen, von den Elefanten zerstörten Lebensräume wieder besiedeln konnten (bzw. wieder besiedeln werden). Die Wirklichkeit erweist sich indessen als weniger "ausbalanciert". Zumindest für das südliche Afrika trifft keine dieser Annahmen zu (CUMMING et al. 1997).

Betrachtet man die zahllosen Berichte und Untersuchungen über den Einfluss der Elefanten auf ihren Lebensraum und dessen Biozönosen im Zusammenhang, so zögert man kaum, diesen größten Pflanzenfressern die Rolle eines Schlüsselfaktors in den afrikanischen Savannen-Öko-systemen zuzugestehen. Ihr Verschwinden könnte, wie das Aussterben (Ausrottung) vieler herbi-vorer Großsäuger während des Pleistozäns (siehe auch Kapitel 2.3.2.4), in einer Art Dominoef-fekt das Aussterben vieler kleinerer pflanzenfressender Säuger und auch anderer Tiere, die mit der wahrscheinlich zunehmenden Dichte der Vegetationsdecke ihre Habitate verlieren würden, zur Folge haben (WESTERN 1989; SCHÜLE 1992). Andererseits darf man bei solchen Überlegun-gen nicht außer Acht lassen, dass es sich bei den großen Wildschutzgebieten Afrikas durchweg um Restlebensräume handelt, die nur einen Bruchteil der ursprünglichen umfassen, und in denen bei weitem zu viele Elefanten leben. Sollten sie wirklich vom Aussterben bedroht sein, so vor al-lem infolge der Übernutzung und fortschreitenden Zerstörung ihrer Nahrungsgrundlage. In Simbabwe beispielsweise wächst der Elefantenbestand pro Jahr um etwa 5 %. Da es bei dem an-haltend rapiden Bevölkerungswachstum nur in begrenztem Umfang möglich ist, den Elefanten neue (= ehemalige) Lebensräume zu öffnen, bleibt die Bestandesregulierung auf ein der Biotop-kapazität entsprechendes Niveau der einzige erfolgversprechende Ausweg, um nicht nur ihr Über-leben zu sichern, sondern auch eine Biodiversität zu erhalten, wie sie unter ursprünglichen Bedin-gungen für die Baumsavanne wohl typisch war (CUMMING et al. 1997). In Simbabwe beispiels-weise müsste der gegenwärtige Elefantenbestand von über 60 000 Tieren um mehr als die Hälfte vermindert werden, um die als vertretbar erachtete Dichte von weniger als fünf Elefanen pro Qua-dratkilometer zu erreichen. Wie im Tsavo-Nationalpark, erschwert auch hier der Widerstand der öffentlichen Meinung die Durchführung solcher Maßnahmen (CUMMING et al. 1997).

Auch im Masai-Mara-Gebiet, in dem die nach der Auslöschung der Rinderpest stark ange-wachsenen Huftierherden (insbesondere Gnus) weithin das Waldland in Grasland verwandelt ha-ben, ist bei der heutigen Anzahl von Elefanten (1 300) eine Wiederbewaldung sehr unwahr-scheinlich. Der Einfluss der Elefanten muss auch im Zu-sammenhang mit dem der im jahreszeitlichen Rhythmus aus der Serengeti hierher ziehenden Gnuherden (siehe auch Abb. 20) gesehen werden (DUBLIN 1995). Sie zerstören durch Ver-tritt und Verbiss (mehr zufällig, weil sie Grasfresser sind) die kleinen Bäume, auf deren Laub die Elefanten aber gerade wäh-rend der Trockenzeit angewie-sen sind (Abb. 36), denn zu dieser Zeit enthalten die Blätter wesentlich mehr Eiweiß (zwi-schen 13 und 33 %) als die von den Elefanten sonst bevorzug-ten Gräser (z. B. *Themeda tri-andra* und *Cynodon dactylon*, Eiweißgehalt um 5 % bis 8 %;

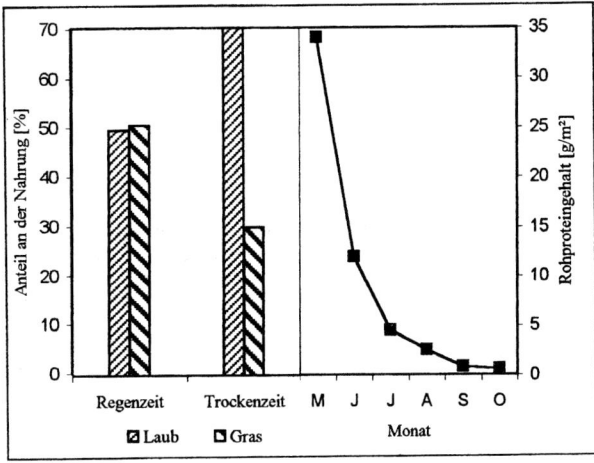

Abb. 36: Verfügbares Eiweiß (g/m²) der Langgräser während der Tro-ckenzeit (rechte Skala) und Anteil von Gräsern und Laub an der Nah-rung in der Regen- und in der Trockenzeit (linke Skala) (nach DUBLIN et al.1995, verändert).

DOUGLAS et al. 1964; SINCLAIR 1975). So halten sich die Elefanten an die überlebenden Laubhölzer (siehe auch Foto 6). Verschärft wird die Situation noch durch die Wilderei im Umfeld des Wildschutzgebietes, die es den Elefanten unmöglich macht, ihren traditionellen saisonalen Wanderrouten zu folgen und so zu der sehr hohen Elefantendichte im Mara-Gebiet führt. Südlich der Grenze zur nördlichen Serengeti ist der Elefantenbestand dagegen zwischen 1970 und 1986 vor allem infolge der Wilderei und Abwanderung überlebender Exemplare (400 bis 500) ins sicherere Mara-Gebiet um mehr als 80 % zurückgegangen (DUBLIN 1995). Seither ist dort eine intensive Regeneration der Akazien (*Acacia clavigera, Acacia gerradii*) und anderer holziger Pflanzen zu verzeichnen (siehe auch Tsavo-Nationalpark).

Im Addo Elephant Nationalpark (Kap-Provinz, Südafrika) wird die dort zum Teil von endemischen Arten gebildete Vegetation in zunehmendem Maße durch Beweidung zerstört. Vor 60 Jahren lebten dort nur noch 16 Elefanten. Nach Gründung des Parks wuchs deren Zahl sehr rasch an und beträgt heute um 240 Tiere (etwa 2,2 Elefanten pro Quadratkilometer). Schon als der Bestand nur 60 Tiere umfasste, zeigten sich die ersten Spuren einer Übernutzung (PENTZHORN et al. 1974). Wie in vielen anderen Nationalparks Afrikas, steht man auch hier vor dem Dilemma, den Elefanten auf Dauer einen Lebensraum zu sichern und gleichzeitig die Vielfalt und Diversität der einmaligen Vegetation zu erhalten (JOHNSON et al. 1999). Deren Zerstörung ist zudem nicht nur den Elefanten, sondern auch der übermäßigen Beweidung durch Viehherden (besonders Ziegen) anzulasten. Letztere sollen der Vegetation sogar mehr schaden als die Elefanten (STUART-HILL 1992). Zum Beispiel wird die Regeneration und Ausbreitung der baumförmigen Sukkulente *Portulacaria afra*, die sich zumeist durch Ablegerbildung der weit ausgreifenden und mit ihren Enden dem Boden aufliegenden Äste verjüngt und ausbreitet, durch die Ziegen erheblich beeinträchtigt, während die Elefanten "von oben her" nur den Kronenraum nutzen. Die Bäume werden zwar zurechtgestutzt, doch können sie sich weiterhin durch Ableger vermehren (Abb. 37).

Gleichwohl scheint die derzeitige Elefantendichte nicht mit den Bemühungen vereinbar zu sein, die charakteristischen Vegetationsstrukturen und die Diversität der Vegetation zu erhalten (MOOLMAN und COWLING 1994; JOHNSON et al. 1999). Der Reduzierung der Elefanten stehen wiederum die massiven Interessen des Tourismus als Devisenbringer entgegen, denn Touristen wollen möglichst viele Elefanten sehen. Vorschläge gehen unter anderem dahin, die Parkfläche unter Eingliederung eines ehemaligen nordwestlich gelegenen Nationalparks so zu erweitern, dass sie einer überlebensfähigen Population von 500 Elefanten Lebensraum mit einer ausreichenden Nahrungsgrundlage bietet (KERLEY und BOSHOFF 1997). Die bedrohte Vegetation kann aber nur erhalten werden, wenn in ausreichendem Umfang innerhalb des vergrößerten Parks Flächen von jeglicher Beeinflussung durch Elefanten freigehalten werden.

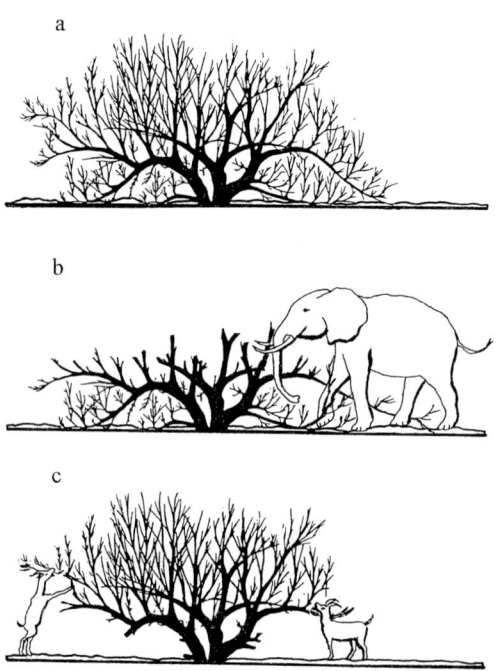

a
b
c

Abb. 37: Wuchsform und Ablegerbildung von *Portulacaria afra*. a ohne Verbiss, b Verbiss durch Elefanten, c Verbiss durch Ziegen (nach STUART-HILL 1992, ergänzt).

Zieht man die Beobachtungen aus dem im nördlichen Tansania gelegenen Lake-Manyara-Nationalpark heran, so relativiert sich auch dort der Einfluss der Elefanten auf die Gehölzvegetation, und es wird deutlich, dass Verallgemeinerungen lokal gewonnener Erkenntnisse kaum möglich sind. Wilderei hat in diesem Nationalpark zwischen 1987 und 1991 zu einem Rückgang der Elefantendichte von sechs auf weniger als einen Elefanten pro Quadratkilometer geführt. Parallel dazu setzte eine starke Verbuschung durch *Acacia tortilis* und andere Sträucher- und Baumarten ein. Die genannte Zyklenhypothese (CAUGHLEY 1976 a) schien hier eine Bestätigung zu finden. Bei genauerer Betrachtung und Auswertung auch mündlicher Überlieferungen wurde jedoch bald klar, dass der Einbruch des Elefantenbestandes nicht die primäre Ursache der zunehmenden Verbuschung gewesen sein konnte, denn diese setzte im nördlichen Teil des Parks schon einige Jahre, im südlichen Teil sogar rund 10 Jahre früher ein. In beiden Gebieten fiel sie mit dem Ausbruch einer Milzbrand-Epidemie (*Bazillus anthracis*) zusammen, die vor allem die zahlenmäßig dominierenden Impalas dezimierte. Im Gegensatz zu den typischen Grasfressern, wie Gnus und Zebras, und auch den laubfressenden Giraffen – sie äsen das Laub der Akazien weit über dem Boden (siehe auch Foto 4 und 5) – fressen Impalas neben Gräsern und Kräutern auch Akazienschoten und -sämlinge. Nach Lage der Dinge dürfte die Koinzidenz der Milzbrand-Epidemien mit Verjüngungsphasen der Akazien die wichtigste Ursache der Verbuschung im Manyara-Nationalpark gewesen sein. Ende des 19. Jahrhunderts hatte in Ostafrika die Rinderpest eine vergleichbare Wirkung gehabt. Die Existenz aus dieser Zeit stammender gleichaltriger Akazien- und auch Baobab-Bestände spricht jedenfalls dafür. Im Manyara-Nationalpark scheinen Schwankungen der Huftierbestände den Äsungsdruck auf die Akaziensämlinge zeitweilig verringert zu haben, so dass sich während der letzten 200 Jahre etwa vier Altersklassen von Akazien etablieren konnten. Solche lokalen, durch Epidemien ausgelösten Populationseinbrüche schaffen enge "Zeitfenster", in denen Sämlinge aufkommen und heranwachsen können. Auf diese Weise könnten auch die älteren gleichaltrigen Akazienbestände entstanden sein (PRINS und VAN DER JEUGD 1993). Unter dem gegenwärtigen hohen Beweidungsdruck durch Huftiere verjüngen sich die Akazien nur sehr selten. Auch im Chobe-Nationalpark hatten sich die Akazienwälder nach einem drastischen, durch die Rinderpest und das Trockenfallen der Wasserstellen während der neunziger Jahre des 19. Jahrhunderts ausgelösten Einbruch der Elefanten- und Huftierherden vorübergehend erholen können, bis diese, wahrscheinlich dank günstigerer Feuchteverhältnisse, ihre vorherige Dichte wieder erreicht hatten. Der erneute massive Beweidungsdruck leitete dann wieder einen raschen Zerfall ein (LEWIN 1986).

Im Vergleich zu den Auswirkungen der Elefanten und der großen Gnu- und Antilopenherden sind die durch Flusspferde verursachten Veränderungen des Lebensraumes eher lokal begrenzt, da die Tiere an die Nähe von Wasser gebunden sind. Genauere Untersuchungen darüber liegen beispielsweise aus dem Ruwenzori-Nationalpark und dem Murchison Falls-Nationalpark in Uganda vor (LAWS 1968; LOCK 1972). Nach Einrichtung der Parks hatte dort die Zahl der Flusspferde so stark zugenommen, dass diese durch Überbeweidung ihren Lebensraum zu zerstören drohten.

Während der Trockenzeit halten sich die Flusspferde in unmittelbarer Nähe der Wasserläufe, Seen und anderer stehender Gewässer auf. In der Regenzeit jedoch dehnen sie ihren Aktionsradius aus und suchen auch temporäre Gewässer sowie Schlammlöcher in der Savanne auf. Nachts grasen sie dort und im Wasser defäkieren sie. Auf diese Weise erfolgt ein nicht unerheblicher Nährstoffeintrag – pro Tag vertilgt ein Flusspferd etwa 18 kg (Trockengewicht) Gras – in die Gewässer, dem aber allem Anschein nach kein vergleichbarer Rückfluss in Richtung Land gegenübersteht (LAWS 1968). Bei ihren Weidegängen bewegen sie sich durchaus einige Kilometer vom Wasser weg. Da sie vermutlich jede Nacht dieselben Wege nehmen, entstehen mit der Zeit ausgetretene Trampelpfade, auf denen dann bis auf einen schmalen zentralen Grasstreifen zwischen den Trittspuren keine Vegetation mehr aufkommen kann. Infolge der Bodenverdichtung und verminderter Infiltration läuft in ihnen bei Starkregen der Oberflächenabfluss ab. Bei größerer Hangneigung entwickeln sich diese Trampelpfade unter Umständen zu regelrechten Abfluss-rinnen.

Flusspferde fressen gewöhnlich nur Gräser, die nicht höher als 15 cm sind. Da infolgedessen manche Flächen übermäßig stark beweidet werden, andere aber unberührt bleiben, entwickelt sich mit der Zeit ein abwechslungsreiches Vegetationsmosaik (u. a. ELTRINGHAM 1999). Mit ihren hornigen Lippen reißen die Flusspferde die Grasbüschel samt Wurzeln aus. So kann eine hohe Flusspferddichte dazu führen, dass schließlich festwurzelnde und wenig schmackhafte Pflanzen, wie zum Beispiel das sich vegetativ vermehrende Büschelgras *Sporobolus pyramidalis,* vorherrschen. Schließt man die Beweidung aus, so wird es bald durch andere Gräser ersetzt. Auf den überbeweideten Flächen nehmen Oberflächenabfluss und Erosion zu, und letztlich geht die Anzahl anderer Herbivoren zurück (LAWS 1968).

Vorteile scheinen die Warzenschweine aus der Beweidung durch Flusspferde zu ziehen. Zumindest ist ihre Dichte in dem "Mosaik-Grasland" auffällig hoch (Abb. 38). Möglicherweise tragen sie zur Erhaltung der vegetationslosen Flecken bei, indem sie dort während der Trockenzeit nach den Rhizomen von *Alternanthera pungens* (Amaranthaceae) graben (LOCK 1972). Während hohe Elefantendichten zu einer Umwandlung von Wald- und Buschland in Grasland führen, tragen die Flusspferde eher zu einer Verbuschung bei, insbesondere in Nähe der Gewässer, weil sie die Grasmenge und auf diese Weise die trockenzeitlichen Brände reduzieren, die die Ausbreitung der Buschvegetation hemmen.

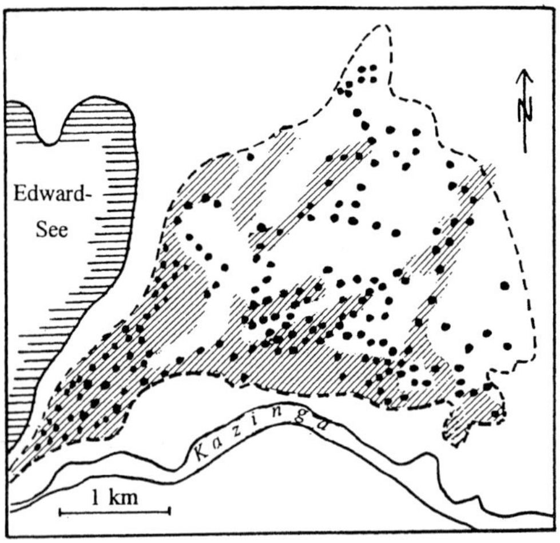

In den Jahren 1958 und 1966 wurden von den um den Lake George und den ugandischen Teil des Lake Edward lebenden 14 000 Flusspferden (Schätzung für 1957) über 6 000 Tiere abgeschossen. Die großen Veränderungen in der Vegetation, die danach oder auch nach Ausschluss der Flusspferde durch Einzäunungen eintraten, sind ein eindeutiger Hinweis darauf, dass diese großen Grasfresser wesentlich zur Erhaltung des abwechslungsreichen Vegetationsmosaiks beigetragen haben und vielleicht überhaupt dessen Ursache sind. Es zeigte sich aber auch, dass nach der Reduzierung des Beweidungsdruckes durch Nil-

Abb. 38: Verbreitung (Punkte) des Warzenschweins (*Phacochoreus aethiopicus*) im "Mosaik-Grasland" (Schrägschraffur) östlich des Lake Edward, Ruwenzori-Nationalpark, Uganda (nach LOCK 1972, verändert).

pferde die Zahl anderer Grasfresser rasch zunahm, während die Zahl der Warzenschweine beträchtlich zurückging (LAWS 1968). LOCK (1972) weist darauf hin, dass die Flusspferde gerade dadurch, dass sie die Grasvegetation kurz halten, die Möglichkeiten für die Wildbeobachtungen verbessern – in einem von Safari-Touristen stark frequentierten Nationalpark sicherlich ein nicht zu vernachlässigender Gesichtspunkt.

In Papyrussümpfen schaffen die Flusspferde ein Netz von Trampelpfaden, die den Abfluss erleichtern (sieh auch DARLING 1960). Nimmt die Zahl der Flusspferde ab, so wachsen diese Trampelpfade zu, und Überschwemmungen sind die Folge. MILNE und MILNE (1965) berichten von einer solchen Entwicklung, die mit der Vernichtung der Krokodile (*Crocodylus niloticus*) ihrer Häute wegen begonnen hatte. Da diese keine jungen Flusspferde mehr fraßen, stieg die Zahl der

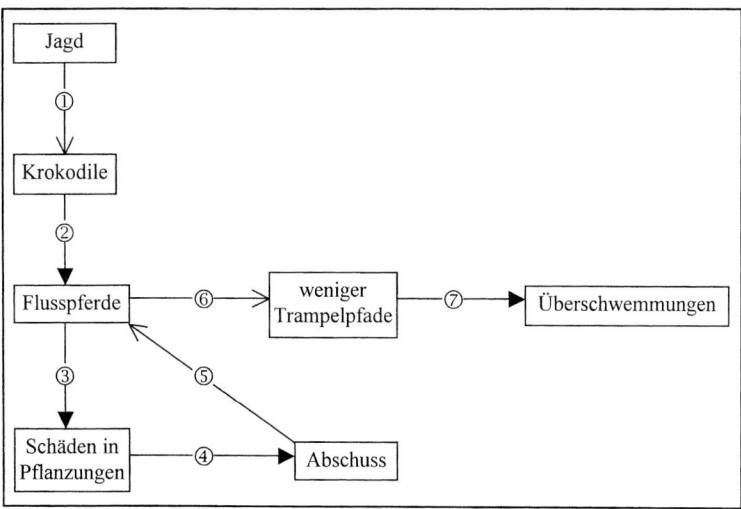

Abb. 39: Auswirkungen der Vernichtung der Krokodile in Papyrussümpfen. Ausgefüllte Pfeilspitzen bedeuten Zunahme, offene Pfeilspitzen Abnahme (Entwurf HOLTMEIER, nach Beschreibungen von MILNE und MILNE 1965).

Flusspferde an. Sie drangen in die flussnahen Farmen und Pflanzungen ein und verursachten dort Schäden. Man "regelte" das Problem durch Abschuss und hatte ein neues – die Überschwemmungen (Abb. 39).

Unter der Beweidung durch Breitmaulnashörner (*Ceratotherium simum*) breiten sich beweidungsresistente kurzhalmige Gräser auf Kosten hochwüchsiger Gräser, krautiger Pflanzen und Buschwerk aus. Da die Nashörner weniger eng an offene Gewässer gebunden sind als Flusspferde, erstreckt sich auch ihr Einfluss auf die Vegetation über größere Flächen. Die Ausrottung der Nashörner in Südafrika und die dadurch ausgelösten Veränderungen in der Vegetation haben zum Verschwinden mehrerer kleiner Huftierarten geführt, ohne dass diese direkt durch den Menschen verfolgt worden wären (OWEN-SMITH 1983, 1987). Spitzmaulnashörner (*Diceros bicornis*) dagegen sind Laubfresser und äsen die Blätter von Büschen. Bleiben die Nashörner aus und werden sie nicht durch andere ebenso effektive Laubfresser ersetzt, so entwickeln sich undurchdringliche und für die meisten mittelgroßen Huftiere nicht mehr nutzbare Dickichte (OWEN-SMITH 1983, 1987).

Einfluss der Wilderei: Abschließend noch einige Bemerkungen zum Einfluss der Wilderei auf die Tierbestände und die Ökosysteme, von dem schon mehrfach die Rede war. Im Serengeti-Mara-Gebiet beispielsweise (wie auch in anderen Nationalparks und Wildschutzgebieten) hat die Wilderei erheblich zugenommen (ARCESE et al. 1995; CAMPBELL und HOFER 1995; SINCLAIR 1995). Diese Entwicklung steht mit den politischen Veränderungen in Afrika und der demographischen Entwicklung in unmittelbarem Zusammenhang und ist daher sozusagen "von außen her" ausgelöst worden. Entscheidend war und ist der zunehmende Bevölkerungs- und Siedlungsdruck (Zuwanderung, ca. 3 % Bevölkerungswachstum) unmittelbar westlich der Parkgrenzen. Zudem mussten seit der Schließung der Grenze zwischen Tansania und Kenia die Patrouillen im Parkgebiet selbst stark eingeschränkt werden, weil die Touristen ausblieben und die Einkünfte der Parkverwaltung erheblich schrumpften. Die Wilderei führt zu starken Veränderungen der Wildtierbestände und der ökologischen Situation insgesamt (siehe auch Kapitel 4.2). Gleichwohl

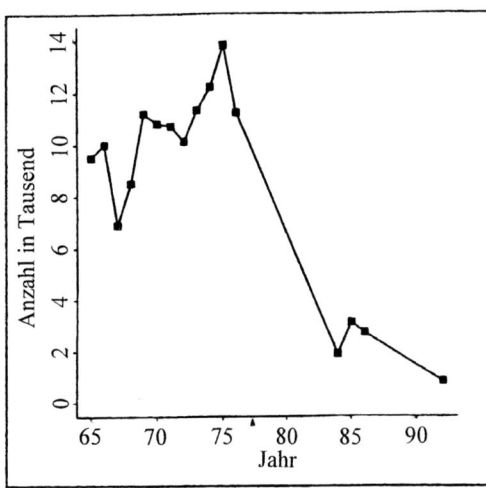

Abb. 40: Entwicklung der Büffelbestände in der nördlichen Serengeti. Zwischen 1977 und 1983 wurden keine Zählungen durchgeführt SINCLAIR 19895).

scheinen nicht alle Arten gleichermaßen davon betroffen zu sein. So blieben die Gnu- und Zebrabestände vergleichsweise stabil, obwohl sie am häufigsten wegen ihres Fleisches gewildert werden (MAGOMBE und CAMPBELL 1989; CAMPBELL und BORNER 1995). Betroffen sind in erster Linie Nashörner und Elefanten. Um 1980 gab es praktisch keine Nashörner mehr. Der drastische Rückgang der Elefantenbestände seit Schließung der Grenze auf nur zwanzig Prozent ihres vorherigen Bestandes wurde schon erwähnt. Erst mit der weltweiten Ächtung des Elfenbeinhandels ließ die Wilderei schlagartig nach. Auch die Büffelbestände, die 1976 ihren Höchststand erreicht hatten, brachen infolge der Willderei nahezu völlig zusammen (Abb. 40; DUBLIN et al. 1990). Da die Büffel – anders als zum Beispiel die Gnus (siehe auch Abb. 20) – keine weiträumigen saisonalen Wanderungen unternehmen, war mit dem Rückgang dieser großen Pflanzenfresser eine deutliche Veränderung der Artenspektren verbunden (SINCLAIR 1995). Auch die Anzahl der Giraffen, Wasserböcke, Riedböcke, Impalas, Leierantilopen und Warzenschweine ist unter dem Einfluss der Wilderei zumindest lokal stark zurückgegangen.

2.3.2.2 Außertropische Grasländer

Trotz der im Vergleich zu den afrikanischen Pflanzenfresserherden geringen Biomasse der herbivoren Säugetiere sind auch die außertropischen Grasländer durch sie geprägt worden. Noch bis ins ausgehende 19. Jahrundert waren die Grasländer der gemäßigten Breiten – die Steppen Eurasiens und die Prärien Nordamerikas – natürliches Weideland großer Pflanzenfresserherden. In den nordamerikanischen Strauchsteppen, im Westen des Kontinentes, hatte dagegen die Beweidung durch wildlebende Huftiere vor Ankunft der Europäer und ihrer riesigen Rinder- und Schafherden einen offenbar nur sehr geringen Einfluss auf die Ökosysteme (HEADY 1968; DAUBENMIRE 1970; GALBRAIGHT und ANDERSON 1971; FRANKLIN und DYRNESS 1973). Es handelte sich im Wesentlichen um Wapitis, Maultierhirsche und Gabelantilopen, während Bisons dort niemals eine Rolle spielten (GALBRAIGHT und ANDERSON 1971). Erst während der letzen beiden Jahrhunderte wurden die natürlichen Grasländer großenteils in Acker- und Weideland umgewandelt, die Prärie und die ungarische Puszta nach der Mitte des 19. Jahrhunderts und die Zentralasiatischen Steppen sogar erst in diesem Jahrhundert (BILLINGS 1970).

Steppen in Eurasien: Die Geschichte der die außertropischen Grasländer ursprünglich bewohnenden Huftierherden ist eine Geschichte der Vernichtung. So wurden die Steppen- und Wüstensteppengebiete Zentralasiens von vielen Millionen Saiga-Antilopen (*Saiga tartarica*), von Wildpferden (*Equus przewalski*), Wildeseln (Kiang, Onager, Kulan oder Dschiggetai; DENZAU und DENZAU 1999) und Wildkamelen besiedelt. Die übermäßige Nachstellung durch den Menschen und der infolge der Ausweitung der Land- und Weidewirtschaft zunehmende Verlust an Lebensraum haben zu einem drastischen Rückgang der Bestände bis auf vergleichsweise kleine und zum Teil in ihrer weiteren Existenz gefährdete Restpopulationen geführt.

Eine von den übrigen in den Steppen und Wüsten lebenden Huftieren etwas abweichende Entwicklung nahmen die Saiga-Antilopen (BANNIKOV et al. 1967; SOKOLOV 1974). Ihr Verbreitungsareal reichte ursprünglich von Polen über den Nord-Kaukasus (Kalmückensteppe), Kasachstan, Nord-Usbekistan und die südwestliche Mongolei bis nach Sinkiang (China). Im jahreszeitlichen Rhythmus wandern die Herden über Distanzen von 200 bis 400 km zwischen den schneearmen südlichen Überwinterungsgebieten und den nahrungsreicheren Regionen im Norden (ALSCHNER 1980). Doch nicht alle Saigas wandern regelmäßig. Beispielsweise sind aus der Mongolei keine saisonalen Wanderungen bekannt. Von den östlich der Wolga lebenden Saigas bleibt ein Teil ganzjährig dort, während die meisten anderen schneearme Überwinterungsgebiete aufsuchen (SOKOLOV 1974).

Obwohl die Saigas in ihrem Verhalten und auch physiologisch den extremen klimatischen Bedingungen ihres Lebensraumes bestens angepasst sind, führen Dürreperioden und extrem schneereiche Winter immer wieder zu großen Verlusten, die aber durch die sehr hohe Reproduktionsfähigkeit dieser Antilopen rasch wieder ausgeglichen werden (CHAN et al. 1995). So waren es auch nicht etwa extreme Naturereignisse, die die Saigas an den Rand des Aussterbens brachten, sondern die unaufhörliche Bejagung (Häute, Fleisch, Gehörne). Um 1930 herum umfasste der gesamte Bestand noch rund 1 000 Tiere (SOKOLOV 1974). Den Saigas ist schon immer, das heißt seit dem Ende des Mittleren Pleistozäns, nachgestellt worden, in erster Linie wegen ihres Fleisches und ihrer Häute. Spätestens seit rund zweihundert Jahren spielt aber der Handel mit den Saiga-Gehörnen die entscheidende Rolle. Als Ingredienz waren und sind sie in der fernöstlichen Medizin sehr begehrt (SOKOLOV 1974; CHAN et al. 1995). Schon im 18. Jahrhundert waren große Treibjagden organisiert und Saiga-Gehörne in großen Mengen und zu hohen Preisen nach China verkauft worden (PALLAS 1777, zitiert in BANNIKOV et al. 1967).

Die große Nachfrage hat zu einer Verknappung von Saiga-Gehörnen geführt, so dass auch anderen Gehörnträgern, wie zum Beispiel der Tibetanischen Antilope (*Pantholops hodgsoni*) und verschiedenen Gazellenarten (Tibet-Gazelle, *Procapra picticaudata* / Mongolische Gazelle, *Procapra guttorosa* / Kropfgazelle, *Procapra subguttorosa* / Przewalski-Gazelle, *Procapra przewalskii*) in verstärktem Maße nachgestellt wurde. Noch während der dreißiger Jahre des vorigen Jahrhunderts hat es in der Mongolei riesige Kropfgazellenherden gegeben (ANDREWS 1932, zitiert in SCHALLER 1995). Heute existieren nur noch kleine Restbestände. Einer Meldung des "Daily China" zufolge (in SCHALLER 1995) sollen 1979 innerhalb eines knappen Monats in einem Gebiet der Inneren Mongolei über 4 000 dieser Tiere abgeschossen worden sein.

Dank umfangreicher Schutzmaßnahmen und sorgfältigen Wildtiermanagements durch den sowjetischen Staat in den Jahren 1950 bis 1970 konnte der Bestand der Saigas in der Sowjetunion wieder auf weit über eine Million Tiere anwachsen. Nach dem Zerfall des Staatsverbandes droht nun wieder infolge massiver Wilderei – immer noch bringt der Verkauf der Hörner, vor allem in ostasiatische Länder, Devisen ins Land – und zunehmender intensiver Nutzung des Lebensraums eine rückläufige Entwicklung (MILNER-GULLAND 1994; MILNER-GULLAND et al. 1995). Insbesondere in der Kalmückensteppe setzt die wirtschaftliche Erschließung des Raumes mit Verkehrswegen, Bewässerungskanälen, Viehwirtschaft und damit verbundenen weiträumigen Einzäunungen sowie industriellen Anlagen den Saiga-Populationen sehr stark zu. Dort, wo die tradierten Wanderwege blockiert wurden, konzentrieren sich heute relativ große Herden um die Wasserreservoire. Überbeweidung mit allen ihren negativen Erscheinungen wie Rückgang der Fertilität und steigende Mortalität sowie zunehmende Bodenerosion sind die Folge (CHAN et al. 1995).

Ein nicht minder starker Einfluss auf Böden und Vegetation geht in den altweltlichen Steppengebieten von Zieseln (*Citellus citellus*), Steppenmurmeltieren (Bobak = *Marmota bobak*) oder

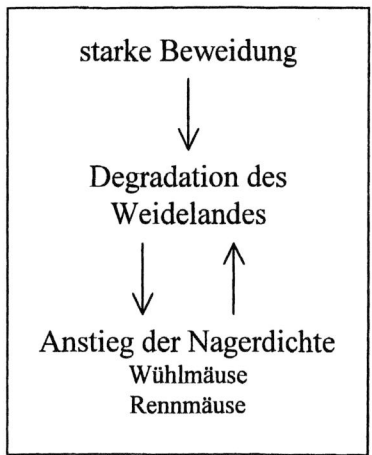

starke Beweidung

↓

Degradation des Weidelandes

↓   ↑

Anstieg der Nagerdichte
Wühlmäuse
Rennmäuse

Abb. 41: Beziehungen zwischen Beweidung und Nagerdichte in der innermongolischen Steppe (nach ZHONG et al. 1999, verändert).

auch Brandt's Wühlmäusen (*Microtus brandti*) aus. Beispielsweise wurden in der mongolischen Steppe Vegetationszyklen beobachtet, in deren Verlauf die Brandt's Wühlmäuse eine entscheidende Rolle spielen (WEINER und GORECKI 1982; REMMERT 1988, 1992). Deren Kolonien sind so dicht besiedelt, dass kaum Vegetation aufzukommen vermag. Schließlich verlassen die Wühlmäuse diese Kolonien wegen Nahrungsmangels. Auf den infolge der intensiven Bioturbation gut durchlüfteten und drainierten sowie intensiv "gedüngten" Böden stellt sich sehr bald eine relativ artenreiche Vegetation ein, die dann allmählich durch üppig wachsende Futterpflanzen ersetzt wird. Mit der Beweidung durch herbivore Säugetiere geht die Produktivität dieser Pflanzen stark zurück, und die Wühlmäuse erscheinen wieder auf der Bildfläche. Damit beginnt der Zyklus von neuem. Etwa 40 % des Gesamtareals der mongolischen Steppe werden auf diese Weise von den Mäusezyklen beeinflusst, obwohl nur auf 2 % der Fläche Wühlmäuse vorhanden sind. Wie Untersuchungen in der innermongolischen Steppe (ZHONG et al. 1999) zeigen, bieten besonders die stark überbeweideten Flächen den Wühlmäusen optimale Lebensbedingungen. Die Populationsdichte steigt rasch an, und die Nager beschleunigen die Degradation des Graslandes. Schließlich bietet es nur noch den Nagern zusagende Lebensbedingungen (Abb. 41). Wenn diese dann auch den Brandt-Wühlmäusen nicht mehr genügen, stellen sich Rennmäuse (*Meriones unguiculatus*) ein.

Prärien Nordamerikas: Mit dem Bild der Prärie untrennbar verbunden sind die Bisons (*Bison bison*). Auf etwa 50 bis 60 Millionen Tiere wird ihr Bestand vor Erscheinen der Weißen geschätzt (ROE 1970; HAUGEN und SHULT 1972). Nach SETON (1929) sollen es gar 75 Millionen gewesen sein. Den Angaben liegen im Wesentlichen Beobachtungen während der Brunftzeit im Sommer zugrunde, wenn sich die während des Winters in kleinen Gruppen umherstreifenden Bisons zu Herden mit bis zu 100 000 Tiere zusammenfanden. Nach neueren Schätzungen, die von der vermutlichen Tragfähigkeit der damaligen Weidegründe ausgehen, dürfte der Gesamtbestand nicht mehr als etwa 30 Millionen Bisons umfasst haben (z. B. MCHUGH 1972). Die Bisonherden wurden regelrecht zusammengeschossen und während der siebziger Jahre des 19. Jahrhunderts fast ausgerottet (Abb. 42; SOPER 1941; CAMPBELL et al. 1994). Aus neuerer Sicht ist der

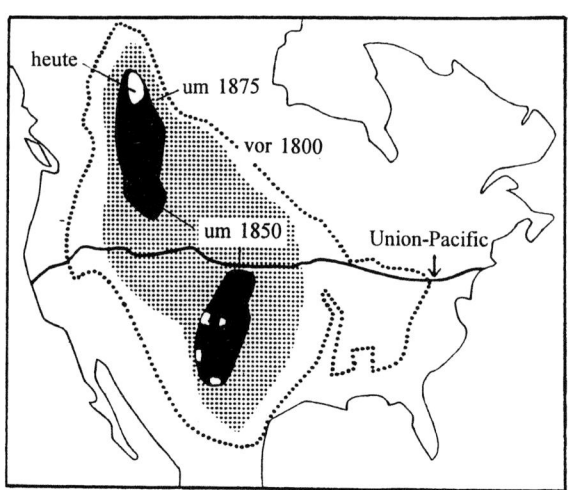

heute
um 1875
vor 1800
um 1850
Union-Pacific

Abb. 42: Ehemalige und heutige Verbreitung des Bisons in Nordamerika (nach ZISWILER 1965, in ILLIES 1971, verändert).

Zusammenbruch der Bisonbestände aber nicht alleine diesen Massakern anzulasten (ISENBERG 2000). Auch vorher war ihr Bestand starken Schwankungen unterworfen, wobei vor allem die im semiariden Westen regelmäßig auftretenden Dürreperioden ihren Tribut forderten. Zudem fiel im frühen 19. Jahrhundert etwa ein Drittel der Bisonkälber den Wölfen zum Opfer, deren damalige Anzahl auf rund eineinhalb Millionen geschätzt wird. Hinzu kamen Schneestürme, Präriebrände und auch die Konkurrenz mit anderen Grasfressern, wie zum Beispiel mit den zahlreichen Pferden der Indianer. Zu Beginn des 19. Jahrhunderts sollen in der westlichen Prärie um 400 000 bis 900 000 Indianerponys geweidet haben. Schätzungsweise zwei Millionen wilder Pferde lebten zudem in den südlichen Regionen des Graslandes. Die Pferde fraßen vermutlich ebensoviel Gras wie rund zwei Millionen Bisons.

Auslöser der Populationseinbrüche der Bisons dürften jedoch Perioden mit relativ hohen Niederschlägen, reichem Nahrungsangebot und milden Wintern gewesen sein. In diesen Zeiten nahm die Zahl der Bisons so stark zu, dass sie unter den folgenden weniger günstigen Bedingungen die Tragfähigkeit der Weidegründe überschritt. In manchen Jahren waren die Verluste größer als der Zuwachs der Herden. Hinzu kommt der Einfluss der indianischen Bisonjäger, die – entgegen mancher romantisch verklärten Vorstellung – bisweilen wesentlich mehr Bisons töteten, als zur Deckung ihres Bedarfes nötig gewesen wären. Gleichwohl erholten sich die Bisonbestände nach solchen Einbrüchen immer wieder, zumal die an die semiariden Bedingungen angepassten Gräser der Kurzgrasprärie relativ rasch wieder regenerierten. Dann kam als weiterer, systemfremder "Störfaktor" die Viehwirtschaft der Einwanderer hinzu. In vielen Gebieten, wie beispielsweise in den Tälern des Platte River und des Arkansas, führten die riesigen Rindertrecks entlang des Oregon- und des Santa-Fe-Trails zu einer erheblichen Beeinträchtigung der Nahrungsgrundlage der Bisons und verdrängten die Herden aus den von ihnen seit Jahrtausenden genutzten Weidegebieten. Zum völligen Zusammenbruch ihrer Bestände, von dem sie sich alleine wohl kaum erholt hätten, führten jedoch erst die weißen "Bisonschlächter". Kaum besser war es übrigens den Gabelantilopen ergangen. Rund 40 Millionen soll ihr Bestand betragen haben. Zu Anfang des vorigen Jahrhunderts waren schließlich nur noch um 30 000 Tiere übriggeblieben (KNAPP 1965). Inzwischen hat die Anzahl der Gabelantilopen wieder zugenommen.

Der Bisonbestand ist im Verlauf der letzten 30 Jahre des vorigen Jahrhunderts von 30 000 auf schätzungsweise 200 000 Tiere (Mitt. S. W. ALBRECHT, National Bison Association, Denver) bis 250 000 Tiere (Mitt. CENTER FOR BISON STUDIES, Bozeman, Montana) angewachsen. Davon befinden sich etwa 10 % in staatlichen Herden auf eingezäuntem Grasland, der Rest ist in Privatbesitz. Nur etwa 2 500 bis 4 000 Bisons leben in noch frei umherstreifenden Herden. Der gesamte heutige Bisonbestand ist genetisch stark verarmt, da er von nur etwa 500 Tieren abstammt, welche die Massaker des 19. Jahrhunderts überlebt hatten. Im Prinzip gilt dies übrigens auch für die heute wieder in Polen und einigen Gebieten der ehemaligen Sowjetunion wildlebenden 1 800 Wisente (*Bison bonasus*), die von nur 13 der 54 Exemplare abstammen, die in Zoos überlebt hatten. Die starke Zunahme der von privater Hand gehaltenen Bisons ist die unmittelbare Folge der stark gestiegenen Nachfrage nach Bisonfleisch und nicht etwa das Ergebnis naturschützerischer Bemühungen. Bisonfleisch ist nicht nur wohlschmeckend, sondern im Vergleich zu Rindfleisch auch fett- und cholesterinarm. Ernährungsbewusste Amerikaner wissen dies zu schätzen und zahlen dafür den doppelten Preis. Da die Aufzucht der Bisons nicht teurer ist als die von Rindern, hat sich diese Art der Fleischproduktion als sehr rentabel erwiesen.

Seit Ende der letzten Vereisung bis zur Ankunft der Weißen haben die Bisonherden die Prärie geprägt. Dies wird besonders deutlich angesichts der nach dem Verschwinden der Bisons eingetretenen Veränderungen. Obwohl heute in den ehemaligen Weidegründen der Bisonherden Millionen Rinder grasen, konnten für die Langgras-Prärie charakteristische Pflanzenarten auch in das westliche Grasland eindringen. In den südlichen Plains breitet sich der Mesquite-Busch aus, und im kanadischen Grasland sind auf breiter Front Espenbestände aufgekommen (Kapitel 2.3.2.4).

In den Prärien dürfte es wegen der unterschiedlichen Habitatansprüche und Ernährungsgewohnheiten der einheimischen Huftiere (Bisons, Gabelantilopen, Wapitis, Maultierhirsche) kaum zu Konkurrenz zwischen ihnen gekommen sein. Bisons und Gabelantilopen konnten in hoher Dichte miteinander in der ursprünglichen Prärie leben, weil sie sich in ihren Nahrungsansprüchen sehr stark unterscheiden (HAUGEN und SHULT 1972). Auch Gabelantilopen und Maultierhirsche, beide aufgrund ihrer vergleichsweise geringen Größe auf hochwertige Nahrung angewiesen (Selektierer; siehe GEIST 1974), konkurrieren nur wenig miteinander, da die eher versteckt lebenden Maultierhirsche in ihrem Verhalten mehr dem Strauch- und Waldland angepasst sind, während die Gabelantilopen Tiere des weiten, offenen Graslandes sind. Bisons sind wegen ihrer großen Gestalt nicht in der Lage, die von den Maultierhirschen bevorzugten Nahrungsbiotope zu nutzen (WYDEVEN und DAHLGREN 1985). Wapitis, deren Areal sich mit dem der Maultierhische vor allem während des Sommers überlappt, fressen vorwiegend Gramineen, während die Maultierhirsche eiweißreichere Nahrung, also Kräuter sowie Blätter, junge Triebe und Knospen von Sträuchern und Bäumen, bevorzugen. Gleichwohl kann es zwischen diesen beiden Arten gelegentlich zu Nahrungskonkurrenz kommen. Darauf deuten jedenfalls gegenläufige Populationsentwicklungen von Wapiti und Gabelantilopen hin, wie sie beispielsweise zu Beginn der sechziger Jahre im Wind-Cave-Nationalpark (Süd-Dakota) beobachtet wurden (LOVAAS 1973), wenngleich dabei auch andere Faktoren mitgewirkt haben können (WYDEVEN und DAHGLGREN 1985). Im Yellowstone-Park wiederum, in dessen nördlichem Teil allein zwischen 18 000 und 20 000 Wapitis leben, scheinen die Wapitis den Bestand der Gabelantilopen nicht zu begrenzen (YELLOWSTONE NATIONAL PARK 1997).

Im Vergleich zu den großen Bisonherden in der Kurz- und Mischgrasprärie war die Populationsdichte der Bisons in der Langgras-Prärie niedrig (SHAW und LEE 1995). Auch muss man sich heute wohl von der Auffassung freimachen, dass die Bisonherden geschlossen – sozusagen eine Herde die andere vor sich herschiebend – große jahreszeitliche Wanderungen durchführten, wie es in vielen Berichten über den "Alten Westen" und in Sachbüchern (z. B. SEDLAG 1995) beschrieben wird. Dem wechselnden Nahrungsangebot in der Landschaft folgend, zogen sie eher nomadisierend umher (HANSON 1984; SHAW und LEE 1995). Das räumlich-zeitliche Beweidungsmuster dürfte ähnlich gewesen sein, wie es heute noch in einigen Gebieten zu beobachten ist. Dabei zeigt sich zum Beispiel neben der Präferenz von Präriehundkolonien eine deutliche Bevorzugung von Brandflächen, auf denen die Bisons ebenfalls Futterpflanzen hoher Qualität vorfinden (COPPOCK und DETLING 1986). Zwischen Präriebränden und Beweidung durch Bisons besteht eine enge räumliche und zeitliche Wechselbeziehung. Mit der Beweidung der Brandflächen lässt der Beweidungsdruck auf anderen Flächen nach. Dort häuft sich allmählich mehr brennbares Material an, so dass die Feuergefahr zunimmt. Letztlich führen diese Prozesse zu einem abwechslungsreichen und über die Zeit hinweg ständigen Veränderungen unterworfenen Vegetationsmosaik sowie zu einer höheren Artendiversität und landschaftlichen Vielfalt (VINTON et al. 1993; HAMILTON 1996; HARTNETT et al. 1996; siehe auch Mosaikzyklen, REMMERT 1988 ff.).

In der Langgras-Prärie herrschen über einen halben Meter hohe Gräser wie *Andropogon gerardii* ("big bluestem"), *Sorgastrum nutans* ("Indian grass") und *Panicum virgatum* ("switchgrass") vor. Die Blütenstände des "big bluestem" können über zwei Meter hoch werden. Die trockenen Blätter bleiben am Halm, bis sie von Bisons oder Vieh abgerissen und festgetreten werden und/oder Präriebränden zum Opfer fallen. Wenn sich aber viel totes Pflanzenmaterial ansammelt, wird die Primärproduktion erheblich gehemmt (KNAPP und SEASTEDT 1986, dort weitere Literatur). Die Beweidung durch Bisons oder auch andere Huftiere kann daher die niedrigeren krautigen Pflanzen begünstigen. Für letztere verbessern sich nicht nur die Licht- und Wärmeverhältnisse am Boden, sondern infolge der Verringerung der transpirierenden Oberfläche (Gräser) unter Umständen auch die Wasserversorgung (siehe auch WHITE und BROWN 1972; PARTON und RISSER 1980; MCNAUGHTON 1983 b; ARCHER und DETLING 1986). Im Wind Cave Nationalpark wurde beobachtet, dass an Stellen, an denen die Bisons Urin absetzen, der Stickstoffgehalt der Gräser (*Schizachrium scoparium* und das aus Europa stammende *Poa pratensis*) zunimmt. Obwohl die Urinflecken nur 2 % der Untersuchungsflächen einnehmen, stellen sie 7 % der Biomasse und 14 % der von den großen Herbivoren (Bisons, Wapitis, Maultierhirsche, Gabelböcke) mit den Gräsern aufgenommenen Stickstoffs. Überdies beginnt dort das Wachstum von *Poa pratensis* eher und endet später als an anderen Standorten (DAY und DETLING 1990). Auch die höheren Bodentemperaturen ermöglichen unter Umständen einen früheren Wachstumsbeginn. Gegen Ende der Wachstumsperiode sowie während kürzerer Trockenperioden profitieren die krautigen Pflanzen dann von der höheren Bodenfeuchte. Zusammen führen diese durch die Bisons ausgelösten Veränderungen der Standortbedingungen zu einem Anstieg der Stoffproduktion, der Phytomasse und der Vitalität der Pflanzen (FAHNESTOCK und KNAPP 1994) sowie zu einer größeren Heterogenität der Graslandgesellschaften (COLLINS und STEINAUER 1998). Mäßige Beweidung durch die großen Huftiere kann die Produktion um bis zu 50 % erhöhen (SIMS und SINGH 1971). So wurde auch im Yellowstone Nationalpark auf Grasflächen, die von Wapitis und Bisons beweidet werden, eine im Vergleich zu nicht beweideten Arealen um die Hälfte höhere Produktion ermittelt (FRANK und MCNAUGHTON 1993). Zweifelsohne haben die Bisonherden vor der Ankunft der Europäer die Graslandökosysteme nachhaltig beeinflusst. Über die anderen Herdentiere wird indessen kaum berichtet.

Interessante Einblicke in durch Präriehunde ausgelöste und andere Pflanzenfresser verstärkte Veränderungen der Vegetation, der Böden und der Stoffumsätze in den natürlichen Graslandökosystemen Nordamerikas bieten unter anderem die schon erwähnten Untersuchungen im Wind-Cave-Nationalpark in Süd-Dakota. Im Mittelpunkt dieser Arbeiten stand die "Grasfressergemeinschaft" ("grazing association") aus Präriehunden, Bisons und Gabelantilopen. Vor der Besiedlung der Kurzgras- und Mischgrasprärie durch die Europäer erstreckten sich die Präriehundkolonien über schätzungsweise 49 Millionen Hektar. Ende des 19. Jahrhunderts soll es in Nordamerika etwa 5 Milliarden Präriehunde gegeben haben (COSTELLO 1970). Da die Präriehunde von den Viehzüchtern als lästige Nahrungskonkurrenten für das Vieh angesehen wurden, hat man sie vernichtet, wo immer es möglich war. Die heutige Anzahl beträgt noch etwa zwei Prozent der ursprünglichen (SUMMERS und LINDER 1978). Vom Menschen nicht beeinflusste Kolonien erreichen heute eine Größe zwischen mehreren Zehnern und einigen Hundert Hektar mit einer mittleren Besiedlungsdichte von 10 bis 15 Präriehunden pro Hektar.

Präriehundkolonien sind Bereiche ständiger "Störungen" durch Grasen und Wühltätigkeit (CARLSON und WHITE 1987). Zudem hat sich gezeigt, dass Bisons, Gabelantilopen und auch Wapitis vor allem während der Vegetationszeit Präriehundkolonien aufsuchen (COPPOCK et al. 1983 b; WYDEVEN und DAHLGREN 1985; KRUEGER 1986; WHICKER und DETLING 1988 a, 1988 b), weil dort die Vegetation mehr Eiweiß enthält und leichter verdaulich ist als im Umfeld der Kolonien (COPPOCK et al. 1983 a; KRUEGER 1986). Dies hat einen sehr hohen Verbrauch an oberirdischer Phytomasse zur Folge. In den von Gräsern dominierten Bereichen der Präriehundkolonien beträgt der Verbrauch an Primärproduktion durch Präriehunde und die genannten Huftiere zwischen 60 % und 80 % (WHICKER und DETLING 1988 a).

Der hohe Eiweißgehalt hat verschiedene Ursachen. Einmal treiben nach Beweidung in vermehrtem Umfang frische Halme aus, so dass der mit dem Altern der Gräser normalerweise abnehmende Stickstoffgehalt kompensiert wird. Zum anderen nehmen Gräser in den Präriehundkolonien mehr Stickstoff auf als die in deren Umfeld. Nicht zuletzt werden dem Boden mit den Ausscheidungen der Tiere große Mengen Stickstoff in schon pflanzenverfügbarer Form (Ammonium- und Nitrationen) zugeführt (COPPOCK et al. 1983 b; WHICKER und DETLING 1988 a). Vergleichbar sind in dieser Hinsicht zum Beispiel die von Kängururatten (*Dipodomys spectabilis*) aufgeworfenen Erdhügel (MOORHEAD et al. 1988). Nach künstlichem Ausschluss der Beweidung durch Präriehunde und Bisons nimmt der Eiweißgehalt der Grasvegetation leicht, aber signifikant ab (weiteres C/N-Verhältnis älterer Gräser, fehlende Zufuhr durch Exkremente, geringere Stickstoffaufnahme der nicht mehr verbissenen Gräser; u. a. CID et al. 1991).

Eine über das Grasland verteilte begrenzte Anzahl von Präriehundkolonien und eine anhaltende, aber nicht zu intensive Beweidung können daher die Nahrungsgrundlage für die anderen Herbivoren durchaus verbessern. Wird aber der Beweidungsdruck durch Präriehunde und große Bison- und Gabelantilopenherden zu hoch, so geben die Präriehunde ihre Kolonien unter Umständen auf und nehmen bis dahin noch unbesiedelte Flächen in Besitz. Die Präriehundkolonien sind für die Bisons auch noch aus einem anderen Grunde besonders attraktiv. Sie bieten geradezu ideale Möglichkeiten, Staubbäder zu nehmen. Im Laufe der Zeit schaffen die sich im Staub wälzenden Bisons schüsselförmige Suhlen von mehreren Metern Durchmesser. Die Suhlen werden während der Brunft im Frühjahr und Sommer von den Bullen angelegt, später aber auch von den weiblichen Tieren genutzt. Da die Bisons ihre Staubbäder immer wieder an denselben Stellen nehmen, bleiben diese Suhlen über lange Zeit hinweg vegetationslos und stellen Ansatzpunkte für Winderosion dar. Führt die ständige Nutzung aber zur Verdichtung des Untergrundes mit nachfolgender zeitweiliger Vernässung, so gegeben die Bisons diese Suhlen auf und legen an anderer Stelle neue an (POLLEY und COLLINS 1984; COLLINS und GLENN 1988). Auch im Bereich stark benutzter Bisonpfade kommt es zu Bodenverdichtungen. All diese Einflüsse, wie auch die durch die Präriehunde verursachte Bioturbation (Kapitel 2.6.1), wirken sich wiederum auf die Bodenfeuchteverhältnisse, die Vegetation und die kleinklimatischen Bedingungen (ARCHER und DETLING 1986) sowie nicht zuletzt auf die Stoff- und Energieflüsse in den Nahrungsketten der unterirdischen Konsumenten (Nematoden und andere; INGHAM und DETLING 1984) aus.

2.3.2.3 Tundren

Wie die Herden der großen Pflanzenfresser der außertropischen Grasländer, so sind auch die Rentier- und Karibuherden in den Tundren und angrenzenden borealen Wäldern hinsichtlich ihrer Individuenzahl und ihres Einflusses auf ihren Lebensraum nur in beschränktem Maße mit den riesigen Beständen in den Savannen zu vergleichen. Gleichwohl findet man in alten Quellen hier und da durchaus Hinweise auf sehr große Herden. Zum Beispiel berichtet PALLAS (1777; zitiert in BANNIKOV et al. 1967 und SEDLAG 1995), dass an seinem Lager am Anadyr-Fluss (er mündet in die Bering-See) drei Tage lang Rentiere ohne Unterbrechung vorbeizogen. Auch in Kanada haben Zeitzeugen von einer schier unerschöpflichen Anzahl ("inexhaustable numbers") oder gar ungezählten Millionen von Karibus gesprochen und in ihnen das arktische/subarktische Pendant zu den damals die Prärien Nordamerikas zu vielen Millionen bevölkernden Bisons gesehen (KELSALL 1968). Rentiere und Karibus sind neben den Moschusochsen die einzigen großen herbivoren Säuger, die sich an die extremen Lebensbedingungen in der Arktis haben anpassen können, wobei die Rentiere ein breiteres Habitatspektrum aufweisen als die Moschusochsen. Wie Untersuchungen auf verschiedenen arktischen Inseln annehmen lassen, kommt es zwischen Karibus und Moschusochsen kaum zu Nahrungskonkurrenz. Die Moschusochsen weiden in den von Seggen und Gräsern bedeckten tieferliegenden schneeärmeren Gebieten sowie auch auf von niedrigen Weiden (*Salix arctica*) bedeckten Hängen (KLEIN und BAY 1990), während die Karibus die trockeneren und eine abwechslungsreichere Vegetationsstruktur aufweisenden Bereiche nutzen. Vielleicht haben die Karibus auch nur die Moschusochsen aus den von diesen bevorzugten Arealen verdrängt (WHITE et al. 1981, dort weitere Literaturhinweise).

Moschusochsen: Moschusochsen (Foto 14) leben in kleinen, weit über die Tundra verstreuten Gruppen. Auf den Quadratkilometer bezogen sind es meist nur wenige Tiere. Deshalb ist auch ihr Einfluss auf die Tundra als sehr gering eingeschätzt worden (u. a. BLISS 1986). Untersuchungen

Foto 14: Moschusochse (*Ovibos moschatus*) in der Tundra bei Hydro Creek, Bathurst Inlet (Nunavut, Kanada) (A. DeLeLLA-BENECICT, Juli 1992).

am Sverdrup-Pass im inneren Ellesmere Island (kanadische Hocharktis) bieten indessen ein anderes Bild (RAILLARD und SVOBODA 2000). Während der Großteil des Gebietes mit lückenhafter Tundravegetation bedeckt ist, erstrecken sich entlang von Wasserläufen und Gerinnen sowie am Fuß von Berghängen, wo Hangzugwasser austritt, relativ geschlossene, feuchte bis vernässte Seggenbestände (vor allem *Carex aquatilis* var. *stans* sowie *Carex membranacea* und *Eriophorum angustifolium* ssp. *triste*). Diese Seggenbestände bilden auch in anderen arktischen Gebieten im Winter die wichtigste Nahrung der Moschusochsen (LARER und NAGY 2001). Im inneren Ellesmere Island weichen die Moschusochsen bei Temperaturen unter –25 C auf die trockenen, eine zumeist nur geringmächtige und lückenhafte Schneedecke aufweisenden Hänge aus, da die unter hohem und verhärtetem Schnee liegenden Seggenbestände für sie unter derartigen Bedingun-

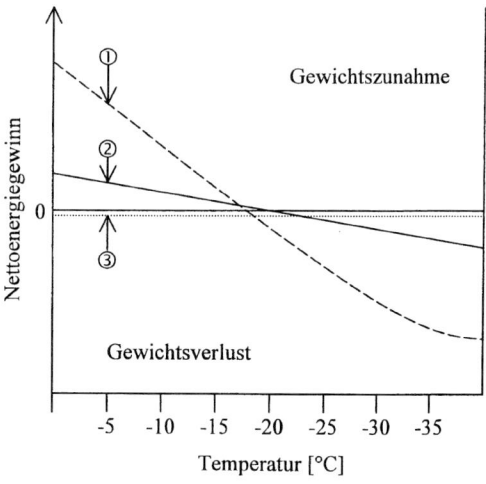

Abb. 43: Energiebilanz von Moschusochsen im Winter in Abhängigkeit von der beweideten Vegetation und den Temperaturen. 1 Seggenbestand (*Carex aquatilis* var. *stans*), 2 Weiden (*Salix arctica*), 3 Vegetation auf trockenen Hänge (*Dryas integrifolia, Salix arctica*) (nach RAILLARD und SVOBODA 1989, verändert).

gen nicht erreichbar sind. An den schneearmen Standorten können sie dagegen die Vegetation freischarren. Der dazu nötige Energieaufwand ist gleichwohl höher als die Energiezufuhr mit der nährstoffarmen Nahrung (Abb. 43). Mit steigenden Temperaturen und damit weicher werdender

Schneedecke wechseln die Moschusochsen daher zu den wesentlich ergiebigeren Seggenbeständen, die sich jetzt trotz vergleichsweise hoher Schneebedeckung mit geringerem Energieaufwand freilegen lassen. Obwohl die Seggenbestände nur gerade ein Drittel des Untersuchungsgebietes einnehmen, verbrachten die Moschusochsen von Mitte Mai bis Mitte August über 80 % der von ihnen für die Nahrungssuche aufgewandten Zeit dort. Zeitweilig betrug die Moschusochsendichte 24 Tiere pro Quadratkilometer. Im Lauf des Jahres fressen die Moschusochsen rund 50 % der oberidischen Pflanzenteile. Das ist mehr als in vielen Grasländern der gemäßigten und tropischen Breiten von den großen Herbivoren verbraucht wird. Die Beweidung der Seggen stimuliert deren Wachstum, und zusätzlich steigern die Moschusochsen mit ihren Ausscheidungen die Produktivität. Nur aufgrund dieser Düngung vertragen die Seggen nicht nur die intensive Beweidung, sondern sind auch in der Lage, den Substanzverlust auszugleichen. Dabei gewinnt *Carex aquatilis* ssp. *stans* aufgrund ihrer größeren Verbiss- und Vertrittresistenz (hoher Anteil gut geschützter Rhizome und Wurzelsprosse) gegenüber der Begleitvegetation allmählich die Oberhand (TOLVANEN und HENRY 2000). So hat sich auf dem zwischen großen Eisflächen liegenden Sverdrup-Pass eine üppige und sehr produktive "Oase" entwickelt, die ohne den Einfluss der Moschusochsen wahrscheinlich keinen Bestand haben würde (HENRY und SVOBODA 1993). Während die Moschusochsen hier also eine schlüsselartähnliche Funktion haben, spielen in diesem Gebiet Karibus keine Rolle.

Rentiere und Karibus: Im Gegensatz zu den Moschusochsen weiden Rentiere beziehungsweise Karibus unter natürlichen Bedingungen – das zeigen die Beobachtungen in Nordamerika – extensiv; das heißt, bei der Nahrungssuche sind sie nahezu ununterbrochen in Bewegung, äsen hier und da einige Augenblicke und laufen dann zum Teil beträchtliche Strecken bis zur nächsten Nahrungsaufnahme. Im wesentlichen halten sie sich dabei an die niedrige Vegetation, und auch wenn sie die Blätter von Birken- und Weidenzweigen abstreifen, geschieht dies zumeist nicht höher als einen Fuß über dem Boden. Obwohl als Wiederkäuer in der Lage, bei vorwiegend eiweißarmer Nahrung die Ausscheidung von Stickstoff zu reduzieren und ihn zum Teil als Harnstoff dem Pansen und damit den Mikroorganismen wieder zuzuführen (siehe auch RUSSEL und MARTELL 1984), wählen sie, wann immer sich die Möglichkeit bietet, die schmackhaftesten und leicht verdaulichen frischen Pflanzenteile. Das gilt selbst für Flechten (SKUNCKE 1969). Diese extensive Ernährungsweise erfordert große Flächen, ohne Konkurrenz durch weniger "pfleglich" grasendes Vieh (Rinder, Schafe, Ziegen). Aus den im Vergleich zu den Fjellheiden Nordeuropas wenig beeinflussten arktischen Tundren und Waldtundren Kanadas berichtet KELSALL (1968), dass selbst nach Durchzug großer Karibuherden die Vegetationsdecke dies kaum erkennen lässt. Es gibt aber auch gegenteilige Beobachtungen (BEE und HALL 1956).

Die Anzahl wildlebender Rentiere ist gegenüber früheren Zeiten im wesentlichen infolge starker Nachstellung deutlich zurückgegangen (u. a. KALLIOLA 1939; HAAPASAARI 1988; Mitt. NATIONAL AUDUBON SOCIETY 1992). Gleichwohl sollte der Einfluss der Rentiere und Karibus auf die Stoffumsätze nicht unterschätzt werden (siehe auch REMMERT 1980 a). Erst recht gilt das im Hinblick auf die halbwild beziehungsweise als "Haustiere" (HERRE 1955) gehaltenen Rentiere, die in vielen Gebieten die wilden Rentiere verdrängt haben. Von Lappland bis zum Bering-Meer bildet am Nordrand Eurasiens die Rentierwirtschaft für eine Reihe von Volksgruppen (Lappen, Samojeden, Tschuktschen u. a.) die wichtigste Existenzgrundlage. Trotz weit in die Geschichte zurückreichender kultureller Kontakte zwischen Eurasien und Nordamerika hat die Rentierhaltung erst seit Ende des vorigen Jahrhunderts Einzug in die neuweltliche Arktis gehalten, als Tschuktschen und Lappen mit Rentieren nach Alaska geschickt wurden, um die Eskimos mit der Rentierzucht und -wirtschaft vertraut zu machen.

Während des Winters konsumiert ein Rentier etwa drei bis fünf Kilogramm Flechten pro Tag (RICHARDSON und YOUNG 1977). *Cladonia*-Arten, vor allem *Cladonia stellaris,* werden dabei eindeutig bevorzugt (HOLLEMANN und LUICK 1977; OKSANEN 1978; HELLE und ASPI 1983; OKSANEN et al. 1995; OSSENBRINK 1996; VÄRE et al. 1996). Übernutzung der Winterweiden ist in allen Gebieten, in denen Rentierwirtschaft betrieben wird, ein weit verbreitetes Phänomen. Auf der Tschuktschen-Halbinsel beispielsweise wurde dadurch während der sechziger Jahre die Flechtendecke so stark mitgenommen, dass der Rentierbestand von 100 000 Tiere auf gegenwärtig 45 000 zurückgegangen ist. Allmählich beginnt sich die Flechtenvegetation wieder zu erholen (Information NATIONAL AUDUBON SOCIETY 1992). Auf einer Reihe der Küste von Alaska vorgelagerten Inseln, wie auf den Pribilow-Inseln, St. Paul, St. George und Nuniwak kam es zu ähnlichen Entwicklungen. Auf Nuniwak zum Beispiel wurden 1920 etwa 100 Rentiere eingeführt. Gut zwanzig Jahre später war der Bestand dann auf 22 000 Tiere angewachsen. Nach totaler Überweidung der Flechten hielten sich die Rentiere an die Buschvegetation und fügten ihr schweren Schaden zu. Schließlich, in den fünfziger Jahren, brach die Population zusammen. Nur rund 5 000 Tiere blieben übrig. Vergleichbare Verläufe nahm die Entwicklung auf der Seward- und Baldwin-Halbinsel (HERRE 1955). Anders die Situation auf Southhampton Island (Nordseite der Hudson Bay); dort waren die einheimischen Karibus ausgestorben. Im Jahre 1967 wurden dort wieder 48 Rentiere gezählt, und vierundzwanzig Jahre später war die Population auf 13 700 Individuen (einjährige und ältere) angewachsen. Mit der Zunahme der Rentiere ging die Flechtenvegetation deutlich zurück, insbesondere in windexponierten, schneearmen Geländebereichen, während die übrige Vegetation nicht beeinträchtigt wurde. Dieser Übernutzung kann nur eine verstärkte Bejagung vorbeugen (QUELLET et al. 1993).

Im Gebiet beidseits des in die südliche Ungava-Bay (Labrador) einmündenden Rivière George haben in diesem Jahrhundert die trotz unkontrollierter Wolfsbestände stark angewachsenen Karibuherden zu großen Veränderungen der Vegetation in ihren Sommerweidegebieten geführt. Vor allem die Flechtenvegetation und die Zwergbirkenbestände (*Betula glandulosa*) sind betroffen (MANSEAU et al. 1996). Im Vergleich zu nicht beweideten Flächen ging die Produktivität der Sommerweiden um 50 % zurück (CRÊTE et al. 1996). Die Phytomasse von Flechten und Zwergbirken sank unter 50 Gramm pro Quadratmeter und damit unter einen für die Ernährung der Rentiere kritischen Wert (siehe auch BATZLI et al. 1980). Man nimmt an, dass die Zwergbirken infolge der anhaltend intensiven Beweidung nicht mehr in der Lage sind, ausreichende Reserven für die nächste Wachstumsperiode anzulegen und eine den Verbrauch durch die Karibus kompensierende Blattmasse zu bilden. Möglicherweise wird dadurch in einem zunehmenden Maße das weitere Anwachsen der Karibuherden gebremst (CRÊTE et al. 1996).

Auch in Nordeuropa überschreitet der Bestand der halbwild gehaltenen Rentiere in vielen Gebieten die Tragfähigkeit der subarktischen Zwergstrauch-Flechtenheide erheblich (HOLTMEIER 1974; HEIKKINEN und KALLIOLA 1989; EVANS 1995). In manchen Gebieten, so zum Beispiel in der nördlichen Finnmark zwischen Tana- und Lachsfjord, sind die Auswirkungen der Rentiere auf die Fjellheide und die Erosion so stark, dass sie selbst in Satellitenaufnahmen zu erkennen sind, die aus 750 km Höhe aufgenommen wurden (EVANS 1995, dort weitere Literaturhinweise). Von Mitte der siebziger Jahre an bis Anfang der neunziger Jahre des vorigen Jahrhunderts hatte sich der Rentierbestand in Nordfinnland mehr als verdoppelt (KUMPULA und NIEMINEN 1992). In Troms (Nordnorwegen) wurden extreme Dichten zwischen 25 bis zu 100 Rentieren pro Quadratkilometer verzeichnet. Inzwischen ist die Anzahl der Rentiere nach staatlichen Steuerungsmaßnahmen wieder zurückgegangen, und der offizielle Bestand soll unter dem zulässigen Höchstbesatz liegen (KASHULINA et al. 1997, dort weitere Literaturhinweise). Im kontinentalen Landesinnern, wie auf der Finnmarksvidda und in weiten Teilen Finnisch-Lapplands, beträgt die Dichte zumeist weniger als ein Rentier pro Quadratkilometer, abgesehen von den Kirchspielen Kittilä, Enontekiö und Ustjoki, in denen zwischen fünf und zehn Tiere pro Quadratkilometer gezählt werden (OKSANEN et al. 1995).

Hinsichtlich der Größenordnung entsprechen die in Nordfinnland durch die zeitweilig exzessive Überbeweidung verursachten Schäden in der Vegetation denen, die auf der Kolahalbinsel der Nickelindustrie zuzuschreiben sind. In Nordnorwegen übertreffen sie diese sogar noch (KASHULINA et al. 1997). Vor allem die Flechten- und Moosvegetation haben unter der Überbeweidung gelitten. Damit sind weitreichende Folgen für die Zwergstrauch-Flechtenheiden oberhalb der Waldgrenze verbunden. So nimmt beispielsweise bei den Zwergsträuchern nach Verschwinden der den Boden schützenden Flechten- und Moosdecke die Gefährdung durch Frost zu. Bei den höheren Pflanzen kommt es zu Wasser- und Nährstoffmangel. Eine der wesentlichen Funktionen der Flechten- und Moosdecke im baumlosen Fjell ist zudem die Nachlieferung frischer Streu. Bleibt sie aus, so wird die alte organische Auflage rascher abgebaut, und die Erosion hat leichtes Spiel. Es bedarf also nicht erst einer rein mechanischen Zerstörung der Humusauflage, etwa durch Vertritt, um die Abtragung zu beschleunigen (KASHULINA et al. 1997), wenngleich, wie eigene Beobachtungen in vielen Teilen Finnisch-Lapplands und Norwegens belegen, die umfangreichen Trittschäden auf windexponierten schneearmen Kuppen und Geländewellen unmittelbar Erosion auslösen (siehe auch Kapitel 2.3.2.3 sowie Foto 17 und 18). Mit dem Rückgang der Flechten hat sich auch der gesamte Stoffumsatz, insbesondere des Stickstoffs, verändert, da viele Flechten, wie beispielsweise *Stereocaulon paschale*, Stickstoff fixieren und damit für sehr lange Zeit festlegen (KALLIO 1975).

Die Rentierhaltung war seit mehreren hundert Jahren die Existenzgrundlage der Lappen, ohne dass es zu einer Übernutzung gekommen wäre. Verschärft hat sich die Situation erstmals nach der Schließung der Staatsgrenzen zwischen Norwegen und Finnland (1853) sowie Schweden und Finnland (1889), die die vordem üblichen weiträumigen Herdenwanderungen unmöglich machte und den Beweidungsdruck in den verbliebenen Weidegebieten innerhalb der Staatsgrenze erheblich erhöhte (HELLE 1966). So ist zum Beispiel die Flechtenvegetation auf der norwegischen Seite der Staatsgrenze (Finnmark, Enontekö) erhalten geblieben, da dieses Gebiet nur als Winterweide genutzt wird, während im angrenzenden Enontekiö die ganzjährige Beweidung zu einem Rückgang der Flechtenbedeckung geführt. In Satelliten-Aufnahmen zeichnet sich die Grenze zwischen Norwegen und Finnland anhand dieser unterschiedlichen Vegetationsbedeckung detailscharf ab (KÄYHKÖ und PELLIKKA 1994). Mit dem Wandel von der alten Rentierhaltung zur modernen "Rentierindustrie" hat die Überbeweidung während der letzten Jahrzehnte weiter zugenommen. Die Rentiere wurden veterinärmedizinisch besser betreut. Geländegängige Motorfahrzeuge ermöglichen eine gründlichere Überwachung der Herden, und seit 1974 werden die Tiere während des Winters, auch in den nördlichen Weidegebieten (Utsjoki, Enontekiö u. a.)zusätzlich mit Heu oder auch importierten Flechten gefüttert (HELLE und KOJOLA 1993. Zudem sind die Verluste durch ihre natürlichen Feinde (Bär, Wolf, Vielfraß) zurückgegangen (siehe auch VÄRE et al. 1996). Zweifelsohne würden ohne diese rezente Überbeweidung die Flechten den Vegetationsaspekt in den subarktischen Zwergstrauch-Flechtenheiden der Fjelllandschaften Nordeuropas wesentlich stärker bestimmen als es heutzutage der Fall ist und der Landschaft einen hellen weiß- bis grüngrauen Farbton verleihen. Selbst bei Ausschluss der Rentierbeweidung würde es wegen der langsamen Regeneration der Flechten Jahrzehnte, in extremen Bereichen vielleicht sogar Jahrhunderte, dauern, bis sich wieder eine geschlossene Vegetationsdecke gebildet hat (PÉGAU 1970, 1975; AHTI 1977).

2.3.2.4 Wälder

In den in ihrer Zusammensetzung und Struktur oft Jahrtausende hindurch vom Menschen beeinflussten Waldökosystemen spielen die herbivoren Säuger zwar hinsichtlich des Verbrauchs an Phytomasse eine nur unbedeutende Rolle, gleichwohl können sie durch ihre Verhaltensweisen die

Wälder tiefgreifend und nachhaltig beeinflussen. Darüber liegen insbesondere aus Europa sowie aus Nordamerika zahlreiche Untersuchungen vor. Nur schlaglichtartig können diese Einflüsse im Folgenden anhand von Beispielen aus Mittel-, West- und Nordeuropa sowie aus Nordamerika beleuchtet werden.

Mittel- und Westeuropa: Rot- und Rehwild sind besonders in vielen mitteleuropäischen Gebirgswäldern zu einem ernsten Problem geworden (Kapitel 2.3.1.1 und 4.1). Rotwild schädigt die Bäume in erster Linie durch Schälen der Baumrinde und Verbiss von Knospen, jungen Trieben und Zweigen, während die Rehe die Pflanzen vor allem verbeißen. Die faserreiche Nahrung ("zähe Äsung") – das Schalenwild braucht sie für die Verdauung – macht bei Rotwild etwa 30 % und bei Rehwild um 70 % der Gesamtnahrung aus (SCHAUER 1982). Durch Fegen (Beseitigung des Bastes von den Geweihen) und Schlagen (vor allem während der Brunft, Aggressionsverhalten, Reviermarkierung) verursachte Schäden sind von nachgeordneter Bedeutung (Literaturübersicht dazu in KRAFT et al. 1990). Auch in überseeischen Ländern, in denen europäisches Hirschwild angesiedelt worden ist, wie zum Beispiel im argentinischen Nahuel Huapi-Nationalpark, sind erhebliche Verbiss- und Schälschäden sowie negative Auswirkungen auf die einheimische Vegetation zu beobachten (RELVA und KITZBERGER 2000). Auf die zum Teil verheerenden Auswirkungen des Rotwildes und anderer Ungulaten auf Vegetation, Fauna und Boden in Neuseeland wird später noch näher eingegangen (Kapitel 3.1.3.1).

In der Schweiz und auch in anderen Alpenländern, haben die Wildschäden (Rot- und Rehwild, Gams- und Steinwild; Foto 15 sowie 68, 69, 71) im Hinblick auf die Erhaltung der Schutzfunktionen des Waldes (Lawinenvorbeugung und -schutz, Erosionsschutz) ein oftmals nicht mehr tolerierbares Ausmaß erreicht (BODENMANN und EIBERLE 1967; HOLTMEIER 1969 a, 1969 b, 1987 a; SCHRÖDER 1972; MAYER 1973, 1975; KURT 1977; ZELTNER 1979; HÄSLER und SCHÖNENBERGER 1980; PFISTER et al. 1987; VOSER 1987; BERNHART 1988, 1990; LISS 1988; MOSER 1988; SCHLUND 1988; MOSER et al. 1989; ROTENHAN 1990; SCHUSTER 1990; BRÄNDLI 1995; OTT et al. 1997). Stellenweise gehen bis zu 70 % der Verjüngung in Hochlagenbeständen an Verbissfolgen zugrunde (LÖW und METTIN 1977). Dies ist aber nicht allein die Folge der sehr hohen Schalenwilddichten, sondern auch des relativ langsamen Baumwachstums in diesen Höhenlagen, insbesondere im Waldgrenzbereich (u. a. HOLTMEIER 1974, 2000; KENNEL 1998). Rotwild, das nicht während des Winters zusätzlich gefüttert wird, hält sich in schneereichen Wintern sehr häufig oberhalb

Foto 15: Verbissfichte im Arven-Lärchen-Fichtenwald oberhalb St. Moritz-Bad. Der im Winter durch die Schneedecke geschützte untere Teil der Fichte ist kaum beschädigt (F.-K. HOLTMEIER, 1988).

der Waldgrenze auf, wo auf größeren Flächen der Schnee verblasen wird und die Nahrung deshalb leichter zugänglich ist. Dabei bevorzugt es strahlungsexponierte Lagen. Bei starkem Wind (ab 50 km/h) und Temperaturen deutlich unter dem Gefrierpunkt zieht es sich in die oberen, ausreichend Schutz bietenden Waldbestände zurück (SCHMIDT 1993). Im Schottischen Hochland (Cairngorm Mountains) haben große Rotwildbestände die Verjüngung der Kiefer (*Pinus sylvestris*) bis Ende der fünfziger Jahre des vorigen Jahrhunderts weitestgehend verhindert (WATT und JONES 1948). Erst, nachdem die Beweidung durch Rotwild und Schafe zurückgegangen ist und auch nicht mehr gebrannt wird, breitet sie sich wieder aus (FRENCH et al. 1997).

Die Erhaltung der Bergwälder und insbesondere der Hochlagenaufforstungen ist nur möglich, wenn die Wildbestände deutlich und auf Dauer reduziert werden (PFISTER et al. 1987). Auch in manchen Waldweidegebieten sind die Verbissschäden in erster Linie auf überhöhte Schalenwildbestände zurückzuführen. So soll beispielsweise in Mischwaldbeständen der ostbayerischen Alpen selbst bei völliger Einstellung der Waldweide keine natürliche Verjüngung zu erwarten sein, solange die Schalenwildbestände nicht drastisch reduziert werden (LISS 1988, 1990; BURSCHEL et al. 1990; SUDA 1990; RÖSCH 1992). Vor allem Esche, Ahorn und Tanne sind betroffen. Die Anlage von Wildäckern, die den Äsungsdruck vom Wald "ablenken" sollen, kann höchstens eine flankierende Maßnahme sein. Auch die Winterfütterung ist keine geeignete Maßnahme, die Chance einer natürlichen Verjüngung, zum Beispiel der Buche, zu verbessern. Im Rahmen eines Forschungsprojektes im Karwendel (Achenkirch) stellte man fest, dass sich nach durchgreifenden Regulierungsabschüssen von Reh- und Rotwild in den Versuchsrevieren und gleichzeitiger Waldweideentlastung (sowie auch nach schonenderer Holzentnahme und vorsichtigerm Vorgehen beim Forststraßenbau) alle dort vorkommenden standortgerechten Holzarten auch ohne Einzäunungen wieder natürlich verjüngten (SCHWAB und MESSNER 1987).

Mit Regulierungsabschüssen allein ist es aber nicht immer getan, sondern es kommt darauf an, dem Wild störungsfreie Räume zu erhalten. Eine wald- und wildbiologische Studie im Angertal (Badgastein/Salzburg) zeigte, dass dort durch die Erschließung des Gebietes für den Skitourismus der Lebensraum des Rotwildes während der letzten drei Jahrzehnte auf 18 % des ursprünglichen eingeengt worden ist. Die Winteräsungsflächen gingen sogar von vormals 31 % auf 6 % zurück, und bei eineinhalb Meter hohem Schnee stehen statt 2 % nur noch 0.5 % zur Verfügung. Infolgedessen hat sich das Wild auf die noch störungsfreien Waldbereiche zurückgezogen und verursacht dort, trotz erheblicher Reduzierung, gravierende Schäden (REIMOSER et al. 1987; REIMOSER 1999).

Andererseits hat man aus der Entwicklung der Vegetation von bis zu 80 Jahre alten Dauerbeobachtungsflächen und aufgrund von Ergebnissen anderer Untersuchungen im Schweizerischen Nationalpark (Unterengadin) den Schluss gezogen, dass dort für die Erhaltung des heutigen Verhältnisses zwischen Freiland und Wald und der damit verbundenen botanischen Diversität der gegenwärtige Äsungsdruck durch das reichlich vertretene Rotwild und Gämsen (*Rupicapra rupicapra*) eher zu gering als zu hoch ist (KRÜSI et al. 1995 a, 1995 b). Auf einigen subalpinen Flächen mit guter Futterqualität, die schon seit mehr als einem halben Jahrhundert nicht mehr landwirtschaftlich genutzt werden, haben diese wildlebenden Huftiere bislang die Wiederbewaldung verhindert. Vergleichsweise artenarme Fettwiesen und -weiden mit hinsichtlich ihrer Äsungsqualität wertvollen Gras- und Krautarten entwickeln sich dagegen unter zu starker Beweidung zunächst zu artenreichen Magerweiden. Wegen ihrer schlechten Nahrungsqualität sind diese für das Rotwild aber nicht mehr so attraktiv und verbuschen allmählich. Langfristig gehen sie wohl in Wald über. Die Wiederbewaldung vollzieht sich unter dem Einfluss der Hirsche jedoch viel langsamer, als man es zunächst angenommen hatte (SCHÜTZ et al. 2000). Die weitere Entwicklung könnte folgendermaßen ablaufen. Die Waldbestände dienen dem Wild als Ruhezonen, in denen die Verjüngung der Bäume ausbleibt, die Bestände überaltern, und es entstehen Lichtungen, die sich infolge der guten Nährstoffversorgung unter Umständen wieder zu den bevorzugten

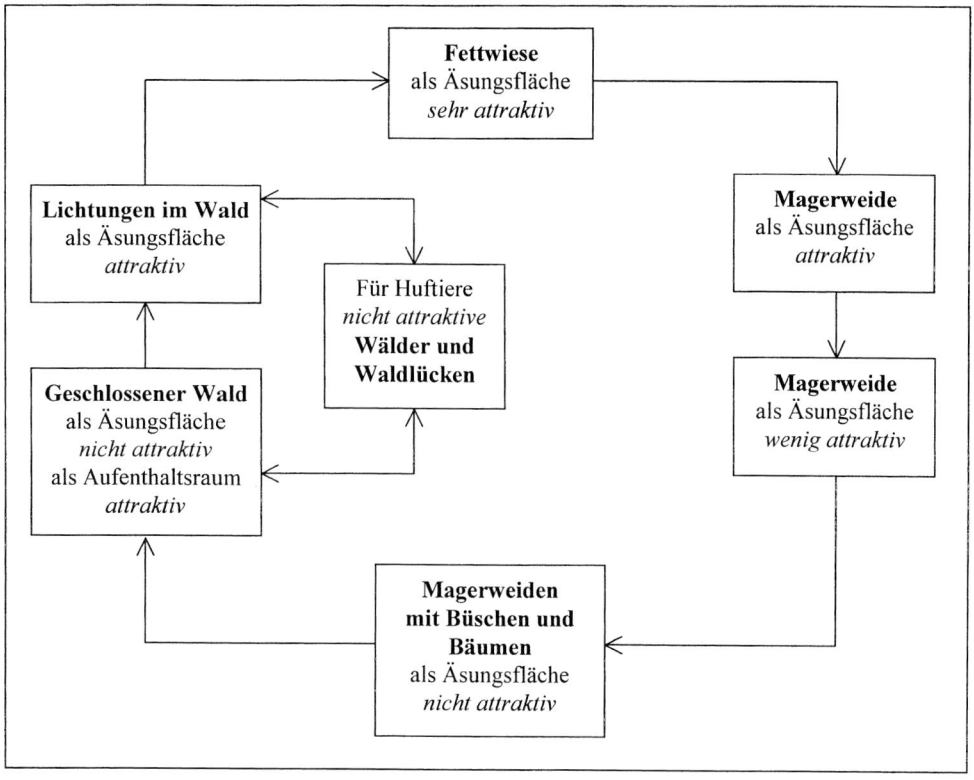

Abb. 44: Hypothetische Entwicklung von Wald und offenen Flächen unter dem Einfluss der Huftiere im Schweizerischen Nationalpark (Unterengadin) nach seiner Gründung (1914) und der damit erfolgten Aufgabe der Nutzung (nach KRÜSI et al. 1995 a, verändert).

Äsungsflächen entwickeln können. Ein solcher Zyklus wäre aber nur bei ausreichend hoher Wilddichte zu erwarten (Abb. 44). Mittels eines den Zeitraum 1900 bis 2500 betreffenden Simulationsmodells, das gegenüber früheren Simulationen (SCHÜTZ et al. 2000; WILDI und SCHÜTZ 2000) auch die Einflüsse des Kleinreliefs und der Beweidungsintensität berücksichtigt, kommen RISCH et al. (2001) zu dem Ergebnis, dass auf den subalpinen Wiesen im Schweizerischen Nationalpark die floristische Diversität um das Jahr 2200 herum ihren Höhepunkt erreicht haben wird, also etwa auf halbem Wege vom Grasland zum Kiefernwald. Dabei verläuft die Sukzession aber auf zum Nährstoffaustrag neigenden Standorten (konvexe Bereiche, Hänge) und in flachem Gelände mit mittlerer bis starker Beweidung relativ langsam, während sie auf konkaven, akkumulationsgünstigen und daher nährstoffreicheren Standorten mit geringer bis mittlerer Beweidungsintensität schneller voranschreitet.

Nicht nur in den Gebirgsräumen wird über zu hohe Reh- und Rotwildbestände geklagt, sondern praktisch überall, wo Rehe und Hirsche in der europäischen Kulturlandschaft vorkommen. Dank der Hege durch die feudalistischen Jagdherren erreichten die Rotwildbestände seinerzeit ein Ausmaß, dass sie die Felder ruinierten und die Bauern auf die Barrikaden trieben (WOTSCHIKOWSKY und GEORGII 1984). In Mittel- und Westeuropa ist heute zum Beispiel die Rehdichte um ein Vielfaches höher als in vergleichbaren, jedoch naturnäheren Gebieten. Dies gilt erst recht, wenn man sie auf die bewaldete Fläche der einzelnen Länder bezieht (Tab. 4; DANILKIN 1996). Das Hauptproblem liegt darin, die "tragbare" Wilddichte zu ermitteln und die Entwicklung durch

Tab. 4: Rehdichte in verschiedenen europäischen Ländern während der achtziger Jahre des 20. Jahrhunderts (nach Angaben von DANILKIN 1996).

	Rehe/1000 ha im gesamten Verbreitungsgebiet	Rehe/1000 ha auf bewaldeter Fläche
Österreich	119,0	270,3
Dänemark	32,6	269,2
W-Deutschland	68,5	228,5
Großbritannien	23,1	200,0
Schweiz	29,3	116,5
Niederlande	6,1	75,8
Italien	17,3	71,4
Polen	16,0	59,2
Rumänien	12,2	45,2
Jugoslawien	13,7	40,2
Norwegen	5,0	20,8
Schweden	8,9	15,6
Finnland	1,0	1,5

geeignete Maßnahmen zu steuern (Kapitel 4.1). Diese müssen einerseits den Ansprüchen des Wildes an seinen Lebensraum Rechnung tragen und andererseits die zahlreichen auf die Landschaft gerichteten Nutzungsansprüchen des Menschen (Holzwirtschaft, Landwirtschaft, Wasserwirtschaft, Erholung, Jagd u. a.) berücksichtigen. Schon die Bestimmung dessen, was unter einem Verbissschaden zu verstehen ist, kann unterschiedlich ausfallen (siehe dazu u. a. die immer wiederkehrenden Diskussionen in den einschlägigen Forstzeitschriften). Verbiss in Forstkulturen ist ein Wildschaden, weil er wirtschaftliche Verluste nach sich zieht. Verbiss in einem naturnahen Wald dagegen ist solange kein Schaden, wie sich die bestandesprägenden Baumarten noch in einem für die Bestandeserhaltung notwendigen Umfang verjüngen. Wenn aber beispielsweise in standorttypischen Buchenwäldern infolge Verbisses kein Buchenjungwuchs mehr aufzukommen vermag oder auch die natürliche Wiederbewaldung von wasserwirtschaftlichen Schutzwaldsanierungsflächen durch Verbiss stark behindert und nicht selten auch verhindert wird (SUDA und GUNDERMANN 1994), dann ist die Wilddichte "zu hoch", und womöglich kann die Überalterung und der Zusammenbruch der Bestände nur durch Reduzierung des Schalenwildbestandes verhindert werden (GUTHÖRL 1991). Andererseits gehört auch das Schalenwild zur Waldbiozönose. Die Schalenwilddichte dürfte allerdings in den ursprünglichen Wäldern Mitteleuropas nur etwa ein Zehntel der Dichte in den heutigen Wirtschaftswäldern betragen haben (WIDMANN 1991; DANILKIN 1996).

Nordeuropa: Auch in den borealen Wäldern können die wenigen Cerviden keinen so großen Einfluss auf ihren Lebensraum haben, wie ihn etwa dreizehn Antilopenarten auf die afrikanische Savanne ausüben. Gleichwohl ist er nicht zu unterschätzen. In den subarktischen Birkenwäldern und borealen Kiefernwäldern Eurasiens setzen die Rentiere insbesondere dem Jungwuchs bisweilen stark zu (HOLTMEIER 1974; MATTSON 1995). Verbiss führt zu Krüppelwuchs. Viele Jungpflanzen werden zerstört, wenn die Rentiere im Winter unter der Schneedecke nach Flechten, Zwergsträuchern und Gräsern scharren. Solche mechanischen Verletzungen hemmen zudem die Widerstandskraft des Jungwuchses gegen klimatische und biotische Einflüsse (z. B. Schwächeparasiten). KUJALA (1950) hält es für möglich, dass die Beweidung durch Rentiere den vor allem in flechtenreichem Gelände sehr häufigen letalen Schädigungen junger Kiefern durch *Dasyscypha fuscosanguinea* Vorschub leistet, denn dieser Pilz dringt durch die verletzte Rinde in die Bäume ein. Nach Beobachtungen von HOLTMEIER (1974) waren in den weit in die subarktische Birkenwaldregion vorgeschobenen Kiefernwaldexklaven im nördlichen Utsjoki (69[0]N) zwischen 60 und 90 % des Kiefernjungwuchses durch Rentiere beschädigt (Foto 16). Dieses Schadensausmaß ist zwar im Vergleich mit den Untersuchungsergebnissen mancher anderer Autoren (z. B. ARNBORG 1955 ; 36 %) sehr hoch, stimmt andererseits aber recht gut mit den Befunden von ANDREEV (1954, zitiert in HUSTICH 1966) überein, der eine Schädigungsrate von rund 75 % angibt. Schäden dieser Größenordnung sind vor allem auf Flächen mit intensiver Kiefernverjüngung zu erwarten, während gut gestufte Bestände weniger stark betroffen werden (HELLE 1966). Unter anhaltender Rentierbeweidung ändert sich auch die Feldschicht in den Waldbeständen. Bei vergleichenden

Foto 16: Durch Rentierverbiss geschädigter Jungwuchs in einem flechtenreichen Kiefernbestand bei Kevo, nördliches Finnisch-Lappland (F.-K. HOLTMEIER, Juni 1969).

Untersuchungen von zwischen dreißig und fünfzig Jahren von der Beweidung ausgeschlossenen Nadelwaldflächen mit beweideten Beständen (in beiden *Pinus sylvestris* vorherrschend) in Nordfinnland und auf der Kolahalbinsel (VÄRE et al. 1995; VÄRE et al. 1996) zeigte sich als Folge der Beweidung eine Zunahme der Moose (vor allem *Dicranum*-Arten und *Pleurozium schreberi*) und ein Wandel von oligotrophen zu eher mesotrophen Verhältnissen.

In trockenen und flechtenreichen Kiefernbeständen kann sich die Beweidung durch Rentiere durchaus auch positiv auswirken, indem die Flechtendecke zerstört, der Mineralboden freigelegt und auf diese Weise die Ansamung erleichtert werden. Mit dem Rückgang von *Cladonia stellaris* verbessern sich zudem die Bedingungen für die Mykorrhizapilze der Kiefer, da die Flechte Toxine produziert, die die Entwicklung dieser Pilze hemmen (BROWN und MIKOLA 1974). Nicht zuletzt wirken die Rentiere auch der Ausbreitung des Schneeschüttepilzes (*Phacidium infestans*) entgegen, indem sie bei der Suche nach Flechten die Schneedecke festtreten.

Im Waldgrenzbereich – im subarktischen Nordeuropa handelt es sich durchweg um eine allerdings relativ niedrig liegende Höhengrenze (HOLTMEIER 1974, 2000) – häufen sich durch Rentiere verursachte Schädigungen der Vegetation auf windexponierten Kuppen und Geländerücken. Während des Sommers halten sich die Rentiere dort auf, um der Insektenplage (Mücken, Dasselfliegen) zu entgehen. Im Winter und Frühjahr finden sie an diesen schneearmen und zeitig ausapernden Stellen leichter etwas zu fressen als im Wald, wo die Schneedecke die Nahrungssuche erschwert. Auffallend ist an diesen Standorten die Dominanz von *Stereocaulon paschale*, während die *Cladonia*-Arten zurücktreten (siehe auch HEIKKINEN und KALLIOLA 1989). Einige Gräser wie *Festuca ovina, Juncus trifidus, Carex bigelowii* und *Calamagrostis lapponica* scheinen durch die Rentierbeweidung begünstigt zu werden (KALLIOLA 1939, OKSANEN 1978). Infolge der starken Frequentierung dieser Geländebereiche entstehen aber immer mehr Lücken in der Vegetationsdecke, und die ohnehin dünne organische Auflage wird zerstört. Auffrierungsphänomene, nicht selten verbunden mit Kammeisbildung, fördern die Deflation (Foto 17 und 18 sowie Foto 46 und 71). Eine geschlossene Vegetationsdecke schützt den Boden vor rascher Austrocknung.

Foto 17: Schrägluftaufnahme (Flughöhe ca. 250 m über Grund) der Nordflanke des Koahppe-loaivi (nördliches Utsjoki, Finnisch-Lappland). In den hellgrauen Bereichen hat die Zerstörung der Fjellheide durch Rentiere der Ausblasung des Lockermaterials Vorschub geleistet (F.-K. HOLTMEIER, 05. 08. 1998).

Foto 18: Detailaufnahme einer durch Deflation geprägten Geländekuppe (327 m) auf der Nordflanke des Koahppeloaivi (F.-K. HOLTMEIER, 26. 08. 1997).

Der Wassergehalt von Flechten kann 300 bis 1 000 % ihres Trockengewichtes betragen (KERSHAW und MACFARLANE 1980). Selbst während lange anhaltender Trockenheit bleibt der Boden unter ihnen gewöhnnlich feucht (siehe auch LARSON und KERSHAW 1976). Vegetationslose Flächen trocknen dagegen sehr rasch aus, insbesondere bei sandigem Substrat. Auf feinerem Material und auch dort, wo Krustenflechten und Moose hauchdünne Überzüge bilden, entstehen oftmals Trockenrisse, die der Winderosion weitere Ansatzpunkte bieten. Mit Sicherheit wären viele dieser Standorte im Waldgrenzökoton weniger baumwuchsfeindlich, wenn sie nicht so stark von den Rentieren genutzt würden (HOLTMEIER 2000, 2001). Die Beobachtungen sprechen dafür, dass diese negativen Einflüsse sowie insbesondere auch die Hemmung der Regeneration der Birken durch Verbiss nach dem Kahlfraß der oberhalb der winterlichen Kaltluftseen gelegenen Birkenwälder durch *Epirrita autumnata* (Kapitel 2.4.1) wohl die wesentliche Ursache der zumeist großen Breite dieses Übergangssaumes zwischen dem geschlossenen Birkenwald und der baumlosen Fjellheide sind (HOLTMEIER 1974, 1985, 1993 b, 1995 b; KALLIO und LEHTONEN 1975; OKSANEN et al. 1995).

In Schweden und in Finnland ist die Anzahl der Elche stark angewachsen. Obwohl es schon einmal während der zwanziger Jahre und dann nach dem Zweiten Weltkrieg so aussah, als ob die Elche in Finnland beinahe ausgerottet wären, erholten sich die Bestände wieder, und zu Beginn der achtziger Jahre gab es um 140 000 Elche (NYGREN 1987). Ein weiteres Anwachsen der Bestände wurde durch vermehrten Abschuss verhindert. Zwar ziehen die Elche Ebereschen, Pappeln, Wacholder und verschiedene Weidenarten anderer Baumarten als Nahrung vor, doch äsen sie regelmäßig auch Kiefern und Birken. Gerade dort, wo die bevorzugten Laubholzarten sehr häufig sind, ist auch der Verbiss an Kiefern besonders hoch (HEIKKILÄ und HÄRKÖNEN 1996). Während des Winters bildet die Kiefer offensichtlich die wichtigste Nahrungsquelle. Die dramatische Zunahme von Verbissschäden in Kiefern- und auch Birkenaufforstungen als Folge des stark angewachsenen Elchbestandes macht den Erfolg der Aufforstungen vielfach zunichte (HEIKKILÄ 1981; LÖTTINIEMI 1985; NIEMELÄ et al. 1989; NIKULA 1992; HEIKKILÄ und HÄRKÖNEN 1996).

Auch in Südschweden (Provinz Dalarna) beobachtet man zunehmend Verbissschäden in den intensiv bewirtschafteten Waldbeständen (*Pinus sylvestris, Picea abies, Betula pubescens, Betula pendula*) der Winteräsungsgebiete (LAVSUND 1981). Während schneereicher Winter mit langanhaltender Schneebedeckung (> 70 cm) nimmt der Verbiss zu und konzentriert sich auf vergleichsweise kleine Gebiete mit geringerer Schneedeckenhöhe. Auffälligerweise und entgegen jeglicher Erwartung führen hohe Dichte und Übernutzung der Nahrungsgrundlage in den Winteräsungsgebieten nicht zur Abwanderung in weniger stark genutzte Gebiete (SWEANOR und SANDEGREN 1989). Der Anstieg der Elchbestände hat vielerlei Ursachen, u. a. die Regulierung der Jagd, fehlende Prädatoren, den Rückgang der Beweidung sowie den Wandel der Waldbewirtschaftung während der fünfziger Jahre, als man in Schweden von der gruppenweisen Stammentnahme zu großflächigen Kahlschlägen überging. Die rasch aufkommende Sekundärvegetation brachte für die Elche eine erhebliche Verbesserung des Nahrungsangebotes mit sich. Ebenso mag die Walddüngung mit Stickstoff dazu beigetragen haben, zumindest in Nordschweden (STRANDGAARD 1982). Auf Zuwanderung von Elchen und nicht allein erhöhte Reproduktion nach Verbesserung der Nahrungsgrundlage durch Waldbrände führt dagegen PEEK (1974) einen Anstieg der Elchpopulation im nordöstlichen Minnesota zurück.

Nordamerika: In den borealen Balsamtannen-Weißbirkenwäldern (*Abies balsamea, Betula papyrifera*) des zentralen Neufundlands, die normalerweise auch nach Kahlschlägen sofort regenerieren, zeigte sich, dass die Elche nicht nur die Sukzession erheblich beeinträchtigen können, indem sie die Regeneration der Birken hemmen, sondern dadurch gleichzeitig die Nahrungsgrundlage für andere Pflanzenfresser, wie zum Beispiel den Schneeschuhhasen und den Biber, zerstören. Beide Tierarten sind in diesem Raum auf die Birke als Nahrung angewiesen.

Ein Parallelbeispiel ist hier die Nahrungskonkurrenz zwischen Wapitis und Bibern im Banff- und Jasper-Nationalpark (FLOOK 1962) wie auch im Yellowstone-Park, die ebenfalls die Biber- bestände negativ beeinflusst. Kaum weniger stark sind Verbissschäden am Jungwuchs der als Winternahrung für die Elche sehr wichtigen Balsamtannen, von denen zudem viele von den El- chen entwurzelt wurden (BERGERUD und MANUEL 1968). Langfristig gesehen könnte der Rück- gang der Weißbirken und Balsamtannen zur Dominanz der von den Elchen verschmähten Weiß- fichten (*Picea glauca*) führen und damit eine natürliche Reduktion des Elchbestandes bewirken.

Auch die Vegetationsentwicklung auf der Isle Royale bietet ein gutes Beispiel für den nach- haltigen Einfluss der Huftiere auf die Waldökosysteme unter noch weitgehend natürlichen Be- dingungen. Die seit Beginn des 20. Jahrhunderts auf dieser Insel im Oberen See heimischen El- che (Kapitel 2.2.2) haben im Verlauf der Jahrzehnte in bemerkenswerter Weise die Entwicklung der vom Menschen vergleichsweise wenig berührten Wälder beeinflusst (SNYDER und JANKE 1976). Die Wälder sind deutlich offener geworden, und ihre Altersstruktur hat sich in Richtung größerer Gleichaltrigkeit entwickelt. Gleichzeitig wurde die Feldschicht üppiger, ohne dass aber sich das Artenspektrum wesentlich gewandelt hätte. Starke Veränderungen sind dagegen bei der Baumartenzusammensetzung zu beobachten. Wie in Neufundland, breiteten sich auch hier die Weißfichten auf Kosten der Balsamtannen aus, deren Verjüngung durch die Elche nachhaltig gehemmt wird.

Die Besiedlung der stark genutzten Äsungsflächen durch Weißfichten erfolgt in zwei Schrit- ten. Zunächst handelt es sich um vereinzelte Exemplare. Später, wenn diese Samen produzieren, kommt um sie herum Jungwuchs auf, und mit der Zeit entstehen Fichtengruppen, die sich immer weiter in das beweidete Areal hinein ausbreiten. Die selektive Nahrungswahl der Elche kann zu Anfang die Vielfalt der Waldgemeinschaften erhöhen, mit zunehmender Ausbreitung der Fichte geht sie jedoch zurück. Parallel zu diesem Wandel verlaufen Veränderungen der Verteilung des Stickstoffs, die wiederum die Vegetationsentwicklung beeinflussen. Stickstoff ist hier ein das Pflanzenwachstum und auch die Regenerationsfähigkeit der Vegetation nach Beweidung begren- zender Faktor (PASTOR et al. 1988).

Vergleichsweise wenig ist dagegen der Bestand der Weißbirken beeinflusst worden, weil wohl die meisten von ihnen bei Ankunft der Elche auf der Insel bereits so groß waren, dass sie außer deren Reichweite lagen. Die Eberesche (*Sorbus americana*), die zu den bevorzugten Nah- rungspflanzen der Elche zählt, ist selbst in nur mäßig beweideten Arealen aus der Baumschicht praktisch verschwunden. Dasselbe gilt für den Taxus (*Taxus canadensis*) in der Strauchschicht, während Schneeball (*Viburnum pauciflorum*) und Johannisbeere (*Ribes glandulosum*) nicht mehr zur vollen Höhe heranwachsen können. In einigen Gebieten hat ein Einbruch der Elchpopulation Mitte der siebziger bis Anfang der achtziger Jahre des vorigen Jahrhunderts (siehe auch Abb. 16) zu einer Entlastung geführt, die zeitweise eine Verjüngung der Balsamtannenbestände erleichterte und dazu beitrug, Verluste infolge Überalterung der Bestände auszugleichen. An anderen Stellen aber geht die Balsamtanne infolge der intensiven Äsung immer weiter zurück, so dass eine Ent- wicklung zu von Tannen beherrschten Waldbeständen, wie sie früher das Landschaftsbild präg- ten, verhindert wird. Die großen ehemaligen Brandflächen im Zentrum der Inseln – die Wald- brände wurden zumeist durch den Menschen verursacht – vermag die Balsamtanne unter dem Äsungsdruck der Elche praktisch nicht wiederzubesiedeln, während normalerweise im Laufe der Sukzession nach Waldbränden die Pionierbaumarten, Weißbirken (*Betula papyrifera*) und Zitter- pappeln (*Populus tremuloides*), nach etwa 100 Jahren durch Balsamtannen und andere schattento- lerante Baumarten verdrängt werden (BRANDNER et al. 1990).

Im Denali-Nationalpark (Alaska) beobachtete man in vorwiegend von Fichten (*Picea glauca*) und Zitterpappeln gebildeten Wäldern starke Schälschäden an Pappeln und Weiden (*Salix bebbi- ana*). Bis zu 75 % dieser Weichhölzer waren davon betroffen. Die Elche fressen die eiweißarme Rinde dann, wenn andere Nahrung knapp ist. Mit der Elchdichte nimmt die Mortalität der Bäume zu. Die Schälschäden sowie Verbiss und Vertritt des Jungwuchses beschleunigen die Sukzession zum Weißfichtenwald (MIQUELLE und VAN BALLENBERGHE 1989). Andererseits stimuliert der Verbiss der Spitzentriebe die Produktion neuer Blätter, die wiederum von den Elchen bevorzugt werden (BOWYER und BOWYER 1997). Letztere beeinflussen ihren Lebensraum aber nicht nur durch den Verbrauch grüner pflanzlicher Substanz, sondern in starkem Maße auch über ihre Ausscheidungen, mit denen dem Boden große Nährstoffmengen zugeführt werden. Da der Kot und Urin mehr Stickstoff enthalten als die von den Elchen verzehrten frischen Blätter, nehmen Mineralisierung und Produktivität zu. Auf häufig von Elchen aufgesuchten Flächen an der nördlichen Baumgrenze im Denali-Nationalpark zum Beispiel war die Stickstoffmineralisierung signifikant höher als an anderen Standorten im Waldgrenzbereich. Nach der Auffassung von MOLVAR et al. (1993) kommt den Elchen dort die Rolle eines Schlüsselfaktors zu.

Im Banff- und Jasper-Nationalpark (Alberta, Kanada) leben verschiedene Ungulaten, Elche, Wapitis, Maultierhirsche, Schneeziegen und Dickhornschafe (*Ovis canadensis*). Vor rund 100 Jahren übertrafen die Bestände an Schneeziegen, Dickhornschafen, Elchen und Maultierhirschen bei weitem die Wapitipopulation. Nur eine kleine Herde war von den vor 1880 noch zahlreichen Wapitis übriggeblieben. Über die Ursachen des Rückgangs ist nichts Genaues bekannt, aber allem Anschein nach haben einige strenge Winter dazu beigetragen. Mit einer Zunahme der Waldbrände – zum Teil im Gefolge des Eisenbahnbaus und der Siedlungtätigkeit – verbesserte sich mit der nach den Feuern aufkommenden Sekundärvegetation die Nahrungsgrundlage, und die Zahl der Elche, Maultierhirsche, Dickhornschafe und vor allem der Wapitis stieg kräftig an. Auch eine zwischen 1918 und 1920 erfolgte Bestandesstützung mit Wapitis aus dem Yellowstone-Park hat dazu beigetragen. Heute leben im Banff-Nationalpark rund 4 800 (im Sommer etwa 3 200) Wapitis, im Jasper-Nationalpark etwa 1 300. Der wachsende Konkurrenzdruck der Wapitis wirkte sich negativ auf die Bestände der Maultierhirsche, Elche und Dickhornschafe aus. Letztere stehen besonders auf südexponierten Hängen in der subalpinen Stufe, die auch von den Wapitis vor allem während des Winters und im Frühjahr aufgesucht werden, mit diesen in direkter Nahrungskonkurrenz. Auf diesen Hängen liegt gewöhnlich nur wenig Schnee, und im Frühjahr sprießen hier zuerst frische Gräser. Besonders die Beweidung dieser Areale im Frühjahr setzt der Pflanzendecke und dem Oberboden sehr zu und führt letztendlich zu einer kritischen Verknappung der Nahrung und verschärften Konkurrenz zwischen Hirschen und Dickhornschafen. Während des extrem schneereichen Winters 1948 soll diese zu einer hohen Mortalität sowohl von Hirschen als auch Schafen geführt haben. Angesichts der sich zuspitzenden Situation wurde schon in den frühen vierziger Jahren mit Reduzierungsmaßnahmen begonnen. Die Grasvegetation hat sich daraufhin erholt, während dies in den von den Wapitis ebenfalls intensiv genutzten Pappelbeständen nur in so begrenztem Umfang der Fall ist, dass diese immer noch keine anhaltende Nutzung durch die Hirsche vertragen.

Inzwischen deutet sich als Folge der systematischen Waldbrandbekämpfung eine Veränderung der Gesamtsituation an. Es entstehen keine neuen größeren Äsungsflächen mehr, wie es unter ursprünglichen Verhältnissen und später in vermehrtem Umfang infolge vom Menschen verursachter Waldbrände der Fall war (siehe auch PETERSON 1983, Kenai Wildlife Refuge, Alaska). Fichten beginnen die ehemaligen, von Sekundärvegetation bedeckten Brandflächen wiederzubesiedeln. Ohne Feuer könnte die Entwicklung in Richtung eines von Fichten dominierten Klimaxwaldes verlaufen. Damit aber würde sich die Nahrungsgrundlage für die Ungulaten so sehr verringern, dass ein Rückgang der Elch-, Wapiti-, Maultierhirsch- und Dickhornschafbestände wahrscheinlich wäre (siehe dazu auch FLOOK 1962).

Im Gegensatz zu Dickhornschafen und auch Maultierhirschen wurden die Elche nicht nur direkt durch die Nahrungskonkurrenz, sondern auch indirekt über die Auswirkungen der Wapitis auf die Biberbiotope beeinflusst. Während des Sommers bieten die Wasser- und Sumpfpflanzen in den Biberteichen den Elchen reichlich Nahrung, während sich die Biber an Weichhölzer, vor allem an Pappeln, halten (siehe auch Abb.80). Der zusätzlich auf diese Bäume gerichtete starke Äsungsdruck durch die Wapitis führte dazu, dass eine den Verlust der durch die Biber gefällten Bäume ausgleichende Regeneration der Espenbestände ausblieb, und sich auch für die Biber die Nahrungsgrundlage dermaßen verschlechterte, dass sie ihre Teiche aufgaben. Die Dämme zerfielen, die Teiche liefen teilweise oder ganz aus, und die Elche fanden hier nicht mehr ihre bevorzugte Nahrung. Im Rocky Mountain-Nationalpark (Colorado) und auch in anderen Teilen der südlichen Rocky Mountains ist in den ausgedehnten Strauchweidenfluren (i. w. *Salix brachycarpa, Salix planifolia*) allenthalben starker Verbiss durch Wapitis zu beobachten. Weiden machen hier etwa 20 % der Hirschnahrung aus (STEVENS 1980). Auch die Pappeln weisen mehr oder weniger starke Schäden (im wesentlichen Schälschäden) auf (Foto 19). Schon in den dreißiger Jahren des vorigen Jahrhunderts zeichnete sich eine angesichts stark angewachsener Wapiti- und Maultierhirschbestände zunehmende Verknappung des Winterfutterangebotes ab (MUSSELMAN 1969). Abhilfe sollte unter anderem die Einbeziehung von gut 18 km^2 ehemaliger Rinderweide in das Parkgebiet schaffen. Nur vorübergehend hatte diese Maßnahme Erfolg, und schon bald überstieg die Zahl der Hirsche wieder die Tragfähigkeit der Winteräsungsflächen, so dass schließlich nur der Abschuss als Regulierungsmaßnahme übrig blieb. Die ersten Abschüsse wurden im Jahre 1941 durchgeführt (WRIGHT 1992 a). Heute gibt es dort zwischen 3 000 und 4 000 Wapitis, und nach wie vor muss von einem "Überbesatz" gesprochen werden.

Noch umfassender ist der Verbiss von Weiden und Pappeln in den Winterweidegebieten der Wapitis im Yellowstone-Nationalpark (u. a. CHADDE und KAY 1996). Seit mehr als 70 Jahren wird dort schon über "zu hohe" Wapitibestände geklagt, denen unter anderem auch der Rückgang der Weißwedelhirsche und der Biber sowie die seit der Wende zum 20. Jahrhundert zu beobachtende Zunahme der Erosion zugeschrieben wurden. Dies hatte durchgreifende Regulierungsmaßnahmen (Einfangen, Abschüsse) zur Folge, die während der sechziger Jahre ihren Höhepunkt erreichten. Dann fand jedoch ein Umdenken statt. Man stellte die Richtigkeit dieser Maßnahmen in Frage und setzt seit 1968 auf die Selbstregulierung der Wapitibestände als das für den Park wahrscheinlich am besten geeignete ökologische "Management" (COLE 1971; HOUSTON 1971, 1976; siehe auch YELLOWSTONE NATIONAL PARK 1997).

Zahlreiche zur Überprüfung dieser Hypothese angesetzte Untersuchungen über die Wechselbeziehungen zwischen dem Hirschwild und

Foto 19: Durch Wapitis verletzte Espenstämme (*Populus tremuloides*) im Rocky Mountain Nationalpark (Colorado). Die Obergrenze der vernarbten Rindenschäden (schwarz) in knapp zwei Meter Höhe entspricht der Reichweite der Hirsche (F.-K. HOLTMEIER, 05. 03. 2000).

seinem Lebensraum im nördlichen Yellowstone sprechen dafür, dass die auffälligen Veränderungen im Parkgebiet komplexe Ursachen haben und – wenn überhaupt – nur zum Teil den Wapitis anzulasten sind (z. B. SINGER et al. 1994; SINGER 1996). Jedenfalls konnten zwischen dem hohen Wapitibestand und der Zunahme der Erosion (ENGSTROM et al. 1991) beziehungsweise dem Rückgang der anderen Hirscharten und der Gabelantilopen keine eindeutigen ursächlichen Zusammenhänge nachgewiesen werden. Der Niedergang der Weidenbestände wird zum Teil den im Vergleich zum 19. Jahrhundert trockeneren (10 bis 20 mm weniger Niederschlag) und geringfügig wärmeren (0.5 bis 1.0 °C) Klimabedingungen (BALLING et al. 1992) zugeschrieben. Auch der seit rund 80 Jahren zu verzeichnende und vermutlich der Nahrungskonkurrenz durch die Wapitis zuzuschreibende drastische Rückgang der Biber soll dabei eine Rolle gespielt haben (u. a. HOUSTON 1982; SINGER et al. 1994; CHADDE und KAY 1996; siehe auch die vergleichbaren Effekte der Überweidung durch Elche). Nach dem Zerfall der Biberdämme haben sich die nunmehr wieder schneller fließenden Bäche und Flüsse tiefer eingeschnitten und den Grundwasserspiegel absinken lassen. Damit verschlechterten sich die Standortbedingungen für die Weiden, so dass sie dem wachsenden Äsungsdruck umso weniger standhalten konnten. Letztendlich ist die starke Beeinflussung der Weiden- und Pappelbestände durch die Hirsche aber unübersehbar und nicht wegzudiskutieren. Das Wachstum der Weichhölzer, ihre Produktivität und Verjüngung (nur nicht verbissene Triebe bilden Kätzchen) sowie die Fähigkeit, nach Verbiss erneut auszutreiben, sind deutlich beeinträchtigt (SINGER et al. 1994).

Die Befürworter der Selbstregulierungshypothese sehen sich durch diese Ergebnisse in ihrer Auffassung, dass es keinen "Überbesatz" mit Hirschen und anderen Ungulaten gibt, bestätigt (YELLOWSTONE NATIONAL PARK 1997). Zur Bekräftigung weist man darauf hin, dass entgegen der noch zu Beginn der dreißiger Jahre des 20 Jahrhunderts weit verbreiteten Annahme, dass die ursprüngliche Wapitipopulation – also vor der Vernichtung großer Wildbestände durch die Weissen – offensichtlich recht groß gewesen ist (SCHULLERY und WHITTLESEY 1992) und wohl "im Einklang mit der Natur" gestanden haben muss (DESPAIN et al. 1986). Die jüngere Entwicklung scheint für diese Auffassung zu sprechen. Vor zehn Jahren (1988) lebten noch etwa 25 000 Wapitis ganzjährig im Yellowstone. Während des Sommers kamen mehr als 7 000 aus der Umgebung des Parks hinzu. Ein drastischer Einbruch erfolgte im Winter 1988/89 nach dem großen Waldbrand infolge des knappen Nahrungsangebotes sowie auch vermehrten Abschusses der Hirsche, die den Park während des Feuers und unmittelbar danach verlassen hatten (SINGER et al. 1989; SINGER und HARTER 1996). Die Verluste durch das Feuer selbst waren sehr gering. Bei den Wapitis beliefen sie sich auf etwa 1 %, bei den übrigen Tieren waren sie noch geringer (SINGER et al. 1989). Die Bestände erholten sich dank der nach und nach auf den Brandflächen wieder aufkommenden Vegetation, die eine deutlich verbesserte Nahrungsgrundlage bot. Seit 1991 bewegt sich der Wapitibestand zwischen 16 000 und 20 000 Tieren. Zwischen 1987 und 1990 fielen während des Sommers durchschnittlich 31 % der neugeborenen Hirschkälber Raubtieren (Grizzlybär, Schwarzbär, Puma, Kojote u. a.) zum Opfer. Dieser Anteil könnte mit wachsender Zahl der seit 1990 wieder im Yellowstone heimischen Wölfe noch größer werden. Die Wintersterblichkeit der sehr jungen und sehr alten Tiere – im wesentlichen eine Folge von Unterernährung – stieg mit zunehmender Populationsdichte an und liegt bei ca. 20 %.

Die Gegner dieses inzwischen 30 Jahre alten "Freilandexperiments" befürchten den totalen ökologischen Kollaps (BEETLE 1974; CHASE 1986), wobei es für sie nur eine Frage der Zeit ist, wann dieser eintreten wird. Der Yellowstone-Park ist jedenfalls kein abschlossenes System (siehe auch Abb. 95), und die hohe heutige Wapitidichte ist nicht allein seiner ökologischen Tragfähigkeit sondern ebenso dem auf die Landschaft außerhalb des Parks gerichteten Nutzungs- und vor allem dem Jagddruck zuzuschreiben, vor dem die Tiere in den Schutz des Parks ausweichen. Wie sich die ökologische Gesamtsituation im Park weiterentwickeln wird – und davon sind ja nicht nur die Wapitis und die Weiden betroffen, sondern die gesamte Biozönose –, lässt sich nicht verlässlich abschätzen. Der Mangel an Langzeituntersuchungen erweist sich in diesem Zusammenhang als großer Nachteil. Ihnen wurde durch die rasch wechselnde Schwerpunktsetzung des Parkmanagements – mal stehen die Wapitis, mal die Grizzlies oder die Bemühungen um die Wiederansiedlung von Wölfen im Mittelpunkt – die personelle und finanzielle Grundlage entzogen (WRIGHT 1992 a).

Hinsichtlich der Bewertung der Wirkungen der Huftiere auf die Wälder muss berücksichtigt werden, dass es sich dabei zumeist um Ökosysteme handelt, deren natürliche Regelmechanismen durch den Menschen mehr oder weniger stark verändert und zum Teil auch außer Kraft gesetzt worden sind. Das heißt aber nicht, dass die großen Herbivoren unter natürlichen Bedingungen keine Rolle spielen würden. Beobachtungen in im Vergleich zu den mitteleuropäischen Wäldern noch naturnäheren Wäldern liefern uns zahlreiche Beispiele dafür, dass das Artenspektrum, die Sukzession und damit auch die Altersstrukturen von den großen Pflanzenfressern in mannigfacher Weise geprägt werden können.

So üben Wapiti und Maultierhirsche einen nachhaltigen Einfluss auf das Verbreitungsmuster der sogenannten "ribbon-forests" aus, die zum Beispiel in der Colorado Front Range zu den typischen Strukturen im Waldgrenzbereich auf schneereichen Leehängen zählen. Bei den "ribbon forests" handelt es sich um eine wechselweise Abfolge quer zur Hauptwindrichtung verlaufender, meist sehr dichter Waldstreifen und weitestgehend baumloser Lichtungen ("snow glades") mit einer Kraut-Gras-Vegetation. Die gewöhnlich 10 bis 50 m breiten und zum Teil bis zu 100 m langen "ribbons" werden von Tannen (*Abies lasiocarpa*) und Fichten (*Picea engelmanii*) gebildet. Die "snow glades" erreichen eine Breite von bis zu 100 m. Oberhalb dieser Bestände erstrecken sich ausgedehnte alpine Gebiete, aus denen im Winter der Schnee mit den vorherrschenden westlichen Winden hangabwärts verfrachtet wird (BUCKNER 1977; HOLTMEIER 1978, 1982, 1987 b, 1996, 2000; SCHÜTZ 1998). Das charakteristische Verbreitungsmuster beruht auf dem "Schneezauneffekt" der im Windschutz von annähernd hangparallel verlaufenden Solifluktionsterrassenkanten und ähnlichen Geländestufen aufgekommenen Baumbestände (Abb. 45, Foto 20, 21). Als diese größer wurden, verstärkten sie die Schneeakkumulation und auch die Schneedeckendauer

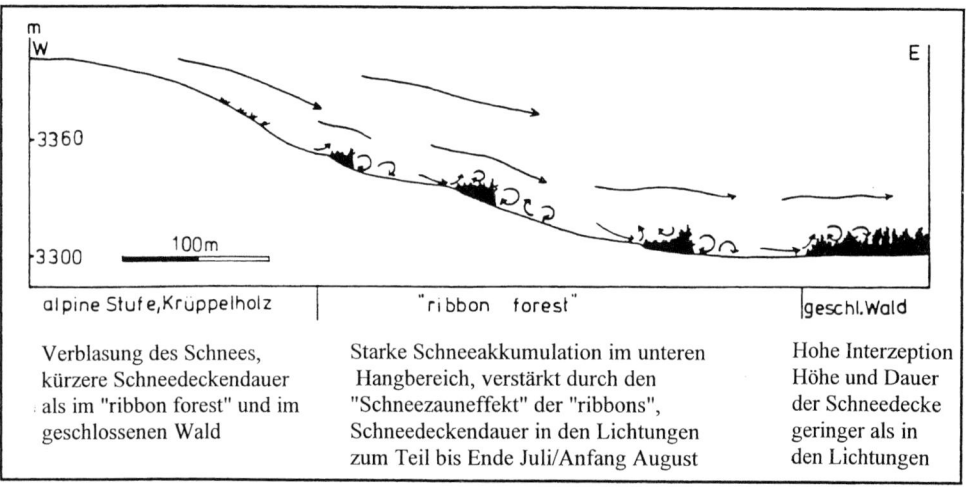

alpine Stufe, Krüppelholz	"ribbon forest"	geschl. Wald
Verblasung des Schnees, kürzere Schneedeckendauer als im "ribbon forest" und im geschlossenen Wald	Starke Schneeakkumulation im unteren Hangbereich, verstärkt durch den "Schneezauneffekt" der "ribbons", Schneedeckendauer in den Lichtungen zum Teil bis Ende Juli/Anfang August	Hohe Interzeption Höhe und Dauer der Schneedecke geringer als in den Lichtungen

Abb. 45: Schematisches Profil durch einen "ribbon-forest" (ca, dreifach überhöht) auf dem Osthang des Mt. Audubon, Colorado Front Range (nach HOLTMEIER 1987 c, verändert).

Foto 20: "Ribbon-forest" (zwischen 3 350 und 3 430 m) in nordost-exponierter Lage, Niwot Ridge (Colorado Front Range), Blickrichtung West. In den Lichtungen zwischen den streifenartigen Baumbeständen finden die Taschenratten (*Thomomys talpoides*) sehr günstige Existenzbedingungen und beeinflussen Böden und Vegetation in starkem Maße (F.-K. HOLTMEIER, 27.08. 1989).

Foto 21: "Ribbon-forest" auf dem ost-exponierten Hang des Mt. Audubon (Colorado Front Range). Blick hangabwärts von Luv nach Lee. Im Windschatten der "ribbons" liegen noch Reste der winterlichen Schneedecke (F.-K. HOLTMEIER, 01. 07. 1984).

auf ihrer Leeseite derart, dass dort kein Baumwuchs mehr emporkommen konnte (kurze Vegetationszeit, Befall durch den Schwarzen Schneeschimmel, *Herpotrichia juniperi*, ein Pilz der sich unter der Schneedecke entwickelt) und eine Lichtung entstand. Erst in größerer Entfernung, wo der "Schneezauneffekt" nachlässt, hat sich wieder ein Waldstreifen bilden können, von dem eine entsprechende Wirkung auf seinen Leebereich ausgeht. Nicht selten umfasst ein solcher "ribbon forest" fünf bis sechs und auch mehr "ribbons" und "snow glades".

Die "snow glades" sind oftmals noch bis Mitte Juli zur Hälfte mit Schnee bedeckt. Erst Anfang August schwinden die letzten Schneeflecken. Das Schmelzwasser führt zu einer im Vergleich zu schneearmen Geländebereichen hohen Bodenfeuchte und ermöglicht die Entwicklung von geradezu üppigen krautreichen Wiesen (HOLTMEIER 1987 b), die den Hirschen eine optimale Äsung bieten (Abb. 46). Überall ist hier ihre Losung zu finden, die wiederum die Mineralisierung

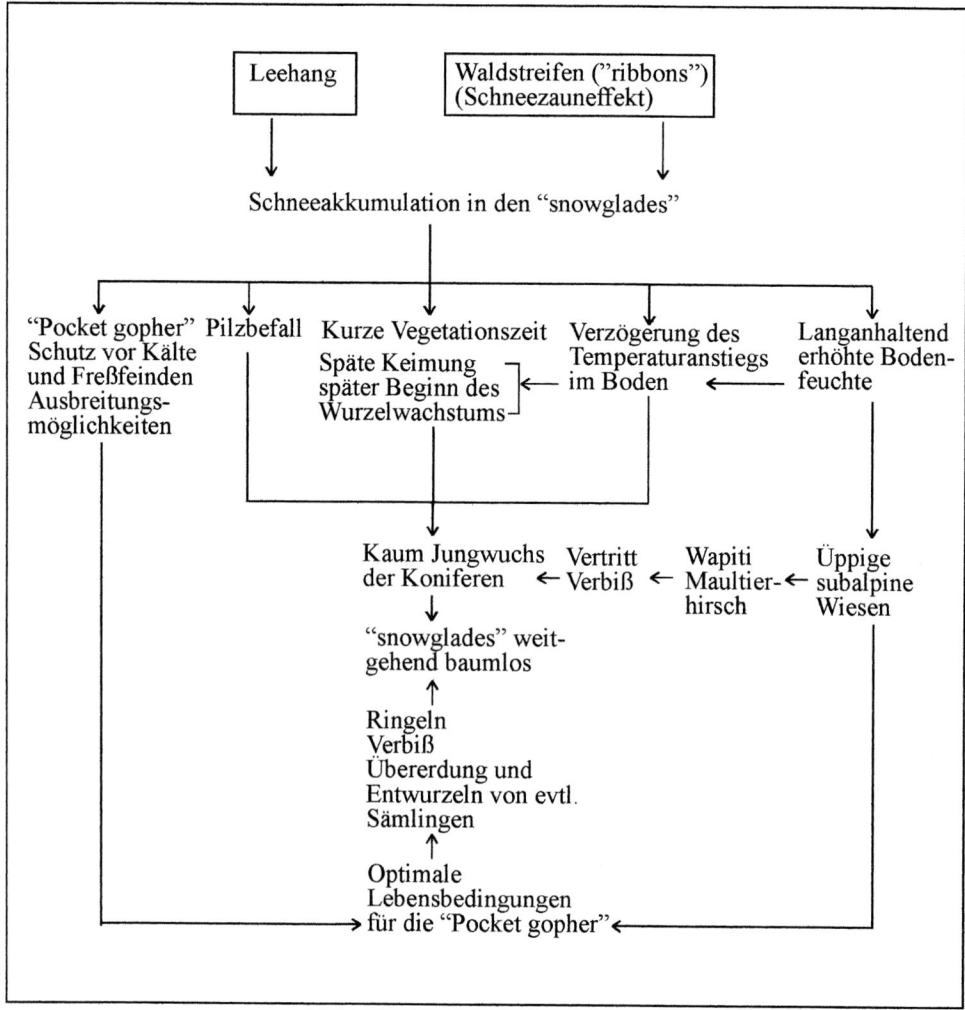

Abb. 46: Wirkungsbeziehungen abiotischer und biotischer Faktoren in einem "ribbon-forest" (Entwurf HOLTMEIER, nach Beobachtungen in der Colorado Front Range).

und damit die Nährstoffversorgung der Pflanzen verbessert. Wegen der oft langen Andauer der Schneedecke in den "snow glades" vermögen Tannen- und Fichten-jungwuchs dort bestenfalls auf leicht er-höhten und früher ausapernden Standorten (Geländewellen, kleine Kuppen u. ä.) auf-zukommen, oder auch entlang des zeitig schneefrei werdenden luvseitigen Randes der Waldstreifen beziehungsweise in Lü-cken zwischen "ribbon"-Abschnitten, wo Düseneffekte zu einer verstärkten Ausbla-sung des Schnees ("blow outs") führen.

Sämlinge und Jungwuchs fallen gro-ßenteils nach einigen Jahren oder auch Jahrzehnten (langsames Wachstum, hohe Schneedecke) dem Schwarzen Schnee-schimmel zum Opfer, oder aber sie werden von den Hirschen verbissen und auch zer-treten. Darüber hinaus werden die Jung-pflanzen unter der Schneedecke durch Ver-biss der Triebe und Wurzeln sowie Rin-geln ihrer Stämmchen (Foto 22) durch die Taschenratten ("pocket gopher", *Thomo-mys talpoides*, siehe auch Foto 37) geschä-digt, die hier in den "snow glades" auf-grund der üppigen Nahrungsgrundlage und der hohen Schneedecke (Schutz vor Kälte und Fressfeinden) sehr günstige Existenz-

Foto 22: Von Taschenratten (*Thomomys talpoides*) geringelte Fichte (*Picea engelmannii*) in einer Lichtung im "ribbon-forest" am Jenny Lake (Colorado Front Range) in ca. 3340 m Höhe (F.-K. HOLTMEIER, 25. 07. 1989).

bedingungen finden. Vor allem die erst wenige Jahre alten Koniferensämlinge gehen in großer Zahl an den ihnen von den Taschenratten zugefügten Schäden zugrunde (siehe auch TEIPNER et. al. 1983, dort weitere Literaturhinweise). Die Beobachtungen sprechen dafür, dass neben den di-rekten Wirkungen der langen Schneedeckendauer der Einfluss der Hirsche und der Taschenratten mit dazu beigetragen hat, dass sich das Verbreitungsmuster der "ribbon forests" über lange Zeit, vielleicht sogar seit mehreren tausend Jahren, im Prinzip nicht grundsätzlich verändert hat (siehe dazu BUCKNER 1977; HOLTMEIER 1987 b).

Eine interessante Studie über den Einfluss von Weißwedelhirschen auf die Vegetation der Apostel-Inseln – eine Gruppe von 22 Eilanden im Oberen See (Minnesota) – haben BEALS et al. (1960) vorgelegt. Die für diese Inseln typische Vegetation mit *Betula lutea* und/oder *Thuja occi-dentalis* als dominierende Baumarten bietet den Hirschen eine optimale Nahrungsgrundlage. Schon die leichteste Beweidung führt zu merklichen Veränderungen. Zuerst verschwindet der von den Hirschen als Nahrung deutlich bevorzugte im Unterwuchs gedeihende *Taxus canadensis*. Steigt der Äsungsdruck weiter, so nimmt auch der *Thuja*-Anteil ab. Bei leichter bis mittlerer Be-weidung halten sich die Hirsche in vermehrtem Maße an die Laubhölzer, was möglicherweise mit deren ausgeprägtem Stockausschlagvermögen zusammenhängt. Erst bei starker Äsung geht auch ihr Anteil zurück. Eigenartigerweise gibt es aber auf einigen dieser Inseln keine Weißwedelhir-sche, obwohl sie eine reichhaltige Nahrung bieten und in nur geringer Entfernung zum Seeufer oder zu von Hirschen besiedelten Nachbarinseln liegen. Möglicherweise ist die Erklärung darin zu sehen, dass auf den von den Weißwedelhirschen (noch) unbesiedelten Inseln für diese Tiere wichtige Biotopelemente fehlen, wie beispielsweise Lichtungen. Nach künstlicher Auflockerung der Waldbestände wandern die Hirsche dort jedenfalls ein. Da die Wälder einiger dieser Inseln den ursprünglichen noch weitgehend entsprechen, sollte man vielleicht die Hirsche von diesen fernhalten, zumindest von einigen. Es würde schon genügen, keine Lichtungen zu schaffen. Auf den übrigen Inseln kann nur ein sorgsames Management verhindern, dass die stark anwachsenden Hirschbestände ihre eigene Lebensgrundlage zerstören.

Große Pflanzenfresser und die Waldlandhypothese: Vermehrt wird nun in jüngster Zeit die Ansicht vertreten, dass auch in Mitteleuropa wildlebende herbivore Großsäuger die ursprüngliche Pflanzendecke und das noch nicht vom Menschen geprägte Landschaftsbild viel stärker beeinflusst haben (TUBBS 1986; BEUTLER 1992; GEISER 1992; SCHÜLE 1992; BUNZEL-DRÜKE et al. 1994; GEISSEN 1996; HOFMANN et al. 1998), als es angesichts der Hypothese, dass Mitteleuropa von Natur aus ein fast lückenloses Waldland sei (WILMANNS 1973; ELLENBERG 1982; KAULE 1991; POTT und HÜPPE 1991; MAY 1993; OTTO 1994; POTT 1995, 1997, 1998; ZOLLER und HAAS 1995; FISCHER 1999), zu erwarten wäre. Möglicherweise, so wird spekuliert, hat sich geschlossener Wald überhaupt erst nach der Ausrottung der meisten dieser Großsäuger durch den Menschen ausbreiten können. Die Argumentation der Verfechter dieser Hypothese erscheint größtenteils plausibel und nachvollziehbar. Sie gehen von der Entwicklung der Wälder in prähistorischer und historischer Zeit aus. Nachweislich hat die seit Beginn des Ackerbaus und der Viehhaltung im frühen Neolithikum (um 5 000 Jahre vor heute) betriebene Waldweide zur Auflichtung, Umstrukturierung und vielfach auch zum Zerfall der Wälder geführt, an deren Stelle lichtes Buschwerk, offene Triften und Heiden getreten sind (ELLENBERG 1978, 1996; BURRICHTER et al. 1980; POTT und HÜPPE 1991; POTT 1998).

Auch heute haben geschlossene Wälder nur Bestand, wenn die Beweidung durch domestizierte Huftiere ausgeschlossen wird. Dasselbe gilt für überhöhte Schalenwildbestände. Zum Beispiel belegen Studien im südwestlichen Kanada (CAMPBELL et al. 1994), dass sich dort, am Nordrand der Prärie, die Espen (*Populus tremuloides*) im Laufe des letzten Jahrhunderts stark ausgebreitet haben. Das Espen-Parkland bildet den Grenzbereich zwischen der Prärie im Süden und dem borealen Nadelwald im Norden. Die Ausbreitung der Espen erfolgte unmittelbar nach der Ausrottung der Bisons und dem Rückgang der Wapitis. Es liegt nahe, hier einen ursächlichen Zusammenhang anzunehmen. Möglicherweise haben vorher Bisons und Wapitis die sich nach Präriebränden einstellende Sukzession vom Grasland zu Espengehölzen verhindert, indem sie die nach den Feuern in großer Zahl aus den Wurzeln austreibenden Espen-Schösslinge (Wurzelbrut) abweideten und auch durch Vertritt schädigten. Stützen lassen sich solche Vermutungen unter anderem auch mit vielen direkten Beobachtungen über den Einfluss von Wapiti-Herden auf die Espen-Bestände, insbesondere die Regeneration durch Wurzelbrut (Foto 23; BLYTH und HUDSON 1987; siehe auch BARTOS et al. 1994). Zum Beispiel hatte sich im Gebiet des heutigen Elk-Island-Nationalparks (Alberta) nach dem Verschwinden der Bisons und dem starken Rückgang anderer großer Pflanzenfresser ein Espenwald entwickelt, der 1895 von einem Feuer heimgesucht wurde. Mit der Wiederansiedlung des Bisons und dem Anstieg der Hirschpopulation breitete sich das Grasland aus, während nach Regulierungsabschüssen in den dreißiger und fünfziger Jahren jeweils eine deutliche Zunahme der Espen zu verzeichnen war (BLYTH und HUDSON 1987).

Was liegt also näher, als den während der Interglazialzeiten in (vermutlich) großer Zahl in Mitteleuropa lebenden und dann während der letzten Eiszeit und zu Beginn der Nacheiszeit durch den Menschen ausgerotteten Huftieren (Mammut, Altelefant, Waldnashorn, Auerochse, Wisent, Tarpan u. a.; REMMERT und ZELL 1984; REMMERT 1985; BEUTLER und SCHILLING 1991; BEUTLER 1992, 1996, 1997; siehe auch BILLINGS 1970 für Nordamerika sowie unter weltweitem Aspekt OWEN-SMITH 1987) eine vergleichbare Wirkung auf die Vegetation zuzugestehen, wie sie auch gegenwärtig von den domestizierten und übriggebliebenen wildlebenden Huftieren ausgeht?

Foto 23: "Exclosure" in den Beaver Meadows, Rocky Mountain Nationalpark. Außerhalb des Zauns verhindern Wapitis und Maultierhirsche jeglichen Espenjungwuchs (F.-K. HOLTMEIER, 24. 07. 1987).

Aus der letztgenannten Gruppe sind in Mitteleuropa nur Reh-, Rot-, Dam-, Gams-, Stein- und Schwarzwild übriggeblieben, in Nord- und Osteuropa auch der Elch. Nur das Rehwild kommt annähernd flächendeckend vor. Es ist durchaus auch anzunehmen, dass sich die ursprünglich in Mitteleuropa beheimateten Huftierarten über ihre unterschiedlichen Nahrungspräferenzen und Verhaltensweisen beim Nahrungserwerb in ähnlicher Weise in die Landschaft "eingenischt" hatten, wie es schon von den Huftieren aus den afrikanischen Savannen (VESEY-FITZGERALD 1960; BELL 1970; FERRAR und WALKER 1974; HIRST 1975; JARMAN und SINCLAIR 1979; MCNAUGHTON 1988) oder auch aus den nordamerikanischen Prärien (u. a. HAUGEN und SHULT 1972; WYDEVEN und DAHLGREN 1985) beschrieben wurde.

Nun lassen sich aber aus den heutigen Verhältnissen in Afrika nur sehr bedingt Schlüsse auf eine vergleichbare Situation im damaligen Mitteleuropa ziehen (siehe auch MAY 1993). Gleichwohl ist die Annahme verlockend, dass von den damals vergleichsweise vielen Arten ein erheblicher Beweidungsdruck ausgegangen ist, der in Mitteleuropa schon bevor der direkte Einfluss des Menschen und der seiner domestizierten Weidetiere ein signifikantes Ausmaß erreichte, zur Entwicklung einer eher parkartigen Landschaft geführt hatte, die durch ein mehr oder weniger abwechslungsreiches Mosaik von offenen Weideflächen, Waldbeständen und Strauchvegetation charakterisiert war, das auch Nichtwaldarten eine Existenzgrundlage bot. Bussarde zum Beispiel oder auch manche Reptilienarten hätten in geschlossenen Wäldern kaum überleben können. Bussarde sind auf offene oder halboffene Landschaften angewiesen, um zu jagen, die Reptilien benötigen wegen ihres relativ hohen Wärmebedarfes sonnige Flächen (GLANDT und GEIGER 1990). Auch einer Reihe von Singvogel- und Falterarten hätten geschlossene Wälder keine geeignete Lebensgrundlage geboten. Die Vorstellung, dass nur die alpine Stufe, Küstenbereiche, Flussauen, einige Moore und Dünen sowie Lawinen- und Steinschlagbahnen (zuletzt POTT 1997) von Natur aus waldlos waren und deshalb die herbivoren Großsäuger praktisch nur in solchen Gebieten geeignete Weideflächen vorgefunden hätten, ist jedenfalls nur schwer nachzuvollziehen (siehe auch HOFMANN et al. 1998). Hinsichtlich der Populationsdichten der vorzeitlichen pflanzenfressenden Großsäuger ist man allerdings auf Vermutungen (z. B. BEUTLER 1997) angewiesen.

Mit der Ausrottung der ursprünglichen herbivoren Großsäuger hätte sich – sofern sie wirklich diesen großen Einfluss gehabt haben – die Situation für die Entwicklung geschlossener Wälder deutlich "verbessert", bis dann die domestizierten Weidegänger die Funktion der ausgerotteten Huftiere übernahmen. Die direkte Beeinflussung dieser Wälder durch das Vieh sowie die Laubheu- und Streuentnahme haben in historischer Zeit ihre Zusammensetzung und Struktur nachhaltig verändert, wobei vor allem die Verjüngung durch Verbiss und Vertritt gehemmt oder völlig unterbunden wurde. Ergebnis waren die halboffenen, parkartigen Hudelandschaften mit ihrer durch die Beweidung und die dadurch ausgelösten Sukzessionsprozesse gesteuerten Vegetationsdynamik (BURRICHTER et. al. 1980; HARDING und ROSE 1986; POTT und HÜPPE 1991; VAN WIEREN 1991; POTT 1996, 1998). Die nach Rückgang der Beweidung in den Hudewaldresten zu beobachtenden Veränderungen der Artenspektren und der Zusammensetzung (ELLENBERG 1982) sprechen zwar für die "Waldlandhypothese", gleichzeitig aber auch dafür, dass im Hinblick auf die Rekonstruktion der Ökosysteme der "natürlichen" Landschaft die herbivoren Großsäuger als Faktor nicht einfach ausgeklammert werden können (siehe auch SCHERZINGER 1996). In diesem Zusammenhang sei noch einmal auf die Beobachtungen über den Einfluss von Hirschen und Gämsen auf die Vegetationsdynamik im Schweizerischen Nationalpark und die darauf basierende Hypothese (KRÜSI et al. 1995 a, 1995 b) eines dem Wald-Mosaik-Zyklus (REMMERT 1988 ff.) ähnlichen Wald-Freiland-Wald-Zyklus hingewiesen.

Wenn es auch kaum möglich sein wird, den Einfluss früherer Huftierpopulationen auf die Vegetationsentwicklung zu bestimmen (BRADSHAW und MITCHELL 1999), so spricht jedoch vieles dafür, dass die in den ursprünglichen Wäldern durch äußere Einflüsse, wie Feuer oder Sturm, entstandenen Freiflächen zumindest eine Zeit lang von großen Pflanzenfressern waldfrei gehalten wurden (CORNELIUS und HOFMANN 1999). Dies scheint beispielsweise auch durch Beobachtungen über die Vegetationsentwicklung innerhalb und außerhalb von "exclosures" auf der westlichen Olympic Peninsula belegt zu werden. Die Langzeitdynamik der nicht bewirtschafteten Wälder wird dort im wesentlichen durch seltene, aber großflächig wirksame extreme Ereignisse, wie Waldbrände oder auch heftige Stürme, gesteuert, während die Wapitis und Maultierhirsche vor allem die folgende Sukzession und insbesondere die Verjüngung beeinflussen (WOODWARD et al. 1994). In dieselbe Richtung weisen Untersuchungen in Nadelmischwäldern der Blue Mountains im Nordosten Oregons (RIGGS et al. 2000). RIGGS et al. (2000) sehen in den großen Herbivoren "chronische Störfaktoren", denen sie hinsichtlich ihrer Wirkungen auf die Nährstoffverhältnisse, die Produktivität und die Vegetationsstrukturen sogar eine "Schlüsselart-Funktion" zuschreiben. Die sekundäre Sukzession zum Wald aber halten diese großen Herbivoren nicht auf.

Letztlich haben auch in Mitteleuropa die großen Pflanzenfresser die Entstehung von Wäldern nicht verhindern können (SCHMIDT 1999), zumal angesichts ihrer im Vergleich zu den hohen heutigen Wilddichten geringen Anzahl (WIDMANN 1991). So meint auch SCHREIBER (2000) den großen Pflanzenfressern hinsichtlich ihres Einflusses auf ihren Lebensraum eine nur "randliche" Bedeutung zugestehen zu müssen. VERA (2000) weist dagegen in seiner detaillierten Monographie die zum großen Teil auf Zirkelschlüssen fußende Waldlandhypothese mit ihrem Anspruch auf Allgemeingültigkeit zurück und führt eine Reihe überzeugender Argumente an, die eine wesentlich differenziertere Betrachtung der Vegetationsentwicklung unter Einschluss der Wirkungen der großen Pflanzenfresser nötig erscheinen lassen. Fehlende Graspollen allein sind jedenfalls kein Beweis für eine einstmals geschlossene Waldbedeckung, da gerade durch Beweidung die Gräser nicht oder nur in beschränktem Umfang bis zur Blüte gelangen. So überrascht es auch nicht, dass auf ganzjährig von Rindern beweidetem offenem Gelände bei weitem mehr Baum- als Graspollen vorhanden waren (GROENMANN-VAN WATERINGE 1993).

2.4 Wirkungen zyklischer Massenvermehrungen und anderer Massenauftreten von Tieren

Die Wirkungen von Kahlfraß bei Massenvermehrungen herbivorer Insekten auf die Vegetation und die Stoffflüsse ist im vorhergehenden schon verschiedentlich angesprochen worden, gleichwohl soll hier noch etwas näher darauf eingegangen werden. Nur bei einem Teil der Waldlepidopteren Europas und Nordamerikas kommt es in gewissen Zeitabständen zu Massenvermehrungen, doch im Vergleich zu Wildschäden erstrecken sich der Kahlfraß während der Kulminationsphasen der Massenvermehrungen und seine Folgen zumeist über relativ große Flächen.

Insektenkalamitäten können zu Baumartenwechseln und nachhaltigen Strukturveränderungen in den Waldbeständen führen (Altersklassen, Schichtung, Bestockungsdichte u. a. m.), wobei sich diese Veränderungen vielfach als zyklisch erweisen. Reinbestände sind stärker betroffen als Mischbestände. In vielen Fällen hat der Mensch zur Entstehung solcher Reinbestände durch selektive Holzentnahme und/oder gezielte Förderung wirtschaftlich besonders wertvoller Baumarten entscheidend beigetragen, wie es beispielsweise bei den zentralalpinen Lärchenreinbeständen der Fall war. In den subarktischen Birkenwäldern Nordlapplands spielt in dieser Hinsicht der anthropogene Einfluss dagegen keine Rolle. In beiden Fällen aber führt die Reaktion auf Kahlfraß – schlechtere Nahrungsqualität durch Neuaustrieb kleinerer Nadeln oder Blätter mit geringerem Eiweißgehalt und erhöhten Mengen an Abwehrstoffen – zum Zusammenbruch der Population der jeweiligen "Schadinsekten". Was bei kurzfristiger Betrachtung als "Katastrophe" erscheinen mag, ist auf lange Sicht nur eine kurze Phase einer langzeitigen Zyklizität (GIGON 1983 a, 1983 b; GIGON und BOLZERN 1988) im normalen Ablauf des Naturgeschehens.

2.4.1 Grüner Spanner und Frostspanner in subarktischen Birkenwäldern

Beim Grünen Spanner (*Epirrita autumnata,* Lep. Geometridae) kommt es etwa alle neun bis zehn Jahre zu einer Massenvermehrung, in deren Verlauf die Birkenwälder oft über viele Quadratkilometer hinweg kahlgefressen werden. Seit 1862 hat es in Skandinavien gut ein Dutzend Massenvermehrungen gegeben. Das davon betroffene Gebiet umfasst ganz Norwegen, die südlichen schwedischen Skanden, Schwedisch-Lappland sowie Nordfinnland (TENOW 1975). Neben dem Klima, dem Menschen und den Rentieren ist der Grüne Spanner mit Sicheit der Faktor, der die Entwicklung und Struktur der subarktischen Birkenwälder im Norden Europas am nachhaltigsten beeinflusst.

In Finnisch-Lappland war die Kahlfraßperiode Mitte der sechziger Jahre des vorigen Jahrhunderts (1965/1966), nach allem was wir wissen, wohl die bisher verheerendste. Etwa 5 000 km^2 Birkenwald wurden kahlgefressen (NIKULA 1992), in Utsjoki, dem nördlichsten Kirchspiel Finnisch-Lapplands, über 1 300 km^2. Etwa die Hälfte der Birken starben danach ab (Foto 24). Die weniger stark geschädigten Birken erholten sich allmählich durch Stockausschlag (Foto 25). Birkensämlinge aber waren selbst sechs bis sieben Jahre nach dem Kahlfraß kaum aufgekommen. Als unmittelbare Folge des Kahlfraßes ging die Produktion der Birkenwälder zurück, was gleichzeitig einen Verlust an Rentiernahrung bedeutete. Noch mehrere Jahre nach einem solchen Kahlfraß ist die Zuwachsleistung von Birken, die dieses Ereignis überstanden haben, beeinträchtigt (NUORTEVA 1963; KIRCHHEFER 1996). Anhand von Weiserjahren in Bohrkernen oder Stammscheiben lassen sich auch weit zurückliegende Kahlfraßereignisse einigermaßen sicher erkennen und zeitlich einordnen.

Foto 24: Mitte der sechziger Jahre des vorigen Jahrhunderts nach Kahlfraß durch *Epirrita autumnata* zerstörter Fjellbirkenwald auf der nordwestexponierten Abdachung des Jesnalvaara bei Kevo, nördliches Finnisch-Lappland (F.-K. HOLTMEIER, 06. 08. 1998).

Foto 25: Stockausschlag von Birken auf dem Jesnalvaara (in rund 300 m Höhe), die nach dem Kahlfraß durch *Epirrita autumnata* Mitte der sechziger Jahre des vorigen Jahrhunderts abgestorben waren (F.-K. HOLTMEIER, 29. 08. 1996).

In Schweden kam es während der Jahre 1954 bis 1956 zu einer der stärksten Massenvermehrungen des Grünen Spanners. Davon war auch das Torneträsk-Gebiet mit dem Abisko-Tal betroffen. Die Raupen fraßen die Birken fast vollständig kahl, und viele Stämme starben in den folgenden Jahren ab. Nachdem sie die Birken entlaubt hatten, gingen die hungrigen Raupen auf die Feldschicht über und fraßen die Blätter der Zwergbirken, Krähenbeeren, Heidel- und Preiselbeeren. Vorübergehend wurden die Zwergsträucher von Gräsern (vor allem *Deschampsia flexuosa*) verdrängt. Einige typische Birkenwaldpilze (z. B. *Boletus scaber*) waren mehrere Jahre lang nicht mehr zu sehen. Dasselbe gilt für einige Insektenarten, die auf Birkenblätter als Nahrung angewiesen sind. Andererseits profitierten Totholz bewohnende Käfer von der Situation. Sekundärschädlinge, wie beispielsweise der sägehörnige Bohrkäfer (*Hylecoetus dermestioides*, Coleoptera, Lymexylonidae) befielen die geschwächten Stämme und trugen zum Zusammenbruch der Bestände bei (PALM 1959; TENOW 1996). Gleichzeitig wurden mit den Ausscheidungen und Leichen der Raupen dem Wald große Mengen an Nährstoffen zugeführt.

Auch in den von den *Epirrita*-Kalamitäten betroffenen Birkenwäldern Nordfinnlands führten die veränderten Lichtverhältnisse am Waldboden und die Zunahme der Nährstoffe im Boden zu einer raschen Veränderung in der Krautschicht (LEHTONEN und YLI-REKOLA 1979). Dabei zeigten sich je nach Birkenwaldtyp (trocken, feucht) Unterschiede. In den feuchten Birkenwaldtypen könnte insbesondere der Anstieg der Stickstoffmenge im Boden der Auslöser für die sehr bald nach der Entlaubung einsetzende Entwicklung einer im Vergleich zum Zustand vorher artenreicheren und üppig gedeihenden Feldschicht gewesen sein. Mit der Ausbreitung vor allem der Gräser (vorwiegend *Deschampsia flexuosa* und *Festuca ovina)* und krautiger Pflanzen verbesserte sich die Nahrungsgrundlage für die Rentiere, während sich in den kahlgefressenen trockenen, flechten- und krähenbeerreichen Beständen dagegen kaum etwas änderte. In den feuchten Birkenwäldern setzte dann nach sechs bis acht Jahren eine rückläufige Entwicklung ein, und von der zeitweise üppigen Feldschicht ist nicht viel übriggeblieben. Zwergsträucher, vor allem Vaccinien und Krähenbeeren sowie Cladonien (Rentierflechten), haben sich auf Kosten der nährstoffreichen Gras- und Krautvegetation ausgebreitet, so dass der Vegetationscharakter auch nicht mehr dem vor dem Kahlfraß entspricht (LEHTONEN und YLI-REKOLA 1979).

Einige Autoren (KALLIO und LEHTONEN 1973, 1975; LEHTONEN und YLI-REKOLA 1979) vertraten angesichts des Ausmaßes der *Epirrita*-Schäden die Auffassung, dass in Nordfinnland rund 1 000 km^2 Birkenwald zu baumloser "Tundra" werden würden. Für die Flächen, auf denen keine Regeneration durch Ansamung stattfindet, oder wo die Sämlinge durch Rentiere und/oder Kleinnager vernichtet werden, trifft dies mit Sicherheit zu (SEPPÄLÄ und RASTAS 1980; HEIKKINEN und KALLIOLA 1989). So haben auch schon frühere *Epirrita*-Kalamitäten (1955, 1927, 1905 - 1909 und 1855) in einigen Fjellgebieten des nördlichen Finnisch-Lappland zu Depressionen der oberen Birkenwaldgrenze geführt (Abb. 47; KALLIOLA 1941; NUORTEVA 1963; KALLIO und LEHTONEN 1973; HOLTMEIER 1974), wie zahlreiche verrottete Wurzelstöcke weit über der heutigen Waldgrenze belegen. Doch auch schwer geschädigte Birkenwälder vermögen sich durchaus wieder zu erholen. Eine besondere Rolle spielt dabei die ausgeprägte Fähigkeit der Birken zur Regeneration durch Stockausschlag (VAARAMA und VALANNE 1973; HOLTMEIER 1974). Selbst noch nach vielen Jahrzehnten können aus den verbliebenen Wurzelstöcken neue Schösslinge austreiben und zu Stämmen heranwachsen (siehe auch Foto 25; HOLTMEIER 1974, 2000, 2001; HEIKKINEN und KALLIOLA 1989). Viele der jungen Schösslinge mit ihren im Frühjahr besonders eiweißreichen Knospen (Abb. 48) und Blättern werden zwar von futtersuchenden Rentieren zerstört, jedoch scheint dies die Regeneration der Birkenwälder nicht ernsthaft zu gefährden, da auch nach dem Verbiss immer wieder neue Schösslinge emporkommen. So misst LEHTONEN (1987) den Rentieren auch nur dann einen die vegetative Regeneration hemmenden Einfluss zu, wenn der Verbiss sich mehrfach wiederholt. In Utsjoki zum Beispiel, mit seinem stark angewachsenem und nach wie vor zu hohen Rentierbestand, ist dies der Fall, insbesondere in den höheren Lagen und an der

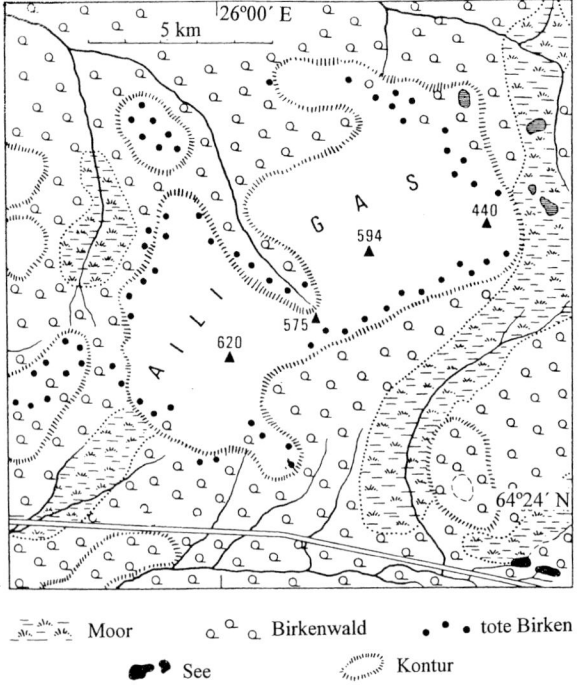

Abb- 47: Depression der Birkenwaldgrenze auf dem Ailigas bei Karigasnie-
mi (Finnisch-Lappland) durch *Epirrita
autumnata* (nach NUORTEVA 1963,
verändert).

Moor   Birkenwald   tote Birken

See   Kontur

---

oberen Waldgrenze, wo sich die
Birke nur sehr spärlich durch Sämlinge verjüngt. Ein häufig entscheidendes Hemmnis für die vegetative
Verjüngung soll Fäulnis ("Stock-
fäule") sein, die sich aus den verbliebenen Wurzelstöcken allmählich in die Schösslinge hinein ausbreitet (LEHTONEN 1987). Die Birken reagieren darauf mit der Ab-
sonderung von Substanzen, die die
Ausbreitung der Fäulnispilze zumindest für eine gewisse Zeit hemmen können (Kompartmentalisie-
rung), wie Verfasser an der Waldgrenze in Nodfinnland immer wieder feststellen konnte (HOLTMEIER
2000, 2001). Nachteilig wirkt sich
der Zusammenbruch der Birken-
wälder in windausgesetzten Bereichen auch auf den
zumeist tischförmig wachsenden Wacholder (*Juniperus communis*) aus. Infolge der auf den nunmehr
offeneren Flächen geringeren Schneebedeckung ist
er klimatischen Einwirkungen, insbesondere den
austrocknenden Winden, stärker ausgesetzt (KALLIO
und LEHTONEN 1973).

Der zum Teil intensive Stockausschlag kann den
Anschein eines klimatisch bedingten Vorrückens
des Birkenwaldes erwecken (HEIKKINEN und KAL-
LIOLA 1989). Andererseits dauert es nach Beginn
der Regeneration durch Stockausschlag viele Jahrzehnte, bis die Birkenbestände wieder die Blattmasse wie vor ihrem Zusammenbruch aufweisen. So
hatten die im Abisko-Tal während des Jahres 1955
dem Grünen Spanner zum Opfer gefallenen Birken
selbst 40 Jahre später erst 75 % der ursprünglichen
Blattmasse erreicht. Unter der Voraussetzung, dass
der gegenwärtige Trend solange anhält, werden weitere 30 bis 40 Jahre vergehen, bis sie sich ganz erholt haben (BYLUND 1995).

Nach einer Hypothese von TENOW et al. (1995)
wird die langfristige Entwicklung des Birkenwaldes
durch die systemimmanenten, parallel zueinander
verlaufenden sowie wechselseitig abhängigen und

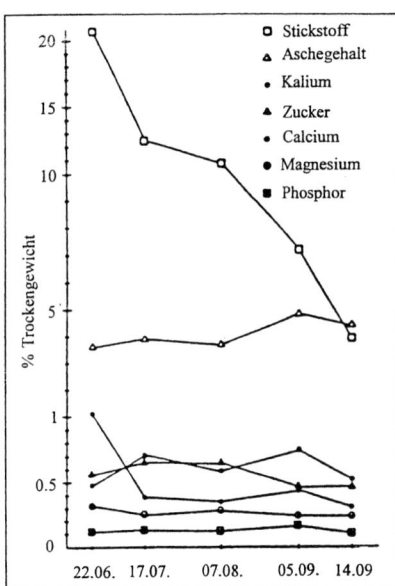

Abb. 48: Änderungen des Nährstoffgehaltes
von Fjellbirkenblättern im Verlauf der Vegetationszeit (nach KALLIO 1975, verändert).

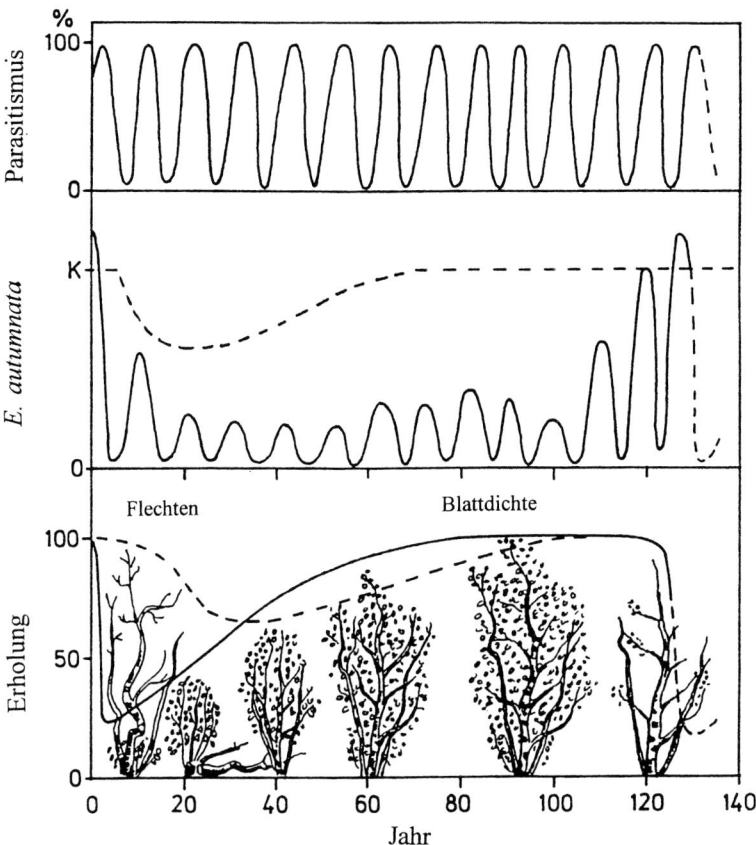

Abb. 49: Hypothetische Entwicklung des Larven-Parasitismus, der Populationsdichte von *Epirrita autumnata* und des Fjellbirkenwaldes nach einem schweren Kahlfraß. K = Tragfähigkeit (nach TENOW et al. 1995, verändert).

überdies vom Witterungsverlauf gesteuerten Zyklen der Dichteschwankungen des Grünen Spanners, seiner Parasiten und der auf Kahlfraß folgenden Regeneration der Birken gesteuert (Abb. 49). Zu Massenvermehrungen des Grünen Spanners kommt es gewöhnlich nur in alten, wenig vitalen und für Störungen bereits anfälligen Birkenbeständen. Sie bieten auch mit fortschreitendem Alter zunehmend günstigere Bedingungen für die Eiablage unter den die Stämme und Zweige bedeckenden Flechten sowie unter der abblätternden Rinde. Die Falter scheinen dabei raue, strukturreiche Oberflächen zu bevorzugen (TAMMARU et al. 1995). Jedenfalls findet man auf alten Birken mehr überwinternde Eier als auf benachbarten jungen Bäumen (BYLUND 1997). Die Eiablage unter Flechten zum Beispiel bringt manchen Vorteil hinsichtlich der weiteren Entwicklung der Insekten. Zum einen fallen die Eier nicht so leicht herab, und zum anderen sind sie vor Eierräubern und auch extremen Wintertemperaturen relativ gut geschützt.

Nach völligem Kahlfraß – der K-Wert (Tragfähigkeit) ist dabei überschritten worden (siehe auch Abb. 11 b) – bricht die *Epirrita*-Population infolge Nahrungsmangels und Parasiten zusammen und nimmt erst nach einigen Jahren wieder zu. Die zum großen Teil noch stehenden abgestorbenen Birkenstämme bieten immer noch gute Möglichkeiten für die Eiablage, und die frisch geschlüpften Raupen finden auf den aus den Wurzelstöcken austreibenden Schösslingen wieder Nahrung. Dennoch bleibt die Amplitude der Dichteschwankungen in den folgenden Jahrzehnten vergleichsweise eng. Dies ist vermutlich der größeren Vitalität der zu Bäumen heranwachsenden Schösslinge, der durch Bildung von Abwehrstoffen beeinträchtigten Nahrungsqualität, zeitweise ungünstigen Witterungseinflüssen sowie den sich mit dem Verrotten der inzwischen umgestürzten abgestorbenen Birkenstämme deutlich verschlechternden Eiablagemöglichkeiten zuzuschreiben. Erst nach etwa 70 Jahren entspricht die Blattmasse wieder der vor dem Kahlfraß. Nicht nur die Nahrungsqualität ist jetzt gut, sondern der inzwischen wieder starke Flechtenbewuchs an den Birken bietet auch optimale Voraussetzungen für die Eiablage. Infolgedessen nimmt die *Epirrita*-Dichte im Verlauf der normalen Oszillationen wieder zu und gipfelt schließlich in einer erneuten Massenvermehrung. Damit beginnt dann ein neuer Entwicklungszyklus des Birkenwaldes.

Offensichtlich nehmen nach den Kahlfraßperioden auch die Temperaturen einen starken Einfluss auf die Erholung der Birkenwälder. Normalerweise können die Birken nach einer solchen Kalamität ein zweites Mal austreiben, vorausgesetzt, dass sie in der vorhergegangenen Vegetationsperiode ausreichende Energiereserven in Wurzeln und Stämmen speichern konnten. In kühlen und kurzen Sommern ist das aber meist nicht der Fall, und dann fehlen die Mittel zur "Reparatur". Während der Kahlfraßperiode Mitte der sechziger Jahre waren in Finnisch-Lappland die thermischen Bedingungen während der Vegetationszeit außerordentlich ungünstig. Man verzeichnete die geringsten Wärmemengen (Tage > 5 ^{0}C) während des ganzen Jahrhunderts (MIKOLA 1971; KÄRENLAMPI 1972). Treffen nun eine Folge kühler, ungünstiger Sommer und eine Massenvermehrung des Grünen Spanners zusammen, so ist dies für die Birkenwälder von nachhaltiger Wirkung, insbesondere für die waldgrenzbildenden Bestände (KALLIOLA 1941; NUORTEVA 1963; KALLIO und LEHTONEN 1973; siehe auch Abb. 47). Ausschlaggebend für den Zusammenbruch der Waldgrenzbestände waren wahrscheinlich Sekundärparasiten (z. B. Bohrer wie *Hylocoetes dermestioides* und der Grüne Laubholzprachtkäfer, *Agrilus viridis*; PALM 1959), die die durch den Kahlfraß geschwächten Birken befielen. Ereignisse wie die Massenvermehrungen des Grünen Spanners müssen bei der ursächlichen Analyse weit zurückliegender Absenkungen der Birkenwaldgrenze in diesem Raum, die gewöhnlich allzu rasch als Ausdruck von Klimaverschlechterungen gesehen werden, sehr viel stärker berücksichtigt werden (HOLTMEIER 1974, 1995 b; HEIKKINEN und KALLIOLA 1989).

Die Verbreitung der Kahlfraßschäden lässt oft eine enge Bindung an die geländeklimatischen Verhältnisse erkennen (TENOW 1972, 1975; KALLIO und LEHTONEN 1973, 1975; HOLTMEIER 1974). In erster Linie sind die höhergelegenen Hangbereiche, zum Teil bis an die obere Waldgrenze, betroffen, während die Birkenbestände auf den Talsohlen und im Hangfußbereich gewöhnlich unbehelligt bleiben (Abb. 50, 51). Die obere Grenze der schadensfreien Bereiche entspricht meist sehr genau der Obergrenze der sich vor allem bei Strahlungswetterlagen im Winter bildenden Kaltluftseen. Beispielsweise sind unter solchen Bedingungen die Temperaturen auf den das Utsjokital bei Kevo säumenden Anhöhen (ca. 300 m) um 15 °C bis 20 °C höher als auf dem nur 200 m tiefer liegenden Talboden (KALLIO und KÄRENLAMPI 1971; KALLIO und LEHTONEN 1973; NEUVONEN et al. 1999). Nicht selten unterschreiten dort die Minima -30 °C. Bei derartigen Extremwerten werden vermutlich die im Spätherbst auf Birkenzweigen, unter Rindenschuppen oder auf Flechten (*Parmelia olivacea*) abgelegten Eier von *Epirrita autumnata* abgetötet (TENOW 1972; NIEMELÄ 1979; TENOW und HOLMGREN 1987; TENOW 1996). Zwischen 1955 und 1962 wurden bei Abisko (Nordschweden) in vier von zwölf Wintern und zwischen 1984 und 1994 in zwei von elf Wintern, Temperaturen gemessen, bei denen die Eier absterben (BYLUND 1999). Die Embryos werden schon bei weniger tiefen Frosttemperaturen abgetötet. Im Abisko-Tal liegt im Hochwinter während der Diapause die kritische Temperatur bei -36 °C, im Spätwinter und zeitigen Frühjahr aber, während der Embryoentwicklung bis zum Schlüpfen der Raupen, bei -29 °C (NILSSEN und TENOW 1990). So dürften auch die extrem tiefen Wintertemperaturen auf der Finnmarksvidda, denen die Eier des Grünen Spanners regelmäßig zum Opfer fallen, die Ursache dafür sein, dass es dort nicht zu Massenvermehrungen kommt (TENOW und NILSSEN 1990). Nach

Abb. 50: Kahlfraß (punktiert) durch *Epirrita autumnata* auf dem Jesnalvaara (330 m) (Kevo, Finnisch-Lappland). Die Untergrenze des Schadensbereiches verläuft in etwa 240 m Höhe oberhalb des winterlichen Kaltluftsees. Die kräftig gezeichneten Partien stellen Kiefernbestände dar (Skizze vom 27. 08. 1969, aus HOLTMEIER 1974).

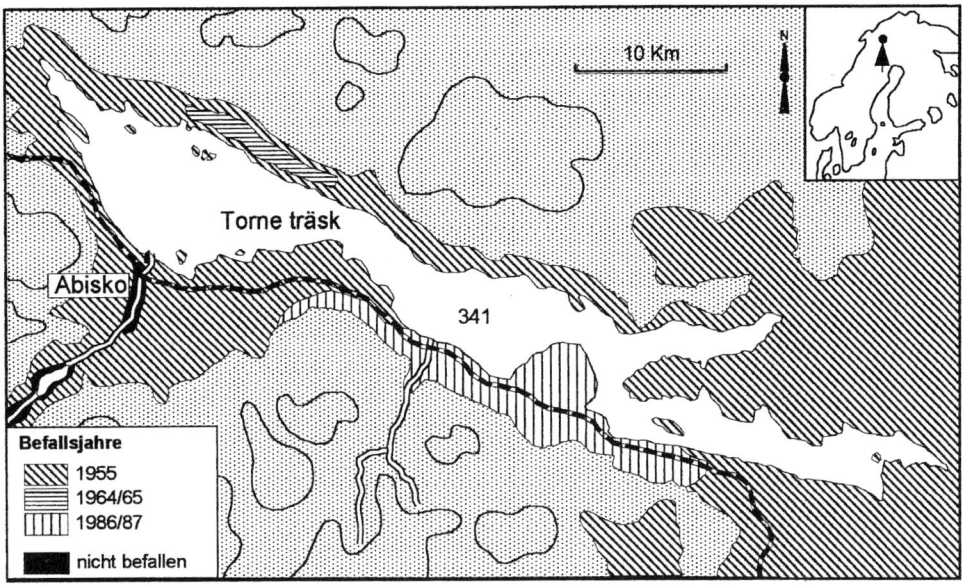

Abb. 51: Während mehrerer Kahlfraßperioden betroffene Fjellbirkenwälder im Torneträsk-Gebiet. Allein die unteren, sehr tiefe Wintertemperaturen aufweisenden Lagen des Abisko-Tales blieben unbehelligt. Die Konturlinien oberhalb des Birkenwaldes entsprechen der 1 000 m-Isohypse (nach TENOW und BYLUND 1989, verändert).

Untersuchungen von VIRTANEN et al. (1998) bei Kevo ist es eher unwahrscheinlich, dass die *Epirrita*-Eier, welche die extrem tiefen Temperaturen im Hochwinter (oftmals < -36 °C) überlebt haben, im Spätwinter und zeitigen Frühjahr durch die dann deutlich höheren Frosttemperaturen abgetötet werden.

Im nördlichen Torneträskgebiet (siehe auch Abb. 51) überlagern sich gelegentlich die Einflüsse des Grünen Spanners und des polyphagen Kleinen Frostspanners (*Operophtera brumata*). Letzterer ist vorwiegend auf der Westseite der Skanden entlang der West- und Nordküste Norwegens verbreitet, wo er in erster Linie die Birkenwälder in mittleren und tieferen Lagen schädigt. In den Jahren 1964/1965, also 10 Jahre nach der schon beschriebenen *Epirrita*-Kalamität, kam es aber auch in den im Vergleich zu den moosreichen Heide-Birkenwäldern des Abisko-Tales geradezu üppigen Wiesen-Birkenwäldern (zur Terminologie siehe HÄMET-AHTI 1963) auf der Nordseite des Torneträsk zu einer Massenvermehrung des Frostspanners. Die Existenz dieser Birkenwälder ist den maritimen Klimaeinflüssen zuzuschreiben, die hier über 420 bis720 m hoch gelegene Pass-Sättel auf die Ostseite des Gebirges übergreifen. Die Massenvermehrung des Kleinen Frostspanners setzte in mittlerer Hanghöhe ("Warme Hangzone" im Sinne von GEIGER 1961; AULITZKY 1968) ein und breitete sich von dort nach oben und unten aus. Auch *Epirrita*-Raupen waren an dem Kahlfraß beteiligt (TENOW 1996). Während die befallenen Birken in den oberen und unteren Randbereichen bald wieder neue Blätter austrieben, starb der Großteil der Birken in der "Warmen Hangzone" ab (SONESSON und HOOGESTEGER 1983). Der Boden ist übersät mit toten Stämmen, und anstelle des ehemaligen, von großen einstämmigen Birken gebildeten Wiesen-Birkenwaldes erstreckt sich dort heute ein sehr offener, einer Baumsavanne ähnlicher Birkenwald. Noch im Sommer 1990 produzierten dort die Birken nur zwei bis drei Prozent der Blattmenge vor der Massenvermehrung.

Die enge räumliche Begrenzung der von *Operophtera* verursachten Schäden auf die nördliche Seite des Torneträsk scheint verschiedene Ursachen zu haben. So können junge Raupen mit dem Wind aus infizierten Birkenwäldern der Westseite herübergeweht worden sein. Das ist bei *Operophtera brumata* die effektivste Ausbreitungsweise (EDLAND 1971), denn die weiblichen Falter haben verkümmerte Flügel und können deshalb nicht fliegen. Zudem besteht dort ein bewaldeter Übergang (420 m über NN) zum Bardu-Söderdal auf der Westseite der Skanden, in dem sich die Raupen, dem Waldgürtel folgend, gewissermaßen "zu Fuß" nach Osten ausbreiten können. Jedenfalls waren 1964 auch die Birken im Bardu-Södertal stark befallen (TENOW 1996). Darüber hinaus dürften die auf den südexponierten Hängen nördlich des Torneträsk sehr früh austreibenden Birken den zum selben Zeitpunkt geschlüpften Raupen des Kleinen Frostspanners eine optimale Nahrungsgrundlage geboten haben. Die Bestände im Abisko-Tal selbst blieben unbehelligt. Auch dafür gibt es mehrere Gründe. Zum einen gibt es dort keine entsprechende Verbindung zu den Birkenwäldern der Westseite. Zum anderen sind süd- und südwestexponierte Hänge, die eine früh einsetzende Belaubung der Birken erlauben und damit eine günstige Nahrungsbasis für die frisch geschlüpften Raupen bieten würden, selten. Nicht zuletzt sind die Eier des Frostspanners frostempfindlicher als die von *Epirrita autumnata* und vertragen insbesondere keine langhaltende Perioden mit sehr tiefen Temperaturen (< -33 ^{0}C), wie sie im Abisko-Tal etwa alle drei bis vier Jahre auftreten.

Da nicht alle Birkenbestände durch die Spanner in demselben Maße befallen werden, entwickeln sich innerhalb des subarktischen Birkenwaldes durch das Nebeneinander mehr oder weniger stark geschädigter, intakter und unterschiedlich alter Bestände mosaikartige Strukturen. Gerade in alten Beständen, die gewöhnlich am stärksten befallen werden, (BYLUND 1997), kann wiederholter Kahlfraß zum völligem Zusammenbruch führen, andererseits aber auch eine intensive Regeneration (Stockausschlag) einleiten (TENOW und BYLUND 1989; TENOW et al. 1995). Auch im Abisko-Tal ist dies vielfach zu beobachten. Wenn auch die Holznutzung in den Bestandesstrukturen ihre unübersehbaren Spuren hinterlassen hat, so bereitet es kaum Schwierigkeiten, die

Stämme der großenteils vielstämmigen Fjellbirken verschiedenen Altersklassen zuordnen, die in den meisten Fällen der Regeneration durch Stockausschlag nach den Kahlfraßperioden des Grünen Spanners zuzuschreiben sind (EMANUELSSON 1987; BYLUND 1995).

Einen interessanten Ausblick auf die mögliche Veränderung der infolge wärmerer Winter dem Befall durch den Birkenspanner ausgesetzten Areale bietet die Modellierung der Ei-Mortalität in Abhängigkeit von den geländeklimatischen Verhältnissen im Raum um die Subarktische Forschungsstation Kevo (VIRTANEN et al. 1998). Sollten die Wintertemperaturen im Verlauf dieses Jahrhunderts ansteigen, wie in verschiedenen Szenarien in Aussicht gestellt (RÄISÄNEN 1994; weitere Literatur in VIRTANEN et al. 1998), würde sich das derzeit durch extrem tiefe Wintertemperaturen und hohe Ei-Mortalität charakterisierte Areal bis Mitte des 21. Jahrhunderts um ein Drittel und bis zum Ende auf etwa ein Zehntel verringern. Voraussichtlich würden größere Birkenwaldflächen dem Kahlfraß zum Opfer fallen, und ein Anstieg der Birkenwaldgrenze wäre weniger wahrscheinlich.

Andererseits würden Massenvermehrungen wahrscheinlich kaum häufiger werden, weil neben dem Klima weitere Faktoren, wie zum Beispiel die Waldstrukturen, eine wichtige Voraussetzung sind. Selbst wenn sich unter günstigeren Klimaverhältnissen die Wälder nach einem Kahlfraß rascher erholen sollten, so würde es weiterhin recht lange dauern, bis sich die für eine Massenvermehrung notwendigen Bestandesstrukturen entwickelt haben, es sei denn die Zusammensetzung der Wälder würde sich völlig ändern (BYLUND 1999). Ebenso dürfte sich unter wärmeren Bedingungen auch der Einfluss der Parasiten und Fressfeinde des Grünen Spanners verändern und eine anhaltend geringere Larvendichte bewirken (z. B. LAINE und NIEMELÄ 1980; KARHU und NEUVONEN 1998; VIRTANEN und NEUVONEN 1999). Ungewiss ist auch, wie sich ein früheres Austreiben der Birkenblätter auf den Schlüpfzeitpunkt und den weiteren Lebenszyklus der Larven auswirken wird (BYLUND 1999). Für Spekulationen öffnet sich hier ein weites Feld.

2.4.2 Lärchenwickler in den zentralalpinen Lärchen-Arvenwäldern

Ein Parallelbeispiel zu den durch den Grünen Spanner verursachten Kahlfraßschäden – wenn auch nicht mit vergleichbarer Größe der Schadensflächen – ist die Entlaubung von Lärchenwäldern durch den Grauen Lärchenwickler. Ähnlich wie *Epirrita autumnata* und *Operophtera brumata* ist auch der Lärchenwickler weit verbreitet. Zu nachhaltig wirksamem Kahlfraß kommt es jedoch vor allem während seiner in einem Zyklus von acht bis zehn Jahren aufeinander folgenden Massenvermehrungen in den Lärchenwäldern (*Larix decidua)* der kontinental getönten, vergleichsweise trockenen inneren Alpentäler sowie in Sibirien (*Larix sibirica, Larix dahurica*). Sibirien gilt übrigens als die Heimat des Lärchenwicklers. Vereinzelt ist auch schon über allerdings in unregelmäßiger Folge auftretende Kahlfraßschäden in Lärchenpflanzungen in den Pyrenäen (*Larix decidua*), in England (*L. decidua*) und Japan (*L. leptolepis*) berichtet worden (BALTENSWEILER et al. 1977). Auch die Lärchenwälder Alaskas (*Larix laricina*) werden gelegentlich vom Lärchenwickler (*Zeiraphera* spec., WERNER 1986 a, 1986 b) heimgesucht.

Der Lärchenwickler attackiert aber nicht nur Lärchen jeglichen Alters, sondern auch Arven (*Pinus cembra*, Alpen) und Fichten (*Picea abies*, Mittelgebirge, Zentraleuropa) sowie Waldkiefern (*Pinus sylvestris*) im Norden seines Verbreitungsgebietes (NOVAK et al. 1989). In den Zentralalpen befällt der Lärchenwickler vor allem Lärchenbestände in Höhenlagen zwischen 500 m und 2 000 m. Am stärksten ist der Bereich oberhalb von 1 700 m bis 2 000 m betroffen (AUER 1975; BALTENSWEILER et al. 1977). Auf der Nord- und Südseite der Alpen kommt Kahlfraß in unregelmäßigen Abständen und mit zumeist nur einjähriger Dauer auch noch in Höhenlagen um

125

200 m vor. In den noch tiefer gelegenen Wäldern, auch in künstlich angelegten im Schweizer Mittelland, bleibt Kahlfraß aus, obwohl der Lärchenwickler dort immer gegenwärtig ist (GRAF 1974; AUER 1975).

Während des Höhepunktes der Massenvermehrungen fressen die Raupen die Bäume kahl, so dass die Lärchenbestände mitten im Sommer eine rotbraune, später graubraune Färbung annehmen. Unter günstigen Umständen treiben die Lärchen ein zweites Mal im Jahr (August) aus. Ungünstige Witterungsbedingungen aber können dieses erneute Austreiben verhindern. Normalerweise sterben die Bäume nicht ab. Kritisch wird es, wenn die Lärchen in zwei aufeinander folgenden Jahren kahlgefressen werden, oder wenn sich einmaliger Kahlfraß mit ungünstigen Witterungseinflüssen (Dürre, Frühfröste) überlagert. Mehrfach ist über das Absterben ganzer Lärchenbestände im Anschluss an die Massenvermehrungen des Lärchenwicklers berichtet worden (GANZONI 1911; AUER 1961; mdl. Mitt. O. BISAZ und E. CAMPELL). Wie in den durch den Grünen Spanner vernichteten Birkenwäldern dürften dabei die Nachwirkungen des Befalls, die Schwächung der Widerstandskraft der Lärchen gegen klimatische Einflüsse und Sekundärparasiten, die entscheidende Rolle gespielt haben. Regelmäßig führen die Kahlfraßperioden zu Zuwachsverlusten (AUER 1961; NÄGELI 1969; SCHWEINGRUBER 1979; WEBER 1995 a, 1995 b). Zudem werden anscheinend die Fruktifikation und damit auch die Verjüngung der Lärche gestört. In einer Gegenüberstellung der Samenjahre der Lärche (und der übrigen bestandesbildenden Koniferen im Oberengadin) mit den Wachstumskurven der Lärchenwicklerpopulationen (Abb. 52) zeigt sich,

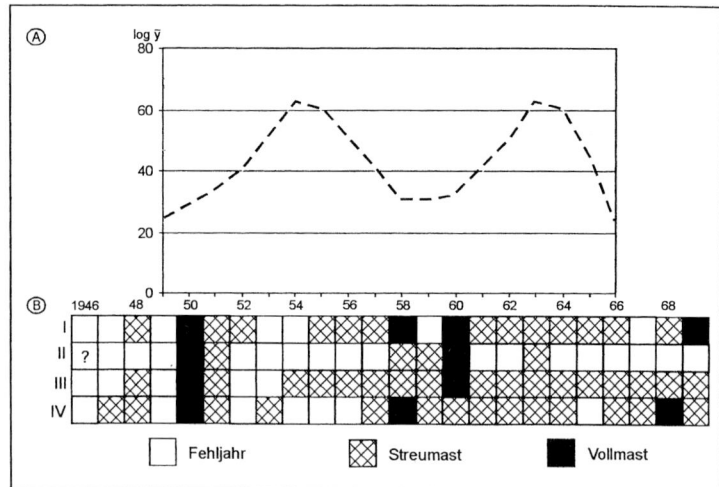

Abb. 52: Populationsbewegungen (A) des Grauen Lärchenwicklers (*Zeiraphera griseana*) im Oberengadin (Gemeinden Pontresina und Celerina) und Samenproduktion (B) der Arve (I), der Lärche (II), der Föhre (III) und der Fichte (IV). (Populationskurve nach AUER 1968, Samenerträge nach den Jahresberichten des Forstkreises 29, aus HOLTMEIER 1974).

dass bei der Lärche Samenjahre während der Tiefstände der Lärchenwicklerpopulation und auch noch anfangs bei zunehmender Vermehrung des Lärchenwicklers auftraten. Bereits vor Erreichen des Gradationsmaximums und noch mehrere Jahre danach waren aber nur noch Fehljahre zu verzeichnen (HOLTMEIER 1974). Da die anderen Koniferen derweil Streumasten aufwiesen, liegt die Vermutung nahe, dass die seltenen Samenjahre der Lärche mit den Kahlfraßperioden in einem ursächlichen Zusammenhang stehen.

Reine Lärchenbestände finden sich heute im wesentlichen im Hangfußbereich und auf leicht zugänglichen strahlungsexponierten Hängen. Dieses heutige Verbreitungsbild reiner Lärchenbestände geht zu einem großen Teil auf die jahrhundertelange Beeinflussung der Gebirgswälder durch den Menschen zurück (u. a. CAMPELL 1944; AUER 1947; HOLTMEIER 1967 a, 1967 b, 1990, 1994, 1995 a; JAHN 1968). Unter ungestörten Verhältnissen wäre die lichtbedürftige Lärche im Laufe der Sukzession allmählich durch die schattenverträglicheren Arven (*Pius cembra*) und Fichten (*Picea abies*) verdrängt worden. Der Mensch hat aber überall dort, wo Klima und Relief eine Weidenutzung zuließen, die Arven und Fichten herausgeschlagen und lichtdurchflutete, reine Lärchen-Weidewälder geschaffen. Die Arve litt auch sehr viel mehr unter Verbiss und Vertritt als die vergleichsweise unempfindliche Lärche. Zudem ist die Lärche durch die früher häufigen Waldbrände gefördert worden, da sie durch ihre dicke korkähnliche Borke recht gut gegen Feuer geschützt ist und auch ihre Nadeln nach Waldbränden erneuern kann. Die Arve reagiert dagegen sehr empfindlich auf Feuer. Nach Rückgang der Waldweide nimmt in vielen Lärchenwäldern nun die natürliche Sukzession zum alpenrosenreichen Arvenwald ihren Lauf. Streckenweise bilden bereits die bis zu mehrere Meter hohen Arven eine zweite Baumschicht unter dem lichten Kronendach der Lärchen (siehe auch Foto 31).

Diese mit dem Nachlassen der anthropogenen Einflüsse wieder in Gang gekommene Sukzession wird aber nun vielfach durch den Lärchenwickler unterbrochen. Nachdem die Raupen während starker Massenvermehrungen die Lärchen kahlgefressen haben, gehen sie auf die Arven im zweiten Stockwerk über und zerstören deren Nadeln (u. a. BEZZOLA 1989). Infolge der Fraßschäden und des Befalls der geschwächten Arven durch sekundäre "Schädlinge" (z. B. Echter Kiefernrüssler, *Pissodes pini* / Arvenwolllaus, *Cinaria cembrae* / Borkenkäfer, *Pityogenes bistridentatus* und *Ptyiopterus knotecki*) sterben diese Bäume ab oder entwickeln sich zu Kümmerwuchsformen. In den reitgrasreichen Lärchenreinbeständen auf südexponierten Standorten wurden in den siebziger Jahren des vorigen Jahrhunderts über 90 % des Arvenjungwuchses vernichtet (BALTENSWEILER 1975; BALTENSWEILER und RUBLI 1984). Möglicherweise ist die Existenz der Arve durch den Lärchenwickler mehr gefährdet als die der Lärche. Jedenfalls hat der Lärchenwickler, nachdem der Mensch durch Weidewirtschaft, gezieltes Herausschlagen der weidefeindlichen Arve und durch Brände die Ausbreitung der reinen Lärchenwälder ermöglichte, über Jahrhunderte hinweg zu ihrer Erhaltung beigetragen. Auf diese Weise ist ein Ökosystem mit einer neuen Qualität entstanden, die durch eine vorher nicht vorhandene zyklische Stabilität gekennzeichnet ist. Mittels dendroökologischer Methoden sind für das Oberengadin (Optimalgebiet) immerhin 57 und das Goms (im Wallis, Suboptimalgebiet) 59 Lärchenwicklergradationen nachgewiesen worden (WEBER 1995 a, 1995 b).

Wie die Verbreitung der *Epirrita*-Schäden so lassen auch die vom Lärchenwickler verursachten Schäden eine zum Teil vergleichbare enge Bindung an die geländeklimatischen Verhältnisse erkennen (Foto 26). Reine Lärchenbestände im Talsohlen- und Unterhangbereich bleiben häufig unbehelligt, während darüber – in der "Warmen Hangzone" – die Lärchen dem Raupenfraß zum Opfer fallen. Gleichwohl liegen diesem Verbreitungsmuster andere Ursachen zugrunde als dem der *Epirrita*-Schäden. Die Eier des Lärchenwicklers sind nämlich außerordentlich frosthart und vertragen Frosttemperaturen von unter -40 °C (BALTENSWEILER et al. 1977) bzw. -50 °C (BAKKE 1969). Selbst Temperaturen von "nur" -40 °C kommen aber in den Zentralalpentälern nur in Ausnahmefällen vor. Entscheidend für das Ausbleiben von Kahlfraßschäden dürfte eher der im Bereich der häufigen Temperaturinversionen im Talsohlen- und unteren Hangbereich oft verspätete Austrieb der Lärchennadeln sein. Schlüpfen die Raupen vorher, so gehen sie an Nahrungsmangel zugrunde. Auch die Waldgrenzbestände bleiben vielfach unversehrt. In über 2 000 m Höhe erstreckt sich der Falterflug bis in den September hinein. Da dort die Temperaturen dann aber meist schon unter 8 °C liegen, hemmen sie sowohl die Flug- als auch die Eiablageaktivität und damit das Populationswachstum (BALTENSWEILER et al. 1977). KHOMENTOVSKY et al. (1997) berichten

Foto 26: Lärchenwicklerschäden in der "Warmen Hangzone" an der Einmündung des Susauna-Tales in das Oberengadiner Haupttal (F.-K. HOLTMEIER, Oktober 1972).

erstmals über Kahlfraß durch den Lärchenwickler an *Pinus pumila* während einer Kahlfraßperiode (1988-1993) im zentralen Kamtschatka. Diese Beobachtungen deuten darauf, dass unter den dortigen extremen klimatischen Verhältnissen die Eier des Lärchenwicklers den Winter nur überstehen, wenn sie durch eine Schneedecke vor den durchaus nicht selten unter -50 °C fallenden Temperaturen geschützt sind.

So wie sich die bei kurzfristiger Betrachtung als ökologische Katastrophe erscheinenden Massenvermehrungen des Lärchenwicklers in den Oberengadiner Lärchenwäldern langfristig als ein geradezu systemstabilisierender Faktor erweisen, so verhält es sich auch bei den Massenvermehrungen vieler anderer herbivorer Insekten. Zum Beispiel zeigte sich bei Untersuchungen des Einflusses des "spruce budworm" in kanadischen Balsamtannenwäldern (*Abies balsamea*), dass dieser "Schädling", obwohl er während einer Massenvermehrung über 80 % des Tannenbestandes vernichtete und dadurch geradezu dramatische Veränderungen der Bestandesstruktur und der Produktivität auslöste, auf lange Sicht die Selbsterhaltung der Tannenwälder sichert, indem er die Anzahl der konkurrenzstarken großen Bäume verringert und so das Aufkommen des bis dahin unterdrückten Jungwuchses erleichtert (MacLEAN 1988).

2.4.3 Waldschadinsekten in Nadelwäldern Nordamerikas

2.4.3.1 Western spruce budworm

Zu den nur 15 Lepidopteren-Arten, bei denen es in den westlichen Vereinigten Staaten zu Massenvermehrungen kommt (FURNISS und CAROLIN 1977), zählt der "western spruce budworm" (*Choristoneura* spec., Tortricidae). In den Nadelwäldern des gebirgigen Westens Nordamerikas verursacht er große wirtschaftliche Schäden. Es handelt sich um mehrere Arten (POWELL 1980;

CAROLIN et al. 1987), von denen fünf in erster Linie Tannen, Douglasien, Fichten und auch Lärchen befallen. Eine ist auf Kiefern spezialisiert. Im Grunde genommen kann der "spruce budworm" aber auf allen im Westen verbreiteten Nadelbaumarten vorkommen und Schäden verursachen (HERMAN 1987). Einige *Choristoneura*-Arten sind sympatrisch und zum Teil im selben Bestand, aber auf verschiedenen Baumarten anzutreffen. Am stärksten werden Rein- oder Mischbestände von Douglasien und Tannen geschädigt. Die Larven ernähren sich von männlichen und weiblichen Pollen beziehungsweise Blütenzäpfchen und frischen Nadeln. Entnadelung und Verfärbung der Baumkronen sowie abgestorbene Wipfeltriebe sind die auffälligsten äußeren Zeichen des "budworm"-Befalls. Die Mortalität der befallenen Bäume nimmt deutlich zu, wenn andere Störfaktoren, wie Wurzelfäule, Trockenstress, Mistel- und auch Borkenkäferbefall hinzukommen, wobei allerdings die Borkenkäfer eher Bäume angreifen, die durch Wind- oder Schneebruch gelitten haben.

Das Höhen- und Dickenwachstum (enge, fehlende oder unvollständige Jahrringe) der befallenen Bäume lassen nach, und selbst bei nur leichter Befallsintensität kann die Zerstörung der Reproduktionsorgane die Regeneration über längere Zeit hinweg beeinträchtigen (FELLIN und SHEARER 1968; DEWEY 1970; CHRISMAN et al. 1983), insbesondere wenn in der Zwischenzeit im Bestand eine konkurrenzstarke Vegetation aufkommt. Verschärfend wirkt direkter Raupenfraß an dem schon vorhandenen Jungwuchs (VAN SICKLE 1987). Anhaltender "budworm"-Befall führt zu einer Veränderung der Bestandesstruktur. Allem Anschein nach fallen in erster Linie die kleineren und konkurrenzschwachen Bäume den Raupen zum Opfer, während die dominierenden hohen und starken Bäume nur unwesentlich geschädigt werden (JOHNSON und DENTON 1975; ALFARO et al. 1982; BOUSFIELD und CHASE 1982; HADLEY und VEBLEN 1993). In Mischbeständen verschiebt sich infolge der höheren Mortalität der Tanne (*Abies grandis*) das Bestockungsverhältnis zugunsten der anderen Baumarten. Während früher der Befall durch den "budworm" im Vergleich zum Borkenkäferbefall eher sporadisch auftrat, ist er seit Mitte des 20. Jahrhunderts anscheinend häufiger geworden. Dazu hat möglicherweise der in diesem Zeitraum zu verzeichnende Rückgang der Baumhöhen in den bewirtschafteten Nadelwäldern des Westens beigetragen (CAROLIN 1987). Vielleicht hat man aber dem Phänomen in neuerer Zeit auch nur mehr Beachtung geschenkt, zumal seit Mitte der vierziger Jahre in steigendem Umfang die Schadensregionen mittels Luftbildauswertung kontinuierlich und nahezu lückenlos erfasst werden (STIPE 1987).

Neben den herbivoren Insekten gibt es eine ganze Reihe von ebenfalls unter gegebenen Umständen zu Massenvermehrungen neigenden Arten, die nicht phyllophag sind, sondern auf andere Weise, beispielsweise durch Anlegen von Bohrgängen im Leitgewebe von Holzpflanzen, die Entwicklung verschiedener Arten und somit die Bestandesdynamik sehr wirksam und langfristig beeinflussen können. Dazu zählen unter anderem Vertreter aus zahlreichen Käferfamilien, wie der Bockkäfer (Cerambycidae), der Holzbohrkäfer (Bostrychidae), der Prachtkäfer (Buprestidae), Rüsselkäfer (Curculionidae) sowie der Borkenkäfer (Scolytidae) (siehe auch GRAF 1971, NOVAK et al. 1989).

2.4.3.2 Borkenkäfer

"Mountain pine beetle": Ein interessantes Beispiel aus der Borkenkäferfamilie ist der "mountain pine beetle" (*Dendroctonus ponderosae*, Scolyitidae). Er ist etwa so groß wie eine Streichholzspitze und wohl der aggressivste seiner Gattung in Nordamerika. Alle 20 - 40 Jahre kommt es zu Massenvermehrungen, denen immer wieder ausgedehnte *Pinus contorta*-Bestände (Drehkiefer, "lodgepole pine") zum Opfer fallen. Der Zeitpunkt des Befalls der Bestände hängt davon ab, wie schnell einige Bäume einen bestimmten Durchmesser und damit ein für die Anlage von Eiablagegängen ausreichend dickes Phloem entwickelt haben. Nach einiger Zeit mehr sporadischen

Vorkommens "explodiert" die Borkenkäfer-Population innerhalb nur einer Woche und zerstört den Kiefernbestand. Leichten Befall vermögen die Kiefern zu überleben, denn dann füllen sich die immer senkrecht angelegten Eiablagegänge mit Harz, und sowohl Eier als auch Larven werden abgetötet (REID et al. 1967). Sonst aber schlüpfen die Larven rund zwei Wochen nach der Eiablage und fressen sich durch das Phloem hindurch. Die horizontal verlaufenden Fraßgänge unterbrechen den Saftstrom (= Ringeln). Die reifen Larven höhlen ovale Zellen in der Rinde aus und verpuppen sich dort. Zunächst ernähren sich auch die geschlüpften Käfer noch von der Rinde, bis sie sich durch sie hindurch nach außen gefressen haben und noch nicht befallene Bäume angreifen. Vermutlich führt nicht das Ringeln allein zum Absterben der Bäume, sondern Pilze (*Ceratostomella fungi* und *Europhium clavigerum*, Blauschimmel, "blue stain fungus"), die bei der Eiablage der Käfer – möglicherweise als Sporen in der Nahrung – in die Bäume hineingelangen, breiten sich im Phloem und besonders im wasserleitenden Rindenholz des Xylems aus und beeinträchtigen den Saftstrom.

Diese Käferkalamitäten beeinflussen die Entwicklung der Kiefernbestände auf lange Sicht. Den Käfern fallen mehr dicke als dünne Bäume zum Opfer (COLE und AMMAN 1969; Abb. 53 und 54). Der Grund dafür ist das dickere Phloem der Bäume, die einen großen Durchmesser aufweisen. Das Phloem nimmt exponentiell mit dem Baumdurchmesser zu. Während des Höhepunktes der Gradation befallen die Käfer die starken Bäume jedes Jahr. Schließlich bleiben nur Bäume mit einem geringen Durchmesser übrig. Ihr noch zu dünnes Phloem schließt aber noch jegliche Eiablage und damit die Vermehrung der Käfer aus. Infolgedessen bricht die Population zusammen. Beispielsweise zeigte sich bei Untersuchungen im westlichen Kanada, dass Drehkiefernbestände, die jünger als 60 Jahre sind, vom "mountain pine beetle" nicht befallen werden. Bei den 60- bis 90-jährigen Beständen ist es gelegentlich, bei über 90-jährigen oftmals der Fall. Auf nährstoffarmen Standorten wurden auch alte Bestände nur selten befallen, weil dort die Bäume keine genügend großen Durchmesser erreichten (SAFRANYIK et al. 1975). In den hohen nördlichen Breiten und in großen Höhenlagen verzögert vor allem Wär-

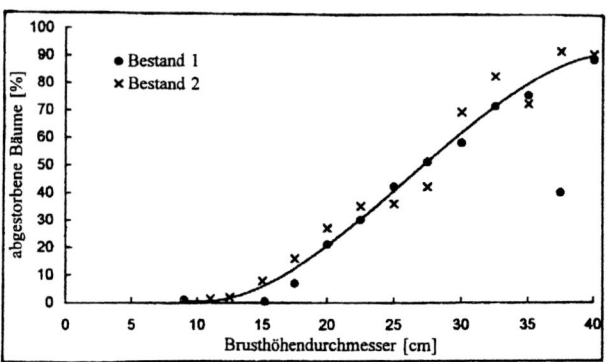

Abb. 53: Prozentualer Anteil der vom "mountain pine beetle" (*Dendroctonus ponderosae*) getöteter Drehkiefern (*Pinus contorta*) je Durchmesserklasse (nach AMMAN 1977, Kurve korrigiert).

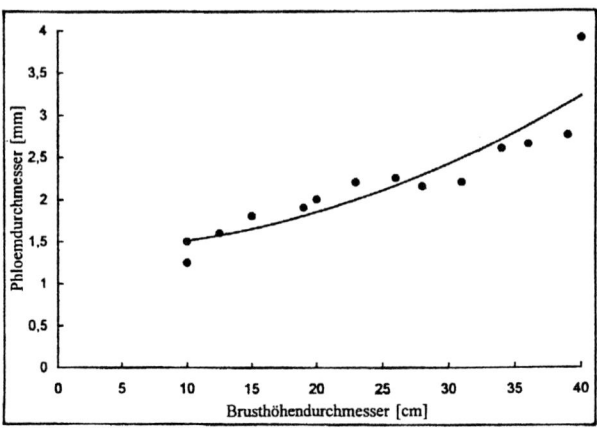

Abb. 54 Durchschnittliche Phloemdicke bei Drehkiefern verschiedenen Durchmessers (nach AMMAN 1977, Kurve korrigiert).

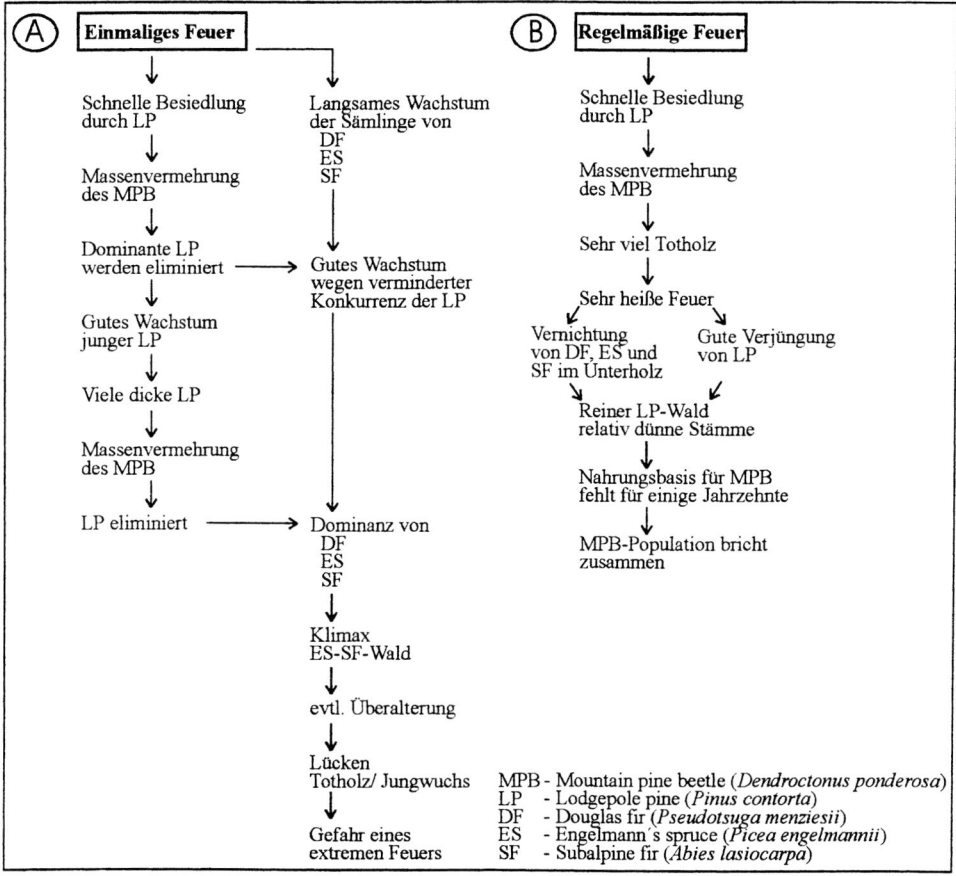

Abb. 55: Waldentwicklung unter dem Einfluss eines einmaligen Feuers (A) und mehrmaliger Feuer (B) (Entwurf HOLTMEIER, nach Ausführungen von AMMAN 1977).

memangel die Entwicklung der Borkenkäfer, so dass viele in noch besonders empfindlichen Entwicklungsstadien während des ersten oder zweiten Winters tiefen Frosttemperaturen zum Opfer fallen. Infolgedessen hält sich der Befall in Grenzen, und mehr Drehkiefern überleben hier die Attacken als in tieferen Lagen und weiter südlich (AMMAN 1977).

Je nach der Zusammensetzung und dem Entwicklungsstadium der Kiefernbestände ist die Wirkung solcher Massenvermehrungen verschieden (Abb. 55). In Drehkiefernwäldern, die durch den "mountain pine beetle" heimgesucht worden sind und in denen danach keine Feuer mehr aufgetreten sind, werden die Kiefern ziemlich rasch durch besser Schatten ertragende Baumarten abgelöst, wie zum Beispiel die Douglasie *(Pseudotsuga menziesii)* in tieferen Lagen oder die "subalpine fir" *(Abies lasiocarpa)* in den Hochlagen. Auf Brandflächen breitet sich *Pinus contorta* als Pionierart sehr rasch aus und wächst schnell heran. Tannen- *(Abies lasiocarpa)* und Fichtensämlinge *(Picea engelmannii)*, die neben den Kiefernsämlingen aufgekommen sind, wachsen wesentlich langsamer. Bei jeder Massenvermehrung werden nun die dicken konkurrenzstarken Kiefern eliminiert, während die verbliebenen schwächeren Kiefern und die schattenfesten Baumarten unbehelligt bleiben und besser wachsen. Nach mehreren Massenvermehrungen sind schließlich alle Kiefern "herausgekäfert", und in den nun annähernd reinen Tannen-Fichtenbeständen vermögen die Käfer nicht mehr zu existieren. Wenn regelmäßig Brände auftreten, wie es in vielen Drehkie-fernwäldern der Fall ist, nimmt die Entwicklung einen völlig anderen Verlauf. Infolge der nach den Käfermassenvermehrungen anfallenden großen Mengen stehenden und auf dem Waldboden liegenden Totholzes sind die Feuer sehr heiß. Die konkurrierenden Schattenholzarten vermögen diesen Bränden nicht zu widerstehen, nicht einmal die an sich sehr feuerresistente Douglasie. *Pinus contorta* verjüngt sich nach den Bränden sehr gut, da sich ihre Zapfen überhaupt erst unter starker Hitzeeinwirkung öffnen. Ergebnis ist ein reiner und annähernd gleichaltriger Kiefernwald, der vor den "mountain pine beetles" solange sicher ist, wie die Bäume keinen "käfergerechten" Durchmesser aufweisen.

Wälder, die nur gelegentlich von Bränden heimgesucht werden, entwickeln mit der Zeit eine völlig andere Zusammensetzung und weisen eine abwechslungsreiche Altersstruktur auf. Bis heute weiß man nicht genau, wie es *Pinus contorta* gelingt, sich auf Dauer in diesen Beständen gegenüber den schattentoleranten Baumarten zu behaupten. Werden die dicken Kiefern Opfer des "mountain pine beetle", so entstehen kleine Lichtungen, in denen Kiefernsämlinge aufkommen können. Dies wiederholt sich an anderer Stelle und zeitlich verschoben.

Wie auch bei der Bekämpfung anderer "Forstschädlinge", so haben sich die gegen den "mountain pine beetle" gerichteten Maßnahmen als nur begrenzt wirksam beziehungsweise etwas verzögernd erwiesen. Wenn die Existenzbedingungen für den Käfer günstig sind, gibt es praktisch kein Mittel den Befall aufzuhalten, bis schließlich alle starken Kiefern von den Larven vernichtet oder herausgeschlagen worden sind (WICKMAN 1990). Somit hat sich auch die systematische Waldbrandbekämpfung als eine folgenschwere Maßnahme erwiesen, weil nach Ausbleiben des Feuers die Bäume schließlich so große Durchmesser erreichen, dass sie den Käfern geradezu optimale Vermehrungsmöglichkeiten bieten (JOHNSON et al. 1994).

"Spruce beetle". Fast alle Fichtenarten Nordamerikas werden vom "spruce beetle" (*Dendroctonus rufipennis*), einem weiteren Vertreter der Borkenkäferfamilie, befallen. In den südlichen und zentralen Rocky Mountains ist besonders die Engelmann's Fichte (*Picea engelmannii*) gefährdet, in Kanada und in Alaska setzt der Käfer vor allem der Weißfichte (*Picea glauca*) und der Sitkafichte (*Picea sitchensis*) zu. Die Engelmann's Fichte ist in den Rocky Mountains in Höhenlagen zwischen 2 700 und 3 300 m weit verbreitet.

Eine infolge extremer Witterungsbedingungen (z. B. Trockenheit) erhöhte Anfälligkeit der Bäume kann Massenvermehrungen fördern, wie es beispielsweise auf der Kenai-Halbinsel (Alaska) während der siebziger und neunziger Jahre des vorigen Jahrhunderts der Fall war (BERG und DEVOLDER 2000). Gewöhnlich erstreckt sich der Entwicklungszyklus des "spruce beetle" über zwei bis drei Jahre.Unter günstigen, warm-trockenen Bedingungen kann sie aber auch innerhalb nur eines Jahres ablaufen.

Die "spruce beetles" befallen in erster Linie umgestürzte Stämme. Sind solche nicht vorhanden, attackieren die Käfer die lebenden Bäume, wobei sie, wie *Dendroctonus ponderosae*, Bäume bevorzugen, die einen Durchmesser von über 50 cm aufweisen. Besonders attraktiv sind Stämme, in deren unterem Abschnitt die Äste bereits größtenteils abgestorben sind. Dies ist bei hoher Bestandesdichte häufiger der Fall als in offenen Baumbeständen, in denen die Bäume oft bis zum Boden herab Äste aufweisen (SCHMID und FRYE 1974). Infolge des Käferbefalls nehmen das Durchschnittsalter der überlebenden Bäume, der mittlere Stammdurchmesser, die Bestandesdichte und der Fichtenanteil an der Bestockung ab. Zurück bleiben die vormals durch die Konkurrenz der größeren Bäume unterdrückten mittelgroßen Fichten, entweder als nunmehr dominierende oder begleitende Baumart. Für die Sämlinge und den Jungwuchs verbessern sich mit dem Absterben der oberen Baumschicht zunächst die Existenzbedingungen, und sie konkurrieren erfolgreich mit der Krautvegetation. Wird das Totholz entnommen, werden sie jedoch bald von der nun bei günstigerern Lichtverhältnissen am Waldboden üppig gedeihenden Feldschicht erdrückt.

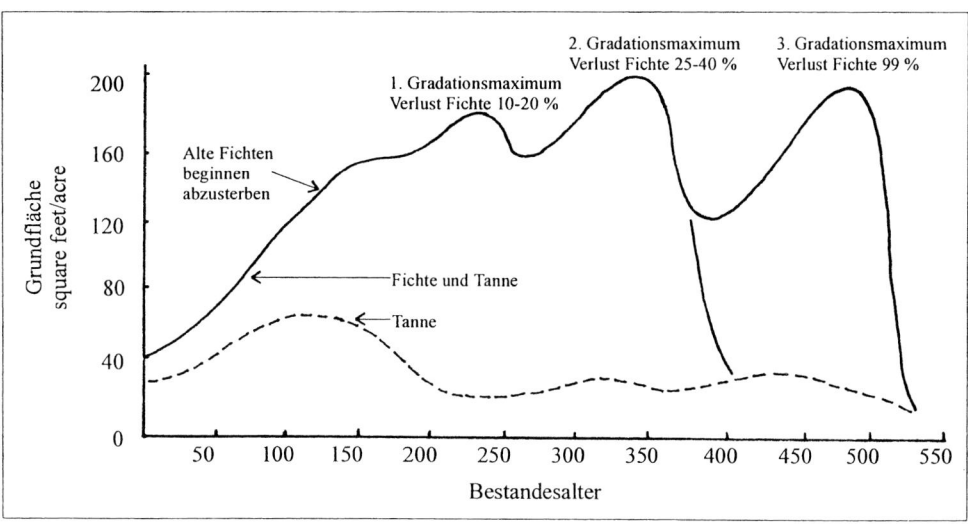

Abb. 56: Hypothetischer Sukzessionsverlauf im Fichten-Tannenwald (*Picea engelmannii, Abies lasiocarpa*). Die bedeckte Grundfläche dient als Indikator der Bestandestruktur (nach SCHMID und FRYE 1977, verändert).

In Fichtenbeständen in Colorado, die vor dem Befall durch den "spruce beetle" zu 90 % aus *Picea engelmannii* und zu 10 % aus *Abies lasiocarpa* bestanden, kehrte sich das Verhältnis danach mit 20 % Fichten zu 80 % Tannen beinahe um (SCHMID und FRYE 1974). Bei Weißfichten-Papierbirkenbeständen (*Picea glauca, Betula papyrifera*) in Alaska veränderte sich das Verhältnis von Fichten zu Birken von ursprünglich 77 % zu 22 % auf 55 % zu 45 % (BAKER und KEMPER-MAN 1974).

Ausgehend von den vorliegenden Beobachtungen, könnte man sich die langfristige Sukzession eines Fichten-Tannenbestandes etwa folgendermaßen vorstellen (SCHMID und HINDS 1974; SCHMID und Frye 1974; Abb. 56). Ausgangssituation bildet ein Bestand mit einem Mischungsverhältnis von 80 % Tannen zu 20 % Fichten mit einem Brusthöhendurchmesser von acht Zentimetern. Auch der Jungwuchs beider Baumarten weist dasselbe Mischungsverhältnis auf. Dies entspricht der Situation im White River National Forest (Colorado) nach einer starken Massenvermehrung des "spruce beetle" während der vierziger Jahre. Fichten und Tannen wachsen rasch heran. Die Tanne bleibt jedoch die vorherrschende Baumart, und ihr Anteil an der obersten Baumschicht nimmt noch zu. Wenn die Tannen ein Alter von 125 bis 175 Jahren und Durchmesser von über 40 cm erreicht haben, sterben sie aus noch nicht restlos geklärten Gründen ab. Das schafft Raum für die jüngeren Bäume, die sich nun besser entwickeln können. Dabei verschiebt sich nun aber das Verhältnis beider Baumarten in der obersten Baumschicht und auch beim Jungwuchs zugunsten der Fichte. Diese Veränderung ist im Wesentlichen darauf zurückzuführen, dass die vergleichsweise lichtbedürftigen jungen Fichten mehr von den infolge der Lücken im Kronendach günstigeren Lichtverhältnissen profitieren als die sehr schattenfesten Tannen, denen zudem der Wildverbiss sehr viel mehr zusetzt als den Fichten. Letztere erreichen darüber hinaus im Allgemeinen ein höheres Alter. Insgesamt nimmt der Deckungsgrad zu, und der Bestand entwickelt sich zu der den Standortbedingungen entsprechenden maximal möglichen Dichte. In periodischen Abständen führen dann die Massenvermehrungen des "spruce beetle" zu einem Rückgang der Fichte. Im Verlauf des ersten Befalls beträgt er zwischen 10% und 20%. Danach nimmt die Zahl der Fichten wieder zu, bis beim nächsten Mal 25 % bis 40 % von den Käfern vernichtet werden, und die Population zusammenbricht. Möglicherweise kann es bereits zu einer Massenvermehrung der Käfer kommen, bevor der gesamte Wald sein Reifestadium erreicht hat. Einige Bereiche mit dicken Bäumen scheinen schon zu genügen. Zwar nimmt der Fichtenanteil dann ab und der Anteil der Tannen zu, jedoch macht die Fichte immer noch 50 % der Deckung aus. Mit der Erholung des Waldes nach dem Befall geht der Entwicklungstrend in Richtung eines einschichtigen Bestandes, der schließlich die vom Standort abhängige maximale Bestockungsdichte erreicht und dann extrem anfällig für den Käferbefall ist. Tritt nun noch Windbruch hinzu, so befallen die Käfer zunächst die umgestürzten Bäume. Dann gehen sie auf die lebenden Bäume über und töten diese. Ergebnis ist ein wieder von Tannen dominierter Wald.

Der Käferbefall wirkt sich nicht allein auf die Waldstrukturen und die Sukzession aus, sondern er beeinflusst in mehr oder minder starkem Maße auch die im Wald lebenden Tiere. Beispielsweise profitieren Wapitis, Maultierhirsche und auch Wühlmäuse von der zunehmenden Gras- und Krautvegetation, während den Rothörnchen und Kreuzschnäbeln (*Pinicola enucleator*) weniger Fichtensamen zur Verfügung stehen. Spechten (*Picoides tridactylus, Dendrocopos pubescens, Dendrocopos villosus*) – sie zählen zu den wichtigsten Fressfeinden der Borkenkäfer – bietet sich dagegen während einer solchen Massenvermehrung ein scheinbar unerschöpfliches Nahrungsangebot, und auch noch zwei bis drei Jahre danach profitieren sie von den zahlreichen Sekundärinsekten (Ameisen, Bockkäfer, andere Borkenkäfer). Dann aber geht die Anzahl dieser Spechte infolge Nahrungsmangels zurück. Entsprechendes gilt für Kleiber (*Sitta* spec.) und Waldbaumläufer (*Certia familiaris*). Den Kanada-Waldhühnern (*Canachites canadensis*) mangelt es an ausreichender Deckung und Fichtenknospen als Winternahrung, so dass auch ihre Anzahl (vorübergehend) abnimmt.

"Eastern larch beetle": Ein weiterer Vertreter der Borkenkäfer in Nordamerika ist der "eastern larch beetle" (*Dendroctonus simplex*). Er befällt, wie schon sein Name sagt, ausschließlich Lärchen und kommt im gesamten Verbreitungsgebiet von *Larix laricina* (Amerikanische Lärche oder Tamarack) vor, das sich von Ost- bis Westkanada und bis ins zentrale Alaska erstreckt (JOHNSTON 1990; FOWLER et al. 1995). In Alaska besiedelt die Lärche im Wesentlichen das Gebiet zwischen der Brooks Range im Norden und der Alaskakette im Süden. Besonders häufig ist sie in den großen Flussniederungen des Yukon, des Kuskowim und des Tanana. Im zentralen Alaska wurde zwischen 1974 und 1977 ein Großteil der Tamarack-Bestände von Borkenkäfern befallen, mit Ausnahme des westlichsten Teils des Lärchenareals (WERNER 1986 b). Ausschlaggebend scheint eine aufgrund ungünstiger Standortbedingungen erhöhte Anfälligkeit der Bäume gewesen zu sein. Die Bestände stocken zumeist auf vernässten, kalten und nur oberflächlich auftauenden Permafrostböden und weisen nur sehr geringe Wachstumsraten auf. Im Einzugsgebiet des Tana

Tab. 5: Zuwachs nach Durchmesserklassen bei vom Lärchenwicklerfraß verschonten und befallenen 1977 abgestorbenen Lärchen im Einzugsgebiet des Tanana Flusses (Daten aus WEBER 1986).

Durchmesser-klasse [cm]	nicht befallene, lebende Bäume [mm]					befallene und 1977 abgestorbene Bäume [mm]			
	1974	1975	1976	1977	1978	1974	1975	1976	1977
0-2	1,11	1,01	0,91	0,70	0,82	0,88	0,62	0,52	0,31
>2-4	1,50	1,42	1,32	1,12	1,20	1,08	0,83	0,56	0,29
>4-6	1,92	1,89	1,68	0,91	0,90	1,10	0,92	0,49	0,18
>6-8	0,83	0,79	0,74	0,68	0,81	0,97	0,65	0,32	0,21
>8-10	1,26	1,09	0,93	0,83	1,06	0,81	0,76	0,43	0,15
>10-12	1,14	0,91	0,87	0,69	0,93	0,83	0,77	0,36	0,22
>12-14	0,95	0,86	0,74	0,54	0,71	0,76	0,70	0,21	0,11
>14	0,86	0,74	0,63	0,53	0,52	0,78	0,69	0,32	0,16

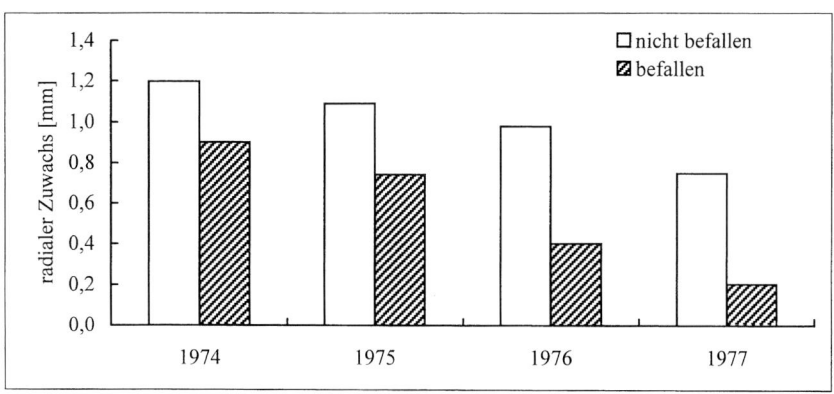

Abb. 57: Einfluss von Kahlfraß durch den Lärchenwickler (*Zeiraphera* spec.) auf das Dickenwachstum von *Larix laricina* in der Nähe von Fairbanks, Alaska (nach Daten von WERNER 1986).

na-Flusses waren zudem ausgedehnte Tamarack-Bestände in den Jahren 1975 und 1976 vom Lärchenwickler (*Zeiraphera* spec.) kahlgefressen worden. Der dadurch verursachte Stress – er spiegelt sich auch in einer deutlichen Reduzierung des Dickenwachstums der Lärchen (Tab. 5; Abb.
57) wider – dürfte ebenfalls zu einer erhöhten Prädisposition für den Käferbefall beigetragen
haben (WERNER 1986 a, 1986 b).

Ursprünglich waren auch die sogenannten "Schadinsekten" integraler Bestandteil gut funktio-
nierender, d. h. sich über lange Zeiträume hinweg selbst erhaltender Waldökosysteme. Dieses
"Gleichgewicht" aber hat der Mensch gestört. Beispielsweise sind in den Wäldern auf der Ostseite des Cascadengebirges in Oregon und Washington die "Schadinsekten" und Erreger von
Baumkrankheiten dieselben wie vor 100 Jahren, mit Ausnahme einiger weniger im vorigen Jahrhundert eingeschleppter Arten. Dazu zählen unter anderem der. Blasenrost, *Cronartium ribicola*,
die Tannen-Gallenlaus ("balsam woolly adelgid", *Adelges piceae*) und die Lärchenminiermotte
("larch casebearer", *Coleophora laricella*).Die Wechselwirkungen zwischen "Schadinsekten",
Krankheitserregern und ihren Wirten vollziehen sich jedoch in einer anderen räumlichen und zeitlichen Größenordnung. Massenvermehrungen und Waldschäden gab es aber auch schon vor der
Besiedlung dieser Räume durch die Weißen, doch blieben sie infolge des vergleichsweise kleinflächigen Mosaiks von Waldbeständen in verschiedenen Sukzessionsstadien (Zusammensetzung,
Altersstruktur) räumlich beschränkt und waren auch meist nur von kurzer Dauer. Infolge der systematischen Bekämpfung der Waldbrände sind anstelle dieses Mosaiks ausgedehnte und wenig
strukturierte Reinbestände getreten, in denen sich diese Kalamitäten dann rasch über große Flächen ausbreiten (HESSBURG et al. 1994).

Angesichts der auffälligen Auswirkungen dieser Massenvermehrungen werden die Einflüsse
der übrigen Waldinsekten leicht übersehen, obwohl sie mit wesentlich mehr Arten vertreten sind.
In den Nadelwäldern der westlichen Vereinigten Staaten beispielsweise kommen auf jede der
mehr oder weniger regelmäßige Massenvermehrungen durchlaufenden Lepidopteren-Arten neun
Arten, deren Populationsdichten sich auf einem vergleichsweise niedrigen und über die Zeit hinweg annähernd gleichleibenden mittleren Niveau eingependelt haben. Im Vergleich zu den oppor-
tunistisch reagierenden "Massenvermehrern" (r-Strategen) verhalten sie sich eher als K-Strategen.
Relativ gleichmäßig auf den Wirtsbäumen der "Waldschadinsekten" verbreitet, bilden sie während des Populationstiefs der zeitweilig massenhaft auftretenden Insekten eine alternative Nahrungsquelle für deren Parasiten und Fressfeinde (VOLKER 1978; MUNROE 1979). Auf diese Weise
tragen sie zur Erhaltung eines artenreichen Bestandes von natürlichen Feinden der "Schädlinge"
bei und erhöhen dadurch wahrscheinlich die Stabilität der Waldökosysteme (MASON 1987).

2.4.4 Afrikanischer Blutschnabelweber

Bislang wurden zyklische Massenvermehrungen in ihrer Wirkung auf die Landschaft angesprochen. Mitunter aber führen auch sich drastisch verändernde Rahmenbedingungen zu einer starken Zunahme einer Art, mit weitreichenden Folgen. Ein solches Beispiel ist der Afrikanische Blutschnabelweber (*Quelea quelea*), der in den Savannen Afrikas zu einer noch größeren Plage der Landwirtschaft geworden ist als die Heuschreckenschwärme. Nicht von ungefähr wird er daher von den Eingeborenen auch "locust bird" genannt (MURTON und WESTWOOD 1976).

Insgesamt können vier geographisch getrennte Arten unterschieden werden (*Quelea q. quelea*, Westafrika – *Quelea q. aethiopica*, Äthiopien, Sudan, Nordsomalia – *Quelea q. intermedia*, Südsomalia, Kenia, Tansania – *Quelea q. lathami*, Südafrika: WARD 1971; DREISER 1993). Die Regenwälder und Gebirgsregionen ausgenommen, sind die etwa sperlingsgroßen Vögel im gesamten afrikanischen Raum südlich der Sahara verbreitet (Abb. 58). Wahrscheinlich sind die Webervögel die zahlreichsten aller körnerfressenden Vögel überhaupt. Sie bilden riesige, einige zehntausend oder hunderttausend Individuen zählende Schwärme, die auf der Suche nach Nahrung umherziehen (Foto 27). Dabei legen sie Entfernungen von vielen hundert Kilometern, in Ostafrika sogar von über 1000 km zurück (DREISER 1993). Diese Wanderungen werden durch die Regenzeit "gesteuert". Annuelle Gräser bilden die Hauptnahrung der Webervögel. Die Grassamen keimen zu Beginn der Regenzeit und sind dann nicht mehr für die Vögel verfügbar. Um weiterhin Nahrung zu finden, müssen sie in Gebiete ziehen, in denen die Niederschläge schon einige Wochen früher eingesetzt und die frischen Gräser bereits Samen gebildet haben ("early-rains migration" im Sinne von WARD 1971). Nach einer Abwesenheit von sechs bis acht Wochen kehren die Vögel in die Gebiete zurück, die sie zu Anfang der Regenzeit verlassen hatten, um zu brüten. Inzwischen haben auch dort die frischen Gräser Samen produziert, so dass jetzt wieder Nahrung in ausreichendem Maße vorhanden ist (WARD 1965, 1971; WALLIN 1990).

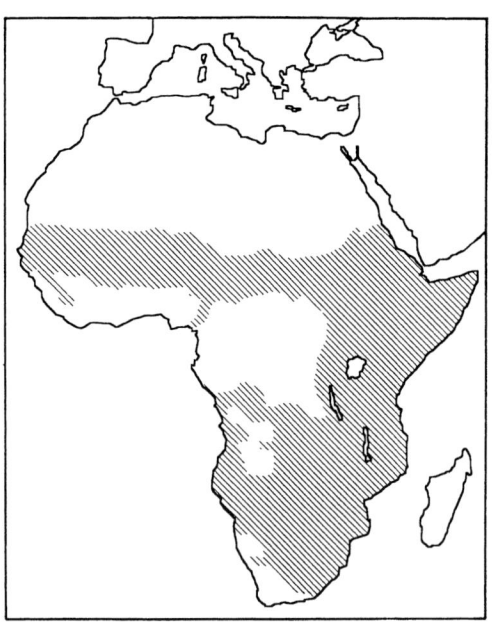

Abb. 58: Verbreitung des Afrikanischen Blutschnabelwebers (*Quelea quelea*) (nach MAGOR und WARD 1972).

Dort, wo die riesigen Schwärme einfallen, vernichten sie die Getreideernte (Mais, Hirse, Reis, Weizen und andere Getreidearten; GTZ 1987; Foto 27). Seit langem sind solche Invasionen bekannt. Schon die ersten Forschungsreisenden berichteten über riesige Webervogelschwärme. Die Zahl der Vögel aber und die Schäden haben wegen der unter dem Druck des Bevölkerungswachstums (Abb. 59) erfolgten Ausweitung der Anbauflächen und der damit einhergehenden Anlage zahlloser Wasserreservoire für die Bewässerung der Getreidefelder sehr stark zugenommen. Die früher ausschließlich von den Samen der wilden Gräser lebenden Vögel finden seither Nahrung im Überfluss und selbst in der Trockenzeit (SCHMUTTERER 1965; PEVELING 1990). stets Wasser in erreichbarer Nähe. Möglicherweise hat aber auch die Überbeweidung der Savanne die Vögel begünstigt, da die annuellen

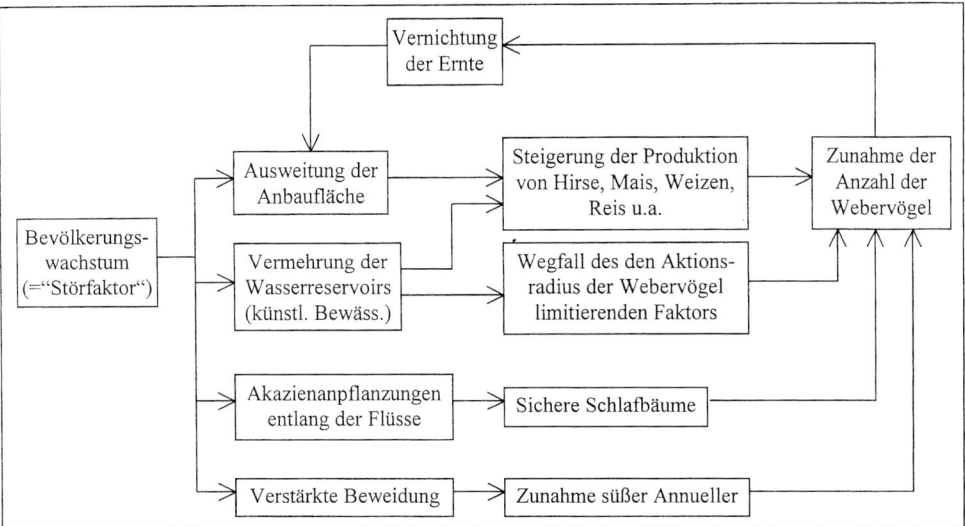

Abb. 59: Das Bevölkerungswachstum ("Störfaktor") und seine Wirkungen auf die Blutschnabelwebervögel (*Quelea quelea*) und den Lebensraum (Entwurf HOLTMEIER, nach verschiedenen Quellen).

Foto 27: Schwarm von Blutschnabelwebern über einem Reisfeld bei Mogaambo (Somalia).
(R. PEVELING, August 1988).

süßen Gräser zugenommen haben – dies wird zumindest aus Kenia (SCHMUTTE-RER 1965) und Süd-Somalia (PEVELING 1990) berichtet.

Die Webervögel übernachten und brüten in dichten Kolonien auf dornigen Büschen und Bäumen, aber durchaus auch in Röhrichten und Zuckerrohrplantagen. Solche Kolonien können aus einigen Millionen Nestern bestehen (WARD 1971). Selbst große Akazienbäume brechen bisweilen unter der schweren Last der Vögel und ihrer Nester zusammen (GTZ 1987). Man kennt dies übrigens auch von den in großen Gemeinschaften lebenden Siedelwebern (*Philetarius socius*) in den trockenen Regionen Südwestafrikas. An Stelle einer Vielzahl von Einzelnestern bauen diese Vögel jedoch sehr große zusammenhängende Gemeinschaftsnester (bis zu 3 m hoch und 5 m lang) vorzugsweise in den Kronen einzelnstehender großer Bäume, die oftmals dieser Belastung nicht gewachsen sind (Foto 28). Weder die natürlichen Feinde der Siedelweber, Parasiten und Krankheiten noch die seit den fünfziger Jahren des vorigen Jahrhunderts in sehr großem Umfang durchgeführten rigorosen Be-

Foto 28: Siedelwebernester (*Philetarius socius*) im Kalahari Gemsbok-Nationalpark (M. KAISER, September 1995).

kämpfungsmaßnahmen – dazu zählen der Einsatz von Aviciden, Brandbomben, Flammenwerfern und Sprengstoff sowie die Vergiftung der Wasserstellen – haben bislang das Problem zu lösen vermocht (GTZ 1987; PEVELING 1990; DREISER 1993).

2.5 Samenverbreitung (Zoochorie)

Durch die Verbreitung von Pflanzensamen können Tiere die Zusammensetzung, Sukzession und Struktur von Pflanzenbeständen entscheidend beeinflussen und auf Dauer die Struktur der Biozönosen und Ökosysteme verändern (z. B. LAWS 1970; WHICKER und DETLING 1988 a, 1988 b). Ohne die Mitwirkung der Tiere wäre auch die Ausbreitung vieler Pflanzenarten im Verlauf des Postglazials nicht denkbar (u. a. MÜLLER-SCHNEIDER 1948; DAVIS 1976; MATTES 1978; JANZEN 1981; FRENZEL 1983; JOHNSON und WEBB 1989; FARMER 1997). Bei den meisten samenverbreitenden Tieren handelt es sich um Wirbeltiere, von den Ameisen einmal abgesehen (Kapitel 2.5.1).

Der Radius der zoochoren Samenverbreitung reicht von einigen Metern bis zu mehreren Kilometern. Vom Sibirischen Tannenhäher (*Nucifraga caryocatactes macrorhynchos*) wird berichtet, dass er die Samen der sibirischen Arve (*Pinus sibirica*) über Entfernungen von 15 km transportiert (REIJMERS 1959). Für den in Nordamerika lebenden "Clark´s nutcracker" (*Nucifraga columbiana*) geben VANDER WALL und BALDA (1977) sogar Transportentfernungen von bis zu 22 km an. Teils erfolgt die zoochore Verbreitung eher zufällig, indem Diasporen (Samen mit Teilen des Fruchtfleisches) im Fell oder Federkleid, an Schnäbeln oder Füßen haften bleiben und nach einer mehr oder weniger langen Transportstrecke wieder abfallen. In diesen Fällen spricht man von Epizoochorie.

Unter günstigen Bedingungen können die verschleppten Samen keimen. Insbesondere Arten mit langem Fell, wie beispielsweise Schafe, Galloway-Rinder (FISCHER et al. 1995, 1996; STENDER et al. 1997) und nicht zuletzt Wildschweine, sind gute Diasporenverbreiter. Vor allem Wildschweine legen bisweilen sehr große Strecken zurück (BRIEDERMANN 1990). So haben auf Hawaii (Hawaii Volcanoes National Park) verwilderte Hausschweine die sehr schnelle Ausbreitung des Wolligen Honiggrases (*Holcus lanatus*) ermöglicht (SPATZ 1975). Eine entsprechende Rolle bei der Verbreitung von Neophyten spielen vermutlich auch die Wildschweine in Mitteleuropa (MROTZEK et al. 1999).

Für viele Tiere aber bilden Früchte und Samen eine wichtige Nahrungsgrundlage. Die Früchte enthalten große Mengen an Fetten und Kohlenhydraten. Darüber hinaus sind die Samen reich an Proteinen. So reicht beispielsweise der Energiegehalt der schätzungsweise 35 000 von einem "Clarks's nutcracker" im Herbst versteckten *Pinus albicaulis*-Samen aus, um seinen Bedarf und den eines Jungvogels über den Winter bis ins Frühjahr hinein zu decken (TOMBACK 1982). Manche Arten haben sich eng auf bestimmte Früchte spezialisiert. Bei anderen – dazu zählen zum Beispiel Wildschweine, Füchse, Kojoten, Dachse oder Bären (WILLSON 1993) – machen sie nur einen Teil der Nahrung aus. Der Großteil der Samen wird schon beim Verzehr zerstört. So tragen beispielsweise Rote Eichhörnchen (*Tamasciurus hudsonicus*), die von Wacholderbeeren das Fruchtfleisch entfernen und die Samen fressen in keiner Weise zur Verbreitung des Wacholders bei (LIVINGSTON 1972). Gelangen die Samen aber unbeschädigt in den Verdauungstrakt, so werden sie, da sie zumeist schlechter verdaulich sind als das Fruchtfleisch selbst, als Ganzes wieder ausgeschieden. Wenn dabei die Samen ihre Keimfähigkeit behalten, kann die Verbreitung der jeweiligen Pflanzenarten gefödert werden, wie es zum Beispiel bei viele Beerenfrüchten und beerenähnlichen Früchten (Wacholderbeeren, Eibenfrüchte u. a.) der Fall ist, die von Vögeln, Füchsen, Wildschweinen, Bären und anderen Säugetieren verbreitet werden.

Dabei erweist sich die Verhaltensweise der samenverbreitenden Tiere oft als ein über den Keimungserfolg entscheidender und das Verbreitungsmuster der Pflanzen prägender Faktor. So kommt beispielsweise auf den Weiden Neuenglands der Wacholder (*Juniperus communis* var. *depressa*) vorwiegend in unmittelbarer Nähe dicker Steine vor. Sie dienen den dort in kleinen Gruppen überwinternden Wanderdrosseln (*Turdus migratorius*) als Rastplätze während der Futtersuche. Die Wacholderbeeren bilden hier zu dieser Zeit ihre Hauptnahrung. Auf den Steinen setzen die Drosseln auch ihren Kot ab, der dann vom Regen abgewaschen und in die Risse und Spalten eingespült wird, die durch Frosthebung zwischen den Steinen und dem sie umgebenden Feinmaterial entstanden sind. An diesen Stellen sind die Samen vor Samenräubern (vor allem Mäusen) einigermaßen sicher, und überdies wird der Stratifizierungsprozess durch die anhaltend günstigen Feuchtebedingungen (Abfluss von der Steinoberfläche, Beschattung, verminderte Verdunstung) gefördert. Auch dem Verbiss und Vertritt durch das weidende Vieh sind die Wacholdersämlinge hier weitgehend entzogen (LIVINGSTON 1972). Solche "regelhaften" Verbreitungsmuster sind bei endozoochor verbreiteten Arten im Gegensatz zu solchen, die epizoochor verbreitet werden, vergleichsweise häufig.

Den im Viehdung enthaltenen Samen hat man dagegen lange keine Bedeutung beigemessen, da der Dung auf Sämlinge der meisten Arten toxisch wirkt. Auf diese Weise entstehen beispielsweise die sogenannten Dungflecken. Sie werden zumeist durch vegetative Ausbreitung der umgebenden Vegetation wiederbesiedelt. Auf mediterranen Weiden hat sich allerdings gezeigt, dass dort Dungflecken vor allem von Arten besiedelt werden, die gegen die toxischen Wirkungen des

Dungs resistent sind (MALO und SUAREZ 1995). Andererseits werden zum Beispiel die Samen von Akazien (u. a. von *Acacia tortilis* und *Acacia nilotica* und *Balanites wilsoniana*) ausschließlich endozoochor verbreitet. Daran sind unter anderem Impalas, Kudus, Giraffen und Elefanten sowie auch Strauße (*Struthio camelus*) beteiligt. Elefanten verbreiten die Samen von *Borassus aethiopicum* und vieler anderer Pflanzen (LAMPREY 1963). In den tropischen Regenwäldern des Kongo-Beckens und der westafrikanischen Küste wird etwa ein Drittel aller großen Baumarten durch die Waldelefanten verbreitet. Dazu gehören unter anderem der Makore-Baum (*Tieghemella heckelii*), die Guinea-Pflaume (*Parinari excelsa*), die Wilde Mango (*Irrinia gabonensis*) und der Molapa-Baum (*Gilbertiodendron* spec.) (BEYER 1996). Zum Teil nimmt die Keimfähigkeit der Samen bei der Passage durch den Verdauungstrakt zu (LAMPREY 1963, 1974; PELLEW und SOUTHGATE 1984; LIEBERMANN et al. 1987; HOFFMANN et al. 1989; MILLER 1995), teils werden sie aber auch zerstört (FEER 1995). Bei Keimungsversuchen mit Samen von *Balanites wilsoniana* hatten die aus Dunghaufen von Elefanten entnommenen Samen eine Keimfähigkeit von 50,7 %, während von den direkt vom Baum stammenden nur 3 % keimten (CHAPMAN et al. 1992). Die spärliche oder gar fehlende Verjüngung einiger großsamiger Waldarten in den Wäldern der Elfenbeinküste (Bia-Nationalpark, West-Ghana) schreibt man dem Verschwinden der Elefanten aus dieser Region zu. Immerhin werden in den untersuchten Beständen rund 30 % der Baumarten und 41 % der Individuen der verschiedenen Arten von Elefanten verbreitet (ALEXANDRE 1978). Im Regenwald von Gabun ist der Waldelefant alleiniger Verbreiter von immerhin 10 Arten. Nach Untersuchungen von Dunghaufen werden große Früchte mit mehreren Samen von den Elefanten bevorzugt (FEER 1995).

In Nordostaustralien und Papua Neuguinea sind Kasuare ("Southern cassowary", *Casuarius casuarius*; bis zu 80 kg schwere Laufvögel) die alleinigen Verbreiter der in den großen, fleischigen Früchten enthaltenen Samen von über 100 Regenwaldarten (MARCHANT und HIGGINS 1990; CROME und BENTRUPPENBAUMER 1993). Gelegentlich sind auch Carnivoren, wie zum Beispiel Füchse (*Vulpes vulpes*) oder Steinmarder (*Martes foina*), an der endozoochoren Verbreitung von Pflanzensamen beteiligt (u. a. SANTOS et al. 1999).

2.5.1 Ameisen (Myrmekochorie)

In vielen Gebieten spielen Ameisen bei der Samenverbreitung zahlreicher Pflanzenarten eine wichtige Rolle. Sie schleppen mit nährstoffreichen (Fett, Kohlenhydrate, Proteine) Anhängseln (Elaiosomen) versehene Samen mancher Arten (u. a. Buschwindröschen, Veilchen, Schneeglöckchen, Taubnessel, Bärlauch) in ihre Nester und füttern damit ihre Larven. Diese verzehren aber nur die Elaiosomen, und aus den übrigbleibenden Samen können Sämlinge hervorgehen. Diese sogenannte Myrmekochorie (*Myrmes* = Ameise) tritt bei Pflanzengruppen unterschiedlicher systematischer Stellung auf. Da die Myrmekochorie aber nicht nur für die Pflanzen, sondern auch für die Ameisen von Vorteil ist, könnte man hier von einem zumindest bedingten Mutualismus sprechen (HANDEL und BEATTIE 1990). Ameisen transportieren die Samen über Entfernungen von 70 und mehr Metern (siehe auch MÜLLER-SCHNEIDER 1977 a, 1977 b). Damit tragen sie zur Verminderung des Konkurrenzdrucks der Samenpflanzen und anderer Pflanzen auf ihre Sämlinge bei. Zudem sind die Samen in Ameisenbauten vor Samenräubern geschützt, und nicht zuletzt dürften die Samen in den Bauten in einen guten Nährboden (locker, gut durchlüftet, gleichmäßig feucht, nährstoffreich) gelangen. Das gilt insbesondere für die Abfallhaufen der Kolonien. Zum Teil verfrachten die Ameisen die Samen nach dem Verzehr der Elaiosomen aber auch aus den Nestern heraus. Die Tatsache, dass in den gemäßigten Breiten viele myrmekochore Pflanzen bereits im Frühjahr fruchten, wenn die Ameisen noch kaum tote oder lebende Insekten (ihre Hauptnahrung) vorfinden, könnte als Selektionseffekt gedeutet werden (HANDEL und BEATTIE 1990).

In Australien kommt den Ameisen bei der Samenverbreitung eine besonders große Bedeutung zu. Mehr als 1 500 Pflanzenarten sind dort myrmekochor (BERG 1975). Andererseits kann der Samenverzehr durch Ernte-Ameisen die Reproduktion bestimmter Baumarten aber auch hemmen. Das ist zum Beispiel bei *Eucalyptus regnans* der Fall. Etwa 60 % seiner Samen werden von Ameisen gefressen. Eine Ausnahme bilden dabei lediglich Brandflächen (ASHTON 1979). Untersuchungen über die Regeneration von *Eucalypus baxteri* (ANDERSEN 1987) im südöstlichen Australien zeigten allerdings, dass zwar nach Entfernung der Ameisen die Anzahl der Sämlinge zunächst um das Fünfzehnfache zunahm, diese jedoch alle innerhalb eines Jahres zugrunde gingen. Für Bestände solch langlebiger Pflanzen scheint daher weniger die Samenmenge als vielmehr der Mangel an günstigen Standorten entscheidend zu sein. Dagegen dürften die Ephemeren direkt von der Menge der verfügbaren Samen und damit vom Samenverzehr der Ameisen abhängen. Ernte-Ameisen kommen auf dem gesamten Kontinent vor. Sie sind größtenteils Allesfresser und ernten eher gelegentlich Samen, die dann vorwiegend von holzigen Pflanzen stammen. Während aber außerhalb Australiens fast nur Myrmecinae (Knotenameisen) Samenfresser sind, trifft das in Australien auch auf Formicinae (Schuppenameisen) und Ponerinae zu. Insgesamt gesehen ist in Australien der Samenverzehr durch Ameisen für alle Pflanzengemeinschaften so typisch, dass ihm in ökologischer Hinsicht die Rolle eines "Schlüsselfaktors" zukommt (ANDERSEN 1991).

2.5.2 Vögel und Kleinsäuger

In Laub- und Mischwäldern Mitteleuropas verbrauchen Vögel bis zu 75 %, Eichhörnchen knapp 40 % der Samenproduktion. Zu Boden gefallene Samen werden größtenteils von Kleinsäugern gefressen. In guten Samenjahren ist dadurch aber eine bestandeserhaltende Verjüngung nicht gefährdet. Bei geringer Samenproduktion lassen die Kleinsäuger dagegen praktisch keinen der am Boden liegenden Samen übrig, und die Verjüngung bleibt aus (siehe dazu SUCACHEV und DYLIS 1964, dort weitere Literaturhinweise).

In Eichenbeständen (*Quercus mongolica* var. *grosseserrata*) im südwestlichen Japan ist selbst nach Mastjahren kein Eichenjungwuchs zu finden, da die Eicheln von Nagern und auch vom japanischen Schwarzbären *(Selenarctos thibetanus japonicus)* gefressen werden, bevor sie keimen können (IDA und NAKAGOSHI 1996). Bei Untersuchungen über den Einfluss herbivorer Säugetiere auf die Regeneration von *Quercus oleoides* im Santa Rosa-Nationalpark (Costa Rica) zeigte sich, dass nur in ausreichend dichten Eichenbeständen die Samenproduktion groß genug ist, um den Nahrungsbedarf der Samenfresser (Agoutis, *Dasyprocta punctata* / Goldbauchhörnchen, *Sciurus variegatoides* / Kapuzineraffe, *Cebus capucinus* / Stacheltaschenmaus, *Liomys salvini*) zu sichern, ohne dass der Fortbestand dieser Wälder gefährdet wird, während dies bei isoliert vorkommenden Eichen nicht der Fall ist (BOUCHER 1981). In Nadelwäldern Kaliforniens ermittelte man einen 70 bis 100 %-igen Verlust an Koniferensamen durch die "deer mouse" (*Peromyscus maniculatus*) (HOWARD und COLE 1967). Zu entsprechenden Ergebnissen führten Untersuchungen über die Regeneration auf Kahlschlägen in küstennahen Douglasien-Wäldern (*Pseudotsuga menziesii*) Britisch Kolumbiens (SULLIVAN 1979). Nach Beobachtungen auf Kahlschlägen im Cascaden-Gebirge gehen dort bei mittlerem Samenangebot etwa 5 % der Samen von *Pseudotsuga menziesii* durch Mäuse, Vögel und Chipmunks verloren, während die Verluste bei *Pseudotsgua heterophylla* 25 % und bei *Thuja plicata* 57 % betragen. Rechnet man die Verluste durch andere Einflüsse hinzu, so verbleiben nur wenige Samen für die Verjüngung (GASHWILER 1970). In Wäldern der Rocky Mountains lassen Rothörnchen ("chickarees") nur in wirklichen Mastjahren genug Samen für die Regeneration der Bestände übrig (FINLEY 1969; SCHIMPF et al. 1980). Aber nicht nur die Samen werden gefressen, sondern oftmals auch die frischen Keimlinge. In *Pinus palustris*-Beständen im südwestlichen Alabama fielen bei Experimenten zwischen 93 % und 99 %

der Kiefernsamen und Keimlinge innerhalb der ersten drei Monate nach der Aussaat Samen-räubern zum Opfer. Dabei gingen 58 % auf das Konto von Mäusen, 33 % wurden von Vögeln und größeren Säugetieren gefressen und 9 % von Ameisen (BOYER 1964). Bei Versuchen in den Chiemgauer Bergen (BÄUMLER und HOHENADL 1980) stellte man fest, dass sich Rötel- und Gelb-halsmäuse vom Frühjahr bis in den Sommer hinein in erster Linie von noch nicht verholzten Buchen- und Ahornkeimlingen ernährten und dadurch jegliche Verjüngung verhinderten. Auch Häher reißen Keimlinge aus dem Boden heraus, um an die noch daran hängenden Samen zu ge-langen. HARMER (1994) kommt aufgrund einer Literaturauswertung zu der Feststellung, dass eine erfolgreiche natürliche Verjüngung von Eichen und Buchen nur dann zu erwarten ist, wenn der Bestand der Samenräuber einer Kontrolle unterliegt, am besten durch deren natürliche Feinde. POTTER (1978) vertritt dagegen aufgrund von Untersuchungen in sekundären Laubwäldern New Hampshires die Auffassung, Samenfraß durch Kleinsäuger beeinflusse nur im Anfangsstadium der (sekundären) Sukzession, nicht aber in reifen Beständen die Waldstruktur.

Viele Kleinsäuger (Mäuse, Wühlmäuse, Hamster, Bilche, Eichhörnchen, Erdhörnchen u. a.) sowie Vögel (z. B. Tannenhäher, Eichelhäher, Kleiber, Meisen, Saatkrähen) horten Samen einer Vielzahl von Waldbaum- und Waldstraucharten. Den Großteil dieser Samen verbrauchen sie selbst. Eichhörnchen zum Beispiel fressen über 90 % der von ihnen versteckten Samen. Häufig werden ihre Depots zudem von Samenräu-bern geplündert. So bilden in den "whitebark pine"-Wäldern (*Pinus albicaulis*) der Rocky Mountains in Montana die Vorratslager des Roten Eichhörnchens (*Tamasciurus hud-sonicus*) eine der wichtigsten Nah-rungsquellen für den Schwarzbären und vor allem für den Grizzlybären. Letzterer ist selbst viel zu schwer, um die Kiefernzapfen von den Bäu-men zu holen (u. a. KENDALL 1983; KENDALL und ARNO 1990; MATT-SON und JONKEL 1990; MATTSON und REINHART 1994, 1997). Bei Untersuchungen im Yellowstone-Nationalpark und in den angrenzen-den Waldgebieten zeigte sich, dass dort die Population der Grizzlybä-ren, obwohl diese Allesfresser sind,

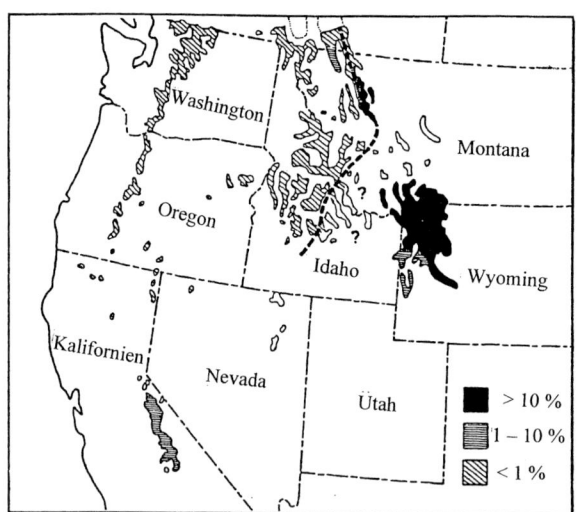

Abb. 60: Verbreitung von *Pinus albicaulis* und Nutzung ihrer Samen durch den Grizzlybären, differenziert nach dem Anteil der Samen (Vol. %) im Bärenkot. Die gerissene Linie zeigt die östliche Grenze des maritimen Einflusses an (nach MATTSON und REINHART 1994).

in erster Linie von der Verfügbarkeit fleischiger Beerenfrüchte (*Vaccinium scoparium, Vaccinium globulae, Shepherdia canadensis*) und eben von den stark schwankenden Samenerträgen der "whitebark pine" abhängt (MATTSON et al. 1991 a). In Jahren, in denen es viele "whitebark pine"-Samen gibt, fressen Grizzlybären praktisch nichts anderes. In Gebieten mit kontinentalem Klima ist wegen der dort größeren Häufigkeit von *Pinus albicaulis* der Anteil ihrer Samen an der Nah-rung der Bären größer als in den stärker maritim beeinflussten Regionen (Abb. 60).

Mehr als 90 % der von den Grizzlies verzehrten Kiefernsamen stammen aus den Vorrats-lagern der Eichhörnchen (MATTSON et al. 1991 a; MATTSON und REINHART 1994, 1997). Die Eich-hörnchen benutzen über Jahre hinweg dieselben Samenverstecke. Umso leichter ist es für die Bä-ren, diese wiederzufinden. Aus dem Yellowstone-Gebiet wird berichtet, dass Samendepots Jahr für Jahr und zum Teil auch mehrmals innerhalb eines Jahres von Bären ausgeräumt werden. Sie plündern in erster Linie die großen Vorratslager (> 100 m^2), während sie die kleinen unberührt lassen (MATTSON et al. 2001). Für die Bären ist das ein sehr effektiver, weil energiesparender Nahrungserwerb. Er kann in manchen Gebieten aber durchaus das Überleben der Eichhörnchen gefährden (MATTSON und JONKEL 1990; MATTSON et al. 2001; REINHART und MATTSON 1990). In Sibirien werden die Depots der Burunduks (*Tamias sibiricus*) von Braunbären geplündert. Diese Verstecke enthalten zwischen eineinhalb und zwei Kilogramm Samen, in Einzelfällen sogar bis zu sechs Kilogramm.

Oftmals finden die Vorratswirtschaft betreibenden Tiere ihre Depots nicht wieder. Wurden diese an hinsichtlich des Keimungserfolges ungünstigen Stellen angelegt, so verderben die gehorteten Samen mit der Zeit. An günstigen Stellen können sie dagegen keimen, sofern sie nicht Samenräubern zum Opfer fallen. Auf diese Weise tragen zum Beispiel die Kängururatten (*Dipodomys spectabilis, Dipodomys ordii, Dipodomys merriami*) wesentlich zur Verbreitung des Mezquitebusches (*Prosopis* spec.) bei (REYNOLDS 1958; STORER und USINGER 1971; VAN DER PIJL 1972). In den montanen Nadelwäldern Oregons gehen rund 50 % der "bitterbrush"-Pflanzen (*Purshia tridentata*) und 15 % der Gelbkiefern (*Pinus ponderosa*) aus Vorratslagern hervor, die von Chipmunks (*Eutamias amoenus, Eutamias townsendii*) und Erdhörnchen (*Citellus lateralis*) vergessen wurden (WEST 1968). Man nennt diese Art der Samenverbreitung Synzoochorie. Vor allem in Waldökosystemen spielt die Synzoochorie eine große Rolle. In guten Samenjahren, wenn die Kleinnager mehr Vorratslager anlegen, als sie zur Versorgung brauchen, kann sich dies durchaus positiv auf die Waldverjüngung auswirken. Sonst aber ist ihr Einfluss eher gering oder sogar negativ (ABOTT und QUINCK 1970). Andererseits fördern zum Beispiel Waldstachelmäuse (*Heteromys desmarestianus*) die natürliche Verjüngung in den tropischen Tieflandswäldern Belizes (Mittelamerika), obwohl sie gut 95 % der von ihnen gehorteten Samen wiederfinden und fressen. Bei der alljährlich produzierten Samenmenge und dank des langen Zeitraums, in dem die Bäume Samen bilden können, genügt der Rest für eine kräftige Verjüngung (BREWER und REJMÁNEK 1999). Eichelhäher und Eichhörnchen können ganze Kiefernbestände mit Eichen "unterpflanzen" und sehr effektiv zur Ausbreitung der Eiche, auch über den geschlossenen Wald hinaus, beitragen.

Über die Samenverbreitung durch Häher, insbesondere durch Eichel- und Tannenhäher, sind wir vergleichsweise gut unterrichtet. Eichelhäher (*Garrulus glandarius*) sind ursprünglich Waldvögel (VOOUS 1962; GOODWIN 1976). Im Wald sind sie der Konkurrenz durch andere Rabenvögel (z. B. Aaskrähe oder Rabenkrähe, Saatkrähe, Dohle, Elster) nicht in dem Maße ausgesetzt wie im Freiland (BOSSEMA 1979). Je nach Jahreszeit und Verfügbarkeit leben sie von einer Vielzahl von Früchten, Getreidesamen, Koniferensamen, Eicheln und Bucheckern sowie von Insekten und selbst kleinen Säugetieren (Mäuse) und Jungvögeln. Eicheln verschiedener einheimischer Eichenarten (*Quercus robur, Quercus petraea*) bilden in Mitteleuropa ihre Hauptnahrung und werden den Früchten der amerikanischen Roteiche (*Quercus rubra*), aber auch Bucheckern deutlich vorgezogen. Im Herbst versteckt jeder Eichelhäher einige tausend Eicheln als Vorrat. Obwohl die Häher viele Eicheln verzehren und auch Keimlinge beschädigen, indem sie deren Keimblätter abreißen, tragen sie mit ihrer Vorratswirtschaft letztlich zur Erhaltung und Ausbreitung der Eichenwälder bei. Reife und unbeschädigte Samen, die gewöhnlich auch über eine gute Keimfähigkeit verfügen, ziehen die Häher offensichtlich vor. Die Eicheln werden zumeist in größerer Entfernung vom Samenbaum versteckt. Bis zu 4 cm tief praktizieren die Häher die Eicheln mit dem Schnabel in die Streu oder in den Boden hinein. Dort sind sie dem Zugriff von Artgenossen und anderen Samenräubern weitgehend entzogen (siehe auch SHAW 1968 a, 1968 b; BOSSEMA 1979). Zudem bieten diese Verstecke günstigere Keimungsbedingungen als sie an der Erdoberfläche unter den Samenbäumen herrschen, wo die herumliegenden Eicheln überdies großenteils von Tauben, Wildschweinen, Rehen, Eichhörnchen, Mäusen und anderen Tieren ge fressen werden. Bei den zumeist einzeln versteckten Eicheln ist auch das Risiko von Pilzinfektionen deutlich geringer als in Vorratslagern, die mehrere Eicheln enthalten. Da die Eichelhäher die Samen außerdem vorzugsweise an relativ offenen Stellen verstecken, sind die Wachstumsbedingungen für die aus ihnen hervorgehenden Sämlinge günstiger als im geschlossenen Bestand. Auch fallen die Jungpflanzen seltener als unter einem Kronendach blattfressenden Raupen zum Opfer. Insgesamt gesehen kann man durchaus von einer mutualistischen Beziehung zwischen Eichelhähern und Eiche sprechen. Wie Untersuchungen in Fichtenwäldern Südschwedens ergeben haben, führt die eindeutige Bevorzugung der Eicheln gegenüber den Bucheckern auch dazu, dass in den dortigen Fichtenwäldern Eichenjungwuchs etwa zehnmal häufiger ist als Buchenjungwuchs. Damit dürfte die Vorliebe des Eichelhähers für Eicheln der Eiche einen deutlichen anfänglichen Konkurrenzvorteil verschaffen (NILSSON 1985).

Im Süden Nordamerikas werden um die 50 Eichenarten (u. a. *Quercus palustris*, *Quercus pheleos*, *Quercus velutina*) und Buchen (*Fagus grandifolia*) in entsprechender Weise durch den Blauhäher (*Cyanocitta cristata*) verbreitet (DARLEY-HILL und JOHNSON 1981). Möglicherweise ist ihre relativ schnelle Ausbreitung, wie auch die von Hasel, Hickory und sogar der Kastanie, im Verlauf der Nacheiszeit auf ihn zurückzuführen (DAVIS 1976; JOHNSON und WEBB 1989; FARMER 1997), während in Europa der Eichelhäher entscheidend an der Ausbreitung von Eiche, Buche und Hasel beteiligt war. Auch die rasche Wiedereinwanderung der Arve (*Pinus cembra*) aus ihren Refugialgebieten in ihr heutiges zentralalpines Verbreitungsgebiet sowie der Sibirischen Arve (*Pinus sibirica*) aus ihren Rückzugsgebieten im Altai nach Norden ist ohne die Verbreitung ihrer Samen durch den Dickschnäbeligen Tannenhäher (*Nucifraga c. caryocatactes*) beziehungsweise den Sibirischen Tannenhäher (*Nucifraga c. macrorhynchos)* kaum zu erklären (MATTES 1978).

Häher verbreiten vor allem die schweren flügellosen Samen einer Reihe von Kiefernarten (Tab. 6). Zwischen ihnen und den Hähern besteht ein echter Mutualismus (MATTES 1978, 1982, 1985; LANNER 1980, 1984, 1990, 1996; VANDER WALL und BALDA 1977; TOMBACK 1982, 1983, 1989, 1994, 1998; LINHART und TOMBACK 1985; TOMBACK et al. 1990; TOMBACK und LINHART 1990; TOMBACK und SCHUSTER 1994). LANNER (1996) brachte diese Wechselbeziehungen auf die kurze Formel " *Tree feeds bird, bird plants tree*". Die Samen der genannten Kiefern bilden zwar die Hauptnahrung der Häher, gleichwohl fressen auch sie, wie der Eichelhäher, Insekten, Getreidekörner, Beerenkerne sowie junge Mäuse und anderes Kleingetier.

In den Pinyon-Wacholderwädern (*Pinus edulis* bzw. *Pinus monophylla* sowie *Juniperus utahensis* und *Juniperus osteosperma*) der südwestlichen Vereinigten Staaten (Abb. 61) ist der Pinyon-Häher (*Gymnorhinus cyanocephalus*) der wichtigste Verbreiter der Pinyon-Kiefer. Deren Samen reifen gegen Ende August. Die Zapfen sind dann zwar noch grün und harzig, die Samen aber gut entwickelt und von hohem Nährwert. Die in großen Schwärmen umherstreifenden Häher

Tab. 6: Durch Häher verbreitete subalpine Kiefernarten (nach verschiedenen Quellen, aus HOLTMEIER 1993).

Kiefernart	Häherart	Region
Pinus cembra	*Nucifraga caryocatactes*	Alpen, Karpaten, Sibirien, nördl. Mongolei
Pinus sibirica	*Nucifraga caryocatactes*	Sibirien, nördl. Mongolei
Pinus pumila	*Nucifraga caryocatactes*	Nordost-Sibirien, Korea, Japan
Pinus koraiensis	*Nucifraga caryocatactes*	Südost-Sibirien, östliche Mandschurei, Korea, Japan
Pinus albicaulis	*Nucifraga columbiana*	Nordamerika
Pinus flexilis	*Nucifraga columbiana*	Nordamerika

reißen die Zapfen vom Baum und tragen sie an einen sicheren Ort, wo sie sie aufmeißeln. Die Samen bleiben dabei unversehrt. In ihrer dehnbaren Speiseröhre transportieren die Häher dann bis zu 20 Samen auf einmal in ihre Brutgebiete. Dabei legen sie Entfernungen von bis zu 10 km zurück (LANNER 1984). Für die Anlage der Vorratslager wählen die Häher sonnige und zeitig ausapernde Standorte, zum Beispiel an der Südseite von Pinyon-Stämmen, wo sie dann einen oder mehrere Samen ungefähr zwei Zentimeter tief in den vorher mit einigen Schnabelhieben aufgelockerten Boden stecken (LANNER 1996). Die Nussernte der Häher hält den ganzen Herbst hindurch an, und nachdem die Zapfen trocken geworden sind und sich geöffnet haben, entnehmen die Häher die Nüsschen aus den noch am Baum festsitzen-

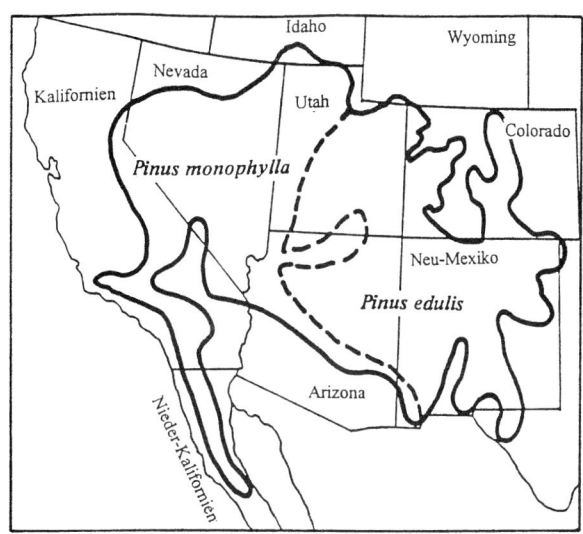

Abb. 61: Verbreitung (generalisiert) der einnadeligen Pinyon-Kiefer (*Pinus monophylla*) und der Colorado Pinyon-Kiefer (*Pinus edulis*). Entlang der gerissenen Linie kommen beide Arten vor und vermischen sich auch miteinander (nach LANNER 1981, verändert).

den Zapfen. Dabei sammeln sie nur die dunklen, voll entwickelten Samen, während sie die hellen, die meist taub sind, unbeachtet lassen. Ende des Herbstes haben die Vögel in ihrem Brutgebiet Tausende von Vorratslagern angelegt, aus denen dann im Frühjahr (Februar bis April) die brütenden Weibchen und die Jungen versorgt werden. So sichert die Pinyon-Kiefer den Hähern große Mengen fett- und eiweißreicher Nahrung auch in Zeiten, in denen nur wenig andere Nahrung zur Verfügung steht. Die Samenverstecke der Häher wiederum bieten relativ günstige Voraussetzungen für die Keimung der Samen, da in der Streu die Feuchtigkeit auch bei der nach der Schneeschmelze rasch zunehmenden klimatischen Trockenheit noch länger anhält. Werden die Depots nicht genutzt, so ist die Wahrscheinlichkeit, dass die Samen keimen und schließlich Bäume daraus werden, relativ hoch. Dagegen haben, die Samen, die aus den noch am Baum sitzenden Zapfen auf den Boden fallen, kaum eine Überlebenschance. Sie werden entweder von Nagern gefressen oder vertrocknen bei den hohen Temperaturen, bevor die Keimwurzel überhaupt in den Boden eindringen kann.

Für die Kleinnager in den Pinyon-Wäldern bilden die Nüsschen ebenfalls die wichtigste Nahrungsgrundlage, und auch sie legen Vorratsdepots an, aus denen unter Umständen Pinyon-Jungwuchs hervorgehen kann. Dank ihres feinen Geruchssinns sind die Nager in der Lage, die Nüsschendepots anderer Nager und der Häher aufzufinden und zu plündern (HOWARD und COLE 1967; WEST 1968; LANNER 1996). Das hat zur Folge, dass eine gute Verjüngung nur in Jahren mit sehr hoher Samenproduktion und gleichzeitig ausreichender Bodenfeuchte zu erwarten ist (LANNER 1981, 1996).

Auch andere Rabenvögel, wie beispielsweise der "Steller's jay" (*Cyanocitta stelleri*) und der "Scrub Jay" (*Aphelocoma coerulans*) sowie der "Clark's nutcracker" (*Nucifraga columbiana*) ernten und verstecken Pinyon-Nüsschen. Nach Untersuchungen von VANDER WALL und BALDA (1977) versteckte ein Schwarm von 150 "Clark's nutcrackern" in Pinyon-Beständen in Arizona während eines einzigen Herbstes rund eine Tonne Pinyon-Nüsschen. Die genannten Autoren schätzen, dass die Samenmenge den Überwinterungsbedarf der Häher um das Zwei- bis Dreifache übertraf. Unter diesen Bedingungen dürften selbst bei größeren Verlusten durch Samenräuber noch reichlich Samen für die Regeneration dieser Pinyon-Bestände übriggeblieben sein.

Die Nüsse beider Pinyon-Kiefernarten waren seit altersher eine wichtige Nahrungsgrundlage für die Indianer des Großen Beckens. Deren Kultur trägt viele Züge, die sich in Anpassung an die Nutzung der Pinyon-Kiefer entwickelt haben. Samenschalen, die man in Kulturschichten von Felswohnungen in Nevada gefunden hat, wurden auf ein Alter von rund 6 000 Jahren datiert. Die Indianer nutzten aber nicht nur die Nüsse, sondern auch Holz und Harz dieser Kiefer (LANNER 1981). Trotz dieser Jahrtausende während Eingriffe waren die Bestände der Pinyon-Kiefer wohl nie ernsthaft gefährdet. Nach der Besiedlung des Großen Beckens durch die Europäer aber wurde vor allem die einnadelige Pinyon-Kiefer in großen Mengen zur Herstellung von Holzkohle geschlagen. Man brauchte sie für das Schmelzen von Silbererzen. Andere Energieträger standen nicht zur Verfügung. Während des Höhepunktes des Silberbooms in den sechziger und siebziger Jahren des 19. Jahrhunderts war die Holzkohleherstellung neben dem Silberbergbau die zweitwichtigste Industrie in Nevada. Nachdem der Silberbergbau an Bedeutung verloren hatte und kein Bedarf mehr für Holzkohle bestand, konnte die Pinyon-Kiefer große Teile ihres ursprünglichen Areals dank der Verbreitung ihrer Samen durch die Häher wiederbesiedeln. In neuester Zeit wird sie dort aber wieder künstlich beseitigt, um offenes Weideland zu gewinnen (LANNER 1984).

Der "Clark´s nutcracker" (Foto 29, Abb. 62) spielt vor allem auch an der Höhengrenze der Wälder eine bedeutende Rolle, indem er durch seine Vorratswirtschaft die Verjüngung von *Pinus flexilis* und *Pinus albicaulis* sichert und zudem ihre Verbreitung über die noch keimfähige Samen produzierenden Bäume hinaus ermöglicht (siehe auch Foto 34; HOLTMEIER 1993 a). Auch die

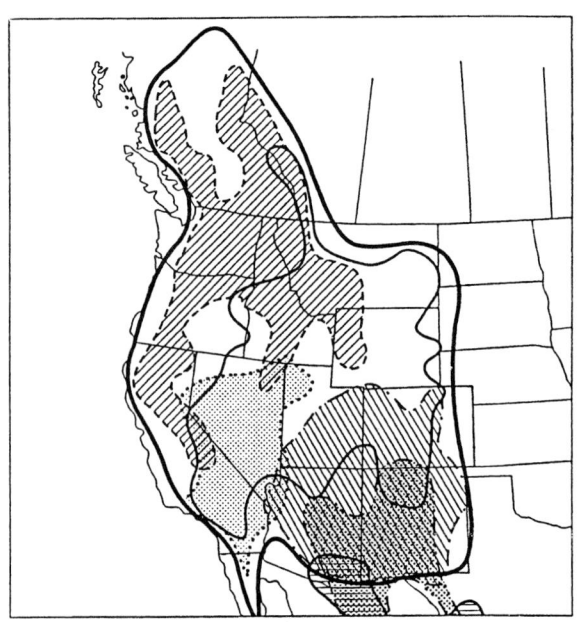

Wiederbewaldung von Brandflächen – zumeist schon kurze Zeit nach dem Feuer – würde in vielen Fällen ohne die Mitwirkung des Hähers mit Sicherheit langsamer verlaufen (TOMBACK 1986, 1989, 1994; REBERTUS et al. 1991). Nach Schätzungen von TOMBACK (1982, 2001) nutzen Altvögel und Jungtiere einer von ihr untersuchten Tannenhäherpopulation 55 % der versteckten Samen. Wenn jeder Vogel eines 25 Individuen starken Bestandes rund 32 000 Samen versteckt, würden etwa 350 000 Samen in rund 95 000 nicht genutzten Vorratslagern übrigbleiben. Selbst wenn aus nur einem Prozent dieser Samen Jungwuchs hervorginge, wäre damit bereits eine bestandeserhaltende Verjüngung gesichert. Auf Kamtschatka ermög-

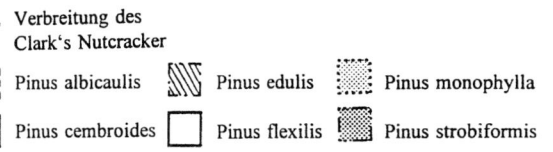

— Verbreitung des
Clark's Nutcracker

Pinus albicaulis   Pinus edulis   Pinus monophylla

Pinus cembroides   Pinus flexilis   Pinus strobiformis

Abb. 62: Verbreitung des Clark´s nutcracker (*Nucifraga columbiana*) und der Kiefernarten mit flügellosen Samen in Nordamerika (nach TOMBACK und LINHART 1994, verändert).

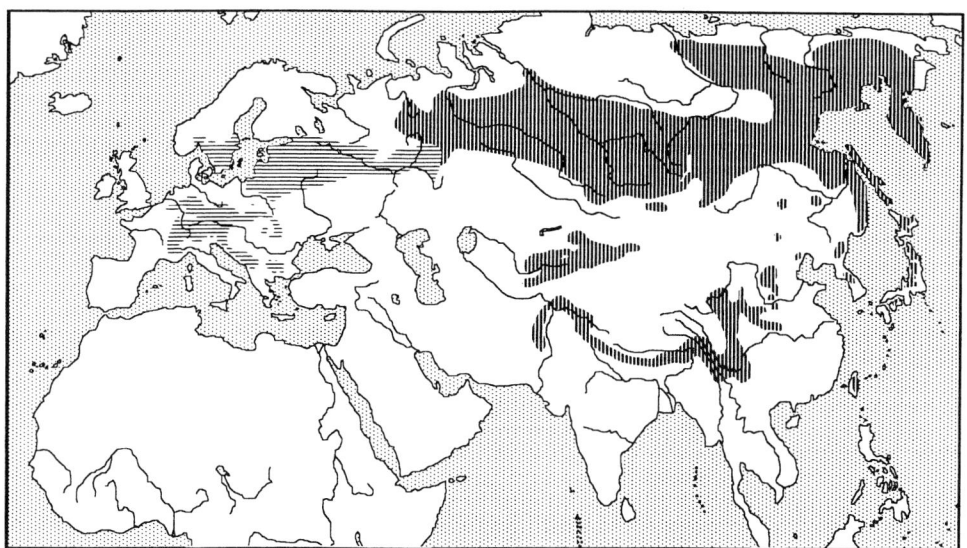

Abb. 63: Verbreitung des Tannenhähers in Eurasien (horizontale Schraffur = *Nucifraga c. caryocatactes*, vertikale Schraffur = *Nucifraga c. macrorhynchos* und andere Subspezies (nach MATTES in GLUTZ VON BLOTZHEIM und BAUER 1993, verändert).

licht erst der Sibirische Tannenhäher (*Nucifraga caryocatactes macrorhynchos*) die Besiedlung junger Lavaströme und vulkanischer Aschedecken durch die zoochore *Pinus pumila* (GRISHIN und DEL MORAL 1996; GRISHIN et al. 1996; HOLTMEIER 2000).

Ein weiteres gutes Beispiel für die komplexe Einbindung der Vorratswirtschaft in die Funktion und Entwicklung eines Waldökosystems ist die mutualistische Beziehung zwischen Arve (*Pinus cembra*) und Dickschnäbeligem Tannenhäher (Foto 30; Abb. 63) in den subalpinen Arven-Lärchenbeständen der Zentralalpen. Diese Bestände bilden dort die obere Waldgrenze. Besonders eingehend sind diese Beziehungen im Engadin (Schweiz) untersucht worden (CAMPELL 1950; HOLTMEIER 1965, 1966, 1967 a, 1967 b, 1974, 1993 a, 2000; MATTES 1978, 1982, 1985).

Spätestens seit der Bronzezeit und insbesondere während des Mittelalters hat der Mensch diese Hochlagenwälder durch Waldweide und Rodungen im Gefolge der Alpwirtschaft, aber auch des Erzbergbaus (Holzkohlegewinnung für die Erzverhüttung) in zunehmendem Maße beeinflusst. Überall dort, wo das Gelände auch nur einigermaßen zugänglich war, musste der Wald Alpweiden weichen. Streckenweise wurden die Hänge gänzlich entwaldet, was in manchen Fällen einer Absenkung der Waldgrenze um bis zu 400 m gleichkommt. Die verbliebenen Bestände dienten weiterhin als Waldweide, deren Einflüsse ihre Zusammensetzung und Struktur tiefgreifend verändert haben. In einigermaßen zugänglichen und zugleich klimatisch verhältnismäßig günstigen Geländebereichen (strahlungsexponiert) wurden sie zumeist in reine Lärchenbestände umgewandelt.

Mit dem Wandel der Wirtschaftstruktur in unserem Jahrhundert – heute ist der Massentourismus die wichtigste Existenzgrundlage in diesem Raum – haben diese Lärchenbestände ihre Funktion als Weidewälder weitestgehend verloren, und die natürliche, vom Menschen jahrhundertelang unterbrochene Entwicklung zu Arvenreinbeständen nimmt ihren Lauf. Stellenweise bilden die Arven unter dem lichten Kronendach der Lärchen bereits eine zweite Baumschicht (Foto 31; HOLTMEIER 1967 a, 1990, 1995 a). An dieser Entwicklung ist der Tannenhäher mit seiner Vorratswirtschaft maßgeblich beteiligt.

Foto 29: Clark´s nutcracker (*Nucifraga columbiana*) (F.-K. HOLTMEIER, August 1974).

Foto 30: Dickschnäbeliger Tannenhäher (*Nucifraga c. caryocatactes*) (L. HEINRICH, aus HOLTMEIER 1974).

Foto 31: Sukzession in einem ehemaligen Lärchenweidewald nach Ausbleiben der Weidenutzung, Stazer Wald, Oberengadin (F.-K. HOLTMEIER, Oktober 1967).

Wie der "Clark´s nutcracker", kann auch ein einzelner Tannenhäher pro Saison einige Zehntausend Samen verstecken (KUZNEZOV 1959; REIJMERS 1959; MEZHENNYI 1964; MATTES 1978,
1982). Während des Winters bilden diese für ihn und seine bereits im April schlüpfenden Jungen
die wichtigste Nahrungsgrundlage. Diese sehr frühe Brutzeit stellt sicher, dass den Jungvögeln
für die Entwicklung der zum Nahrungserwerb notwendigen Verhaltensweisen und Fertigkeiten
ausreichend Zeit bleibt. Schon im Juli, also zur Zeit des größten Insektenangebots, können sie in
die Selbstständigkeit entlassen werden und im Herbst mit der Anlage eigener Vorratslager beginnen (MATTES 1982).

Übrigens legen die Altvögel während des ganzen Jahres Vorratslager an, sofern geeignete Samen vorhanden sind. Beispielsweise versteckten Tannenhäher, die Verfasser im Oberengadin Anfang Juni mit Haselnusskernen fütterte, diese sofort in unmittelbarer Nähe in der Streuauflage und
in der Moosschicht. Möglicherweise handelte es sich dabei um "Zwischenlager", deren Inhalt
später auf andere Depots verteilt wurde (siehe auch MATTES 1982). Für die Arve wird die Vorratswirtschaft aber erst mit Beginn der Samenreife zum entscheidenden Verbreitungsfaktor.

Gewöhnlich verstecken auch *Nucifraga caryocatactes* und *Nucifraga c. macrorhynchos* mehr
Samen als sie zum Überleben brauchen. Die Arvensamen werden von den Hähern direkt zwei bis
vier Zentimeter tief in den Boden gesteckt, wobei sie in weichem oder lockerem Untergrund grös-
sere Depots anlegen als in festem. Zudem werden zumeist nur einzelne Samen versteckt. Trotz einer hohen Wiederfindungsrate (MATTES 1978, 1982) und einiger Verluste durch Artgenossen und
andere Samenräuber (insbesondere Rötelmäuse und Eichhörnchen) können viele Samen keimen.
Die schweren Arvennüsschen haben, wie auch die Samen anderer subalpiner Steinkiefern (siehe
auch Tab. 6) und der Pinyon-Kiefer, einen hohen Nährstoffgehalt, so dass sich die Keimlinge sehr
rasch entwickeln.

Mit fortschreitender Sukzession geht die Verjüngung der Lärche immer mehr zurück, weil
dichtes Reitgras (*Calamagrostis villosa*), Zwergsträucher (*Rhododendron ferrugineum,* Vaccinien) sowie die Rohhumusauflage die leichten Lärchensamen daran hindern, in ein geeignetes

Keimbeet zu gelangen. Zudem werden die Lichtverhältnisse mit zunehmendem Anteil der Arven an der Bestockung für die Lärche immer ungünstiger. Schließlich vermögen Lärchen nur noch dort aufzukommen, wo infolge von Rutschungen, Lawinen und umstürzenden Bäumen beziehungsweise durch gezielte Maßnahmen (Bodenschürfungen, Entfernung der Rohhumusdecke) der Mineralboden freigelegt und damit ein Keimbeet für die Lärchensamen geschaffen wird (CAMPELL 1944; AUER 1947; HOLTMEIER 1990, 1995 a, 2000; BOTT 1995). Andererseits nehmen die in großer Zahl unter dem Kronendach der ehemaligen reinen Lärchenbestände aufkommenden Jungarven (vgl. Foto 31) während der zyklischen Massenvermehrungen des Grauen Lärchenwicklers oftmals großen Schaden (Kapitel 2.4.2).

Die Tannenhäher legen aber nicht nur im Wald, sondern auch bis weit über die heutige (anthropogene) Waldgrenze hinaus Vorratslager aus Arvensamen an. Dabei überwinden sie horizontale Distanzen von über 15 km und Höhenunterschiede von bis zu 700 m (SUTTER und AMANN 1953; HOLTMEIER 1966, 1974; MATTES 1978, 1982). Andere Samenfresser (Spechte, Eichhörnchen, Mäuse u. a.) spielen als Verbreiter von Arvennüsschen über die Waldgrenze hinaus keine Rolle. Bei der Anlage ihrer Vorratslager lassen sich die Tannenhäher offensichtlich von der Geländegestalt leiten. Konvexe Geländebereiche, Geländerippen, Kuppen und Geländestufen scheinen besonders anziehend auf sie zu wirken (Foto 32, Abb. 64). Jedenfalls findet sich dort der meiste Arvenjungwuchs (HOLTMEIER, u. a. 1966, 1974, 1994, 1997, 2000). Möglicherweise dienen diese Geländebereiche den Hähern als gut sichtbare Orientierungsmarken, die ihnen das Wiederfinden der Vorratslager erleichtern, zumal im Winter die Schneedecke die Konturen stark nivelliert (MATTES 1978, 1982). Vielleicht bevorzugen die Häher diese Geländebereiche aber auch wegen ihrer gegenüber Rinnen- und Muldenlagen größeren Übersichtlichkeit, weil dort die Gefahr, durch einen Beutegreifer überrascht zu werden, geringer ist (HOLTMEIER 1974). Die Häufung des Arvenjungwuchses auf den konvexen Geländeformen und vorspringenden Geländekanten könnte allerdings auch dadurch bedingt sein, dass in den von meterhohem und lange liegendem Schnee erfüllten Mulden und Rinnen der aus möglicherweise auch dort angelegten Depots hervorgehende Jungwuchs durch Schneerutschungen und vor allem den Schüttepilz (*Phacidium infestans*) vernichtet wird.

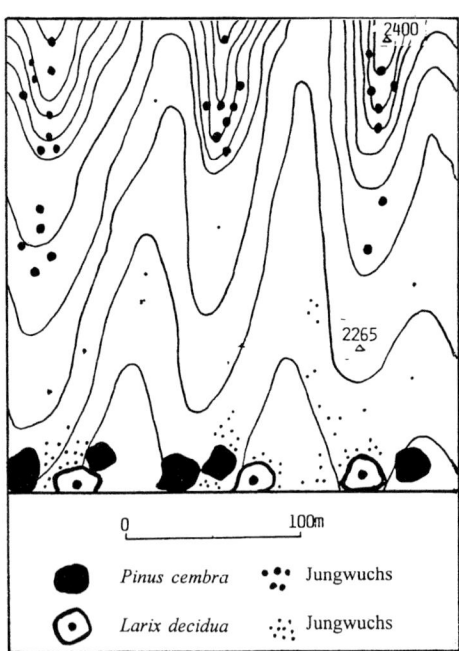

Abb. 64: Verbreitung (schematisch) von *Pinus cembra*- und *Larix decidua*-Jungwuchs in Abhängigkeit von der Entfernung zu den Samenbäumen und der Geländegestalt (aus HOLTMEIER 1993).

Verfassers Beobachtungen über die Anlage der Vorratslager des "Clark's nutcracker" und das Verbreitungsmuster des "Limberpine"-Jungswuchses (*Pinus flexilis*) in nur wenig bewegtem Gelände im Waldgrenzökoton (Foto 33) und auch über der Baumgrenze in den Rocky Mountains weisen auf eine deutliche Präferenz schneearmer Standorte für die Anlage der Samendepots hin (HOLTMEIER 1993 a, 2000). Jungwuchs – ausschließlich aus Häherdepots hervorgegangen – ist vor allem in den hochgelegenen, extrem windigen Bereichen zu finden, die während des Winters oft schneefrei bleiben oder eine geringe Schneebedeckung aufweisen (HOLTMEIER 1978, 1996).

Foto 32: Natürliche, aus Vorratslagern des Tannenhähers (*Nucifraga c. caryocatactes*) hervor-gegangene Arvenverjüngung (*Pinus cembra*) im aufgelassenen Alpweidegelände von Muottas da Celerina (2 300 m), Oberengadin (F. K. HOLTMEIER, 03. 10. 1997).

Foto 33: Aus Vorratslagern des Clark´s nutcracker (*Nucifraga columbiana*) hervorgegangene Limberpines (*Pinus flexilis*) auf dem Bald Mountain (Wheeler Peak, Great Basin-Nationalpark, Nevada) in 3 490 m Höhe (F.-K. HOLTMEIER, 30. 07. 1994).

Hinsichtlich der Keimungs- und Wachstumsbedingungen sind dies aber keineswegs besonders günstige Standorte (Trockenheit während der Vegetationsperiode, Schäden durch klimatische Einwirkungen vor allem während des Winters), und Jungwuchs wäre in diesem extrem windbeeinflussten Gelände eher an den etwas höher und länger mit Schnee bedeckten Standorten zu erwarten. Dass dies nicht der Fall ist, spricht dafür, dass der "Clark's nutcracker" in diesen Bereichen keine Vorratslager angelegt hat. Angesichts der weitgehend übereinstimmenden Verhaltensweisen des Dickschnäbeligen Tannenhähers und des "Clark's nutcrackers" liegt es daher nahe, anzunehmen, dass auch in den aufgelassenen Alpweiden im Oberengadin die Tannenhäher ihre Samendepots wegen der relativ geringen Schneebedeckung und kurzen Schneedeckendauer vorzugsweise auf den etwas erhöhten Geländebereichen anlegen. Damit wäre jedenfalls ein geringerer Zeit- und Energieaufwand beim Aufsuchen der Vorratslager im Winter verbunden. Andererseits ist bekannt, dass die Häher selbst unter einer mehrere Dezimeter tiefen Schneedecke ihre Vorräte wiederfinden (u. a. SWANBERG 1951; BURCKHARDT 1958; CROCQ 1974; MATTES 1982). Diese Fähigkeit dürfte aber im Wald mit seiner vergleichsweise geschlossenen Schneedecke nützlicher sein als in dem windoffenen und eine sehr unregelmäßige Schneebedeckung aufweisenden Gelände oberhalb der geschlossenen Waldbestände (HOLTMEIER 1967 b).

Wie dem auch sei, in dem sehr abwechslungsreichen und von starken kleinräumigen Gegensätzen geprägten geländeklimatischen Mosaik erweisen sich die vom Tannenhäher zur Anlage seiner Vorratslager gewählten Standorte hinsichtlich des Keimungserfolges und des Wachstums der Jungarven als relativ günstig (Tab. 7). Außerdem ist die Keimfähigkeit der vom Häher versteckten Samen vergleichsweise gut, da er sie in erster Linie unterhalb der Waldgrenze sammelt (HOLTMEIER 1974; MATTES 1978, 1982), wie übrigens auch der "Clark`s nutcracker" (TOMBACK 1982). Überdies prüft er durch Schütteln der Samen im Schnabel ("bill-clicking") deren Qualität, bevor er seinen Kehlsack füllt (MATTES 1978, 1982; vergleiche auch Verhalten des Eichelhähers). In dem allgemein stark strahlungsexponierten offenen Gelände sind auch die Feuchtebedingungen in den "unterirdischen" Vorratslagern für die Samenkeimung wesentlich günstiger, als wenn die Samen auf der Oberfläche liegen würden, wie zum Beispiel die anemochoren Lärchensamen. Deren Verbreitung hängt von den Witterungsbedingungen (trocken, feucht) ab, vor allem von den Windverhältnissen. Sie ist daher sehr unregelmäßig und nimmt überdies schon in gerin-

Tab. 7: Samenverbreitung durch Tannenhäher und Wind.

Tannenhäher	Anemochore Verbreitung
• Große energiereiche Samen	• Kleine Samen, geringer Energiegehalt
• Durchgehend gute Samenqualität (gezielte Auswahl)	• Samenqualität sehr unterschiedlich
• Transportdistanz abhängig vom Aktionsradius der Häher und von der Attraktivität der Gelände- und Vegetationsstrukturen für den Tannenhäher bei der Anlage von Vorratslagern	• Transportdistanz abhängig von - Höhe des Samenbaumes - Samengewicht - Größe der Beflügelung der Samen - Windgeschwindigkeit - Witterung (trocken, feucht) - Geländegestalt - Vegetationsbedeckung
• Anlage der Vorratsverstecke gezielt	• Anflugstelle der Samen „zufällig"
• „Unterirdische" Samenverstecke für Samenprädatoren nicht sichtbar	• Der Oberfläche aufliegende Samen sichtbar
• Standorte der Vorratsverstecke relativ günstig für Keimung und Sämlingswachstum	• Da Samenanflug „zufällig" keine generelle Aussage hinsichtlich der Bedingungen für Keimung und Sämlingswachstum möglich
• Vergleichsweise günstige Feuchtebedingungen für die Keimung der in der Streu oder im Oberboden versteckten Samen	• Samen auf der Bodenoberfläche stark wechselnden Feuchtebedingungen ausgesetzt, Vertrocknungsgefahr groß

ger Entfernung von den Samenbäumen drastisch ab (KUOCH 1965), während die Vorratswirtschaft des Tannenhähers vielfach zu lokalen Konzentrationen von Arvenjungwuchs noch weit
über der heutigen Hochwaldgrenze führt (HOLTMEIER 1974, 1993 a, 2000; siehe auch Abb. 64).
Weiter wird der Anflug der lichten Lärchensamen (Tausendkorngewicht 90 mal kleiner als das
der Arvensamen, AUER 1947) durch die nach Rückgang der Beweidung dichter gewordene Ra-
sen- und Zwergstrauchdecke stark gehemmt, so dass überhaupt nur wenige Samen in ein geeignetes Keimbeet gelangen. Nur in den ersten Jahren nach der Auflassung der Alpweiden können
Lärchensamen an den noch infolge des Vertritts vegetationslosen Stellen in größerer Zahl anfliegen und keimen (HOLTMEIER 1995 a). Bald aber wird hier die Arve, die unter natürlichen Bedingungen erst im Lauf der Waldsukzession die Oberhand gewinnt, aufgrund des Verhaltens des
Tannenhähers bei der Anlage seiner Vorratslager zum Pionier bei der natürlichen Wiederbewaldung ehemaliger Alpweiden (HOLTMEIER 1967 a, 1967 b). Andererseits führt in dichten Ar-
ven-Jungwuchsgruppen die Konkurrenz nach und nach zu einem Ausfall einzelner Individuen.
Zudem nimmt innerhalb der Gruppe die Gefahr des Befalls durch die Schneeschütte (*Phacidium
infestans*) zu, weil die heranwachsenden Arven über ihren Einfluss auf das bodennahe Windfeld
die Schneeakkumulation und die Schneedeckendauer erhöhen (HOLTMEIER 1974, 2000).

Foto 34: Arvenjungwuchs (*Pinus cembra*) auf der 1850-er Seitenmoräne des Morteratsch-Gletschers (Oberengadin), der aus Samenverstecken des Tannenhähers (*Nucifraga c. caryocatactes*)
hervorgegangen ist (F.-K. HOLTMEIER, 26. 07. 1988).

Nicht nur in aufgelassenen Alpweiden, sondern auch auf den Seitenmoränen zurückwei-
chender Gletscher, wie zum Beispiel des Morteratsch-Gletschers (Oberengadin), erscheint die Arve häufig als Pionier (Foto 34), obwohl eigentlich die Lärche als typische Rohbodenbesiedlerin
dort zu erwarten wäre. Offensichtlich sind diese Standorte meist zu trocken, zumal im oberen Bereich der Moränen. Während die leichten anemochoren Lärchensamen dort nur durch Zufall an
Stellen gelangen, die für die Keimung und den Anwuchs der Sämlinge ausreichende Feuchtigkeit
bieten, versteckt der Tannenhäher die Arvensamen gezielt zwischen den Steinen, wo sich Feinmaterial ansammelt und relativ günstige Keimungs- und Wachtumsbedingungen gegeben sind.

Foto 35: Häufung von Arven (*Pinus cembra*) auf konvexen Standorten in dem während der ersten Hälfte des vorigen Jahrhunderts eisfrei gewordenen Bereich des Tschierva-Gletschers (Oberengadin) (F.-K. HOLTMEIER, 08. 06. 2001).

Auf dem eisfrei gewordenen Talboden dagegen ist die Lärche im Vorteil, da sich dort zwischen dem Blockschutt vielfach größere offene Flächen aus feinem Material erstrecken, auf denen die Lärchensamen in größerer Zahl anfliegen und dank höherer Bodenfeuchte auch leichter keimen können. Zudem scheint dieser Bereich für den Tannenhäher zur Anlage von Samenverstecken weniger attraktiv zu sein. Dies könnte an der größeren Entfernung zu den Samenbäumen oder auch an der schlechteren Übersichtlichkeit und Orientierungsmöglichkeit liegen (HOLTMEIER 1994, 1995 a). Dafür spricht, dass in den stärker reliefierten Bereichen (Foto 35) des seit Beginn bis Mitte des vorigen Jahrhunderts eisfrei gewordenen Vorfeld des Tschierva-Gletschers im Roseg-Tal (Oberengadin), die Arve insbesondere auf den konvexen Geländeformen (Kuppen, Moränenrücken u. a.) wesentlich häufiger ist als in den ebenen Bereichen und Mulden (siehe auch PADBERG 1992) und im vergleichsweise weniger abwechslungsreich strukturierten Vorfeld des Morteratsch-Gletschers im Nachbartal.

Früher sahen die Gebirgsbewohner im Tannenhäher schlechthin einen Nahrungskonkurrenten, da die nährstoffreichen Arvennüsschen eine willkommene Erweiterung des Speisezettels darstellten. Auch sah man die Existenz der Arvenwälder gefährdet, da der Häher zumindest in Jahren mit geringer Zapfenproduktion die Gewinnung geeigneten Saatgutes für forstliche Zwecke erschwerte, zumal er auch schon vor der Samenreife Zapfen abreißt. Als Schädling wurde er rücksichtslos verfolgt. Abschussprämien wurden gezahlt, und für manchen Jäger wurde die Tannenhäherjagd geradezu zur Existenzgrundlage (Mitt. O. BISAZ). Der schweizerische Forstmann HESS (1916) machte den Tannenhäher sogar für das Verschwinden der Arvenwälder verantwortlich.

Obwohl der Tannenhäher in der Schweiz schon seit 1925 nicht mehr zu den jagdbaren Tieren gehört und beispielsweise in Graubünden seit Beginn der fünfziger Jahre des vorigen Jahrhunderts ausdrücklich geschützt ist – lediglich zwischen 1955 und 1961 war er vorübergehend zum Abschuss freigegeben –, wird über die Nützlichkeit oder Schädlichkeit selbst in Forstkreisen immer wieder kontrovers diskutiert. Anlass ist vor allem die Tatsache, dass der Häher die Bäume plündert, bevor Saatgut in ausreichender Menge gewonnen werden kann. Das gilt insbesondere in

Jahren mit geringer Zapfenproduktion. Er räubert durchaus auch Saatbeete in Forstgärten aus, wobei er sich nicht allein auf die frischgelegten Samen beschränkt, sondern auch junge Keimlinge samt der noch anhängenden Samen herausreißt (STAUDER 1963; mdl. Mitt. J. HEUMADER). So wird nicht selten über ein "Überhandnehmen" der Tannenhäher geklagt, wobei der Rückgang seiner natürlichen Feinde (Habicht, Sperber, Wanderfalke, Fuchs und Uhu; mdl. Mitt R. MELCHER) dafür verantwortlich gemacht wird. Abgesehen davon, dass die Anzahl dieser Räuber im Engadin wieder zugenommen hat, ohne dass signifikante Auswirkungen auf die Tannenhäherdichte festzustellen wären, kann die Populationsdichte einer Art nur solange zunehmen, wie es die äußeren Rahmenbedingungen (abiotische Faktoren) und insbesondere die Nahrungsgrundlage es letztlich zulassen. Reicht diese nicht mehr aus, so ist die ökologische Tragfähigkeit des Systems für die jeweilige Art überschritten, und natürliche Regulierungsmechanismen (Kapitel 2.2.1) führen zu einem Populationsrückgang. Von einem "Überhandnehmen" kann also nur vor dem Hintergrund des "Interessenkonfliktes" die Rede sein. Gleichwohl ist die auch heute verbreitete skeptische Einstellung mancher Forstpraktiker verständlich, zumal es im Hinblick auf die dringende Notwendigkeit der Wiederbewaldung der Hochlagen und der Sanierung der infolge der Waldweide zum Teil völlig überalterten Hochlagenbestände großer Mengen geeigneten Pflanzmaterials bedarf. Andererseits würde ohne den Tannenhäher die natürliche Wiederbewaldung der Hochlagen und die Verjüngung in den Waldgrenzbeständen wesentlich langsamer voranschreiten. Dort ist er eindeutig der Schlüsselfaktor für die weitere Entwicklung.

Zu einer anderen Beurteilung des Wirkens des Tannenhähers kommen KAJIMOTO et al. (1998) bei ihren Untersuchungen in der fast bis zu den Gipfeln von *Pinus pumila* bedeckten subalpinen Stufe des Oou-Gebirges im nördlichen Honshu. Offensichtlich trägt der Tannenhäher (*Nucifraga c. japonica*) dort nicht merklich zur Verbreitung von *Pinus pumila* bei, da er die Kiefernsamen vorwiegend an offenen, windexponierten Stellen in der Nähe der Samenbäume versteckt. Nur bei ausreichenden Sommerniederschlägen kommen dort gelegentlich Sämlinge empor.

Angesichts der unterschiedlichen Verhaltensweisen der an der Samenverbreitung beteiligten Tierarten, der Nahrungspräferenzen, der möglichen Nahrungskonkurrenz, der Zusammensetzung und des Entwicklungszustandes der Vegetation (Sukzession, Struktur), der Abhängigkeit der Verstecktätigkeit von den lokalen Bedingungen sowie der schließlich über Keimung und Wachstum der Sämlinge entscheidenden Standortbedingungen (Wärme, Feuchte, Licht, Boden u. a.) sind allgemeingültige Aussagen über den Einfluss der zoochoren Samenverbreitung und insbesondere der Vorratswirtschaft auf die Vegetation wenn überhaupt, so nur mit großen Einschränkungen möglich (siehe auch PRICE und JENKINS 1987).

2.6 Einflüsse von Tieren auf Böden, Relief und andere Standortfaktoren

Zum Teil sind die Wirkungen der Tiere auf Boden und Relief schon im Vorhergehenden angesprochen worden, doch verdient gerade dieser Aspekt eine eingehendere Betrachtung, denn der Boden wird in sehr vielfältiger Weise von den Tieren beeinflusst. Zahlreiche Tiergruppen sind daran beteiligt, permanent (z. B. viele Invertebraten) oder während bestimmter Entwicklungsphasen im Boden lebende (z. B. viele höhere Insekten), sowohl im Boden als auch oberirdisch lebende (z. B. Ameisen, Termiten, Maulwürfe, Wühlmäuse, Erdferkel u. v. a.), und ausschließlich oberirdisch lebende (die meisten Huftiere). Die Anzahl allein der endogäischen Arten, selbst innerhalb eines kleinen Areals, ist dem Artenreichtum eines Korallenriffs vergleichbar

(WALLWORK 1970) – und Korallenriffe gehören zu den artenreichsten Ökosystemen überhaupt. Im Boden leben wahrscheinlich mehr Arten als auf ihm, und sowohl ihre Biomasse als auch ihr Einfluss auf den Boden dürften den der auf dem Boden lebenden Tiere übersteigen (HOLE 1981). Abgesehen von in den übergeordneten Zusammenhang integrierten Einzelbeispielen ist eine Darstellung der so vielfältigen und vielschichtigen, aber auch erst zum geringen Teil bekannten Wirkungen der eigentlichen Bodenfauna (Makro-, Meso-, Mikrofauna) im Rahmen dieses Buches nicht möglich. Deshalb muss hier auf die bodenzoologische und bodenökologische Fachliteratur verwiesen werden (u. a. TROLLDENIER 1971; EDWARDS und LOFTY 1977; GHILAROV 1978; HOLE 1981; TOPP 1981; SATCHELL 1983; GISI et al. 1997; SCHRADER 1999). Allein auf die in der Landschaft auch visuell auffällig in Erscheinung tretenden Hügel bauenden Termiten wird später eingegangen (Kapitel 2.7.2).

Teils wirken die Tiere direkt auf den Boden, durch Bioturbation, über die Anlage von Bauen sowie durch Wühlen und Ausgraben von Wurzeln, Knollen oder auch Beutetieren, durch Vertritt (Verdichtung, Erosion) und nicht zuletzt durch ihre Ausscheidungen. Teils handelt es sich um indirekte Effekte, die aus der Veränderung der Vegetationsbedeckung und damit des Mikroklimas (Temperatur, Feuchte) sowie der wiederum zum Teil davon aber auch von den Ausscheidungen und der mechanischen Zerkleinerung der Streu abhängigen Mineralisierung resultieren.

2.6.1 Wühlen, Graben, Vertritt

Vertritt, Wühlen und Graben, zum Teil gefolgt von Erosion, gehören sicherlich zu den auffälligsten und wohl auch nachhaltigsten Wirkungen der Tiere in der Landschaft. An der Bioturbation sind neben Regenwürmern, Ameisen, Termiten und anderen Arthropoden auch Säugetiere beteiligt, und zwar knapp die Hälfte der fast 800 heute lebenden Säugetiergattungen (MITCHELL 1988). Es handelt sich teils um dauernd oder meist im Boden lebende Arten (z. B. Maulwurf, Mulle, Taschenratten, Kängururatten), teils um Tiere, die im Boden Baue anlegen, unter anderem als Schlafplatz, Zufluchtsort und Geburtsstätte für ihre Jungen (Kaninchen, Murmeltiere, Ziesel, Präriehunde, Wühlmäuse, Dachse, Füchse, Warzenschweine, Erdferkel u. a.) und/oder zum Überwintern (z. B. Erdhörnchen, Murmeltiere). Auch der Vertritt durch Huftierherden trägt zur Bodendurchmischung bei. Selbst Vögel sind daran beteiligt, wie zum Beispiel der bodenbewohnende und Bruthügel bauende Leierschwanz (*Menura novaehollandiae*) in Südwestaustralien (RO-BINSON und FRITH 1981; MITCHELL 1988), das Buschhuhn (*Alectura lathami*) in den tropischen und subtropischen Wäldern Ost- und Nordostaustraliens (SEYMOUR 1992) oder Vögel, die im Boden Bruthöhlen anlegen.

2.6.1.1 Stoffverlagerung, Lockerung, Durchmischung

Während aber zum Beispiel Dachs- oder Fuchsbaue gewöhnlich kaum auffällig in Erscheinung treten, prägen bodenwühlende Nager, wie Präriehunde, Ziesel oder Taschenratten, durch die großen Mengen an Bodenmaterial, die sie an die Oberfläche schaffen, den Aspekt und die ökologischen Verhältnisse auch größerer Areale. Viele Tonnen pro Hektar können die dabei bewegten Bodenmengen erreichen. Die diesbezüglichen Zahlenangaben beruhen durchweg auf Hochrechnungen des zum Teil gemessenen, oft aber auch nur geschätzten "Aushubs" auf kleineren Flächen und sind aufgrund unterschiedlicher Methoden und Angaben als Feucht- oder Trockengewicht nur bedingt vergleichbar. Präriehunde sind beispielsweise im Gegensatz zu Taschenratten (siehe unten) gesellige Tiere und leben oft zu mehreren tausend Individuen in mehr oder weniger großen Kolonien ("towns"). Diese Nager bevorzugen im allgemeinen schwach geneigte (< 7 %) und überflutungssichere Areale mit tiefgründigen, fruchtbaren Böden (DAHLSTEDT et al. 1981). Die Größe ihrer unterirdischen Baue variiert je nach den lokalen Gegebenheiten. Nahezu senkrecht führen die Gänge (Durchmesser 10 bis 15 cm) in den Boden hinein und reichen einen bis drei Meter, nicht selten auch fünf Meter tief hinab (SHEETS et al. 1971). Dort zweigen Seitentunnel ab, in denen sich die mit Heu ausgestopften Nester befinden. Der Aushub wird zu einem Hügel aufgeworfen, dessen Form zumeist der eines abgestumpften Kegels gleichkommt (Foto 36). Ein typischer Präriehundbau mit einer Gesamtlänge des Tunnelsystems von etwa fünfzehn Metern entspricht einem Aushub von gut 200 bis 225 Kilogramm Boden (WHICKER und DETLING 1988 a, 1988 b). Bei einer Besiedlungsdichte von 100 Bauen pro Hektar (Dichten von 50 bis 300 Bauen werden in der Literatur angegeben) würden demnach gut 20 Tonnen Lockermaterial pro Hektar von den Präriehunden an die Oberfläche geschafft. Diese Menge entspräche dem von Wühlmäusen und Maulwürfen in einem Eichen-Buchenwald in den Ardennen bewegte Lockermaterial (IMESON 1976). Kaum weniger leisten Taschenratten (Geomyidae) oder Arktische Erdhörnchen (*Citellus undulatus*).

Solche Mengenangaben können allerdings nur eine grobe Vorstellung von der möglichen Größenordnung der Umlagerung von Lockermaterial durch die Bodenwühler vermitteln und dürfen keinesfalls als "Durchschnittswert" verstanden werden, denn je nach den lokalen Verhältnissen (Substrat, Vegetation, Populationsdichte, Dichteschwankungen usw.) ergeben sich zum Teil beträchtliche Unterschiede. So kommt ELLISON (1946) bei Untersuchungen im Wasatch-Gebirge (3 000 m, Utah) auf 11 bis 14,5 Tonnen pro Hektar bei einer Besiedlungsdichte von 10 bis 40 Taschenratten, während BURNS (1979, 1980) für sein Untersuchungsgebiet in der alpinen Stufe der Rocky Mountains mit rund 11 Tieren pro Hektar nur 4 bis 6 Tonnen angibt. Andererseits wurden dort in extremen Einzelfällen sogar 28 Tonnen pro Hektar geschätzt (THORN 1982). Rechnet man die von SCHÜTZ (1998) in den Lichtungen von "ribbon forests" in der Front Range (Colorado) ermittelten Mengen des von den "pocket gophern" angehäuften Lockermaterials auf einen Hektar um, so ergeben sich zwischen gut 13 und 30 Tonnen. Auf Gebirgsweideland im Wasatch-Gebirge mit einer Taschenratten-Dichte von gut 70 Individuen pro Hektar soll ein "Aushub" von 94 Tonnen pro Hektar und Jahr nicht ungewöhnlich sein (RICHENS 1966). ABATUROV (1972) wiederum gibt für Zwergziesel (*Citellus pygmaeus*) in den Halbwüsten des Kaspischen Tieflandes eine Leistung von nur 1,5 Tonnen pro Hektar und Jahr an, ohne dabei allerdings Bezug auf die Populationsdichte zu nehmen. Maulwürfe (*Talpa europaea*) bringen es je nach den örtlichen Gegebenheiten (Nutzungsart, Regenwurmdichte, Menge an Käferlarven, Lagerungsdichte, Feuchtebedingungen u. a. m.) auf gut 8 (Nadelwald) bis 32 Tonnen pro Hektar (Wiese) (ABATUROV 1972; GOSZCYNSKA und GOSZCYNSKI 1977). Auf bewaldeten Hängen in Belgien sollen Kaninchen bei hoher Populationsdichte fast 72 Tonnen, bei geringer nur etwa eine halbe Tonne Lockermaterial pro Hektar an die Oberfläche schaffen (VOSLAMBER und VEEN 1985). IMESON (1976) kommt aufgrund seiner Studien in den luxemburgischen Ardennen zu dem Schluss, dass der Großteil des derzeitig auf den Talböden akkumulierten Lockermaterials den Aktivitäten bodenwühlender Kleinsäuger (Maulwürfe und Wühlmäuse) sowie der Regenwürmer und anderer Invertebraten zuzuschreiben ist.

Taschenratten sind wahrscheinlich die aktivsten Tunnelsysteme grabenden Nager Nordamerikas. GRINNEL (1923) war von ihren Auswirkungen auf die Böden der semiariden Flanken der Sierra Nevada (Kalifornien) so beeindruckt, dass er sie in gewisser Hinsicht mit den schon von DARWIN (1881)geradezu pathetisch beschriebenen Einflüssen der Regenwürmer verglich: "*It may be doubted whether there are many other animals which have played so important a part in the history of the world, as have these lowly organized creatures*".Die Taschenratten gehören drei Gattungen (*Thomomys, Geomys, Cratogeomys*) mit insgesamt 16 Arten (einschließlich Unterarten) an. Davon zählen acht Arten zur Gattung *Thomomys* (Foto 37), sieben zu *Geomys*. Die Gattung *Cratogeomys* ist mit nur einer Art vertreten. Das Verbreitungsgebiet der Taschenratten

Foto 36: Bau des Schwarzschwänzigen Präriehundes (*Cynomis ludovicianus*) in der Kurzgrasprärie bei Denver (HOLTMEIER, 26. 07. 1998)

Foto 37: "Northern pocket gopher" (*Thomomys talpoides*) am Ausgang seines Baues im Waldgrenzbereich auf dem Niwot Ridge (Colorado Front Range) in 3 180 m Höhe. Bei den Pflanzen in der oberen Bildhälfte handelt es sich um die Nelkenwurz (*Geum =Acomastyles rossii*) (H.-U. SCHÜTZ, 25. 09. 1990).

entspricht in seinen großen Zügen den Grasländern und Strauchsteppen Nordamerikas (MIELKE 1977; Abb. 65). Bei hoher Populationsdichte verursachen die "gopher" in vielen forstwirtschaftlichen Kulturen große Schäden durch Trieb- und Wurzelverbiss sowie Ringeln der Stämmchen von Sämlingen (siehe Foto 22). und durch die intensive Grabtätigkeit (DINGLE 1956; RONCO 1967; CROUCH 1969, 1971; HOOVEN 1971; BARNES 1973, 1974). Auch auf landwirtschaftlichen Nutzflächen führen die Taschenratten viel-

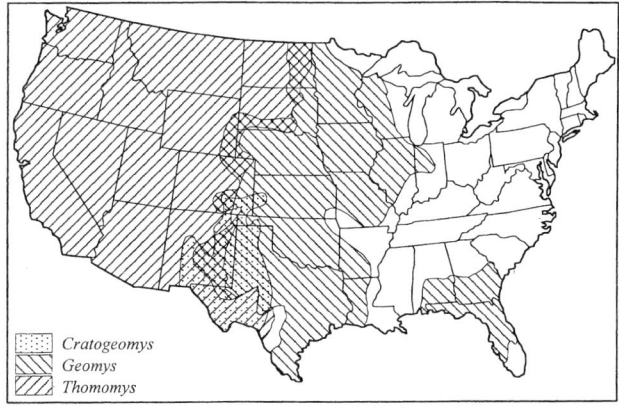

Abb. 65: Verbreitung der drei Taschenratten-Gattungen in den Vereinigten Staaten (nach TEIPNER et al. 1983).

fach zu Verlusten, indem sie ober- und unterirdische Pflanzenteile fressen. Zudem überdecken ihre in großer Zahl aufgeworfenen Hügel die heranwachsenden Ackerpflanzen und beeinträchtigen unter Umständen auch das maschinelle Einbringen der Ernte erheblich. In Weidegebieten werden sie zum Nahrungskonkurrenten für das Vieh und reduzieren die Futterbasis auch dadurch, dass sie die Vegetation mit Erde überdecken (TURNER 1973; ANDERSEN und MACMAHON 1981; TEIPNER et al. 1983, dort umfassende Literaturhinweise; REICHMAN und SMITH 1985; HUNTLY und INOUYE 1988). Nahezu ihr ganzes Leben verbringen sie unter der Bodenoberfläche. Während der schneefreien Zeit verlassen sie den Boden fast nur, um im unmittelbaren Umkreis ihrer Tunnelausgänge frische Nahrung aufzunehmen, wobei sie meist nur mit ihrer vorderen Körperhälfte aus den Tunneln herauskommen (siehe auch Foto 37). Größere Entfernungen legen sie nur während des Winters in der Schneedecke zurück, die es ihnen ermöglicht, natürliche Ausbreitungshindernisse, wie Flüsse, versumpfte Gebiete, Felsflächen und Blockschutthalden zu überwinden und neue Habitate zu besiedeln (VAUGHAN 1963; HANSEN und REID 1973).

Jedes Individuum hat seinen eigenen Bau mit einem sich vielfach verzweigenden Tunnelsystem (Durchmesser der Tunnel 5 bis 6 cm), dessen Gesamtlänge einige Zehner von Metern erreichen kann. Die meisten dieser Tunnel verlaufen nur 10 bis 30 cm unter der Erdoberfläche. Einige, durch einen senkrechten Gang mit dem oberflächennahen System verbunden, reichen in eine Tiefe von 40 bis 60 cm. Dort befinden sich auch die mit trockenen Gräsern und Kräutern ausgepolsterten Nestkammern sowie Futtervorräte. Das beim Bau des Gangsystems anfallende Lockermaterial wird am Ausgang auf der Bodenoberfläche angehäuft. Ständig sind die Taschenratten damit beschäftigt, ihre Tunnelsysteme zu verändern. Sie graben neue Tunnel und verfüllen die älteren, die sie nicht mehr nutzen, wobei die oberen mit Material, das aus den tieferen Tunneln stammt, verschlossen werden (WILKS 1963).

Von Taschenratten besiedelte Flächen weisen nicht nur eine mehr oder weniger große Zahl von "mounds" auf, sondern sie sind auch häufig von einem dicht verzweigten Netz 5 bis 6 cm dicker runder "Erdwülste", den sogenannten "eskers" oder "winter casts", bedeckt (Foto 38). Diese bestehen aus mineralisch-organischem Material, mit dem die Taschenratten ihre in der Schneedecke angelegten Tunnelsysteme ausstopfen, wie man es übrigens auch von Maulwürfen kennt (JOHANNESSON-GROSS 1996). Die Tunnelfüllungen sind gewöhnlich stärker verdichtet als das vergleichsweise lockere Material der "mounds" (TURNER 1973). Diese Schneetunnel ermöglichen ihnen, einigermaßen sicher vor ihren sehr zahlreichen Fressfeinden (Eulen, Rotschwanzbussard,

Foto 38: Von Taschenratten (*Thomomys talpoides*) mit Mineralboden überdeckte subalpine krautreiche Wiese am Südhang des Caribou Hill (Colorado Front Range) in 3 180 m Höhe. Die länglichen "eskers" sind noch gut zu erkennen (F.-K. HOLTMEIER, 10. 07. 1997).

Habicht, Falke, Kojote, Wiesel, Hermelin, Fuchs, Bobcat, Dachs, Stinktiere, Bär u. a.) und vor tiefen Temperaturen, auch während des Winters auf der Bodenoberfläche Nahrung zu suchen. Während der Schneeschmelze sinken diese Tunnelfüllungen dann zu Boden und spiegeln sozusagen wie eine "Senkrechtprojektion" das Schneetunnelsystem wider.

Eine weitere Hinterlassenschaft der Grabtätigkeit der Taschenratten sind die sogenannten "plugs", Pfropfen (Durchmesser 5 bis 6 cm) aus Bodenmaterial, die sie aus den Tunneln herausstoßen, wenn sie an die Oberfläche wollen, um Nahrung zu suchen oder Lockermaterial herauszuschaffen, und mit denen sie diese regelmäßig verschließen, wenn sie wieder in ihr Tunnelsystem zurückkehren. Diese Gewohnheit kann man sich zunutze machen, um festzustellen, ob ein Bau bewohnt ist. Entfernt man diesen Stopfen, so dauert es im Falle eines bewohnten Baues meist nur kurze Zeit, bis sein Bewohner den Eingang wieder verschließt.

Unter für die Taschenratten günstigen Existenzbedingungen und bei hoher Besiedlungsdichte kann selbst innerhalb nur eines Jahres mehr als ein Viertel der von ihnen bewohnten Fläche mit dem ausgeworfenen Lockermaterial überdeckt werden (u. a. HOOVEN 1971; TURNER 1973). Meist sind es jedoch nicht mehr als 5 bis 15 % (GRINNEL 1923; BUECHNER 1942; ELLISON 1946). In den von einer zum Teil geradezu üppigen Gras- und Krautvegetation eingenommenen Lichtungen ("snow glades") einiger "ribbon- forests" in der Colorado Front Range (Kapitel 2.3.2.4) beobachtete Verfasser im Frühsommer 1987 eine Überdeckung von 14 bis 16 %. Dabei handelte es sich aber im wesentlichen um vorjährige "mounds" und Tunnelfüllungen des vorausgegangenen Winters, während nur wenige neue "mounds" vorhanden waren (HOLTMEIER 1987 b). Die Übererdung kann aber durchaus auch bis zu 50 und mehr Prozent erreichen (siehe Foto 38; SCHÜTZ 1998). Einige Hügel und Tunnelfüllungen sind schon nach wenigen Tagen kaum mehr zu erkennen, andere aber noch nach mehreren Jahren. Auf die möglicherweise jahrhundertealten "Mima-mounds" wurde bereits in der Einleitung dieses Buches hingewiesen. Zum Teil wird das von den Taschenratten an die Oberfläche geschaffte Material später durch neue "mounds" und Tunnelfüllungen wieder überlagert (siehe auch TURNER 1973), so dass im Laufe längerer Zeiträume nahezu das gesamte Areal der "ribbon-forests" durch die Taschenratten beeinflusst wird. In den dichten Waldstreifen selbst und ihren von *Ribes*-und *Salix*-Sträuchern gebildeten Säumen sowie an extrem nassen Standorten finden sich allerdings keine "mounds", sondern nur hier und da Füllungen von Schneetunneln, die während des Winters über diese Bereiche hinweggeführt haben.

Gleich um welche wühlenden oder grabenden Tiere es sich handelt, sie alle beeinflussen die bodenphysikalischen und bodenchemischen Bedingungen in mehr oder minder starkem Maße. Dabei führt die Bioturbation in den meisten Fällen zu einer Homogenisierung des Bodenmaterials und seltener zu einer Schichtung (siehe auch HOLE 1981; MITCHELL 1988). An Stellen, an denen beispielsweise Taschenratten oder auch Erdhörnchen steinreiches Material an die Oberfläche schaffen, reichert sich bei Auswaschung und Ausblasung von Feinmaterial vielfach grobes Material an (Foto 39, 40; siehe auch COX et al. 1987). Im Südschwarzwald beobachtet man auf Flächen, die eine hohe Regenwurmdichte (*Lumbricus badensis*) und eine demzufolge hohe Maulwurfsdichte aufweisen (LAMPARSKI 1985; LAMPARSKI und KOBEL-LAMPARSKI 1988), häufig eine Ansammlung gröberen Materials (Feinskelett und Steine, STAHR 1979) an der Bodenoberfläche. Maulwürfe können Material dieser Größe noch transportieren. Da das feinere Material mit der Zeit ausgewaschen wird, reichert sich das gröbere auch relativ an. Dies ist aber wohl nicht als Anzeichen einer geringen Bioturbation durch die Regenwürmer zu deuten (STAHR 1979), sondern hier wird offensichtlich die Wirkung dieser großen Regenwürmer von der der Maulwürfe und der selektiven Abtragung überlagert (LAMPARSKI 1985). Sonst aber führt gerade die überaus intensive Bioturbation durch *Lumbricus badensis* zur Entstehung der bekannten, durch einen besonders mächtigen A_h-Horizont charakterisierten Humusbraunerden des Südschwarzwaldes. Auf Grünland-Versuchsflächen wurden dort Röhren von *Lumbricus badensis* bis in zweieinhalb Meter Tiefe festgestellt (BROLL et al. 1996). Im Gebiet des Mount St. Helens wiederum hat die Überdeckung des gewachsenen Bodenprofils durch Tephra und die nachfolgende Überlagerung des vulkanischen Materials mit dem alten Boden durch die Taschenratten und Ameisen zu einer deutlichen und noch lange sichtbaren Horizontierung geführt (vgl. auch COX et al. 1987 und Abb. 73).

LÖFFLER (1996 b) stellte bei seinen Untersuchungen in Nord- und Nordostthailand fest, dass dort die Bioturbation durch Termiten über eine "Entmischung" der Fraktionen im Boden zu einer "Pseudoschichtung" führt. Indem die Termiten permanent Feinmaterial aus dem verwitternden konglomeratischen Sandstein nach oben schaffen, kommt es zu einer relativen Anreicherung von groben Kiesen und Geröllen im unteren Bodenprofil, die von Feinsand und anderen feinen Fraktionen überlagert werden.

Die Bioturbation lockert den Boden. Insbesondere auf tonreichen und zum Beispiel durch Beweidung stark verdichteten Böden steigert sie die Durchlüftung und Dränage. Zumindest auf beschränktem Raum (Kolonien) spielen wühlende und grabende Säuger dabei eine kaum geringere Rolle als die permanent (z. B. Regenwürmer, Termiten) oder zeitweise im Boden wohnenden Invertebraten. So unterscheiden sich beispielsweise die von Präriehunden, Zieseln, Kängururatten, Taschenratten, Maulwürfen oder Blindmäusen (Mulle) beeinflussten Böden in ihrer Lagerungsdichte deutlich von ungestörten Böden (u. a. ELLISON und ALDOUS 1952; ROSS et al. 1968; LAYCOCK und RICHARDSON 1975; GRAFF und MAKESHIN 1979; MOORHEAD et al. 1988; MUN und WHITFORD 1990; HETH 1991; LAUNDRE 1993; CORTINAS und SEASTEDT 1996).

Bei Untersuchungen im westlichen Colorado (HANSEN und MORRIS 1968) zeigte sich, dass die von den Taschenratten aufgeworfenen Hügel aus einem Gemisch von vulkanischer Asche und Oberboden bestehen, während die winterlichen Tunnelfüllungen ("eskers") und die Böden der von "pocket gophern" unbewohnten Flächen wegen fehlender Durchmischung keine Asche enthalten. Nach dem Ausbruch des Mount St. Helens (18. Mai 1980) arbeiteten sich Taschenratten und Ameisen, welche die Überschüttung mit heißer Asche überlebt hatten, durch die abgekühlte, etwa 25 cm mächtige Tephraauflage hindurch und brachten dabei den alten Boden und die in ihm

Foto 39: Erdhörnchen (*Spermophilus columbiana*) vor dem Bauausgang, Glacier-Nationalpark (Montana) (F.-K. HOLTMEIER, 1998).

Foto 40: Erdhörnchenbaue in einer subalpinen Wiese am Logan Pass, Glacier-Nationalpark (Montana) (F.-K. HOLTMEIER, 1998).

enthaltenen Mykorrhizapilze an die Oberfläche, wodurch sich die Voraussetzungen für das Pflanzenwachstum entschieden verbesserten (ALLEN et al. 1984; ANDERSEN und MACMAHON 1985; ALLEN und GRISAFULLI 1994).

Normalerweise werden bei der Bodenbildung die meisten Substanzen in gelöster Form mit dem Sickerwasser von oben nach unten verlagert, nur unter semiariden und ariden Bedingungen erfolgt bei starker Verdunstung die Verlagerung auch entgegen der Schwerkraft aus den tieferen Horizonten nach oben. Bodenwühlende Tiere aber verlagern mit ihren Erdbewegungen sowohl wasserlösliche als auch schwer beziehungsweise unlösliche Substanzen. Infolgedessen reichern sie die oberen Horizonte immer wieder mit primärem, noch weitgehend unverwittertem Material (z. B. Carbonate, Gips) an und wirken auf diese Weise deren Auswaschung entgegen. So ist unter den "Mima-mounds" der Langgras-Prärie in Minnesota (Waubun Prairie), die einem undurchlässigen tonreichen Untergrund aufsitzen, der in einigen Dezimetern Tiefe liegende Carbonat-Anreicherungshorizont unterbrochen, und der darüberliegende schluffige Lehm der "mounds" weist eine deutliche Anreicherung von Carbonaten auf, die man den Bodenwühlern zuschreibt (ROSS et al. 1968; Abb. 66). THORP (1949) stellte bei Untersuchungen auf einer Versuchsfarm mit Tschernosemen und kastanienfarbigen Böden in der Prärie von Colorado fest, dass die "mounds" der Präriehunde große Mengen eines sandig-kiesigen Materials enthalten, das dort unter einem 180 bis 200 cm mächtigen Lössmantel liegt, während die von den weniger tiefgrabenden Taschenratten aufgeworfenen Hügel aus schluffigem Lehm bestehen (Abb. 67).

Auf Kalkuntergrund bringen Maulwürfe Kalksteinfragmente an die Oberfläche und wirken auf diese Weise der Auswaschung entgegen (Watt 1974). Bei der Untersuchung von Maulwurfshaufen in Mischwäldern bei Moskau fand man in den Hügeln Material aus den 30 bis 40 cm tiefliegenden Anreicherungshorizonten, das vorher aus den oberen Horizonten ausgewaschen worden

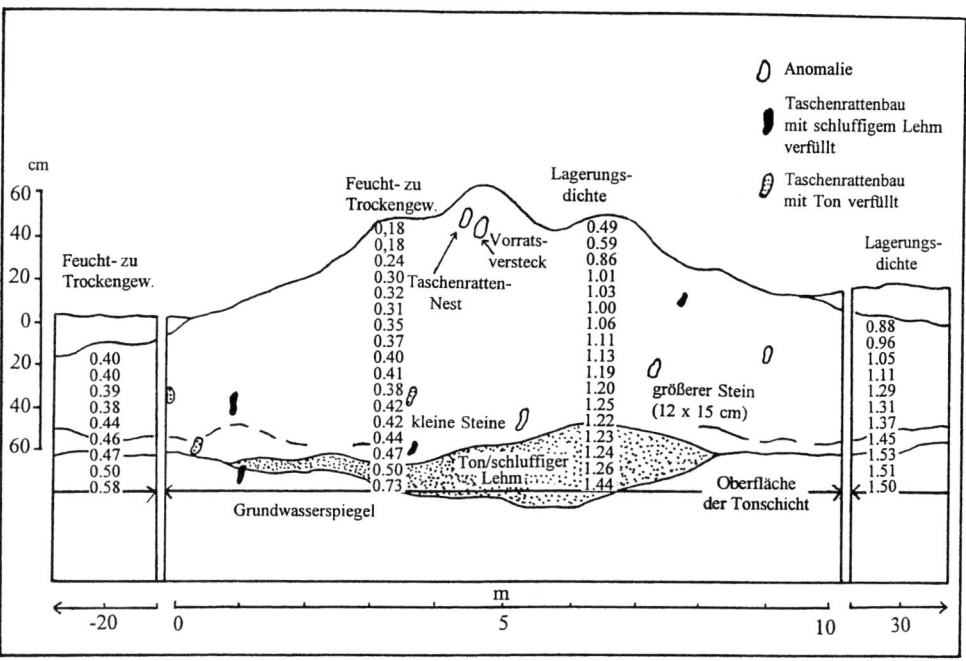

Abb. 66: Lagerungsdichte, Bodenfeuchte und andere Bodenmerkmale in einem typischen "Mima mound" (nach ROSS et al. 1968, verändert).

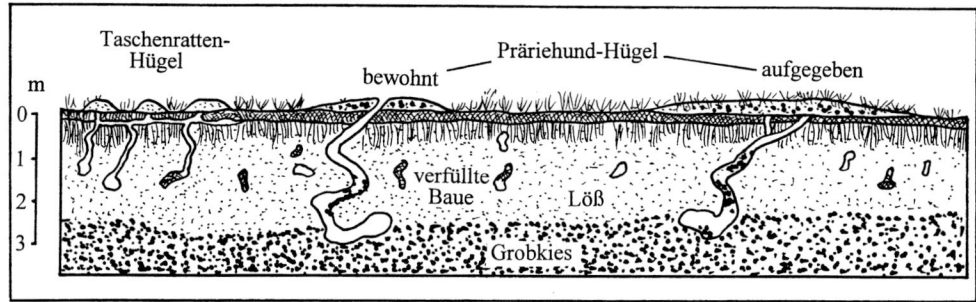

Abb. 67: Einfluss von Präriehunden und Taschenratten auf die Umlagerung von Bodenmaterial in der Prärie (Colorado) (nach THORP 1949, verändert).

war. Der Gehalt der Hügel an Sesquioxiden, Calcium, Magnesium- und Phosphoroxiden sowie austauschbarem Calcium und Magnesium war deutlich höher als im A_h-Horizont des überdeckten Bodenprofils, während Humus- und Stickstoffgehalt des aus tieferen Horizonten stammenden Materials unter dem des A_h-Horizontes lagen (ABATUROV 1972). Auch andere Untersuchungen von Maulwurfshaufen kommen zu entsprechenden Ergebnissen. Nicht von ungefähr ist der Maulwurf deshalb auch schon als "zoologische Basenpumpe" bezeichnet worden (GRAFF und MAKESCHIN 1979). Entsprechende Effekte haben auch die Aktivitäten der Taschenratten (MIELKE 1977; HUNTLY und INOUYE 1988). In den nordamerikanischen Prärien sollen die Taschenratten nach der Auffassung von MIELKE (1977) die bodenchemischen Eigenschaften geradezu "steuern".

Auch auf den von der Gelben Wiesenameise (*Lasius flavus*) und bisweilen auch der Wegeameise (*Lasius niger*) geschaffenen Buckelweiden (SCHREIBER 1969, 1980 a; FELDMANN 1991; RUSSOW und HEINRICH 2001) weisen die annähernd halbkugelförmigen, 40 bis 50 cm hohen Nesthügel von ihrem Umfeld und dem A_h-Horizont abweichende bodenphysikalische und bodenchemische Eigenschaften auf, unter anderem einen deutlich geringeren Humusgehalt. In Nestern von Ernte-Ameisen (*Pogonomyrex barbati*) im trockenen Südwesten Nordamerikas (Chihuahua-Wüste, Sonora-Wüste) enthält der Boden signifikant höhere Konzentrationen von Nitrat, Ammonium, Phosphor und Kalium als die nicht von den Ameisen beeinflussten Böden. Auffällig ist auch die hohe Dichte von Mikroarthropoden und Einzellern (WAGNER et al. 1997). Folge der Aktivitäten der Ameisen ist eine größere räumliche Heterogenität der Standortbedingungen und eine entsprechende höhere Diversität der Vegetation.

Ein typisches, auf die Aktivitäten von Maulwürfen, Murmeltieren, Präriehunden, Zieseln, Taschenratten und anderen Bodenwühlern zurückzuführendes Phänomen sind die sogenannten Krotowinen. Dabei handelt es sich um Böden, in denen die Hohlräume mit humosem oder mineralischem Material verfüllt sind. In hellen Böden treten sie als dunkle, in dunklen Böden als helle Flecke in Erscheinung (siehe auch Abb. 67).

In den Zieselkolonien der Halbwüsten im nördlichen Kaspischen Tiefland unterscheiden sich die von Zwergzieseln aufgeworfenen Hügel von ihrem Umfeld durch höhere Gehalte von Gips und Carbonaten sowie Calcium- und Magnesiumoxiden. Gerade in diesen Gebieten, in denen kein kapillarer Aufstieg gelöster Substanzen aus dem Grundwasserbereich bis an die Oberfläche erfolgt, werden Ziesel, Bobaks (Steppenmurmeltiere) und eine Reihe von Invertebraten (Ameisen, Termiten) somit zum wichtigsten Faktor hinsichtlich des Nachschubs von Mineralien aus tieferen Horizonten. Werden die leichter löslichen Stoffe auch bald wieder ausgewaschen, so reichern sich jedoch Gips und Carbonate im Oberboden an. Die Menge des durch die Ziesel ausgeworfenen Materials ist zwar mit nur 1,4 bis 1,6 Tonnen pro Hektar im Jahr vergleichsweise gering, doch werden mit der Zeit durchaus größere Flächen damit überdeckt (ABATUROV 1972). Die beispielsweise im Vergleich zur Leistung der Maulwürfe geringere Bodenbewegung durch Ziesel ist wohl damit zu erklären, dass sie ihre Nahrung an der Bodenoberfläche finden, während Maulwürfe im Boden ihre Beute suchen und dabei große Mengen Erde bewegen müssen (GRAFF und MAKESCHIN 1979).

In den mächtigen Schwarzerden der krautreichen Wiesen- und Waldsteppen Russlands tragen neben den anderen Bodenwühlern auch die Ostblindmäuse (*Spalax microphthalmus*) in nicht unerheblichem Maße zur Durchmischung bei. Wie auch die meisten anderen Bodenwühler bringen die Blindmäuse nur einen Teil der von ihnen bewegten Erde bis an die Oberfläche, mit dem anderen Teil verfüllen sie ihre alten Tunnelsysteme. Das von ihnen ausgeworfene Material stammt zwar im Wesentlichen aus den oberen 30 cm des Humushorizontes, doch finden sich über den gesamten Humushorizont verteilt auch viele helle Flecken aus kalkreichem Lehm, der aus dem tieferliegenden Kalkanreicherungshorizont heraufgeschafft wurde. Am höchsten sind die Calciumgehalte in unmittelbarer Nähe der zu den Nestern führenden Gänge. Dagegen hat das von den Blindmäusen an der Oberfläche ausgeworfene Material zumeist einen geringeren Calciumgehalt als zum Beispiel die Hügel von Steppen-Murmeltieren und Zieseln, deren Baue beträchtlich tiefer in den Boden hinabreichen. Nach den vorliegenden Untersuchungen (ZLOTIN und KHODASHOVA 1980, dort weitere Literaturangaben) sind die Blindmäuse aber wesentlich an der Ergänzung des Calciumgehaltes des Wurzelhorizontes beteiligt. Etwa die zweifache Menge des im Verlauf eines Jahres von den Pflanzen aufgenommenen Calciums verfrachten sie aus dem Anreicherungshorizont in den Wurzelbereich. Dadurch und indem sie mit ihren Ausscheidungen den Steppenböden Stickstoff – und zwar, wie schon von den Präriehunden und Kängururatten beschrieben, in großenteils schon pflanzenverfügbarer Form (Ammonium- und Nitrationen) – zuführen, beeinflussen sie in starkem Maße den gesamten Stoffumsatz in den Steppenböden. Nach Schätzungen von ZLOTIN und KHODASHOVA (1980) sollen in der Steppe die Blindmäuse in ihren zum Teil über viele Generationen hinweg bewohnten Kolonien den gesamten Oberboden im Laufe von 2 000 bis 5 000 Jahren einmal völlig "aufarbeiten".

Wie bei Bodenuntersuchungen in der alpinen Stufe (4 000 bis 4 500 m) des östlichen Pamir festgestellt wurde, führen dort vor allem Murmeltiere (*Marmota caudata*) zu einer völligen Veränderung der gewachsenen Bodenprofile. Außer zu jeweils bodentypspezifischen, unterschiedlichen Veränderungen (Humusgehalt, Textur, Lagerungsdichte, Nährstoffe u. a., siehe dazu TADZHIYEV und ODINOSHOYEV 1987) kommt es bei allen Bodentypen mit dem Transport von sehr stein- und schuttreichem Lockermaterial aus tieferen Horizonten zu einer deutlichen Anreicherung von Salzen, Kalk und Gips im oberen Profil, sofern die Zufuhr dieser Stoffe nicht von der Auswaschung übertroffen wird. Lokal können dabei auch Solontschake entstehen. In den Hochgebirgswüsten verhindern die Murmeltiere die Krustenbildung an der Bodenoberfläche, wie sie dort für ungestörte Bereiche typisch ist. Eine entsprechende Wirkung haben die bodenbewohnenden Nager in den Tieflandswüsten, zum Beispiel in der Karakum. Dort, wo sie die Tonkruste der Takyre durchbrechen, können sich Sträucher ansiedeln, die anderenfalls fehlen würden (WALTER und BRECKLE 1986).

Über die Bioturbation gelangt aber nicht nur frisches mineralisches Lockermaterial in die oberen Bodenhorizonte und an die Oberfläche, sondern es wird auch organisches Material, teils aus der Streuschicht stammend, teils als Nistmaterial oder bei der Anlage von Futtervorräten, in tiefere Bodenbereiche transportiert. Das klassische Beispiel dafür sind die Steppenschwarzerden mit ihren bis über einen Meter mächtigen A_h-Horizonten, an deren Erweiterung nach unten neben zahllosen Invertebraten (besonders Regenwürmer, Larven u. a.) auch die bodenbewohnenden Säugetiere, wie Ziesel, Murmeltiere und Hamster, beteiligt sind. Aber auch von den in anderen Gebieten lebenden bodenbewohnenden herbivoren Nagern, wie beispielsweise den Taschen- und Kängururatten oder den ausgedehnte Tunnelsysteme anlegenden Rennmäusen (Gerbillidae) in den Wüsten und Steppen Asiens geht eine entsprechende Wirkung aus.

Mit der Durchmischung und Lockerung verändern sich die thermischen und hygrischen Bedingungen in den Böden. Von Bodenwühlern beeinflusste Böden weisen zumeist eine höhere Infiltrationsrate und Durchlässigkeit und – damit unmittelbar verbunden – eine bessere Durchlüftung auf als ungestörte Böden (LEE 1986; MOORHEAD et al. 1988, HETH 1991; LAUNDRE 1993). Insbesondere bei hoher Lagerungsdichte wirken sich diese Veränderungen positiv auf den Stoffumsatz aus. Das Ausmaß dieser Veränderungen hängt jedoch sehr stark von den lokalen Bedingungen (u. a. von der Bodenart und dem Skelettgehalt der Böden) ab. Daraus erklären sich dann auch zum Teil durchaus widersprüchliche Befunde. Beispielsweise waren Böden in Utah und Colorado, die von den Taschenratten beeinflusst wurden, in 5 bis 15 cm Tiefe trockener als unmittelbar benachbarte ungestörte Flächen. Man führte dies auf einen höheren Gehalt der aufgeworfenen Erde an Feinmaterial zurück, das zu einer "Versiegelung" (Verschlämmung) der Oberfläche führt und die Infiltration herabsetzt (JULANDER et al. 1959). Im Gegensatz dazu stellte man auf anderen von Taschenratten durchwühlten Flächen eine gegenüber ungestörten Bereichen verstärkte Infiltration fest (ELLISON 1946). Auch im Bereich von Erdhörnchenbauen in Steppenböden Idahos war die Infiltration von Schmelzwasser im Wirkungsbereich der Erdhörnchen infolge der geringeren Lagerungsdichte deutlich größer als auf ungestörten Flächen (LAUNDRE 1993). Die Bodenfeuchte wird aber auch durch die mehr oder weniger gute Durchlüftung beeinflusst. Die Tunnelsysteme dürften die Durchlüftung der Böden nicht unerheblich steigern, zumindest solange die Luft ungehindert zirkulieren kann. Diesem Luftaustausch schreiben zum Beispiel SKOCZEN et al. (1976) die im unmittelbaren Umfeld von Maulwurfstunneln geringere Bodenfeuchte zu. Lediglich unterhalb der Tunnel war bei ihren Beobachtungen die Feuchte höher, wohl infolge des gelegentlich am Tunnelboden ablaufenden Wassers. Wenn aber, wie im Falle der Taschenratten, die Eingänge von den Tieren nach Benutzung zumeist wieder verschlossen werden, hemmt dies die Luftzirkulation im Boden (TURNER 1973). Stellen, an denen Silberdachse (*Taxidea taxus*) in der Langgras-Prärie von Iowa nach Erdhörnchen (*Citellus tridecimlineatus*) gegraben haben, weisen über viele Jahre hinweg eine höhere Bodenfeuchtigkeit auf als die ungestörte Prärie, und erst mit der sich über etwa 20 Jahre erstreckenden Wiederbesiedlung durch die ursprüngliche Vegetation nimmt die Bodenfeuchte allmählich wieder ab (PLATT 1975).

Auch thermisch unterscheiden sich die unterirdische Baue und Gangsysteme von dem nicht gestörten Bodenbereich. Dies hängt zum einen von den veränderten bodenphysikalischen Bedingungen (Lagerungsdichte, Durchlüftung, Feuchte) ab und zum anderen vom Abbau der in die Baue eingetragenen organischen Substanz. In den von *Tachyoryctes rex* geschaffenen Hügeln in den Hochtälern des Mt. Kenya zum Beispiel wurden 12 °C gemessen, während die Bodentemperaturen in dieser Höhe (3800 m) ansonsten zwischen 5 und 7 °C liegen. Diese Temperaturerhöhung in den Bauen ist in erster Linie auf die Wärme zurückzuführen, die bei der Gärung der in den Kammern abgesetzten Ausscheidungen und des schon zerkleinerten Pflanzenmaterials entsteht. Wärme und Nahrung bilden wiederum optimale Voraussetzungen für die Entwicklung von Käferlarven, die hier in großer Zahl gefunden wurden (COE und FOSTER 1972). Die von *Tachyoryctes* aufgegebenen Hügel werden häufig von Sägezahnratten (*Otomys oreste oreste*, *Oreste tropicalis tropicalis*) besiedelt. Ergänzend sei hier bemerkt, dass DARLINGTON (1985) aufgrund ihrer umfangreichen Studien in Kenia die Auffassung vertritt, die die Savannen durchsetzenden linsen- bis konusförmigen Erdhügel seien von Termiten der Gattung *Odontotermes* geschaffen worden (siehe auch MARTIN 1988) und nicht von bodenwühlenden Nagern ("African mole-rat", *Tachyoryctes splendens*). Mit dieser Meinung steht sie in Widerspruch zu den Beobachtungen und Hypothesen einer Reihe anderer Autoren (u. a. COX und GAKAHU 1983 ff.; MIDGLEY und MUSIL 1990; COX et al. 1989; COX und SCHEFFER 1991).

Indem viele Bodenwühler Lockermaterial auf der Erdoberfläche anhäufen, verändern sie auch das Kleinrelief und damit die mikroklimatischen Verhältnisse an der Bodenoberfläche in oft nicht unerheblichem Maße. Dies kommt vor allem in der Temperaturverteilung zum Ausdruck. In der alpinen Stufe auf dem Niwot Ridge (Front Range, Colorado) beispielsweise sind die südexponierten Seiten der vegetationslosen "mounds" noch in 10 cm Tiefe um gut drei Grad wärmer als die nach Norden weisenden. Im Durchschnitt weisen die "mounds" eine um ein bis zwei Grad höhere Temperatur auf als die bewachsenen Flächen zwischen ihnen. Auf der Südseite der "mounds" sind auch die täglichen Temperaturschwankungen größer als auf ihrer Nordseite und auf den Flächen zwischen den Hügeln. Die erhöhten Temperaturen führten zu einem beschleunigten Abbau der von dem aufgeworfenen Lockermaterial überdeckten Streu (CORTINAS und SEASTEDT 1996).

Auf den Buckelweiden im Schweizer Jura beispielsweise beobachtete SCHREIBER (1969), dass die Gelben Wiesenameisen während des Sommers die strahlungsbegünstigte Seite (SE) der Nesthügel bevorzugen und diese zum Teil mit frischer Erde überdecken. Auf diese Weise entwickelt sich im Laufe der Zeit die längliche Form der Nesthügel.

Es bedarf aber nicht erst eines von Bodenwühlern geschaffenen ausgeprägten Mikroreliefs, um kleinräumig wechselnde Temperaturen hervorzurufen, sondern es genügt schon ein fleckenhaftes Vegetationsmuster, wie es beispielsweise durch Feldmäuse (*Microtus arvalis*) in der Steppe verursacht wird (ZLOTIN und KHODASHOVA 1980). Im Einflussbereich der Mäuse dünnt die Grasvegetation allmählich aus, und damit ändert sich dort das hydrothermische Regime, indem die täglichen Temperatur- und Feuchteschwankungen an der Bodenoberfläche gegenüber dichter bewachsenen Bereichen stark zunehmen. Entsprechendes gilt unter anderem auch für die von Präriehunden, Taschenratten und manchen anderen Bodenwühlern ausgehenden Veränderungen (siehe auch WHICKER und DETLING 1988 a, 1988 b).

Durch die Beeinflussung der Bodentextur und der bodenklimatischen Verhältnisse, den Transport von Nährelementen aus den unteren Horizonten sowie mit der Zuführung zoogenen Stickstoffs, aber auch von Phosphor und Kalium, werden die Bodenwühler zu einem wichtigen, die Standortbedingungen unter Umständen über Hunderte oder gar Tausende von Jahren prägenden Faktor (u. a. CARLSON und WHITE 1987; MUN und WHITFORD 1990). In manchen Ökosystemen, wie beispielsweise in den Steppengebieten Eurasiens und den Prärien Nordamerikas, kommt ihnen durchaus die Rolle eines Schlüsselfaktors zu (GRINNEL 1923; BROWN und HESKE 1990; HAWKINS und NICOLETTO 1992).

Weniger auffällig als Ziesel, Präriehunde und andere große Bodenwühler wirken dagegen die zu den Sandgräbern (Bathyergidae) zählenden Nacktmulle (*Heterocephalus glaber*) in den Halbwüsten Kenias, Äthiopiens und Somalias (JARVIS 1981). Als einzige unter den Nacktmullen, die ihre unterirdischen Gänge und Nester zumeist alleine anlegen, "arbeiten" die ostafrikanischen sozusagen im "team" von 20 bis 30, mitunter auch mehr Tieren. Die Gänge dienen vor allem der Suche nach kohlenhydrat- und wasserreichen fleischigen Knollen und Wurzeln sowie Insekten. Ihre meist dicht unter der Oberfläche verlaufenden Gangsysteme erreichen bisweilen beträchtliche Ausmaße. Aus Kenia beispielsweise wird berichtet, dass eine Gruppe von 87 Tieren auf einer Fläche von 10 Hektar ein insgesamt etwa 3 000 m langes Tunnelsystem durch den verhärteten Wüstenboden "gemeißelt" hat (BRETT, zitiert in SHERMAN et al. 1992). Auch diese Bodenwühler schaffen Lockermaterial an die Oberfläche, wenngleich auch bei weitem nicht in den Mengen wie Taschenratten oder Termiten. Wichtiger ist unter den trockenen Bedingungen wohl der Einfluss der Mulle auf die Mineralisierung der unterirdischen organischen Substanz. In den Tunneln herrschen Temperaturen zwischen 30 und 32 °C bei einer Luftfeuchte von 90 %. Überdies können auch die Nacktmulle, wie die Termiten, schwer verdauliche pflanzliche Substanz aufschließen. Vollkommen verdaute Nahrung setzen sie als festen Kot in Latrinen ab, teils verdaute Nahrung scheiden sie in weicher Form aus. Die Jungtiere und das einzige sich jeweils in einer Gruppe fortpflanzende Weibchen sowie einige nicht "arbeitende" Gruppenmitglieder sind auf diese vorverdaute Nahrung angewiesen (NIETHAMMER 1988; SHERMAN et al. 1992). Insgesamt gesehen entsprechen sich zwar viele der von den Bodenwühlern ausgehenden Wirkungen auf die bodenphysikalischen und -chemischen Bedingungen, doch kommt es unter dem Einfluss der lokalen und regionalen Bedingungen (Substrat, Vegetation, Klima, beteiligte Tiere bzw. Tiergruppen usw.) zu nicht unerheblichen Abweichungen. So erfordert jeder Einzelfall eine differenzierte Betrachtung.

Auf Viehweiden und anderem Kulturland gelten bodenwühlende Nager zumeist als die Vegetation zerstörende und die Erosion fördernde "Schädlinge", zumal, wenn es gelegentlich zu einem starken Anwachsen der Populationen bis hin zu Massenvermehrungen kommt. Typische Beispiele dafür sind unter anderen die Brandt´s-Wühlmäuse in der innermongolischen Steppe (ZHONG et al. 1999) oder Pikas (Pfeifhasen; *Ochotona curzoniae*) und Zokors (Blindmulle; *Myospalax baileyi*) im Tibetanischen Hochland (FAN et al. 1999). Mit allen Mitteln werden sie bekämpft, zum Teil mit Rodentiziden, die auch bei anderen Arten und beim Menschen zu Vergiftungen führen. Erst seit kurzer Zeit ist man bemüht, ökologisch verträglichere Bekämpfungsmaßnahmen zu entwickeln (FAN et al. 1999), beziehungsweise das Populationswachstum der "Schädlinge" durch ein die ökologischen Regulierungsmechanismen berücksichtigendes Weidemanagement zu begrenzen (ZHONG et al. 1999).

2.6.1.2 Oberflächenformung

In den meisten Fällen fördern Tiere, die Lockermaterial an die Oberfläche schaffen, die Abtragung durch Wasser und Wind. Das Ausmaß der durch die Aktivitäten der Tiere verursachten Steigerung der Erosion hängt jedoch sehr von den lokalen Gegebenheiten ab, also von der Geländegestalt, der Exposition, der Schneedeckenverteilung, der Niederschlagscharakteristik, der Vegetationsbedeckung sowie auch von der Menge und Zusammensetzung des Lockermaterials (Korngrößen, Humus- und Feuchtegehalt).

So zeigte sich bei Untersuchungen des Oberflächenabflusses und der Sedimentumlagerung auf Kalksteinhängen im ariden Negev-Hochland, dass in den trockensten Gebieten ausschließlich Stachelschweine (*Hystrix indica*) morphologisch aktiv sind, indem sie bei der Suche nach Pflanzenzwiebeln die verfestigte und verkrustete Oberfläche der Lössböden aufbrechen und Feinmaterial "bereitstellen", das auch noch bei schwachem Oberflächenabfluss verlagert werden kann. Gegen die feuchteren Bereiche hin gewinnen in dieser Hinsicht Wüstenasseln (*Hemilepistus reaumuri*), deren Faeces fast gänzlich aus mineralischem Material bestehen, gegenüber den Stachelschweinen an Bedeutung. In den feuchtesten Bereichen stellen schließlich Mulle doppelt soviel Material bereit wie Stachelschweine und Isopoden unter den trockeneren Bedingungen (YAIR 1974; YAIR und RUTIN 1981).

Auch bei Tauwetter kann es zu einer raschen, hangabwärts gerichteten Umlagerung von Lockermaterial kommen, wie man unter anderem bei Untersuchungen über die Wirkungen von Maulwürfen auf beweideten Hängen im Riesengebirge feststellte (JONCA 1972). Dasselbe trifft auf die "mounds" und "eskers" der Taschenratten oder auch für das durch Erdhörnchen an die Oberfläche geschaffte Lockermaterial zu, vor allem, wenn dies in natürlichen Abflussrinnen liegt. Untersuchungen auf dem Wasatch-Plateau in Utah haben indessen ergeben, dass dort die Taschenratten nicht der primäre Auslöser der Erosion sind, diese aber auf den übernutzten Weiden erheblich verstärken können. Man fand dort auch keine Anhaltspunkte dafür, dass die Tunnelsysteme der Taschenratten Gully-Erosion auslösen. Im Gegenteil, der Auflockerung des Bodens durch die Taschenratten wird eine erosionshemmende Wirkung zugeschrieben, da sie die Infiltration steigert und den Abfluss vermindert (ELLISON 1946). Beobachtungen und Untersuchungen in anderen Gebieten zeigen wiederum, dass in die Gangsysteme eindringendes und diese durchströmendes Schmelzwasser durchaus erosiv wirksam werden kann. Wie Verfasser in der oberen subalpinen und alpinen Stufe der Colorado Front Range vielfach beobachtete, werden verlassene und annähernd in der Falllinie ausgerichtete Bausysteme nicht selten so stark ausgespült, dass sie

schließlich zusammenbrechen. Zurück bleiben Miniaturterrassen (Abb. 68), die insbesondere in den Bereichen der alpinen Stufe,
die noch eine geschlossene Vegetationsbedeckung aufweisen, relativ häufig sind (THORN
1978, 1982). So ist paradoxerweise die dichte Vegetationsdecke, die den Taschenratten
eine gute Nahrungsgrundlage bietet, unter
diesen Bedingungen die Ursache einer verstärkten biogeomorphologischen Aktivität
(THORN 1978). Aber auch in anderen Gebieten kann man in dicht besiedelten Kolonien
bodenwühlender Nagetiere häufig eine an
den Tunnelsystemen ansetzende Abtragung
beobachten, wie beispielsweise in Erdhörn-
chen- oder Murmeltierkolonien (siehe auch
Foto 40).

Bisweilen sehen sich solche in Hochgebirgen zu beobachtenden zoogenen Relief-
strukturen den durch Solifluktion geschaffenen sehr ähnlich. So hat zum Beispiel auf
dem Quinghai-Xizang-Plateau (Tibet) die intensive Beweidung durch wildlebende und
domestizierte Yaks (*Bos mutus* und *Bos mutus grunniens*) auf den Berghängen in Höhen
zwischen 2 800 m und 3 200 m zu zahlreichen Rutschungen geführt, deren ineinander-
greifende, bogenförmige Ausrissnischen bei
oberflächlicher Betrachtung leicht für Soli-
fluktionsstrukturen gehalten werden können
(HALL et al. 1999).

Eine differenzierte Darstellung der Einbindung von Arktischen Erdhörnchen (*Citellus undulatus*) in die kleinräumig wirksamen
geomorphologischen Prozesse gibt PRICE
(1971) aus der Ruby Range im südwestlichen Yukon Territory (Alaska). Erdhörnchenbaue kommen dort am häufigsten im

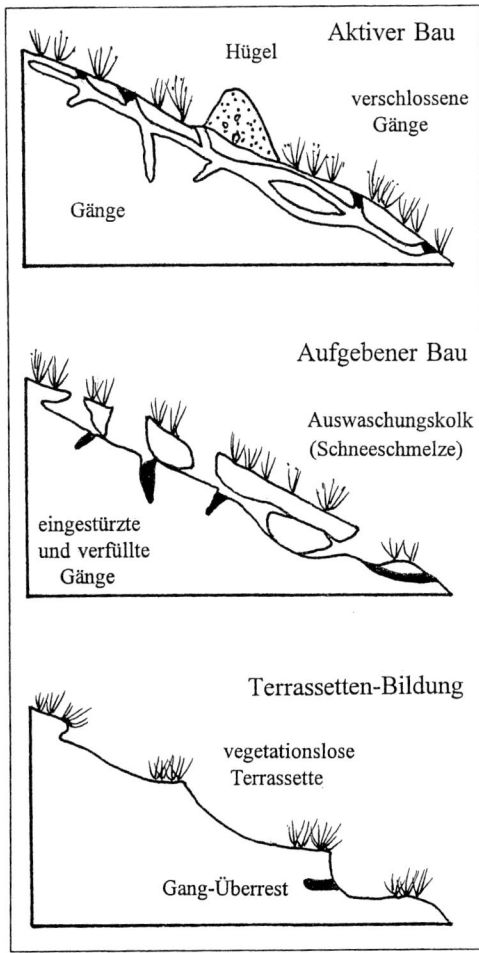

Abb. 68: Entwicklung von Miniaturterrassen in der alpinen Stufe der Colorado Front Range unter dem Einfluss
von Taschenratten (*Thomomys talpoides*) (nach THORN
1978, verändert).

Bereich von Solifluktionsloben auf südostexponierten Hängen vor (Abb. 69). Dort bieten sich im
Vergleich zu den anderen Expositionen günstigere Lebensbedingungen. Im Sommer sind die
Temperaturen höher. Während des Winters wird im Lee der Loben (Stirnseite) relativ viel Schnee
abgelagert, der die Erdhörnchen vor den extrem tiefen Wintertemperaturen und austrocknenden
Winden schützt. Die Erdhörnchen ziehen die Leeseiten der zwischen ein bis drei Meter hohen
Loben vor, weil der Schnee dort früher verschwindet als vor den höheren Loben. Das Schmelzwasser liefert bis weit in den Sommer hinein ausreichende Feuchte für die Vegetation. Entsprechend gut gedeiht sie in diesem Bereich. Sie bietet nicht nur eine reiche Futterquelle, sondern
stabilisiert mit ihrem Wurzelgeflecht den Boden und verleiht damit auch den Bauen der Erdhörnchen eine größere Festigkeit. Von allen in diesem Gebiet lebenden bodenbewohnenden Nagern
üben die Erdhörnchen den stärksten Einfluss auf den Boden aus. Sie beseitigen die Vegetation

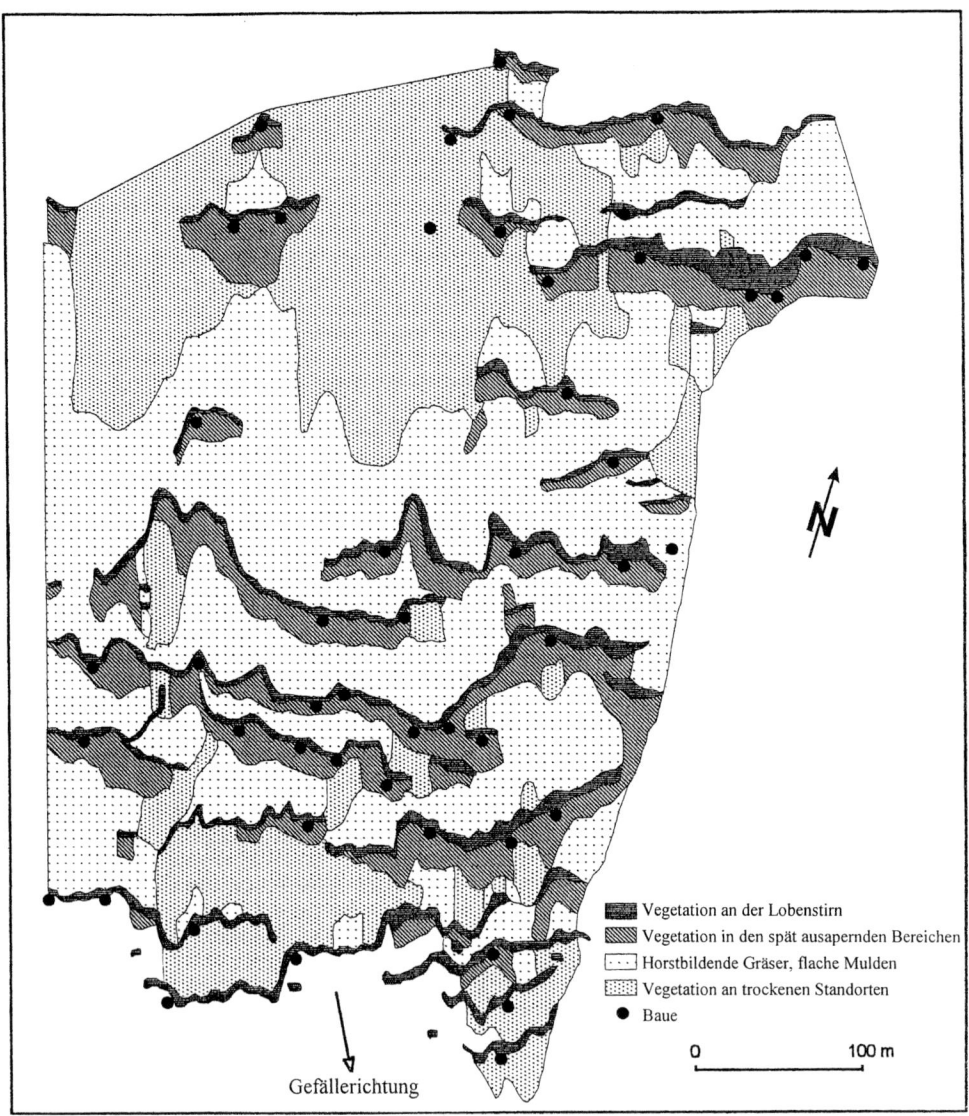

Abb. 69: Verteilung der Erdhörnchenbaue auf einem südostexponierten Hang in der Ruby Range (südwestliches Yukon Territory, Alaska). Die Baue sind fast ausschließlich auf die spät ausapernden Stirnseiten der Solifluktionsloben beschränkt, wo sich den Erdhörnchen günstige Lebensbedingungen bieten (nach PRICE 1971, verändert).

und bringen Lockermaterial an die Oberfläche, wo es leicht abgetragen wird. Beim Graben befördern sie es auch direkt hangabwärts. Überdies untergraben sie dickere Steine, die dann auf geneigtem Untergrund leichter abrutschen. Das Schmelzwasser fließt zum Teil dem Tunnelsystem folgend im Innern der Loben ab und unterspült sie (siehe Taschenratten). Andererseits hat die Düngung des Bodens durch die Erdhörnchen und die Durchmischung von mineralischem Material und organischer Substanz (in die Baue eingetragenes Pflanzenmaterial) die Entwicklung einer vergleichsweise üppigen Vegetation zur Folge, die wiederum stabilisierend wirkt. Insgesamt gesehen ist der Einfluss der Erdhörnchen auf die Abtragung an Hängen am stärksten. Überlagert werden diese Vorgänge in diesem Gebiet aber durch die intensive Solifluktion. In der von starken westlichen Winden beherrschten alpinen Stufe der Colorado Front Range (HOLTMEIER 1978, 1996) beobachten wir übrigens eine vergleichbare Häufung der Baue und Aktivitäten von Taschenratten an den besonders schneereichen Standorten. Mehr als 90 % aller Baue liegen dort auf der akkumulationsgünstigen Leeseite großer, das Gelände weithin prägender Solifluktionsterrassen (BURNS 1979).

Nicht allein die bodenbewohnenden und Lockermaterial an die Oberfläche schaffenden Tiere können erosionsfördernd wirken, sondern auch die, die den Boden zum Beispiel bei Nahrungssuche mehr oder weniger tief durchwühlen. Das gilt u. a. auch für Grizzlybären. Wenn sie nach Pflanzenzwiebeln und -knollen suchen, unterirdische Vorratslager bodenbewohnender Säugetiere (Murmeltiere, Erdhörnchen, Pfeifhasen, Taschenratten, Wühlmäuse u. a.) plündern oder gezielt Jagd auf diese Nager machen (MATTSON et al. 1991 a; CRAIGHEAD et al. 1995), graben sie in kürzester Zeit tiefe Löcher und befördern dabei große Mengen an Steinen und anderem Lockermaterial je nach Steilheit des Geländes mehr oder weniger weit hangabwärts. Aus verschiedenen Gebieten der Rocky Mountains wird auch berichtet, dass die Grizzlies auf steilen Schuttfächern in der alpinen Stufe nach Ansammlungen von Invertebraten wie zum Beispiel Marienkäfern (*Coccinella*, *Hippodamia*) und Nachtfaltern (Noctuidae, *Euxoa auxiliaris* u. a.) graben. Diese Wirbellosen stellen eine sehr fett- und damit energiereiche Nahrung dar (CHAPMAN et al. 1955; MATTSON et al. 1991 b). Um der Sommerhitze in den Plains zu entgehen, ziehen die adulten Falter während des Sommers in die Hochlagen des Gebirges. Im Herbst kehren sie dann in ihre Herkunftsgebiete zurück (BURTON et al. 1980).

In den heutigen Grizzlyhabitaten, wie beispielsweise im Glacier-Nationalpark (Montana), sind im Bereich der oberen Waldgrenze und in der alpinen Stufe an vielen Stellen von Bären beiseite gewälzte Steine und Grabungen zu beobachten. Besonders auf steilen Hängen scheinen sie hier ein durchaus relevanter geomorphologischer Faktor zu sein. Nach Untersuchungen oberhalb der Waldgrenze in den kanadischen Rocky Mountains (HALL et al. 1999) übertrifft dort der Einfluss der Grizzlies auf die Bodenerosion sogar die Wirkungen der anderen Tiere (z. B. Wühlmäuse, Erdhörnchen und Murmeltiere). Insgesamt gesehen handelt es sich allerdings um ein sehr kleinräumig begrenztes Phänomen. Möglicherweise aber haben Grizzlybären vor ihrer Vernichtung durch die Europäer in weiten Teilen des amerikanischen Westens durchaus auch in größeren Gebieten eine nicht unbedeutende Rolle als erosionsfördernder Faktor gespielt (BUTLER 1992).

Die durch die Aktivitäten der Bodenwühler überprägten Feinstrukturen der Oberfläche sind von unterschiedlicher Dauer. Von Grizzlies gegrabene Löcher werden zumindest in steilerem Gelände durch von oben her nachrutschendes Lockermaterial bald wieder verfüllt. Nicht selten setzt hier aber auch die Erosion an. Dasselbe gilt auch für die oftmals dicht nebeneinander liegenden Ausgänge von Murmeltierbauen (Foto 41; siehe auch BIBIKOW 1996). Auf ebenen Flächen aufgeworfene Maulwurfshügel dagegen oder "mounds" von Taschenratten bleiben unter Umständen mehrere Jahre lang deutlich sichtbar. Mit der Zeit fallen sie lediglich etwas zusammen. Im Falle starker Austrocknung und ausreichend starker Winde unterliegen sie durchaus auch der Winderosion. Über Jahrzehnte, wahrscheinlich sogar sehr viel länger sichtbar sind zum Beispiel die durch Erosion der Tunnelsysteme von Taschenratten entstandenen Terrassetten (siehe Abb. 68). Ein besonders langlebiges biogenes Relief stellen die schon mehrfach erwähnten "Mima-mounds" dar. Auf Hängen wird dagegen das Material rasch hangabwärts verlagert (JONCA 1972; IMESON 1976).

Ergänzend sei hier noch auf die Umlagerung von Termitenhügelmaterial verwiesen, die unter Umständen über große Distanzen hinweg erfolgen und hinsichtlich der Menge ein wesentlich größeres Ausmaß erreichen kann als das von den bodenwühlenden Säugern bereitgestellte Lockermaterial. DRUMMOND (1888) erinnert an Herodot, der Ägypten ein Geschenk des Nils genannt hatte, und fügt hinzu, dass dieser, hätte er über die geographischen Kenntnisse der Neuzeit

Foto 41: Murmeltierbaue auf dem südwest-exponierten Hang des Languard-Tales (Oberengadin) in rund 2500 m Höhe (F.-K. HOLTMEIER, September 1998).

verfügt, zumindest einen Teil der Sedimentfracht der Tätigkeit der Termiten im Gebiet zwischen
Njasa- (Malawi-) und Tanganjika- See zugeschrieben hätte. TARDY und ROQUIN (1992) beschreiben solche Umlagerungen von Termiten bereitgestellten Lockermaterials aus den zum Teil von
mehr oder weniger mächtigen Lateritkrusten überzogenen Plateaulandschaften des zentralafrika-
nischen Hochlandes. Termitenhügel sind dort weit verbreitet. Die Termiten schaffen das Feinmaterial (Ton, Schluff, Sand) aus den unter den Lateritkrusten liegenden Schichten (Fleckenhori-
zonten) an die Oberfläche (siehe auch TRICART 1972). Bei der Abtragung der Termitenhügel wird
es hangabwärts verlagert und weiter unten auf der Lateritkruste sedimentiert (Abb. 70).

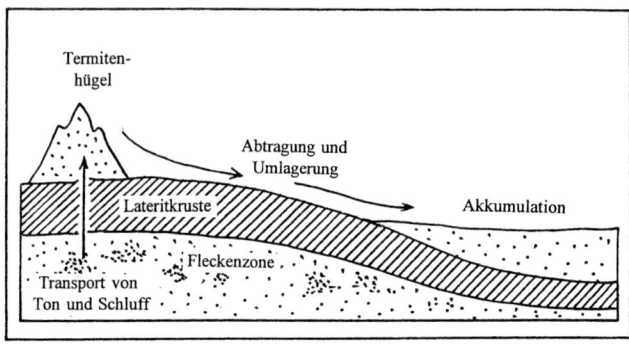

Abb. 70: Umlagerung von Bodenmaterial durch Termiten im zentral-
afrikanischen Hochland (nach TAR-
DY und ROQUIN 1992, verändert).

Vergleichsweise wenig bekannt sind die Auswirkungen von Meeresvogelkolonien auf die
Erosion. Viele der dort lebenden Vogelarten legen Nisthöhlen an. Solche Brutkolonien können
ein beträchtliches Ausmaß erreichen und nachhaltig die Oberflächengestalt prägen. Bis zu drei
Nisthöhlen pro Quadratmeter sind keine Seltenheit (FURNESS 1991). Die meisten Untersuchungen

und Beobachtungen betreffen die subantarktischen Inseln und die Küstenbereiche der Antarktis (MÜLLER-SCHWARZE 1984, siehe auch Kapitel 2.1). Ein Beispiel bieten die sogenannten "mutton-birds" (Sturmtaucher und Sturmvögel). Aus dem Einzugsgebiet des Kowhai-Flusses (Seeward Kaikoura Range, Ostküste der Südinsel von Neuseeland) sind eine Reihe von Brutkolonien einer Sturmtaucherart (*Puffinus huttoni*) bekannt geworden, die allesamt auf sehr steilen, von Schnee-Tussockgräsern (*Chionochloa pallescens* und *Chionochloa flavesens*) bedeckten Hängen liegen (EVANS 1973 a). Der Boden dort besteht aus feinem Material, vermutlich äolischen Ursprungs, das hier eine Mächtigkeit erreicht wie nirgends sonst im Gebirgsland der Südinsel. In diesem lössähnlichen Substrat legen die Vögel ihre Bruthöhlen in großer Dichte im Wurzelbereich der Büschelgräser an. Rund 700 Bruthöhlen auf 1 000 m^2 wurden in einer Kolonie gezählt. Jeder Bau hat eine Länge zwischen ein bis drei Metern und misst 10 bis 15 cm im Durchmesser. Die in den Bau hineinragenden Wurzeln werden von den Vögeln beseitigt und der Bau innen mit den Blättern der nächsten Grasbüschel ausgekleidet. Das aus den Bruthöhlen geschaffte Lockermaterial häuft sich vorübergehend vor den nächsten hangabwärtsliegenden Grasbüscheln an, wird jedoch sehr bald von Wasser und Wind fortgetragen. Wenn die Büschelgräser infolge der Beschädigungen ihrer Wurzeln und wiederholten Verbisses absterben, brechen die Bruthöhlen bald zusammen, und die Erosion hat freies Spiel. Die erst durch die Europäer eingeführten Gemsen, Hirsche und Ziegen (Kapitel 3.1.3) verstärken durch ihren Vertritt die Abtragung. Nach einiger Zeit müssen die Vögel die völlig durchlöcherten Hänge verlassen und in ungestörten Hangbereichen neue Bruthöhlen graben. Angesichts dieser Entwicklung erscheint es unwahrscheinlich, dass es überhaupt permanente Brutkolonien gibt. Auch in einigen Gebieten der Kaikoura Range, in denen gegenwärtig keine Brutkolonien existieren, scheint das Verbreitungsmuster der Vegetation durch ehemalige Kolonien nachhaltig geprägt worden zu sein (EVANS 1973 a). Hinsichtlich des Bodenschutzes in den Wassereinzugsgebieten sind die Sturmtaucherkolonien kaum weniger problematisch als die dort im Übermaß vertretenen eingeführten Huftiere.

Um das der Südinsel Neuseelands im Süden vorgelagerte Stewart Island herum liegen die Muttonbird Islands, mehrere Gruppen kleiner Insel und Eilande, von denen viele zur Brutzeit von riesigen Schwärmen des Rußsturmtauchers ("sooty shearwater", *Puffinus griseus*) aufgesucht werden (SCHWEINFURTH 1966; FINERAN 1973). Die besondere Attraktivität dieser Inseln für die Sturmtaucher beruht offensichtlich auf den mächtigen Torfböden, die sich dort über dem anstehenden Granit unter dem Einfluss des thermisch ausgeglichenen, kühlen und niederschlagsreichen Klimas gebildet haben. In diesem leicht ausräumbaren Substrat legen die "muttonbirds" ihre Nisthöhlen an. Dabei scheinen sie offenes Gelände mit Tussock-Gräsern oder anderer niedriger Vegetation zu bevorzugen, doch graben sie auch im küstennahen Buschwald zahlreiche Nisthöhlen. Die dicht besiedelten Kolonien sind völlig unterminiert, und zwischen den Nisthöhlen erstreckt sich ein Netz vegetationsloser "Trampelpfade". Da die Vögel ihre Nisthöhlen vorzugsweise in den oberen 45 cm der Torfböden anlegen, d. h. im Hauptwurzelbereich vieler Bäume, verlieren diese ihre Standfestigkeit und werden von den vorherrschenden starken Westwinden schräggestellt oder auch entwurzelt. Die Durchlöcherung der Torfschichten hat eine bessere Dränage und Durchlüftung zur Folge. Gleichzeitig düngen die "muttonbirds" die Böden. Dies führt in der unmittelbaren Umgebung der Nisthöhlen zur Entwicklung einer üppigen Krautvegetation. Im sogenannten "muttonbird scrub" (*Olearia lyallii*, *Olearia angustifolia*) liegt der Waldboden völlig frei, und Waldbodenpflanzen gedeihen zumeist nur noch auf Torfhügeln, umgestürzten Stämmen und an anderen Standorten, wo sie nicht von den Vögeln zertreten werden. Unter dem ständigen Vertritt zerfällt der Torf an der Oberfläche zu einem feinen Staub.

Angesichts dieser Einflüsse der Sturmvogelkolonien scheint eine Verstärkung der Erosion wahrscheinlich, zumal in den offenen Vegetationsformationen. Gleichwohl sind in der Literatur über die Muttonbird Islands keine expliziten Hinweise darauf zu finden. Dagegen beschreibt NAARDING (1981) aus den 150 tasmanischen Brutkolonien des Dünnschnäbeligen Sturmtauchers

(Kurzschwanz-Sturmtaucher oder Millionensturmtaucher, *Puffinus tenuirostris*) mit ihren rund acht Millionen Brutplätzen Erosionsphänomene. Für das in der Bass Strait gelegene Curtis Island, wo nahezu alle Flächen, die über dem anstehenden Granit wenigstens 25 cm mächtigen Boden aufweisen, von den Nisthöhlen der "mutton birds" durchlöchert sind (KIRKPATRICK et al. 1974), gibt es wiederum, außer Hinweisen auf eine intensive Durchmischung der Böden, keine eindeutige Aussage. Über geradezu dramatische Abtragungsraten berichten indessen HALL und WILLIAMS (1981) von Marion Island (Prince Edward Inseln, 46° 51' S, 37° 45' E). Insgesamt brüten dort etwa 3,4 Millionen Pinguine. In zwei Kolonien haben dort Makkaronipinguine (*Eudyptes chrysolophus*, auch Goldschopfpinguine genannt) auf ausgedehnten Flächen (um 100 000 m^2) bis zu vier Meter mächtige Torfschichten völlig abgetragen. In einem anderen Falle wurden auf einer Fläche von 630 000 m^2 schwere, durch Königspinguine (*Aptenodytes patagonicus*) ausgelöste Erosionsschäden beobachtet. An der Küste der Kerguelen, der Falklandinseln und an der gegenüberliegenden baumlosen patagonischen Küste (Foto 42) legen die in großen Kolonien brütenden Magellanpinguine (*Spheniscus magellanicus*) und Felsenpinguine (*Eudyptes crestatus*) in Lehm- und Sandböden zahllose Nisthöhlen an, so dass das gesamte Gelände durchlöchert (ALSCHNER 1980) und eine biogen verstärkte Erosion wahrscheinlich ist. Auch auf Gough Island (Südatlantik, ca. 40° S, 15° W) tragen die Nisthöhlen der dort zu vielen Millionen brütenden Meeresvögel entscheidend zur Zerstörung und Auflösung der torfigen Böden bei (WACE 1961).

Foto 42: Magellan-Pinguine (*Spheniscus magellanicus*) vor dem Eingang zu ihrer Bruthöhle im Pinguinera National Monument , Feuerland (A. TEUWSEN, 09. 03. 2001).

Von New Island, das zu den meeresvogelreichsten Inseln der westlichen Falkland-Gruppe zählt, wird über Kolonien von Dünnschnäbeligen Entensturmvögeln (*Pachyptila belcheri*) berichtet (STRANGE 1980), die ebenfalls in erster Linie im torfigen Untergrund der Täler nisten sowie auch unter Felsüberhängen, Krähenbeerensträuchern (*Empetrum rubrum*) und in den faserigen Sockeln von Tussockgräsern (*Poa flabellata*). Hinweise auf durch die Nisthöhlen induzierte oder verstärkte Abtragung gibt es aber nicht, was möglicherweise daran liegt, dass die Insel eineinhalb Jahrhunderte lang Walfängern, Robben- und Pinguinschlägern (Ölgewinnung) als Stützpunkt diente und die von diesen eingeführten Rinder, Schafe und Schweine der Vegetationsbedeckung und den Böden mehr zugesetzt haben als die Sturmvögel. WOODS (1975) berichtet, dass auf Kidney Island (östliche Falkland-Inseln) die Torflagen an manchen Stellen Sturmtauchern (*Puffinus griseus*, *Procellaria aequinoctialis*) und Magellan-Pinguinen dermaßen untertunnelt sind, dass sie jederzeit einzustürzen drohen (Abb. 71).

Ein Parallelbeispiel zu diesen südhemisphärischen Vogelkolonien bilden unter anderem die Brutkolonien der Sturmtaucher und Papageientaucher (*Fratercula arctica*) auf der Nordhalbkugel. Letztere brüten zumeist in hoher Dichte auf sehr kleinen, vor der nordatlantischen Küste gelegenen Inseln (KOSTRZEWA 1998). Ein klassisches Beispiel ist das nicht einmal neun Hektar große Grassholm vor der Küste von Südwest-Wales. Ende des 19. Jahrhunderts gab es dort über eine halbe Million dieser Vögel. Zwei bis drei Nisthöhlen wurden pro Quadratmeter gezählt. Nachdem die Papageientaucher die Vegetation zerstört und das Gelände völlig unterminiert hatten, brachen die Nisthöhlen schließlich zusammen, und die Erosion schritt unaufhaltsam fort. Ende der zwanziger Jahre des vorigen Jahrhunderts zeugten nur noch einige grasbewachsene Erdsäulen von der ehemaligen Oberfläche, und der Bestand der Papageientaucher war auf rund 200 Indivi-

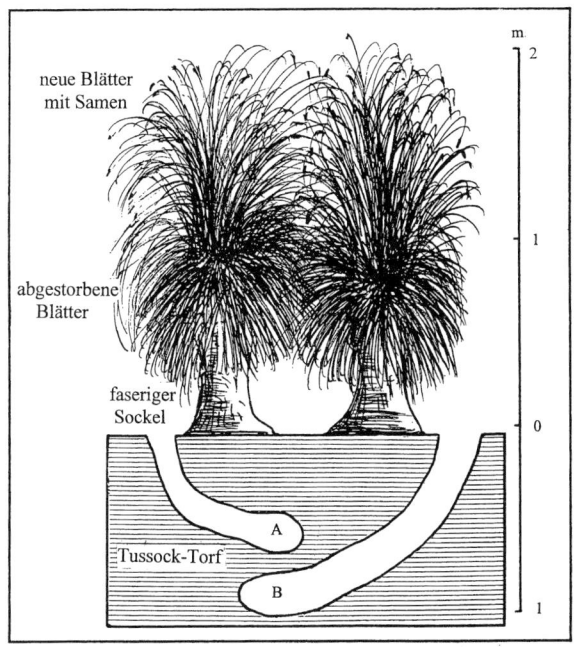

Abb. 71: Profil durch einen Tussock-Bestand (*Poa flabellata*) mit Nisthöhlen von Sturmvögeln (A) (*Puffinus griseus, Procellaria aequinoctis*) und Magellan-Pinguinen (B) (*Spheniscus magellanicus*) (nach WOODS 1968, verändert).

duen geschrumpft. Es scheint eine Eigenart der Papageientaucher zu sein, Inseln mit vergleichsweise tiefgründigen und grasbewachsenen Böden zu besiedeln, sie zugrunde zu richten und dann zu verlassen, um das Spiel an anderer Stelle von neuem zu beginnen. Die Vögel werden sich selbst zum Feind, indem sie ihr Habitat zerstören, so schrieb sinngemäß LOCKLEY (1953). Beispielsweise führen die Papageientaucher auf den Eilanden vor der Nord- und Westküste Schottlands durch Zerstörung der *Festuca*-Rasen zu einer so exzessiven Ausspülung, dass schließlich die gesamte Bodenauflage abrutscht und über die Kliffs abstürzt (DARLING 1947). Daher schrieb er diesen Vögeln einen beträchtlichen Einfluss auf die Denudation der küstennahen Meeresinseln zu. Der Einfluss auf die Erosion war auch der (vorgeschobene?) Grund für die 1940 erfolgte Tötung von rund 8000 Papageientauchern auf Bleiksøy (Nordland, Norwegen).

Die Verbreitung der Nisthöhlen lässt zwar eine gewisse Bindung an Bereiche mit einem relativ leicht ausräumbaren Substrat (ausreichend mächtige Torfschichten, tiefgründige Böden, Löss, Sand u. ä.) erkennen, jedoch spielen auch noch andere Faktoren bei der Wahl der Brutplätze eine Rolle, wie zum Beispiel eine ausreichende Dränage oder die Hangneigung. So ziehen beispielsweise die Hornalke (*Cerorhyncha moncerata*) auf Protection Island (Ostende der Juan de Fuca-Straße zwischen Vancouver Island und der Olympischen Halbinsel) Hänge mit starkem Gefälle (37 bis 45°) vor, weil sie von ihnen leichter starten können als im flachen oder auch von einer dichten Vegetation bedecktem Gelände (RICHARDSON 1961). Möglicherweise ziehen viele Meeresvögel ohnehin für die Anlage ihrer Brutkolonien steileres und daher erosionsanfälligeres Gelände flacherem und dicht bewachsenem vor (FURNESS 1991). Andererseits konzentrieren sich die genannten Hornalkkolonien auf Protection Island außer auf steilen Hängen auch in den dichten

Strandhaferbeständen (*Ammophila* spec., vermutlich *A. arenaria*) oberhalb der Steilhänge. Der Strandhafer wurde übrigens erst zu Beginn des vorigen Jahrhunderts eingeführt und hat sich rasch ausgebreitet. Die zum Teil starke, mit Rutschungen von Lockermaterial verbundene Denudation ist jedoch zum großen Teil auf die intensive Beweidung des Gebietes durch Schafe zurückzuführen. Stellenweise sind dadurch die Brutplätze auf den Steilhängen völlig zerstört worden, während die Brutplätze in den Küsten-Grasbeständen nicht beeinträchtigt werden, da die Schafe diese Gräser nicht fressen (RICHARDSON 1961).

Die Brutkolonien der Nisthöhlen anlegenden Meeresvögel fördern zwar in vielen Fällen die Abtragung, doch kann die Entwicklung auch ganz anders verlaufen. Es gibt nämlich viele Kolonien, die offenbar seit Jahrhunderten als Nistplatz dienen, ohne dass sie von den Meeresvögeln und durch sie ausgelöste Erosion zerstört worden sind. FURNESS (1991) berichtet über Untersuchungen der Brutkolonien des Schwarzschnabel-Sturmtauchers (*Puffinus puffinus*) auf Rhum, einer der Westküste Schottlands vorgelagerten Insel, auf der diese Vögel eher zu einer Stabilisierung denn zu einer verstärkten Abtragung geführt haben. Zwar legen auch viele Schwarzschnabel-Sturmtaucher – sie nisten auf den Inseln entlang der Küste Westeuropas und im Mittelmeer – ihre Nisthöhlen auf relativ offenen steilen Hängen an, doch führt der hohe Nährstoffeintrag (Stickstoff, Phosphat) durch die Vögel mit der Zeit zur Entwicklung einer mächtigen und tief durchwurzelten Grasdecke, die die Abtragung hemmt.

Noch komplexer und von weitreichender Wirkung auf die gesamte Biozönose erscheinen die auf Bird Island (vor der Nordwestspitze Südgeorgiens gelegen) beobachteten Wirkungen antarktischer Pelzrobben (*Arctocephalus gazella*). Sie zerstören in ihren Kolonien die dort vorherrschende Büschelgrasvegetation (*Poa flabellata*). Die weiblichen Tiere lagern auf diesen Grasbüscheln, um dort ihre Jungen zu säugen. Mit der Zeit werden die Halme im Zentrum der Grasbüschel zerstört, und neue treiben nicht mehr aus. So entstehen aus den Grasbüscheln allmählich Torfhügel mit kahler Oberseite und seitlich herabhängenden Halmen. Schließlich sterben die Pflanzen gänzlich ab, und ihr torfiger Sockel wird mehr und mehr abgetragen (BONNER 1985). Dies wiederum beeinträchtigt den Lebensraum einer Reihe anderer Tierarten, so unter anderen der Riesenpieper ("pipits", *Anthus antarcticus*) und der südgeorgischen Spießente ("South Georgia pintails", *Anas georgica*). Beide verlieren mit der Zerstörung der Büschelgräser ihre Bruthabitate und der Riesenpieper auch sein Nahrungsbiotop. Wesentlich zahlreicher als die genannten Arten sind aber verschiedene Sturmvögel, die in dem torfigen Material unter den Büschelgräsern ihre Bruthöhlen anlegen. Unter der Last der Pelzrobben brechen diese zusammen, Nester werden zerstört, und die immer niedriger werdende Büschelgrasvegetation bietet den kleineren Vögeln zunehmend weniger Schutz vor den Skuas (*Catharacta lonnbergia*). Das wirkt sich umso nachteiliger auf den Bestand dieser bodenbrütenden Sturmvögel aus, als Bird Island eine der wenigen noch rattenfreien (*Rattus norvegicus*) Inseln in diesem Raum ist. In vielen Gebieten Südgeorgiens haben die eingeschleppten Ratten die Vogelbestände schon stark reduziert. Die negative Wirkung der Pelzrobben auf die Insel-Ökosysteme wird sich weiter verschärfen, weil die Zahl dieser Meeressäuger drastisch zugenommen hat und heute weit größer ist als vor ihrer fast vollständigen Ausrottung durch die Robbenjäger. Die Ursache der starken Zunahme der Robben – wie übrigens auch mancher Seevögel und unter ihnen der Pinguine – ist möglicherweise der Rückgang der ebenfalls krillfressenden Bartenwale (LAWS 1984).

Im Ästuar des St. Lorenz-Stromes scheinen die dort auf ihren Zügen zweimal im Jahr rastenden Schneegänse (*Chen c. caerulescens*) die Erosion der im Verlauf der Gezeiten aufgeschlickten Marschböden und auch der den Gezeitenbereich begrenzenden Ufer zu erhöhen (DIONNE 1985). Nach nur einigen Wochen intensiver Beweidung durch die Gänse während ihrer herbstlichen Rast vermögen die dort vorherrschenden Binsenbestände (*Scirpus americanus*) den Untergrund nicht mehr vor der Abtragung zu schützen. Während der Ebbe graben die Vögel zudem im schlammigen Untergrund nach den Wurzeln der Binsen, mit dem Ergebnis, dass weite Flächen von zahllosen Löchern übersät sind. Bei einer Tiefe von nur einigen Zentimetern messen diese zum Teil über einen Viertelmeter in der Breite. Das ausgehobene Feinmaterial wird mit den Gezeitenströmungen weggeführt und die Oberfläche der bei Niedrigwasser trockenfallenden Bereiche pro Jahr um bis zu 10 cm tiefergelegt. Dadurch scheint stellenweise auch das Ufer des höhergelegenen Marschbereiches stärker abgetragen zu werden. Außerdem graben die Schneegänse besonders an den Rändern der für den Gezeitenbereich typischen, durch Eisschurf verursachten flachen Hohlformen nach Rhizomen, verbreitern die Schurflöcher zentimeterweise und leisten damit der Erosion durch Wellenschlag und Gezeitenströmungen Vorschub. Am stärksten ist der Einfluss der Schneegänse in den tiefgelegenen Marschbereichen.

Im allgemeinen ist die Zerstörung der schützenden Vegetationsdecke die primäre Ursache einer durch Tiere ausgelösten oder gesteigerten Abtragung. Dabei spielt neben Wühlen und Graben der Vertritt eine oftmals entscheidende Rolle. Vertritt wird im wesentlichen durch in Herden oder Rudeln lebende Huftiere verursacht, insbesondere dort, wo diese sich regelmäßig und längere Zeit aufhalten. In vielen Gebieten der Erde haben nicht nur domestizierte, sondern auch eingeführte wildlebende Huftiere durch Verbiss und Vertritt die Erosion verstärkt, wie zum Beispiel das Rotwild in den niederschlagsreichen Gebirgsregionen Neuseelands (SCHWEINFURTH 1966; siehe auch Kapitel 3.1.3.1). Hohe Populationsdichten steigern den Effekt.

Zu regelmäßig großen Ansammlungen verschiedener Arten kommt es zum Beispiel in Nähe von Wasserstellen oder auch von Salzlecken. Um Wasserstellen herum ist der Boden oft völlig zertrampelt, die Erosion jedoch eher gering, es sei denn, es handelt sich um Uferbereiche fließender Gewässer. Salzlecken liegen dagegen häufig auch in steilen Hangbereichen, so dass unter hoher Trittbelastung, zum Beispiel durch Dickhornschafe, Schneeziegen oder Steinböcke die Abtragung zunimmt (Foto 43; siehe auch BUTLER 1993). "Trampelpfade", wie sie weithin die Savannen (Abb. 72) und Steppen, sowie aber auch Gebirgswiesen, Wälder und Tundren nicht sel-

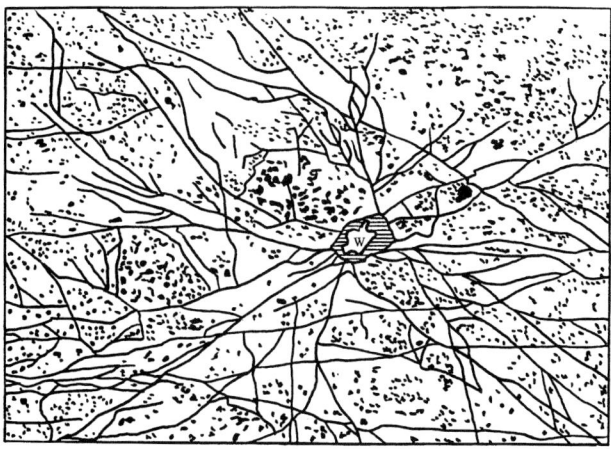

Abb. 72: Auf ein austrocknendes Wasserloch (W) zulaufende Tierpfade im Tsavo Nationalpark. Die schwarzen Flecken stellen Gebüsch- und Baumgruppen sowie Einzelbäume dar (nach einem Luftbild in LEUTHOLD 1977).

ten wie ein Netz durchziehen, können der Erosion durchaus Ansatzpunkte bieten, doch geschieht dies zumeist nur in geneigtem Gelände und auf eng begrenztem Raum. Ausgetretene Nilpferdwechsel zum Beispiel werden zwar durch das in ihnen ablaufende Regenwasser allmählich eingetieft, doch nur in steilem Gelände und bei leicht ausräumbarem Untergrund (Lockermate-rial) führt dies zu einer stärkeren Auswaschung (LOCK 1972).

Mit der Zerstörung der Vegetationsdecke schwindet auch die Streuauflage, und der Oberboden wird gelockert. Darunter aber findet infolge der ständigen Begehung vielfach eine Verdichtung statt. Sie führt unter anderem dazu, dass in feuchten Gebieten die Tierpfade bis zu 30 cm tiefer als die übrige Bodenoberfläche liegen. Infolge der nach Abtrag der organischen Auflage und Teilen des Oberbodens verminderten Wasserhaltefähigkeit und zunehmenden Bodenverdichtung

Foto 43: Dickhornschafe (*Ovis canadensis*) an einer Salzlecke im Rocky Mountain-National-park ‚Colorado. An solchen Stellen führt der Vertritt häufig zu starken Erosionserscheinungen F.-K. HOLTMEIER, 05. 03. 1990).

steigt der Oberflächenabfluss insbesondere bei starken Niederschlägen und lagert das Lockerma-terial um. Vor allem auf Hängen kommt es dann zu ausgeprägten Erosionserscheinungen. Zwar ist der Großteil solcher Schäden in den meisten Gebirgen durch Überweidung mit Rindern und Schafen verursacht worden, doch ist auch der Einfluss wildlebender Huftiere, vor allem dort, wo sie in hoher Dichte auftreten, nicht zu unterschätzen.

So hat beispielsweise das erst während der zwanziger Jahre des vorigen Jahrhunderts im Be-reich des Schafbergs und Piz Albris bei Pontresina (Oberengadin, Schweiz) wieder angesiedelte und schon wenige Jahrzehnte später in (zu) großer Zahl vertretene Steinwild (*Capra ibex*) vor al-lem auf den südwestexponierten Steilhängen (Neigung um 40°) zu einer Intensivierung der Hang-abtragung geführt, indem es die alpine Vegetationsdecke zerstörte und damit der Kammeissoli-fluktion auf großen Flächen Vorschub leistete (Kapitel 3.2.2). Auch aus einigen anderen Gebieten des Oberengadins – dem Val Chanels und Val Trupchun am Westrand des schweizerischen Na-tionalparks – wird über starke Vertritt- und Erosionsschäden berichtet. Zwischen 1920 und 1934 wurde auch dort das Steinwild erfolgreich wiederangesiedelt. Vor allem die alpinen, durch Soli-fluktion geprägten Strukturrasen und die Felsfluren sind betroffen. Dabei gehen die Schädigun-gen der Strukturrasen nur zu etwa 25 % auf das Konto des Steinwildes, während etwa 60 % vom Alpvieh verursacht werden. In den Felsfluren aber sind fast alle Vertrittschäden dem Steinwild anzulasten (HOFMANN und NIEVERGELT 1972). Aus dem Val Trupchun liegen zudem Beobach-tungen über frische Erosionsflächen in stark frequentierten Sommereinständen des Rotwildes vor (VOSER 1987). Das Rotwild wanderte in diesem Jahrhundert von Osten her in das Gebiet ein und erreichte bald eine so hohe Populationsdichte, dass von einer "Überbevölkerung" die Rede war (HOFMANN und NIEVERGELT 1972).

Die Zerstörung der Vegetationsdecke schafft vielfach auch Ansatzpunkte für die Deflation. Präriehunde zum Beispiel beseitigen die Vegetation in unmittelbarer Umgebung ihrer Baue, um eine bessere Übersicht zu bekommen (u. a. WHICKER und DETLING 1988 a, 1988 b) und setzen damit den Boden den Angriffen von Niederschlag und Wind aus. Bisons nutzen solche Stellen mit Vorliebe zu Staubbädern und verstärken diesen Effekt. Früher, als sie noch in großer Zahl durch die Prärien zogen (Kapitel 2.3.2.2), dürfte dieses Verhalten die Abtragung in weiten Gebieten nicht unerheblich gefördert haben. Bisons wie auch andere wildlebende oder domestizierte Huftiere legen aber auch selbst solche Staubsuhlen an. In den trockenen Gebirgsregionen des nördlichen Pakistans oder auch im Hochland von Tibet sind es zum Beispiel wilde und domestizierte Yaks, die auf diese Weise der Ausblasung Vorschub leisten. Stellenweise ist das Gelände von diesen vegetationslosen Flecken übersät (Foto 44, 45). Auch Wüstenspringmäuse (*Paradipus ctenodactylis*) fördern durch Zerstörung der Strauchvegetation die Deflation (WALTER und BRECKLE 1986).

Besonders in Hochgebirgen und in hohen Breiten wird die Ausblasung durch die an den vegetationslosen Stellen auftretende Kammeisbildung verstärkt (u. a. HOLTMEIER 1969 a, 1987 a, 1996, 1999; HALL et al. 1999). Dies trifft u. a. wohl auch für die Yaksuhlen (mdl. Mitt. F. LEHM-KUHL; siehe auch MIEHE 1994) sowie die Stellen zu, an denen Hirschwild, Steinwild, Wildschafe, Wildziegen oder andere wildlebende Tiere die Vegetationsdecke zerstört haben (vgl. Foto 46, siehe auch Foto 62, 63 und 70). In der afroalpinen Stufe des Mt. Kenya beispielsweise dringen die allnächtlichen Fröste nach der Auflichtung der Pflanzendecke durch Klippschliefer (*Procavia johnstoni mackinderi*) und "groove-toothed rats" (Sägezahn- oder Ohrenratten, *Otomys oreste oreste*) tiefer in den Boden ein. Kammeisbildung und Kammeissolifluktion (bei Geländeneigung von über 5 °) nehmen zu. Wenn das Lockermaterial abgetrocknet ist, wird es vom Wind ausgeweht, und es entstehen Deflationswannen (MAHANEY und BOYER 1986). Entsprechende Folgewirkungen mit zum Teil völliger Zerstörung der alpinen Pflanzendecke haben die Aktivitäten von *Otomys slogetti* ("ice rat", "Slogget`s rat") in den Bergen Lesothos (Südafrika; HALL et al. 1999).

Foto 44: Staubsuhlen – sie treten im Foto als rundliche dunklen Flecken in Erscheinung – von Yaks auf einem von äolischen (lössähnlichen) Ablagerungen bedeckten westexponierten Hang in Osttibet (Nianbaoyeze). Die vermoorte Fläche im Vordergrund liegt in rund 3 900 m Höhe (F. LEHHMKUHL, 31. 08. 1991).

Foto 45: Yaks in ihren Staubsuhlen in rund 4 300 m Höhe, Nordpakistan. Infolge ständiger Nutzung dieser Suhlen kann sich keine Vegetationsdecke entwickeln, und der Deflation wird Vorschub geleistet (G. B. SCHALLER, 1974).

Foto 46: Zerstörung der subalpinen Vegetation (3 450 m) durch Vertritt von Wapitis und Maultierhirschen und nachfolgende Gelideflation, Colorado Front Range (F.-K. HOLTMEIER, 21. 08. 1977).

Insgesamt gesehen ist der Einfluss der wildlebenden Tiere auf die Abtragung zwar gelegentlich recht spektakulär (z. B. BUTLER 1995), doch gewöhnlich räumlich mehr oder weniger eng begrenzt. Dies gilt unter anderem auch für die in den Olympic Mountains (Washington) beobachteten Erosionsschäden, die man zumindest teilweise den dort angesiedelten Schneeziegen anlastet (Kapitel 4.1). Bei weitem erreicht der Vertritt durch die Schneeziegen nicht das Ausmaß der auf Überbeweidung und Vertritt durch Rinder- oder Schafherden ausgelösten Erosionsschäden.

2.6.2 Einfluss zoogener Bodenveränderungen auf die Vegetation

Von kaum geringerer Bedeutung als die Wirkungen von Tieren auf die Vegetation in verschiedenen Ökosystemen durch Verbrauch von Phytomasse und selektiven Fraß sowie Samenverbreitung ist die indirekte Beeinflussung der Pflanzendecke über Veränderungen der Böden durch Bioturbation (Wühlen, Graben, Tritt) sowie die Zufuhr vor allem von Stickstoff, Phosphor und Kalium. Die Nährelemente werden dem Boden in erster Linie mit den Ausscheidungen zugeführt, während beispielsweise abgeworfene Geweihe, Haare oder auch Kadaver nur sehr punktuell die Nährstoffsituation beeinflussen und zu Vegetationsveränderungen führen können. Ergebnis ist häufig ein je nach Intensität und räumlicher Verteilung dieser Einflüsse mehr oder weniger abwechslungsreiches Vegetationsmosaik. Das zeigte sich auch bei Untersuchungen in der Tundra bei Atkasook (Alaska; MCKENDRICK et al. 1980). Dort, wo Rentierabfälle und -kadaver gelegen hatten, waren die Mengen an pflanzenverfügbaren Nährstoffen um ein Vielfaches höher (Stickstoff 10-fach, Phosphor 7-fach und Kalium 5-fach) und die Bodenacidität geringer (pH 4.2) als in unmittelbarer Nähe dieser sich auch durch die spezifische Vegetation von der Umgebung abhebenden Stellen. Insgesamt war die Anzahl der Gefäßpflanzen geringer, die Bedeckung durch Gräser und auch Grasstreu aber größer als durch Flechten und Zwergsträucher. Vergleichbare Effekte (Anreicherung vor allem von Stickstoff und Phosphor) hatten die Ausscheidungen von Erdhörnchen (*Spermophilus parryii*) in unmittelbarer Nähe ihrer Baue. Diese Bodenwühler legen bei der Futtersuche zwar Entfernungen bis zu einem halben Kilometer zurück, Kot und Urin aber setzen sie zumeist dicht bei den Bauen ab. Bis diese Auswirkungen der Nährstoffanreicherung auf den Stoffumsatz und die Vegetation an diesen Tundrastandorten sichtbar werden, kann es viele Jahre, vielleicht sogar Jahrhunderte dauern.

In den Trockensteppen Zentralasiens hat man auf Flächen, die von Murmeltieren mit Lockermaterial überdeckt worden sind, eine deutliche Steigerung der pflanzlichen Produktivität und eine Veränderung der Vegetation festgestellt. Ursache sind ebenfalls der Stickstoffeintrag und die Durchmischung durch diese Bodenwühler sowie die aufgrund der günstigeren bodenphysikalischen Bedingungen (Wärme, Bodenwasserhaushalt) erhöhte Mineralisierung. Zudem ist an diesen Standorten die Vegetationsperiode wegen der günstigeren Wärme-und Bodenfeuchtebedingungen länger als außerhalb des von den Murmeltieren beeinflussten Bereichs. Die infolgedessen größere und länger verfügbare Menge frischer grüner Nahrung wiederum begünstigt die Ausbreitung des Murmeltiers in der durch eine an sich sehr kurze Vegetationszeit gekennzeichneten Trockensteppe (BIBIKOW 1996). Auch das in der Tundra Nordostasiens lebende Jakutische Kappenmurmeltier (*Marmota camtchatica bungei*) scheint die Bodeneigenschaften und die Tundravegetation (Struktur, Zusammensetzung) durch seine Grabtätigkeit, Latrinen, "entsorgtes" Nestmaterial und Kadaver der Tiere, die die Winterruhe nicht überlebt haben, in der engeren Umgebung seiner Hauptbaue zu verändern (SEMENOV et al. 2001).

In den nährstoffarmen, trockenen alpinen Rasen auf dem Niwot Ridge (Front Range, Colorado), wo Stickstoff und Phosphor Mangelfaktoren sind (BOWMAN et al. 1993), steigern die Taschenratten indirekt die Mineralisierung und die Produktivität, indem sie die Vegetation unter

Lockermaterial begraben. So gibt es in der alpinen Stufe immer wieder kleine Flächen erhöhter Produktivität, sogenannte "gopher gardens". Durch hohe Wühltätigkeit der Taschenratten geprägte Areale werden von *Acomastyles rossii* (Rosaceae) dominiert (siehe auch Foto 37). Bei starker Übernutzung können dort auch Kahlflächen entstehen, die dann der Winderosion unterliegen (HOLTMEIER 1996). Die zumeist die trockenen alpinen Rasen beherrschende *Kobresia myosuroides* (Cyperaceae) vermag dagegen solche stark gestörten Standorte nicht zu besiedeln. Langfristig gesehen zieht die durch die Aktivitäten der Taschenratten gesteigerte Mineralisierung einen Verlust des Bodens an organischer Substanz nach sich und beeinträchtigt geringfügig die potentielle Produktivität der trockenen alpinen Wiesen (BURNS 1980; BURNS und TONKIN 1982; CORTINAS und SEASTEDT 1996; SHERROD und SEASTEDT 2001).

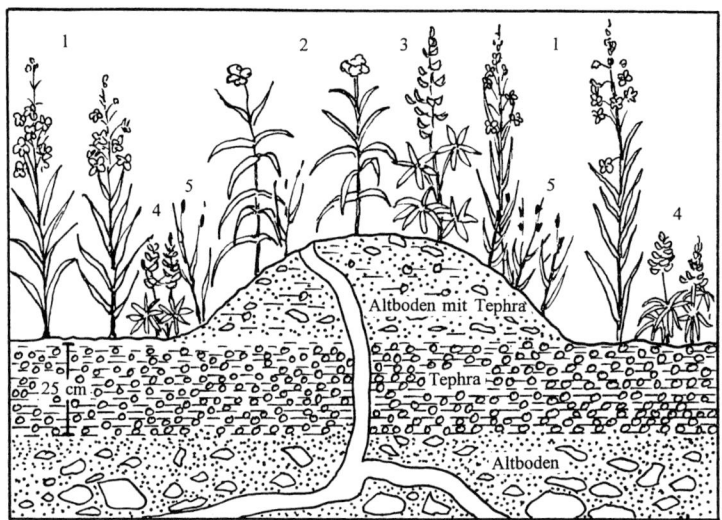

Abb. 73: Überdeckung der Tephraschicht mit Altbodenmaterial am Mount St. Helens durch Taschenratten, die den Ausbruch des Vulkans überlebt hatten. Die "mounds" weisen gegenüber der nicht überlagerten Tephra unterschiedliche Standortbedingungen auf, die sich auch in der Besiedlung durch die Vegetation widerspiegeln. 1 *Epilobium angustifolium*, 2 *Anaphalis margaritacea*, 3 *Lupinus latifolius*, 4 *Lupinus lepidus*, 5 *Carex subfusca*. (Entwurf HOLTMEIER, nach verschiedenen Quellen).

Dort, wo Taschenratten am Mt. St. Helens die Überdeckung des alten Bodens mit einer bis 25 cm mächtigen Tephra-Schicht unter der Oberfläche überlebt hatten (siehe auch Kapitel 2.6.1.1), waren bereits vier Monate später rund zwei Prozent der Oberfläche von mit Asche vermischtem "alten" Bodenmaterial bedeckt, das Taschenratten (und Ameisen) an die Oberfläche geschafft hatten (Abb. 73). Schon bald war an diesen Stellen eine im Vergleich zu den nicht von den Taschenratten beeinflussten Flächen wesentlich artenreichere Vegetation aufgekommen. Auch Sämlinge waren dort häufiger zu finden als auf der nahezu sterilen Tephra. Von der Bioturbation profitierten vor allem Arten, wie beispielsweise *Carex subfusca,* die nicht in der Lage gewesen wären, von sich aus die nach der Ablagerung vor allem an der Oberfläche rasch verhärtende und austrocknende Tephra von unten her rasch zu durchwachsen. Das Weidenröschen (*Epilobium angustifolium*) schaffte dies problemlos und kommt daher auf den nicht von der Bioturbation beeinflussten Flächen ebenso häufig vor wie auf den "mounds". Beide Pflanzen werden übrigens von den Taschenratten nicht gefressen. Infolge der "Impfung" des "mound"-Materials mit Mykorrhizapilzen aus dem unter der Tephradecke liegenden alten Boden waren die Wurzeln von *Lupinus latifolius* und *Anaphalis margaritacea* auf den "mounds" wesentlich stärker verpilzt als in deren Umfeld, und auch die Zahl der Pilzsporen war in den "mounds" größer (ANDERSEN 1982; ALLEN et al. 1984; ANDERSEN und MACMAHON 1985; ALLEN 1991; ALLEN und GRISAFULLI 1994). Ausschlaggebend für die Entwicklung der Vegetation waren aber neben diesen Voraussetzungen wohl die veränderten bodenchemischen Verhältnisse sowie die Bodenfeuchtebedingungen, die sowohl die Keimung als auch den Anwuchs von Sämlingen begünstigen. Die "mounds" unterscheiden sich von den noch kaum entwickelten Böden auf dem Bims durch einen höheren Gehalt an organischer Substanz (4 % zu 0,2 %) und einen höheren Feinbodenanteil. Sie verfügen über eine größere Feldkapazität und sind feuchter als die reinen Ascheböden. Außerdem ist ihr Gehalt an wichtigen mineralischen Nährstoffen mehr als zehnfach und ihre Kationenaustauschkapazität gut fünffach höher (ANDERSEN und MACMAHON 1985). Natürlich können auch Huftiere (z. B. Hirsche) durch Tritt die Tephrakruste zerstören und damit die Standortbedingungen beeinflussen, eine so intensive Durchmischung der Ascheauflage mit altem gewachsenen Bodenmaterial aber bringen nur die Taschenratten zustande.

Wohl überall, wo es Taschenratten gibt, kommt es infolge der von ihnen verursachten Veränderungen der bodenphysikalischen und bodenchemischen Merkmale zu einem abwechslungsreichen Standortmosaik und einer erhöhten Diversität der Pflanzengemeinschaften (u. a. TURNER 1973), wobei offensichtlich in den Störungsbereichen lichtbedürftige Arten gefördert werden. Auf alten Ackerflächen in Minnesota (Cedar Creek; HUNTLY und INOUYE 1988) stellte man im Verlauf von Langzeituntersuchungen auf und in der unmittelbaren Umgebung der "mounds" einen deutlich größeren Artenreichtum fest als auf ungestörten Flächen. Dabei dürften die veränderten Lichtbedingungen sowie der durch die Überschüttung der Böden mit Lockermaterial und den Verbrauch an Pflanzenmasse durch die Bodenwühler verursachte kleinräumige Wechsel der Bodenstickstoffverhältnisse die entscheidenden Faktoren gewesen sein (Tab. 8). Je nach dem räumlichen und zeitlichen Betrachtungsmaßstab lässt sich die Entwicklung noch differenzieren. Da in den Böden der Stickstoffgehalt von oben nach unten hin rasch abnimmt (Abb. 74), weisen die "mounds" (Material aus tieferen Horizonten) einen niedrigeren Gesamtstickstoffgehalt auf als

Tab. 8: Einfluß von Taschenratten (*Geomys bursarius*) auf ihren Lebensraum unter räumlichem und zeitlichem Aspekt (nach HUNTLY und INOUYE 1988).

Zeit	1 Woche	1 Jahr	50 Jahre
Fläche	1 m²	100 m²	

Wirkungen	• erhöhter Lichtgenuß
	• verringerte Phytomasse
	• erhöhte Nährstoffverfügbarkeit
	• neue Pionierstandorte
		• erhöhte räumliche Heterogenität
		   Nährstoffe
		   Kleinrelief
		• erhöhte Artenzahl
		• erhöhte räumliche Variabilität der Phytomasse
		• mehr Mikrohabitate für Konsumenten
			• veränderte Bodenfruchtbarkeit
			• veränderte Geschwindigkeit der Sukzession
			• veränderte Richtung der Sukzession
			• verändertes Kleinrelief

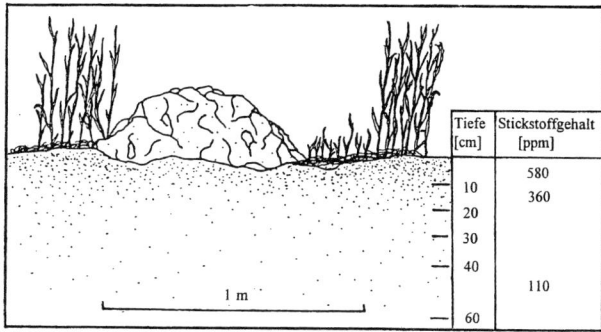

Abb. 74: Tiefenprofil des Gesamtstickstoffgehaltes in der Prärie bei Cedar Creek, Minnesota (nach HUNTLY und INOUYE 1988, verändert).

die ungestörten Flächen (siehe dagegen die relativ stickstoffreichen "alten" Böden über der Tephra am Mount St. Helens). Langfristig gesehen nimmt der Stickstoffgehalt unter dem Einfluss der Taschenratten ab. Die Menge pflanzenverfügbaren Stickstoffs aber kann auf den "mounds" sowie in ihren Randbereichen für einige Zeit höher sein als in den nicht von den Bodenwühlern beeinflussten Arealen, weil einerseits die Mineralisierung infolge höherer Temperaturen und guter Durchlüftung rascher erfolgt und andererseits wegen der fehlenden oder nur geringen Vegetationsbedeckung weniger Nährstoffe entzogen werden. Aber auch in Bereichen mit dichterer Vegetation, die von den Taschenratten beweidet werden und daher eine geringere Phytomasse aufweisen, ist zeitweilig die Menge pflanzenverfügbaren Stickstoffs größer als auf den ungestörten Flächen. Langfristig verzögerten die Aktivitäten der Taschenratten die Sukzession auf den Beobachtungsflächen bei Cedar Creek, da die Pionierpflanzen bei geringer Stickstoffversorgung schneller wachsen und sich rascher ausbreiten als die Folgepflanzen. Im Laufe von 20 Jahren wurden die Unterschiede in der Artenzusammensetzung unter dem Einfluss der Taschenratten immer größer (INOUYE et al. 1987).

Bei Studien in Espenbeständen (*Populus tremuloides*) in Utah beobachtete man die Entstehung eines sich unter dem Einfluss der Taschenratten zeitlich und räumlich permanent verändernden Standortmosaiks (MCDONOUGH 1974). Während einige Standorte noch vegetationslos waren, herrschten in den Randbereichen Annuelle und im übrigen Gelände mehrjährige Arten vor. Die ständige Schaffung neuer vegetationsloser Flecken durch die Taschenratten hält die Feldschicht offen und begünstigt die einjährigen Arten, die sonst eher spärlich vertreten sind. Andererseits zeigte sich im Verlauf der vierjährigen Studie, dass offensichtlich auch mehrjährige Arten, wie beispielsweise *Rudbeckia occidentalis* und *Bromus carinatus*, die über eine besonders hohe Ausbreitungsfähigkeit verfügen, von den immer wieder neu geschaffenen offenen Flächen profitieren und einen hohen Deckungsgrad in den Espenbeständen erreichen.

Aus Südafrika wird berichtet, dass Stachelschweine (*Hystrix austro-africane*) und Löffelhunde (*Otocyon megalotis*) durch ihre Wühltätigkeit im Bereich verkrusteter Böden Kleinstandorte schaffen, an denen die Ansammlung von feinem Lockermaterial an der Oberfläche und die dadurch verbesserten Feuchtebedingungen die Ansamung von Pflanzen ermöglichen (DEAN und MILTON 1991). Bei Untersuchungen über die Auswirkungen durch die Mittelmeer-Kleinwühlmaus (*Pitymys duodecimcostratus)* aufgeworfener Erdhügel auf die subalpine Rasenvegetation (Halbtrockenrasen, Schwingel-Borstgrasrasen) in den westlichen Spanischen Pyrenäen (GOMEZ-GARCIA et al. 1995) stellte man fest, dass schon nach einem Jahr auf den mit Bodenmaterial überdeckten Stellen die Häufigkeit der sonst die Rasengesellschaften dominierenden Arten abnahm, ohne dass sich dabei aber die floristische Zusammensetzung der Vegetation änderte. Infolge des geringeren Konkurrenzdrucks stieg der Anteil anderer Arten, und die Diversität nahm zu.

Vergleichbare Wirkungen haben Rennmäuse (*Tatera brantsii*) in der südafrikanischen Savanne. Während die oberirdische und unterirdische Biomasse deutlich zurückgehen und zwischen gestörten und ungestörten Bereichen keine Unterschiede hinsichtlich der Artenzahl auftreten, nehmen die Artendiversität und die Eveness der Pflanzen in den Rennmauskolonien zu. Voraussetzung für die Erhaltung der hohen Artendiversität (Pflanzen und Tiere) ist die von Jahr zu Jahr unterschiedliche Intensität des Rennmauseinflusses, die ein im Zeitverlauf wechselndes Mosaik von stark gestörten Bereichen und Flecken, an denen sich die Vegetation "erholt", zur Folge hat (Abb. 75; KORN und KORN 1989; KORN 1991).

Auch Maulwurfshügel führen unter Umständen zu einer erhöhten Artenzahl, da sich auf ihnen sonst wenig konkurrenzkräftige anemochore Arten ansiedeln können (WATT 1974). In den südwestlichen Spanischen Pyrenäen (Urbasa-Andia-Nationalpark) beispielsweise stellte man auf Maulwurfshügeln gegenüber dem umgestörten Grasland nicht nur eine Häufung von Ruderalpflanzen und Annuellen fest, sondern auch von Arten, die keine Mykorrhiza besitzen. Wahrscheinlich hemmen sowohl die Wühltätigkeit der Maulwürfe als auch der erhöhte Gehalt der

Maulswurfshügel an pflanzenverfügbarem Stickstoff die
Ausbildung von Mykorrhiza,
so dass die nicht auf eine Mykorrhiza angewiesenen Arten
hier einen Standortvorteil haben (CANALS und SEBASTÍA
2000).

Nährstoffanreicherungen
mit deutlich sichtbarer Auswirkung auf die Vegetations-
zusammensetzung sind auch
charakteristisch für die zoogenen "heuweltjies" (Südafrika,
Kapitel 1). Sie weisen höhere
Konzentrationen von Calcium, Stickstoff und anderen
Makronährstoffen sowie Mi-

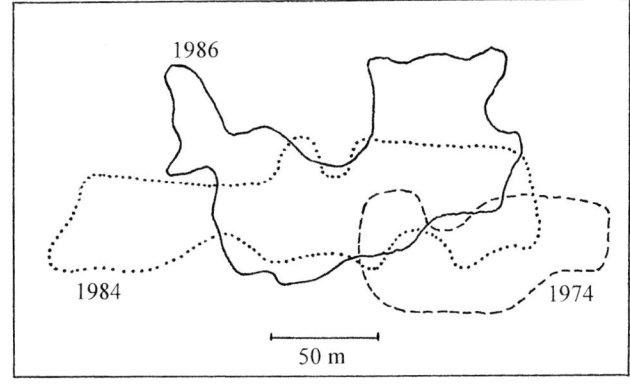

Abb. 75: Räumlich wechselnde Intensität des Einflusses von Rennmäusen (*Tantera brantsii*) in der afrikanischen Savanne im Verlauf von drei Jahren (nach KORN 1991, verändert).

kronähreelementen auf als die Böden im Umfeld der flachen Hügel. Zudem ist auch der Ton- und Schluffanteil in den "heuweltjies" höher (MIDGLEY und MUSIL 1990). Die höheren Nitratmengen sind die Folge der dank guter Durchlüftung und Infiltration rascheren Mineralisierung der organischen Substanz, die von den bodenwühlenden Tieren (Nager und/oder Termiten) eingetragen wird. Dies führt zu einer um 50 % höheren Vegetationsbedeckung gegenüber der Umgebung. Von den vergleichsweise großen Mengen an pflanzenverfügbarem Stickstoff profitieren vor allem laubwerfende Pflanzen, die wegen der kurzen Lebensdauer ihres Laubes viel Energie für die Lauberneuerung aufwenden müssen. Die Bodenwühler verschaffen ihnen an diesen Standorten somit einen Konkurrenzvorteil gegenüber den immergrünen Arten. Deshalb erreichen die laubwerfenden Spezies auf dem Hügel etwa die gleiche Häufigkeit und einen vergleichbaren Deckungsgrad wie die Immergrünen, während diese auf den ungestörten Flächen zwischen Hügeln vorherrschen. Solange die Bodenwühler die Hügel bewohnen, führt der schnelle Umsatz zu einer weiteren Nährstoffanreicherung. Ohne die Bioturbation werden die oberirdischen organischen Substanzen nicht mehr in den Boden "eingearbeitet" und durch Wind und Wasser weggeführt.

Auf Versuchsflächen in der Großen Karoo (Südafrika) stellte man fest, dass die "heuweltjies" Refugialstandorte für manche Pflanzenarten sind, wie zum Beispiel *Pteronia pallens* (Asteraceae), die von den Herbivoren (früher Schafe, heute nur mehr Steinböckchen (*Raphicerus campestris*), Buschducker (*Sylvicapra grimmea*), Großer Kudu (*Tragelaphus strepsiceros*) und Kaphase (*Lepus capensis*) verschmäht werden. Von dort breiten sich diese Pflanzen dann in das ehemalige Weideland aus. Erst wenn die "mounds" aufgegeben werden und zerfallen, gewinnen wieder andere Arten, wie zum Beispiel *Pteronia empetrifolia*, die Oberhand (YEATON und ELSER 1990).

Schon aus der Ferne sind die von *Tachyoryctes rex* ("Mt. Kenya mole rat") in den Tälern am Mt. Kenya geschaffenen Hügel (Durchmesser bis zu sechs Meter) anhand ihrer dunkelgrünen Färbung zu erkennen. Sie wird durch *Alchemilla argyrophylla* hervorgerufen, die diese über den mächtigen schwarzen, humusreichen Böden aufgehäuften, gut drainierten und völlig steinfreien "mounds" besiedelt (COE und FOSTER 1972).

Hat die Bioturbation durch Bodenwühler auch häufig eine Zunahme der kleinräumigen Diversität zur Folge, so sind jedoch die Effekte je nach beteiligter Tierart verschieden. Bei Untersuchungen der Vegetationsentwicklung auf Brachflächen in Mitteldeutschland zeigte sich beispielsweise, dass die anhaltende oberflächennahe Wühlarbeit der Wühlmäuse offensichtlich großwüchsige zoochore und anemochore Pflanzen fördert, während Wildschweine durch Umbrechen und

Freilegen des Bodens in erster Linie die Ansiedlung kleinwüchsiger Therophyten und Ackerunkräuter begünstigen. Allem Anschein nach werden dabei tiefer im Boden vorhandene Samenbänke, die noch aus der Zeit der vorherigen Ackernutzung stammen, reaktiviert. Im vorliegenden Falle handelt es sich allerdings um sehr kurzfristige Untersuchungen, deren Ergebnisse zwar zeigen, dass Tiere hier eine neue Entwicklung eingeleitet haben, die aber keine Prognose hinsichtlich des weiteren langfristigen Verlaufs erlauben (MILTON et al. 1997).

Auch die Wühlmäuse (*Microtus arvalis*) bringen Diasporen aus tiefliegenden Samenbänken (z. B. ehemalige Ackerflächen) an die Oberfläche und tragen auf diese Weise zur Erhöhung der Artenzahl bei. Wichtiger ist jedoch die Schaffung offener Stellen, auf denen viele kurzlebige Arten für eine gewisse Zeit zu existieren und Samen zu produzieren vermögen (RYSER und GIGON 1985).

Wildschweine können die Entwicklung von Wäldern beeinträchtigen oder auch fördern. Wenn sie Baumsamen fressen oder bei der Suche nach Pflanzenknollen und -zwiebeln, Pilzen, Larven, Käfern, Schnecken oder auch Wühlmäusen und selbst Kaninchen den Boden geradezu "umpflügen" und Sämlinge zerstören, hemmen sie die Regeneration der Bestände. Mit der Zerstörung und zumindest teilweisen Beseitigung der Waldbodenvegetation und der Streuauflage verschlechtern sich überdies die Lebensbedingungen für Arten, die auf die Streuschicht angewiesen sind. In von Wildschweinen intensiv beeinflussten Laubwäldern der Smoky Mountains (südliche Appalachen) beispielsweise wurden dadurch die Süd-Rötelmaus ("southern red-back vole", *Clethrionomys gapperi*) und die nördliche Kurzschwanzspitzmaus ("northern short-tailed shrew", *Blarina brevicauda*) nahezu ausgerottet. Durch Freilegen von Baumwurzeln wiederum können die Schweine bei manchen Baumarten, wie zum Beispiel bei Buchen (*Fagus grandifolia*, SINGER et al. 1984 / *Fagus sylvatica*, BJERKE 1957), Stockausschlag stimulieren. Auch ermöglichen sie die Keimung von Samen, die von Kleinsäugern tief unter der Bodenoberfläche gehortet wurden. Vielfach handelt es sich aber auch um Samenbanken, die während zurückliegender Störungsperioden (z. B. Feuer, Windbruch) entstanden sind und die Samen typischer Störanzeiger (Brombeere, Himbeere, Brennnessel u. a.) (FISCHER 1987, 1999) wie auch Samen von Arten enthalten, die in der derzeitigen Vegetation fehlen (TREIBER 1997). Überdies finden die Samen mancher Baumarten in der aufgebrochenen Erde bessere Keimungsbedingungen (TISDELL 1982). Nicht zuletzt bringen die Wildschweine die Streu in den Boden ein (JEZIERSKI und MYRCHA 1975; SINGER et al. 1984) und führen mit ihrer Wühltätigkeit zu einer besseren Durchlüftung des Waldbodens. Auf diese Weise wird der Abbau der organischen Substanz beschleunigt und damit die Nachlieferung von pflanzenverfügbaren Nährstoffen gesteigert. Je nach den lokalen Bedingungen kann es aber auch zu einer verstärkten Auswaschung von Nährelementen (z. B. Ca, P, Zn, Cu, Mg) kommen (SINGER et al 1984). Unter dem Einfluss von Wildschweinen ändert sich auch die Feldschicht. So führt auf relativ nährstoffreichen Ruderalflächen und Mähwiesen (ehemalige Wildäcker bei Groß-Gerau) die Wühltätigkeit der Wildschweine zu einer Zunahme der kurzlebigen Arten und Artenvielfalt. Verschiedene Sukzessionsstadien treten dabei in enger räumlicher Nachbarschaft auf (SIMON und GOEBEL 1999). Im kalifornischen Küsten-Grasland ging die Anzahl der Arten im ersten Jahr, nachdem dort Wildschweine den Boden umgebrochen hatten, zunächst zurück, nahm dann aber zu und übertraf bald an vielen Stellen den Artenreichtum nicht gestörter Bereiche (KOTANEN 1995). Im Gegensatz aber zu Hawaii, wo die Wühltätigkeit der Schweine und auch die Diasporenverbreitung zu einer raschen Ausbreitung des Wolligen Honiggrases auf Kosten der einheimischen Gräser beigetragen hat (SPATZ und MUELLER-DOMBOIS 1975), wurden die Störungsstellen an der kalifornischen Küste von den aus Europa eingeführten Gräsern nicht schneller besiedelt als durch einheimische (KOTANEN 1995).

Mit den durch die bodenwühlenden Tiere ausgelösten Veränderungen ist nicht unbedingt eine Zunahme der Artendiversität und ein größerer Artenreichtum verbunden. Beispielsweise scheint sich in dieser Hinsicht in den großen, nicht selten mehrere Hektar umfassenden Kolonien der

Tukotukos ("tuco tucos", Kammratten, Ctenomyidae) in der Pampa des südlichen Südamerika unter dem Einfluss dieser im Wesentlichen unterirdisch lebenden Nager (Bioturbation, Ausscheidungen, Überdecken der Vegetation mit Lockermaterial aus dem Boden) nichts zu ändern. Zwar schaffen die Tukotukos nährstofffreie Standorte (Stickstoff, Phosphor, Natrium, Kalium und Magnesium), doch führt dies lediglich zu einer Zunahme krautiger Pflanzen und höheren Abundanzen der häufigen Gräser und Kräuter gegenüber der ungestörten Umgebung (MALIZIA et al. 2000).

Auch in den Kolonien von Coruros (*Spalacopus cyanus*, Octondontidae: Trugratten) im trockenen chilenischen Küstengebiet und im chilenischen Längstal sind keine Veränderungen des Artenreichtums und der Artendiversität beobachtet worden (CONTRERAS und GUTIÉRREZ 1991). Diese Nager leben in Kolonien mit 15 bis 30 Tieren (4 bis 32; BEGALL 1999; BEGALL und GALLARDO 2000) und legen bei der Suche nach Pflanzenzwiebeln und -knollen ausgedehnte, 10 bis 12 cm unter der Oberfläche verlaufende Gangsysteme an (REIG 1970). Flächen mit Gangsystemen weisen gegenüber ungestörten eine um 60 % höhere Biomasse auf (CONTRERAS und GUTIÉRREZ 1991). Sie ist sowohl auf die Bioturbation (Lockerung, Durchlüftung, Durchmischung) als vermutlich auch auf die Anreicherung von Nährstoffen zurückzuführen, die durch die Mineralisierung nicht genutzter Vorräte freigesetzt werden. Letzteres geschieht vor allem im Bereich der Futterkammern, die, wie die Nester, vorwiegend zwischen dem Wurzelwerk von Sträuchern angelegt werden. In der südlichen Coruro-Population (El Alamo; BEGALL und GALLARDO 2000) wachsen zudem auf älteren Erdhügeln häufig Geophyten (*Dioscorea longipes*, ein Schmerzwurzgewächs), deren Knollen vermutlich durch die Coruros beim Graben ihrer Gangsysteme mit dem Lockermaterial an die Oberfläche befördert werden (S. BEGALL mdl. Mitt. 22. 05. 2001).

Insgesamt gesehen treten die Veränderungen der Vegetation durch bodenwühlende Tiere wohl in offenen Vegetationsformationen (Graslandschaften, Halbwüsten, Wüsten) am auffälligsten in Erscheinung. Die Störungen führen insbesondere dort, wo es sich um vergleichsweise große Kolonien handelt, zu einem Mosaik, das mit der sich ändernden Nutzungsintensität (Populationsschwankungen, Nahrungsverbrauch, nachfolgende Erholung der Vegetation) einer "Rotation" unterworfen ist, die zyklenartig ablaufen kann, wie es unter anderem auf den von Rennmäusen (siehe auch Abb. 75) oder Brandt-Wühlmäusen (Kapitel 2.3.2.2) beeinflussten Flächen der Fall ist – Beispiele, die gut ins Bild der Mosaikzyklus-Theorie passen.

Bisweilen spiegeln sich die Einflüsse von Bodenwühlern auf die Böden auch noch im Verbreitungsmuster der Vegetation wider, wenn die Verursacher längst verschwunden sind, wie es zum Beispiel in verlassenen Präriehundkolonien in Oklahoma (Wichita Mountains Wildlife Refuge) der Fall ist, wo sich um das Zentrum der aufgegebenen Kolonie trotz der anhaltenden extensiven Beweidung des Gebietes durch Rinder, Bisons, Gabelantilopen, Weißwedelhirsche und Wapitis eine konzentrische Abfolge von Pflanzengemeinschaften entwickelt hat (OSBORN und ALLAN 1949). Auch wenn die Prärie schon seit mehr als hundert Jahren nicht mehr von Bisons beweidet wird, sind deren ehemalige Staubsuhlen an ihrer von der übrigen Prärie verschiedenen Vegetation zu erkennen (POLLEY und COLLINS 1984; GIBSON 1989).

In einem extremen Ausmaß beeinflussen Haarnasen- oder Breitnasen-Wombats (*Lasiorhinus latifrons*, Plumpbeutler) Vegetation und Boden in der an der australischen Südküste gelegenen Nullarbor-Ebene (LÖFFLER und MARGULES 1980). Die etwa bibergroßen, bis über 30 kg schweren Beuteltiere kommen dort noch in großer Zahl vor. Wombats gelten als selektive Grasfresser, doch sollen sie sich auch an die Strauchvegetation halten – wie die Farmer behaupten – und ein Nahrungskonkurrent für das Vieh sein. Dafür spricht, dass die Pflanzendecke auf abgezäunten, "wombatsicheren" Flächen relativ geschlossen ist. Die Wombats prägen ihren Lebensraum sowohl durch direkte Schädigung der Vegetation als vor allem auch durch ihre Wühltätigkeit. In den landwirtschaftlich genutzten Gebieten wurden sie deshalb nahezu ausgerottet. Die Nullarbor-Ebene ist ihr letztes großes Rückzugsgebiet (LÖFFLER und GROTZ 1995). Gewöhnlich bestehen

Foto 47: Teilweise eingestürzte, ihr Umfeld um etwa einen Meter überragende Wombatbaue in der Nullarbor-Ebene (E. LÖFFLER, Mai 1976).

die Wombat-Kolonien aus 10 bis 30 unterirdischen Bausystemen, die jeweils über 10 bis 15 Wohnkessel verfügen. Ein Bausystem hat einen Durchmesser von 20 bis 30 m und tritt als bis zu einem Meter die Umgebung überragender Erdhügel in Erscheinung. Die Bereiche, in den die Baue zusammengefallen sind, erscheinen durchlöchert wie der sprichwörtliche "Schweizer Käse" (Foto 47). Über wenige hundert Quadratmeter bis zu einem Quadratkilometer erstreckt sich die von einer Kolonie beanspruchte Fläche. Sogar in Satellitenaufnahmen (LANDSAT) sind die durch die Wombats geprägten Gebiete deutlich zu erkennen.

2.7 Schlüsselarten

Aus landschaftsökologischer Sicht besonders interessant sind die sogenannten Schlüsselarten (u. a. MÜLLER 1977; REMMERT 1980 a; ODUM 1991). Der Begriff geht auf den von PAINE (1969) geprägten Terminus "keystone species" zurück. Schon in einer früheren Veröffentlichung hatte der Autor die Funktion von Schlüsselarten im Gezeitenbereich beschrieben (PAINE 1966), ohne allerdings diese Arten ausdrücklich als "keystone species" zu bezeichnen. Mit dem Begriff verbindet sich die Vorstellung, dass erst der in den Scheitel eines Rundbogens eingesetzte Schlussstein diesem Stabilität verleiht. Die wörtliche Übersetzung des Terminus mit "Schlusssteinart" (KRATOCHWIL und SCHWABE 2001) ist gleichwohl ungebräuchlich.

Schon im Vorhergehenden wurde die Schlüsselartfunktion angesprochen, u. a. bei den Ausführungen über den Tannenhäher und verschiedene bodenwühlende Tiere (Präriehunde, Taschenratten, Kängururatten) oder auch im Zusammenhang mit der Wirkung der afrikanischen Elefanten auf ihren Lebensraum und dessen Biozönosen. Auch Elche und Moschusochsen können unter bestimmten Bedingungen durchaus schlüsselartenähnliche Funktionen ausüben (Kapitel 2.3.2.3

und 2.3.2.4). Andererseits macht es wenig Sinn, zum Beispiel den Schwarzspecht (*Dryocopus martius*) als Schlüsselart zu bezeichnen, weil seine Nisthöhlen auch anderen höhlenbrütenden Vögeln, Säugetieren und Insekten dienen können (DAHL et al. 2000). Dies würde folglich auch für die Baue von Dachsen, Füchsen oder auch Kaninchen gelten, die aber nicht die Position eines Schlüsselart einnehmen. Schlüsselarten prägen die Struktur, Funktion und Dynamik eines Ökosystems. Wirbeltiere beispielsweise, die hinsichtlich der Biomasse und der Stoffflüsse eine nur geringe Rolle spielen, können über Räuber-Beute-Beziehungen, Konkurrenz und wechselseitige Beziehungen mit anderen Arten sowie durch physische Störungen einen unverhältnismäßig großen Einfluss auf die Habitatstruktur und die Artenzusammensetzung sowie die biogeochemischen Prozesse ausüben.

Bei den Zieseln zum Beispiel sowie den Präriehunden, den Taschen- und Kängururatten ist dies zweifelsohne der Fall. MIELKE (1977) sieht in den Kleinnagern eine mögliche Ursache für die Entstehung der Prärieböden in Nordamerika. Durch ihre Wühltätigkeit, die Anlage von Vorräten aus Samen und Pflanzenteilen sowie das Absetzen von Kot und Urin in ihren Bauen schaffen sie kleine Lebensräume, die sich völlig von den nicht durch sie beeinflussten Arealen unterscheiden. Von den organischen Substanzen leben zahlreiche Pilze, kleine Arthropoden und auch größere Tiere (SEASTEDT et al. 1986; HAWKINS und NICOLETTO 1992). Milben, Collembolen und Nematoden sind in den "mounds" häufiger als außerhalb, und die Wirbellosen bilden wiederum eine Nahrungsquelle für Prädatoren, wie zum Beispiel Eidechsen. In verlassenen Bauen finden Klapperschlangen und andere Wirbeltiere Unterschlupf. Auch bewohnte und aufgegebene Nester, Vorratslager und Koträume von Blindmullen (*Spalax ehrenbergii*) bieten zahlreichen Invertebraten Lebensraum (HETH 1991). Bei Untersuchungen in Minnesota (Cedar Creek Natural History Area; HUNTLY und INOUYE 1988) stellte man einen engen Zusammenhang zwischen der Dichte der von Taschenratten aufgeworfenen Hügel und der Abundanz von Grashüpfern (besonders *Melanoplus* spec.) fest, die zum Teil auf die für die Grashüpfer günstigen Eiablagebedingungen auf den "mounds" zurückzuführen ist sowie auf die eine gute Nahrungsgrundlage bildende Vegetation in den von den Taschenratten geprägten Bereichen.

Ebenso hat der die Samen von mehr als 100 Regenwaldarten verbreitende Kasuar (Kapitel 2.5) in den tropischen und subtropischen Wälder Nordaustraliens und Papua Neuguineas eine Schlüsselfunktion. Die fortschreitende Einschränkung und Zersplitterung der Wälder im Küstentiefland durch Rodung sowie aber auch die steigenden Verluste unter den Kasuaren durch Verkehr, Jagd und nicht zuletzt Wildschweine, die seine Gelege zerstören und Jungvögel töten (CROME und BENTRUPPENBAUMER 1993), werden zu starken Veränderungen dieser Waldökosysteme führen (BENNETT 1999).

Fasst man den Begriff "Schlüsselart" sehr eng und begrenzt man ihn auf die Fälle, in denen die Stabilität eines Ökosystems nur von dieser einen Art bestimmt wird (MÜLLER 1977), so reduziert sich die Anzahl der Schüsselarten erheblich. Nur wenige Schlüsselarten aber schaffen sogar das Ökosystem, in dem sie leben, selbst, wie etwa Termiten und Biber (Kapitel 2.7.2 und 2.7.3).

2.7.1 Kängururatten

Auch experimentell hat man die Funktion mancher terrestrischer Spezies als Schlüsselarten nachgewiesen, so auch bei Kängururatten in der Chihuahua-Wüste (südöstliches Arizona; BROWN und HESKE 1990) und in Neu-Mexiko (FIELDS et al. 1999). Nachdem man auf verschiedenen Probeflächen alle Nager oder nur die drei dort vorkommenden Kängururatten (*Dipodomys spectabilis*, *Dipodomys ordii* und *Dipodomys merriamii*) beziehungsweise auch nur die größte unter ihnen (*D. spectabilis*) künstlich ausgeschlossen hatte, zeigte sich nach 12 Jahren ein totaler Wandel von ursprünglicher Strauchsteppe zur Grassteppe. Entscheidend für diese Veränderung war der selektive

Konsum großer Pflanzensamen und die Beeinflussung des Bodens durch die Kängururatten. Allerdings dürfte die Lage des Untersuchungsgebietes im Übergangsbereich zwischen den zwei Vegetationsformationen diese Entwicklung begünstigt haben, wie auch unter Beweidung im Ökoton zwischen Grasland und Wüste gewöhnlich die Entwicklung zur Wüste hin tendiert (MACMAHON und WAGNER 1985). Der Ausschluss der Beweidung durch Rinder und Pferde allein führte bei weitem nicht zu derart spektakulären Veränderungen wie auf den Flächen, auf denen auch die Kängururatten ausgeschlossen worden waren. Das bedeutet aber, dass hier die drei taxonomisch und ökologisch eng verwandten Kängururatten der entscheidende Faktor waren. BROWN und HESKE (1990) sprechen daher auch von einer "Schlüsselarten-Gilde", denn der Ausschluss der größten und die Anzahl der Verbreitung der anderen Nager signifikant beeinflussenden *Dipodomys spectabilis* reichte nicht aus, um die gesamten Veränderungen in der Vegetation zu erklären. Andererseits vermochten einige andere, nach Ausschluss der Kängururatten übriggebliebene Nager nicht die Entwicklung der Strauchsteppe zur Grassteppe zu verhindern.

Spätere Untersuchungen über den Einfluss von *Dipodomys spectabilis* auf die Struktur der Pflanzengemeinschaften und die Artendominanz (FIELDS et al. 1999) im Übergangsbereich von der Kurzgras- zur Wüstensteppe (45 km nördlich von Albuquerque, Neu-Mexiko) bestätigen die Rolle der Kängururatten als Schlüsselarten. Verglichen wurden dabei eine von *Bouteloua gracilis* (herrscht in der Kurzgrassteppe vor) und eine von *Bouteloua eriopoda* (dominiert in der Wüstensteppe) dominierte Fläche. *Bouteloua eriopoda* bedeckt auf beiden Flächen die Randbereiche der von den Kängururatten aufgeworfenen Hügel, während *Bouteloua gracilis* auf allen "mounds" wie auch in deren Randbereich nur einen geringen Deckungsgrad erreicht. Dies zeigt, dass die letztgenannte Art auf die Störung unabhängig von ihrer Stellung in der umgebenden Vegetation (*B. gracilis*) reagiert. Andererseits erreicht *Bouteloua eriopoda* innerhalb der von *Bouteloua gracilis* dominierten Flächen an den Hügelrändern eine viele höhere Deckung, als es in der ungestörten Fläche der Fall ist. Die im Vergleich mit den von *Bouteloua gracilis* beherrschten Flächen geringere Deckung ausdauernder Gräser und der hohe Anteil an Kräutern, Sträuchern und Sukkulenten an den Rändern der "mounds" weisen darauf hin, dass insbesondere der Vegetation im Umkreis der Störungsstellen hinsichtlich der durch die Kängururatten ausgelösten Dynamik eine große Bedeutung zukommt.

2.7.2 Termiten

Landschaftsprägende Wirkungen gehen von manchen Termitengruppen aus. Termiten, staatenbildende Insekten wie die Ameisen, sind mit zahlreichen Gattungen in Süd- und Nordamerika, Afrika, Asien und Australien verbreitet. Der Großteil lebt in den Tropen. Termiten kommen aber auch in den Außertropen bis etwa 48° N und 45° S vor (HARRIS 1961; LAL 1987; GOUDIE 1988). In den Tropen machen Termiten bis zu 95 % der gesamten Biomasse der bodenbewohnenden Insekten aus (EGGLETON et al. 1996; WATT et al. 1997). Mit rund 700 Arten ist Afrika der termitenreichste Kontinent. Unter den sechs Familien umfassen die Termitidae etwa 75 % der sogenannten höheren Termiten, darunter auch die Unterfamilie der hypogäisch lebenden Macrotermitinae, deren vergleichsweise große über die Bodenoberfläche aufragende Bauten in vielen tropischen Grasländern so auffällig und geradezu landschaftsprägend in Erscheinung treten (LEE und WOOD 1971). Ihre höchste Dichte erreichen sie in den afrikanischen Savannen. In Tansania wurden um 200 Termitenhügel pro Quadratkilometer gezählt. Der Abstand zwischen den Bauten beträgt zwischen 65 und 70 m (JONES 1990). Termitenhügel können eine Höhe von fast neun Metern und Durchmesser zwischen 20 und 30 Metern erreichen (z. B. in Afrika *Macrotermes bellicosus*, *Macrotermes subhyalinus*, *Macrotermes falciger*, *Bellicositermes bellicosus* und in Australien *Nasutitermes triodiae*; GOUDIE 1988). Am Beispiel von durch Termitenbauten geprägten Savannen

Ostafrikas (Iringa-Hochland und nördliches Tansania) hat TROLL (1936) seinerzeit seine Vorstellungen von der Landschaft als Vergesellschaftung von Ökotopen dargestellt (siehe auch TROLL 1963). Ansatzpunkt der Überlegungen war die auch schon in der älteren afrikanischen Reise- und Termitenliteratur (Literaturhinweise in TROLL 1936) mehrfach erwähnte Verteilung von scharf umrissenen hygrophilen Gehölz- und Buschinseln im mesophytischen Grasland, die auf Bodenunterschieden beruht, die wiederum durch die Termiten verursacht werden. TROLL verweist dabei auch auf seine entsprechenden Beobachtungen über die Auswirkungen der Blattschneiderameisen (*Atta* spec.) in den Savannen der Neuen Welt und spricht von einer "biozönotischen Konvergenz" (TROLL 1936) zu den paläotropischen Termitensavannen. Um die regelhafte Bindung der Gehölz- und Buschinseln an die Termitenhügel hervorzuheben, hat er den Begriff "Termitensavanne" geprägt

Einschränkend sei hier bemerkt, dass in vielen Savannengebieten die

Foto 48: Unbewachsener Termitenbau im Northern Territory, Australien (E. LÖFFLER, 15. 09. 1998).

Termitenbauten nicht bewaldet sind, sondern als kahle Hügel emporragen, wie beispielsweise die über sechs Meter hohen "Türme" von *Nasutitermes triodiae* (Nasutitermitinae) oder *Amitermis meridionales* (Amitermitinae) im nördlichen Australien (MERTENS 1961; LEE und WOOD 1971; Foto 48). Andere wiederum, nur wenige Dezimeter bis zu einem Meter hoch, tragen eine an die jeweiligen edaphischen Voraussetzungen angepasste Grasvegetation und führen im Wechsel mit den ungestörten Bereichen ebenfalls zu einem auffälligen Vegetationsmosaik, wie es zum Beispiel in der südöstlichen Serengeti der Fall ist. Dort werden Termitenhügel, die aus stark salzhaltigem Material bestehen, von salztoleranten Gräsern wie *Digitaria macroblephora* und *Cyonodon dactylon* besiedelt, während die anderen Flächen von *Andropogon greenwayi* und *Themeda triandra* bedeckt sind. Erst wenn die Hügel zerfallen und die Salze in tiefere Horizonte ausgewaschen werden, dringen die letztgenannten Gräser wieder in diese Bereiche vor (SINCLAIR 1979 c).

Von dichten Gehölzen (Busch, Wald) bestandene und oft völlig verhüllte Termitenhügel kommen sowohl in den Trockensavannen als auch in den Überschwemmungssavannen vor, wobei in beiden Fällen die Termitenhügel aufgrund ihrer besonderen bodenphysikalischen und –chemischen Eigenschaften dem Baumwuchs günstigere Bedingungen bieten als das umgebende, bestenfalls von weit verstreuten Bäumen durchsetzte Grasland. Entscheidend sind in beiden Savannentypen die Lockerung, die bessere Durchlüftung und die daraus resultierenden für dieTermiten günstigen Feuchtebedingungen.

Die Überschwemmungssavannen sind durch schwarze, während der Regenzeit völlig vernässte, in der Trockenzeit verhärtete und in Polygonrissen aufspringende Tonböden ("Mbugaböden") gekennzeichnet. Die Termitenhügel ragen nicht nur über das Überschwemmungsniveau hinaus, sondern bieten als gut drainierte Standorte den Gehölzen bessere Wachstumsbedingungen als die im saisonalen Rhythmus lange überstauten Bereiche. Zu einer durchaus vergleichbaren Situation führt die saisonale Bewässerung von Reisfeldern, wie zum Beispiel in Nordostthailand (Khorat-Plateau), wo große, baumbestandene Termitenhügel an etwas erhöhten, vom aufgestauten Wasser weniger beeinflussten Stellen die Reisflächen durchsetzen (ca. 7 bis 10 Hügel pro Hektar). Die Reisbauern suchen die Baumbestände auf, um bei der Feldarbeit wenigstens für kurze Zeit der Hitze zu entgehen. Zudem errichten sie auf den Termitenhügeln Hütten, die ihnen Schutz vor Regen und Sonne bieten (LÖFFLER 1996 b). In den Trockensavannen scheint die auch während der Trockenzeit im Vergleich zum Umfeld der Termitenbauten höhere Feuchtigkeit den Baumwuchs zu begünstigen. HESSE (1955) hält die Gehölze auf den Termitenhügel allerdings für Waldrelikte.

Bei der Anlage ihrer Bauten schaffen die Termiten Lockermaterial aus mehreren Metern Tiefe an die Oberfläche. In Hügeln von *Bellicositermes bellicosus* ist sogar Material aus 12 m Tiefe gefunden worden (BOYER 1975). Bei kleinen Hügeln liegt das Gewicht dieses Materials zwischen 10 000 und 45 000 Kilogramm pro Hektar, je nach Abundanz der jeweiligen Termitenarten. Die großen Hügel von *Macrotermes* in Afrika können im Extremfall zwischen 100 und 240 Tonnen pro Hektar erreichen (LEE und WOOD 1971; WOOD und SANDS 1978). Das Korngrößenspektrum des Hügelmaterials entspricht weitgehend dem des Untergrundes und ist oftmals tonreicher als das nahe der Bodenoberfläche (HESSE 1955). Offensichtlich scheinen Termiten tonreiches Material zu bevorzugen. Darauf deutet jedenfalls der im Vergleich zu den benachbarten Böden zumeist größere Tonanteil in den Termitenhügeln hin (LEE und WOOD 1971; GRASSÉ 1984; GOUDIE 1988; LEPAGE et al. 1998; KONATE et al. 1998). Durch Sekrete (Speichel, aber auch Faeces) wird das Hügelmaterial verfestigt (LEE und WOOD 1971). Wegen seines relativ hohen Tongehaltes nutzt man das Termitenhügelmaterial in einigen Gebieten auch zum Bau von Lehmhütten (COSAR 1934; PERRY 1994).

Streu, aber auch frisches Pflanzenmaterial werden in die Bauten hereintransportiert. Dort ist es der sofortigen "Mineralisierung" durch die häufigen Savannenbrände entzogen (JOSENS 1992). Überdies legen die Termiten (Macrotermitinae) innerhalb der Bauten regelrechte "Pilzgärten" an (Abb. 76). Für den Bau der Pilzkammern benutzen sie ausschließlich ihren Kot, der aus nur wenig zersetzten Pflanzenresten besteht (WOOD 1988). Die Pilze (*Termitomyces* – diese Gattung umfasst alle mit den Macrotermitinae symbiontisch lebenden *Basidiomyceten*; HEIM 1963; SANDS 1969) bauen das Lignin ab, so dassCellulose übrigbleibt (GRASSÉ und NOIROT 1958 sowie BUTLER und BUCKERFIELD 1979). Innerhalb der Termitenhügel ist der Anteil von organischer Substanz in den meisten Fällen höher als im äußeren Bereich und in den benachbarten Böden (siehe auch STOOPS 1964). Zudem wird durch die Termiten die biologische Aktivität stimuliert, indem der frische, ein weites C/N-Verhältnis

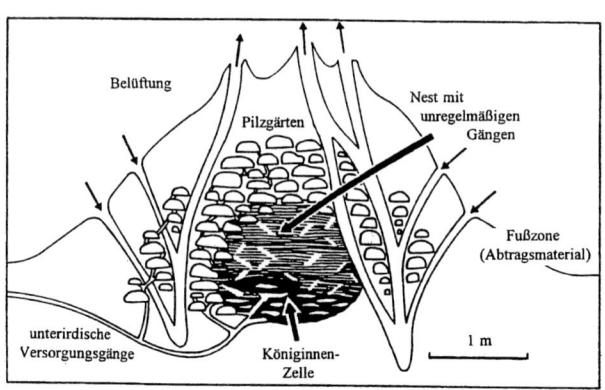

Abb. 76: Schnitt durch einen Hügel von *Macrotermes subhyalinus* (nach DARLINGTON 1984, in GOUDIE 1988, verändert).

aufweisende Kot der Termiten durch die Pilze in ein Substrat mit vergleichsweise engem C/N-Verhältnis umgewandelt wird, das den Termiten als Nahrung dienen kann (MATSUMOTO 1976; COLLINS 1977, 1981 a, 1981 b; ABBADIE und LEPAGE 1989).

Zu den Nestern und "Pilzgärten" führen zahlreiche Zugänge sowohl aus dem oberirdischen als auch unterirdischen Bereich der Bauten. Diese Gangsysteme – stellenweise zur Lagerung von Vorräten erweitert – dienen nicht nur dem Transport von Nahrung, sondern auch der Klimatisierung (annähernd konstante Temperatur, hohe Feuchte) der Termitenbauten (LAL 1987; siehe auch Abb. 76). Zudem dürften sie die Infiltration fördern. Das von den Termiten heraufgeschaffte und zementierte Feinmaterial kann aber durchaus auch eine gegenteilige Wirkung haben. Dies könnte die Ursache dafür sein, dass die Pflanzenwurzeln zum Teil den tief in den Untergrund reichenden Termitengängen folgen (LEE und WOOD 1971 sowie GOUDIE 1988).

Die Angaben über die bodenchemischen Eigenschaften in den Termitenbauten (Bodenacidität, Stickstoffgehalt, Menge des organischen Kohlenstoffs, C/N-Verhältnis) variieren in Abhängigkeit von den regionalen und lokalen Rahmenbedingungen und den jeweiligen Termitenarten jedoch sehr stark, so dass diesbezügliche allgemeine Aussagen nur mit vielen Einschränkungen möglich sind (LEE und WOOD 1971; LAL 1987; LOBRY DE BRUYN und CONACHER 1990; LÓPEZ-HERNÁNDEZ 2001). Hinsichtlich des Gehaltes an organischer Substanz – er wird zumeist als gering beschrieben – ist unter anderem zwischen den im Wesentlichen aus reinem mineralischen Bodenmaterial und den aus "kartonartigem" Material bestehenden Strukturen zu unterscheiden, die einen vergleichsweise sehr hohen Gehalt an organischer Substanz aufweisen. Da die Nahrung der Termiten normalerweise wenig Stickstoff enthält, dürften die auf den Vorräten gedeihenden Pilze eine wichtige Eiweißquelle sein. Das C/N-Verhältnis innerhalb ostafrikanischer Termitenhügel und des noch von den Termiten beeinflussten unmittelbar benachbarten Bodens entspricht dem C/N-Verhältnis innerhalb der Termitenkörper selbst (zwischen 5 und 12) und ist damit wesentlich enger als in von Termiten nicht beeinflussten Böden (12 bis 20 und weiter; JONES 1990). Der Kohlenstoff wird durch die Termiten, die mit Hilfe der in ihrem Verdauungstrakt in großer Zahl enthaltenen Mikroorganismen auch schwer aufschließbare Substanzen zersetzen können, sowie durch die von ihnen "gezüchteten" Pilze nahezu vollständig abgebaut.

Bei nahezu allen chemischen Untersuchungen von Termitenhügeln wurde in ihnen ein im Vergleich zur Umgebung hoher Calciumgehalt festgestellt. Die Auffassungen über die Ursachen des hohen Gehaltes an austauschbaren Kationen gehen zum Teil auseinander (Eintrag calciumreichen Materials aus dem Untergrund durch die Termiten, aktiver Wassertransport durch die Termiten vom Grundwasserspiegel, Verdunstungsrückstände des in den "Schloten" emporgesaugten hochstehenden Grundwassers u. a.). Nach der Auffassung von LEE und WOOD (1971) stammt bei den von ihnen untersuchten Termitenhügeln in Australien das Calcium, wie übrigens auch der gegenüber dem Umfeld der Termitenbauten erhöhte Magnesium- und Kaliumgehalt, aus dem von den Termiten verzehrten Pflanzengewebe (siehe auch TRAPNELL et al. 1976; WOOD 1988).

In Ostafrika werden Termitenhügel aufgrund ihrer bodenphysikalischen und -chemischen Eigenschaften nicht selten landwirtschaftlich genutzt (TROLL 1936; MILNE 1947; PULLAN 1979). Aus Thailand berichtet PENDLETON (1941, 1942) über besseres Wachstum auf Termitenhügeln, nennt aber auch zahlreiche Fälle, in denen der Anbau von Kulturpflanzen auf abgetragenen Termitenhügeln vergleichsweise geringe Erträge bringt. Entsprechendes beobachteten JOACHIM und KANDIAH (1940) auf den dem Wander-Brandrodungsfeldbau auf Ceylon (Sri Lanka) unterliegenden Flächen. NYE (1955) stellte fest, dass der Oberboden zerfallener oder eingeebneter Termitenhügel in Nigeria geringere Nährstoffgehalte aufwies als die angrenzenden Böden. Das Wachstum von Mais auf dem Termitenhügelmaterial war relativ schlecht. In jüngerer Zeit aber weist u. a. NYAMAPFENE (1986) wieder auf die Möglichkeit der Ertragssteigerung durch die "Düngung" mit Termitenhügelmaterial hin und schlägt vor, es dort, wo es an mineralischem Dünger oder Mist mangelt, auf die sonst unfruchtbaren Böden aufzubringen. In der Subsistenzwirtschaft wird es bereits weithin genutzt (WATSON 1977; LOGAN 1992) und bietet hier eine Alternative zu chemischen Düngern (OLIVIERA und PAIVA 1985; BISHOA MENEA und BOLOY 1995). Hinsichtlich der Wirkung der Termiten in tropischen Agroökosystemen besteht ein großer Forschungsbedarf (BLACK und OKWAKOL 1997).

Zunehmend festigt sich die Ansicht, dass die Nährstoffanreicherung in den Termitenbauten Folge des Eintrages von Pflanzenstreu und ihres Abbaus durch die Pilze ist. Sie wird indirekt durch den geringen Gehalt an organischem Kohlenstoff und der in den Böden zwischen den Bauten vergleichsweise niedrigen Anzahl von Bakterien und Pilzen bestätigt (ARSHAD 1982; KEYA et al. 1982; JONES 1990). Der geringe Kohlenstoffgehalt dürfte aber nicht allein auf die Tätigkeit der Termiten, sondern wohl auch auf die saisonalen Grasfeuer zurückzuführen sein. Die Termitengehölze selbst scheinen dadurch nur an ihrer Peripherie beeinflusst zu werden. Dies dürfte auch die Ursache der scharfen Grenze zwischen ihnen und dem offenen Grasland sein (TROLL 1936; PULLAN 1979). Diese auffällige physiognomische Grenze sollte aber nicht dazu verleiten, die Termitenhügel als sich sozusagen selbst genügende ökologische Raumeinheiten zu betrachten. Sie bilden zwar inmitten des Graslandes eigenständige Züge tragende Biozönosen (TROLL 1936), gleichwohl reicht das dichte und weit verzweigte Tunnelnetz erheblich über den Bereich des eigentlichen Termitenbaus hinaus (Abb. 77 und 78; DARLINGTON 1982). Die Termiten beeinflussen daher die Böden wesentlich weiträumiger, als man es zunächst angenommen hat, und der Anreicherung von Nährstoffen in den Hügeln steht eine Verarmung der sie umgebenden Areale gegenüber, aus denen Streu zu den Bauten transportiert wird. Die sich von den einzelnen Termitenbauten in alle Richtungen erstreckenden Tunnelsysteme scheinen auch die wesentliche Ursache (Konkurrenz) für die weiten Abstände zwischen den großen Bauten zu sein (JONES 1990).

Termitenhügel haben eine Lebensdauer von einigen Jahrzehnten bis zu vielen Jahrhunderten (WATSON 1967; DARLINGTON 1985). Bauten, die aufgegeben wurden, können von anderen Termitenarten erneut besiedelt und erweitert werden, was auch vielfach geschieht (COATON 1962;

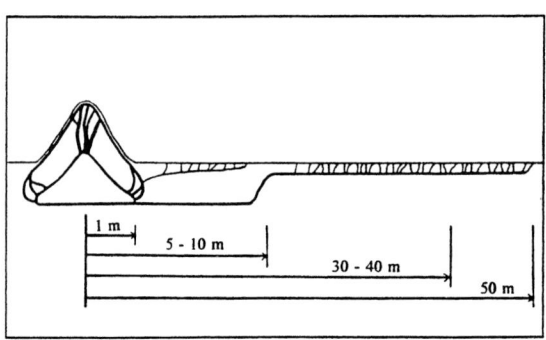

Abb. 77: Schnitt (unmaßstäblich) durch ein Termitenhügelsystem von *Macrotermes michaelseni* bei Kajiado, Kenia (nach DARLINGTON 1982, verändert)

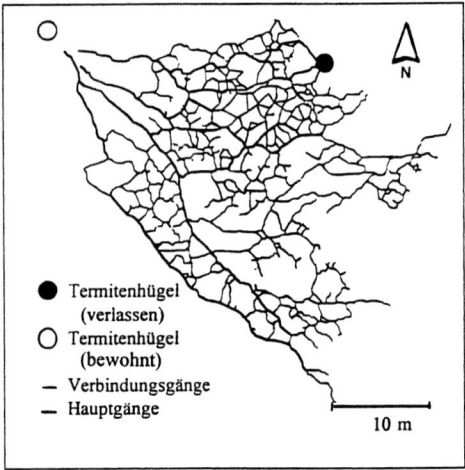

Abb. 78: Unterirdisches Gangsystem (ohne oberflächennahe Gänge) von *Macrotermes michaelseni* bei Kajiado, Kenia (nach DARLINGTON 1982, verändert).

TRAPNELL et al. 1976; PULLAN 1979). Dichte Termitengehölze schützen die Hügel vor der Abtragung, insbesondere durch ablaufendes Regenwasser. Werden sie jedoch durch Elefanten, andere große Pflanzenfresser oder den Menschen gelichtet, breiten sich Gräser aus. Savannenbrände können nunmehr in die Gehölze eindringen und sie vernichten. Damit sind die Hügel der Erosion schutzlos ausgesetzt, vor allem zu Beginn der Regenzeit, bevor das Gras zu wachsen beginnt. Elefanten tragen auch direkt zur Zerstörung der Termitenhügel bei, indem sie sie mit den Stoßzähnen aufbrechen, um das mineralreiche Erdmaterial zu fressen, oder indem sie die Hügel benutzen, um sich zu scheuern (siehe auch LEUTHOLD 1977 a, 1977 b). Erdferkel wühlen in den Bauten und versuchen, an die von ihnen als Nahrung bevorzugten Termiten heranzukommen. Anderen Wildtieren dienen die Termitenhügel als Salzlecken, und Antilopen, Büffel, Löwen und Hyänen nutzen sie auch als Ausguck (BROWN 1972), was wiederum Vertritt und Erosion zur Folge hat. Das Feuer verhindert die Wiederbesiedlung durch Busch- und Baumvegetation. Beobachtungen dieser Art beschreibt PULLAN (1979) aus dem zentralen Sambia. Seiner Auffassung nach können unter ungestörten Bedingungen die dichten Termitengehölze die Hügel praktisch unbegrenzt vor der Abtragung schützen.

Zerfallen die Termitenhügel, so wird das relativ tonreiche Material größtenteils im unmittelbaren Umfeld abgelagert, und insbesondere um die großen Hügel der pilzkultivierenden Arten herum entsteht eine mehr oder weniger breite Fußzone. Besonders in den trockenen Savannentypen bleibt diese weitgehend vegetationslos, während sie unter feuchteren Bedingungen allmählich von Pflanzen besiedelt wird. Diese Vegetation wiederum zieht Pflanzenfresser an, die zu vermehrtem Vertritt führen. Charakteristische Vegetationsmuster sind die Folge.

Im Detail wurden solche Verbreitungsmuster von GLOVER et al. (1964) in den im südlichen Kenia gelegenen Loita Plains untersucht (Abb. 79). Die Loita Plains (1 700 bis 1 900 m) sind von offener Grassavanne bedeckt, die von Zuflüssen des Mara-Flusssystems zerschnitten wird. Die Grassavanne wird durch ein allerdings nur in der Aufsicht auffälliges Muster von ring- beziehungsweise ellipsenförmig gestreckten Vegetationsstrukturen geprägt, die mehr oder weniger isohypsenparallel angeordnet sind. Urheber dieses Verbreitungsmusters sind

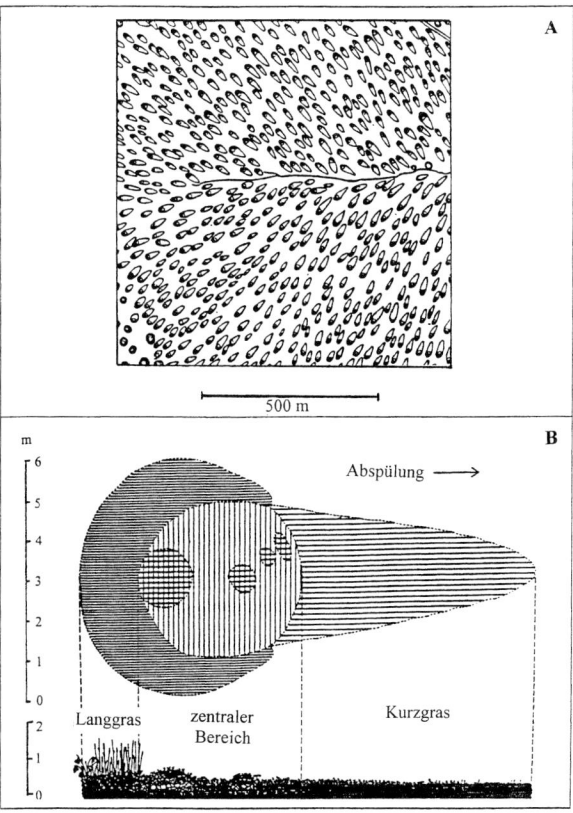

Abb. 79: Verbreitungsmuster von Oberflächen- und Vegetationsstrukturen, das durch Termitenhügel (*Odontotermes* spec.) geprägt wurden, in den Loita Plains, Kenia. Übersicht (A) und Schnitt (B) durch eine einzelne der in (A) sichtbaren Strukturen (nach GLOVER et al. 1964, verändert).

vergleichsweise niedrige Hügel von Termiten der Gattung *Odontotermes*, die eine kleinräumige edaphische Differenzierung bewirken. Während es sich auf den flachen Rücken zwischen den Entwässerungslinien um Vegetationsringe von etwa 6 bis 10 m Durchmesser mit einer nahezu konzentrischen Anordnung verschiedener Pflanzengemeinschaften handelt, sind diese dort, wo sich das Gelände zu den Entwässerungsrinnen hin neigt, infolge der Abspülung in Gefällerichtung entsprechend in die Länge gezogen. In der Aufsicht ähnelt das Verbreitungsmuster dem eines Straußenrades (Abb. 79 A). Erdferkel durchwühlen bei der Suche nach Termiten die im Mittelpunkt der Vegetationsstrukturen gelegenen Termitenhügel. Das Feinmaterial wird dann durch die Niederschläge weiter hangabwärts verlagert und bildet das untere, spitzere Ende der ellipsenförmigen Strukturen. Auf diesem sich stark verfestigenden und wenig durchlässigen Material gedeiht dann kurzhalmige und besonders während langanhaltender Trockenheit sehr schüttere Grasvegetation, während in dem durchwühlten Bereich das Sickerwasser tiefer in den Boden eindringt und relativ üppigen Pflanzenwuchs erlaubt.

Viele Termitenarten bauen keine Hügel und leben gänzlich unterirdisch. Daher treten sie landschaftsphysiognomisch zumeist auch nicht so auffällig in Erscheinung, spielen aber häufig eine ebenso wichtige Rolle als Schlüsselart. In Trockengebieten bauen in erster Linie sie die abgestorbenen ober- und unterirdischen Pflanzenteile sowie auch den Dung der Pflanzenfresser ab (BUXTON 1981; WHITFORD et al. 1988; WHITFORD 1991, 1999) und beeinflussen in mannigfacher Weise die Bodeneigenschaften und die Biozönose insgesamt. Besonders in Gebieten, in denen Termiten mit einem vergleichsweise breiten Nahrungsspektrum leben, wie zum Beispiel in der Karoo (Südafrika) oder auch im semiariden Australien, werden dem Boden mit den Ausscheidungen der Termiten nur minimale Kohlenstoffmengen wieder zugeführt. Mit anderen Worten: Je größer die Anzahl der Termiten, umso geringer ist der Gehalt der Böden an organischer Substanz (NASH und WHITFORD 1995; WHITFORD 1999). Da die Termiten ihre Gangsysteme und unterirdischen Nester mit ihrem Kot auskleiden, kommt es, wie bei den hügelbauenden Arten, gleichwohl zu einer lokalen Anreicherung von Kohlenstoff und Nährstoffen, der möglicherweise die Diversität und Heterogenität der Pflanzengemeinschaften in erster Linie zuzuschreiben ist (WHITFORD 1999).

Bisweilen beeinflussen aber auch die keine Hügel bauenden Termiten das Landschaftsbild. Ein Beispiel dafür sind die sogenannten "Feenkreise" (im Volksglauben Tanzplätze von Feen), die in einem unterbrochenen Band zwischen dem südlichen Angola und dem Orange-Fluss vorkommen. Ihre Verbreitung ist auf Gebiete mit sandigem Substrat und einer Jahresniederschlagsmenge zwischen 50 und 100 mm beschränkt. Als zumeist kreisrunde, vegetationslose oder vegetationsarme Flächen (COATON 1958; COATON und SHEASBY 1972; LOVEGROVE 1993; MOLL 1994; BECKER und GETZIN 2000) durchsetzen sie in großer Zahl das artenarme ephemere Grasland (Foto 49). Ihr Durchmesser beträgt zwischen fünf und acht Meter. Ein schmales Band dicht stehender Grashorste (*Stipagrostis uniplumis*), die auch deutlich höher sind als das umgebende, großenteils aus derselben Art bestehende Grasland, säumt ihren äußeren Rand. Über ihre Entstehung ist viel spekuliert worden. Neuerlich haben BECKER und GETZIN (2000; siehe auch BECKER 2001) eine interessante Studie über "Feenkreise" im Kaokoland (Nordwest-Namibia) und anhand eines durchaus plausiblen Modells ihren Einfluss auf das Landschaftsmosaik vorgelegt. Dabei spielen Ernte-Termiten (*Hodotermes mossambicus*) eine entscheidende Rolle. Um die Ausgänge der ausgedehnten (bis 270 m Länge; BECKER 2001), vom Koloniezentrum wegführenden unterirdischen Gangsysteme herum "ernten" die Termiten innerhalb weniger Tage die Grasvegetation in einem Umkreis von wenigen Metern bis auf einige Stoppeln ab. Wegen ihres hohen Grasverbrauchs können diese Termiten zu einem starken Konkurrenten für das Vieh werden, wie übrigens auch die Ernte-Ameisen (*Pogonomyrmex occidentalis*) im westlichen Nordamerika, die den "Feenkreisen" vergleichbare vegetationslose Flächen schaffen (SHARP und BARR 1960). Gleichwohl werden in Afrika die wichtigsten natürlichen Feinde der Ernte-Termiten, Edferkel und Löffelhunde, von den Viehhaltern rücksichtslos verfolgt: die Erdferkel, weil sie oftmals Zäune

Foto 49: "Feenkreise" im Nordwesten des Kaokolandes, Vor-Namib (T. BECKER).

untergraben, die das Vieh vor Raubtieren schützen sollen, die Löffelhunde, weil man in ihnen eine vermeintliche Bedrohung der Viehherden sieht (COATON und SHEASBY 1972).

In durchschnittlich feuchten Jahren nutzen die Ernte-Termiten die Gräser nur in der näheren Umgebung der im Zentrum der Kolonien gelegenen Brutkammern, während trockener Perioden mit vergleichsweise schlechtem Graswachstum dehnen sie ihr Gangsystem aus, und um die Ausgänge entstehen neue "Feenkreise". Gleichzeitig beginnt sich die Vegetation auf nicht mehr genutzten Kreisflächen zu erholen. Wenn sich die Nahrungsgrundlage infolge günstiger Feuchtebedingungen anhaltend verbessert, geben die Termiten die entlegeneren Versorgungsgänge auf, und auf die vegetationslosen Kreisflächen kehrt die Grasvegetation allmählich zurück.

Die Entstehung des die vegetationslosen Kreisflächen begrenzenden Saumes aus höherer und dichterer Grasvegetation scheint durch das Zusammenwirken mehrerer Faktoren bedingt zu sein. Einmal ist die Konkurrenz um Wasser und Nährstoffe wegen der fehlenden Vegetation in den "Feenkreisen" geringer als im offenen Grasland. Zudem soll der Wind, der auf den vegetationslosen Kreisflächen zu Deflation führt, das mitgeführte mineralische und organische Material zwischen den höherwüchsigen und dichteren Grashorsten des Kreissaumes in verstärktem Maße ablagern. Unter anderem wird damit auch die vielfach leicht konkave Form der "Feenkreise" erklärt. Mit dem im Saumbereich akkumulierten Material verbessert sich dort die Nährstoffsituation. Nicht zuletzt dürften auch die Feuchtebedingungen infolge des höheren Humusanteiles (Anmerkung des Verfassers) günstiger sein als auf der unbewachsenen Kreisfläche und im schütteren umgebenden Grasland.

Wie eingehende Untersuchungen in der nördlichen Chihuahua-Wüste zeigen (WHITFORD et al. 1982; WHITFORD et al. 1988), hat die künstliche Entfernung der Termiten deutliche Veränderungen der Struktur und der Prozessabläufe im dortigen Ökosystem zur Folge. Auf intensiv genutzten Weiden wird der in großen Mengen anfallende Viehdung nur sehr langsam abgebaut und die Produktivität geht zurück. Bei Beregnungsversuchen (ELKINS et al. 1986) wiesen die nur spärlich mit ganzjähriger Vegetation bedeckten und termitenfrei gehaltenen Flächen im Vergleich zu den von Termiten besiedelten Arealen höhere Abfluss- und Abtragsraten auf, die der nach Zusammenbruch des unterirdischen Tunnelsystems erhöhten Lagerungsdichte zuzuschreiben sind. Indem sie die Infiltration und die Wasserhaltefähigkeit des Oberbodens in den nicht von Creosot-busch (*Larrea tridentata*) bedeckten Bereichen erhöhen – das sind etwa zwei Drittel der Gesamt-fläche – beeinflussen die subterranen Termiten den Wasserhaushalt und damit die übrige Vegeta-tion in entscheidendem Maße. Zu entsprechenden Ergebnissen kommen KONATE et al. (1998) bei ihren Untersuchungen von *Odontotermes*-Hügeln an der Elfenbeinküste (Guinea).

Abschließend noch ein Blick auf die sogenannten "erdfressenden" Termiten. Sie bilden die ar-tenreichste und am weitesten verbreitete Gruppe in den tropischen Regenwäldern Afrikas, deren Böden sie in starkem Maße beeinflussen. Offensichtlich reicht ihnen die geringe Menge der in den mineralischen Böden enthaltenen organische Substanz als Nahrung. Bei Untersuchungen über die Auswirkungen von *Cubitermes fungifaber* auf Waldböden unterschiedlichen Alters und Störungsgrades in Kamerun stellte man eine geringere Bodenacidität, einen erhöhten Gehalt an organischem Kohlenstoff, eine höhere Feuchte sowie eine relative Steigerung des Tongehaltes gegenüber dem mineralischen Ausgangssubstrat fest. Angesichts der insbesondere in den afrika-nischen Regenwäldern hohen Biomasse dieser Termiten, dürften sie eine der wichtigsten Ursa-chen der großen Heterogenität der Mikrohabitate in diesen Böden sein (DONOVAN et al. 2001). Steht somit die Schlüsselartfunktion der Termiten auch außer Zweifel, so erfordert sie, wie die Beispiele gezeigt haben, im Einzelfall eine den jeweiligen Rahmenbedingungen (insbesondere Klima, Böden, Vegetation) Rechnung tragende, differenzierte Betrachtung und Bewertung.

Dies gilt auch hinsichtlich der Bedeutung der Termiten für den Menschen, die über ihre un-mittelbare landschaftsökologische Funktion noch hinausgeht. Termiten gelten zwar gewöhnlich als "Schädlinge", die meisten Termitenarten aber sind harmlos. Zum Beispiel verursachen von den 120 in Nigeria vorkommenden Arten nur 20 Ernte- und Gebäudeschäden. Einige wenige übertragen auch Krankheiten. Auf der anderen Seite liefern Termiten nicht nur Dünger und Bau-material (hoher Tongehalt der Termitenbauten), sondern stellen auch für den Menschen eine sehr eiweiß- und energiereiche Nahrung dar, insbesondere in Zeiten, wenn andere Nahrung knapp ist. Die geflügelten Termiten werden bevorzugt, in manchen Regionen verzehrt man aber auch die "Königinnen", "Soldaten" und "Arbeiter". In vielen Ländern befinden sich Termitenhügel in Fa-milienbesitz, und nur Familienmitglieder haben das Recht, die Termiten zu nutzen (LOGAN 1992).

2.7.3 Biber

Inbegriff eines landschaftsgestaltenden Tieres ist der Biber (Foto 50). Kein anderes Tier ist in der Lage, eine Landschaft derart grundlegend zu verändern. Nicht von ungefähr hat der Biber auch als "Baumeister im Tierreich", "Holzfäller" und "Wasserbauingenieur" ("upstream engineer") Eingang in die Literatur gefunden. Über nur wenige andere Tierarten existieren vergleichbar viele Veröffentlichungen (Literaturübersichten in KÄMPFER 1967; DJOSHKIN und SAFONOV 1972; STO-CKER 1985; MEDIN und TORQUEMADA 1988; SCHNEIDER 1993; ZAHNER 1997). Der Biber kommt in der Nordhemisphäre von den Subtropen bis an den Rand der Arktis vor. Vor der nahezu völli-gen Ausrottung war er praktisch in ganz Europa verbreitet, ausgenommen in Irland, auf Island und Nova Semlja. In Eurasien bewohnt er vor allem die Waldzonen. Im Norden reicht sein Le-bensraum in bewaldeten Flusstälern bis weit in die Waldtundra hinein und im Süden bis in die Waldsteppe und sogar bis zu den Halbwüsten. In Nordamerika kam er überall im Bereich der festländischen Gewässer vor, jedoch nicht in Kalifornien und Mexiko (DJOSHKIN und SAFONOV 1972). In den Rocky Mountains (Jasper Creek, Colorado Front Range) stieß Verfasser noch in rund 3 000 m Höhe auf alte Biberteichsysteme. Auf der Südhalbkugel kommt der Biber von Na-tur aus nicht vor. Doch sind 1945 von der argentinischen Marine auf Feuerland kanadische Biber ausgesetzt worden, die sich stark vermehrt und bis ins argentisch-chilenische Grenzgebiet und so-

Foto 50: Biber (*Castor Canadensis*) am Guanella-Pass (Colorado Front Range) (F.-K. HOLTMEIER, 1989).

gar über den Beagle-Kanal hinweg ans gegenüberliegende Ufer ausgebreitet haben (DIETRICH 1985). Längst ist dort die Tragfähigkeit der für den Biber geeigneten Biotope überschritten (siehe auch Kapitel 3.1).

Man unterscheidet zwischen zwei Arten, dem nordamerikanischen Biber (*Castor canadensis*) und dem von ihm morphologisch, anatomisch und genetisch eindeutig abgrenzbaren europäischen Biber (*Castor fiber*). Beide Arten werden in eine Vielzahl von Subspezies unterteilt, bei europäischen Biber sind es vier (DJOSHKIN und SAFONOV 1972) beziehungsweise sechs (HINZE 1950), beim nordamerikanischen Biber vierundzwanzig Subspecies (HALL und KELSON 1959).

Biber leben sowohl an fließenden als auch an stehenden Gewässern, sofern die Wasserstände es ihnen erlauben, sich im Wasser frei zu bewegen. Im Sommer trockenfallende oder im Winter bis auf den Grund durchfrierende Gewässer sowie sehr breite und schnell fließende Flüsse werden nicht besiedelt (DJOSHKIN und SAFONOV 1972; SLOUGH und SADLEIR 1977; HOWARD und LARSON 1985; BEIER und BARRETT 1987; HARTMAN 1996). Als reiner Vegetarier ernährt sich der Biber von den Pflanzen in den von ihm bewohnten Gewässern und in deren Uferbereich. Rund 300 Arten umfasst sein Nahrungsspektrum. Im Lebensraum des Bibers scheint es daher kaum eine Pflanze zu geben, die er nicht fressen würde (DJOSHKIN und SAFONOV 1972). Gleichwohl zieht er einige Pflanzen anderen vor, manche frisst er nur im Notfall.

Auch im Ablauf des Jahres ändert sich das Nahrungsspektrum. Während des Sommers hält er sich in erster Linie an Gräser, Kräuter, Wasserpflanzen, Farne und frisches Laub von Holzpflanzen. Im Herbst geht er in zunehmendem Maße auf Zweige, Rinde und Bast, vorzugsweise von Weichhölzern über (Pappeln, Weiden, Birken). Möglicherweise verhindert das breite Nahrungsspektrum eine Anreicherung von Sekundärstoffen, die von einer bestimmten Menge an toxisch wirken (siehe auch FREELAND und JANZEN 1974). Über Wochen durchgeführte, eine einseitige Ernährung simulierende Fütterungsversuche führten zu deutlichen Unterernährungs- und Mangelerscheinungen (O'BRIEN 1938). Andererseits lebten in der Eifel ausgesetzte Biber sechs Wochen lang fast ausschließlich von einer umgestürzten Rotbuche (*Fagus sylvatica*),ohne dass die körper-

Foto 51: Biber haben begonnen, diese 66 cm dicke Pappel am Blackfoot River (Montana) zu fällen (F.-K. HOLTMEIER, 27. 02. 1990).

liche Verfassung der Biber beeinträchtigt wurde (SCHNEIDER und SCHULTE 1985). Zumindest war dies äußerlich nicht feststellbar (Mitt. SCHULTE zitiert in SOPP 1985). Bei Nahrungsmangel ist der Biber offensichtlich nicht wählerisch und verschmäht auch die Rinde von Nadelbäumen jeglicher Art nicht. Ja, es gibt Hinweise darauf, besonders die nordamerikanischen Biber betreffend, dass diese ganz gezielt Nadelbaumrinde suchen (DJOSHKIN und SAFONOV 1972; JENKINS 1975, 1979). Als "Bauholz" werden Nadelbäume ohnehin regelmäßig gefällt (MACDONALD 1956; siehe dagegen WILSSON 1971).

Als Nahrungsquelle wie auch als Baumaterial zieht der Biber mittelgroße Bäume vor. Gleichwohl macht er auch vor starken Bäumen mit Durchmessern von über einem halben Meter nicht halt (Foto 51). WILSSON (1971) berichtet sogar von einer an der Nagestelle über einen Meter dicken Birke. Dies dürfte aber eher eine Ausnahme sein. Von großen Bäumen, die er fällt, dienen ihm die Blätter, dünne Zweige und Teile der Rinde aus dem oberen Stammabschnitt als Nahrung, während er den eigentlichen Stamm mit seiner groben und offensichtlich nicht so wohlschmeckenden Rinde unberührt liegen lässt. Dünne Bäume "verwertet" er dagegen vollständig. Insgesamt gesehen werden Pappeln und Weiden im Vergleich zu ihrer Häufigkeit jedoch überproportional genutzt.

Reicht die Gewässertiefe aus, so baut der Biber gewöhnlich keine Dämme und legt dort, wo das Ufer steil genug ist, seine Baue in der Uferböschung an. Entgegen der verbreiteten Auffassung lässt er sich dabei selbst von steinigen Ufern nicht abschrecken (Foto 52). Erdbaue sind wohl der verbreitetste Typ der Wohnbaue. Bei ihrer Anlage richtet sich der Biber nach den jeweiligen örtlichen Gegebenheiten, so dass kaum ein Bau dem anderen in allen Zügen gleicht. In manchen Fällen wird der gesamte Uferbereich durch ein Labyrinth von Gängen, Wohn-, Futter- und Fluchtbauen unterhöhlt, wie es auch an Gewässerufern, die vom Bisam bewohnt werden, der Fall ist. Die durch den Biber ausgelösten Veränderungen betreffen bei solchen Verhältnissen im Wesentlichen die Vegetation, von gelegentlichen Einstürzen der Ufer und Rutschungen (BUTLER und MALANSON 1994) einmal abgesehen.

Foto 52: Biberburg am steinigen Ufer des Lake Mac Donald in Montana. Die Biber haben diesen relativ steilen Uferabschnitt trotz seiner Steinauflage dem flacheren sandigen Ufer (im Bildhintergrund) für die Anlage des Baus vorgezogen (F.- K. HOLTMEIER, 25. 08. 1990)

Foto 53: Biberburg in einem 3 000 m hoch gelegenen Biberteich am Guanella-Pass in der Colorado Front Range. Gut ist zwischen den Ästen der zur Abdichtung der Burg benutzte Schlamm zu erkennen (F.-K. HOLTMEIER, 27. 08. 1990).

Die Beeinflussung der terrestrischen Vegetation durch den Biber erstreckt sich auf einen vergleichsweise schmalen, 45 bis 60 m breiten Saum entlang der Gewässer. Nur selten geht der Biber darüber hinaus (u. a. JENKINS 1980; SCHNEIDER 1985; JOHNSTON und NAIMAN 1987; BARNES und DIBBLE 1988), wobei ihm in Gebirgstälern häufig schon die orographischen Verhältnisse eine Grenze setzen. In vielen dieser Täler schränken zudem die gewöhnlich flussbegleitenden Straßen und Eisenbahntrassen den verfügbaren Raum weiter ein (siehe auch Foto 55). Als einziges Tier ist der Biber in der Lage, ganze Baumbestände zu fällen. So berichtet beispielsweise RUTHER-FORD (1964) aus Colorado, dass Biber dort in einem einzigen Sommer ganze Pappelwälder buchstäblich "niedergemäht" haben. Der Einfluss der Biber auf die Vegetation ist daher im Vergleich zu dem anderer Pflanzenfresser, der im wesentlichen nur im Konsum von Phytomasse besteht, unverhältnismäßig groß. In einer Biberkolonie in Minnesota soll jeder der sechs dort lebenden Biber mit den von ihm gefällten Bäumen etwa doppelt soviel Phytomasse pro Hektar entnommen haben wie eine Huftierherde in der Serengeti (JOHNSTON und NAIMAN 1990 a).

Unter dem Einfluss des Bibers ändern sich in erster Linie die Bestockungsdichte und die Holzartenmischung. In Gewässernähe ersetzen mit der Zeit Weiden und Erlen die vom Biber bevorzugten Pappeln. Vierzig Jahre nach der zwischen 1938 und 1946 erfolgten Ansiedlung von Bibern im Einzugsgebiet des Truckee-Rivers (Kalifornien/Nevada) war streckenweise und selbst in größerer Entfernung von den Biberteichen ein starker Rückgang von Pappeln (*Populus tremuloides* und *Populus trichocarpa*) zu verzeichnen, der ohne Kontrolle der Biberbestände unaufhaltbar schien. Dagegen überstanden die Weidenbestände die Nutzung durch die Biber trotz zeitweilig erheblicher Beeinträchtigungen (BEIER und BARRET 1987). In manchen Gebieten können sich auch Koniferen ausbreiten, wie beispielsweise Weißfichten (*(Picea glauca)* und Balsamtannen (*Abies balsamea;* JOHNSTON und NAIMAN 1990 a). Dies geschieht unter nunmehr fehlendem Konkurrenzdruck mitunter so rasch, dass Sträucher erst gar nicht aufzukommen vermögen. Vielfach regenerieren die Pappeln auch durch intensive Wurzelbrut, so dass allenthalben Schösslinge austreiben. Während der Biber in unmittelbarer Nähe der Gewässer nahezu alle Bäume fällt, nutzt er die Bestände in größerer Entfernung vom Ufer weniger intensiv.

Die eigentliche "Landschaftsgestaltung" beginnt aber erst, wenn der Biber an nicht zu breiten und zu schnell fließenden Flüssen Dämme errichtet. Auf diese Weise verwandelt er die Fließgewässer, zumeist zweiter oder höherer Ordnung (u. a. NAIMAN et al. 1986; BUTLER und MALANSON 1994; SNODGRASS 1997), in treppenartig hintereinander gestaffelte Teiche. In ihnen, zumeist in der Mitte, baut er aus Ästen und Zweigen unter Verwendung von Schlamm als "Dichtungsmaterial" seine Burg (Foto 53, siehe auch Foto 56). Da der Biber in Kolonien lebt, können solche Teichsysteme beachtliche Ausdehnung erreichen (Foto 54).

Der Biber beginnt mit dem Dammbau gewöhnlich an Engstellen. Das Geräusch des verwirbelnden Wassers soll dabei einen stimulierenden Effekt ausüben (WILSSON 1971; HOGDON und LANCIA 1983; HEIDECKE 1985). Gleichwohl legen Biber aber auch an Stellen Dämme an, an denen das Wasser ruhig fließt. Die Dämme werden aus Baumstämmen, Ästen und Zweigen, in geröllreichen Bächen auch unter Zuhilfenahme von Steinen errichtet. Felsen im Gewässerbett und auch Bäume dicht am Ufer werden nicht selten in die Konstruktion miteinbezogen. Selbst alte Autoreifen, weggeworfene Kanister, Bretter und dergleichen nutzt er bisweilen als Baumaterial. Moos, Schilf und Schlamm dienen zur Abdichtung. Immer wieder passen die Biber die Dämme den wechselnden Wasserständen und Strömungsverhältnissen an. Bei fallendem Wasserstand erhöhen sie die Dämme, bei Hochwasser schaffen sie Abflussmöglichkeiten. Stets werden die Dämme optimal zur Strömung geformt.

Die Anzahl und das Ausmaß der Dämme hängen von der Populationsgröße und von den durch die lokalen Verhältnisse vorgegebenen "Erschließungsmöglichkeiten" des Raumes durch die Biber ab. Eine Kolonie besteht zumeist aus einem Elternpaar sowie ein- und zweijährigen Jungbibern. Jedes Jahr werden zwischen zwei und acht Junge geboren, so dass im Durchschnitt mit rund

Foto 54: Biberteichsysteme bei Banff, Alberta. Der gesamte Talsohlenbereich ist durch die Biber umgestaltet worden (F.-K. HOLTMEIER, August 1972).

10 Bibern pro Kolonie zu rechnen ist. Unter weniger günstigen Bedingungen sind die Kolonien auch kleiner. Wenn die Nahrung im erreichbaren Umkreis erschöpft ist, wandern die Biber stromaufwärts und legen neue Dämme an. Im südlichen Quebec kommen zwischen 8,6 und 16,0 Dämme auf einen Kilometer Gewässerlänge (Mittel 10,6). Auf der Kabetogama-Halbinsel im nördlichen Minnesota wurden zwischen 2,0 und 3,9 Dämme pro Kilometer ermittelt (NAIMAN et al. 1988). In den Rocky Mountains von Colorado beobachtete Verfasser 10 und mehr Dämme pro Kilometer (u. a. am Guanella-Pass und im Rocky Mountain-Nationalpark). Über eine entsprechende Dammdichte berichten BUTLER und MALANSON (1994) aus dem Waterton-Nationalpark (Rocky Mountains, Montana). Im nördlichen Ontario berechneten WOO und WADDINGTON (1990) eine Dichte von über 14 Dämmen pro Kilometer. In flachem Gelände, wie beispielsweise in den Mississippi-Sümpfen oder an den russischen Tieflandsflüssen, erreichen die Dämme Längen von mehreren hundert Metern, da nur dann die Teiche eine ausreichende Wassertiefe erhalten. An den vergleichsweise kleinen Gebirgsflüssen und -bächen sind die Dämme meist nur wenige Meter oder auch einige Dekameter lang, durchaus aber mehrere Meter hoch.

Der Dimension der Biberteichsysteme werden durch die jeweiligen geomorphologischen Gegebenheiten Grenzen gesetzt. Handelt es sich um vergleichsweise breite Talböden, so nehmen die Teiche sie nicht selten bis an den Rand der Aue ein, der von den höherliegenden Flussterrassen oder auch direkt vom Hangfuß gebildet wird (siehe auch Foto 54, 56, 59, 60). Verfasser beobachtete in den Rocky Mountains (Colorado) selbst in nur wenige Dekametern breiten Bacheinschnitten zwischen Talhang und Autostraße kleine, von zwei bis vier Meter langen und bis zu einhalb Meter hohen Dämmen aufgestaute Biberteiche, die zum Teil über 100 und mehr Meter hinweg wie Perlen an einer Kette hintereinander gereiht waren. Geschickt hatten die Biber die Straßentrasse als seitliche Begrenzung (die andere war der Talhang) in ihr Baukonzept miteinbezogen und auf diese Weise eine "Minimierung" der Dammlängen und des Energieaufwandes erreicht. Der Autoverkehr scheint sie nicht zu beeindrucken, während andererseits gelegentlich vom

Foto 55: Von Bibern gefällte Pappeln am Highway 62 nordwestlich von Placerville (Colorado). Die hier nicht sichtbaren Biberteiche liegen unmittelbar dahinter zwischen der Straße und dem Hang (F.-K. HOLTMEIER, 04. 08. 1997).

Foto 56: Biberburg am Trassenfuß der Europastraße 4 bei Skuleberget (Ångermanland, Schweden) (F.-K. HOLTMEIER, 22. 08. 2001).

Biber gefällte ausgewachsene Pappeln auf die Fahrbahnen stürzen und den Verkehr gefährden (Foto 55). In Schweden stieß Verfasser unterhalb der vielbefahrenen Europastraße 4 bei Skuleberget (Ångermanland) auf ein Biberteichsystem mit einer mächtigen Biberburg (Foto 56). Die Burg liegt am Teichufer in unmittelbarer Nähe der Straßentrasse. Auf die außerordentliche und offensichtlich art- und rassenunabhängige Anpassungsfähigkeit der Biber an besondere örtliche Gegebenheiten ist auch in der Literatur häufig hingewiesen worden (u. a. PILLERI 1960; RICHARD 1983; HOLTMEIER 1999; ROLLER 2001).

Um weiter vom Teich entfernte Äsungsplätze zu erreichen, benutzt der Biber regelmäßig Wechsel, die sich bei weichem Untergrund allmählich eintiefen. Durch Graben vertieft und erweitert der Biber sie zu regelrechten Kanälen, auf denen er auch das für den Bau der Dämme und Burgen benötigte Material "flößt". Den Wohnbau legt er je nach den örtlichen Gegebenheiten auch hier im Uferbereich an, oder er errichtet mitten im Biberteich eine "Burg" aus scheinbar wirr aufgehäuften Ästen, Zweigen und Schlamm.

Die Biberteiche sind keine abgeschlossenen stehenden Gewässer, sondern könnten vielleicht eher als Strecken ruhigen Wassers im Verlauf eines Fließgewässer bezeichnet werden. Aus dem Bereich oberhalb des Teichsystems fließt Wasser zu. Intakte Dämme lassen praktisch kein Wasser durch. Nur bei starkem Zufluss strömt Wasser über sie hinweg. Viel geht durch Verdunstung verloren. Den Wasserspiegel in den Teichen hält der Biber dabei durch gezielte "Baumaßnahmen" (siehe oben) konstant. Ältere, weniger gut "gepflegte" Dämme weisen jedoch nicht selten mehr oder weniger große Lücken auf, durch die – falls der Biber sie nicht repariert – Wasser abfließt. Manche Dämme werden mit der Zeit auch an ihrer Basis undicht oder Wasser sickert durch sie hindurch, so dass eine, wenn auch nur langsame Wasserbewegung von Teich zu Teich talwärts stattfindet (WOO und WADDINGTON 1990). Unterhalb von Biberdämmen entstehen bei Hochwasser auch neue, etwas über dem Niveau des ursprünglichen Bachlaufes gelegene Abflussrinnen, die dann bei geringem Abfluss zeitweise trockenfallen.

Der Aufstau verändert den Ökosystemcharakter des Fließgewässers in mannigfacher Weise. Angesichts der durch die sehr unterschiedlichen lokalen Verhältnisse bedingten großen Variationsbreite sind allgemeine Aussagen nur mit vielen Einschränkungen möglich. Dies gilt auch für die Abbildung Nr. 80. Sie wurde nach eigenen Beobachtungen des Verfassers in den Rocky Mountains und der diesen Raum betreffenden Literatur entworfen (HOLTMEIER 1986, 1987 a). RUTHERFORD (1964) ordnet ein solches von Espen (*Populus tremuloides*) und Weiden (*Salix* spec.) geprägtes Biberteich-Ökosystem dem für das Gebirge charakteristischen "aspen-willow type" zu, den er dem von "cottonwood" (*Populus sargentii*) und Weiden geprägtem Typ an den Prärieflüssen ("plains cottonwood riverbottom type") gegenüberstellt.

In der Abbildung 80 sind nur die wichtigsten Bestandteile des Ökosystems Biberteich und ihre wechselseitigen Beziehungen berücksichtigt worden, um die Übersichtlichkeit nicht zu beeinträchtigen. Beispielsweise steht hier, stellvertretend für den gesamten Fischbestand nur die Forelle, obwohl die fortschreitende Veränderung des Systems gerade auch zur Sukzession verschiedener Fischarten mit unterschiedlichen Biotopansprüchen führen kann. Zudem konnten bei weitem nicht alle Wirkungsmöglichkeiten zwischen den einzelnen Faktoren und Prozessen berücksichtigt werden. So sind beispielsweise die positive Wirkung der Biberteiche auf den Forellenbestand bei Niedrigwasser während Trockenperioden (COX 1940; GRASSE 1949, 1951) wie auch die negativen Wirkungen der Dämme, die das Aufwärtswandern der Forellen zu ihren Laichgebieten mitunter verhindern können (JOHNSON 1927; REID 1951; DENNEY 1952), nicht dargestellt. Außer Acht gelassen wurden überdies demökologische Regelmechanismen, wie Sozial- und Territorialverhalten, intraspezifische Konkurrenz und zahlreiche Krankheiten (z. B. Tularämie, Salmonellosen, Kokken-Infektionen, Helminthosen u. a.). Die durch den Erreger *Francisella tularensis* verursachte Tularämie beispielsweise führt in akuter Form bei den Bibern in Kanada und in den Vereinigten Staaten zu einer hohen Mortalität und gelegentlich auch zum Aussterben von

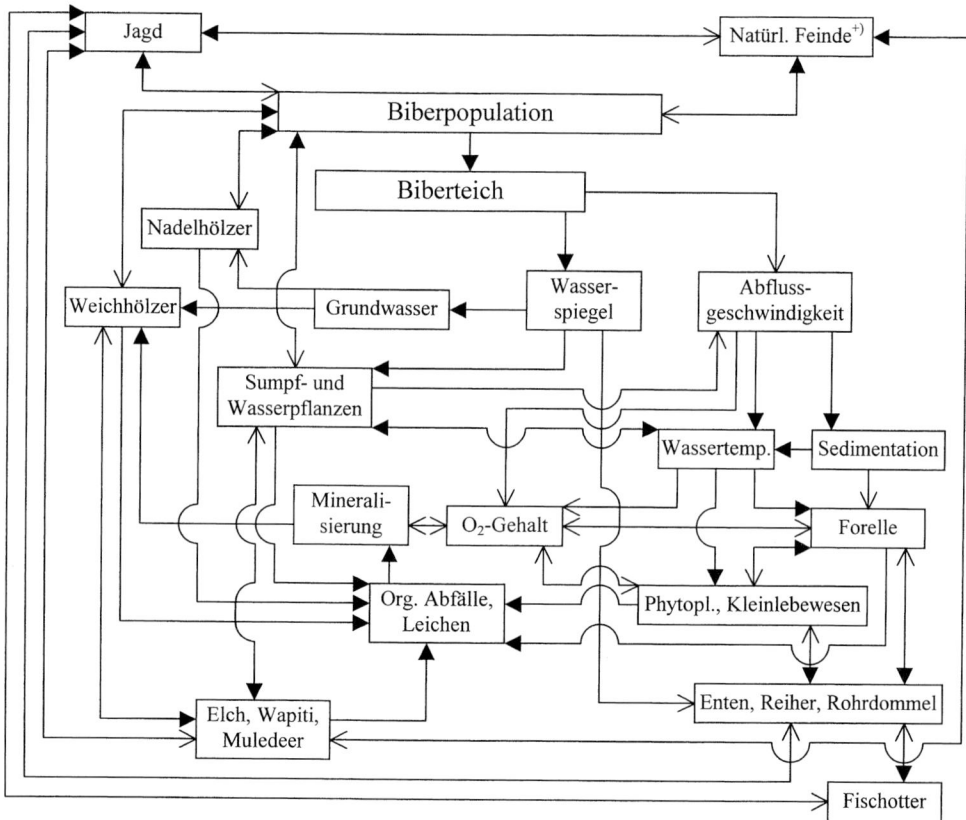

Abb. 80: Beziehungsgefüge der ökologischen Faktoren in einem Biberteichsystem. Ausgefüllte Pfeilspitzen bedeuten Zunahme, offene stehen für Abnahme, Beeinträchtigungen (aus HOLTMEIER 1985, 1987 a).

Biberpopulationen. Der Europäische Biber ist gegenüber diesem Erreger dagegen praktisch resistent (ROMAŠOV 1992). Weiter blieben die engen Abhängigkeiten der Biber und ihrer Teichökosysteme von einigen physischen Umweltfaktoren, wie beispielsweise dem Gefälle und der Breite des Talbodens, der Abflusscharakteristik des aufzustauenden Gewässers und dem Einfluss des Feuers auf die Primärvegetation (z. B. *Populus tremuloides* als Brandfolger) unberücksichtigt. Als natürliche Feinde kommen hier Bären (*Ursus americanus, Ursus arctos horribilis*), Vielfraß (*Gulo gulo*), Puma (*Felis concolor*), Luchs (*Lynx lynx*), Bobcat (*Lynx rufus*), Wolf (*Canis lupus*) Kojote (*Canis latrans*) und Adler (*Aquila chrysaetos*) in Betracht, zu deren Beute aber nur gelegentlich auch Biber gehören.

Mit dem Anstieg des Wasserspiegels, des Grundwassers und der Verminderung der Abflussgeschwindigkeit verändert sich die Vegetation. In den vernässten Randbereichen der Teiche breiten sich Sumpfpflanzen aus und nehmen bald ein wesentlich größeres Areal ein als die vor dem Aufstau des Gewässers zumeist recht schmale Uferzone. In Teichnähe wachsende Nadelbäume sterben infolge zunehmenden Sauerstoffmangels im Wurzelraum ab (Foto 57, 65), während zum Beispiel Weidenarten auch bei hohem Grundwasserstand zu existieren vermögen. Die neue Vegetation bietet Wapitis, Maultierhirschen und Elchen erweiterte Äsungsmöglichkeiten. Diese großen Pflanzenfresser werden damit aber gleichzeitig zu Nahrungskonkurrenten für die Biber (Kapitel 2.3.2.4). Die Biber wiederum reduzieren den Bestand der Weichhölzer, insbesondere der Pappel,

Foto 57: Infolge hochstehenden Grundwassers abgestorbene Fichten (*Picea engelmannii*) in einer Biberwiese (2 750 m) im Kawuneeche Valley (Rocky Mountain-Nationalpark, Colorado) (F.-K. HOLTMEIER, 28. 07. 1989).

die ihre bevorzugte Winternahrung bilden. Die entscheidende Rolle spielt dabei wohl die Äsung der Wurzelschösslinge, mittels derer sich die Pappelbestände vorwiegend regenerieren (SLOUGH und SADLEIR 1977). Die offenen Wasserflächen locken Wasservögel an und bieten auch dem Bisam (*Ondathra zibethicus*) gute Existenzbedingungen (GRASSE 1951; BEARD 1953; STEGEMAN 1954; RUTHERFORD 1955; NEFF 1957; ARNER et al. 1969). Letztere bewohnen zum Teil auch die Biberburgen. Insgesamt steigern die Biberteiche die Attraktivität des Raumes für die Jagd und die Fallenstellerei.

Die Verringerung der Abflussgeschwindigkeit in den Teichen fördert die Sedimentation und lässt die Wassertemperatur ansteigen. Nach Mitteilungen von J. SEDELL (zitiert in BERGSTROM 1985) produzierte ein nur 0,1 % der Gewässerfläche des Fish Creek (Cascadengebirge, Oregon) einnehmender Biberteich 6 bis 8 % des vergleichsweise kleinen Coho-Lachses (*Oncorhynchus kisutch*) im gesamten Einzugsgebiet des Gewässers. In dem Teich ausgesetzte junge Lachse steigerten dank günstigen Nahrungsangebotes und leicht erhöhter Wassertemperatur ihr Gewicht innerhalb von nur vier Monaten um 600 %. In den Biberteichen wachsen auch die Forellen zunächst schneller heran als im schnellfließenden, kalten Wasser. Mit steigender Temperatur und fortschreitender Zersetzung der organischen Substanz sinkt allerdings der Sauerstoffgehalt des Wassers (siehe auch HARTHUN 2000). Bei zu hoher Wassertemperatur wird schließlich der Sauerstoffgehalt für die Forellen zu gering. Die kritische Temperatur für die Forelle liegt ungefähr bei 22 °C. Im Laufe der Zeit verschlechtern sich auch die Laichbedingungen, weil die anfangs noch geröllreiche Gewässersohle allmählich von Schlamm zugedeckt wird, und es den Forellen (Kieslaicher) nicht mehr möglich ist, ihre Eier zwischen dem Geröll am Gewässergrund abzulegen (COX 1940; DENNEY 1952; GARD 1961). Frisch angelegte Teiche bieten somit den Forellen bessere Entwicklungsmöglichkeiten als ältere (SALYER 1935; RUTHERFORD 1955), und mit der Zeit treten unter Umständen andere Fischarten an die Stelle der Forelle (REID 1951). Von Anglern werden die Biberteiche als hervorragende Fischgründe geschätzt.

Tab. 9: Abmessungen der Biberdämme und Akkumulation von Feinmaterial in den Biberteichen im unteren Abschnitt des östlichen Quellastes des Mission Creek (Washington State) (nach Daten von SCHEFFER 1938 aus HOLTMEIER 1987a).

Nr.	Entfernung (m) zum erstenDamm	Abmessungen der Dämme		Feinmaterial (Silt) in den Biberteichen (m³)
		Länge (m)	Höhe (m)	
1	0	4,6	0,61	157,2
2	21,3	4,9	0,61	47,8
3	58,8	18,3	1,07	336,3
4	98,4	4,6	0,30	55,5
5	144,8	3,7	0,45	34,0
6	157,3	7,6	1,07	44,0
7	245,4	15,8	1,52	312,7
8	194,2	9,8	1,07	540,5
9	280,4	9,1	1,21	141,7
10	313,9	8,5	1,07	129,4
11	341,4	8,2	1,40	156,8
12	365,8	16,8	1,22	300,5
13	401,1	20,4	1,37	58,7
14	427,6	10,1	0,91	195,1
15	437,4	8,5	0,30	36,9
16	442,0	7,6	0,30	15,5
17	479,5	33,5	0,61	531,3
18	502,9	27,4	0,91	348,5
19	528,8	36,6	0,30	222,8
20	542,5	20,7	0,61	132,6
21	559,3	5,5	0,91	31,2
22	621,8	2,4	1,22	93,0
Total		248,7		3921,9

Das Nahrungsangebot und der den Bibern für die Anlage ihrer Teiche im Rahmen der gegebenen geomorphologischen Situation zur Verfügung stehende Raum begrenzen das Wachstum der Biberkolonien (YEAGER und RUTHERFORD 1957; RUTHERFORD 1964; JOHNSTON und NAIMAN 1990 a), während die natürlichen Feinde vermutlich nur überzählige Tiere "abschöpfen". Bejagung und Fallenstellerei – einst die entscheidende Ursache der fast vollständigen Ausrottung des Bibers – haben heute im Rahmen eines unter ökologischen und ökonomischen Aspekten betriebenen Biber-Managements die Aufgabe, den Biberbestand zu kontrollieren und gegebenenfalls regulierend einzugreifen. Zudem profitieren sie von der Attraktivität der Biberteiche für andere jagdbare Tiere.

Wegen der in den Verbreitungsgebieten des Bibers zum Teil sehr verschiedenen physischen (Relief, Klima, Abflusscharakteristik) und biotischen Verhältnisse (Arten und Zahl der Beutegreifer, Nahrungskonkurrenz mit Hirschen) ist dies hier von Beispielen aus den Rocky Mountains abgeleitete Beziehungsgefüge nur mit Einschränkung übertragbar. Während zum Beispiel in den Rocky Mountains die Auswirkungen der Biberteiche auf den Forellenbestand zumindest in den ersten Jahren nach dem Dammbau durchweg positiv eingeschätzt werden kann, ist das in den natürlichen Grenzbereichen der Forellenverbreitung nicht der Fall (REID 1951). Doch selbst im Einzugsgebiet eines einzigen Gebirgsflusses ist das Gewicht der einzelnen Faktoren je nach der lokalen Situation sehr unterschiedlich. So hat beispielsweise die Veränderung der Vegetation für die Hirsche in den tiefer gelegenen Winteräsungsgebieten wahrscheinlich eine größere Bedeutung als im Sommeräsungsgebiet (RUTHERFORD 1955).

Biberteiche sind über die Zeit hinweg mehr oder weniger großen Veränderungen unterworfen, abhängig von den jeweiligen lokalen räumlichen Gegebenheiten, ihrer Größe (Fläche, Tiefe) und ihrem Alter, von der Vegetationssukzession, der Wasserführung, dem Ausmaß der Sedimentation mineralischen und organischen Materials sowie der Populationsentwicklung. Die in der Literatur vorliegenden Zahlen sind kaum vergleichbar, da sie auf ganz unterschiedlichen Berechnungs- grundlagen fußen. Immerhin können sie einen Eindruck der Variationsbreite vermitteln. In einem sich über gut 700 m erstreckenden Biberteichsystem mit insgesamt 22 Dämmen am Mission Creek (Washington State) wurden fast 4 000 m^3 Feinmaterial (Silt) akkumuliert (Tab. 9). NAIMAN et al. (1988) geben für kleine Dämme mit einem Volumen von 4 bis 18 m^3 Sedimentmengen zwi- schen 2 000 und 6 500 m^3 an. Bei Überschlagsrechnungen kamen NAIMAN et al. (1986) unter Zu- grundelegung einer Anzahl von 10 Dämmen pro Gewässerkilometer und einer angenommenen Sedimentmenge von 1 000 m^3 hinter jedem Damm auf eine Gesamtakkumulation von 3,6 Millio- nen Kubikmetern in den Teichen des noch weitestgehend ungestörten Einzugsgebietes (Gesamt- wasserfläche 7,7 Mio km^2) des Matamek-Flusses in Quebec. Diese Menge hätte ausgereicht, um das gesamte Gewässerbett mit einer 42 cm hohen Sedimentschicht zu überdecken. SMITH (1980) schätzt, dass in dem von ihm untersuchten Fließgewässer 90 % der Sedimentfracht in den dorti- gen Biberteichen abgelagert wird. In einem durch Schmelzhochwasser zerstörten Biberteichsys- tem am Guanella-Pass in den Rocky Mountains von Colorado war die dem Flussschotter auflie- gende Sedimentdecke aus Sand und darüber folgenden, mit Bändern aus mineralischem Feinma- terial wechselnden Torflagen 120 cm mächtig (Foto 58). Die Torflagen dürften entstanden sein, als bei hohem Wasserstand ihr Abbau gehemmt war.

Ausgedehnte Biberteichkomplexe bilden ein je nach den jeweiligen Rahmenbedingungen mehr oder weniger abwechslungsreiches Mosaik, besser noch, einen Verbund unterschiedlich weit entwickelter Habitate (Ökotope im Sinne TANSLEY 1939 oder TROLL 1970, "patch bodies" im Sinne JOHNSTON und NAIMAN 1987).

Einige Langzeituntersuchungen (Kabeto- gama-Halbinsel, nördliches Minnesota, 46 Jahre, JOHNSTON und NAIMAN 1990 b; Adirondack State Park, New York, 40 Jahre, REMILLARD et al. 1987) bieten de- taillierte Einblicke in die Entwicklung sol- cher Biberteichkomplexe. Auf der Kabeto- gama-Halbinsel beispielsweise hatte sich bei günstigem Nahrungsangebot für die Biber– die Ausbreitung der Pappeln war durch ausgedehnte Waldbrände um die Jahrhundertende gefördert worden – und dank gut geeigneter Fließgewässer die An- zahl der Dämme zwischen 1940 und 1986 mehr als verzehnfacht und die von Bibern beeinflusste Fläche verdreizehnfacht (Abb. 81). Auf die zu Anfang eher verstreute

Foto 58: Organisch-mineralische Sedimentfüll- ung eines bis auf den Untergrund erodierten Bi- berteiches am Guanella-Pass (etwa 3 120 m) in der Colorado Front Range. Die stark torfigen oberen Schichten sind ca. 70 cm mächtig, die darunter liegenden sandigen messen rund 60 cm (F.-K. HOLTMEIER, 23. 07. 1992).

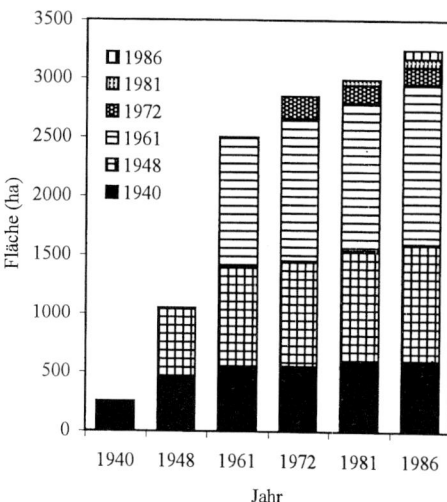

Abb. 81: Zuwachs der Biberteichfläche nach Altersklassen, Kabetogama-Halbinsel (nach JOHNSTON und NAIMAN 1990, verändert).

Verteilung der Teiche erfolgte nach 1961 eine Verdichtung, und als 1986 der gesamte verfügbare Raum vollständig genutzt war, begannen die Biber, die alten Teiche auszubauen. Biber nutzen also zuerst die optimalen Bereiche (siehe auch HOWARD und LARSON (1985), und erst bei Erschöpfung der Nahrungsgrundlage "erschließen" sie auch weniger günstige Areale. In anderen Gebieten wurde aber auch beobachtet, dass Biber, nachdem sie lange Zeit von ihnen bewohnte Habitate aufgegeben hatten, nach ein bis zwei Jahren wieder dorthin zurückkehrten (HALL 1971).

Biberdämme können Jahrzehnte und sogar Jahrhunderte überdauern (BUTLER und MALANSON 1994), sofern das Nahrungsangebot ausreicht, die Biber die Dämme instandhalten, das Gebiet nicht verlassen oder zugrundegehen (Krankheiten, Jagd). Biber sind durchaus in der Lage, den gesamten Pappelbestand in ihrer Reichweite zu nutzen. Ist diese Nahrungsquelle irgendwann erschöpft, so legen sie einen neuen Teich an, in meist geringer Entfernung und oberhalb vom alten. In dem "erschöpften" Bereich setzt die Sukzession ein, die über Gräser und Büsche zum Beispiel wieder zu einem Pappelbestand oder auch bis zum Nadelwald führen kann.

Biotopveränderungen mit zyklenartigen Abläufen, die durch die komplexen Wirkungen von Bibern, Ufervegetation und gewässermorphologischen Prozessen ausgelöst wurden, beschreibt auch GILL (1972) aus dem Mackenzie-Delta (N. W. Territories, Kanada). Auf den Gleithängen der mäandrierenden Wasserläufe entstehen dort als Folge der helikalen Strömung Sand- und Kiesbänke, an die sich in Richtung Ufer langgestreckte gewundene Hohlformen anschließen. Auf diesen Alluvionen breiten sich Balsampappelbestände aus (auf den höherliegenden Uferbereichen Fichten), die den Bibern eine optimale Nahrungsgrundlage bieten. Während im Delta-Gebiet die vor allem während der Schneeschmelze starke Strömung die Errichtung von Dämmen nahezu unmöglich macht und die Biber deshalb zumeist Uferbaue anlegen, stauen sie hier durch Dämme das nach Überflutungen und infolge der Permafrostunterlage sowie der Akkumulation von tonigem Material stehen bleibende Wasser in den hinter den Sand- und Kieswällen liegenden Hohlformen auf und legen dort ihre Burgen an. Mit der Zeit treten anstelle der von den Bibern bevorzugten Balsampappeln Erlen- und Birkenarten. Damit verliert das Gebiet für die Biber an Attraktivität, und sie wandern ab. Wenn die Pappelbestände sich wieder erholt haben, kehren die Biber zurück. Solche räumlich und zeitlich gegeneinander versetzten zyklusartigen Entwicklungen führen, sofern sie nicht gestört werden, zu einer hohen landschaftlichen und ökologischen Diversität in der Aue. Unter natürlichen Bedingungen haben dabei auch mehr oder weniger regelmäßig auftretende Waldbrände eine wichtige Rolle gespielt, da durch sie die Regeneration und Ausbreitung der Pappeln gefördert worden ist (u. a. RUTHERFORD 1955; SLOUGH und SADLEIR 1977). In vielen Gebieten Nordamerikas hat die systematische Waldbrandbekämpfung oftmals jedoch dazu geführt, dass die Pappelbestände von Nadelhölzern verdrängt werden. Hinzu kommt in vielen Gebieten der mit der Erholung der Biberbestände nach ihrer fast vollständigen Ausrottung (Jagd und Fallenstellerei) enorm gestiegene "Verbrauch" der für die Erneuerung der Pappelbestände nötigen Wurzelschösslinge durch die Biber.

Der Biber hat während des Holozäns wohl alle für ihn geeigneten Räume in der Alten und Neuen Welt besiedelt und diese in der beschriebenen Weise mit räumlich und zeitlich wechselnder Intensität geprägt. In Mitteleuropa sind diese Landschaftsstrukturen infolge der nahezu vollständigen Ausrottung des Bibers und vor allem durch die radikalen Eingriffe des Menschen in die Gewässer (Trockenlegung, Flussregulierungen, Beseitigung der Auewälder usw.) verschwunden. Erst allmählich wieder und an vergleichsweise wenigen Stellen beginnen wiederangesiedelte Biber sichtbaren Einfluss auf Fluss- und Seenlandschaften zu nehmen (siehe auch Kapitel 3.2.1.2). Inzwischen sind auch in Deutschland wieder in manchen Regionen durch Biber ausgelöste "Landschaftssukzessionen" zu beobachten (HARTHUN 1999). In Russland oder in Nordamerika dagegen lassen sich die Spuren des Treibens der Biber zum Teil weit zurückverfolgen. Zwar waren die Biberbestände auch in diesen Räumen auf ein Minimum geschrumpft, doch hat man wesentlich früher begonnen, durch Wiederansiedlungen und gezieltes Management der noch vorhandenen Bestände überlebensfähige Populationen aufzubauen. So kann man im Vergleich zu Mitteleuropa durchaus von einer gewissen Kontinuität der Beeinflussung der Landschaft durch den Biber sprechen. Das gilt unter anderem für viele Gebiete der Rocky Mountains.

Am Beispiel des obersten Einzugsgebietes des Colorado Rivers (Rocky Mountain-Nationalpark, Colorado Front Range) hat IVES (1942) gezeigt, dass große Teile des von zahllosen Mäandern durchzogenen und mit toten Flussschlingen, vermoorten Flächen, ausgedehnten Feuchtwiesen sowie Weidengebüschfluren durchsetzten Landschaftsmosaiks der Talböden (Foto 59, 60) wohl nicht Ergebnis der Auffüllung glazialer Seen und Tümpel sind, sondern offensichtlich weit zurückliegendenden und rezenten Biberaktivitäten zugeschrieben werden müssen. Dabei umfassen letztere einen vergleichsweise kurzen Zeitraum, denn erst seit den dreißiger Jahren begann die Restpopulation, die die Nachstellungen während des vorigen Jahrhunderts überlebt hatte, wieder anzuwachsen. Möglicherweise sind jedoch IVES (1942) wie auch WARREN (1926) in der Interpretation ihrer Beobachtungen etwas über das Ziel hinausgeschossen, indem sie die Entstehung der vergleichsweise breiten Talböden allein mit ihrer jahrhundertelangen Besiedlung durch Biber zu erklären versuchen (siehe dazu auch RUTHERFORD 1964). Andererseits schreiben auch RUEDEMANN und SCHOONMAKER (1938) die Existenz vieler mit Feinmaterial aufgefüllter und fast horizontaler Talböden im nördlichen Nordamerika der durch die Biberteiche erhöhten Sedimentation zu.

Wenn die Biber ihre Teiche aufgeben, so hängt deren weitere Entwicklung ganz von der Stabilität beziehungsweise der Erosionsanfälligkeit des Untergrundes ab. Ist diese gering, so siedeln sich bei Verlandung oder Trockenfallen der Teiche sofort Gräser und Seggen an. Schon nach wenigen Monaten bilden sie eine geschlossene Wiese (NEFF 1957). Höchstens in Bereichen mit noch frischen Sedimenten entstehen Erosionsrinnen, die aber nicht bis auf den von Flussschottern oder Fels gebildeten Untergrund hinabreichen. Der Grundwasserspiegel bleibt relativ hoch. Solche Wiesen können, wenn nicht Weidengebüsch oder Wald von ihnen Besitz ergreifen, Jahrzehnte überdauern und stellen eine attraktive Äsungsfläche für Hirsche und andere große Herbivoren dar (siehe auch Abb. 80), die eine Wiederbewaldung durchaus verhindern können. In Nordamerika sollen diese natürlichen Wiesen mit ihren nährstoffreichen Böden wichtige Ansatzpunkte der Landnahme durch die Pioniere gewesen sein (SCHOTT 1934; RUEDEMANN und SCHOONMAKER 1938). Bei wenig widerstandsfähigem Substrat schreitet die Erosion rasch fort, und in tiefen Erosionsrinnen (siehe auch Foto 58) werden große Sedimentmengen talwärts verlagert. Oftmals sinkt der Grundwasserspiegel so weit ab, dass das Weidengebüsch infolge Wassermangels abstirbt und der Graswuchs immer spärlicher wird. Umso leichteres Spiel hat nun die Erosion. Es dauert Jahre, bis sich in diesen Bereichen wieder eine geschlossene Vegetationsdecke entwickeln kann (NEFF 1957; RUTHERFORD 1964). Je nach den lokalen Verhältnissen kann also die von den Bibern geprägte Sukzession in den Talauen durchaus verschiedene Verläufe nehmen, wobei immer wieder räumlich und zeitlich versetzte zyklenartige Entwicklungen auftreten können.

Foto 59: Durch Biber geprägter oberer Abschnitt des Kawuneeche Valley (2 750 m) im Rocky Mountain-Nationalpark (Colorado) (F.-K. HOLTMEIER, 27. 08. 1989).

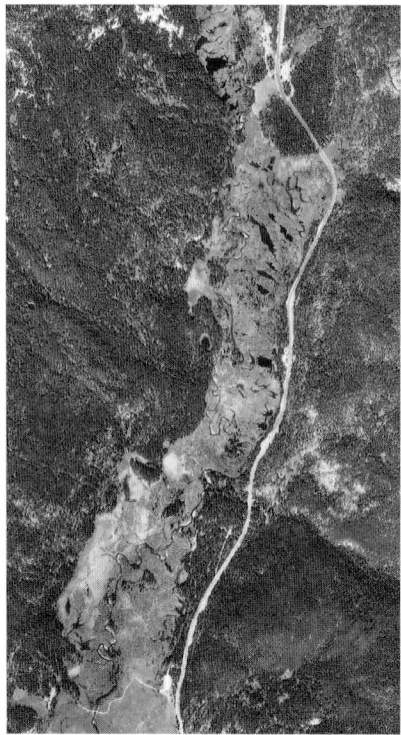

Foto 60: Luftaufnahme des in Foto 59 abgebildeten Abschnitts des Kawuneeche Valley. In der oberen Bildhälfte sind die Biberteichstrukturen gut zu erkennen. (U. S. GEOLOGICAL SURVEY, NAPP 6680-197, 24. 09. 1994).

3 Ansiedlungen und Wiederansiedlungen

Ansiedlungen von Tieren in fremden Lebensräumen haben in vielen Fällen zu nicht unerheblichen "Störungen" der einheimischen Biozönosen und der Ökosysteme geführt. Doch auch die Wiederansiedlung von Tierarten in ihren ehemaligen Lebensräumen bringt häufiger, als es vielleicht zu vermuten wäre, gravierende Probleme mit sich, da sich diese Lebensräume seit dem Verschwinden der Arten verändert haben und zahlreiche Nutzungsansprüche die Integration der "Heimkehrer" erschweren oder auch unmöglich machen. Eine Reihe von Beispielen soll einen Einblick in diese sehr komlexe Problematik bieten.

3.1 Ansiedlungen

Faunenveränderungen infolge von Veränderungen der Lebensräume (z. B. im Verlauf der Sukzession, Bildung von Landbrücken oder Isolation, Klimaänderungen), der Entstehung und des Aussterbens von Arten oder der Invasion neuer Lebensräume durch fremde Arten gehören zum Wesen der Evolution. Beispiele dafür sind unter anderem die erfolgreiche Einwanderung von Hausratte und Hausmaus aus dem Fernen und Mittleren Osten nach Europa sowie das Vordringen von Arten im heutigen Bereich der Beringstraße nach Nordamerika oder aber die Ausbreitung der Placentalier von dort über die relativ junge mittelamerikanische Landbrücke nach Südamerika, wo sie die einheimische Beuteltierfauna fast völlig verdrängten (HUSTON 1994, dort weitere Literaturhinweise). Auch gegenwärtig sind wir Zeugen solcher Vorgänge. So hat sich beispielsweise die ursprünglich vom Mittelmeerraum bis zum Indischen Subkontinent beheimatete Türkentaube (*Stretopelia decaocto*) im Verlauf der letzten 60 Jahre in ganz Westeuropa ausgebreitet und inzwischen sogar Island und Lappland erreicht (u. a. BEZZEL 1985; KASPAREK 1996). Der aus Südeuropa und Afrika stammende Kuhreiher (*Bubulcus ibis*) ist in nur kurzer Zeit in Süd- und Nordamerika, Australien und auf einer Reihe entlegener Inseln eingewandert (u. a. AUSTIN 1963). Durch einen starken Südoststurm im Jahre 1937 nach Südgrönland verschlagene Wacholderdrosseln (*Turdus pilarius*) haben dort inzwischen eine dauerhafte Population aufgebaut (SEDLAG 1995). Der Girlitz (*Serinus serinus*), eine noch um 1800 nur im nordmediterranen Raum (einschließlich eines kleinen schweizerischen Areals) verbreitete Art, ist heute in ganz Mitteleuropa anzutreffen und hat auch das südliche Skandinavien (Dänemark) und das südwestliche England erreicht (NOWAK 1977). Er gehört heute zu unseren regelmäßigen "Antennen- und Telephondrahtsängern" (FELDMANN 1988). Bei der natürlichen Ausbreitung des Elches in Europa während des 20 Jahrhunderts, Paradebeispiel für eine rapide Arealerweiterung einer großen Säugetierart, handelt es sich dagegen praktisch um die natürliche Wiederbesiedlung der Gebiete, die der Elch vor Jahrhunderten bewohnt hatte (NOWAK 1977; STEINER und KRAUS 1993). All dies geschah ohne Zutun des Menschen.

Seit der Mensch auf der Bildfläche erschienen ist, hat er im Verlauf der Erschließung und Nutzung seines Lebensraumes nicht nur viele Arten ausgelöscht oder zumindest an den Rand der Ausrottung gebracht, sondern er hat auch viele Tierarten in Gebiete eingeführt, in denen sie ursprünglich nicht vorkamen, und die sie auf natürlichem Wege wahrscheinlich nie erreicht hätten (u. a. ROOTS 1976; NOWAK 1981; NOWAK und ZSIVANOVITS 1982; DI CASTRI 1989; ATKINSON

1989; GOUDIE 1994). Vermutlich gibt es heute überhaupt nur wenige Regionen, in denen die gegenwärtige Fauna nur aus Tieren besteht, die diese Gebiete ohne Mitwirkung des Menschen besiedelt haben. Zum Teil erreichten die Arten die fremden Lebensräume zufällig, wenn zum Beispiel von den Schiffen Ratten an Land gelangten.

Die Seefahrer früherer Zeiten setzten auf Inseln, die auf ihrer Reiseroute lagen, oder auf die sie zufällig verschlagen worden waren, gewöhnlich einige Nutztiere als "lebende Vorräte" aus (in erster Linie Schweine, Ziegen, Schafe und Kaninchen) und überließen sie sich selbst. Die Abkömmlinge Europäischer Wildschweine zum Beispiel leben heute auf allen Kontinenten – die Antarktis ausgenommen – und auf vielen Meeresinseln. Zur Bekämpfung der von Robben- und Walfängern oder auch anderen Schiffen auf die Inseln gelangten Hausmäuse brachte man auch Katzen mit, die rasch verwilderten. Sie hielten sich aber nicht "auftragsgemäß" an die Hausmäuse, sondern verlegten sich oftmals auf die viel leichter zu erbeutenden boden- und höhlenbrütenden Seevögel. Von dem zu den Prince Edward Inseln gehörenden Marion Island (Kapitel 2.6.1.2) zum Beispiel wird berichtet, dass die dort lebenden gut 200 Katzen pro Jahr rund 450 000 dieser Vögel töteten, bis 1970 der die Katzenstaupe (Panleukopänie) verursachende Virus eingeführt wurde. Durch die Katzenstaupe wurde in den folgenden zehn Jahren die Anzahl der Katzen drastisch reduziert (ODENING 1984).

Auf den Galapagos-Inseln Santa Cruz, Floreana, Santiago, San Cristobal und Isabela haben Ratten, Katzen und Hunde zu einem drastischen Rückgang der dort brütenden Hawaii-Sturmvögel (*Pterodroma phaeopyia*) geführt (COULTER et al. 1985). Zudem wurde der Boden durch verwilderte Ziegen, Rinder und Esel so sehr verfestigt, dass die Sturmvögel keine Nisthöhlen mehr anlegen können und in die felsigen Bereiche ausweichen müssen, wo sie wiederum den Ratten zum Opfer fallen. Letztere beeinflussen die Sturmvogelpopulation zudem auf indirekte Weise, wenn sie selbst zur Beute der größeren Raubtiere werden. Deren Bestand steigt daraufhin an, und der Feinddruck auf die Vögel nimmt weiter zu (ATKINSON 1985). Seit geraumer Zeit versucht man durch gezielte Maßnahmen die Sturmvogelbestände zu retten.

Teils wurden die Tiere aber ganz bewusst angesiedelt, sei es zur Bereicherung der Fauna, für die Jagd und Pelzgewinnung oder auch zur biologischen Schädlingsbekämpfung, wie zum Beispiel die aus Süd- und Mittelamerika in viele Zuckerrohr produzierende Länder eingeführte Agakröte (*Bufo marinus*, Kapitel 3.1.2.2). Insbesondere Fische sind weltweit zur Verbesserung der Ernährungsbasis oder auch nur des Angelsports in viele Gebiete eingeführt worden, wo sie zum Teil die einheimischen Arten verdrängt und zu einer tiefgreifenden Veränderung festländischer Gewässerökosysteme geführt haben (u. a. MOYLE 1980; WILLWOCK 1993; MOYLE und LI 1994; LELEK 1996; LÖFFLER 1996). In den Altwässern am Oberrhein ist der nordamerikanische Ochsenfrosch (*Rana catesbeiana*) ausgesetzt und inzwischen zu einer erheblichen Gefahr für die einheimische Gewässerfauna geworden. Er vermehrt sich rasch und frisst so ziemlich alles, Kerbtiere, andere Frösche, Jungfische, Jungvögel, Vogeleier und auch kleine Säugetiere. Vor allem die Fischbestände sowie einheimische Amphibien sind von diesem gefräßigen Frosch bedroht (LANDESANSTALT für UMWELTSCHUTZ BADEN-WÜRTTEMBERG, Presseinfomation vom 14. 8. 2001).

In wohl mehr als 90 % aller Fälle (ROOTS 1976) brachten daher Ansiedlungen fremder Arten negative Folgen für die neuen Lebensräume und ihre Biozönosen mit sich und führten oft zu ökologischen Katastrophen. Einheimische Arten wurden ausgerottet, wie zum Beispiel flugunfähige Vögel durch Ratten, Hunde, Katzen, Füchse, Marder und andere Beutegreifer.

Überbeweidung und Vertritt durch eingeführte Huftiere zerstörten die Vegetationsdecke, starke Bodenerosion war die Folge. Dabei gingen vielfach für die einheimische Fauna existentielle Habitatstrukturen verloren. Ausgewogene, im Laufe langer Zeiträume entstandene Räuber-Beute-Beziehungen (Kapitel 2.2.2) gerieten aus dem "Gleichgewicht". Oft entglitt die Entwicklung der Kontrolle, oder man konnte sie erst nach vielen Jahren wieder in den Griff bekommen. Ständig war man gezwungen, aufgrund unvorhersehbarer Reaktionen der Ursachen-Wirkungskomplexe neue Maßnahmen zu ergreifen, "neue Flicken auf alte zu setzen" (MILNE und MILNE 1965). Die gegenüber diesen Problemen empfundene Ohnmacht wird kaum besser verdeutlicht als durch den nachstehenden, aus einer Internet-Information herausgegriffenen Satz "*It is ironic that while we have been so successful at unintentional extermination of native species, we have been remarkably unsuccessful at pest eradication*".

Ein Beispiel aus jüngerer Zeit für die Verschleppung und ihre Folgen für die einheimischen Biozönosen ist unter anderem die Braune Baumschlange (*Boiga irregularis*), die während der vierziger Jahre des vorigen Jahrhunderts vermutlich mit Frachtgut nach Guam (südlichste Insel der Marianen) gelangte. Ihr fiel in wenigen Jahrzehnten mehr als die Hälfte der einheimischen waldbewohnenden Vogelarten zum Opfer sowie Eidechsen und fruchtfressende Fledermäuse (WILES 1987; SAVIDGE 1987; FRITTS 1988; RODDA und FRITTS 1992). Trotz umfangreicher Bemühungen wird sie nicht mehr auszurotten sein. Von Guam aus hat sich die Baumschlange mit dem Schiffs- und Luftverkehr weiter ausgebreitet und auch weit entfernte Inseln, wie Hawaii und Diego Garcia (Indischer Ozean) erreicht (FRITTS 1987).

Auch Dunkle Erdhummeln (*Bombus terrestris audaux*), die Anfang der neunziger Jahre des vorigen Jahrhunderts erstmals bei Hobart auf Tasmanien beobachtet wurden, waren dorthin verschleppt oder auch mit stürmischen Winden verdriftet worden. Vermutlich stammen sie aus Neuseeland, wo sie vor rund 100 Jahren ausgesetzt worden waren (SEMMENS et al. 1993). Die bisherigen Beobachtungen sprechen dafür, dass sie sich über den größten Teil von Tasmanien ausbreiten werden. Allein die temperierten Regenwälder im Westen der Insel scheinen ein Hindernis darzustellen. Günstige Bedingungen herrschen dagegen in den besiedelten Gebieten, wo Gärten, Acker- und Wegraine sowie Wiesen reichlich Nahrung bieten. Viele der eingeführten Pflanzenarten werden ausschließlich oder vorwiegend von Hummeln bestäubt, wie zum Beispiel der Gemeine Hornklee (*Lotus corniculatus*). Vorläufige Untersuchungen deuten darauf hin, dass er, wie auch einige andere Pflanzen, in den Gebieten, in denen Hummeln vorkommen, mehr Samen produzieren und sich rascher ausbreiten kann – auf Kosten der einheimischen Flora (GOULSON und STOUT 1999). Die Hummeln nutzen nicht nur zum großen Teil dieselben Blütenpflanzen wie die einheimischen Bienen, sondern sind oft auch noch zahlreicher als diese. Zudem beginnen sie mit der Nektarsuche früher am Morgen, dehnen sie auch gegen den Abend hin weiter aus und vermögen anscheinend auch den Nektar schneller zu sammeln als die Nahrungskonkurrenten. Langfristige Konsequenzen für die Biozönosen sind wahrscheinlich, doch da man bislang nur sehr wenig über die tasmanischen Bienen weiß – ständig werden neue Arten entdeckt –, bleiben vorerst nur mehr oder weniger plausible Vermutungen (GOULSON und STOUT 1999). Eine weitere Ausbreitung nach Australien ist wahrscheinlich.

Bei Banaue auf den nördlichen Philippinen scheinen heute Unmengen von bis zu 50 cm langen Regenwürmern, den Zerfall der auch als Touristenattraktion berühmten, um 2 000 Jahre alten Reisterrassen zu beschleunigen. Vermutlich sind diese Würmer nach dem Zweiten Weltkrieg zufällig mit der Einfuhr ertragsreicherer Reissorten dorthin gelangt. Ein Spaten voll Terrassenerde enthält um die 20 Exemplare. Diese Riesenwürmer haben die Terrassen regelrecht "durchlöchert". In den tiefreichenden Wurmröhren fließt das Regenwasser ab und unterspült die Terrassen, die ohnehin schon durch die heutzutage mangelhafte Pflege und unzureichende Bewässerung in ihrer Existenz bedroht sind (THE CHRISTIAN SCIENCES MONITOR, Information aus dem Internet vom 09. 03.1998).

Seit Mitte des 19. Jahrhunderts entstanden in vielen Ländern Europas sowie auch in außereuropäischen und vor allem überseeischen Ländern sogenannte Akklimatisationsgesellschaften, die solche Ansiedlungen planmäßig betrieben, zum Teil noch bis in die zweite Hälfte des 20. Jahrhunderts hinein. So wurden beispielsweise in Neu-Mexiko noch zwischen 1950 und 1979 fast 30 exotische Huftierarten (u. a. Mähnenschaf, *Ammotragus lervia* / Bezoarziege, *Capra aegagrus* / Sibirischer Steinbock, *Capra ibex sibirica* / Spießbock, *Oryx gazella* / Großer Kudu, *Tragelaphus strepsiceros* und Kropfgazellen, *Procapra subgutturosa*) ausgesetzt, mit dem Ziel, in Gebieten, in denen ursprünglich kein großes jagdbares Wild vorkam, "unbesetzte ökologische Nischen" aufzufüllen und damit attraktive Jagdmöglichkeiten, insbesondere für zahlungskräftige Amerikaner, zu schaffen (POGLAYEN-NEUWALL 1982). Aus diesen Gründe wurden während der zwanziger Jahre zum Beispiel in den Olympic Mountains (Washington) Schneeziegen angesiedelt (Kapitel 4.1).

Auf der westlich der schottischen Küste gelegenen Insel Uist wurden 1974 Igel (*Erinaceus europaeus*) ausgesetzt, die sich von dort rasch über die benachbarten Inseln ausgebreitet haben. Im übrigen Schottland gehört der Igel zur einheimischen Säugetierfauna. Die dort als "harmlos" geltenden Insektenfresser machen auf den Inseln inzwischen den Bruterfolg einer Reihe von bodenbrütenden Vogelarten (Kiebitz, *Vanellus vanellus*; Bekassine, *Gallinago gallinago*; Alpenstrandläufer, *Calidris alpina*; Rotschenkel, *Tringa totanus*) zunichte, indem sie deren Gelege ausräumen. Der Rückgang der Limikolenbestände ist die Folge. Offensichtlich haben sie sich noch nicht an den Eierräuber "anpassen" können (JACKSON 2001).

Aus Pelztierfarmen entwichene oder auch von Tierschützern "befreite" Raubtiere, wie Nerze, Füchse und Waschbären, haben in ihren neuen Lebensräumen vielfach überlebensfähige Populationen aufgebaut und sind zu einer ernsthaften Bedrohung der einheimischen Fauna, insbesondere vieler bodenbrütender Vögel, geworden. In Schottland sollen beispielsweise dem Mink seit den achtziger Jahren des vorigen Jahrhunderts mehr Seevögel zum Opfer gefallen sein als allen Ölunfällen in diesem Zeitraum (CRAIK 1995). Schon seit den dreißiger Jahren verursachte dieser in seiner Lebensweise an Gewässer gebundene Marder auf Island und vorgelagerten Inseln Verluste unter den brütenden Vögeln. Neben dem Biotopverlust durch Trockenlegung von Feuchtgebieten ist der Mink wohl eine der Ursachen für den starken Rückgang der Wasserralle (*Rallus aquaticus*). Gleichzeitig hat er zur Veränderung der Brutplatzwahl von Enten und an der Küste brütenden Arten, wie der Gryllteiste (*Cepphus grylle*) geführt. Diese nisten heute vorzugsweise in größerer Entfernung von den Seeufern oder auch innerhalb der Kolonien von Lachmöwen (*Larus ridibundus*) und Seeschwalben (*Sterna paradisea*) (SKIRNISSON 1992).

Die neuen Lebensräume waren auf die Neuankömmlinge nicht "vorbereitet", sei es, dass die einheimischen Tiere sich in ihren im Verlauf der Evolution erworbenen Verhaltensweisen nicht kurzfristig auf die neuen Nahrungskonkurrenten und Fressfeinde einstellen konnten, dass eingeschleppte Krankheiten sie dezimierten, oder dass die physischen Umweltbedingungen (Klima, Nahrungsangebot) so geartet waren, dass sie die Entwicklung der Populationen der eingeführten Tiere nicht in dem Maße begrenzten, wie dies im Ursprungsgebiet der Fall war. Zum Teil besaßen die Neuankömmlinge eine größere ökologische Valenz, eine größere Reproduktionsrate oder andere Konkurrenzvorteile gegenüber den einheimischen Arten. Oder aber, wie zum Beispiel in Neuseeland und auf vielen subantarktischen Inseln, hatte sich in Abwesenheit jeglicher pflanzenfressender Säugetiere eine Vegetation entwickelt, die sich dem plötzlichen Ansturm der seit der Besiedlung durch die Europäer in großer Zahl eintreffenden und sich rasch ausbreitenden Huftiere nicht hatte anpassen können.

Auf James Island (Galapagos-Inseln) haben verwilderte Ziegen die ursprüngliche Vegetation erheblich verändert, indem sie die von ihnen bevorzugten Futterpflanzen nahezu ausrotteten und auf diese Weise die Ausbreitung anderer Arten förderten. Nach der seit 1970 erfolgten Reduzierung der Ziegenpopulation von 80 000 auf ewta 20 000 Individuen können sich von den Ziegen unterdrückten Arte wieder ausbreiten (CALVOPINA 1985).

In Feuerland sind die angesiedelten Biber inzwischen zu einem Problem für die gewässernahen Südbuchenwälder (*Nothofagus pumilio*) geworden. Die Biber haben sich erfolgreich auf das einseitige Nahrungsangebot in ihrem neuen Lebensraum umgestellt. Es besteht fast gänzlich aus Südbuchen, die zudem auch als Material für den Dammbau dienen. Bäume unterschiedlichsten Durchmessers werden "kahlschlagmäßig" gefällt. Wenn die Bestände in erreichbarer Nähe verbraucht sind, "erschließen" die Biber über bis zu 150 m lange Stichkanäle neue. Im Gegensatz zu

Weiden und Pappeln in den ursprünglichen Lebensräumen des Bibers vertragen aber die Südbuchen die Überflutungen nicht, und so hinterlassen die Biber große Lücken. Werden die Kolonien dezimiert, rücken binnen kurzer Zeit Biber aus dem argentinisch-chilenischen Grenzgebiet nach (DIETRICH 1985).

Häufig haben die durch eingeführte Tiere ausgelösten Veränderungen der ökologischen Verhältnisse auch landschaftsökologische Dimensionen erreicht, wobei gleichzeitig anthropogene Veränderungen des Lebensraums (z. B. Landnutzung, Rodungen) oftmals zur Verschärfung der Situation beigetragen haben. Aus der kaum mehr überschaubaren Fülle von Beispielen werden im folgenden nur einige wenige herausgegriffen und näher betrachtet (Übersichtsdarstellungen u. a. in: RINEY 1964; MILNE und MILNE 1965; HOLDGATE 1967; ROOTS 1976; HUTCHINS et al. 1982; MOONEY und DRAKE 1986; DI CASTRI 1989; GOUDIE 1994; SEDLAG 1995).

3.1.1 Norwegische Rentiere auf Südgeorgien

Je nach den regionalen und lokalen Rahmenbedingungen kann die Ansiedlung derselben Art zu recht unterschiedlichen Entwicklungen führen, wie es sich unter anderem bei Aussetzungen von Rentieren auf einigen arktischen (St. Paul, St. Matthew; SCHEFFER 1951; KLEIN 1968) und subantarktischen Inseln (Kerguelen, Südgeorgien; LEADER-WILLIAMS 1980 a, 1980 b; VOGEL et al. 1984; LEADER-WILLIAMS et al. 1987) gezeigt hat. Während es auf den arktischen Inseln nach Erschöpfung des im wesentlichen aus Flechten (vor allem *Cladonia*- und *Cetraria*-Arten) bestehenden Winterfutterangebotes zu einem drastischen Zusammenbruch der nach der Einführung zunächst stark angewachsenen Rentierbestände kam – auf St. Paul beispielsweise hatte die zu Beginn der dreißiger Jahre sprunghaft angestiegene Rentierpopulation die Tragfähigkeit des Raumes um das Dreifache überschritten (SCHEFFER 1951) –, haben sich auf Südgeorgien die Rentierherden trotz einer sehr hohen Populationsdichte über Jahrzehnte hinweg bis heute halten können. Dies ist umso erstaunlicher, als sich die Vegetation im Laufe der Evolution nicht an die Beweidung hatte anpassen können, weil es dort keine einheimischen herbivoren Säugetiere gab.

Die norwegischen Rentiere wurden in den Jahren 1911 und 1925 auf zwei an der Ostseite Süd-Georgiens gelegenen Halbinseln (Barff- und Busen-Peninsula) ausgesetzt. Eine dritte Herde bildete sich nach Abwanderung von Rentieren im Bereich der südlich der Aussetzungsgebiete gelegenen Royal Bay (Abb. 82). Die Herden durchliefen, wie es für Erstbesiedlungen typisch ist (RINEY 1964; CAUGHLEY 1970; CHALLIES 1975), ein anfängliches Dichtemaximum und pendelten sich dann auf eine Dichte von 40 bis 80 Rentieren pro Quadratkilometer vegetationsbedeckter Fläche ein (LEADER-WILLIAMS et al. 1987). Verglichen mit den Bestandsdichten zum Beispiel in Nordfinnland, wo selbst nach der Verdoppelung der Zahl der Rentiere zwischen den siebziger und neunziger Jahren des vorigen Jahrhunderts nur etwa drei Rentiere auf einen Quadratkilometer kommen (KUMPULA und NIEMINEN 1992), beziehungsweise fünf bis zehn in intensiver beweideten Gebieten (OKSANEN et al. 1995; siehe auch Kapitel 2.3.2.3), ist dies eine extrem hohe Populationsdichte.

Da auf Südgeorgien vergletscherte Gebiete der Ausbreitung der Rentiere vergleichsweise enge Grenzen setzen, die gewöhnlich nicht überschritten werden, beschränkt sich die Beweidung im Wesentlichen auf bestimmte küstennahe Bereiche (siehe auch Abb. 82). Saisonale Herdenwanderungen, wie sie für die arktischen Lebensräume der Rentiere typisch sind, gibt es daher nicht. Entsprechend hoch ist der Druck auf die Vegetation. Im Küstenbereich bilden Büschelgräser, insbesondere das sehr produktive und energiereiche (GUNN und WALTON 1985), um zwei Meter hohe *Poa flabellata*, die wichtigste Nahrungsgrundlage, vor allem während des Winters. Dank seines hohen vegetativen Regenerationsvermögens verträgt dieses Gras mäßige Beweidung verhältnismäßig gut. Insbesondere nach starken Schädigungen, wie sie dort vor allem durch die vielen

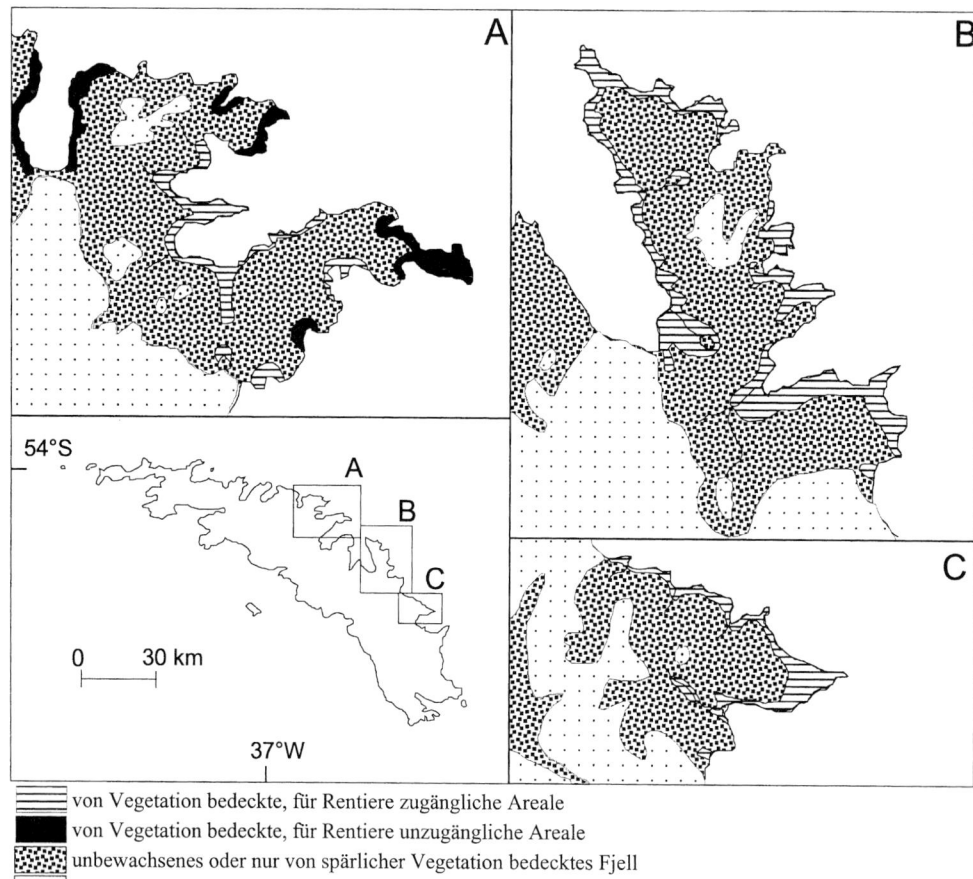

von Vegetation bedeckte, für Rentiere zugängliche Areale

von Vegetation bedeckte, für Rentiere unzugängliche Areale

unbewachsenes oder nur von spärlicher Vegetation bedecktes Fjell

Gletscher und permanente Schneefelder

Abb. 82: Lage der von Rentieren (*Rangifer tarandus*) besiedelten Gebiete auf Süd-Georgien. A Busen-Halbinsel, B Barff-Halbinsel, C Royal Bay (nach LEADER-WILLIAMS et al. 1987, verändert).

antarktische Pelzrobben verursacht werden (Kapitel 2.6.1.2; siehe auch BONNER 1985), stirbt es unter Umständen ab. Im Sommer leben die Rentiere zudem von anderen besonders nährstoffreichen Pflanzen, wie den Gräsern *Deschampsia antarctica,* dem eingeführten *Poa annua* und dem Zwergstrauch *Acaena magellanica. Deschampsia antarctica* und *Acaena magellanica* gehören zu den wenigen einheimischen Pflanzen, die einen hohen Eiweiß- und Phosphorgehalt aufweisen (WALTON und SMITH 1979; PRATT und SMITH 1982).

Infolge der hohen Populationsdichte der Rentiere tragen im Küstentiefland ausgedehnte Flächen die Spuren einer starken Überbeweidung. Auf der Barff-Halbinsel zum Beispiel führte die Verknappung des Winterfutterangebotes 1957 zu einem deutlichen Rückgang der Populationsdichte (Abb. 83), und viele Rentiere wanderten wider alle Erwartungen über einen der Gletscher zur Royal Bay ab. Auch in diesem Gebiet zeigen sich inzwischen allenthalben die Folgen einer Überbeweidung. Streckenweise ist selbst *Poa flabellata* verschwunden, und an seine Stelle sind Moose oder aber *Poa annua*-Rasen getreten. Auch die ehemals dichten, 10 bis 25 cm hohen *Acaeana magellanica*-Teppiche gibt es in den intensiv beweideten Arealen nicht mehr. Dasselbe

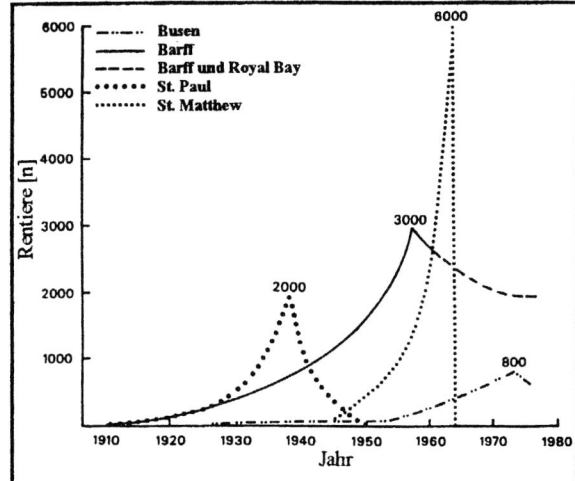

Abb. 83: Entwicklung der Rentierbestände auf Süd-Georgien. (Busen-und Barff-Halbinsel, Royal Bay) sowie St. Matthew und St. Paul (nach LEADER-WILLIAMS 1980 b, verändert).

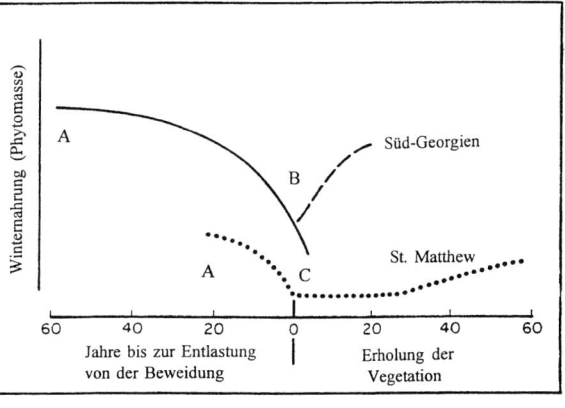

Abb. 84: Dauer der Flechten-Regeneration auf St. Matthew Island und des Tussock-Grases (*Poa flabellata*) auf Süd-Georgien nach Ausschluss der Beweidung (Süd-Georgien) beziehungsweise des völligen Zusammenbruchs der Rentierpopulation auf St. Matthew Island
A Zeitpunkt der Ansiedlung, B Ausschluss der Beweidung, C Zusammenbruch der Rentierpopulation (nach Daten von KLEIN UND PÉGAU 1970 in LEADER-WILLIAMS et al. 1987, verändert).

gilt für die Flechten, vor allem die *Cladonia*-und *Cetraria*-Arten (LINDSAY 1973). Indessen ist *Poa annua* gegen Verbiss, Vertritt und Verbrennungen durch Urinausscheidungen sehr resistent und hat sich bei zurückgehender Konkurrenz durch die einheimischen Pflanzen rasch ausbreiten können, besonders in höherliegenden Küstenbereichen und entlang von Flussufern (KIGHTLEY und SMITH 1976; VOGEL et al. 1984). Stark zugenommen haben auch *Festuca contracta* und *Rostkovia magellanica*, die von den Rentieren nicht gefressen werden.

Die Erklärung dafür, dass die auf Südgeorgien angesiedelten Rentiere sich trotz der extrem hohen Populationsdichte und der offensichtlichen Überbeweidung jahrzehntelang haben halten können, ist in der trotz fehlender evolutiver Anpassung an Beweidung durchaus tragfähigen Vegetation zu sehen. Die sich nach Beweidung nur sehr langsam erholenden Flechten spielen hier im Gegensatz zur Arktis als Winternahrung keine entscheidende Rolle, und sowohl das nicht zu starke Beweidung tolerierende *Poa flabellata* sowie auch das eingeführte beweidungsresistente *Poa annua* haben bislang eine ganzjährig ausreichende Nahrungsgrundlage geboten. Ein Zusammenbruch der Rentierpopulation, der dem auf den arktischen Inseln vergleichbar wäre, scheint daher eher unwahrscheinlich. Bei Ausschluss der Beweidung erholen sich die Tussock-Gräser im

Vergleich zu Flechtenteppichen, die viele Jahrzehnte brauchen, um wieder eine tragfähige Nahrungsbasis zu bieten, wesentlich schneller (Abb. 84). Bei einer teilweisen Reduzierung der Rentiere in dem einen oder anderen Gebiet, würden sich möglicherweise viele der den Aspekt der ursprünglichen Vegetation prägenden Pflanzen wieder dort ausbreiten können. Dabei wäre die stärkste Veränderung in den von den Rentieren am längsten beweideten Gebieten zu erwarten (LEADER-WILLIAMS et al. 1987).

3.1.2 Ansiedlungen in Australien

3.1.2.1 Kaninchen

Ein kontinentales Ausmaß haben die mit der Ansiedlung des Europäischen Wildkaninchens (*Oryctolagus cuniculus*) in Australien verbundenen Folgen erreicht. Obwohl Kaninchen in England schon lange vor dem 19. Jahrhundert als Plage ("pest") galten, hat man sie, wo immer möglich, angesiedelt – nicht nur in Australien, sondern auch auf zahlreichen Inseln im Atlantik, Pazifik und im Indischen Ozean. Gerade auf den entlegenen Vorposten des Englischen Königreiches kann man sich kaum eine bessere Eiweißquelle vorstellen - wenn die Kaninchen nicht überall ihren Lebensraum "verwüstet" hätten.

Mit den ersten Sträflingsschiffen erreichten auch die ersten fünf Kaninchen das australische Festland. Sie sollten die Ernährungsgrundlage verbessern und den Grundstock für die bei den Engländern so beliebte Kaninchenjagd legen. Auch die Sehnsucht nach der weit entfernten Heimat, wo die Kaninchen zum vertrauten Landschaftsbild gehörten, dürfte dabei eine Rolle gespielt haben. In den Folgejahren brachten die Schiffe aus England immer wieder Kaninchen mit, ohne dass es jedoch zu einer ungewöhnlich starken Vermehrung gekommen wäre (CREAGH 1992). Die eigentliche Invasion Australiens durch das Kaninchen begann erst mit der Aussetzung von 24 englischen Wildkaninchen durch den Farmer Thomas Austin in der Nähe des heutigen Geelong bei Melbourne. Offenbar waren alle weiblichen Tiere schon bei der Ankunft trächtig. Schon sehr bald wuchs der Bestand infolge der sprichwörtlichen Vermehrungsfähigkeit der Kaninchen und dank der für sie offensichtlich sehr günstigen Lebensbedingungen (trockenes und warmes Klima, kaum Prädatoren) in einer bis dahin nicht gekannten Weise an. Bis zu sieben Würfe pro Jahr mit jeweils fünf und mehr Jungen sind möglich. Rein theoretisch könnte es ein Kaninchenpaar unter günstigen Bedingungen im Verlauf von nur drei Jahren auf 13 Millionen Nachkommen bringen. Solche Schätzungen gehen jedoch an der Wirklichkeit weit vorbei, weil von den Jungen jeweils etwa 80 % an Parasitenbefall und Krankheiten zugrundegehen oder Beutegreifern zum Opfer fallen (PRICE 1972). Auch viele erwachsene Tiere werden kaum älter als ein Jahr (LEARMONTH und LEARMONTH 1968). Aber selbst bei diesen Verlusten bleibt eine kaum zu übertreffende Wachstumsrate. Die Kaninchen breiteten sich mit einer Geschwindigkeit aus, die man vorher noch nie bei irgendeiner anderen eingeführten Tierart beobachtet hatte.

Weitere Aussetzungen von Kaninchen in größerem Umfang fanden um 1870 bei Kapunda (nördlich von Adelaide) statt. Schon 10 Jahre später hatten sich die Populationen von Geelong und Kapunda vermischt. Es wird sich wahrscheinlich niemals feststellen lassen, wie viele gezielte Kaninchenaussetzungen stattgefunden haben. Da aber die Kaninchen offensichtlich eine lohnende Verdienstquelle boten (Nahrung, Felle, Filzhüte), haben Jäger und Fallensteller sie über Hunderte von Kilometern in noch unbesiedelte Gebiete gebracht, um ihre Erwerbsgrundlage zu erweitern (CSIRO National Information Network 1990). Vor der Einführung der Myxomatose erreichte der Kaninchenbestand in Australien 750 Millionen Tiere (ROOTS 1976), heute sind es "nur" noch zwischen 200 und 300 Millionen (CREAGH 1992). Sie besiedeln mehr als die Hälfte des Kontinents (7,7 Mio. km^2) und breiten sich trotz aller Bekämpfungsmaßnahmen langsam weiter aus.

Verheerend waren die Folgen dieser "Kaninchenexplosion" für die Landwirtschaft und die ursprünglichen Ökosysteme. Die Viehweiden wurden verwüstet. Winderosion und Abspülung nahmen zu, und die Erträge gingen drastisch zurück. Die Kaninchen wurden zum direkten Nahrungskonkurrenten für das Vieh. Sechzehn Kaninchen fressen soviel wie ein Schaf (SHORT 1985). Die Landfläche, die vor der Ausbreitung der Kaninchen 15 Millionen Schafe ernährte, reichte nur noch für die Hälfte. Auf rund 95 Millionen australische Dollar belaufen sich derzeit die der Landwirtschaft durch die Kaninchen entstehenden Schäden (CREAGH 1992).

Schwerer wiegen aber wohl die Veränderungen der ökologischen Verhältnisse. Mit der Vermehrungsgeschwindigkeit der Kaninchen konnten die einheimischen Tiere nicht mithalten. Verluste durch die enorme Nahrungskonkurrenz vermochten sie daher nicht auszugleichen. Bilbys (*Thalocomys lagotis*), Bettongs (*Bettongia* spec.) und Wombats (*Phascolomys latifrons*) gingen zurück, weil die Kaninchen sie aus ihren Bauen verdrängten. In mindestens ebenso starkem Maße aber litt die einheimische Fauna unter den gegen die Kaninchen gerichteten Bekämpfungsmaßnahmen. Schon 1888 waren angesichts der sich anbahnenden Katastrophe die vormals so beliebten Kaninchen zu Schädlingen erklärt und eine Königliche Kommission zur Entwicklung von Bekämpfungsmaßnahmen eingesetzt worden. Alles mögliche hat man versucht, um der Kaninchenplage Herr zu werden: umfangreiche Vergiftungsaktionen (zumeist durch das sogenannte 1080-Gift, Natriummonofluoroacetat), vermehrte Bejagung, Fallen, Aufreißen und Sprengen der Baue, Vergasung, Aussetzen von Füchsen, Katzen und Frettchen, Bau eines mehrere tausend Kilometer langen, allerdings nur vermeintlich "kaninchensicheren" Zauns.

Letztlich haben viele dieser Bekämpfungsmaßnahmen den einheimischen Tieren mehr geschadet als den Kaninchen, die zwar hohe Verluste zu verzeichnen hatten, diese aber, im Gegensatz zu den einheimischen Arten, durch ihre Vermehrungsrate rasch wieder ausgleichen konnten. Nach den großen Vergiftungsaktionen bildeten die verwesenden Kaninchenkadaver eine ideale Nahrung für die Larven der Schmeißfliegen ("blowfly maggots"), die wiederum den Schafbeständen zusetzten. Die Vergiftung vieler insektivorer Vögel und kleiner Säugetiere soll zu einer Verschärfung der Heuschreckenplagen geführt haben. Es ist allerdings fraglich, ob auch noch so viele Insekten vertilgende Prädatoren wirklich in der Lage wären, Massenvermehrungen von Heuschrecken in einem nennenswerten Umfang zu beeinflussen oder gar zu verhindern. Nahezu beliebig ließen sich weitere Beispiele unerwarteter Folgen der Kanichenbekämpfungsmaßnahmen nennen.

Eine Wende kam erst mit der Einführung des *Myxoma*-Virus. Er war zuerst beim brasilianischen Wollschwanzkaninchen (*Sylvilagus brasiliensis*) entdeckt worden. Während dieses aber gegen das Virus immun ist, führt die Myxomatose bei europäischen Kaninchen zu einer hohen Sterblichkeit. Die ersten Ausbringungen des Virus zu Beginn des Jahres 1950 schlugen jedoch fehl, weil, wie man erst später erkannte, zum Zeitpunkt der Aussetzung die zur Übertragung notwendigen Moskitos noch nicht aktiv waren. Kurze Zeit später aber setzte ein großes Kaninchensterben ein, und innerhalb von nur zwei Jahren ging ihre Zahl von rund 600 Millionen auf weniger als eine Million zurück. Die Vegetation erholte sich, und Weiden, die vordem kaum ein Schaf ernährten, hatten Gras genug für zwei Kühe. Inzwischen ist die Wirkung des *Myxoma*-Virus deutlich schwächer geworden. Es mutierte, und manche neuen Formen wirken nicht mehr tödlich. Je nach der Virulenz des Virus, der mehr oder weniger großen Resistenz der Kaninchen und äußeren Einflüssen fallen derzeit nur noch zwischen 30 und 80 % des Kaninchenbestandes der Myxomatose zum Opfer.

Fieberhaft ist man bemüht, neue biologische Bekämpfungsmaßnahmen zu entwickeln. Der 1968 eingeführte europäische Kaninchenfloh (*Spilopsyllus cuniculi*), der im Gegensatz zu den Moskitos nicht auf offenes Wasser zur Vermehrung angewiesen ist, hat die Wirksamkeit in einigen Gebieten erhöht. Gleichwohl benötigt er in der Umgebung der Baue eine gewisse Feuchtigkeit und ist deshalb in seiner Verbreitung auf Regionen mit Jahresniederschlagsmengen von

221

über 250 mm beschränkt. Da die Bekämpfung der Kaninchen in den trockenen Gebieten, wo Flöhe und Moskitos nicht zu überleben vermögen, die größten Probleme bereitet, hat man Versuche mit aus Spanien stammenden Flöhen (*Xenopsylla* spec.) begonnen (COOKE 1990). Vor einiger Zeit begann man mit der auch als Chinasyndrom bekannten "rabbit Calicivirus disease" (RCD) zu experimentieren. Das zuerst in China, dann in Europa und Mittelamerika sowohl bei Wild- als auch Hauskaninchen aufgetauchte und vermutlich kaninchenspezifische Virus ist höchst ansteckend und tötet 90 % der mit ihm infizierten Kaninchen innerhalb von zwei bis drei Tagen. Bei kontrollierten, unter Quarantäne stehenden Freilandversuchen auf der südaustralischen Wardang-Insel ist das Virus 1995 vermutlich durch Buschfliegen auf das australische Festland übertragen worden und tötete dort in einem gewissen Umkreis in kürzester Zeit 95 % der Kaninchen – ein ähnlicher Anfangserfolg wie nach der Einführung der Myxomatose. In den feuchten Küstengebieten scheint es allerdings zu versagen. Außerdem entwickeln weniger als zehn Wochen alte Kaninchen Antikörper, die sie immun machen. Ganz junge, noch nicht entwöhnte Kaninchen gehen jedoch an Nahrungsmangel zugrunde oder werden Opfer von Beutegreifern. So ist es keineswegs sicher, dass die Viren wirklich zu einer langfristigen Abnahme der Kaninchen führen. Eine drastische Reduzierung der Kaninchen durch Chinasyndrom und Myxomatose könnte aber schließlich zu einer so geringen Populationsdichte führen, bei der eine Übertragung der Viruskrankheiten nicht mehr möglich ist.

Des Weiteren werden gentechnisch veränderte Myxomatoseviren zur Sterilisierung eingesetzt. Inzwischen haben mehrjährige Untersuchungen im südlichen Westaustralien erkennen lassen, dass selbst eine Unfruchtbarkeit zwischen 60 bis 80 % allein nicht für eine wirksame Bekämpfung der Plage ausreicht (TWIGG et al. 2000). Wahrscheinlich müssen rund 90 % der Kaninchen getötet werden, um dieses Ziel zu erreichen (WILLIAMS et al. 1995; HONE 1999).

Mit allen diesen biologischen Bekämpfungsmaßnahmen sind zahlreiche, vielfach noch unbekannte Risiken verbunden. Vor allem ist noch weitgehend ungeklärt, wie sie sich auf andere Lebewesen (z. B. Hunde, Katzen, Beuteltiere) auswirken. Entsprechend reagiert die Öffentlichkeit. Wenn man auch inzwischen wohl akzeptieren muss, dass die Kaninchen nie mehr ausgerottet werden können, so spricht doch manches dafür, dass die Bekämpfung zumindest in den weniger günstigen ariden Gebieten die natürlichen Biozönosen und die Landwirtschaft entlasten kann. Es besteht andererseits auch die Gefahr, dass bei zu starkem Rückgang der Kaninchen ihre inzwischen auf sie fixierten Fressfeinde, wie Füchse, Katzen, Frettchen (*Mustela putonus furo*), Dingos (*Canis familiaris dingo*), Keilschwanzadler (*Aquila audax*) und andere, in vermehrtem Umfang den verbliebenen heimischen Tieren nachstellen werden, wie es schon nach dem gewaltigen Einbruch des Kaninchenbestandes nach der Einführung der Myxomatose der Fall gewesen war (MILNE und MILNE 1965). Damals führte der plötzliche Nahrungsmangel dazu, dass beispielsweise die mit der Ausbreitung der Kaninchen zahlreich gewordenen Dingos (vor rund 10 000 Jahren mit den Ureinwohnern eingewanderte Wildhunde) in zunehmendem Maße Lämmer rissen. Wieder errichtete man mehrere tausend Kilometer lange und zwei Meter hohe Zäune zum Schutz der Herden, und von Flugzeugen wurden vergiftete Köder abgeworfen, um die Dingos zu vernichten. Die Bekämpfung der Dingos hat wiederum die Ausbreitung der Füchse begünstigt. Zu rund 80 % ernähren sie sich von jungen Kaninchen. Parallel zur Reduzierung des Kaninchenbestandes muss deshalb ihre Zahl, ebenso wie die der anderen Beutegreifer, reguliert werden, will man negative Auswirkungen auf die Biozönosen in Grenzen halten (JARMAN 1986; CREAGH 1992). Ausgehend von Modellrechnungen, halten PECH und HOOD (1998) es dagegen für möglich, dass mit der Reduzierung der Kaninchenbestände durch das Calicivirus nach einiger Zeit auch die Anzahl der Füchse so stark zurückgehen kann, dass sich die überlebenden Bestände der einheimischen Säugetiere, soweit sie als Beute der Füchse infrage kommen, wieder erholen werden. Angesichts der Komplexität des Nahrungsnetzes und der Vielzahl der Beutegreifer (siehe oben) scheint eine solche Vermutung gleichwohl etwas fern von der Realität.

Studien über die relative Wirkung von Schafen, Kaninchen, verwilderten Ziegen und Kängurus auf die Vegetation im östlichen Südaustralien haben erkennen lassen, dass dort der Einfluss intensiver Beweidung durch Schafe den der anderen Herbivoren übertrifft. Wenn also vom Aussterben bedrohte Pflanzen gerettet und die Biodiversität langfristig erhalten werden sollen, genügt es nicht, die Kaninchen zu bekämpfen, sondern man muß ein Mosaik beweideter und von der Beweidung ausgenommener Flächen schaffen (TIVER und ANDREW 1997). Auch in Neuseeland liegen die Probleme ähnlich (Kapitel 3.1.3.2).

Im Bestreben, die "Rechte" der einheimischen Fauna zu wahren, hat jüngst eine neue, psychologische Kampagne gegen das Kaninchen begonnen. In Westaustralien versuchen Naturschützer die Funktion des "Osterhasen", der dort bislang durch das dem Aussehen nach ähnliche Kaninchen "vertreten" worden ist, auf den langohrigen einheimischen Bilby (Kaninchennasenbeutler) zu übertragen, zumal die Kinder leicht zu überzeugen sind, dass er dank seines Beutels natürlich sehr viel besser zum Eiertransport geeignet ist (DER SPIEGEL 17, 2000). Die Zahl der überall angepriesenen Schokoladenbilbys soll die der wilden Kaninchen inzwischen übertreffen.

3.1.2.2 Agakröte

Die Kaninchenplage ist zwar das bekannteste, aber keineswegs das einzige aus der Einführung fremder Tierarten erwachsene Problem des australischen Kontinentes (KITCHING 1986). Nahezu alle fremden Arten – und deren Liste ist lang – führten in irgendeiner Weise, allerdings zumeist räumlich begrenzter als die Kaninchen, zu unerwarteten, die einheimischen Biozönosen beeinträchtigenden Entwicklungen, so zum Beispiel auch die Agakröte (*Bufo marinus*).

Angesichts durchaus positiver Erfahrungen in den Zuckerrohrplantagen der Karibik wurde die ursprünglich zwischen NW-Mexiko und Zentral-Brasilien beheimatete bis zu 25 cm lange und ein Kilogramm schwere Kröte (Foto 61) zur Bekämpfung der das Zuckerrohr schädigenden Insekten und Ratten in nahezu alle Zuckerrohr produzierenden Länder eingeführt. Im Jahre 1935 brachte man sie zur biologischen Bekämpfung des Zuckerrohrkäfers (*Dermolepida albohirtum*), dessen Larven sich vom Zuckerrohr ernähren, von Hawaii nach Queensland. Dort wurden sie im nördlichen Landesteil bei Gordonvale ausgesetzt. Bis Ende der dreißiger Jahre des vorigen Jahrhunderts wurden die Kröten mit Genehmigung der Regierung in 11 Zuckerrohranbaugebieten angesiedelt. Den Kröten sagten jedoch die Lebensbedingungen in den trockenen Zuckerrohrfeldern und auch die Zuckerrohrkäfer als Nahrung nicht zu, und sie wanderten in die feuchteren Gebiete ab. Australien bietet den Kröten geradezu "paradiesische" Lebensbedingungen. Sie erreichen dort eine zehnfach höhere Populationsdichte als in ihren ursprünglichen südamerikanischen Herkunftsgebieten und besiedeln die unterschiedlichsten Habitate, sofern kein Wassermangel herrscht und es nicht zu kalt wird (SUTHERST et al. 1995). Besonders wohl scheinen sie sich in der Kulturlandschaft zu fühlen (EASTEAL und FLOYD 1986). Die Agakröten zeichnen sich nicht nur durch eine überaus hohe Reproduktionsfähigkeit aus, sondern es gibt auch keine Parasiten oder natürlichen Feinde, die ihre Ausbreitung hemmen würden. Selbst große Schlangen, Warane, Reiher und Greifvögel sind für die wehrhaften Kröten keine ernsthafte Gefahr. So haben sich letztere, dem Gewässernetz folgend, sehr rasch ausbreiten können. Heute, nach fast 70 Jahren, sind sie im gesamten östlichen Queensland von Brisbane bis zum Kap York allgegenwärtig. Auf rund 100 Millionen wird der derzeitige Krötenbestand auf der Halbinsel geschätzt. Schon Anfang der achtziger Jahre des vorigen Jahrhunderts hatten sie das Northern Territory erreicht und inzwischen sind sie selbst bei Darwin, an der Nordküste des Kontinentes, aufgetaucht. Es wird nicht lange dauern, bis sie auch die Küstenbereiche weiter westlich besiedeln werden. Im März 2001 haben sie das als "Naturerbe" deklarierte Feuchtgebiet des Kakadu-Nationalparks östlich von Darwin in Besitz genommen (CSIRO 2001).

Foto 61: Agakröte (*Bufo marinus*) (M. J. TYLER).

Die Agakröten fressen so ziemlich jedes Lebewesen, dessen sie habhaft werden, kleine Säuger bis zur Größe einer Maus, andere Amphibien, Jungvögel und Insekten, wie unter anderem auch die aus Afrika zum Abbau des Viehdungs eingeführten Dungkäfer (z. B. *Ontophagus gazella*). Bis zu 80 dieser Käfer soll eine Agakröte pro Nacht vertilgen (WATERHOUSE 1974). So suchte man nach tagaktiven Dungkäfern, die den dämmerungs- und nachtaktiven Kröten größtenteils entgehen würden. Auch an die Einführung der golfballgroßen, wehrhaften *Heliocopris*-Arten aus Afrika hat man gedacht, die, wenn sie von den Kröten geschluckt werden sollten, durchaus in der Lage sind, durch deren Haut wieder nach außen durchzubrechen (WATERHOUSE 1974).

Schon kurz nach den Aussetzungen fand man die Kröten in den Futternäpfen von Hunden und Katzen. Wollten diese sie verjagen, so wurden sie von den sehr giftigen Kröten gebissen und gingen gewöhnlich daran zugrunde. Auch die giftige Haut der Kröten wird ihren Fressfeinden (z. B. Greifvögel, Beutelmarder, Hunde, Katzen usw.) zum Verhängnis. Bei Menschen verursachen die ausgeschiedenen Sekrete (Bufotoxin) Hautirritationen und Verätzungen der Augen. Die Kröten vergiften zudem Wasserstellen und auch Schwimmbäder und sind längst zu einer "pest" geworden. Mit ihrer großen Anzahl verdrängen sie zudem die einheimischen Amphibien und Reptilien und führen auf diese Weise zu einer durchgreifenden Veränderung vieler charakteristischer Biozönosen. Auch auf Neuguinea sind solche Entwicklungen zu beobachten (ROOTS 1976).

Obwohl erst kurze Zeit anwesend, drohen die Agakröten im Kakadu-Nationalpark schon zu einer Gefahr für die Tourismusindustrie zu werden. Unter dem Druck des Ereignisses sind der Forschungsorganisation CSIRO von der australischen Regierung umfangreiche Finanzmittel zur Entwicklung biologischer Bekämpfungsmaßnahmen zur Verfügung gestellt worden. Ziel ist es, ein für die Entwicklung der Kröten entscheidendes Gen zu identifizieren und so zu verändern, dass es deren Metamorphose hemmt. Mit Hilfe "geschwächter" einheimischer Amphibienviren, mit dem einheimische Frösche und Fische infiziert werden sollen, ohne ihnen noch schaden zu können, beabsichtigt man, diese manipulierten Gene unter den Agakröten zu verbreiten (CSIRO 2001). Aus Venezuela stammende Viren haben sich als ungeeignet erwiesen, da sie nicht nur die Agakröten, sondern auch einheimische Frösche töteten (Pressemitt. CSIRO von 22. 07. 1998).

Keineswegs ist eine schnelle Lösung zu erwarten. Bevor dieses Verfahren praxisreif ist, werden noch zehn und mehr Jahre vergehen. Pläne, die Ausbreitung der Kröten durch einen "Kröten-zaun" aufzuhalten, sind angesichts der hohen Unterhaltungskosten und der geringen Wirksamkeit der schon gegen die Kaninchen und Dingos errichteten Zäune nicht umgesetzt worden. So fehlt bislang eine praktikable, auf breiter Front durchschlagende Bekämpfungsmethode.

Trotz der unübersehbaren Auswirkungen der Agakröten gehen die Meinungen über sie aus-einander. So werden Kröten sogar als "Haustiere" gehalten, da sie Schaben und anderes lästige Ungeziefer vernichten. In Florida zum Beispiel sollen gerade Aussetzungen auf privatem Grund die rasche Ausbreitung der Agakröte begünstigt und zur Entstehung neuer Populationen geführt haben (KRAKAUER 1970). Darüber hinaus haben sie auch eine gewisse wirtschaftliche Bedeutung erlangt. Die Kröten können von jedermann auch kommerziell genutzt werden, ohne dass es einer amtlichen Erlaubnis bedarf. In einige Staaten und Territorien (z. B. Northern Territories) dürfen sie allerdings nicht eingeführt werden. Das Krötengift wird gefriergetrocknet, pulverisiert und zu hohen Preisen (ein Gramm kostet um 100 Dollar) insbesondere in einige asiatische Länder ver-kauft, wo es in der traditionellen Medizin Verwendung findet. Aus der Haut der Kröten stellt man ein hochwertiges Leder für Modeartikel her (Handtaschen, Portemonnaies usw.). Auch in anderen Ländern mit großen Krötenpopulationen, wie zum Beispiel auf den Philippinen, gewinnt die Krö-tenlederproduktion in stiegendem Maße an Bedeutung. Nur große Kröten liefern genügende Men-gen Bufotoxin und Leder. Ausreichend große (alte) Exemplare aber sind relativ selten, und so müssten die Kröten im Hinblick auf eine wirtschaftliche kommerzielle Nutzung in Farmen ge-züchtet werden. Tierpräparatoren haben eine Marktlücke entdeckt und verkaufen "ausgestopfte" Kröten in großer Zahl als Souvenirs. Auch unter den Wissenschaftlern wird die Situation kontro-vers diskutiert. Manche sehen in der Entwicklung der Krötenpopulation im Kakadu-Nationalpark weniger eine Bedrohung der dortigen Ökosysteme und Biozönosen als vielmehr ein gigantisches und faszinierendes "Freilandexperiment", dessen Verlauf man in aller Ruhe verfolgen sollte, an-statt in Panik zu geraten und voreilige Konsequenzen zu ziehen (GEARIN 2000). Andere wiede-rum halten ein Abwarten für verantwortungslos und für "totalen Umweltvandalismus", zumal im Hinblick auf die enorme Beeinträchtigung der Lebensqualität der Menschen und die Aussicht, dass die Agakröten bald das gesamte nördliche Australien "erobern" werden (TYLER 1996; Mitt. M. J. TYLER vom 23. 06. 2001).

3.1.2.3 Verwilderte Haustiere

Verwilderte Haustiere, wie Pferde, Esel, Wasserbüffel, Ziegen, Schweine, Kamele u. a., verursa-chen ebenfalls große Probleme. Nur auf einige soll hier eingegangen werden. Im Norden (Arn-hem-Land einschließlich Melville Island) waren es über lange Zeit vor allem aus Südasien einge-führte und dann verwilderte Wasserbüffel (*Bubalis bubalis*), die, möglicherweise zusammen mit verwilderten Schweinen, die Vegetation zerstört, schwere Erosionsschäden verursacht und zur Versandung von Wasserstellen geführt haben, auf die während der Trockenzeit eine Vielzahl an-derer Tiere angewiesen ist. Zeitweise stellte der australische Wasserbüffelbestand mit 150 000 bis 200 000 Tieren rund 90 % des Weltbestandes freilebender Wasserbüffel (MCKNIGHT 1971; GRAHAM et al. 1982). Obwohl ihnen jahrzehntelang eher gelegentlich wegen ihrer Häute und ihres Fleisches nachgestellt wurde, sind sie nie wirtschaftlich richtig genutzt worden. Im Rahmen der Vorbeugungsmaßnahmen zur Verhinderung der Ausbreitung der Rindertuberkulose und der Bruzelose sind die Wasserbüffelbestände stark reduziert worden. Auf der Coburg-Halbinsel gibt es noch eine kleine Population, die man für die Eingeborenen zur Bejagung und auch als Tou-ristenattraktion erhalten will (Mitt. Q. HART vom 20. 04. 1998). Als landschaftsverändernde Fak-toren scheinen sie keine große Rolle mehr zu spielen (Mitt. J. MCILLROY vom 16. 04. 1998).

Wie bei allen, den stark variierenden klimatischen Bedingungen und Kontrollmaßnahmen ausgesetzten verwilderten Tieren, ist es kaum möglich, über die Anzahl der verwilderten Pferden ("brumbies") "verlässliche" Angaben zu erhalten. In den späten achtziger Jahren des vorigen Jahrhunderts soll es in Australien noch 300 000 bis 600 000 verwilderte Pferde gegeben haben. Seither haben Dürreperioden und intensive Reduzierungsmaßnahmen ihren Bestand im größten Teil ihres früheren Verbreitungsgebietes drastisch schrumpfen lassen, auf vermutlich unter 100 000 Tiere (Mitt. Q. HART vom 20. 04. 1998).

Verwilderte und ihrer Urform des europäischen Wildschweins (*Sus scrofa*) inzwischen durch natürliche Rückentwicklung wieder sehr ähnliche Schweine sind heute überall auf dem Kontinent verbreitet, das trockene Landesinnere und Südaustralien ausgenommen. Am zahlreichsten sind sie in Neu-Südwales und Queensland, während ihre Verbreitung entlang der Westküste und in Victoria lückenhaft ist. In Nord- und Westaustralien konzentrieren sich die Bestände auf Flusstäler, Altwasserarme und ihre nähere Umgebung. Während der feuchten Jahreszeit streifen sie jedoch weiter umher. Allein Wassermangel und fehlende schattige Habitate scheinen ihrer Ausbreitung eine Grenze gesetzt zu haben (TISDELL 1982).

Die verwilderten Schweine stammen im wesentlichen von europäischen Hausschweinen ab. Im Jahre 1788 waren die ersten von den Europäern ins Land gebracht worden. Auch aus Asien (Timor, China, Thailand) hat man Schweine eingeführt. Noch bis zur Mitte des 19. Jahrhunderts war es üblich, die Schweine frei umherlaufen zu lassen, so wie es über das Mittelalter hinaus auch in Europa üblich war. Erst dann begann man, das private Land einzuzäunen. Die streunenden Schweine verwilderten und dank ihrer außerordentlichen Anpassungsfähigkeit und nahezu unbehelligt durch natürliche Feinde konnten sie sich rasch ausbreiten. Ihre Anzahl ist kaum verlässlich zu schätzen, da auch sie infolge von Dürreperioden und anderen Einflüssen von Jahr zu Jahr großen Schwankungen unterliegt (siehe unten). Die verfügbaren Angaben schwanken zwischen rund einer und annähernd 14 Millionen (HONE 1990, dort Angaben zu den Datenquellen; Mitt. J. HONE vom 16. 04. 1998).

Die Schweine sind längst zu einer die Land- und Viehwirtschaft erheblich belastenden "pest" geworden, die wohl kaum geringere Schäden verursacht als die strengen Kontrollmaßnahmen unterliegenden Kaninchen. TISDELL (1982) gibt einen geschätzten Schaden von rund 50 Millionen Dollar pro Jahr an. Sie zerwühlen Äcker und Weiden, durchbrechen Einzäunungen (z. B. auch Kaninchen- und Dingozäune), zerstören künstliche Bewässerungsanlagen (Rohrleitungen, Dämme und dergleichen) sowie Viehtränken und tragen erheblich zur Erosion bei. Sie jagen und fressen nicht nur Kleinsäuger, Vögel und Kaninchen, sondern auch neugeborene Lämmer und Ziegen (CHOQUENOT et al. 1997; CHOQUENOT et al. 1996). Zudem übertragen sie eine Reihe von Krankheitserregern und führen zur Ausbreitung zum Beispiel der Leptospirose, des Milzbrandes, der Bruzellose, der Tuberkulose sowie der Maul- und Klauenseuche, die allesamt die Viehwirtschaft erheblich gefährden. Nicht zuletzt aber zerstören sie die Gelege bodenbrütender Vögel, rotten diese sowie einheimische Reptilien und Kleinsäuger aus und verändern beträchtlichem Ausmaßdie Vegetation.

So unübersehbar diese Einflüsse auch sind, so wenig Genaues weiß man über die Auswirkungen, insbesondere auf die einheimische Fauna. Ganz allgemein ausgedrückt sind es in erster Linie die Nahrungskonkurrenz, die Rolle der Schweine als direkte Prädatoren (siehe oben) sowie durch sie verursachte Veränderungen der Habitatstrukturen, die zum Verlust von Zuflucht- und Brutmöglichkeiten für die einheimischen Tiere führen und sie leichter zum Opfer von Fressfeinden werden lässt. Die Schweine vernichten zum Beispiel die Nistplätze des bodenbrütenden Buschhuhnes, indem sie die gesamte hochwüchsige Vegetation im Ufersaum von Altwasserarmen und Fließgewässern zerstören. An den verstreuten Wasserlöchern kommt es während der Trockenzeit zu erheblicher Nahrungskonkurrenz zwischen den zahlreichen Wasservögeln und den Schweinen. Die Schweine ernähren sich von Lilien, Knollenpflanzen und anderen Grünpflanzen sowie von

Fröschen, die für die Wasservögel in dieser Zeit die einzige Nahrungsgrundlage sind. Am Rande der Gewässer lebende bodenbewohnende Kleinsäuger fressen sie direkt oder zerstören ihre Baue. Auf diese Weise wird u. a. der Bestand der Falschen Wasserratte ("false water rat", *Xeromys myoides*), die ihr Nest in aus Blättern und Schlamm erstellten Haufen am Rande der Sümpfe anlegt, und der der australischen Wasserratte (*Hydromus chrysogaster*), die ihre Nisthöhlen in Fluss- und Lagunenufern gräbt, stark gefährdet. In den Regenwäldern sind das Rote Rattenkänguru ("rufus kanngaroo-rat", *Aepyprymus rufescens*) und wahrscheinlich auch das Moschusratten-Känguru ("musk-rat kangaroo", *Hypsiprymnodon moschatus*) durch die von den Schweinen verursachte Habitatzerstörung und Nahrungskonkurrenz gefährdet. Es sind zwar nicht nur die Schweine, die zum Beispiel die Gelege der Bodenbrüter und diese selbst vernichten, sondern Füchse, verwilderte Hunde und vor allem Katzen sind ebenfalls daran beteiligt. Gleichwohl hat der negative Einfluss der Schweine auf die natürlichen Biozönosen und ihre Lebensräume ein solches Ausmaß erreicht, dass eine systematische Bestandeskontrolle unerlässlich ist. Die Bekämpfungsmaßnahmen reichen vom Einfangen, Vergiften, über Impfungen mit dem Erreger des Schweinefiebers bis zum Abschuss aus Hubschraubern (CHOQUENOT et al. 1996). Die Dingos, die häufig als potentielle Fressfeinde genannt werden, tragen nicht maßgeblich zur Bestandesverminderung bei. Das liegt unter anderem sicherlich daran, dass sie selbst als "pest" bekämpft werden. Dies ist aber wohl nicht der einzige Grund. Ausschlaggebend dürfte vielmehr sein, dass ihre Anzahl durch die Populationsdichte der Schweine gesteuert wird. So zeigte sich bei Feldexperimenten (CORBETT 1995), dass nach Beseitigung der Wasserbüffel – sie sind Nahrungskonkurrenten der Schweine – die Bestandesdichte der Schweine sehr stark anstieg und diese dann auch einen größeren Anteil im Nahrungsspektrum der Dingos ausmachten. Unter Kontrolle hat man das Schweineproblem jedenfalls noch nicht.

Die besondere Problematik Australiens liegt außer in der isolierten Evolution von Fauna und Flora in der hohen klimatisch bedingten Variabilität der Lebensbedingungen (anhaltende Dürreperioden, Überschwemmungen, Buschbrände u. a. m.). Daher unterlagen die ursprünglichen Populationen sehr starken Schwankungen ("boom and bust pattern") und erreichten wohl nur selten, wenn überhaupt, eine annähernd konstante Größe (RATCLIFFE 1959). Als ein typisches Beispiel dafür kann der während einer der unregelmäßig auftretenden Dürreperioden zwischen April 1982 und März 1983 erfolgte Einbruch der Kängurubestände (*Macropus rufus, Macropus fuliginosus, Macropus giganteus*) im östlichen Teil des Inneren Australiens gelten (CAUGHLEY et al. 1985). In einem Areal von über einer Million Quadratkilometern gingen ungefähr 40 % der Kängurus zugrunde, die meisten während des Sommers. Solche scheinbaren Katastrophen sind nichts anderes als eine "Anpassung" der Tiere und der Vegetation an die extrem variablen Lebensbedingungen (RATCLIFFE 1959; BOMFORD 1990). Letztlich haben sie, gewissermaßen als negative Rückkoppelung, das zwischen den Dürren starke Populationswachstum gedämpft und die Tragfähigkeit des Lebensraumes gesichert. Übrigens ist die Anzahl der Kängurus dank der in ursprünglich wasserlosen Gebieten angelegten Viehtränken und der rigorosen Bekämpfung des Dingos heute größer als vor der Ankunft der Europäer (ADAMSON und FOX 1982), und doch scheint von ihnen kein größerer Einfluss auf die Vegetation auszugehen. Die große Zahl eingeführter Pflanzenfresser überschreitet indessen nicht nur die Tragfähigkeit weiter Gebiete, sondern hat sie durch die Folgen der Überbeweidung (Dichte, Zusammensetzung und Struktur der Vegetation, Erosion) noch weiter reduziert. Möglicherweise "stabilisieren" sich die Verhältnisse auf einem Niveau geringerer Produktivität, mit einer gegen die Variabilität der Lebensbedingungen und die Überbeweidung weniger empfindlichen Vegetation. Gleichwohl können nur nachhaltige Populationskontrollen auf Dauer verhindern, dass noch mehr einheimische Tierarten aussterben und die landwirtschaftliche Produktivität weiter sinkt (HUTCHINS et al. 1982). In der öffentlichen Meinung geraten die traditionellen Methoden, die das Töten überzähliger Tiere zum Ziele haben, zunehmend in Misskredit. Aus ethischen Gründen hält man eher die Chemosterilisation für ein geeignetes Mittel

(BOMFORD 1990).Gerade am Beispiel Australiens hat sich gezeigt, dass ausgerechnet die gemeinhin als "naturgerecht" erachteten biologischen Bekämpfungsmaßnahmen (Einführung von Fressfeinden des Kaninchens oder der Agakröte zur Bekämpfung der Zuckerrohrschädlinge) vielfach unerwartete und kaum mehr kontrollierbare Folgen mit sich gebracht haben, die zum Beispiel im letztgenannten Fall bei einer konsequenteren chemischen Bekämpfung der Zuckerrohrkäfer vermeidbar gewesen wären.

3.1.3 Ansiedlungen in Neuseeland

Hinsichtlich der Anzahl eingeführter Tierarten wird Australien nur von Neuseeland übertroffen. Ende des 18. Jahrhunderts ließen sich die ersten Europäer dort nieder. Die eigentliche Besiedlung begann aber ein halbes Jahrhundert später. In deren Verlauf wurden allein um 40 Arten wildlebender Säugetiere nach Neuseeland gebracht (WODZICKI 1950, 1963). Über 90 % aller heute in Neuseeland lebenden terrestrischen Säugetiere sind Exoten (KITCHING 1986). Von den vielen eingeführten Vogelarten – es sollen etwa 130 sein – haben knapp 40 Arten in Neuseeland fußgefasst, und selbst die Fischfauna besteht heute zum überwiegenden Teil aus eingeführten Arten (SEDLAG 1995).

Vor der Besiedlung Neuseelands durch die Europäer umfasste die dortige Säugetierfauna nur zwei Fledermausarten und die schon vor 1200 bis 1000 Jahren mit den Maoris ins Land gekommene Polynesische Ratte (= Maori-Ratte, *Rattus exulans*; ATKINSON und MOLLER 1990). Unter den angesiedelten Säugetieren (Tab. 10) sind vor allem auch viele jagdbare Arten, wie beispielsweise Rothirsch (*Cervus elaphus scoticus*), Wapiti (*Cervus elaphus nelsoni*), Elch (*Alces alces andersoni*), Damhirsch (*Dama dama*), Virginiahirsch oder Whitetail (*Odocoileus virginianus*), Maultierhirsch (*Odicoileus hemionus),* Sikahirsch (*Cervus nippon*), Rusahirsch (*Cervus timorensis*), Sambarhirsch (*Cervus unicolor*), Gämse (*Rupicapra rupicapra*) und Tahr (*Hemitragus jemlahicus*) sowie auch mehrere Wallebyarten (*Macropus spec.*, *Petrogale penicillata*), der Fuchskusu (= Australisches Opossum, *Trichosururs vulpecula*), das Kaninchen (*Oryctolagus cuniculus*) und der Feldhase (*Lepus europaeus*) (KING 1990 a). Die meisten Arten wurden vor gut 100 Jahren aus Großbritannien eingeführt (56,1 %). Aus dem übrigen Europa stammen 3,2 %, aus Asien 13,9 %, aus Amerika 11,3 % und aus Australien 6,1 %. Den Rest stellte eine Reihe anderer Länder (WODZICKI 1950). Viele dieser eingeführten Wildtiere wie auch die verwilderten Haustiere (z. B. Wildschweine, Ziegen, Katzen usw.) haben die ökologischen Verhältnisse in ihrem neuen Lebensraum tiefgreifend und nachhaltig beeinflusst. In den folgenden Kapiteln können wiederum nur einige Beispiele dazu gegeben werden.

3.1.3.1 Rotwild und anderes Schalenwild

Rotwild wurde ab 1861 in großer Zahl angesiedelt. Es stammte im wesentlichen aus englischen Wildparks und aus dem schottischen Hochland sowie etwa zu einem Drittel aus einem bereits in Australien etablierten Bestand (LOGAN und HARRIS 1967; CHALLIES 1985). Ebenfalls aus englischen Wildparks kam das Damwild, jedoch bei weitem nicht in so großer Zahl. Die anderen Hirscharten wurden nur in sehr begrenzter Zahl ausgesetzt und erreichten bestenfalls lokal beträchtliche Bestandesdichten. Damwild und Virginiahirsch haben in den Blue Mountains (Südinsel) beziehungsweise auf dem südlich der Südinsel gelegenen Stewart Island die Waldstrukturen verändert (WODZICKI 1963). Das Rotwild war von allen eingeführten Hirscharten bei der Besiedlung des neuen Lebensraumes die erfolgreichste. Das relativ feuchtgemäßigte Klima mit zumeist milden Wintern, eine üppige, artenreiche und immergrüne Vegetation, freier Raum im Überfluss

228

mit guten Rückzugsmöglichkeiten im bewaldeten und nur sehr dünn besiedelten Gebirge sowie das Fehlen jeglichen natürlichen Feindes und Nahrungskonkurrenten boten dem Rotwild günstige Lebensbedingungen. Im Gegensatz zu den tropischen Hirscharten (Sambarhirsch, Rusahirsch, beide nur auf der Nordinsel eingeführt) passte es sich relativ rasch dem anderen jahreszeitlichen Rhythmus der Südhemisphäre an. Brunft und Setzzeit verschoben sich um ein halbes Jahr, während die tropischen Hirsche weiterhin ganze Jahr hindurch Kälber zur Welt brachten, auch während der ungünstigen Jahreszeit. Trotz intensiver Bejagung hat sich das Rotwild sehr rasch und weit ausgebreitet. Heute kommt es überall vom Hochland bis zum Küstentiefland von Nord- und Südinsel vor, mit Ausnahme einiger Regionen im Westen und Norden der Nordinsel. Seine bevorzugten Habitate sind die oberen und unteren Grenzbereiche der Bergwälder. Nur lokale Verbreitung haben dagegen die vergleichsweise kleinen Herden des Damwildes. Auch die Verbreitung der anderen Hirscharten ist räumlich eng begrenzt (HOLLOWAY 1973). Selbst der dem Rothirsch eng verwandte Wapiti tat sich überraschend schwer, was aber möglicherweise daran liegt, dass die Aussetzungen in vergleichsweise extremem Gelände erfolgten. Auch heute beschränkt sich die Verbreitung des Wapiti auf das "Fiordland" im Südwesten der Südinsel. Später breitete sich auch dort das Rotwild immer mehr aus (CHALLIES 1985).

Tab. 10: Übersicht über die in Neuseeland angesiedelten Säugetiere (nach WODZICKI 1963).

Wildlebende Säugetiere	
Huftiere	
	Rothirsch (Europa)
	Wapiti (Nordamerika)
	Sambarhirsch (Asien)
	Rusahirsch (Asien)
	Sikahirsch (Asien, Japan)
	Virginiahirsch (Nordamerika)
	Elch (Europa)
	Damhirsch (Europa)
	Gemse (Europa)
	Thar (Asien, Himalaya)
Hasentiere	
	Feldhase (Europa)
	Kaninchen (Europa)
Nagetiere	
	Hausratte
	Wanderratte
	Maoriratte (Polynesien)
	Hausmaus
Raubtiere	
	Frettchen (Europa)
	Mauswiesel (Europa)
	Hermelin (Europa)
Insektenfresser	
	Igel (Europa)
Beuteltiere	
	Australisches Opossum (Fuchskusu)
	Wallebies (5 Arten)
Verwilderte Haustiere	
	Schafe
	Rinder
	Ziegen
	Schweine
	Pferde

Bis in die zweite Hälfte des 20. Jahrhunderts hatte das Rotwild einen nachhaltigen und in manchen Gebieten wahrscheinlich irreversiblen Einfluss auf die Landschaft. Dort, wo es nicht bejagt wurde, wuchs die Populationsdichte bei optimalem Nahrungsangebot sehr rasch an. Nach zwei bis drei Jahrzehnten hatten die Bestände die Tragfähigkeit ihres Lebensraumes überschritten und infolge der Erschöpfung der Nahrungsgrundlage, steigender Nahrungskonkurrenz und Selbstregulierung (Kapitel 2.2.1) erfolgte ein deutlicher Rückgang (siehe auch Abb. 13). Ungünstige Witterungsbedingungen, wie sie zum Beispiel im nördlichen Teil der Südinseln für die Winter 1928 bis 1931 und 1939 bis 1942 typisch waren, verschärften die Situation und wirkten beschleunigend (CLARKE 1976).

Am stärksten waren die krautigen Pflanzen dem Äsungsdruck ausgesetzt. Aber auch viele der Strauch- und Baumarten im Unterwuchs litten unter starkem Verbiss und gingen vielfach zugrunde. In vielen Gebieten wurde die natürliche Verjüngung der Waldbestände beeinträchtigt oder auch völlig unterbunden (HOLLOWAY 1950). Gleichwohl spielen hinsichtlich der Intensität des Rotwildeinflusses die Zusammensetzung und das Entwicklungsstadium der Waldbestände und damit die lokalen und regionalen Besonderheiten eine entscheidende Rolle (u. a. WARDLE et al. 1971; WARDLE 1974; MARK und BAYLIS 1975).

Foto 62: Nach Zerstörung der Vegetationsdecke durch Vertritt entstandenes Ausblasungskliff oberhalb der klimatischen Waldgrenze am Arthur's Pass, Craigieburn Range (Neuseeland, Südinsel) (F.-K. HOLTMEIER, 29. 11. 1979).

Schon in den zwanziger Jahren des vorigen Jahrhunderts waren die hohen Rotwildbestände zu einer Plage von großer wirtschaftlicher Tragweite geworden (z. B. COCKAYNE 1926). Neben den unübersehbaren Verbiss-, Schäl- und Fegeschäden wurde und wird dem Rotwild auch eine nicht unerhebliche Zunahme der Erosionsschäden angelastet (Foto 62). Jeder, der die neuseeländischen Gebirge kennengelernt hat, konnte eindrucksvolle Beispiele intensiver Abtragung beobachten. Sie ist aber in diesem tektonisch sehr aktiven Raum ohnehin ein ganz natürliches landschaftsgestaltendes und allgegenwärtiges Phänomen (GRIFFITH 1979; ADAMS 1980). Von Einzelfällen abgesehen, ist es nahezu unmöglich, den Anteil des Rotwildes daran abzuschätzen, zumal angesichts der extremen Überbeweidung durch Schafe und des Einflusses von Bränden (SCHWEINFURTH 1966; auch Mitt. P. WARDLE vom 23. 04. 1998).

Anfang der dreißiger Jahre begann man, in großem Umfang die Rotwildbestände durch intensive Bejagung und – in geringem Maße – auch durch Vergiftungsaktionen zu reduzieren. Keiner aber hatte damals die mit der Bestandesregulierung in den entlegenen und hinsichtlich der Geländeverhältnisse sehr schwierigen Hochgebirgsregionen verbundenen Probleme, zumal für Rotwildjäger zu Fuß, vorausgesehen. So ist es auch nicht weiter erstaunlich, dass mit abnehmender Anzahl der Hirsche die Jagd auf sie bald an Attraktivität verlor. Selbst die in jüngerer Zeit (seit 1965) übliche kommerzielle Bejagung aus dem Hubschrauber (Häute, Fleischindustrie mit Export nach Europa, vor allem nach Deutschland) bereitet in dem steilen und unübersichtlichen Gelände und bei den rasch wechselnden Witterungsbedingungen große Schwierigkeiten. Gleichwohl hat sie seit Mitte der sechziger Jahre zu einem Rückgang des Rotwildbestandes um 75 bis 95 % geführt, so dass sich heute auch alternative Bekämpfungsmaßnahmen erübrigen (CHALLIES 1985). Die inzwischen aufgekommene Sekundärvegetation bietet den reduzierten Beständen eine vergleichsweise günstige, sehr produktive Nahrungsgrundlage. In der alpinen Stufe des Fiordland (Südinsel) aber sind die Langzeitfolgen der Übernutzung des Tussock-Graslandes durch das Rotwild für die einheimische Fauna offensichtlich noch längst nicht überstanden. Bis zu dreißig

Jahre soll es dauern, bis sich das snow tussock (*Cionochloa flavescens*) von der exzessiven Beweidung erholt. Während des Sommers ist es eine wichtige Nahrungsgrundlage für den flugunfähigen takahé (*Notornis hochstetteri (mantelli)*). Er kann nur überleben, wenn die Rotwilddichte auf einem möglichst niedrigen Niveau gehalten wird (MILLS und MARK 1977; LEE et al. 2000).

Außer den Hirschartigen wurden auch Gämsen (CLARKE 1978) und Tahrs (CAUGHLEY 1970; DOUGLAS 1977) im neuseeländischen Gebirge angesiedelt. Bei beiden Arten handelt es sich um extrem klettergewandte und anpassungsfähige Gebirgstiere, für die kein Gelände zu steil und zu felsig ist. Die aus den europäischen Alpen stammenden Gämsen wurden 1907 und 1914 am Mt. Cook (Südinsel) ausgesetzt. Äußerst anpassungsfähig, haben sie sich in kleinen Gruppen vergleichsweise schnell über die gesamte Südinsel ausgebreitet und besiedeln heute so unterschiedliche Habitate wie die hochalpinen Regionen und die niedrigen Berge im Küstenbereich. Trotz intensiver Bejagung sind sie weiterhin in Ausbreitung begriffen. Nach dem Rotwild sind die Gämsen die wohl am weitesten verbreitete wildlebende Huftierart in Neuseeland (CLARKE 1990).

Der Tahr ist eine ursprünglich im Himalaja beheimatete Wildziege, deren Lebensraum sich dort von der Laubwaldstufe (2 500 m) bis in die alpine Mattenregion (4 400 m) erstreckt (SCHALLER 1973). Die ersten fünf Tahrs ließ man 1904 in der Nähe des Mt. Cook frei. Fünfzehn weitere wurden 1919 ausgesetzt, um den Bestand zu stützen. Möglicherweise war dies völlig überflüssig, denn dank der günstigen Nahrungsgrundlage wuchs die Population sehr rasch an, und schon nach kurzer Zeit wurden Herden mit 50 bis 70 Tieren beobachtet. Heute kommen Tahrs in vielen Teilen des Gebirges vor, vorzugsweise in Höhenlagen zwischen 1 400 m und 1 700 m. Dies entspricht dem Bereich der Strauchvegetation (*Dracophyllum* spec.) und dem alpinen Tussock-Grasland oberhalb der Wald(Busch)grenze (DOUGLAS 1977). Steile Hänge (> 40^0) und Bergzüge mit Kammhöhen von über 1 800 m scheinen bevorzugt zu werden (CAUGHLEY 1970).

Bei den Gämsen ist der Herdeninstinkt nicht so ausgeprägt wie bei den Tahrs. Daher verteilen sie sich mehr im Gelände und streifen weit umher (HOLLOWAY 1973), was übrigens auch ihre Kontrolle durch Bejagung erschwert. Zu Konzentrationen kann es während des Winters in windausgesetzten Geländebereichen kommen, von denen der Schnee verblasen wird. An solchen Stellen ist gewöhnlich auch die Pflanzendecke nur vergleichsweise spärlich entwickelt und leidet besonders stark unter Verbiss und Vertritt. Aber auch auf den erosionsanfälligen Grasbändern in den steilen Felsklippen sowie auf den meist nur lückenhaft bewachsenen großen Schutthalden zerstören die Gämsen die Vegetation und tragen zur Bodenerosion bei (CLARKE 1978).

Die Tahrs dagegen bilden große Herden und verursachen in dem von ihnen bevorzugten Tussock-Höhengrasland (*Chionochloa* spec., *Poa colensoi*) beträchtliche Schäden (HOLLOWAY 1973). Unter ihrem Einfluss lichtet sich in kurzer Zeit die im ursprünglichen Zustand dichte Vegetationsdecke. Am stärksten wirkt sich dabei die Beweidung während des Winters aus, wenn die niedrigeren Pflanzen von Schnee bedeckt sind und meist nur die sechzig bis neunzig Zentimeter hohen Tussockgräser deutlich über den Schnee herausragen (CAUGHLEY 1970). Das "snow tussock" (*Chionocloa* spec.) reagiert besonders empfindlich auf den Verbiss (MARK 1965). Auf die Abnahme der Höhe der "snow tussocks" folgt die schnelle Eliminierung der zwischen den Büschelgräsern gedeihenden, zumeist schattenbedürftigen Arten, die schließlich durch niedrigwüchsige und kriechende Pflanzen ersetzt werden (EVANS 1973 b). An Stelle der "snow tussocks" treten in einem späteren Stadium niedrigere Tussockgräser (*Poa*- und *Festuca*-Arten), die aber bei anhaltendem starken Äsungsdruck auch verschwinden. Völlig zerstört wird die *Dracophyllum*-Strauchzone. Ist erst einmal die schützende Pflanzendecke beseitig, hat die Erosion leichtes Spiel. Zuerst wird der humusreiche Oberboden abgetragen. Damit geht die wichtigste Nährstoffquelle für die Vegetation verloren. Kammeisbildung und Frosthebung fördern die Erosion (Gelideflation, siehe auch Foto 18, 70 und 71). Im Extremfall wird der Boden bis auf den felsigen Untergrund abgetragen. Diesen Auswirkungen läss sich nur durch eine effiziente Kontrolle der Gämsen und Tahrbestände vorbeugen

Schon bald nach den ersten "erfolgreichen" Aussetzungen war erste Besorgnis über die rasche Vermehrung und Ausbreitung von Gämse und Tahr und deren Auswirkungen auf die alpine Vegetation laut geworden. Die sich häufenden Klagen führten schließlich 1930 zur Freigabe der Bejagung. Angesichts des nahezu unbeschreiblichen ("indescribable extent", DOUGLAS 1970) Ausmaßes der Vegetationszerstörung ließ dann 1936 die Regierung drastische Regulierungsabschüsse durchführen. Allein während dieser ersten Kampagne wurden rund dreitausend Tiere getötet, im Laufe der folgenden Jahre viele zehntausend, und doch ist das Problem nicht gelöst. Ziel des Tahr-Management ist es, die Population so klein zu halten, dass das ursprüngliche Grasland nicht zerstört wird (DEPARTMENT OF CONSERVATION 1993). Das große Problem dabei ist die im Hinblick auf die Effizienz der Eingriffe "richtige" Bejagung, die die unterschiedliche geschlechts- und altersspezifische Mobilität und Verhaltensweise bei der Habitatnutzung berücksichtigt. Voraussetzung für die Erstellung eines Managementkonzeptes ist die genaue Erfassung der Geschlechts- und Altersgruppen. Schon hier beginnen die Schwierigkeiten (FORSYTH 1999).

Wesentlich mühsamer noch als die Kontrolle der Rotwildbestände ist die Bejagung von Tahr und Gämse im extremen Gebirgsgelände. Gleichwohl ist es gelungen, durch Bejagung aus dem Hubschrauber, die Populationen auf ein vergleichsweise niedriges Niveau zu bringen und die Ausbreitung in noch nicht von diesen Gebirgstieren besiedelte Gebiete zu verhindern. Nun kann man aber – wie auch beim Rotwild – nicht die gesamte Vegetationszerstörung und die zunehmende Erosion allein Tahrs und Gämsen anlasten, denn die Überbeweidung vor allem mit Schafen und der sorglose Umgang mit dem Feuer haben eine nicht zu unterschätzende, wenn nicht gar die größere Rolle gespielt. Mehrfach hat man daher auch die Einschränkung der Beweidung in den Wassereinzugsgebieten des Hochlandes gefordert (u. a. DOUGLAS 1977). Besonders kritisch ist die Situation in der sehr erosionsanfälligen Grauwackenzone. Die dortigen Böden sind zudem sehr nährstoffarm, so dass die Vegetation nur langsam wieder auf stark erodierte Flächen vordringen kann. Anders auf der feuchten Westseite. In Gebieten, in denen es gelang, die Tahrs zu entfernen, hat sich die Vegetation wieder erholt, und in den Matten von *Poa colensoi*, die sich unter dem Einfluss der Tahrbeweidung gebildet hatten, ist inzwischen wieder *Chionochloa pallens* zu finden. Nach wie vor gilt es, jeweils unter Berücksichtigung der lokalen Gegebenheiten die Frage zu beantworten, wie viele Tahrs oder Gämsen das betreffende Gebiet "verträgt", denn eine allgemein gültige Regel lässt sich nicht aufstellen. Unter dem Eindruck der ökologischen Auswirkungen der eingeführten wildlebenden Huftiere und angesichts der rigorosen Reduzierungsmaßnahmen sollte man jedoch nicht außeracht lassen, dass das Wild seit langem die Grundlage für eine umfangreiche "Wild-Industrie" mit nicht zu unterschätzender ökonomischer Bedeutung ist.

3.1.3.2 Kaninchen

Auch Neuseeland ist nicht von europäischen Kaninchen verschont geblieben. An mehreren Stellen setzte man zwischen 1830 und 1860 Kaninchen aus, um damit die Grundlage für die bei den englischen Siedlern so populäre Kaninchenjagd und zur Pelzgewinnung zu schaffen. Allein im Zeitraum von 1920 bis 1929 wurden 150 Millionen Kaninchenfelle exportiert, Ende der vierziger Jahre des vorigen Jahrhunderts immerhin noch 17 Millionen. Während auf der Nordinsel die verschiedenen Formen der Landnutzung und die fortgeschrittene Besiedlung die Ausbreitung der Kaninchen erschwerten, breiteten sie sich auf der Südinsel, begünstigt durch das häufige Abbrennen der Tussockgras- und Buschvegetation, das Aussäen nichteinheimischer Gräser und die intensive Beweidung durch Schafe, seuchenartig aus, mit ähnlichen Folgen für den Raum wie in Australien. Schafe fanden keine Nahrung mehr. Viele Farmer standen vor dem Ruin und waren gezwungen, ihr Land aufzugeben. Nach Ansicht mancher Autoren (u. a. BELL und WILLIAMS 1981) ist jedoch die den Kaninchen zugeschriebene Abtragung geringer als die natürliche, und

Foto 63: Durch Kaninchen ausgelöste Bodenabtragung in der Pisa Range (Neuseeland, Süd-insel) in rund 750 m Höhe. Bei den Bäumen, deren Wurzeln freigelegt worden sind, handelt es sich um *Podocarpus nivalis* (F.-K. HOLTMEIER, 29. 11. 1979).

erst die kombinierte Wirkung von Überbeweidung und hohem Kaninchenbestand hat zu den al-lenthalben deutlich sichtbaren starken Erosionsschäden geführt (Foto 63). In den Jahren 1952 und 1953 versuchte man vergeblich, die Kaninchen mit dem *Myxoma*-Virus zu bekämpfen (WILLIAMS 1983), ohne dass man sich die Ursache der Fehlschläge erklären konnte. Heute weiß man, dass ein geeigneter Überträger gefehlt hat.

Kaninchen sind heute besonders in den trockenen Berg- und Hügelländern der Südinsel (Central Otago; GIBB und WILLIAMS 1995) nach dem Australischen Opossum die größte Plage. Diese Region mit ihrem für neuseeländische Verhältnisse deutlich kontinental geprägten Klima (warme Sommer, kalte Winter, mittlere Niederschlagsmenge 330 mm) und ihren braun-grauen, oftmals von einer degradierten Vegetation (Überbeweidung durch Schafe, Brände) bedeckten Steppenböden bietet den Kaninchen optimale Lebensgrundlagen (KERR 1989). Mit allen Mitteln werden die Kaninchen bekämpft: Vergiften, Räuber, Aufreißen der Baue, Einzäunungen, biologi-sche Bekämpfung, Änderung der Landbewirtschaftung unter Einschalten von Brachen und tur-nusmäßiger Beweidung (siehe auch ROSS und ARTHUR-WORSOP 1987; KERR 1989; FRANCE 1991). Bei Versuchen auf kaninchenfrei gehaltenen Weiden nahm die pflanzliche Produktion binnen kurzer Zeit um ein Vielfaches zu (je nach Jahreszeit um das Drei- bis Zehnfache). Dabei hat sich auch gezeigt, dass langfristige Erfolge nur erzielt werden können, wenn die Kontrollmaß-nahmen (i. w. Vergiften) in Jahren durchgeführt werden, in denen sich die Populationen ohnehin, etwa infolge ungünstiger Witterungsbedingungen, auf einem niedrigen Niveau befinden. Gleich-wohl war auch klar geworden, dass eine Ausrottung praktisch nicht möglich ist, abgesehen von den nicht vertretbaren Kosten, die ein solches Unterfangen verursachen würde. Die nachhaltigste Reduktion wurde durch Bewirtschaftungsmaßnahmen erzielt, die eine deutliche Habitatver-schlechterung für die Kaninchen mit sich brachten (BELL und WILLIAMS 1981; WILLIAMS 1983). In einigen Gebieten ist auf diese Weise eine regelmäßige direkte Bekämpfung sogar überflüssig geworden. Gleichwohl ist die Ära des europäischen Kaninchens in Neuseeland nicht beendet, wie man nach Anfangserfolgen geglaubt hatte (MILNE und MILNE 1965). Inzwischen mehren sich auch die Stimmen, die den Erfolg der "Integrated Land Management Strategy" stark in Zweifel ziehen. Aus der Sicht vieler Farmer, deren Landbesitz außerhalb der vom "Rabbit and Land Management Programme" betreuten Gebiete liegt, hat sich die Kaninchenplage eher verschlimmert. Unter dem Druck der mit der Kaninchenbekämpfung stetig wachsenden Kosten wird seit Anfang der achtziger Jahre des 20. Jahrhunderts wieder die Einführung der Myxomatose samt geeigneter Überträger (Kaninchenfloh) gefordert (FRANCE 1991). Noch 1982 wurde dies seitens der Regierung abgelehnt, wohl aus Furcht vor dem Protest der Öffentlichkeit. Gleichwohl steht außer Zweifel, dass zum Schutz der besonders "kaninchenanfälligen" semiariden Bereiche der Südinsel alle Mittel eingesetzt werden müssen (siehe auch KERR 1989), um der Kaninchenplage Herr zu werden. Diese schließen neben Vergiftungsaktionen, Einzäunungen, Habitatmanagement, Aussetzungen von Raubtieren und anderen üblichen Methoden auch den Einsatz der Myxomatose ein, die nach wie vor als ein effektives und ökonomisch vertretbares Mittel gilt (ROSS und ARTHUR-WORSOP 1987). Inzwischen hat auch das Calicivirus Neuseeland erreicht. Seit Anfang der neunziger Jahre des vorigen Jahrhunderts laufen dort Forschungsarbeiten, um zu klären, wie die "Rabbit Calicivirus Disease" (RCD) möglichst ohne negative Folgen für andere Organismen effektiv eingesetzt werden kann (MAF 1997).

3.1.3.3 Australisches Opossum (Fuchskusu)

Kein anderes eingeführtes Tier bereitet aber den Neuseeländern wohl größere Probleme als das Opossum. Zoologisch korrekt handelt es sich um den zu den Kletterbeutlern (Phalangeridae) gehörenden Fuchskusu (*Trichosurus vulpecula*), der aber in Australien und Neuseeland Opossum oder einfach "Possum" genannt wird. Das gilt auch für nahezu die gesamte Literatur, die sich mit diesem Tier befasst. Aus diesem Grunde wird auch im folgenden diese Bezeichnung beibehalten. Mit den eigentlichen in Süd- und Nordamerika beheimateten Opossums, die zu den Beutelratten (Didelphidae) zählen, hat es nichts zu tun, außer dass es sich um ein Beuteltier handelt.

Die ersten Exemplare wurden spätestens 1858, sehr wahrscheinlich aber schon vor 1840 in Neuseeland eingeführt (PRACY 1962; COWAN 1991). Beflügelt von Visionen eines blühenden Pelzhandels und unbegrenzten "sports" ließ man jede Vorsicht außeracht, die insbesondere angesichts der mit den Ansiedlungen des Kaninchens in Australien und im Lande selbst verbundenen Folgen durchaus angebracht gewesen wäre. Auch gab es damals keine solche Unternehmungen vorbereitenden oder begleitenden wissenschaftlichen Untersuchungen. Die meisten Aussetzungen fanden in der Zeit zwischen 1890 und 1930 statt, aber noch bis 1959 wurden Opossums legal oder auch illegal in neuen Gebieten freigelassen (Abb. 85). Auch als "kuscheliges Haustier" wurde und

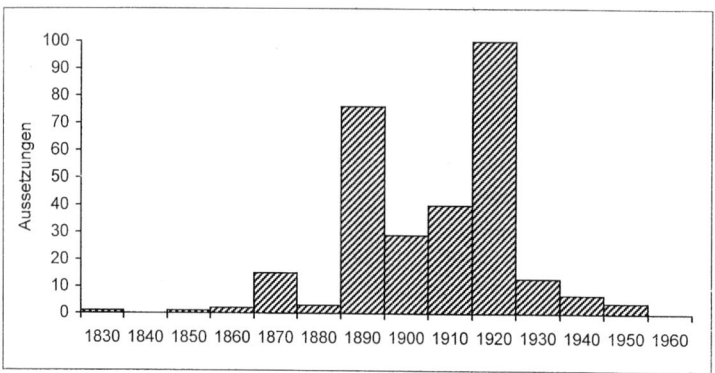

Abb. 85: Aussetzungen des australischen Opossums (*Trichosurus vulpecula*) auf Neuseeland (nach ASPINALL 1977, verändert).

wird das Opossum gehalten. Von den etwa acht Unterarten oder Varietäten wurden zunächst vor allem die "Tasmanian blacks" und "red-blacks" eingeführt, die wegen ihrer hervorragenden Pelzqualität geschätzt wurden. Später dann, etwa ab 1910, waren es die mit grauem Fell. Dank seiner großen Anpassungsfähigkeit ist das Opossum heute in Neuseeland allgegenwärtig – sowohl im warm-tropischen Norden als auch im subantarktischen Süden, an der extrem feuchten Westküste und in den Trockengebieten Otagos und Canterburys im Osten sowie auf einigen Inseln. Fragt man einen Neuseeländer danach wie ein Opossum aussieht, so antwortet er lakonisch "*A possum is that flat brown animal you can always find on the road* ". Mehr als 90 % der Gesamtfläche Neuseelands war 1994 von Opossums besiedelt. Die Gesamtzahl wurde 1991 auf 50 bis 70 Millionen geschätzt (COWAN 1991) und erreicht nun annähernd die der Schafe.

Das Opossum ernährt sich von Blättern, Trieben, Früchten von mehr als 100 einheimischen und einer großen Zahl eingeführter Pflanzen. Das Nahrungsspektrum erweist sich dabei je nach Region als sehr verschieden, ist innerhalb eines Gebietes jedoch auf einige wenige Pflanzenarten beschränkt (GREEN 1984). Zudem soll das Opossum Wirbellose, Vögel, Vogeleier und auch Aas fressen (BROWN et al. 1993). Die dem Opossum zuzuschreibenden Schäden sind kaum übersehbar und übertreffen die durch die anderen eingeführten Tiere verursachten bei weitem. Nicht nur den ursprünglichen Wäldern, sondern auch den aus exotischen Holzarten bestehenden Forsten, die im wesentlichen der Holzproduktion dienen, setzt das Opossum sehr stark zu (FARMER 1973). Auch verwüstet es Obstbaumbestände, Blumengärten und Weiden. Überdies zählt das Opossum, wie auch die eingeführten Hirscharten, verwilderten Ziegen und Schweine, zu den Überträgern der Rindertuberkulose. Heute sind auf rund 25 % der gesamten Landfläche Opossums damit infiziert. Es hat den Anschein, dass sich in den Gebieten, in denen sowohl Opossums in großer Zahl vorkommen und gleichzeitig eine Überbeweidung stattfindet, d. h. Rinder und Opossums zu unmittelbaren Nahrungskonkurrenten werden, Tuberkulosefälle häufen (ASPINALL 1977). Die Folgen sind für ein Land, dessen Wirtschaft sehr stark von der Ausfuhr von Fleisch und Milchprodukten abhängt, leicht abzusehen. Pro Jahr sollen sich die mit dem Auftreten der Rindertuberkulose verbundenen Absatzeinbußen auf rund 500 Millionen Dollar belaufen (MAF 1996). Bis heute ist es nicht gelungen, das Opossum wieder loszuwerden – trotz umfassender Bekämpfungsmaßnahmen (EASON et al. 1993). Sozusagen "unfreiwillig" werden durch die auf das Opossum gerichteten Bekämpfungsmaßnahmen die Kaninchen und die ebenfalls zu einer Plage gewordenen Hasen "geschützt", da die zu ihrer Bekämpfung notwendigen Kapazitäten abgezogen werden – ein Fass ohne Boden. Im Mittel belaufen sich die Schäden einschließlich der Kosten für die Bekämpfung (Vergiftungsaktionen, Fallenfänge, Abschuss) des Opossums auf etwa 35 Millionen Dollar (COWAN 1991).

Im Hinblick auf das Anliegen dieses Buches, die Auswirkungen auf die landschaftsökologischen Verhältnisse dazustellen, ist wohl die Situation auf der Westseite der neuseeländischen Alpen von besonderem Interesse. Schon Ende des 19. Jahrhunderts wurde aus dem "Westland" (Südinsel) über ein immer stärker um sich greifendes "Waldsterben", genauer gesagt ein Kronensterben ("canopy dieback"), in den "rata-kamahi" -Wäldern ("rata", *Metrosideros umbellata* / "kamahi", *Weinmannia racemosa*) berichtet (Foto 64). Sehr bald zeichnete sich ein direkter Zusammenhang zwischen diesen Kronenschäden und dem Anwachsen der Opossumbestände ab. Aufschlussreich ist hier ein Hinweis darauf, dass KIRK (1920) und COCKAYNE (1926) im Hinblick auf die Schaffung einer lukrativen, unter staatlicher Regie stehenden Pelzindustrie, von der sie glaubten, dass deren Erträge die durch Waldschäden entstehenden Kosten übertreffen würden, die Förderung der Opossumbestände mehr oder weniger direkt empfahlen (PRACY 1962). Möglicherweise waren damals die Wechselwirkungen zwischen Opossum und Rotwild und deren negative Folgen für die Wälder noch nicht so offensichtlich, oder sie wurden einfach "übersehen". Letzteres ist durchaus wahrscheinlich, hatten doch COCKAYNE (1926) und andere gerade ausdrücklich auf die durch das im Übermaß vertretene Rotwild verursachten Waldschäden hingewiesen.

Foto 64: Durch Opossums (*Trichosurus vulpecula*) verursachtes Kronensterben am Rough Creek im Westland Nationalpark, in 1 800 m Höhe. Bei den geschädigten Bäumen handelt es sich um rata-Bäume (*Metrosideros umbellata*) (L. E. BURROWS, JANUAR 1982).

Seit den frühen vierziger Jahren des vorigen Jahrhunderts hat das Kronensterben sehr stark zugenommen (CHAVASSE 1955; WARDLE 1971). Große alte Bäume leiden offensichtlich stärker unter den Opossums als die jüngeren. Während einzelne Bäume vollkommen kahlgefressen werden, bleiben andere nahezu unberührt. Diese eher fleckenhafte Verteilung der Opossumschäden ist auch aus den Wäldern der Nordinsel verschiedentlich beschrieben worden (ELDER 1965; MEADS 1976). VEBLEN und STEWART 1982 (ebenso STEWART und VEBLEN 1982 a, 1982 b) sehen indessen die Hauptursache des weitverbreiteten Baumsterbens weniger im Kahlfraß durch die Opossums als vielmehr in der natürlichen, durch Überalterung der Bestände bedingten Mortalität und verweisen auf die Existenz junger vitaler rata- und kamahi-Bestände in den Schadensgebieten. MOSLEY (1978), der sich mit der Erosion in der südlichen Ruahine-Range (Nordinsel) befasst hat, kommt ebenfalls zu dem Schluss, dass der Niedergang der Wälder schon durch Überalterung sowie möglicherweise auch Insektenkalamitäten und ungünstige Witterungsbedingungen während der dreißiger und vierziger Jahre "vorprogrammiert" war. Die Opossums sollen zusammen mit dem Rotwild und den verwilderten Ziegen nur der Auslöser des Zusammenbruchs gewesen sein und schließlich auch die Erholung der Waldbestände verzögert haben.

Andere Beobachtungen wieder (PEKELHARING 1979; PEKELHARING und REYNOLDS 1983; PAYTON 1987) belegen, dass in Gebieten mit anhaltend hoher Opossumdichte auch im Jugendstadium vitale Bestände letztendlich dem Kahlfraß zum Opfer fallen. Dieselbe Auffassung vertritt BATCHELER (1983) aufgrund einer gründlichen Literatur-Review. Zudem verweist er auf die häufige Koinzidenz hoher Opossumbestände und erhöhter Mortalität der von ihnen bevorzugten Nahrungspflanzen beziehungsweise auf das Fehlen jeglichen "Waldsterbens" in opossumfreien Gebieten. Hindert man die Opossums durch um die Stämme der rata-Bäume gelegte Metallmanschetten daran, die Bäume zu erklettern, so bleiben diese selbst in Gebieten mit hoher Opossumdichte unbehelligt, und auch schon infolge Kahlfraß abgängige Bäume können sich wieder erholen (MEADS 1976; COLEMAN et al. 1985). STEWART (1992) wiederum kommt aufgrund seiner

Studien im südlichen Westland (Südinsel) zu dem Schluss, dass verlässliche Aussagen über den Einfluss der Opossums auf den Zusammenbruch der "rata-kamahi"-Bestände ohne gründliche Langzeituntersuchungen und genaue Kenntnis der Vorgeschichte der Wälder nicht möglich sind. Keineswegs wird dabei infrage gestellt, dass die Opossums Bäume zum Absterben bringen können, dass ihnen allein aber ganze Wälder zum Opfer fallen, wird als bislang unbewiesene Hypothese hingestellt (auch Mitt. L. E. BURROWS vom 11. 05. 1998).

Bereits in einem nicht veröffentlichten Bericht des NEW ZEALAND FOREST SERVICE von 1955 wurde darauf hingewiesen, dass die Schäden nicht allein dem Opossum anzulasten, sondern in nicht minder starkem Maße auch dem ebenfalls im Übermaß vertretenen Rotwild zuzuschreiben seien (unervöffentlichter Bericht CHAVASSE 1955, zitiert in PAYTON 1987). SCHWEINFURTH (1966) hat dieses "Zusammentreffen" beider Faktoren und ihre Wirkung auf die Gebirgswälder in Neuseeland anschaulich beschrieben. Schon das Rotwild allein ist in dem schwer zugänglichen Gebirge ein großes Problem. Unter dem ständigen Jagddruck hatte es sich aus den an sich günstigen tieferen Gebieten in den Baumgrenzbereich und das Tussock-Höhengrasland zurückgezogen. Der Bergwald selbst ist so dicht, und die Hänge sind so steil, dass das Rotwild dort nur vereinzelt ihm zusagende Bedingungen vorfindet. An sich wäre im Regenwald eine eher geringe Rotwilddichte zu erwarten gewesen, wenn nicht das Opossum gewesen wäre. Es lebt in den Baumkronen der "rata-kamahi"-Wälder und ernährt sich im wesentlichen von den Blättern der das geschlossene Kronendach bildenden Bäume. Dabei scheint es das Laub der rata-Bäume zu bevorzugen (SCHWEINFURTH 1966), verschmäht aber auch die Blätter anderer Baumarten nicht. Insgesamt machen die Blätter des "kamahi", des "rata" und des "mahoe" (*Melicytus ramiflorus*) rund 70 % der Nahrung des Opossums aus (PAYTON 1987). Da das Opossum anscheinend sonnige und warme Lagen bevorzugt, schafft es dort die ersten Löcher im sonst überaus dichten Kronendach. Licht dringt auf den Waldboden, eine krautige Vegetation kommt auf, und damit verbessert sich für das Rotwild die Nahrungsgrundlage im Regenwald. Aus den Hochlagen drängt es in diese Lichtungen hinein, verbeißt den Jungwuchs und führt auf diese Weise zu einer fortschreitenden Auflichtung der Bestände. Davon profitiert wiederum das Opossum (mehr Wärme und Nahrung). Dem Opossum allein würden zwar viele Bäume zum Opfer fallen, doch könnte die natürliche Verjüngung möglicherweise den Fortbestand der Wälder sichern. SCHWEINFURTH (1966) verweist hier auf entsprechende Beobachtungen in den ebenfalls von Opossums bewohnten Bergwäldern am Mt. Egmont (Nordinsel), in denen es aber kein Rotwild gibt, und der Bestand verwilderter Ziegen durch strenge Kontrollmaßnahmen auf einer tragbaren Höhe gehalten wird. Das Rotwild aber beeinträchtigt die Regeneration erheblich oder verhindert sie völlig. Hinzu kommt die mit fortschreitender Auslichtung der Wälder und bei den hohen Niederschlagsmengen im Gebirge (über 5000 mm) zunehmende Erosion. Auch im zentralen Westland hat das Zusammentreffen hoher Opossum- und Rotwildbestände zu einer erhöhten Mortalität der Bäume geführt (COLEMAN et al. 1980).

Inzwischen hat sich gezeigt, dass das Opossum-Rotwild-Problem wohl noch viel komplizierter ist, da noch weitere Faktoren hineinspielen. Dazu zählen unter anderem die mehr oder weniger große geologische Stabilität der insgesamt tektonisch sehr aktiven Region, die je nach Untergrund (Schiefer, Grauwacke, Granit) unterschiedliche Erosionsanfälligkeit, die Häufigkeit von Hangrutschungen, die den Wald vernichten, die von diesen Ereignissen nachhaltig geprägte Zusammensetzung und Struktur der Wälder und ihr Sukzessionsstadium sowie nicht zuletzt der Einfluss von Sekundärschädlingen. Dies alles erfordert eine sorgfältige regionale und lokale Analyse und Differenzierung. Sehr aufschlussreich sind unter anderem die Untersuchungen von PAYTON (1987) über das Kronensterben im "Westland". Er stellte fest, dass dort nicht alle rata-kamahi-Wälder gleich stark vom Opossum heimgesucht werden. Am auffälligsten und folgenschwersten sind die Schäden in den geologisch-geomorphologisch besonders instabilen Gebieten, und dies sind in erster Linie die aus Schiefern aufgebauten Bereiche östlich der "Alpine fault", die als Grenze zwischen der pazifischen und indischen Platte westlich des Gebirgshauptkammes und parallel zur Streichrichtung der neuseeländischen Alpen verläuft. Auf Granit sind die Opossum-Schäden vergleichsweise gering. Im Schiefergebiet dagegen weisen in tiefen Lagen 24 %, in höheren Lagen 35 % der reifen Waldbestände tote Bäume auf, im Granit sind es aber nur 10 % beziehungsweise 11 %. Die Erklärung liegt wohl darin, dass sich auf den erosionsanfälligen und zu Rutschungen neigenden Schiefern nach Hangrutschungen und bei der in dem relativ milden Klima raschen Bodenbildung sehr dichte gleichaltrige Bestände mit einem hohen Anteil an Laubhölzern ("seral hardwoods") entwickeln. Dies wiederum sind optimale Opossum-Habitate. Anfangs sind diese Bestände relativ unempfindlich, aber nur solange, bis durch die natürliche Konkurrenz der Bäume und/oder das Opossum die ersten Lücken im vorher dichtgeschlossenen Kronendach entstehen. Dann geht alles sehr schnell. Das Rotwild dringt in die Bestände ein, die ständig starken Winde können in diese eingreifen und verursachen zunehmend Bruch- und Windwurfschäden. Dann folgen Pilz- und Insektenschäden, und schließlich nimmt die Erosion zu.

Ganz anders im südöstlichen Otago (Catlin-Distrikt). Dort gehen niedrige, aus Sandsteinen, Phylliten und Konglomeraten aufgebaute Bergzüge nach oben hin in ebene oder nur schwach geneigte Hochflächen über. Im Vergleich zu den Alpen im Westen sind die Reliefenergie und die Erosionsanfälligkeit gering. Obwohl in diesem Gebiet bereits 1890 die ersten Opossums ausgesetzt wurden, haben sich die rata-kamahi-Wälder nicht wesentlich verändert. Mit ihrer gemischten Altersstruktur und dem relativ geringen Anteil an "seral hardwoods" sind sie den "rata-kamahi"-Wäldern der Granitgebiete "Westlands" sehr ähnlich. Diese Beobachtungen sind ein deutlicher Hinweis darauf, dass die mehr oder weniger große geologische Stabilität der Landschaft in ihrem Einfluss auf die Zusammensetzung und Struktur der Wälder eine wesentliche Voraussetzung für das Ausmaß der durch das Opossum verursachten Schäden ist. Es kann jeweils nur aus der Einbindung der Schäden in das gesamte landschaftliche Wirkungsgefüge verstanden werden, und ist auch eine direkte Übertragung lokal gewonnener Einsichten auf andere Gebiete nur schwer, wenn überhaupt möglich.

3.1.3.4 Wallebys

Ein letztes Beispiel aus Neuseeland für die unerwarteten Folgen einer wohlgemeinten Ansiedlung sind die "wallebies" (Mittelkängurus). Insgesamt wurden acht Arten eingeführt, zumeist aus Australien, von denen heute noch fünf lokale Vorkommen bilden ("Dama walleby", *Macropus eugenii* / "Bennett's walleby", *Macropus rufogriseus* / "Parma walleby", *Macropus parma*/ "Brushtailed walleby" oder "Rock walleby", *Petrogale penicillata* / "Swamp walleby", *Wallabia bicolor*). Als südhemisphärische Arten brauchten sich die "wallebies" in ihrem saisonalen Lebensrhythmus nicht umzustellen, wie es unter anderem bei den von der Nordhalbkugel stammenden Hirscharten der Fall war. Mit Ausnahme des "Bennett's walleby" leben die Kängurus alle auf kleinen Inseln (Kawau, Rangitoto und Motutapo) im Hauraki-Golf der Nordinsel sowie ("Dama walleby") im Umkreis von Roturua (Nordinsel). Das "Bennett's walleby" kommt nur auf der Südinsel vor und hat von allen genannten Arten die weiteste Verbreitung. Die ersten aus Tasmanien und von Inseln in der Bass Strait stammenden Exemplare wurden 1874 in der Nähe von Waimate im Südosten der Südinsel ausgesetzt (CATT 1975). Bis 1976 (!) erfolgten weitere Freilassungen. Problemlos passten sich die "wallebies" den im Vergleich zu Tasmanien völlig anderen Biotopbedingungen an und vermehrten sich dank ihrer geradezu frappierenden Fortpflanzungsfähigkeit außerordentlich rasch. Die Weibchen werden zumeist sofort nach der Geburt wieder gedeckt. Solange sie aber noch ein Junges säugen, steht die Entwicklung des Embryos still (Diapause) und geht erst weiter, wenn das Junge selbständig geworden ist. Schon in den zwanziger Jahren mehrten sich Klagen darüber, dass die "wallebies" den Schafen das Futter wegfraßen, die Weiden verschmutzten, die "snow tussocks" zerstörten und die Verjüngung der einheimischen Busch- und Baumvegetation hemmten. Gleichwohl gab es damals noch Bestrebungen, die "wallebies" unter Schutz zu stellen. Seit Ende der vierziger Jahre werden sie in großem Stil bekämpft, durch Abschuss und Vergiften. So wurden allein zwischen 1947 und 1956 ungefähr 70 000 Exemplare durch Angestellte des Forstdienstes geschossen. Private Jäger töteten weitere 30 000 Tiere. Vergiftungsaktionen (1960) sollen 95 % des "walleby"-Bestandes zum Opfer gefallen sein. Diese Verluste glichen die "wallebies" aber dank ihrer enormen Reproduktionsfähigkeit schnell wieder aus, und nach wie vor gelten sie als "pest". Eine kommerzielle Bejagung (Häute, Fleisch) ist unrentabel. Als "sport" ist die Jagd auf "wallebies" indessen sehr beliebt. Dem ständigen Jagddruck ausweichend, haben sie sich immer weiter ausgebreitet. Kein Zweifel besteht darüber, dass zu hohe "walleby"-Bestände die Viehwirtschaft gefährden und insbesondere im Hinblick auf die "Stabilität" der Landschaft in Wassereinzugsgebieten nicht tragbar sind (GRAHAM 1977).

Auch die anderen "wallebies" sind in ihren vergleichsweise begrenzten Verbreitungsgebieten (siehe oben) nicht ohne nachhaltige Folgen für ihren Lebensraum, insbesondere für die Vegetation, geblieben. So haben die "Parma wallebies" auf Kawau zusammen mit den dort lebenden anderen Arten und dem allgegenwärtigen Opossum die Verjüngung der einheimischen Wälder beeinträchtigt und zum Verschwinden vieler Pflanzenarten beigetragen. Zeitweise wurden die Kängurus intensiv bejagt und auch vergiftet. Dies ging soweit, dass man 1969 die "Parma wallebies" sogar unter Schutz stellte, der erst 1984 wieder aufgehoben wurde. Nachdem auf Kawau die Landwirtschaft 1973 aufgegeben wurde, findet praktisch keine Bekämpfung mehr statt. Die "Brushtailed rock wallebies" gelten auf Motatapu als Nahrungskonkurrent für das Vieh. Zudem sollen sie in dem steilen Gelände, in dem sie ihre Baue anlegen, die Erosion fördern. Auf Rangitoto verändern sie die nach einem Vulkanausbruch um 1400 n. Chr. aufgekommene Vegetation, der auch international besonderes botanisches Interesse gilt. Da die Insel für die Öffentlichkeit ungehindert zugänglich ist, befürchtet man, dass die Touristen die niedlichen Walleby-Jungen auf andere Eilande und die Hauptinsel verschleppen und neue Ausbreitungszentren begründen könnten (WARBURTON und SADLEIR 1990).

Mindestens ebenso nachhaltige Folgen für die ursprünglichen Ökosysteme Neuseelands haben die zahllosen verwilderten Huftiere, insbesondere Ziegen und Schweine, sowie verwilderte Katzen und Hunde (WODZICKI 1963; SCHWEINFURTH 1966; CHALLIES 1975). Darauf soll hier aber nicht mehr näher eingegangen werden, gilt dies doch für alle im Zeitalter der Entdeckungen und Kolonialisierung "erschlossenen" Räume. Besonders auf vielen kleinen Inseln im Atlantik und Pazifik, die fast keine Rückzugsmöglichkeiten für die einheimische Fauna boten, und deren Vegetation den von den Neuankömmlingen ausgehenden Belastungen nicht gewachsen war, ist es dadurch zu irreversiblen Veränderungen der Biozönosen und ihrer Lebensräume gekommen (HOLDGATE 1967). Sowohl in Neuseeland als auch in Australien ist die Betroffenheit über diese Folgen in der Öffentlichkeit und insbesondere bei denen, deren Existenz von der Vieh- und Landwirtschaft abhängt, unmittelbar, denn in den meisten Fällen sind mit der "Korrektur" der in der Vergangenheit gemachten Fehler immense Kosten verbunden, die die Gesellschaft tragen muss. Verfolgt man die Auseinandersetzungen über die "richtigen" Kontrollmaßnahmen, so drängt sich der Eindruck auf, dass neben der Forderung, die Bestände der eingeführten Tiere kurzzuhalten, gerne übersehen wird, dass erst durch das Zusammenwirken der zum Teil rücksichtslosen Überbeweidung (vor allem mit Schafen) des auch heute noch sehr freizügigen Gebrauchs des Feuers und der eingeführten Huftiere die Probleme (vor allem die Bodenerosion) ein so großes Ausmaß annehmen konnten. Jedenfalls dürfte der Gedanke an eine möglichst schonende und auf Nachhaltigkeit bedachte Ressourcennutzung – und zu diesen Ressourcen gehört auch das Weideland – bei der Erschließung eines selbst heute noch in vielen Gebieten die Züge eines Pionierlandes tragenden Raumes, wie Neuseeland, über lange Zeit hinweg kaum eine Rolle gespielt haben (siehe auch SCHWEINFURTH 1966).

3.1.4 Ansiedlungen in Europa

In Europa liegen die Verhältnisse anders als im erst relativ spät von Europäern besiedelten Australien und Neuseelnad. Die Landschaften Europas waren zur Zeit der meisten Aussetzungen schon seit langem intensiv genutztes Kulturland. Aber auch dort wurden viele fremde Tierarten eingeführt, neben zahlreichen Säugetierarten (Tab. 11) auch eine Reihe von Vogel- und Fischarten (NIETHAMMER 1963). Zum Teil wurden die Fremdlinge gezielt ausgesetzt, wie beispielsweise das Hirsch- und Muffelwild. Raubtiere ließ man aus naheliegenden Gründen nicht absichtlich frei, hatte man ihre einheimischen Bestände doch gerade erst "erfolgreich" reduziert und viele Arten bereits ausgerottet. Die fremden Carnivoren (Waschbär, *Procyon lotor*; Mink, *Mustela vison*) entkamen jedoch aus Zuchtbetrieben und Privatgehegen, wie auch die Nager Bisam (*Ondatra zibethicus*) und Nutria (*Myocastor coypus*). Von der Sowjetunion aus wanderte der dort als Pelztier angesiedelte Marderhund nach Mitteleuropa ein (*Nyctereutes procnyoides*) ein.

Tab. 11: Übersicht über die in Deutschland angesiedelten Säugetiere (nach NOWAK und ZSIVANOVITS 1982, ergänzt).

Wildkaninchen (*Oryctolagus cuniculus*)
Burunduk (*Tamias sibiricus*)
Goldhamster (*Mesocricetus auratus*)
Bisam (*Ondatra zibethicus*)
Hausratte (*Rattus rattus*)
Wanderratte (*Rattus norwegicus*)
Hausmaus (*Mus musculus*)
Nutria (*Myocastor coypus*)
Marderhund (*Nyctereutes procnyoides*)
Waschbär (*Procyon lutor*)
Mink (*Mustela vison*)
Damhirsch (*Dama dama*)
Sikahirsch (*Cervus nippon*)
Mufflon (*Ovis ammon*)
Steinbock (*Capra ibex*)

Kaum mehr überschaubar ist die nicht selten sehr stark emotionsgeladene Diskussion über die Folgen dieser Ansiedlungen und ihre Tolerierbarkeit. Zu dieser Diskussion sei eine Bemerkung erlaubt. Vielen der angesiedelten Arten ist es gelungen, sich in den Ökosystemen einzunischen und dauerhafte Populationen aufzubauen, nicht selten auch zum Nachteil einheimischer Arten. In England beispielsweise haben die seit Ende des 19. Jahrhunderts bis 1929 an vielen Stellen eingeführten Grauhörnchen (*Sciurus carolinensis*) die einheimischen Roten Eichhörnchen (*Sciurus leucurus*) verdrängt (NIETHAMMER 1963), und zwar nicht nur in den dortigen Laubwäldern, sondern im Süden des Landes auch in den von den heimischen Eichhörnchen bevorzugten Nadelwäldern (CORBET 1974). Gleichwohl hält REICHHOLF (1977) aus ökologischer Sicht die gegenwärtig in England lebenden eingeführten 14 Säugetierarten für eine Bereicherung der Fauna und gibt zu bedenken, dass keine dieser Arten die Funktionsfähigkeit der Ökosysteme in dem Maße beeinträchtigt wie die künstlich überhöhten Bestände des einheimischen Schalenwildes. Eine Einnischung geht immer auf Kosten konkurrenzschwächerer Spezies, doch ist letzteres ein Grund, die seit langem etablierten Fremdlinge wieder eliminieren zu wollen, um beispielsweise der Faunenfälschung entgegenzuwirken und die einheimischen Biozönosen "reinhalten" zu wollen? Dies käme dem Kampf gegen Windmühlen gleich. Selbst in einem mit eingebürgerten Arten "gesegneten" Land wie Neuseeland, ist man heute – durchaus aus einer gewissen Ohnmacht heraus – soweit, die fremden Arten als Teil der heutigen Natur des Landes zu akzeptieren, allerdings in einer der Tragfähigkeit des Lebensraumes (Kapitel 4.1) angemessenen Zahl. Zu Schäden des Ausmaßes, wie sie aus Australien und Neuseeland beschrieben wurden, ist es in Europa nicht gekommen. Viele durch die angesiedelten Arten verursachten Veränderungen in den Biozönosen werden zumeist nur von Fachleuten erkannt. So bieten beispielsweise in jüngster Zeit durchgeführte Modellierungen der Ausbreitung der bei den Roten Eichhörnchen in England durch das *Parapox*-Virus (Poxviridae; LIEBERMANN 1992) ausgelösten Erkrankungen erste Anhaltspunkte dafür, dass der Rückgang des Roten Eichhörnchens damit zusammenhängt und weniger eine Folge der interspezifischen Konkurrenz zwischen diesem und dem eingeführten Grauhörnchen ist (WAUTERS und GURNELL 1999; RUSHTON et al. 2000). Bei den Grauhörnchen, die auch das Virus übertragen, bleibt die Infektion meist ohne ernste Folgen, während die Roten Eichhörnchen dezimiert werden. Für diese Verdrängungshypothese spricht, dass zum Beispiel in Irland, wo das Parapox-Virus bislang nicht festgestellt worden ist, Grauhörnchen und Rote Eichhörnchen sich seit mehr als 50 Jahren denselben Lebensraum teilen (DUFF et al. 1996).

Die Wirkungen auf die Landschaft betreffen in erster Linie die Vegetation (Verbiss, Vertritt, Schälen, Fegen, Schlagen). Dazu tragen allerdings insgesamt gesehen das einheimische und in oftmals zu hoher Anzahl vertretene Rot- und Rehwild sowie das schon zur Römerzeit eingeführte Damwild in einem stärkeren Maße bei als die später eingebürgerten Ungulaten. Gleichwohl können im Einzelfall und bei zu hoher Dichte auch durch Sikawild (RATCLIFFE 1989; UECKERMANN 1992; HESPELER 1999) oder selbst Muffelwild (TÜRCKE und SCHMINCKE 1965; HOFMANN 1977; TÜRCKE 1981; EISFELD und FISCHER 1996) nicht unerhebliche Verbiss- und Schälschäden verursacht werden. Ebenso stellen die in den Vogesen (1955/1956) und im Schwarzwald (1935) wiederangesiedelten Gämsen lokal eine Belastung für die Vegetation dar, insbesondere für die Fichte (KNAUS und SCHRÖDER 1975; WOTSCHIKOWSKY 1981 a). Argwöhnisch betrachtet werden vor allem fremde Arten, die als "Fressfeinde" einheimischer Arten (vor allem des Niederwildes) und "Konkurrenten" der Jäger gelten, wie beispielsweise der Mink, der Marderhund und der als Nesträuber (Eier, Jungvögel) verschriene Waschbär. Emotionen spielen dabei offensichtlich eine große Rolle. Befürchtungen, dass diese Raubtiere zu nachhaltigen Beeinträchtigungen der einheimischen Fauna (Wild- und Haustiere) und zu einer ernsthaften Bedrohung der einheimischen Biozönosen und des "ökologischen Gleichwichtes" führen würden, haben sich als unbegründet erwiesen (DUNSTONE und IRELAND 1989; HARRISON und SYMES 1989; HESPELER 1995; LUTZ 1996).

3.1.4.1 Bisam und Nutria

Bisam: In permanentem Konflikt mit dem Menschen steht besonders der Bisam (*Ondatra zibethicus*). Fälschlicherweise wird dieser zu den Wühlmäusen (Microtinae) gehörende Nager auch als Bisamratte ("musk-rat") bezeichnet. Der Bisam stammt aus Nordamerika. Dort reicht sein Verbreitungsgebiet vom Hohen Norden bis an die Nordgrenze Mexikos, ein Hinweis auf seine außerordentliche Anpassungsfähigkeit. Er übertrifft darin bei weitem die aus Südamerika stammende Nutria, die in Deutschland schon 1927 in Käfigen gehalten wurde. Die ersten Bisams wurden wohl schon 1880 im östlichen Böhmerwald ausgesetzt, weitere im Jahre 1905 bei Dobris südwestlich von Prag. Später führte man Bisams auch in andere europäische Länder ein und züchtete sie in Pelzfarmen, aus denen immer wieder welche entkommen konnten (NOWAK 1977). Der Bisam breitete sich entlang des natürlichen Gewässernetzes sowie auch über die zahlreichen künstlichen Wasserstraßen und Dränagegräben rasch in alle Himmelrichtungen aus und ist heute in ganz Mittel- und Westeuropa (mit Ausnahme Großbritanniens, Südfrankreichs und der Iberischen Halbinsel) sowie in weiten Teilen Nordeuropas und in Osteuropa heimisch. In Großbritannien, wo die Bestände nie eine so hohe Dichte erreichten, dass sie eine wirkliche Gefahr für einheimische Pflanzen und Feldfrüchte darstellten, konnte er während der dreißiger Jahre wieder ausgerottet werden (GOSLING und BAKER 1989).

In seiner Lebensweise ist der Bisam an Gewässer gebunden. Nur bei der Nahrungssuche, oder wenn die von ihm bewohnten Gewässer trockenfallen, geht er an Land. Trotz massiver Bekämpfung hat sich der Bisam unaufhaltsam ausbreiten können, wobei seine Anpassungsfähigkeit an die sehr unterschiedlichen Umweltbedingungen in Europa, seine Vermehrungsfreudigkeit, der geringe Feinddruck (Iltis, Hermelin, Fischotter und Fuchs) und fehlende Konkurrenten die entscheidende Rolle gespielt haben (FRANK und HÄRLE 1967; GERSDORF und FRANK 1969). Jedenfalls ist er nicht wanderfreudiger als etwa die Schermäuse (*Arvicola terrestris*), seine nächsten Verwandten, gleichwohl benötigt er als vergleichsweise großes Tier mehr Raum und Nahrung. Seine Ausbreitung wird zudem durch sein während der Fortpflanzungsperiode wenig soziales Verhalten gefördert. Auch Hochwasser und Eisdrift tragen zu seiner Verbreitung bei (KWK-DVWW 1977). Tierische Kost, wie zum Beispiel Süßwassermuscheln, Flusskrebse und gelegentlich auch Fische und ihre Brut sowie Wirbellose und selbst Aas, macht nur einen sehr geringen Anteil an seiner Nahrung aus (AKKERMANN 1975, dort weitere Literaturhinweise), wenngleich gelegentlich über größere Verluste in Teich- und Flussmuschelbeständen berichtet wird (SCHMIDT 2001).

Der Bisam lebt überwiegend vegetarisch, von Wasserpflanzen und weichen Teilen von Landpflanzen aller Art sowie von Feldfrüchten und Gartenpflanzen. Dabei ist er dank seines langen Blinddarms auch in der Lage, eiweißarme Pflanzen zu verdauen. Durch Fraß und Verbiss kann der Bisam, vor allem bei hoher Populationsdichte, in den von ihm bewohnten Gewässern die Zusammensetzung der Vegetation und die Sukzession beeinflussen. Manche Arten, wie beispielsweise die Weiße Seerose (*Nymphaea alba*), die Gelbe Teichrose (*Nuphar lutea*) und die Wassernuss (*Trapa natans*), gehen zurück, während andere, wie Rohrkolben-Arten (*Typha* spec.) und Schilfrohr (*Phragmites communis*), sich ausbreiten (BRANDNER 1951; AKKERMANN 1975; DANELL 1977 a und 1977 b; dort weitere Literatur). So zeigte sich unter anderem auch bei Untersuchungen in Röhrichtgesellschaften in einem künstlich angelegten Biotop im Emsland (BERNHARDT und SCHRÖPFER 1992), dass der Bisam Spross- und Blattmaterial der Rohrkolben (*Typha latifolia* und *Typha angustifolia*) in erster Linie zur Errichtung seiner Wasserburgen, die Sumpfbinse (*Schoenoplectus lacustris*) dagegen als Nahrung nutzt. Letztere konnte sich aber trotz der Beweidung vegetativ ausbreiten, während die Rohrkolben zurückgingen. Auch durch die Grabtätigkeit des Bisams entstehen für manche Arten günstige Keimungs- und Ansiedlungsbedingungen (BRANDNER 1951; AKKERMANN 1975).

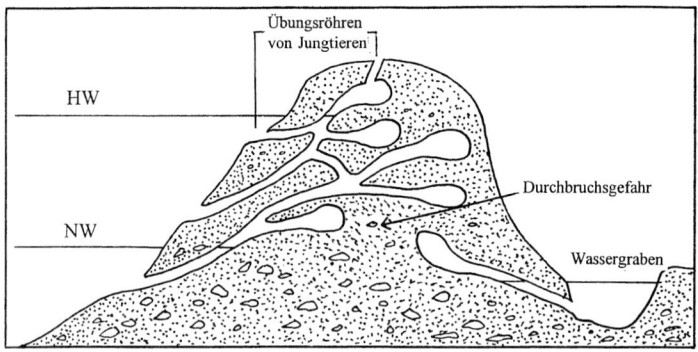

Abb. 86: Bisambau in einer steilen Böschung. Infolge der meist seitlich versetzten Röhren und Kessel ist die Durchbruchsgefahr relativ hoch (nach KWK-DVWW 1977, verändert).

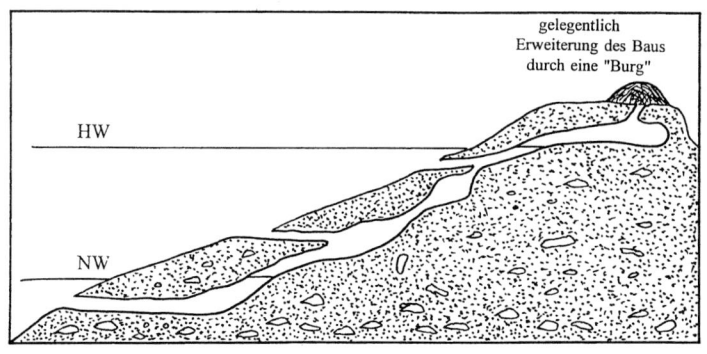

Abb. 87: Bisambau in einer flachen Böschung. Da die Röhren und Kessel nicht übereinander liegen, ist die Durchbruchsgefahr geringer als bei steilen Böschungen (nach KWK-DVWW 1977, verändert)

Es sind aber weniger diese Auswirkungen sowie die Fraßschäden auf gewässernahen Äckern, in Gärten und Anpflanzungen, die dazu führten, dass der Bisam schon kurz nach seinem Erscheinen in Europa als "unerwünschter Einwanderer" und "Massenschädling" betrachtet wurde (u. a. HANUSS 1965), sondern vor allem seine Grabtätigkeit, die der Fisch- und Teichwirtschaft sowie besonders der Wasserwirtschaft in manchen Gebieten nach wie vor große Probleme bereitet. In den Uferböschungen der Gewässer sowie in Dämmen und Deichen richtet er seine Wohnkammern und oft weit verzweigten Gangsysteme ein. Bilden sich dann nach der Erstbesiedlung Großfamilien, so werden oftmals mehrere Röhren mit einer Reihe nebeneinander und übereinander liegender Kessel angelegt (Abb. 86 und 87). Daneben gibt es noch Fluchtröhren und Satzröhren sowie von jungen Bisams gegrabene "Übungsröhren".

Die Gefahr von Bisambefall ist dort besonders groß, wo die Fließgeschwindigkeit gering ist, bindige Böden vorhanden sind, die den Bauen eine gute Stabilität verleihen, und wo in den von den Wasserstandsschwankungen betroffenen Bereichen Röhricht wächst. Obwohl der Bisam Gewässer mit geringen Schwankungen des Wasserspiegels (möglichst 20 cm nicht überschreitend) bevorzugt, ist er durchaus in der Lage, sich auch stärker schwankenden Wasserständen anzupassen, indem er, wie der Biber, in Steilufern seine Kessel übereinander und dicht am Ufer anlegt.

Bei hohem Bisambesatz kann es durchaus zu größeren Ab- und Einbrüchen im Uferbereich kommen. Stark unterminierte Ufer – das Wasser bewegt sich in den verzweigten Gangsystemen nach dem Prinzip der kommunizierenden Röhren – sind insbesondere bei Hochwasser gefährdet. Gelegentlich brechen auch mal landwirtschaftliche Fahrzeuge – sofern sie sich unmittelbar entlang der Uferböschungskante bewegen – und Weidevieh ein. Von Anfang an ist der Bisam mit allen erdenklichen Mitteln (Fallen, Giftköder, Giftgase, Schusswaffen, Frettchen u. a. m.) bekämpft worden (PELZ 1996). Man kann sich allerdings angesichts der oft geradezu dramatischen Schilderungen des Eindrucks nicht erwehren, dass hinsichtlich der "Gefährdung von Leib und Leben" kräftig übertrieben worden ist, wobei sicherlich das Interesse der Bisamjäger und -fänger an höheren Fangprämien und das Bemühen der mit der Bisambekämpfung befassten amtlichen Institutionen (Landwirtschaftskammern, Pflanzenschutzämter, Wasserwirtschaftsverbände, Wasser- und Bodenverbände), ihren Personalbestand aufzustocken, die treibenden Motive waren. Auch heute noch erscheinen in unregelmäßigen Abständen regelrechte Horrormeldungen über die durch Bisams (und auch Nutrias) verursachten Schäden in der Presse.

Mutet die Bisambekämpfung aus der Sicht eines Ökologen im allgemeinen auch eher wie eine Arbeitsbeschaffungsmaßnahme an (REICHHOLF 1993), so stellen die Bisamschäden mitunter ein durchaus großes Problem dar. Dies gilt insbesondere für ein Land wie Holland, in dem acht Prozent der gesamten Fläche von Wasser eingenommen wird, und Entwässerungskanäle mit einer Länge von mehreren tausend Kilometern den Bisams nicht nur optimale Ausbreitungsmöglichkeiten, sondern auch für die Anlage ihrer Baue geeignete Uferböschungen im Überfluss bieten. Ohne durchgreifende Bestandeskontrollen kommt es dort rasch zu sehr hohen und im Hinblick auf die Sicherheit der Menschen und des Kulturlandes nicht vertretbaren Populationsdichten. Das gilt übrigens auch für die Sumpfbiber. Die Kosten für die Beseitigung der Bisamschäden in Gewässerböschungen und vor allem in den Deichanlagen sind wesentlich höher als die Bekämpfungsmaßnahmen. Um einen weiteren Anstieg der Populationsdichte zu verhindern, muss allerdings mindestens die Hälfte des jeweiligen Frühjahrsbestandes vernichtet werden (DOUDE VAN TROOSTWIJK 1976).

In Deutschland spitzte sich die Situation mit der raschen Besiedlung des norddeutschen Tieflandes während der sechziger und siebziger Jahre des vorigen Jahrhunderts zu. Der Bisam schien die Sicherheit der Küstenschutzeinrichtungen erheblich zu gefährden, eine Befürchtung, die sich später allerdings nicht bestätigte (PELZ 1996). In dieser Zeit stiegen die Fangzahlen drastisch an (Abb. 88). In Deutschland (einschließlich der neuen Länder) wurden 365 000 Bisams gefangen, doch steht bislang der Beweis aus, dass selbst durch solche Massenvernichtung eine Verringerung

243

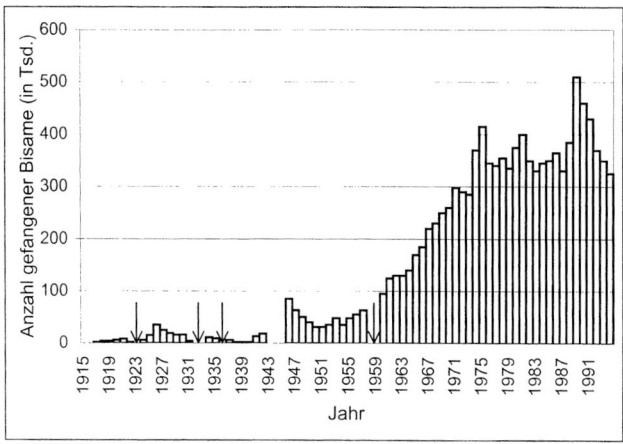

Abb. 88: Bisam-Fangzahlen 1915 – 1994 in den westlichen Bundeslän-
dern. Für die mit Pfeilen gekennzeichneten Jahre liegen keine Angaben
vor (aus PELZ 1996, verändert).

der Uferschäden erreicht worden ist. Wahrscheinlich wurde
nicht einmal der jährliche
Nachkommensüberschuss eliminiert. Die Beobachtungen
sprechen dafür, dass letztlich
die Verfügbarkeit geeigneten
Lebensraumes und eventuell
die bei seiner Übernutzung zu
erwartende Selbstregulierung
der Bestände begrenzen wird.
Auch wenn man nicht in jedem Falle darauf warten kann,
so macht es doch wenig Sinn,
allein zur Vorbeugung jedes
Jahr Hunderttausende von Bisams zu fangen (PELZ 1996),
zumal dabei auch viele andere
Arten als "Beifänge" in die
Fallen gehen.

Durchaus ist es verständlich, wenn man glaubt, sich in von Natur aus derart "instabilen" Lebensräumen, wie es Fluss- und Bachtäler nun einmal sind, einen so schwer oder auch nicht kon-
trollierbaren "Störfaktor" wie den Bisam nicht leisten zu können, doch wird sich die Kontrolle auf
die besonders gefährdeten Objekte (Deiche, Dämme, Verkehrseinrichtungen) beschränken müssen. Kein Gewässer kann auf seiner ganzen Länge bisamsicher verbaut werden. Dies verbietet
sich nicht nur aus ökonomischen, sondern vor allem auch aus ökologischen Gründen. Man sollte
auch akzeptieren, dass der Bisam längst ein Teil der heimischen Fauna geworden ist (FRANK und
HÄRLE 1967; siehe auch Kapitel 3.1.3). ELLENBERG (1980) hält die Einbürgerung des Bisams gar
für eine Bereicherung der heimischen Fauna, da er die Lücke zwischen der viel kleineren Scher-
maus und dem beträchtlich größeren Biber füllt. Dürften sich auch die von den Bisamschäden unmittelbar Betroffenen diese Auffassung nur schwer zu eigen machen, so könnte man jedoch vielleicht auch bei ihnen Verständnis dafür wecken, dass die beste Vorbeugung der Bisamschäden ein
Rückbau der in der Vergangenheit weithin begradigten und verbauten Fließgewässer wäre, soweit
das unter der Wahrung der übergeordneten Zwänge (Vorflut, Hochwasserschutz usw.) möglich
ist. Dabei ist hier nicht nur an die Aufhebung der Flussbegradigungen gedacht, sondern auch an
die Neubegründung von naturnahen Ufergehölzen. Es soll hier nicht der in den siebziger Jahren
des vorigen Jahrhunderts gepriesenen "grünen Verrohrung" – das heißt der Anpflanzung von
Erlenmonokulturen (*Alnus glutinosa*; LOHMEYER und KRAUSE 1974) – das Wort geredet werden,
doch verleihen Schwarzerlen, die früher einmal an vielen Gewässern zu den typischen
Ufergehölzen zählten, mit ihrem kräftigen Wurzelwerk den Ufern Festigkeit, bieten einen effektiven Erosionsschutz und schränken die Möglichkeiten des Bisams ein, Baue anzulegen. Nicht auszuschließen ist allerdings, dass er dann in ihm besser zusagende Gebiete abwandert. Im Rahmen
einer vom Verfasser betreuten Untersuchung über die Verbreitung und Auswirkung des Bisams
in Westfalen (LOOSCHEN 1986) zeigte sich, dass vor allem die begradigten und ihrer ursprünglichen Vegetation beraubten Uferstrecken bisamanfällig waren, während sich die in einem naturnahen Zustand belassenen Bereiche als weniger problematisch erwiesen.

Nach wie vor wird der Bisam aber in den bis auf den letzten Quadratmeter genutzten Kulturlandschaften Mittel- und Westeuropas zu Konflikten führen. In jüngster Zeit haben sich die staatlichen Stellen aufgrund der knappen Finanzen der öffentlichen Haushalte aus der Bisambekäm-

pfung zurückgezogen und sie zum Teil den Wasser- und Bodenverbänden, den Wasserwirtschaftsverbänden und/oder privaten Bisamjägern und -fängern überlassen. Das Haupthindernis einer gezielten und effizienten Bisambekämpfung ist sicherlich in der gegenüber der vorrangig und mit vergleichsweise großem Aufwand betriebenen Entwicklung von Bekämpfungsmethoden lange Zeit vernachlässigten Grundlagenforschung über den Bisam zu sehen (PELZ 1996). In den weniger dicht besiedelten Regionen Europas, in Finnland, Schweden und Russland gilt der Bisam nicht als Schädling, auch wenn er zum Beispiel in oligotrophen Gewässern der Vegetation sehr zusetzen kann, wie es u. a. in Finnland nicht selten der Fall ist. Andererseits drängt er den Rohrkolben zurück, schafft auf diese Weise Raum für andere weniger konkurrenzstarke Arten, erhöht dadurch die Vielfalt (BRANDNER 1951; DANELL 1978) und kann zu einem abwechslungsreichen Mosaik von unterschiedlichen Sukzessionsstadien führen, die wiederum die Diversität eines Gebietes steigern. Die vom Bisam in den sonst dichten Rohrkolben- und Röhrichtbeständen geschaffenen offenen Stellen ermöglichen die Entwicklung einer üppigeren submersen Vegetation, die wiederum Wasservögel anzieht und auch vielen großen Invertebraten gute Existenzbedingungen bietet (siehe auch BEECHER 1942; WELLER und SPATCHER 1965; WELLER und FREDRICKSON 1973). Insgesamt gesehen scheint in den genannten Ländern der "Nutzen" des Bisam den durch ihn verursachten "Schaden" zu übersteigen.

Nutria: Die Nutria (auch Biberratte oder Sumpfbiber genannt) stammt ursprünglich aus Südamerika. Vor rund 70 Jahren wurden die ersten nach Louisina eingeführt, wo sie in Käfigen gehalten wurden. Aus einigen entwichenen Tieren entwickelte sich unter den günstigen Klimaverhältnissen und dank der großen Vermehrungsfähigkeit der Nutria eine nach Millionen zählende Population. Sie bildete die Grundlage einer bis in die sechziger und siebziger Jahre des vorigen Jahrhunderts lukrativen Pelzindustrie. Jährlich wurde rund eine Million Felle verkauft. Nach dem Zusammenbruch des Pelzmarktes haben sich die Tiere dann mehr oder weniger ungehindert vermehren können und richten heute in der Küstenregion große Schäden an (LINSCOMBE et al. 1981).

In Mitteleuropa konnten die Nutrias unter den für sie wenig günstigen Klimabedingungen (oftmals zu harte Winter) nur sehr lokal dauerhafte Bestände aufbauen (NIETHAMMER 1963; KLEMANN 1997; PELZ et al. 1997). So erreichten auch die von ihnen in Rüben- und Zuckerrübenfeldern, auf frisch gepflügten Äckern, aber auch in Dämmen und Ufern (Ausweitung verlassener Bisambaue) verursachten Schäden (MÜLLER-USING 1965) kaum einen größeren Umfang. Während der letzten fünf Jahre aber haben sich die Nutrias stark vermehrt und ausgebreitet, wobei vermutlich mehrere milde Winter, ein gutes Nahrungsangebot in ufernahen landwirtschaftlichen Kulturen und Gärten (Gemüse, Obst, Fallobst) sowie völlig unzureichende Regulierungsmaßnahmen die entscheidende Rolle gespielt haben. Ebenso dürften Fütterungen während des Winters durch die Bevölkerung in städtischen Gebieten begünstigend gewirkt haben. Im Gegensatz zum Bisam erfreut sich die Nutria einer hohen Akzeptanz (HEIDECKE et al. 2001). Mit der Ausbreitung der Nutria haben offensichtlich auch die von ihr verursachten Schäden zugenommen. Insbesondere Verbiss und Ringelschäden an Bäumen in Uferbepflanzungen und Graben in den Uferböschungen erreichen derzeit ein noch vor wenigen Jahren nicht dagewesenes Ausmaß. Im engeren Umkreis seiner Baue zerstört die Biberratte nicht selten die submerse Vegetation. Die Uferstauden werden indessen durch den Verbiss kaum dauerhaft geschädigt (SCHMIDT 2001).

Hinsichtlich ihrer Folgen für die wasserwirtschaftlichen Verhältnisse sollen die Schäden inzwischen schwerer wiegen als die durch den Bisam verursachten (HEIDECKE et al. 2001). Hinzu kommen zunehmende Schäden in landwirtschaftlichen Kulturen und ufernahen Gärten. Für manche Tiere wie beispielsweise den Biber, aber auch für Schalenwild und Weidevieh, dürften lokal auch die Parasiten der Nutria eine Gefährdung darstellen. Man kann sich allerdings des Eindrucks nicht erwehren, dass hier, wie vorher schon beim Bisam, die Situation etwas überzeichnet wird. Angesichts der rezenten Entwicklung wird vehement die "schnellstmögliche Tilgung des Neozons *Myocastor coypus* empfohlen" (HEIDECKE et al. 2001) – eine wohl nur schwer lösbare Aufgabe. Selbst strenge Winter haben die Art bei uns bislang nicht gänzlich auslöschen können, und dank ihrer hohen Vermehrungsfähigkeit (ganzjährig kommen Junge zur Welt) gleichen die überlebenden Tiere die Verluste rasch wieder aus. So bliebe nur die konsequente direkte Bekämpfung.

In England ist es gelungen, die Nutria Ende der achtziger Jahre des vorigen Jahrhunderts – also 50 Jahre nach seiner Ansiedlung – wieder auszurotten. Unter den im Vergleich zum europäischen Festland milden maritimen Klimabedingungen hatte sie sich in den Feuchtgebieten Ostenglands rasch ausgebreitet und große Schäden in landwirtschaftlichen Kulturen angerichtet. Problematischer aber war hier die Unterhöhlung von Dämmen und Deichen, die insbesondere im tiefliegenden Ostengland Besorgnis erregte. In einer 1962 groß angelegten Bekämpfungskampagne wurde der Bestand um 90 % reduziert, wobei aber für den Erfolg sehr wahrscheinlich der extreme Winter 1962/63 ausschlaggebend war (Erschöpfung der Fettreserven, Nahrungsmangel, Fehlgeburten und reduzierte Fruchtbarkeit; GOSLING 1981). In den Folgejahren aber nahm die Anzahl der Nutrias wieder kräftig zu, so dass 1980 ein neues Bekämpfungsprogramm auf den Weg gebracht wurde, dessen Konzipierung und Durchführung sich eng an populationsbiologischen Erkenntnissen orientierte. Auf diese Weise gelang es schließlich, den "Fehler" der Ansiedlung dieser Art wieder zu korrigieren (GOSLING 1981, 1989).

3.1.4.2 Waschbär und Marderhund

Waschbär: Dem Waschbären ist es ebenfalls ohne menschliche Hilfe gelungen, über mehrere Generation dauerhafte Populationen aufzubauen. Erstmals wurden während der zwanziger Jahre des vorigen Jahrhunderts Farmtiere in großer Zahl nach Deutschland gebracht. Direkte Ansiedlungsversuche (zuerst 1927) fanden am Edersee in Hessen statt, mit dem Ziel, die Palette jagdbaren Wildes zu bereichern. Auch heute liegt das deutsche Hauptverbreitungsgebiet des Waschbären noch in Hessen (LAGONI-HANSEN 1981). Von dort hat er sich nahezu konzentrisch ausgebreitet (RÖBEN 1976). Östlich von Berlin haben 1945 aus einer Pelztierfarm bei Wolfshagen (Kreis Strausberg) entkommene Waschbären eine stabile Population begründet (GRUMMT 1973; STUBBE 1975; HOHMANN 2000), die heute mindestens 5 000 bis 6 000 Individuen zählt. Seit 1980 gilt er als einheimische Art (LAGONI-HANSEN 1981).

Die durch ihn verursachten "Schäden" betreffen in erster Linie die Fauna, unter anderem auch Hausgeflügel, und in nur geringem Maße landwirtschaftliche Kulturen (Obstplantagen, Getreidefelder und Gärten). Seine tierische Nahrung besteht vor allem aus Jungtieren sowie Vogeleiern. Betroffen sind dabei auch viele Arten, die gerade den Jägern und auch Naturschützern sehr am Herzen liegen, vor allem bodenbrütende Wasservögel und ihre Gelege, aber auch Auer-, Birk- und Haselhühner. Nicht zuletzt sollen die Waschbären Aufbesserungsversuche in den Niederwildrevieren zunichte machen. So überwiegt dann auch in der jagdlichen Literatur eine sehr einseitige Betrachtungsweise (u. a. KAMPMANN 1972, 1973; siehe auch LAGONI-HANSEN 1981, dort weitere Literaturhinweise). Allerdings scheinen sich die noch in den sechziger und siebziger Jahren geäußerten Befürchtungen, dass der Waschbär durch Prädation (z. B. Niederwild) oder Konkurrenz (z.B. Wildkatze) erhebliche Schäden unter den einheimischen Wildarten anrichten werde, nicht zu bestätigen, zumal der Mangel an geeigneten Ruhe- und Schlafplätzen wie auch an Aufzuchtstätten für die Jungen die Waschbärendichte begrenzt (LUTZ 1996; HOHMANN 2001). Wenn schon von "Schäden" die Rede ist, die bei hoher Populationsdichte des Waschbären durchaus auftreten können, so sollte andererseits der "Nutzen" nicht verschwiegen werden, der darin besteht, dass dem Waschbär zum Beispiel junge Bisams und Kaninchen zum Opfer fallen. Die in Amerika durchgeführten Untersuchungen über den Waschbären können in nur beschränktem Maße zur Beurteilung seiner Einflüsse auf seinen mitteleuropäischen Lebensraum herangezogen werden.

Ebenso wie beim Bisam mangelt es hier an der Grundlagenforschung, und nicht jedem dürfte daran gelegen sein, vielleicht vorgehalten zu bekommen, dass dem Waschbären durch die gezielte Förderung bestimmter jagdbarer Arten wie Fasane und Enten (HESPELER 1990) geradezu "der Tisch gedeckt" wird. Man darf gespannt sein, wie sich interessierte Kreise die Pressemitteilungen über eine "Waschbärenplage" in der Umgebung von Tokio und auf Hokkaido (u. a. WESTFÄLISCHE NACHRICHTEN vom 08. 05. 1999), die dort die Ökosysteme "bedrohen" soll, zunutze machen werden, um auch bei uns gegen den Waschbären in verstärktem Maße zu Felde zu ziehen.

Wie das Auftreten von Waschbären in immer größerer Entfernung vom ursprünglichen Aussetzungsgebiet in Hessen zeigt, hält die Ausbreitung mit unverminderter Intensität an. Weder die Bejagung, natürliche Feinde (Uhu, Fuchs) noch Verluste durch den Straßenverkehr können sie aufhalten. Über den Einfluss von Krankheiten und Parasiten auf die Waschbären in Deutschland ist bisher wenig bekannt. In den U. S. A. gilt der Waschbär als Überträger der Tollwut. Im Zeitraum 1975 – 1985 sollen dort Dreiviertel aller Tiere infiziert gewesen sein (JENKINS und WINKLER 1987). Der Waschbär überträgt zudem die Staupe, und der bei ihm häufige Spulwurm kann auch beim Menschen Erkrankungen verursachen (LUDWIG et al. 2000), Angesichts der "Verstädterung" des Waschbären (Kapitel 4.4) deutet sich hier eine unter Umständen problematische Entwicklung an (LUX et al. 1999).

Marderhund: Der aus Ostasien (Amur- und Ussurigebiet) stammende Marderhund wurde in der damaligen Sowjetunion an vielen Stellen (erstmals 1928 in der Ukraine) zur Pelzgewinnung angesiedelt. Von dort hat er sich über Osteuropa nach Mitteleuropa (bis Holland und Frankreich) und Nordeuropa (Finnland, Norwegen, Schweden) auf natürliche Weise ausgebreitet (NOWAK 1977; HESPELER 1995; SEDLAG 1995; LUTZ 1996). Dabei kommen ihm vor allem seine hohe Vermehrungsfähigkeit, seine Mobilität und große Anpassungsfähigkeit sowie das Fehlen natürlicher Feinde in seinem Einwanderungsgebiet zugute (u. a. DRYGALA et al. 2000). In Westdeutschland wurde der Marderhund erstmals Anfang der sechziger Jahre gesichtet. Auch Süddeutschland sowie Österreich und Ungarn hatte er damals schon erreicht (HESPELER 1995). Obwohl er von Anfang an ohne jede Schonzeit bejagt wurde, hat der Bestand kontinuierlich zugenommen.

Der Marderhund bevorzugt Auelandschaften mit einem Mosaik von schilfgesäumten Gewässern, feuchten Wiesen sowie bruchwaldartigen, für den Menschen kaum zugänglichen Gehölzen. Gebiete über etwa 700 m Höhe besiedelt er nicht. Der Marderhund ist ein Allesfresser (HESPELER 1995; DRYGALA et al. 2000). Bis zu 80 % macht der Anteil an pflanzlicher Nahrung aus. Sie besteht aus Obst, Beeren, aber auch Kastanien, Eicheln und Nüssen sowie Feldfrüchten. Im Sommer hält er sich gerne in großen Maisbeständen auf und ernährt sich von den milchreifen Körnern. Darüberhinaus frisst er vor allem Insekten, Schnecken, Amphibien und Kleinsäuger sowie gelegentlich auch Fische, die er in Ufernähe fängt. Zudem fallen ihm gelegentlich Wasser- und Wiesenvögel (z. B. Enten, Brachvogel, Bekassine, Rotschenkel und Uferschnepfe) sowie ihre Gelege zum Opfer (MÖCKEL 2000). Auch Aas und Küchenabfälle verschmäht er nicht.

Schon bald nach Erscheinen dieses "schrecklichen" Räubers sagte man das Ende des Niederwildes und insbesondere der Raufußhühner voraus. Obwohl sich diese Prognose nicht erfüllt hat (HESPELER 1995; DRYGALA et al. 2000; siehe auch KAUHALA et al. 1993 für Finnland), sieht man sich unter anderem angesichts der Bemühungen um den Erhalt der "letzten wiesenbrütenden Watvögel" veranlasst, den Marderhund auch weiterhin scharf zu bejagen und damit einer latenten Gefahr vorzubeugen (MÖCKEL 2000). Auch in der Tagespresse wird in steigendem Maße versucht, den Marderhund in der Öffentlichkeit als existentielle Bedrohung der einheimischen Fauna zu brandmarken. Psychologisch geschickter behauptet man jetzt allerdings, dass er den Singvogelbestand gefährde – der Schutz der Singvögel kommt bei den Bürgern besser an als der Schutz des Niederwildes, an dem aber den Jägern in erster Linie gelegen ist. Auch soll der Marderhund Dachs und Fuchs verdrängen, für das "Funktionieren" unserer Ökosysteme "wichtige" einheimische Räuber. Dafür könnte die heute ökologisch aufgeklärte Öffentlichkeit durchaus Verständnis aufbringen. Die "Besorgnis" um eben diese beiden Räuber ist allerdings angesichts ihrer bislang rücksichtslosen Verfolgung ein durchaus scheinheiliges Argument, um Reduzierungsmaßnahmen gegen den Marderhund zu ergreifen. Es ist andererseits aber nicht auszuschließen, das Marderhund oder auch Waschbär, die Beziehungsgeflechte in den Biozönosen und Ökosysteme einmal stärker beeinflussen können, als es derzeit der Fall ist. Während der letzten Jahre ist jedenfalls in einigen Regionen Deutschlands ein starker Anstieg der Marderhundpopulationen zu verzeichnen (STIER et al. 2001), wobei offensichtlich die in erster Linie dem Fuchs geltende Tollwutimmunisation durch Impfköder auch die Marderhundbestände explosionsartig anwachsen ließ (TSCHIRCH 2001). Sollte diese Entwicklung anhalten, so könnte man Forderungen des Naturschutzes und der Jäger nach verstärkten Kontrollmaßnahmen nur schwer verschließen. Letztlich aber wird sich der Marderhund, wie Bisam und Waschbär, wohl kaum wieder aus unserer Landschaft entfernen lassen (HESPELER 1995; MÖCKEL 2000).

3.2 Wiederansiedlungen

Den kaum mehr überschaubaren Bemühungen, Tierarten in ihren ehemaligen Lebensräumen, aus denen sie – zumeist infolge direkter (Nachstellung) und/oder indirekter anthropogener Eingriffe (Veränderungen des Lebensraumes) – verschwunden waren, wieder anzusiedeln, liegen die verschiedensten Motive zugrunde. Mal geht es um die Erhaltung von Arten, der biologischen Vielfalt und um die Sicherung einer hohen genetischen Variabilität (u. a. ARZDORF 1990, dort weitere Literaturhinweise), mal um die "Vervollständigung" (Rekonstruktion) der verarmten heutigen Biozönosen oder auch einfach um "Wiedergutmachung" der der Tierwelt in der Vergangenheit durch den Menschen zugefügten Verluste. Oftmals werden Wiederansiedlungen auch im Hinblick auf eine vermeintliche Verbesserung der Funktion der Ökosysteme gefordert, wobei es allerdings sehr schwierig und in den meisten Fällen unmöglich ist, den stichhaltigen Nachweis zu erbringen. Da ist zum Beispiel von der Wiederherstellung des ökologischen Gleichgewichts die Rede, ohne dass überhaupt klar ist, welches Gleichgewicht denn nun gemeint ist, wie dies auszusehen hat, und ob die angesiedelte Art in der Lage ist, die ihr zugedachte Aufgabe auch "auftragsgemäß" zu erledigen. Notgedrungen bleibt es zumeist bei einer "verbalökologisch" verbrämten Begründung.

Beispielsweise sind der Schutz beziehungsweise die Wiederansiedlung von Waldhühnern keinesfalls zwingende Voraussetzungen für die Erhaltung der sogenannten "Funktionsfähigkeit" der Landschaft (was immer man darunter verstehen mag), denn zum einen ist die Existenz dieser Arten mit ihrem Verbreitungsschwerpunkt im skandinavisch-sibirischen Raum nicht gefährdet, und zum anderen waren diese Raufußhühner auch früher bei uns viel zu selten, um einen nachhaltigen Einfluss auf Vegetation oder den Landschaftshaushalt auszuüben (SCHERZINGER 1981). Birkhühner kamen lediglich auf vom Menschen entwaldeten Mooren und waldlosen Flächen im Gebirge im Vergleich zur heutigen Zeit häufiger vor. Als Folge der Veränderungen in der Landnutzung sind die Bestände im Laufe der letzten hundert Jahre immer mehr zurückgegangen. Im Hinblick auf die Sicherung der heimischen Bestände der Raufußhühner und ihrer genetischen Vielfalt sowie auf die Erhaltung einer artenreichen Umwelt, d. h. vor allem aus ethischen Gründen, plädiert man für einen effektiven Schutz und eine eventuelle Stützung der vorhandenen Restpopulationen durch Aussetzungen (SCHERZINGER 1981). Wenn dann aber, wie beispielsweise im Zusammenhang mit den Bemühungen, das Birkhuhn (*Lyrurus tetrix*) in oberschwäbischen Mooren oder das Auerhuhn im Schwarzwald wiederanzusiedeln, auf der anderen Seite eine künstliche Reduktion ihrer natürlichen Beutegreifer (Habicht, *Accipiter gentilis* / Rabenkrähe, *Corvus corone* / Fuchs,

Vulpes vulpes) als für den "Erfolg" notwendige Maßnahme gefordert wird (KALCHREUTER 1981, 1994; KALCHREUTER und WAGNER 1981; AMMERMANN 1998), werden solche Aktionen aus ökologischer Sicht äußerst fragwürdig (u. a. ELLENBERG und NOWAK 1981; WOTSCHIKOWSKY 1981 a; HOLTMEIER 1999; LIESER 2000). Ebenso ist die in manchen Gebieten erfolgreiche Wiederansiedlung des Luchses für die Lebensgemeinschaft zweifelsohne ein Gewinn, doch ist, von Einzelfällen abgesehen, ein spürbarer qualitativer und quantitativer Einfluss auf die Schalenwildbestände kaum zu erwarten (WOTSCHIKOWSKY 1981 b, 1990; HESPELER 1995). Soll man aber deswegen die Bemühungen um seine Wiedereingliederung in die Biozönosen einstellen (siehe auch ELLENBERG 1980)? Erst recht stellt sich diese Frage angesichts der von selbst wieder einwandernden Arten, zum Beispiel der von Polen nach Brandenburg, Sachsen und Vorpommern kommenden Wölfe oder slowenischer Braunbären, die in die österreichischen Alpen vordringen (Kapitel 3.2.3).

Man könnte vielleicht annehmen, dass Wiederansiedlungen (Wiedereinbürgerung im Sinne von NOWAK 1981) von Tieren in ihren ehemaligen Lebensräumen weniger Probleme mit sich bringen als die Ansiedlungen von Arten in Gebieten, in denen sie von Natur aus nicht vorkommen. In der Tat können viele Wiederansiedlungen aus biologischer Sicht als gelungen bezeichnet werden, wie u. a. die Wiederansiedlung der Hawaiigans (*Branta sandvicensis*) auf Hawaii, die des Wisents im Bialowieza-Nationalpark in Ostpolen (RACZINSKI 1981; NOWAK und ZSIVANO-VITS 1982), die des Steinbocks in manchen Regionen der Alpen (HOLTMEIER 1987 a), die des Luchses in Kärnten, in der Schweiz, im Böhmerwald und im slowenischen Kocevsko (FESTETICS 1981; ARZDORF 1990) oder des Bibers in vielen Ländern Europas, unter anderem auch in Deutschland (Kapitel 3.2.1.2). Aus landschaftsökologischer Sicht kommt man jedoch in manchen Fällen zu einer durchaus davon abweichenden Bewertung, denn es zeigt sich, dass zwar eine dauerhafte Etablierung der wiederangesiedelten Art erfolgt ist, diese aber von einer "harmonischen", d. h. konfliktlosen Wiedereingliederung in den heute den Nutzungsansprüchen des Menschen unterliegenden Lebensraum zum Teil weit entfernt ist (HOLTMEIER 1987 a). Permanent entstehen neue Konflikte zwischen den Ansprüchen der Tiere an den Lebensraum und den ebenfalls darauf gerichteten Nutzungsansprüchen des Menschen. Es geht also nicht allein darum, die Eignung der heutigen Landschaft als Lebensraum für die "Rückkehrer" zu analysieren, sondern ebenso um eine sorgfältige Prüfung der "Umweltverträglichkeit" dieser Tierarten.

3.2.1 Wiederansiedlung des Bibers

Dem Biber ist vor allem wegen seines sehr begehrten überaus dichten Pelzes (12 000 Grannenhaare und 23 000 Haare pro Quadratzentimeter in der Unterwolle) nachgestellt worden. Nur das Fell des Fischotters ist noch dichter. Beim Tauschhandel mit den Indianern Nordamerikas war der Biberpelz sogar zur Währungseinheit geworden (Tab. 12). Außerdem lieferte der Biber das Castoreum (Bibergeil), einen Duftstoff, der sich in großen in die Geschlechtsorgane mündenden Drüsensäcken befindet und dem Biber zur Abgrenzung seines Reviers dient. Dem Bibergeil schrieb man große Heilkraft gegen so ziemlich alle Gebrechen und Leiden sowie auch eine aphrodisierende Wirkung zu. Auch die berühmten Biberhüte sollten vor Krankheiten schützen und vor allem auch das Gedächtnis stärken. Säuglingen hing man die gelbroten Schneidezähne um den Hals, da man glaubte, dass sie ihnen das Zahnen erleichtern würden. Als "wandelnde Apotheke" teilte der Biber somit das Schicksal mancher anderer Tierarten, zum Beispiel des Steinbocks oder auch der Saigaantilope. Nicht zuletzt war sein wohlschmeckendes Fleisch sehr geschätzt. Fatal für den Biber war dabei vor allem, dass ihn die Katholische Kirche wegen seines Lebens im Wasser, seines mit "Schuppen" besetzten Schwanzes und seiner Schwimmkünste kurzerhand den Fischen gleichsetzte und als erlaubte Fastenspeise gelten ließ (BOBAK 1961), wie übrigens auch

Tab. 12: Biberfell als Währung im Tauschhandel mit den Indianern (aus HORN 1968).

Gegenstand	Biberfelle
1 Flinte	20
1 Kupferkessel	16
12 Pfund Glasperlen	4
1 Axt	1
100 g Tabak	1
10 Feuersteine	1
1 Hornkamm	1

den Fischotter (WEINZIERL 1973; KURT 1982). Andererseits aber haben sich gerade Klöster und Stifte
aus diesem Grunde sehr um die Erhaltung dieser
"Fleischquelle" bemüht.

Bald nachdem der Biber in vielen Teilen seines
ursprünglichen Verbreitungsgebietes infolge über-
mäßiger Nachstellung ausgestorben war, und nur
noch in Nordamerika, im südlichen Norwegen, an
der Elbe, an der Rhone und in Russland kleine Restbestände existierten, begann man mit Wiederansied-
lungsversuchen beziehungsweise Bestandesstützun-
gen. In Norddeutschland beispielsweise hat man sich schon um 1600 bemüht, wieder Biber
anzusiedeln (HINZE 1950), und auch in anderen Gebieten Europas sind in der Folgezeit immer
mal wieder Biber ausgesetzt worden, wobei die meisten Versuche nach einiger Zeit gescheitert
sind (BOBAK 1961). In Nordamerika erholten sich die verbliebenen Bestände rasch, als Biberpelz
und Biberhut aus der Mode kamen und Jagd und Fallenstellerei sich nicht mehr lohnten. In vielen
Gebieten, aus denen er verschwunden war, wurde er – oftmals mit großem Aufwand – wieder angesiedelt. Dank der Aussetzungen und strenger Regulierung der Jagd nahmen die Bestände rasch
zu. Gegenwärtig beträgt der Bestand zwischen sechs und zwölf Millionen Tiere (NAIMAN et al.
1988). Gleichwohl ist das nur ein Bruchteil ihrer ursprünglichen Anzahl, die auf 40 bis 60 Millionen Tiere geschätzt wird (SETON 1929). Auch die inzwischen wieder recht starken Biberpopulationen in Fennoskandien gehen auf Wiedereinbürgerungen zurück. In Finnland und Schweden
gab es gegen Ende des 19. Jahrhunderts keine Biber mehr. Die heutigen schwedischen Biber
stammen von rund 80 Bibern ab, die man aus Norwegen importierte (u. a. WEINZIERL 1973). Seit
den ersten 1922 erfolgten Aussetzungen haben sich die Biber auf 12 000 bis 15 000 Exemplare
vermehrt (LAVSUND 1975, 1983; Abb. 89).
Die Populationsentwicklung nahm nach
den Aussetzungen einen Verlauf, wie er
auch bei der Erstbesiedlung neuer Lebensräume durch fremde Tierarten (Ansiedlungen) beobachtet wurde, mit einem starken
Anstieg in der Anfangsphase und nachfol-
gendem Rückgang (HARTMANN 1994; siehe auch RINEY 1964; CAUGHLEY 1970,
1976 b). In Südfinnland wurden während
der dreißiger Jahre des vorigen Jahrhunderts norwegische und kanadische Biber
ausgesetzt. Der heutige Bestand liegt zwischen 9 000 und 10 000 Bibern. (LAHTI
1997, unveröff.). Noch vor 200 Jahren kam
der Biber auch in vielen deutschen Gewässern vor (NITSCHE 1994). An seine damals
weite Verbreitung erinnern unter anderem
noch viele Orts-, Flur- und Flussnamen
(Biberach, Biberwöhr, Biberwasen, Bibers-
feld, Bevern, Beverungen, Bevergern u. a.).
Das amtliche Postleitzahlenverzeichnis enthält über 60 solcher Ortsnamen. Ende des
19. Jahrhunderts war der Biber in Deutsch-

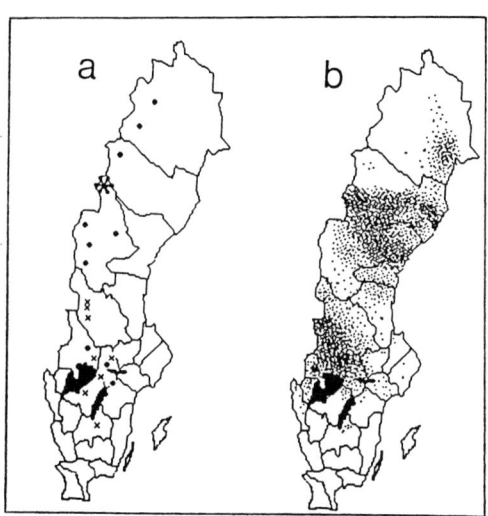

Abb. 89: Links (a) Wiederansiedlung des Bibers in
Schweden. * Erste Ansiedlung, • Stellen, an denen eine
Vermehrung stattgefunden hat, x fehlgeschlagene Versuche . Rechts (b) Verbreitung des Bibers in Schweden
1992 (nach HARTMANN 1994. verändert).

land nahezu ausgerottet, bis auf kleine Restbestände an der Elbe. Die Stadt Marburg zum Beispiel hatte zeitweise gleichzeitig 50 Biberjäger beschäftigt (REMMERT 1999). Erste Wiederansiedlungen wurden in der Nähe von Neustadt an der Donau durchgeführt (WEINZIERL 1973; FROBEL 1994). Seither sind in verschiedenen Gebieten zahlreiche weitere Aussetzungen erfolgt, mit unterschiedlichem Erfolg (Kapitel 3.2.1.2).

Bei einer ihren Lebensraum so stark prägenden Tierart wie dem Biber stellt sich von selbst die Frage nach den Folgen ihrer Wiederansiedlung, insbesondere im Hinblick auf Konflikte mit der Nutzung der Landschaft durch den Menschen. Sie kann nur unter Berücksichtigung der regional und lokal zum Teil sehr unterschiedlichen Bedingungen beantwortet werden.

3.2.1.1 Nordamerika und Nordeuropa

In den Gebirgen im Westen der Vereinigten Staaten, wo Überschwemmungen und Erosion infolge von Überbeweidung, ausgedehnten Kahlschlägen, Waldbränden sowie ungeeigneten Anbaumethoden seit der Besiedlung durch die Weißen erheblich zugenommen haben, zeichnen sich zumeist positive Wirkungen ab. Die Biberteichsysteme "regulieren" den Abfluss und wirken als natürliche Retentionsbecken (u. a. APPLE et al. 1984; PARKER et al. 1985; siehe auch Tab. 9). Hochwasserspitzen nach Starkregen und während der Schneeschmelze werden gedämpft, und die Erosion sowie Überschüttungen von Kulturland durch Flussgeröll und Schlamm sind seltener geworden. Zwar bleibt der Einfluss der Biberpopulation eines einzelnen Baches oder Flusses relativ gering, die Wirkung von Tausenden von Biberdämmen und -teichen auf die hydrologischen Verhältnisse im gesamten Einzugsgebiet der Gebirgsflüsse erweist sich jedoch als sehr groß und nachhaltig.

In den trockeneren Regionen bleiben Gräser und andere Futterpflanzen infolge des ansteigenden Grundwasserspiegels auch während der Sommermonate grün und bieten dann noch ausreichend Nahrung für Wild und Vieh. In einigen Fällen zeigten Bäche, die normalerweise im Sommer trockenfielen, einen permanenten Abfluss, nachdem in ihrem Oberlauf wieder Biber angesiedelt worden waren (DENNEY 1952). Farmer benutzen zum Teil das Wasser der Biberteiche für die Bewässerung ihrer Felder und auch als Löschwasser bei den häufigen Waldbränden. In den Biberteichen suchen auch die Wildtiere Schutz vor den Flammen. Nicht zuletzt erhöht der Wildreichtum in der Umgebung der Biberteiche den Freizeitwert des Raumes (Jagd, Angeln, siehe auch Abb. 80). Bei der Bewirtschaftung der Biberkolonien ("beaver management") spielt dieser Aspekt oftmals eine wichtige Rolle.

Obwohl in den Rocky Mountains zumeist die positiven Wirkungen der Biber auf die Landschaft die negativen Folgen überwiegen, hat sich dort schon bald nach der Wiedereinbürgerung gezeigt, dass es im Einzelfall zu nicht unerheblichen Problemen kommen kann, die eine sehr differenzierte Betrachtung erfordern. In den meist sehr hochgelegenen Quellgebieten der Gebirgsflüsse setzen das langsame Pflanzenwachstum sowie die im Vergleich zum Tiefland geringe Ausdehnung der Weichholzbestände entlang der Gewässer dem Wachstum der Biberkolonien enge Grenzen. Nicht selten ist daher schon nach wenigen Jahren die Tragfähigkeit dieser Räume überschritten. Sofern die Biber keine neuen Gebiete "erschließen" können – im Hochgebirge sind die räumlichen Ausbreitungsmöglichkeiten naturgemäß oft sehr beschränkt –, brechen die Kolonien zusammen. Erste Anzeichen einer Übernutzung machen sich darin bemerkbar, dass die Biber in verstärktem Maße auch Nadelbäume nutzen (u. a. PACKARD 1947; MACDONALD 1956; RETZER et al. 1956; YEAGER und RUTHERFORD 1957). Weiter unterhalb, an Flussabschnitten mit nicht zu starkem Gefälle, mäßiger Strömungsgeschwindigkeit und größeren Nahrungsreserven, sind die Voraussetzungen für eine auch auf Dauer erfolgreiche Wiederansiedlung günstiger. Kritisch ist die Situation allerdings dann, wenn es sich um Gebiete mit besonders erosionsanfälligem Untergrund (z. B. Tonschiefer) handelt, in denen die Biberteiche durch ihren Einfluss auf den Grundwasserstand (siehe auch Abb. 80) und auch bei Dammbrüchen zu schweren Erosionsschäden führen können (RUTHERFORD 1955; YEAGER und RUTHERFORD 1957).

Kein Gebiet aber – und sei es von seiner natürlichen Ausstattung her als Biberbiotop noch so gut geeignet – kann auf lange Sicht und ohne Abwanderungsmöglichkeiten für überzählige Tiere ein "unbegrenztes" Wachstum der Biberpopulation verkraften, ohne dass diese schließlich die Nahrungsgrundlage zerstören würde. Die Biberbestände, aber auch die Zahl der Hirsche (Wapiti, Maultierhirsche), denen unter anderem die frischen Triebe der Weichhölzer als Winteräsung dienen (siehe auch PACKARD 1947; HICKMAN 1964), müssen also auf einer Höhe gehalten werden, die noch eine natürliche Regeneration der Nahrungsreserven erlaubt. Nur dann lässt sich auch die Abwanderung von Bibern in andere Flussabschnitte verhindern, in denen sie unter den heutigen Verhältnissen unerwünscht sind. So werden in besiedelten Talabschnitten auch nicht selten Klagen über Biberschäden laut. Mal fällen die Biber auf privatem Grund Pappeln, mal setzen sie einen Fahrweg unter Wasser oder sperren einer Bewässerungsanlage die Wasserzufuhr. Zwar kann in solchen Fällen – zumal in den Gebirgstälern derartige Schäden gewöhnlich nur begrenztes Ausmaß annehmen – meist Abhilfe geschaffen werden, indem man zum Beispiel Dränagerohre in die Dämme einbaut oder auch die überzähligen Tiere einfängt. Besser und Ziel des "beaver managements" ist es jedoch, solchen Entwicklungen von vornherein vorzubeugen. Dort, wo eine die natürliche Tragfähigkeit geeigneter Biotope auf lange Sicht sichernde Populationskontrolle durchführbar ist und durchgeführt wird, und Konflikte mit auf denselben Raum gerichteten Nutzungsansprüchen des Menschen ausgeschlossen beziehungsweise in vertretbaren Grenzen gehalten werden können, nimmt heute der Biber wieder einen festen Platz in den Gebirgstälern ein.

In anderen Regionen aber ist er inzwischen zu einem ernsten Problem geworden. Schon entlang der Prärieflüsse im Vorland der Rocky Mountains richten Biber auf dem sich größtenteils in Privatbesitz befindenden und künstlich bewässerten Kulturland große Schäden an. Eine "friedliche Koexistenz" von Biber und Mensch scheint dort unmöglich zu sein. RUTHERFORD (1964) bringt dies in dem knappen Satz zum Ausdruck " ...*and the plain truth is that under present-day conditions, the beaver does not have a place there*". In Kanada haben hohe Biberbestände stellenweise zu beträchtlichen Schäden auf Ackerland und anderen Privatländereien geführt, vor allem in unmittelbarer Nachbarschaft der geschützten Populationen. Durch Fallenstellerei und - wenn unumgänglich - auch durch Zerstörung der Biberdämme (Foto 65) sucht man solchen Schäden vorzubeugen.

Im Südosten der Vereinigten Staaten – unter anderem in Alabama, Louisiana, Mississippi und Georgia – haben sich die Biber derart vermehrt und ausgebreitet, dass sie zur Plage geworden sind (ARNER o. J.; ARNER et al. 1969; HILL 1976). In erster Linie handelt es sich um Waldschäden (Hartholz, Furnierholz), die durch Überschwemmungen und Anstieg des Grundwassers verursacht wurden, um Beeinträchtigungen von Acker- und Weideland sowie andere, nicht näher beschriebene Schäden. Längst haben sie Millionenhöhe erreicht. Eine wesentliche Ursache dieser Entwicklung liegt in dem im Vergleich zu den Gebirgstälern nahezu unbegrenzten Raum- und Nahrungsangebot. Besonders groß sind die Schäden in der Golfküstenebene, wo schon relativ niedrige Dämme zur Überflutung riesiger Areale führen können (ARNER 1963). Mit allen möglichen Mitteln hat man sich bemüht, der Biberplage Herr zu werden. In Alabama und Mississippi wurde der Biber nicht nur von der Liste der geschützten Arten gestrichen, sondern für die ganzjährige Bejagung freigegeben (ARNER et al. 1969). Dämme wurden gesprengt und Chemikalien eingesetzt, um die Biber zu sterilisieren. Zudem wurden Vergiftungsaktionen durchgeführt (GORDON und ARNER o. J.; HILL 1976). An einigen Stellen setzte man sogar Alligatoren (*Alligator mississippiensis*) aus, um die Biber zu bekämpfen. Der Erfolg war gleich Null oder stellte sich an unerwarteter Stelle ein, als sich die Echsen nämlich den Menschen zuwandten. Als sich aber die Angriffe auf Badende häuften, sah man von dieser Art der biologischen Schädlingsbekämpfung

Foto 65: Gesprengter Biberdamm am Gander Lake in Neufundland (G. LEYDAG).

ab (HILL 1976). Letztlich hat sich die Fallenstellerei als das beste Mittel zur Kontrolle der Biberbestände erwiesen. Daher versucht man das "trapping" wieder attraktiv zu machen, auch als Freizeitaktivität, und den Bedarf an Biberfleisch und -pelzen zu wecken. Als zum Beispiel 1979/80 der Preis für ein Biberfell in Kanada über 43 Dollar lag, wurden dort 602 044 Biber gefangen, so viel wie niemals in der Geschichte des Landes zuvor (LARSON und GUNSON 1983).

Auch in den nordeuropäischen Ländern mehren sich mit dem Wachstum der Biberbestände die Schäden. Zwar halten sich die Überflutungen in Grenzen, doch sind sie in manchen Gebieten zu einem Problem geworden, zum Beispiel dort, wo wertvolle Nadelholzbestände den Überflutungen und dem Anstieg des Grundwasserspiegels zum Opfer fallen (FELDMANN 1980; LAHTI und HELMINEN 1974). Es darf allerdings nicht verschwiegen werden, dass es sich in den meisten Fällen um trockengelegte und dann aufgeforstete Moorgebiete handelt. In einigen Gebieten Schwedens verursachen die Biber durch die Anlage ihrer Baue in den Flussufern und durch die Errichtung von Dämmen beträchtliche Überflutungsschäden im angrenzenden Ackerland. Oftmals kommt es auch zu Unterbrechungen von Verkehrswegen, Strom- und Fernmeldeleitungen durch vom Biber gefällte umstürzende Bäume (LAVSUND 1975). Inzwischen versucht man in Norwegen, Schweden und Finnland, solchen Schäden durch Bejagung vorzubeugen, wobei durch Reglementierungen eine generelle Gefährdung der Existenz des Bibers ausgeschlossen wird. Nur in Fällen akuter Überflutungsgefahr dürfen auch Biberdämme zerstört werden. Trotz der Regulierungsmaßnahmen haben die Bestände in Norwegen und Schweden kontinuierlich weiter zugenommen (Schweden 40 000 - 50 000, Norwegen 20 000 - 30 000), während in Finnland infolge Bejagung (1975 - 1980) zeitweise ein leichter Rückgang auf etwa 4 000 Tiere zu verzeichnen war (ERMALA et al. 1989).

Auch aus Estland kommen Meldungen, dass im Karula-Nationalpark die Dammbauten der wiederangesiedelten Biber zur Überflutung größerer Gebiete entlang der Grenze zu Lettland geführt haben. In der Stadt Järvselja sollen die Biber Straßen so stark unterhöhlt haben, dass sie unter der Last der Fahrzeuge einzubrechen drohen. Jägern und privaten Waldbesitzern, die von den Überflutungen betroffen sind, ist die Jagd auf die Biber gestattet worden, doch kaum jemand

macht davon Gebrauch, da Biberpelze nicht gefragt sind (dpa-Meldung, WESTFÄLISCHE NACH-
RICHTEN vom 17. 08. 1998). In Lettland gelten die wiederangesiedelten Biber (Aussetzungen
1927, 1935, 1952) wegen der Konflikte mit den Landbesitzern inzwischen als "Schädlinge". Ihr
Bestand soll schon 1985 mehr als 25 000 Tiere betragen haben. Aus Osten wandern immer mehr
Biber zu. Obwohl die Biotopkapazität schätzungsweise für etwa 150 000 Biber reicht, hält man in
Anbetracht der Probleme nur eine Anzahl von etwa 50 000 Bibern für vertretbar (BALODIS 1992).

Unter rein biologischem Aspekt sind die Wiederansiedlungen größtenteils erfolgreich verlaufen. Dauerhafte Populationen sind entstanden, und die Existenz der Art ist grundsätzlich gesichert. Es zeigt sich aber, dass längst nicht überall eine "harmonische" Wiedereingliederung der
Biber in die auch den Nutzungsansprüchen des Menschen unterliegenden Landschaftsräumen erreicht wurde. Angesichts der völligen Umgestaltung der Landschaft und der tiefgreifenden ökologischen Veränderungen sowie des Abflussverhaltens der Flüsse und Bäche durch den sprichwörtlichen fleißigen Biber, darf es nicht verwundern, wenn heute, insbesondere mit dem Blick auf die
seit der Ausrottung des Bibers zum Teil stark gewachsenen Nutzungsansprüche (Hochwasserschutz, Kulturflächen, Uferstraßen, Wasser- und Stromleitungen usw.), wieder zunehmend "Nützlichkeit" und "Schädlichkeit" des Bibers diskutiert werden. Nur unter Rahmenbedingungen, die
einerseits die Bildung dauerhafter Populationen erlauben, andererseits aber untragbare Schäden
ausschließen und eine wirksame Kontrolle der Biberbestände ermöglichen, kann dem Biber heute
auch dort sein "Heimatrecht" zugestanden werden. Schon COX (1940) schrieb in seinem Artikel
"The beaver - friend of the forest": *"No other animal has changed the surface of the earth as
much as the beaver. Probably no other creature down through the centuries has played so large a
part in conserving water, soil and forest. .... Beavers do not belong in thickly settled communities,
since their flooding operations may become troublesome to meadows and roads. In the wild
forest country they do little harm and an immense of good".*

3.2.1.2 Mitteleuropa

Vor diesem Hintergrund sollte man auch die Wiederansiedlungen des Bibers in Deutschland sehen (Abb. 90). Während in Nordamerika, in Russland und auch in Nordeuropa die Biber in erster
Linie im Hinblick auf die Pelzgewinnung und die unter den dortigen Verhältnissen erhofften positiven Auswirkungen der Biberdämme und -teiche auf die Abflussverhältnisse wieder angesiedelt wurden, spielt in Deutschland der Naturschutzgedanke die entscheidende Rolle (WEINZIERL
1973; SCHNEIDER und RIEDER 1981). Man soll dem Biber die gleiche Chance wie in Schweden
bieten, wo ihm seit seiner Wiederansiedlung nicht mehr nachgestellt werde (was allerdings nicht
den Tatsachen entspricht: Anmerkung des Verfassers), als *"kleine Wiedergutmachung dafür, was
unsere Zivilisation den Flüssen und Seen angetan hat"* (REICHHOLF-RIEHM 1981). In einem Spen-
denaufruf des Bundes für Umwelt und Naturschutz Deutschlands (BUND) heißt es: "*Er* (der Biber) *soll an die Elbe und andere deutsche Flüsse und Bäche zurückkehren. Unterstützen Sie uns
dabei, das Unrecht seiner Ausrottung wiedergutzumachen"* (BUND 1992). Es wurde auch schon
behauptet, dass der Biber bei der Gestaltung seines Lebensraumes keine Probleme schaffe, sondern nur die Fehler aufzeige, die im Zuge der Landnutzung (FROBEL 1994; SCHWAB et al. 1994)
und des Wasserbaus (ALLGÖVER 1995) gemacht wurden. Mitunter wurde auch in Deutschland
versucht, die Wiederansiedlung mit den "wasserbaulichen" Leistungen des Bibers – sprich seiner
"Nützlichkeit" – zu begründen, wobei gerne, aber ohne jede Differenzierung und Kenntnisnahme
der Problemfälle, auf die erfolgreichen Biberansiedlungen in Nordamerika oder in Russland verwiesen wurde (z. B. WEINZIERL 1973). Solche Vergleiche unserer bis auf den letzten Quadratmeter genutzten Kulturlandschaft mit diesen größtenteils weit naturnäheren Räumen, wie zum
Beispiel mit den Tälern in den Rocky Mountains oder den weiten Flusslandschaften Russlands

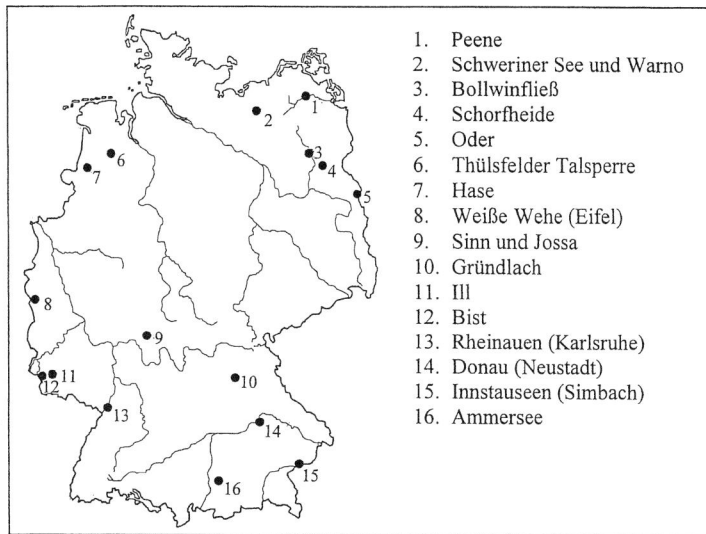

1. Peene
2. Schweriner See und Warno
3. Bollwinfließ
4. Schorfheide
5. Oder
6. Thülsfelder Talsperre
7. Hase
8. Weiße Wehe (Eifel)
9. Sinn und Jossa
10. Gründlach
11. Ill
12. Bist
13. Rheinauen (Karlsruhe)
14. Donau (Neustadt)
15. Innstauseen (Simbach)
16. Ammersee

Abb. 90: Aussetzungen von Bibern in Deutschland (Entwurf HOLTMEIER, nach verschiedenen Quellen).

hinken (siehe auch STOCKER 1985) und führen zu falschen und der Sache kaum dienlichen Schlüssen. Man sollte es daher bei Legitimationsbemühungen mit der ethischen Verpflichtung bewenden lassen, denn zweifelsohne ist sie ein völlig ausreichender Grund, den Biber auch in Deutschland wieder heimisch zu machen.

Nicht geringe Schwierigkeiten bereiteten die Wahl und Beschaffung geeigneter Biberherkünfte. In Deutschland wurden Biber aus Russland, Polen, Schweden, Finnland und Frankreich und Elbebiber angesiedelt (u. a. SCHNEIDER und RIEDER 1981). Darauf soll hier aber nicht weiter eingegangen werden, da die einschlägige Literatur darüber ausführlich Auskunft gibt. Aus landschaftsökologischer Sicht interessieren vor allem die Wirkungen der Biber auf ihren Lebensraum, und dabei scheinen herkunftsbedingte Unterschiede von nur geringer Bedeutung zu sein.

Der ehemalige Lebensraum des Bibers ist durch wasserbauliche Maßnahmen, Landnutzung, Besiedlung und Verkehrswege erheblich eingeschränkt worden. Die potentiellen Biotope eignen sich zumeist nur für kleinere Lokalpopulationen (NOWAK und ZUROWSKI 1980). Die ersten Aussetzungen erfolgten 1966 in Bayern (WEINZIERL 1973; FROBEL 1994). Seither sind in vielen anderen Gebieten Deutschlands (siehe auch Abb. 90) und angrenzenden Nachbarstaaten (Schweiz, Österreich, Polen, Holland) Wiederansiedlungsversuche vorgenommen worden. Von Zeit zu Zeit wird über die Erfolge dieser Maßnahmen berichtet, wie beispielsweise über den vor 20 Jahren mit der Aussetzung von fünf Bibern begründeten Bestand in der Nordeifel, der mittlerweile auf 60 bis 70 Tiere angewachsen ist und sich bis an die belgische Grenze ausgebreitet hat (LÖBF 2000). Als "stabil" können aus demökologischer Sicht nur die Bestände der Elbebiber (rund 4 000 Individuen, HEIDECKE 1997) und die allein auf Wiederansiedlung zurückgehenden Vorkommen in Bayern (1 000 bis 1 500 Individuen, SCHWAB 1994) gelten. Alle anderen Biberkolonien sind zu jung und zu klein, um weitreichende Prognosen zu stellen (NITSCHE 1995 b).

Daran ändert auch die durch zahlreiche Beobachtungen belegte außerordentliche Anpassungsfähigkeit der Biber nichts (Kapitel 2.7.3). Selbst starke Gewässerverschmutzung oder Verkehr tolerieren sie. Auch sind sie in der Lage, sich in ihren Nahrungsansprüchen den örtlichen Gegebenheiten (Vegetation) entsprechend umzustellen und beispielsweise statt Weichhölzer (Pappeln und Weiden) sogar Buchen (SCHNEIDER 1872; SCHNEIDER und SCHULTE 1985), Eichen und Koniferen zu nutzen (DJOSHKIN und SAFONOV 1972; JENKINS 1979; SCHWAB et al. 1994; ZUPPKE 1995), oder fast ausschließlich von Gräsern und Kräutern zu leben, wie es im unteren Rhonegebiet mit seinen milden Wintern der Fall ist (RICHARD 1981). Dies alles sind Argumente, die immer wieder von den Betreibern und Befürwortern weiterer Aussetzungen ins Feld geführt werden, aber am Kern des Problems vorbeigehen, ist es doch weniger die Frage, ob Biber in der heutigen Landschaft aus biologischer Sicht geeignete Biotope in ausreichender Zahl finden können (SCHWAB 1997, 1998), sondern ob der Mensch sie dort zulässt und auf Dauer toleriert (NITSCHE 1995 a). Hier ist es gerade die vielgepriesene große Anpassungsfähigkeit der Biber an unterschiedliche Habitate (u. a. FROBEL 1994; SCHWAB et al. 1994; KLENNER-FRINGES 1997), die Probleme bereitet, denn es lässt sich nur bedingt voraussehen, wie er sie nutzen und gestalten wird.

So war man nicht wenig überrascht, als die ersten bei Eggenfelden an einem Zufluss der Rott (Niederbayern) ausgesetzten Biber sehr bald an den unteren Inn "umzogen" und sich an den ihnen offensichtlich mehr zusagenden Innstauseen niederließen (REICHHOLF 1976) – eine, wie sich später zeigte, sehr positive Entwicklung. Auf der anderen Seite dürfte der sogenannte "Agrarbiber" (MAIER 1994), der sich infolge fehlender Weichhölzer vollkommen auf die in Nähe seines Reviers angebauten Feldfrüchte (z. B. Zuckerrüben, Mais, Getreide) als Nahrung umgestellt hat, wohl kaum das Ziel der Wiederansiedlungsbemühungen sein.

Im Biesbosch (Niederlande) sollten die seit 1988 in der Aue des Gebietes wieder angesiedelten Biber die vorherrschenden Weiden zurückdrängen und zur Entwicklung eines artenreicheren Mischwaldes beitragen. Statt jedoch ihre "Aufgabe" zu erfüllen, fällten und ringelten die Biber vor allem die dort wesentlich selteneren Eschen, Haseln, Espen und Erlen und vernichteten diese innerhalb nur eines Jahres (NOLET et al. 1994). Es ist wohl auch nicht zu erwarten, dass Biber ihre Dämme gerade an der Stelle errichten, an der sie aus Sicht der Wasserbauer notwendig sind. Bei allen guten Wünschen, die den Bemühungen um die Wiederansiedlung mitzugeben sind, kann man von einem wirklichen Erfolg erst bei einer konfliktlosen Wiedereingliederung in die heutige Landschaft sprechen – und die scheint keineswegs in allen ehemaligen Verbreitungsgebieten des Bibers möglich zu sein (HOLTMEIER 1999).

In der Schweiz zum Beispiel – die dortigen Verhältnisse sind eher mit den deutschen vergleichbar als die in Nordamerika, Russland oder Nordeuropa (STOCKER 1985) –, zeigt sich dass die optimalen Biotope inzwischen besetzt sind und zur Abwanderung gezwungene Jungbiber kaum mehr neue Lebensräume finden, in denen sich aus eigener Kraft überlebensfähige Kolonien etablieren können (STOCKER 1985; RAHM 1997), ohne dass es zu schließlich nicht mehr tolerierbaren Schäden kommt. In der Tagespresse wurde schon vor fast zwanzig Jahren (u. a. WESTFÄLISCHE NACHRICHTEN vom 15. 03. 1985) von einem "Biberkrieg" berichtet, als Biber aus der Gründungskolonie am Hüttwiler See (Kanton Thurgau) an den Binnenkanal der Thur abwanderten und begannen, auf privatem Grund Bäume zu fällen. Einige der "Schadensbiber" wurden daraufhin eingefangen und an den Sihlkanal umgesiedelt. Wenig später waren neue da, was ein weiteres Mal für die ausgeprägte Ausbreitungsdynamik der Biber auch in der Kulturlandschaft spricht. Schon STOCKER (1985) kam aufgrund seiner detaillierten Untersuchung zu dem Schluss, dass die Entwicklung einer zusammenhängenden Population auf natürlichem Wege unter den gegebenen Rahmenbedingungen der schweizerischen Kulturlandschaft kaum möglich sein wird. Das Ziel sah er gleichwohl in einer Entwicklung der etablierten Kolonien, möglichst zu großen Gruppen, zwischen denen trotz nicht besiedlungsfähiger Abschnitte und eventueller Hindernisse ein Austausch möglich sein sollte. Der Argumentation des World Wildlife Fund (WWF), dass der Biberbestand in der Schweiz noch nicht gesichert sei, und das Interesse der Waldbesitzer dem öffentlichen Interesse an der Erhaltung dieser gefährdeten Tierart untergeordnet werden müsse, konnte man sich angesichts kaum vermehrbaren Lebensraumes und des sich als langfristige Perspektive abzeichnenden permanenten Konfliktes kaum anschließen (HOLTMEIER 1987). Heute sollte man die vorhandenen Biberkolonien und ihr Umfeld so gut wie möglich schützen, aber keine weiteren Aussetzungen vornehmen (RAHM 1997; SCHULTE 1998).

Es sind Lösungen denkbar, die zur Vermeidung beziehungsweise zur Verminderung derartiger Konflikte auch in unserer Kulturlandschaft beitragen könnten (z. B. HEIDECKE und KLENNER-FRINGES 1992). An solchen Vorschlägen und Forderungen fehlt es gewiss nicht. Ihre Umsetzung in die Praxis dürfte jedoch nur bedingt und meist nur in Einzelfällen möglich sein. So sollte ein mindestens 20 bis 30 m breiter Uferstreifen von jeder Nutzung ausgenommen und ganz der natürlichen Sukzession überlassen werden. Anpflanzungen insbesondere von Pappeln,

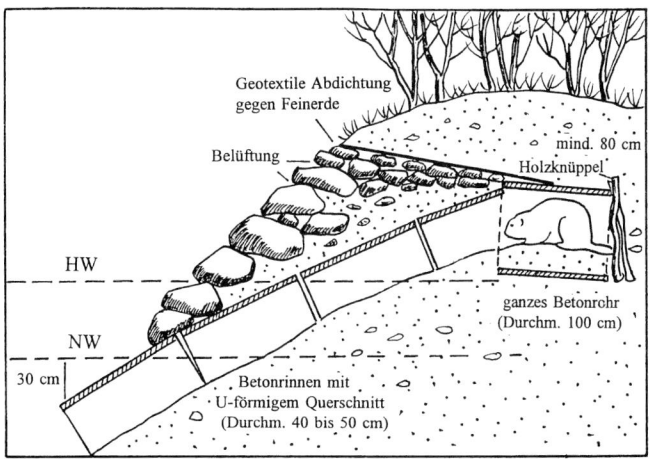

Abb. 91: Installation eines künstlichen Biberbaus in einem einsturzgefährdeten Ufer (nach RAHM und BAETTIG 1996, verändert).

Weiden und anderen vom Biber bevorzugten Gehölzen mit hohem Stockausschlagsvermögen (z. B. Weißdorn, Hartriegel, Ulme) im Übergangsbereich der Aue können das Nahrungsangebot verbessern und beispielsweise forstwirtschaftliche genutzte Bestände in Gewässernähe vom Äsungsdruck entlasten (u. a. ZAHNER 1997). "Wertvolle" Einzelbäume lassen sich durch Drahtgitter oder Biberzäune schützen (z. B. ZUPPKE 1995). Gefährdete Uferbereiche sollen durch den Einbau von Spundwänden, Gittern oder Steinschüttungen vor der Unterminierung bewahrt werden (SCHWAB 1994; GEIERSBERGER 1997). Beliebig ließe sich die Liste der Forderungen vermehren. Hier drängt sich nun allerdings so nebenbei die Frage auf, warum man eigentlich den Bisam auszurotten versucht – ist es die fehlende "Sympathie" für den "Neubürger" beziehungsweise die positivere Einschätzung des "guten" und "fleißigen" Bibers (u. a. REICHHOLF 1997)? Bisweilen pervertieren allerdings die Vorschläge zur Konfliktvermeidung beziehungsweise Schadensbegrenzung den Naturschutz, wenn man zum Beispiel allen Ernstes empfiehlt, in instabilen und einsturzgefährdeten Ufern mittels auf den Kopf gestellter U-förmiger Betonrinnen künstliche Biberbaue zu installieren (Abb. 91), die den Bibern die Besiedlung auch solcher von vornherein prekärer Abschnitte ermöglichen sollen. Wieweit die Gesellschaft bereit ist, den Biber nicht nur zu tolerieren, sondern auch seine weitere Wiederausbreitung zu fördern, ist nicht allein eine Frage der "ökologischen Einsicht" – da sollte man die heute hinsichtlich Umwelt- und Naturschutz durchaus sensibilisierte Öffentlichkeit nicht unterschätzen –, sondern auch eine Frage der Vertretbarkeit des finanziellen Aufwandes, der mit der Verbesserung der Biotopbedingungen und deren langfristiger Unterhaltung verbunden ist.

Aus biologischer Sicht sind die Wiederansiedlungen im Inn-Donauraum und an der Elbe als gelungen zu bezeichnen. Auch die Ansiedlung von Bibern in der Eifel scheint erfolgreich zu sein. Der Bestand umfasst derzeit 60 bis 70 Tiere (LÖBF 2000). In Bayern werden die Biber in den nächsten Jahrzehnten die meisten der geeigneten Lebensräume besiedelt haben (SCHWAB 1993, 1994; SCHWAB et al. 1994). Im Elbegebiet flacht inzwischen in allen Kolonien nach einer Phase starker Zunahme die Wachstumskurve ab. Ursache sind erhöhte Mortalität, Verknappung des Lebensraumes für abwandernde Jungtiere und Übernutzung der Nahrungsgrundlage – Zeichen für das Erreichen der Biotopkapazitäten. Abwanderungen auch in suboptimale Biotope, wie kleine

Gewässer weitab der Flüsse im Hinterland, sowie zunehmende Biberschäden im Kulturland machen deutlich, dass die mit dem Anwachsen der Elbebiberbestände nunmehr zunehmenden Konflikte auf Dauer wohl nur durch gezielte schadensverhindernde und gleichzeitig bestandessichernde Maßnahmen bewältigt werden können (HEIDECKE 1997). Die im Elberaum wie auch in den anderen Wiederansiedlungsgebieten (z. B. Niedersachsen, BLANKE 1998; Bayern, ZAHNER 1997) beobachteten Ausbreitungstendenzen der Biber entsprechen durchaus ihrem Verhalten unter natürlichen beziehungsweise naturnahen Verhältnissen, wie beispielsweise in den Rocky Mountains oder in Nordeuropa, und sollten auch die Naturschützer davon überzeugen, dass Wiederansiedlungen nur dann sinnvoll und auch "im Interesse des Bibers" sind, wenn es gelingt, im Rahmen umfassender Auenrenaturierungsprogramme zusammenhängende Lebensräume zu schaffen, die auch eine natürliche Ausbreitung der Biber im Laufe ihrer "Eroberung" der Einzugsgebiete erlauben (NITSCHE 1995 b; HEIDECKE 1997). Aber auch dann werden steuernde Eingriffe durch den Menschen notwendig sein, um langfristig die Koexistenz zu ermöglichen. Biberhabitat-Eignungsprüfungen auf der Grundlage von Gewässerstrukturdaten, wie sie zum Beispiel für Hessen durchgeführt wurden, sind zweifelsohne ein interessanter Ansatz, um potentiellen Konflikten zwischen dem Biber und den an seinen Lebensraum gerichteten Nutzungsansprüchen vorzubeugen (HUGO 2001).

Die Entwicklungen in vielen Gebieten Nordamerikas und Nordeuropas geben zu bedenken, dass es sicherlich besser ist, durch Beschränkung der Wiederansiedlung auf geeignete Bereiche von vornherein zu verhindern, dass Biber zu "Schadensbibern" werden, als später zu drastischen und sicherlich wenig populären Reduzierungsmaßnahmen (Abschuss, Fallenfänge, Einreißen der Dämme usw.; siehe auch WILDE et al. 1950) zu greifen, zumal angesichts der Rolle des Bibers als ausgesprochener Sympathieträger für den Naturschutz (Kapitel 4.3). Nachdenklich sollte jedenfalls der sich in der Öffentlichkeit inzwischen abzeichnende Meinungswandel (u. a. zahlreiche Pressemitteilungen) von einer zu Beginn der Wiederansiedlung durchweg positiven zu einer heute überwiegend kritischen Einschätzung stimmen (ZAHNER 1997; BLOCH 2000).

3.2.2 Wiederansiedlung des Steinwildes in den Alpen

Ein weiteres, räumlich allerdings sehr viel begrenzteres Beispiel für die komplexe Problematik der Wiederansiedlung einer Tierart in ihrem ursprünglichen Lebensraum und die daraus erwachsenden Konflikte ist die Steinwildkolonie bei Pontresina (Graubünden) (siehe auch HOLTMEIER 1968, 1969 a, 1969 b, 1987 a). In den meisten Gebieten der Schweiz galt der Steinbock (Foto 66) schon seit Mitte des 16. Jahrhunderts als ausgestorben. In Graubünden sollen die letzten Exemplare in der ersten Hälfte des 17. Jahrhunderts geschossen worden sein. Den letzten Steinbock der Schweiz erlegte man 1809 im Einfischtal (Wallis, DESAX 1978).

Ursache der Ausrottung des Steinwildes war die übermäßige Nachstellung, nicht allein wegen des vorzüglichen Wildbrets und des als Trophäe geschätzten gewaltigen Gehörns des Steinbocks, sondern auch wegen der vermeintlichen Heilwirkung der sogenannten Bezoarkugeln, des Steinbockblutes, des gemahlenen Gehörns und anderer Teile des Tieres. Bei den Bezoarkugeln handelt es sich um kleine Konkretionen, die aus abgeleckten Haaren und unverdauten, zum Teil harzigen Pflanzenresten im Magen des Steinbocks entstehen. Man vergoldete und verkaufte sie zu hohen Preisen in Apotheken als Heilmittel, das vor Schwindel, Ohnmacht, Gelbsucht, roter Ruhr und Melancholie schützen sollte. Das Blut galt als Mittel gegen Blasensteine. Herz und Mark waren als Kräftigungsmittel geschätzt, das gemahlene Gehörn wurde als Medizin gegen Krämpfe, Koliken und Vergiftungen genommen. In Verknöcherungen der Aorta ("Herzkreuzchen") sah man Glücksbringer, und die Fersengelenke sollten als Liebesmittel wirken (SCHNITTER 1965). Mit anderen Worten: Der Steinbock galt, wie viele andere Tiere auch, als "wandelnde Apotheke". Nega-

Foto 66: Steinböcke (*Capra ibex*) auf dem südwest-exponierten Hang des Schafberges bei
Pontresina in rund 2 750 m Höhe (F.-K. HOLTMEIER, August 1973).

tiv auf die Steinbockbestände wirkten sich auch die großen Schaf- und Ziegenherden aus. Sie
drängten das Steinwild aus den besten Weidegebieten in ungünstige Hanglagen ab. Zudem hybri-
disierte es mit den Hausziegen und litt dann auch unter deren Parasiten, Krankheiten und Seuchen
(SCHNITTER 1965). Da das Steinwild auch nicht übertrieben scheu ist und sich, sobald es sich in
schwer zugänglichem Fels befindet, sicher wähnt, war es mit Armbrust und Feuerwaffen sehr
leicht zu erlegen.

Schon bald nach seiner Ausrottung versuchte man, das Steinwild wieder heimisch zu machen.
In der Schweiz erfolgten die ersten Aussetzungen 1911. Es waren in Gehegen gezogene Tiere, die
von drei Exemplaren abstammten, die 1906 von einigen "initiativen" Schweizern in einer Nacht-
und Nebelaktion aus dem strengbewachten Gran Paradiso, dem Jagdreservat des italienischen
Königs, das die letzten reinblütigen Steinböcke der Alpen beherbergte, gestohlen worden waren –
nachdem der italienische König ein offizielles Bittgesuch abschlägig beschieden hatte.

Der Ursprung der Steinwildkolonie bei Pontresina geht auf das Jahr 1922 zurück, als plötzlich
am Piz Albris zwei Steingeißen auftauchten. Vermutlich handelte es sich um durch Wilderer ver-
sprengte Tiere aus dem schweizerischen Nationalpark im Unterengadin (Luftlinienentfernung
zum Piz Albris ca. 26 km), wo zwei Jahre vorher sieben Tiere aus dem St. Galler Wildpark "Peter
und Paul" und einem Tiergehege bei Interlaken ausgesetzt worden waren. In dem zufälligen Erscheinen der beiden Steingeißen am Piz Albris sah man eine willkommene Gelegenheit, das
Steinwild – es ist das Wappentier Graubündens und mancher schweizerischen Gemeinde – auch
im Oberengadin wieder anzusiedeln und setzte bald danach weitere 11 Tiere in dem für Steinwild
sehr günstigen Gelände aus. Der Bestand nahm sehr rasch zu und erreichte schon Ende der sechziger Jahre des vorigen Jahrhunderts mit mehr als 700 Tieren eine sehr hohe Dichte (siehe auch
Tab. 13). Von seinem Aussetzungsgebiet hat sich das Steinwild bald vom Piz Albris über den
nach Westen anschließenden Bergzug (Piz Languard, Las Suors, Schafberg, Muottas Muragl)
ausgebreitet. Auch in den nördlich angrenzenden (Val Champagna, Val Chamuera) sind ständig
Rudel oder einzelne Tiere anzutreffen. Die Kolonie ist heute die größte in den Alpen.

Foto 67: Blick auf den Schafberg mit Pontresina. Auf diesen südwest-exponierten Hängen findet das Steinwild optimale Lebensbedingungen (G. LOCHAU, Anfang der sechziger Jahre des vorigen Jahrhunderts).

Zu den Gunstfaktoren, die das schnelle Wachstum der Bestände ermöglichten, zählen in erster Linie das kontinental getönte, strahlungsreiche Hochgebirgsklima (siehe auch WIERSMA 1989), die Reliefsituation und die Exposition des Geländes sowie seine große vertikale Erstreckung (Foto 67). Die Niederschlagsmenge erreicht in Pontresina (1 820 m) nur wenig mehr als 800 mm. Über die Hälfte fällt als Schnee. Sechs Monate lang liegt eine geschlossene Schneedecke, womit die Schneedeckendauer deutlich kürzer ist als in derselben Höhe in den Randketten der Alpen (TURNER 1961). In den Hochlagen nehmen die Niederschläge zwar zu, jedoch werden auf den strahlungsexponierten Hängen des Piz Albris-Schafbergzuges windexponierte und andere schneearme Geländeabschnitte (Rippen, Kuppen) sowie vor allem die steilen, felsigen und von zahlreichen Grasbändern durchsetzten Trogwände auch während des Winters häufig schneefrei. Dort bieten sich dem Steinwild optimale Wintereinstände, zweifelsohne der wichtigste Gunstfaktor, zumal es sich beim Steinwild um Standwild handelt. Überdies sind bei der großen vertikalen Erstreckung der Hänge vom geschlossenen Wald (zwischen 1 850 m bis 2 200 m, an manchen Stellen auch bis 2 300 m) bis hinauf in die obere alpine Stufe (um 2 800 m) im Hochsommer stets ausreichende Äsungsflächen mit frischer Nahrung vorhanden, auch auf der schattigen Nordseite des Bergzuges.

Mit der Zunahme des Steinwildes mehrten sich bald auch Schäden, die es durch Verbiss, "Fegen" und Schlagen (mit dem Gehörn) sowie vor allem durch Vertritt verursacht (u. a. CAMPELL 1958; BISAZ 1968; HOLTMEIER 1968, 1969 a, 1969 b, 1987 a). Das "Fegen" ist nicht mit dem Fegen des Rotwildes zu verwechseln. Im Frühjahr, zur Zeit des Haarwechsels, wird das Steinwild offensichtlich durch einen Juckreiz zwischen den Hornscheiden geplagt, den es durch Scheuern an Felskanten und jungen Bäumen zu befriedigen sucht. Verbiss- und "Fegeschäden" betreffen in erster Linie die Waldgrenzbestände und die darüber stellenweise bis in 2500 m Höhe angelegten Aufforstungen, wobei die "Fege"- und Schlagschäden (Foto 68, 69) gravierender sind als der Verbiss und stellenweise ein beträchtliches Ausmaß erreichen (siehe auch TEN HOUTE DE LANGE 1978; FEUERSTEIN 1997). Vom "Fegen" und Schlagen sind vor allem junge, elastische Bäume betroffen, die bei der "Bearbeitung" mit dem Gehörn zurückfedern (HOLTMEIER 1965, 1969 a, 1972; FEUERSTEIN 1997). Die Aufforstungen sind Teil umfassender Lawinenverbauungsmaßnahmen,

Foto 68: Schlag und Fegeschäden an einer Arve (*Pinus cembra*) in den Hochlagenaufforstungen auf dem Schafberg oberhalb von Pontresina in einer Höhe von 2 300 m (F.-K. HOLTMEIER, 05. 10. 1967).

Foto 69: Vernarbte Schlagschäden an einer Arve (*Pinus cembra*) im Lärchen-Arvenwald auf dem Schafberg oberhalb von Pontresina (A. MÜTERTHIES, 05. 08. 1998).

die hier unter hohem Kostenaufwand durchgeführt werden mussten und immer wieder Nachbesserungen erfordern, um den zu Füßen dieser gefahrenträchtigen Steilhänge liegenden Kurort Pontresina und die Verkehrswege zu sichern (BISAZ 1968; HOLTMEIER 1969 b, 1976). In den Aufforstungen hält sich das Steinwild vor allem während des Winters häufig auf. Die den Bäumen zugefügten Schäden mindern deren Widerstandskraft gegen die in der großen Höhe ohnehin extremen klimatischen Bedingungen.

Schwerwiegender noch als die Schäden in den Aufforstungen ist wohl die durch den intensiven Vertritt ausgelöste Zerstörung der Rasen- und Zwergstrauchdecke (HOLTMEIER 1968, 1969 a, 1969 b). Der Verbiss spielt dabei wohl nur eine verhältnismäßig geringe Rolle (TEN HOUTE DE LANGE 1978). An vielen Stellen am Schafberg, am Piz Albris und am Piz Languard sind von der ursprünglichen alpinen Pflanzendecke nur mehr Reste vorhanden (Foto 70). Aber nicht allein oberhalb der Waldgrenze ist eine solche Auflösung der Vegetationsdecke festzustellen, sondern vor allem auch in der von Felsstufen durchsetzten Trogwand. Dort liegen die Einstände, die das Steinwild vor allem im Winter und nicht selten auch bei Wetterstürzen während der anderen Jahreszeiten aufsucht.

Unmittelbare Folge der Vegetationszerstörung ist eine rasch fortschreitende Abtragung, die durch häufige Kammeisbildung noch intensiviert wird (Foto 71). Die Eisnadeln lockern die Bodenkrume und heben die oberste Schicht ab. Über 13 Kilogramm Feinmaterial pro Quadratmeter und selbst einzelne Steine von mehreren Kilogramm Gewicht können dabei von der Unterlage abgehoben werden. Mit höhersteigender Sonne fallen die Eisnadeln um, und in steilem Gelände erfolgt schon allein dadurch eine zentimeterweise Umlagerung der abgehobenen Bodenpartikel hangabwärts. Wenn die krümelige Erde beim Schmelzen des Kammeises stark durchfeuchtet wird und zu fließen beginnt, nimmt die Umlagerung weiter zu (Kammeissolifluktion). Durch Kammeis von nur zwei bis drei Zentimeter Länge werden etwa 20 Liter Wasser pro Quadratmeter gebunden. Das wieder in den Boden einsickernde Schmelzwasser (zuzüglich eventuellen Niederschlags) ist die Grundlage für die Bildung neuen Kammeises beim nächsten ausreichend großen Temperaturrückgang.

Bei trockenem Wetter wird das Feinmaterial vom Wind verblasen, und von den vegetationslosen Stellen her erfolgt eine randliche Unterschneidung der verbliebenen Pflanzendecke, wobei wiederum Kammeisbildung, Wind und Abspülung beteiligt sind. Mit der Zeit entstehen "Rasenkliffs". Nach und nach reißen dicke Rasenstücke ab und wälzen sich, weitere Bodenverletzungen verursachend, hangabwärts (Rasenschälen, siehe auch Foto 64). Die Vegetation ist kaum mehr imstande, diese Stellen wiederzubesiedeln. Samen, Keimlinge und selbst Jungpflanzen werden durch das Auffrieren aus dem Boden gedrückt. Gerade die strahlungsexponierten Hanglagen mit ihrer großen Frostwechselhäufigkeit sind davon betroffen. Hinzu kommt, dass sich das Steinwild im Winter nur auf diesen Hängen und während des Frühjahrs und Herbstes vorwiegend dort aufhält (Abb. 92). Im Hochsommer (Juli, August) wechselt es auch auf die Nordhänge über, wenn dort der Winterschnee verschwunden und frische Äsung vorhanden ist. Vermutlich will das Steinwild aber auf den Schattenhängen auch der Mittagshitze entgehen.

Es wäre sicher falsch, das Steinwild als die alleinige Ursache dieser Schäden anzusehen, denn bis zu Beginn des 20. Jahrhunderts waren große Schafherden aus den Bergamasker Alpen alljährlich hierher auf die Sommerweiden gezogen (daher "Schafberg", romanisch "Munt da la Bêscha"). Die Verpachtung eines Teils der Alpweiden war eine wichtige Einkommensquelle der früher – d. h. vor dem Aufkommen des Fremdenverkehrs – nahe dem Existenzminimum lebenden Hochgebirgsgemeinden. Nur auf diese Weise konnte das vorhandene Alpweideareal gänzlich genutzt werden, denn die Anzahl des eigenen Viehs ließ sich wegen des begrenzten Winterfutterangebots nicht der Kapazität der Sommerweiden entsprechend erhöhen. Diese Schafherden hatten die Vegetationsdecke weithin zerstört und eine intensive Bodenabtragung ausgelöst. Weil man die Einschleppung der Maul- und Klauenseuche befürchtete, wurde diesen Herden schließlich der

Foto 70: Auflösung der Vegetationsdecke auf dem südwest-exponierten Hang des Languard-Tales in 2 800 m Höhe als Folge von Vertritt durch das Steinwild, Kammeisbildung, Solifluktion und Abreißen dicker Grassoden (F.-K. HOLTMEIER, 23. 09. 1967).

Foto 71: Kammeis auf einer vegetationslosen Fläche auf dem südwest-exponierten Hang des Languard-Tales in 2 580 m Höhe (F.-K. HOLTMEIER, 06. 10. 1967, 10.30 Uhr)

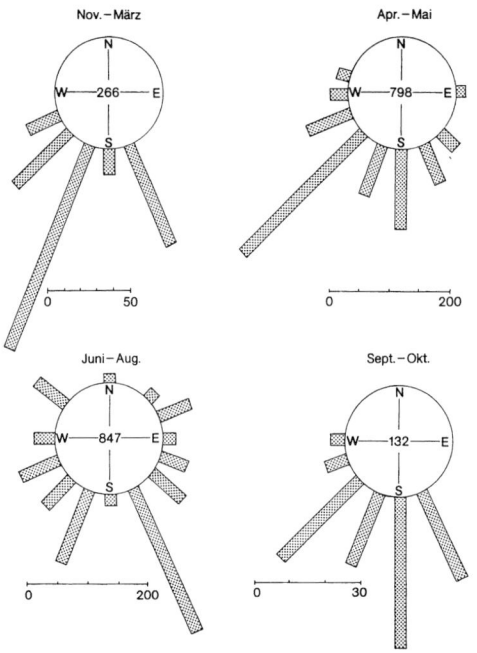

Abb. 92: Verteilung des Steinwildes am Piz Albris (Oberengadin) in Abhängigkeit von Exposition und Jahreszeit. Im Kreis ist die Anzahl der jeweils beobachteten Tiere angegeben (nach NIEVERGELT 1966, verändert, aus HOLTMEIER 1987 a).

Zugang verwehrt. Der Vegetation blieb jedoch keine Zeit, sich von diesen Einflüssen zu erholen, da jetzt das Steinwild auftauchte. Es setzte das Zerstörungswerk der Schafherden fort und beschleunigte die Abtragung.

Schon als in den fünfziger Jahren die durch das Steinwild verursachten Schäden nicht mehr zu übersehen waren, versuchte man die Tiere durch Einzäunen der gefährdeten Areale, durch Aushängen scharf riechender Lappen und sogar durch Hunde von den Hochlagenaufforstungen fernzuhalten (CAMPELL 1958; BISAZ 1968). Zwischendurch wurden immer wieder Tiere in Gatterfallen gefangen. Von 1970 an setzte man auch Narkosegewehre ein. Die eingefangenen Steinböcke wurden dann in anderen Gebieten des Engadins und der Alpen wieder ausgesetzt (DESAX 1978; RATTI 1981). Seit 1965 wurden auch alte und kranke Exemplare geschossen. Bis 1979 entlastete man die Kolonie auf diese Weise um rund 1 600 Tiere (RATTI 1981). Nach den Mitteilungen des Kreisforstamtes sollen zwischen 1953 und 1982 insgesamt fast 2 800 Steinböcke entfernt worden sein. Immer wieder regte sich Widerstand gegen diese Maßnahmen, nicht nur aus Kreisen des Naturschutzes, sondern auch seitens der weitestgehend vom Fremdenverkehr lebenden Bevölkerung, denn das Steinwild ist eine wichtige Touristenattraktion. Auch bergunerfahrene Touristen können es ohne große Mühe von den zahlreichen Höhenwegen aus, die oberhalb von Pontresina durch die Steilhänge führen, in freier Wildbahn beobachten.

Trotz der Reduzierungsmaßnahmen und auch einer schon in den sechziger Jahren festgestellten verlangsamten Abfolge der Generationen, die man als erste Zeichen einer natürlichen Bestandesregulierung deuten kann (NIEVERGELT 1966), und natürlichen Abgängen (Alter, Unfälle, Lawinen; siehe auch HALLER 1996) zwischen 5 und 10 % wuchs die Kolonie bis 1974 auf nahezu 1 200 Tiere an (Tab. 13). Ein Abwarten einer sicher nicht mehr fernen natürlichen Regulierung des Bestandes infolge Nahrungsmangels, geschwächter Kondition und daher vermehrter Unfälle, verminderter Reproduktion und zunehmender Krankheiten sowie vielleicht einiger sehr strenger Winter und ungünstiger Sommer verbot sich sowohl aus naturschützerischer Sicht als auch im Hinblick auf die Bedeutung dieser eindrucksvollen Hochgebirgstiere als Touristenattraktion.

Angesichts einer solchen sich anbahnenden Entwicklung, aber auch des wachsenden Ausmaßes der Steinwildschäden und der dadurch direkt und indirekt gefährdeten Sicherheit des unterhalb der lawinen- und rüfenträchtigen Hänge des Schafbergzuges gelegenen Kurortes gab 1977 die Kantonsregierung grünes Licht zu einer verstärkten Reduzierung des Steinwildbestandes auf ein tragbares Maß durch Abschuss. Erfolgreich im wildbiologischen Sinne ist eine solche künstliche Reduktion nur dann, wenn sie ohne für den Bestand der Kolonie abträgliche Veränderungen der demökologischen Verhältnisse durchgeführt wird. Altersstruktur, Geschlechterverhältnisse und Sozialverhalten müssen berücksichtigt werden. Schießt man zum Beispiel zu viele alte Böcke – eine angesichts der begehrten Trophäen sicherlich berechtigte Befürchtung – so scharen sich die anderen Tiere um die restlichen gleichstarken Böcke und bilden dann so große Rudel, dass die Nahrung in den einzelnen Wintereinständen nicht mehr ausreicht. Um solche Folgen von vornherein auszuschalten, wurden nur besonders qualifizierte Jäger zur Steinwildjagd zugelassen und die Abschüsse erst nach vorheriger Schulung und unter Anleitung und Kontrolle von Wildhütern und Jagdaufsehern gemäß einem von der Kantonsregierung festgelegten Abschussplan durchgeführt (RATTI 1981). Auf zeitweise durchgreifende Reduktionen auf deutlich unter 1 000 Exemplare stieg der Bestand immer wieder kräftig an und lag von 1983 bis 1995 durchgehend zwischen 1 100 und fast 1 700 Tieren. Erst seit 1996 ist die Anzahl anhaltend unter 1000 Exemplare gesunken.

Wie beim Biber, so zeigt sich auch am Beispiel des Steinwildes, dass man in der heutigen Kulturlandschaft der Entwicklung der wiederangesiedelten Bestände nicht einfach freien Lauf lassen kann, bis die natürliche Tragfähigkeit der Biotope ihre Grenze erreicht hat, und Selbstregulierungsmechanismen zu greifen beginnen. Letztlich sichert nur ein auf sorgsame Vermeidung beziehungsweise Minimierung von Konflikten mit den auf den Raum gerichteten mehr oder weniger großen Nutzungsansprüchen (Kulturflächen, Hochlagenaufforstung zwecks Lawinenvorbeugung usw.) zielendes Manage-

Tab. 13: Entwicklung der Steinwildkolonie bei Pontresina (Piz Albris-Schafberg) einschließlich Val Chamuera und Val Trupchun im Schweizerischen Nationalpark. *)

Jahr	Bestand	
1956	503	
1960	550	1)
1967	700	
1973	1412	2)
1974	1162	
1975	?	3)
1976	1124	
1977	1074	
1978	865	
1979	1009	
1980	871	
1981	840	
1982	867	
1983	1126	
1984	1254	
1985	1198	
1986	1167	
1987	1421	
1988	1541	
1989	1543	
1990	1667	
1991	1544	
1992	1298	
1993	1344	
1994	1176	
1995	1277	4)
1996	967	
1997	961	
1998	945	5)
1999	973	
2000	925	

*) Angaben des Jagd- und Fischereiinspektorates Graubünden, briefl. Mitt. 18.05.1995
1) Angaben nach RATTI 1968
2) Jagd- und Fischereiinspektorat Graubünden, briefl. Mitt. 25.04.1983
3) Keine Angabe vorhanden
4) Angabe von P. RATTI, briefl. Mitt. 01.07.1998
5) Jagd- und Fischereiinspektorat Graubünden, briefl. Mitt. 08.05.2001

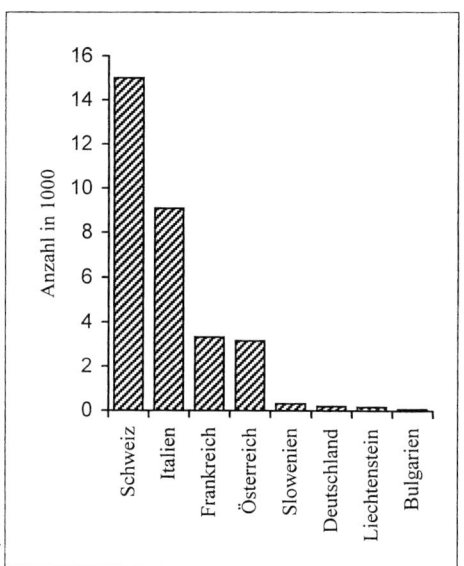

Abb. 93: Anzahl der Steinböcke in den Alpen (1992/1993) (Angaben aus WERNER 1994).

ment auf Dauer die Existenz der Bestände. Wenn sich mit der künstlichen Regulierung zudem noch neue Möglichkeiten einer gewinnbringenden Bewirtschaftung des Steinwildes eröffnen (Verkauf des Wildbrets, Verkauf von Wildfängen zwecks Ansiedlung in anderen Gebieten), wird der Fortbestand des Steinwildes auch unter Rahmenbedingungen, wie sie bei Pontresina gegeben sind, umso eher garantiert werden können. Gerade im Hinblick auf die starke Zunahme des Steinwildes auch in anderen Gebieten der Schweiz (u. a. Piz Lagrev bei Sils und im Val Bever im Oberengadin, Brienzer Rothorn, Berner Oberland; siehe auch ZUBER et al. 2001; LÜPS 2001) sowie auch in Österreich und anderen Alpenländern – es gibt dort heute immerhin insgesamt wieder 33 000 Steinböcke (WEBER 1994; Abb. 93) – verdient dieser Aspekt besondere Beachtung.

3.2.3 Wiederansiedlung von großen Raubtieren

In dicht besiedelten Regionen, wie beispielsweise in Mitteleuropa, wurden größere Raubtiere wie Bär, Wolf und Luchs nahezu ausgerottet. Bestenfalls sind kleine isolierte Restvorkommen übriggeblieben. Ebenso ist es den großen Greifvögeln und vielen kleineren Raubtieren ergangen. Noch in "Diezels Niederjagd" (1931) wurden die Jäger zum Beispiel im Hinblick auf die Bekämpfung des Marders nachdrücklich aufgefordert "...*kein Mittel der Vertilgung, auch nicht den gelegentlichen Schuss im Sommer, zu unterlassen*". Keineswegs besser kamen Fuchs, Dachs, der Habicht und selbst der Wanderfalke (*Falco peregrinus*) davon. Mit dem "Verschwinden" der Raubtiere waren dann die Jäger als die unverzichtbaren "ökologischen" Regulatoren der Schalenwildbestände sowie natürlich auch des Niederwildes legitimiert.

Aber selbst im Yellowstone, wie auch in vielen anderen großen Nationalparks Nordamerikas, wurden noch nach ihrer Gründung jahrzehntelang die großen Raubtiere (vor allem Wolf, Kojote und Puma) unter dem Druck der Viehhalter außerhalb der Parks und der damaligen öffentlichen Meinung systematisch eliminiert, um die Sicherheit der Parkangestellten sowie der Besucher zu gewährleisten und die Wildbestände zu schützen (CALAHANE 1939; MUSSELMAN 1969). So war dann auch der Wolf 1924 aus dem Yellowstone-, dem Rocky-Mountain- sowie dem Glacier-Nationalpark verschwunden und der Puma selten geworden. Nachdem die Zahl der großen Prädatoren drastisch zurückgegangen war, wandte man sich mit derselben "Sorgfalt" und vergleichbarem "Erfolg" den kleineren Räunbern zu (Luchs, Bobcat, Dachs, Nerz, Wiesel, Marder, Otter und Vielfraß). Nicht besser erging es vielen Greifvogelarten. Bezeichnend für die damals vorherrschende Haltung der Parkverwaltungen ist auch die Ende der zwanziger Jahre durchgeführte rigorose Dezimierung (Zerstörung der Gelege, Tötung der Nestlinge und Jungvögel) der Population des Weißen Pelikans (*Pelecanus erythrorhynchos*) auf Molly Island, einer Insel im Yellowstone Lake, weil man in ihm eine ernste Bedrohung der lokalen Forellenfischerei (*Salmo clarki*, Purpurforelle) sah (WRIGHT 1992 a). Aktionen wie diese sind Geschichte, und die Einstellung zu den Beutegreifern ist heute dank mühsamer Aufklärungs- und Erziehungsarbeit etwas weniger verkrampft, wenngleich zum Beispiel die Zunahme des Pumas, auch außerhalb der Parkgebiete, von den Rinder- und Schafhaltern nach wie vor mit Argwohn betrachtet wird. Zu geradezu hysterischen, wenn auch durchaus verständlichen Reaktionen kommt es, wenn ein Puma sich an einem Dackel im Vorgarten vergreift, im siedlungsnahen Bereich offensichtliches Interesse an einem Jogger zeigt oder ein Lama im Gehege reißt. Lamas dienen in den Rocky Mountains immer häufiger als Tragtiere für Bergtouren (MCCLARAN und COLE 1993).

Seit geraumer Zeit und begleitet von zum Teil hitzigen Diskussionen in der Öffentlichkeit sind nun Bemühungen im Gange, auch in Mitteleuropa ausgerottete größere Raubtiere, vor allem Luchs, Wildkatze, Wolf und auch den Bären, wieder in ihren ehemaligen Lebensräumen anzusiedeln oder ihnen die Einwanderung aus ihren Reliktarealen zu ermöglichen. Die treibende Kraft ist dabei der Naturschutz. Gestützt und begleitet werden viele dieser Versuche und Vorhaben von wildbiologischen Forschungsarbeiten. Dabei hat sich überraschenderweise gezeigt, dass zum Beispiel Luchs und Wolf durchaus auch in unserer Kulturlandschaft zurechtkommen, wenn man bereit ist, sie als Teil der Biozönose zu akzeptieren. Dies ist bislang nur in Ansätzen der Fall, und sowohl in der Bevölkerung als vor allem auch in der Jägerschaft ist noch viel Aufklärungsarbeit zu leisten. Andererseits ist die gerade von Naturschützern immer wieder vertretene Auffassung, der Wolf zum Beispiel sei ein wichtiger Bestandteil unserer Ökosysteme (z. B. WWF-Pressemitteilung vom 23. 08. 2001) kaum geeignet, die Wiederansiedlungsbemühungen als ökologisch notwendig zu begründen.

Man muss heute feststellen, dass bei den Aktivitäten, die großen Raubtiere wieder in ihre ehemaligen Lebensräumen als Teil der ursprünglichen Biozönose zu integrieren, die Konsequenzen dieser gutgemeinten und vielfach aufwendigen Bemühungen zuwenig berücksichtigt worden sind – obwohl sie bei nüchterner Betrachtung nicht nur der ökologischen Ansprüche der Tiere, sondern auch der auf den Raum gerichteten Nutzungsansprüche vorauszusehen waren und auch nicht "wegzudiskutieren" sind. Nicht selten wurde und wird ein überflüssiges Konfliktpotential geschaffen, und dann geht es darum, die Konflikte zu bewältigen, zum Beispiel durch Kontrolle der Raubtiere (u. a. BREITENMOSER 1998 c), durch Prävention (Einzäunung, Bewachung u. a.) und Schadensausgleichszahlungen. Die immer wieder postulierte Förderung des Verständnisses dafür in der Gesellschaft hat ihre Grenzen – zumal in Zeiten drängenderer wirtschaftlicher und sozialer Probleme. Letzteres gilt insbesondere für die Landbevölkerung – und um deren Lebens- und Wirtschaftraum geht es ja in erster Linie. Die jüngsten Informationen über die Entwicklung der Bärenpopulation, aber auch der Luchs- und Wolfbestände in den österreichischen Alpen (u. a. KOMPOSCH und GUTLEB 1999) scheinen diese Befürchtungen (siehe HOLTMEIER 1999) zu bestätigen.

Nachdenklich stimmen auch die sich häufenden Berichte über die abnehmende Toleranz gegenüber Wölfen und anderen großen Raubtieren in den Ländern, in denen sie bis heute überlebt haben (z. B. in Polen, Skandinavien, Transsilvanien). Für helle Aufregung, auch in den deutschen Medien, sorgt die derzeitige Diskussion über ihre von Rentierzüchtern, Schafhaltern und Jägern geforderte Bekämpfung. In Norwegen werden seit geraumer Zeit regelrechte "Hetzkampagnen" gegen die Wölfe betrieben, wobei man sich nicht scheut, sie als menschenfressende Bestien hinzustellen. In Schweden ziehen die zahlreichen Freizeitjäger gegen die "großen Vier" (Bär, Wolf, Luchs und Vielfraß) zu Felde, weil diese ihnen ihre liebste Jagdbeute, den Elch, streitig machen. Als fadenscheiniges Argument wird unter anderem auch die durch diese Raubtiere vermeintlich gefährdete Sicherheit der vielen Pilzsammler (Pilzsammeln ist in Schweden ein "Volkssport") und selbst die der Jagdhunde vorgeschoben (Mitt. H. ZIMMERMANN, "Djurens rätt", Askerby, Schweden). Inzwischen wurde in Norwegen mit der Reduzierung des Wolfbestandes begonnen. Auch den sich wieder ausbreitenden Vielfraß hat man ins Visier gefasst. Nach Untersuchungen in Südwestnorwegen sollen die derzeitigen Abschüsse allein nicht ausreichen, um langfristig die durch diesen großen Marder verursachten Verluste unter den Schafen zu reduzieren. Vermehrte Abschüsse könnten indessen die Existenz der Vielfraßpopulation gefährden. Die nachstehenden Fallbeispiele sollen die komplexe Problematik verdeutlichen.

3.2.3.1 Luchs

In der Schweiz, wo im Jura und in den Zentralalpen vor rund dreißig Jahren Luchse mit großem Erfolg wiederangesiedelt wurden, sind, ungeachtet einer großen Dunkelziffer, bis 1993 nachweislich 25 Exemplare von Wilderern erschossen und neun erschlagen worden (REIDT 1995). Acht Luchse sollen im Jahr 2000 illegal getötet worden sein. In einer kürzlich im Simmental geführten sozialwissenschaftlichen Fallstudie über die Akzeptanz des Luchses in der Bevölkerung stellte man fest, dass sich die Luchsdichte (derzeit ein Tier auf 65 km^2) nicht beliebig erhöhen lässt (EGLI et al. 1998). Besonders die eher betroffene ländliche Bevölkerung steht einer zunehmenden Anzahl von Luchsen mit wachsender Skepsis gegenüber, während sich die weit vom Ort des Geschehens lebenden und die Natur eher romantisch verklärt sehenden Städter größtenteils positiv zur Wiederkehr der großen Raubtiere äußern (COOP-Zeitung vom 27. 02. 1996, zitiert in BREITENMOSER 1998 a; siehe auch HUNZIKER 2000). Auch bei einer Umfrage in Bayern zeigte sich, dass ungefähr zwei Drittel der Befragten (befragt wurden ausschließlich Kommunalpolitiker) der Meinung sind, dass der Luchs wieder dort leben sollte, wo er früher einmal heimisch war, doch nur knapp die Hälfte möchte ihn wieder "vor der Haustür" haben (GERNHÄUSER 1991). Vermutlich ist aus diesem Grunde die Ansiedlung des Luchses im Bayerischen Wald gescheitert (DAHL et al. 2000). Nach wie vor verläuft die Diskussion zwischen Naturschützern, Jägern, Waldbesitzern und Landwirten (Schafhaltern) kontrovers, und trotz gesetzlicher Schutzbestimmungen sind die Aussichten für Luchse und andere große Raubtiere nicht gut (ANL 2000). In manchen Regionen, so zum Beispiel im Berner Oberland, scheint sich der Konflikt zwischen den Gegnern und Befürwortern des Luchses sogar weiter zuzuspitzen. Die "Luchsadvokaten" hoffen, dass die Akzeptanz des Luchses in der vielleicht weniger von Vorurteilen belasteten und an die Gegenwart dieses Raubtieres bereits gewöhnten nächsten Generation größer sein wird als heute (BAUR und HUNZIKER 2001) .

Ökologische Argumente sind als Begründung für die Wiederansiedlungsbemühungen allerdings nur schwer beizubringen. Wohl kaum werden diese Raubtiere die überhöhten Schalenwildbestände auf ein tragbares Maß reduzieren (LOOS 1972; WOTSCHIKOWSKY 1981 b, 1990; HESPELER 1995; JOBIN 1998). Die Vernichtung von Muffelwildkolonien in Kärnten und Slowenien und des Rehbestandes in einem klimatisch extremen Hochtal im Wallis (HALLER 1992) durch Luchse sind Ausnahmen, die sich aus der unsinnigen Ansiedlung dieser Wildarten in diesem für sie ungeeigneten Lebensraum erklären (WOTSCHIKOWSKY 1990). Andererseits ist nicht auszuschließen, dass Luchse, die derzeit von der hohen Schalenwilddichte profitieren, in zunehmendem Maße auf andere Beutetiere ausweichen werden, wenn man die Rot- und Rehwildbestände auf ein für die Walderhaltung tragbares Maß reduziert. Ein solcher Effekt könnte aber auch durch die rasche Anpassung (Feindvermeidung) von Rot-, Reh- und Gamswild an den "unbekannten" Räuber zustande kommen (GOSSOW und HONSING-ERLENBURG 1986, HALLER 1992). Der Einfluss dieser polyphagen Räuber auf die Biozönosen und damit auf die Ökosysteme ist nur schwer abzuschätzen, da ihre Populationsdichte von der Anzahl aller erreichbaren Beutetiere abhängt, deren Bestände wiederum durch Nahrungsangebot und Konkurrenz gesteuert werden (siehe auch Kapitel 2.2.1). Nach den vorliegenden Beobachtungen scheint er umso stärker zu sein, je weiter die Populationen der Beutetiere von natürlichen Verhältnissen entfernt sind.

Je nach den lokalen Verhältnissen erfordert die Situation jedoch eine differenzierende Betrachtung, nicht zuletzt auch der übrigen Lebensraumbedingungen. Im französischen Jura zum Beispiel fügen die Luchse in einigen eng begrenzten Gebieten ("hot spots" sensu STAHL et al. 2001) den Schafherden großen Schaden zu, während die meisten Herden (> 70 %) von ihnen nur selten oder auch gar nicht angegriffen werden. Die in den letzten eineinhalb Jahrzehnten mit der Ausbreitung der Luchse in den Schafzuchtgebieten deutlich gestiegenen Verluste unter den Schafen sind deshalb auch nicht der anwachsenden gesamten Luchspopulation anzulasten, sondern in erster Linie einigen wenigen Individuen in diesen "hot spots". Dafür spricht unter anderem, dass nach Entfernung dieser Luchse für längere Zeit Ruhe eintrat, bis dann in denselben Gebieten wieder einzelne Luchse Schafe in zunehmender Zahl rissen, obwohl genügend andere Beutetiere (Rehe) vorhanden waren. Diese punkthafte Häufung der Schäden scheint ihre eigentliche Ursache in den raumpytischen, für die Luchse besonders günstigen Voraussetzungen zu haben – zum Beispiel bewaldete Berghänge, ungestörte Ruheplätze und Möglichkeiten, die Jungen aufzuziehen, sowie die Art der Schafhaltung. Möglicherweise fördern diese Rahmenbedingungen eine Spezialisierung der Luchse auf Schafe als Beute. Während in den Gebieten des Jura, in denen nur hin und wieder Schafe von Luchsen getötet werden, die finanzielle Entschädigung der Schafhalter die geeignete Maßnahme ist, letztlich den weiteren Bestand der Luchse zu sichern, kommt man dort, wo immer wieder Schafe von einzelnen Luchsen gerissen werden, nicht umhin, letztere zu "entfernen" und/oder die Bewachung der Herden zu verbessern (STAHL et al. 2001).

3.2.3.2 Wolf

Ähnlich verhält es sich mit den Wölfen, die seit einiger Zeit in zunehmendem Maße aus Polen nach Westen vordringen. In Deutschland war der Wolf als "Standwild" zwar schon vor 200 Jahren ausgerottet, gleichwohl tauchten dort sowie in Österreich und der Schweiz auch später immer wieder vereinzelte "Wanderwölfe" (HESPELER 1995) auf, die vermutlich alle erlegt wurden. Als 1976 neun Wölfe aus ihren Gehegen im Nationalpark Bayerischer Wald entkamen, brach, geschürt von den Medien, eine regelrechte Hysterie aus, und Polizei sowie Bundeswehr rückten in Hundertschaften aus, um die vermeintlichen Bestien unschädlich zu machen. Inzwischen haben Wölfe auf dem Truppenübungsplatz Oberlausitz im Dreiländereck zwischen Deutschland, Tschechien und Polen erstmals erfolgreich Junge aufgezogen (DER SPIEGEL 45, 2001).

Es besteht kein Zweifel, dass diese äußerst anpassungsfähigen Tiere weite Teile Deutschlands und Mitteleuropas wieder besiedeln könnten, wenn der Mensch es nur zuließe. In den italienischen Abruzzen beispielsweise ernähren sich Wölfe zum Teil auf den Abfalldeponien in der Nähe der Siedlungen, und selbst vor den Toren Roms suchen sie auf den Müllhalden nach Fressbarem und werden toleriert (MEYER 1996). Wenn dies sicherlich auch kein erstrebenswerter Zustand ist, so zeigt dieses Verhalten jedoch, dass sich diese Raubtiere als typische "Opportunisten" in ihren Verhaltensweisen auf die jeweiligen Gegebenheiten umstellen können und selbst mit Verhältnissen zurechtkommen, die von denen ihrer ursprünglichen Lebensräume weit entfernt sind – und so ist auch nicht die Veränderung des Lebensraumes die eigentliche Ursache des Verschwindens des Wolfes gewesen, sondern seine direkte Verfolgung (MECH 1970). Ursache des Widerstandes gegen die Wiederausbreitung der Wölfe soll vor allem die tiefsitzende "ererbte Furcht" der Menschen (LOPEZ 1978; ZIMEN 1997) vor diesen Raubtieren sein. Für den Menschen selbst stellt jedoch der Wolf, wie wir heute wissen, kaum eine ernste Gefahr dar. Er ist, wie HESPELER (1995) etwas salopp formuliert, jedenfalls *"ungefährlicher als Politiker, alkoholisierte Autofahrer oder Luftverschmutzung"*. Es sieht daher eher so aus, dass aktiver Widerstand vor allem von den möglicherweise materiell unmittelbar Betroffenen, also Jägern, Schäfern und Viehhaltern betrieben wird, was durchaus verständlich ist. Beispielsweise wurden im Val Ferret und Val d`Entremont nördlich des Großen St. Bernhard im Zeitraum zwischen 1994 und 1996 immerhin 131 Schafe von zwei wahrscheinlich aus Italien eingewanderten Wölfen gerissen (LANDRY 1997; BREITENMOSER 1998 b).

In Südeuropa (die früher zur Sowjetunion gehörenden Gebiete ausgenommen) lebt fast die Hälfte des heutigen europäischen Wolfbestandes – allerdings in verstreuten und unterschiedlich großen Populationen. Bei Schafhaltern und Jägern gilt auch hier der Wolf nach wie vor als "Schädling", und selbst dort, wo er gesetzlich geschützt ist, töten sie ihn, wenn sich nur die Möglichkeit dazu bietet. In Italien und auf der Iberischen Halbinsel ziehen die Wölfe offensichtlich wildlebende Huftiere, insbesondere Wildschweine, dem Weidevieh als Beute vor (MERIGGI und LOVAR 1996, dort weitere Literaturhinweise). Sind Wildtiere jedoch knapp oder nur mit einer Art vertreten, so reißt der Wolf in vermehrtem Umfang Schafe, Kälber und andere Beutetiere (MERIGGI et al. 1996) – ein auch aus anderen Regionen bekanntes Phänomen (u. a. PULLIAINEN 1965; MECH 1970). Durch gleichzeitige Wiederansiedlung mehrerer wildlebender Huftierarten – bei

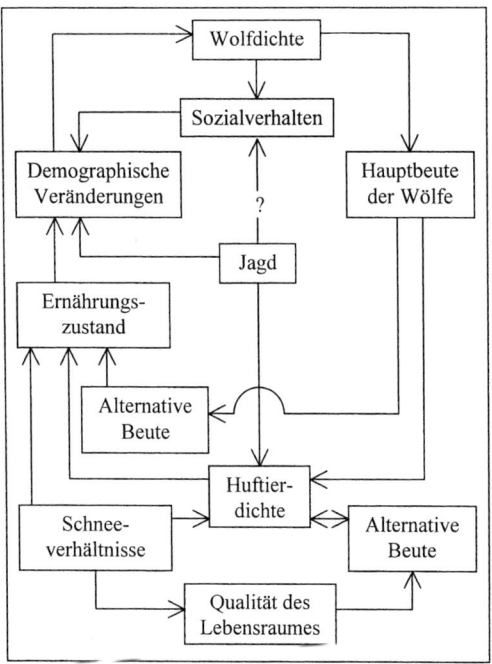

Abb. 94: Dynamik einer Wolfspopulation in Kanada (Modell, nach KEITH 1993, verändert).

Populationstiefständen einer Art hätte der Wolf Alternativen – ließen sich möglicherweise die Verluste unter den Viehherden verringern. Die Individuenzahl der Wildtiere müsste so hoch sein, dass die Chancen einer Begegnung der Wölfe mit ihnen deutlich höher ist als mit Schafen und anderen Weidegängern. Offen bleibt in den einschlägigen Untersuchungen die Frage, ob und wie sich die Jäger in eine solche Strategie integrieren lassen würden.

Auch in Südfrankreich sorgt die Wiedereinwanderung des Wolfes für hitzige Diskussionen. Während die Stadtbewohner der Wiedereinwanderung des Wolfes zumeist positiv gegenüberstehen, lehnen die Schafzüchter sie kompromisslos ab. Inzwischen haben sie erreicht, dass die Regierung den Plan "Loup" verabschiedete, der es erlaubt, in kritischen Fällen Wölfe zu schießen (NEFF 2001). Die Tatsache, dass Unwettern und anderen nicht vermeidbaren Naturkatastrophen mehr Schafe zum Opfer fallen als dem Wolf, kann einen Schafhalter kaum davon überzeugen, den Wolf zu dulden. Auch der Hinweis, dass Übergriffe von Wölfen auf Haustiere die absolute Ausnahme seien, wenn, wie in Mitteleuropa, überreichlich Reh- und Rotwild durch die Wälder streifen (REIDT 1995), ist ein durchaus zweifelhaftes Argument für die Wölfe, weil die hohe Schalenwilddichte nicht natürlich ist und für den nicht spezialisierten Wolf dasselbe gilt (Beutewechsel) wie für den ebenfalls polyphagen Luchs (Abb. 94). Deshalb sucht man nach begleitenden Maßnahmen, um die Verluste an Schafen zu verringern. Dies könnte möglicherweise durch die Einführung beweglicherer Schafrassen – ihnen fiele es leichter als den schwerfälligeren Rassen, den Wölfen zu entkommen – und die Hütehaltung erreicht werden (LANDA et al. 1999). Auch den durch Wölfe verursachten Verlusten an Schafen ließe sich durch eine bessere Beaufsichtigung der derzeit frei umherstreifenden Herden vorbeugen. In Südfrankreich zum Beispiel könnten die fast in Vergessenheit geratenen Pyrenäenberghunde (Patou) die Schafherden besser vor den wieder einwandernden Wölfen schützen und die Konfliktsituation etwas entschärfen (NEFF 2001).

Eine konfliktfreie Wiedereingliederung des Wolfes in die stark fragmentierten und vorwiegend starkem Nutzungsdruck ausgesetzten Landschaften Mitteleuropas ist kaum zu erwarten. Wie in den Vereinigten Staaten und Kanada, werden umfassende Kontrollmaßnahmen – das bedeutet im Klartext Tötung "überzähliger" Wölfe – unumgänglich sein. Freizeitjagd und Fallenstellerei als "outdoor recreation" wie auch die kommerzielle Fallenstellerei haben sich dort trotz freizügig gehandhabter Vorschriften als ineffektiv erwiesen. So erfolgt die Reduzierung der Populationen auf eine tolerierbare Dichte im wesentlichen mittels planmäßiger Abschüsse durch Berufsjäger und vor allem durch Vergiften (früher Strychnin, Cyanid, heute Natriummonofluoracetat). Obwohl man vorgibt, nur bei bereits "zu hohen" Wolfdichten beziehungsweise schon eingetretenen Verlusten an Vieh regulierend einzugreifen, werden in manchen Gebieten (u. a. Manitoba, British Columbia, Alberta) häufig Präventivabschüsse durchgeführt, wie es auch früher gang und gäbe war (GUNSON 1983). In Mitteleuropa würden solche Aktionen kaum Verständnis in der Öffentlichkeit finden. Angesichts der hier für die Etablierung dauerhafter Wolfpopulationen sehr begrenzten Räume, einer wahrscheinlichen Verknappung des Nahrungsangebotes und daher regelmäßig notwendiger Regulierungsmaßnahmen ist eine Isolation der lokalen Populationen kaum auszuschließen. Sie könnte bald zu einer genetischen Verarmung führen. Um dieser entgegenzuwirken, wären von Zeit zu Zeit Bestandesauffrischungen nötig (THEBERGE 1983). Die Gefahr einer solchen Entwicklung besteht selbst in den riesigen Weiten Nordamerikas bei Populationen, deren Lebensräume einige hundert bis wenige tausend Quadratkilometer umfassen. THEBERGE (1983) zweifelt sogar daran, dass überhaupt einer der nordamerikanischen Parks oder eines der dortigen Wildschutzgebiete groß genug sind, um eine genetische Verarmung durch Inzucht auszuschließen, wenn diese, im Vergleich mit den potentiellen mitteleuropäischen Lebensräumen keineswegs kleinen Gebiete nicht mit anderen ausreichend vernetzt werden.

Zweifelsohne haben Wolf und Luchs nach ihrer fast vollständigen Ausrottung eine Lücke hinterlassen, doch sollte man nicht glauben, dass sie diese Funktion als Prädatoren nach ihrer Wiederansiedlung unter den zwischenzeitlich im Zuge des Landschaftswandels völlig veränderten Rahmenbedingungen in genau der Weise erfüllen, wie der Mensch sie ihnen zugedacht hat. Dasselbe gilt imPrinzip für den Bären.

3.2.3.3 Bär

In Mittel- und Westeuropa haben nur einige kleine Restpopulationen in unzugänglichen Gebirgen überlebt: im Kantabrischen Gebirge (Spanien), in den Pyrenäen (Frankreich), in den Abruzzen (Italien) und im Trentino (italienische Alpen) (JAKUBIEC 1993). Aufsehen erregt daher das Vordringen von Bären, die infolge des hohen Populationsdruckes aus Slowenien – in dem vergleichsweise kleinen Land (20 251 km^2) leben zwischen 250 bis 300 Bären (SORGER 1995; zuzüglich des Bestandes in Kroatien sind es etwa 700, WIEGAND et al. 1998) – in die österreichischen Alpen abwandern. Dies gibt Anlass zu der Hoffnung, dass selbst diese großen Raubtiere ihren ursprünglichen alpinen Lebensraum wieder besiedeln können, vielleicht sogar bis zu den Westalpen. Der letzten autochthonen Bärenpopulation der Alpen, die im Bereich des heutigen Adamello-Brenta-Nationalparks (620 km^2, Trentino) überlebt hat, wird dabei eine wichtige Verbindungsfunktion (Biotopverbund) beigemessen (SCHENK und TÖDTER 1994). Der Grund für diese Einschätzung ist wohl die geographisch zentrale Lage im Alpenraum, die eine gute Möglichkeit zur Biotopvernetzung suggeriert. Die Existenzbedingungen sind aber in diesem Gebiet für die Bären keineswegs günstig. So vertrat beispielsweise NIETHAMMER (1963) die Auffassung, dass die Brentabären in diesem Randbiotop ihres ursprünglichen Verbreitungsgebietes "*kümmerlich dahinvegetieren*" und ohne die Möglichkeit, gelegentlich ein Schaf oder eine Ziege zu reißen, wahrscheinlich verhungern würden. Inzwischen hat sich auch gezeigt, dass sich diese Population ohne massive Bestandesstützungen und genetische Auffrischung wohl kaum auf Dauer halten kann (MEYER 1996; BREITENMOSER 1998 b). Seit 1989 scheint keine Vermehrung stattgefunden zu haben, und 1998 umfasste der Bestand vermutlich nur noch drei Exemplare. Die Population soll auf vierzig bis fünfzig Tiere aufgestockt werden, wobei allerdings die Frage nach der Tragfähigkeit (besser: die Verträglichkeit, siehe Kapitel 4.1) des Raumes offen ist. Seit 1999 sind in dem Gebiet insgesamt fünf slowenische Bären ausgesetzt worden.Bis 2002 sollen vier weitere Exemplare folgen (KACZENSKY und KNAUER 2001). Zudem ist beabsichtigt, in den französischen Westalpen eine neue Population mit slowenischen und kroatischen Bären zu begründen. Ziel dieser Maßnahmen ist ein Verbund der verschiedenen Populationen durch natürliche Wanderungen. Um dies zu erreichen, müssen vor allem Wanderkorridore offengehalten oder auch wiederhergestellt werden, indem man unter anderem die Ausbreitung hemmenden Verkehrswege, wie stark befahrene Straßen,

Autobahnen und Eisenbahnstrecken durch "bärengerechte" Unterführungen oder Überbrückungen (sog. Grünbrücken) überquerbar macht, von denen übrigens auch andere Tiere, wie beispielsweise Wölfe und Luchse, aber eben auch weniger beachtete "Wanderer", durchaus profitieren könnten. Man fragt sich allerdings, wieso es erst des Auftauchens der Bären bedurfte, um solche Überlegungen anzustellen und konkrete Maßnahmen zu ergreifen, zumal der Bär nun wirklich keine für die "Funktion" der alpinen Ökosysteme unentbehrliche Schlüsselart ist.

Große dünnbesiedelte und kaum genutzte Waldgebiete als potentieller Lebensraum für Bären sind auch in den Alpen durchaus noch vorhanden, doch ist äußerst fraglich, ob sich die Bären darauf beschränken werden. Als äußerst anpassungsfähige und lernfähige Tiere werden sie sehr bald die "Segnungen" der Kultur- bzw. Fremdenverkehrslandschaft zu schätzen wissen, wie es sich unter anderem bereits in Österreich gezeigt hat, wo sie Bienenstöcke zerlegten, sich an Rehfütterungen und Fischteichen zu schaffen machten und auch einige Schafe rissen. Mit Sicherheit waren diese Bären keine "Rabauken", wie zum Beispiel MEYER (1996) meint, sondern einfach Tiere, die, ihrer Natur gehorchend, das Nahrungsangebot nutzten. Wenn Bären nicht bejagt oder anderweitig belästigt werden und ihre Furcht vor dem Menschen verlieren, werden sie dreist und zu "Problembären" (HERRERO 1985). Wir kennen diese Fälle zu Genüge aus manchen großen Nationalparks Nordamerikas (z. B. Yellowstone-Nationalpark, Glacier-Nationalpark, Yosemite-Nationalpark) – und dabei stehen den Bären dort im Vergleich zu den Alpen riesige Wälder zur Verfügung, die reichlich Lebensraum und Nahrung bieten (siehe auch Tab. 14). Wenn demgegenüber unter anderem auf die Tessiner Kastanienwälder als potentieller "idealer Bären-Lebensraum" verwiesen wird (MEYER 1996) – hier wären dann der Vollständigkeit halber auch die Kastanienbestände in den anderen (dicht bevölkerten und bis auf den letzten Fleck genutzten) Südalpentälern zu nennen – , dann fragt man sich allerdings, ob da nicht doch der Blick für die Realität getrübt ist. Nach SORGER (1995) bietet zum Beispiel Österreich von seiner Naturausstattung her durchaus Lebensraum für etwa 70 Bären, doch mehr als 30 hält er im Hinblick auf potentielle Konflikte für derzeit nicht tragbar.

Gerade in jüngerer Zeit bemüht man sich, insbesondere durch Aufklärungsarbeit in den Medien, das immer noch verbreitete Bild vom Bären als "aggressiver Bestie" zu korrigieren, und in der Tat ist fast immer der Mensch die Ursache, wenn es zu Konflikten kommt. In den großen Nationalparks Nordamerikas sind es im wesentlichen zwei Standardsituationen: das Belassen von Proviant in Zelten, Rucksäcken oder in Kraftfahrzeugen und sorgloses Wegwerfen von Essensresten sowie für Mensch und Bär überraschende Begegnungen. Durch gezielte Information der Parkbesucher lässt sich solchen unliebsamen Zusammentreffen vorbeugen, doch sind die Reaktionen der Bären keineswegs voraussagbar. Beispielsweise sprechen Beobachtungen im Glacier-Nationalpark (Montana) einerseits dafür, dass unerwartete Begegnungen mit Bären, denen Menschen vertraut sind, weniger häufig zu Unfällen führen, als wenn sie ihn nicht kennen würden (JOPE 1985). Andererseits aber fördert die Gewöhnung der Bären an den Menschen solche Zusammentreffen (Literatur dazu in WRIGHT 1992 a), und mit zunehmender Besucherzahl haben die Begegnungen zugenommen (MARTINKA 1982). Trotz aller Aufklärungsmaßnahmen und Konfliktvermeidungsstrategien hat sich im Bären-Management nicht viel geändert. Nach wie vor siedelt man "Problembären" innerhalb der Parks oder auch in andere Gebiete außerhalb um oder erschießt sie, wenn sie sich als ständige Bedrohung der Parkbesucher erweisen.

Die Gefahrensituation verändert sich aber auch in Abhängigkeit von der Ergiebigkeit der natürlichen Nahrungsquellen. So spielt zum Beispiel im Yellowstone-Nationalpark die Menge der von den "whitebark pines" produzierten Samen eine entscheidende Rolle. Sie bilden insbesondere in der subalpinen Stufe eine wichtige Nahrungsgrundlage für die Grizzlies (Kapitel 2.5.2). Gibt es keine oder nur wenige Samen, ziehen die Bären auf der Suche nach alternativer Nahrung in tiefere Lagen, und sozusagen "zwangsweise" nehmen dort die Konflikte der Grizzlies mit Menschen zu. Im Vergleich zu guten Samenjahren müssen sechsmal so viel "Problembären" eingefangen werden, und die Mortalität der Bärinnen (durch Abschuss) nimmt um das Doppelte, die der halbwüchsigen Bären sogar um das Dreifache zu (MATTSON et al. 1992; MATTSON et al. 2001).

Jüngst berichtet die Tagespresse (u. a. WESTFÄLISCHE NACHRICHTEN vom 25. 07. 2001) über zunehmende Konflikte zwischen Schwarzbären und Menschen in der Region um den Lake Tahoe in der Sierra Nevada, die zu den beliebtesten Wohn- und Feriengebieten Kaliforniens zählt. Im Winter 2000/2001 haben Bären in Hohlräumen unter den Holzhäusern, in Schuppen und Garagen ihre Winterquartiere eingerichtet. Für viele der Bären endete diese Unternehmung tödlich. Um die Lage zu entschärfen, hat inzwischen eine Bärenschutz-Initiative (Bear League) begonnen, für die Bären außerhalb der besiedelten Gebiete Schlafhöhlen zu graben und mit Zweigen "wohnlich" einzurichten. Man darf gespannt sein, ob die Tiere diese gut gemeinte Aktion zu schätzen wissen und sich von ihrem Drang in die Zivilisation abbringen lassen. Die Erfahrungen mit den "Stadtbären" in Südfinnland sprechen eher dagegen. Seit etwa seit zehn Jahren treibt der Hunger die Bären während des Frühjahrs in zunehmender Zahl in die Städte,wo sie nach fressbaren Abfällen zu suchen (Mitt. M.-L. RÄISÄNEN vom 11. 09. 2001). Entsprechende Nachrichten kommen aus Colorado, Wyoming, Neu-Mexiko und auch aus den kanadischen Provinzen Alberta, Ontario und Québec (WESTFÄLISCHE NACHRICHTEN vom 21. 09. 2001).

Doch zurück zu den Alpen. Gesetzt den Fall, es gelänge, Bären wieder in weiten Teilen des Alpenraums heimisch zu machen, dann wird man nicht umhinkommen, sie innerhalb bestimmter Gebiete zu halten und aus Problemregionen, in denen sie unweigerlich in Konflikt mit dem Menschen kommen würden, fernzuhalten. Nun neigen aber Bären dazu, weit umherzustreifen. Der Lebensraum von Grizzlybären zum Beispiel umfasst oft mehrere hundert Quadratkilometer. Die "home range" großer alter männlicher Bären kann sich sogar über 2500 km^2 erstrecken (CRAIGHEAD et al. 1995). Auf ihren Wanderungen verlassen sie durchaus auch die ihnen zugedachten Schutzgebiete, wie es beispielsweise im Yellowstone-Nationalpark (Abb. 95) oder auch im kanadischen Banff-Nationalpark regelmäßig der Fall ist (CRAIGHEAD 1980; CRAIGHEAD et al. 1995; LOCKE 1997). Außerhalb des Parks fallen sie dann in verstärktem Maße Jägern und dem Verkehr zum Opfer. Besonders isolierte Populationen in vergleichsweise kleinen Schutzgebieten sind stärker durch solche "externen" Einflüsse in ihrer Existenz bedroht als durch natürliche Ereignisse im Schutzgebiet selbst (WOODROFFE und GINSBERG 1998). Eine Ausweitung der Schutzzonen um die Parks, beziehungsweise die Umsetzung eines Konzeptes, das die Verbindung der derzeit existierenden Nationalparke und kleineren Schutzgebiete als Kernzonen eines großen, die nördlichen Rocky Mountains zwischen Yellowstone und Yukon umfassenden Schutzgebietes durch Wanderkorridore vorsieht (LOCKE 1997), könnten durchaus helfen, die Verluste durch derartige "Randeffekte" zu vermindern. In der "Kulturlandschaft der Alpen" würden sich solche Maßnahmen wegen Raummangels aber wohl kaum in ausreichendem Umfang durchsetzen lassen.

Eine Vernetzung von "Restlebensräumen" ist auf dem Papier rasch vollzogen, gestaltet sich aber in der Praxis oft sehr schwierig, weil der dazu notwendige Raum zwischen den heutigen isolierten Vorkommen zumeist sehr unterschiedlichen Nutzungen unterliegt. Sie reichen nicht selten vom Naturschutzgebiet über Wirtschaftswälder und intensiven Landbau bis zur Gewinnung von Bodenschätzen. Daher bedarf es einer "konzertierten Aktion" aller Landnutzer (Staat, Land, Kommunen, Private), um notwendige Maßnahmen erfolgreich umzusetzen (SALWASSER et al. 1987). Dies ist auch die Situation des Braunbären in den österreichischen Alpen. Gegenwärtig umfasst der Bestand 20 bis 25 Tiere. Ohne Stützungsmaßnahmen ist die Population aber kaum auf Dauer überlebensfähig, insbesondere wegen der zu geringen Zahl weiblicher Bären (ZEDROSSER et al. 1999). Da weitere Aussetzungen auf heftigen Widerstand stoßen, hängt die Zukunft unter anderem auch von der Zuwanderung von Bärinnen aus Slowenien ab. Diese aber wird voraussichtlich stark zurückgehen, da man dort den seit Mitte der neunziger Jahre des vorigen Jahrhunderts drastisch angestiegenen Problemen mit Bären auf Druck der Öffentlichkeit durch vermehrte Erteilung von Abschussgenehmigungen zu begegnen sucht (KACZENSKY und KNAUER 2001).

Auch in den Alpen dürften bei zunehmender Bärendichte Konflikte mit "Problembären" un-
ausweichlich sein und praktikable Lösungen erfordern. Umsiedlungen sind in einem derart begrenzten Raum kaum möglich. Die Effizienz von Vergrämungsmaßnahmen ist zweifelhaft, wenn
sie auch in dem einen oder anderen Fall zumindest kurzfristig Erfolg haben können. So bleibt
schließlich nur der Abschuss, oder die sich bedroht fühlende Bevölkerung findet eigene Wege,
sich der Bären zu entledigen. Modellierungen der Habitatnutzung und des künftigen Konfliktpo-
tentials lassen in Kärnten, in den Gailtaler Alpen und in den Steirisch-Niederösterreichischen
Kalkalpen in den kommenden zwanzig Jahren eine zunehmende Konfliktwahrscheinlichkeit erwarten, wie sie zur Zeit in Slowenien außerhalb der dortigen "Braunbären-Kernzone" gegeben ist
(WIEGAND et al. 1998).

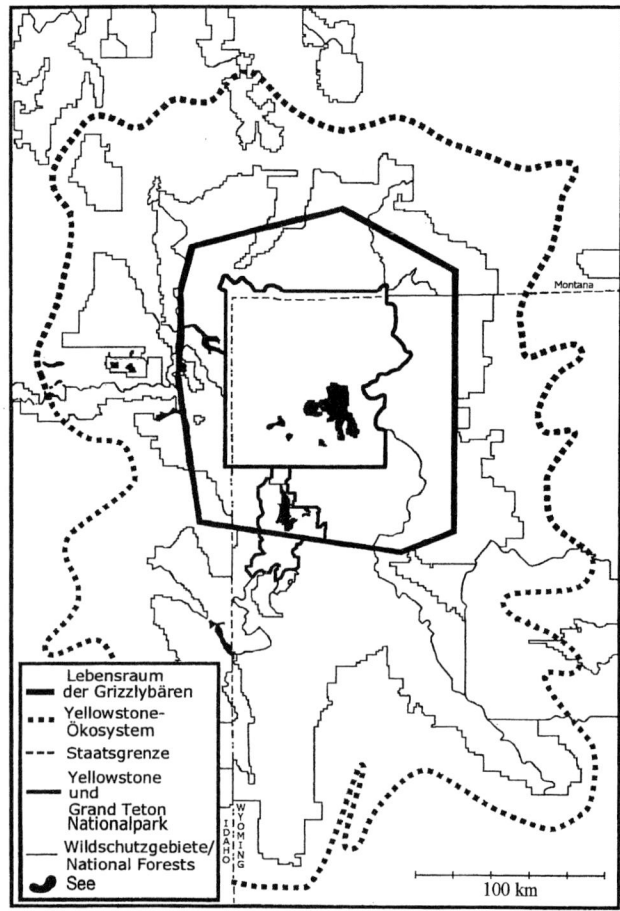

Abb. 95: Lebensraum des Grizzlybären (*Ursus arctos horribilis*) des
Yellowstone-Gebietes (nach CRAIGHEAD et al. 1995, verändert).

4 Tiere in Landschaftspflege und Naturschutz

Die Folgen der Ansiedlung und Wiederansiedlung von Tieren für die Lebensräume und ihre Biozönosen, die Auswirkungen des weithin zu hohen Schalenwildbesatzes in den Wäldern sowie auch die Entwicklungen in vielen großen Nationalparks der Erde mit ihren zum Teil stark überhöhten Wildbeständen zwingen den Menschen heute, ständig irgendwo korrigierend und lenkend einzugreifen. Um steuern zu können, muss man aber das Ziel kennen – und da liegt das eigentliche Problem. Was soll wozu, wie und wann "gemanaged" werden?

Wie die Erfahrung und die vorausgegangenen Ausführungen zeigen, sind die Zielvorstellungen häufig recht diffus, oder aber es gibt je nach den Interessen der an ihrer Konzipierung beteiligten Personen, Gruppen, Verbände oder größeren Institutionen sowie auch je nach der Zielebene (z. B. Schutz einer Art, von Biozönosen oder Landschaften) sehr verschiedene Ziele, die sich kaum oder auch nicht miteinander vereinbaren lassen. Ein Beispiel für unterschiedliche und zum Teil widerstreitende Gruppeninteressen – mit besonderem Bezug auf die wildlebenden Tiere – sind die ständigen Auseinandersetzungen zwischen Naturschützern, aber auch Waldbauern und Jägerschaft, wobei unter anderem ethische Gesichtspunkte, bisweilen romantisch verklärte Vorstellungen vom Menschen im Einklang mit der Natur (hat es den jemals gegeben? – siehe dazu auch SANDERS und WEBSTER 1994 sowie ISENBERG 2000), tradiertes Brauchtum und wirtschaftliche Interessen aufeinandertreffen. Zudem müssen die Zielvorgaben nicht selten angesichts unvorhersehbarer Ereignisse und Entwicklungen (Naturereignisse, politische, wirtschaftliche Entscheidungen und Veränderungen usw.) geändert werden.

Andererseits besteht kein Zweifel, dass der Umgang mit der Landschaft auf Nachhaltigkeit bedacht erfolgen muss. Die Landschaft ist in ihrer räumlichen Struktur (Ökosystemverbund) Ausdruck einer langen und zunehmend durch den Menschen geprägten Entwicklung – und sie wird sich weiter verändern. Die Frage ist, wie dies geschieht und welche Maßnahmen geeignet sind, die Entwicklung so zu steuern, dass der Lebensraum den Biozönosen und letztlich dem Menschen eine tragfähige Existenzgrundlage bieten kann.

Welche Kriterien sollen aber den dazu notwendigen Konzepten zugrunde gelegt werden? De facto orientieren sich die meisten der gegenwärtig propagierten Leitbilder an vergangenen Zuständen der Landschaft, von denen man glaubt, dass sie hinsichtlich der ökologischen Bedingungen "besser" waren, als es die heutigen sind. Im mitteleuropäischen Raum sind es vor allem die allmählich gewachsenen Strukturen und das aus der unterschiedlichen Nutzung resultierende kleinflächige Mosaik der ehemaligen bäuerlichen Kulturlandschaft, an denen man sich gerne bei der Entwicklung solcher Leitbilder orientiert (z. B. "Natur 2000", MURL 1990), denn zweifellos zeichnete sich diese Landschaft durch eine große Artenvielfalt und hohe Diversität aus (u. a. ZOLLER und BISCHOFF 1980; JEDICKE 1994; STURM 2000). Darin sieht man wiederum auch für die Zukunft die Garanten für "ökologische Stabilität" und für eine "gesunde Umwelt" (UNCED-Konferenz in Rio de Janeiro 1992), wobei dieser Zusammenhang aber nach wie vor umstritten ist (MAY 1973; DAHL 1982; PFLUG 1987; DUELLI 1995; KAREIVA 1996; HUSTON 1997, dort auch weitere Literatur). Es macht auch keinen Sinn, alle Absichten und Maßnahmen mit der Notwendigkeit der Erhaltung der allgemeinen "Funktionsfähigkeit des Naturhaushaltes" begründen zu wollen, denn der "Naturhaushalt" wird, solange es Leben auf der Erde gibt, immer funktionieren. Auch die Forderung nach einer möglichst großen "Naturnähe" ist als Planungs- und Entwicklungsziel untauglich, wenn nicht klar ist, welchem "Naturzustand" man denn nahe kommen will. Es muss schon gesagt werden, wie dieser und die "Funktionsfähigkeit" auszusehen haben. Letztlich bedarf es mehr als der "Möblierung" der heutigen Landschaft mit den Elementen der alten Kulturlandschaft, um die Voraussetzungen für die Erhaltung und Entwicklung sich weitgehend selbständig regelnder Biozönosen in den sich in ihren Strukturen ständig und rasch ändernden Lebensräumen zu schaffen und auch dem Menschen die lebensnotwendigsten Ressourcen zu sichern.

4.1 Naturschutz und Wildtiermanagement

Im Rahmen dieser weitgespannten Problematik stellt sich unter dem Aspekt dieses Buches die Frage, wie mit den Tieren als Bestandteil der Biozönosen zu verfahren ist. Wie im Vorangegangenen deutlich geworden sein dürfte, "stehen sie nicht nur so rum" (REMMERT 1973), sondern sie sind Faktoren, nicht selten in der Funktion von Regulatoren, die ihren Lebensraum und dessen Biozönose mal in kaum wahrnehmbarem Maße, nicht selten aber in durchaus spektakulärer Weise beeinflussen. Dies sind jedoch zumeist nicht die Arten, die auf der "Roten Liste" stehen, sondern solche, die auch unter den heutigen Bedingungen (ohne Hilfe des Menschen) dauerhafte Populationen (oft mit großer Individuenzahl) bilden und sich in ihren Lebensräumen im Konkurrenzkampf eingenischt haben – und dazu zählen nicht nur die "einheimischen" Arten, sondern in unseren Regionen beispielsweise auch Bisam und Waschbär oder in Australien und Neuseeland der Großteil der eingeführten Spezies. Man muss akzeptieren, dass es sich in den meisten Regionen der Erde um mehr oder weniger stark durch Eingriffe des Menschen "gestörte" Biozönosen und Lebensräume handelt und natürliche Regulierungsprozesse eine nur begrenzte und nicht selten unerwünschte Wirkung haben oder sogar außer Kraft gesetzt sind – und unter diesem Aspekt sollte man nicht zuletzt auch die wiederangesiedelten Arten betrachten.

Alle auch noch so gut gemeinten Bemühungen, Ökosysteme nach dem Vorbild vergangener, "naturnäherer" Zustände zu gestalten, wie sie teilweise noch in der gewachsenen bäuerlichen Kulturlandschaft gegeben waren , sind entgegen verbreiteter Meinung (u. a. VAN WIEREN 1995) von vornherein zum Scheitern verurteilt, denn – wie die Evolution – ist die Entwicklung der Landschaft nicht umkehrbar und (zumindest langfristig) nicht voraussagbar, wenngleich Modellsimulationen gelegentlich diesen Eindruck erwecken. Modelle sind sehr nützliche Instrumente, erlauben sie doch, alternative Entwicklungsmöglichkeiten "durchzuspielen" und potentielle Eingriffe in ihrer Wirkung auf die Lebensräume zu prüfen – allerdings nur auf der Basis des gegenwärtigen Kenntnisstandes hinsichtlich der in ihrer Qualität von den lokalen Rahmenbedingungen abhängigen ökologischen Wechselwirkungen. Durchaus können sie Entscheidungshilfen liefern. Eine Entscheidung ist aber nur möglich, wenn klar definierte Zielvorstellungen vorhanden sind. Diese wiederum hängen in erster Linie von politischen, ökonomischen und nicht zuletzt sozialen Interessen und Entscheidungen ab. Sie geben die Richtung vor für die weitere "Manipulation" der natürlichen Umwelt des Menschen.

Je weiter aber der Blick in die Zukunft reicht, und je größer die betrachteten Räume sind, umso mehr gerät die vielleicht noch lokal und kurzfristig zutreffende Voraussage zur Spekulation, denn keiner kennt die durch künftige politische und ökonomische Entscheidungen gesetzten Rahmenbedingungen, innerhalb derer sich die Eingriffe in vierzig oder gar hundert Jahren abspielen werden. Allein die Naturgesetzlichkeit der Prozesse ändert sich nicht, wohl aber die Qualität der Ökosysteme, ihre Strukturen und das Gewicht ihrer Bestandteile im Wechselwirkungsgefüge sowie die Artenspektren, die Diversität und die Stoffumsätze (Menge, Geschwindigkeit). Auch die Einbindung der einzelnen Ökosysteme in ihr jeweiliges Umfeld (Ökosystemverbund) wird sich mit dem Wandel der Raumstrukturen (z. B. durch Nutzungsänderungen, wasserbauliche Eingriffe usw.) verändern. Eine im Hinblick auf die Verträglichkeit für die Landschaft wie auch immer ermittelte maximale Wilddichte ist deshalb nur für einen bestimmten Landschaftszustand und einen begrenzten Zeitraum "gültig" (HOLTMEIER 1999; siehe auch SENN 2000). Dessen muss man sich auch beim Umgang mit den Wildtieren bewusst sein. Das gilt für den Naturschutz wie auch für das Wildtier-Management.

Wildtier-Management ist angewandte Populationsökologie mit durchaus verschiedenen Zielsetzungen. Zum Beispiel kann es sich dabei um die Verhinderung einer zu raschen und mit den übrigen auf einen Raum gerichteten Nutzungsansprüchen unverträglichen Vermehrung einer Art handeln, unter gleichzeitiger Erhaltung überlebensfähiger Populationen. Oder man bemüht sich um eine nachhaltige, d. h. auf eine Ertragsoptimierung und -garantie ausgerichtete "Bewirtschaftung" einer Population (CAUGHLEY 1976 b; BERGSTRÖM und HJELJORD 1987). Dazu gehört unter anderem auch die Sicherstellung eines nährstoffreichen Winterfutterangebotes – wozu es aber keineswegs einer Zufütterung bedarf. Zum Beispiel lässt sich die Qualität der Winteräsung (*Agropyron spicatum*, *Festuca idahoenis*) der Wapitis durch sorgfältig kontrollierte Beweidung ihrer Wintereinstände durch Schafe im späten Frühjahr verbessern (CLARK et al. 2000). Zumeist stehen die Reaktion der Population auf die Steuerungsmaßnahmen und weniger die potentiellen Wirkungen der Tiere auf ihren Lebensraum im Mittelpunkt, die wiederum aus landschaftsökologischer Sicht und auch für einen modernen Naturschutz (Biotopschutz) von primärem Interesse wären. Gleichwohl liefern die für das Wildtier-Management erarbeiteten wissenschaftlichen Grundlagen wichtige Hinweise für die Steuerung sowie die Konzipierung und Durchführung naturschützerischer Interessen.

Durch gezielte Maßnahmen sind die Populationen in ihrer demographischen Struktur und ihrer Dynamik so zu steuern, dass die ökologische Tragfähigkeit ihres Lebensraumes für sie und die anderen Glieder der Biozönosen nicht überschritten wird und gravierende Beeinträchtigungen der Pflanzendecke und der Böden (Erosion) vermieden werden. Dies ist oftmals leichter gesagt als getan. Ein typisches Beispiel dafür sind unter anderen die während der zwanziger Jahre in den Olympic Mountains (Washington) angesiedelten Schneeziegen. Die Tiere stammten aus Alaska und Kanada. Mit der Gründung des Olympic National Parks 1938 wurde die Bejagung untersagt, und bis 1983 wuchs die Schneeziegenpopulation von ursprünglich gut einem Dutzend auf weit über 1 000 Tiere an (HOUSTON et al. 1986). Möglicherweise war diese Schätzung zu hoch (Bericht RAMSEY in NOSS et al. 2000). Angesichts der schon während der sechziger Jahre sichtbaren Zerstörung der alpinen Vegetation – sie bedeckt rund 30 % der Parkfläche (MOORHEAD 1989) –, und zunehmender Winderosion ("blow outs"; PFITSCH 1980; PIKE 1981) begann man in den siebziger Jahren des vorigen Jahrhunderts, den Bestand durch Einfangen lebender Tiere zu verringern (WRIGHT 1992 b). Als er aber bis 1992 nur auf etwa ein Drittel reduziert werden konnte, und Lebendfänge wegen der hohen Kosten auf ein Minimum beschränkt wurden, sollte der Rest durch Abschuss eliminiert werden (WRIGHT 1996). Begründet wurde dies unter anderem damit, dass die Schneeziegen nach der vorherrschenden Auffassung nicht zur ursprünglichen Fauna der Olympic Mountains gehören.

Von anderer Seite werden die Berichte über die Zerstörung der Vegetation als übertrieben beziehungsweise nicht gravierend bezeichnet (u. a. Bericht von RAMSEY in NOSS et al. 2000). Für das Ausmaß der von den Schneeziegen durch Vertritt und vor allem Staubsuhlen verursachten Erosionsschäden wird das Parkpersonal verantwortlich gemacht. Um die Tiere aus größerer Nähe beobachten und leichter fangen zu können, hatte dies Salzlecken angelegt, die von den Schneeziegen stark frequentiert wurden (ANUNSEN und ANUNSEN 1993; WAGNER et al. 1995). Dies gilt allerdings auch für die weit häufigeren Urinflecken, die von den zahlreichen Touristen stammen (MOORHEAD 1977 a, 1977 b, 1981). Es ist wohl auch kaum möglich, Schäden, die in dem zumeist sehr steilen Gelände zum Beispiel durch Schneerutschungen, Frostwechsel und Kammeisauffrierungen sowie andere Tiere (z. B. Maultierhirsche) und Wind ausgelöste Erosion von den Schäden zweifelsfrei zu unterscheiden, die durch Vertritt und vor allem auch durch Suhlen ("wallowing") der Schneeziegen verursacht werden (BURGER 1987; Berichte von WILLIAMS sowie WHITFORD in NOSS et al. 2000). Wie Verfasser 1985 auf Klahhane Ridge und der Hurricane Ridge beobachtete, unterliegen insbesondere Böden, die auf schluffigen bis feinsandigem äolisch-vulkanischem Material entstanden sind, der Deflation (siehe auch GLAWION 1993).

Nach wie vor wird kontrovers diskutiert, ob in den Olympic Mountains schon einmal Schneeziegen lebten, die erst im Verlauf des Holozäns, vielleicht sogar erst um die Wende 18./19. Jahrhundert, ausgerottet wurden, oder ob es sich um "Exoten" handelt (u. a. LYMAN 1988, 1998; ANUNSEN und ANUNSEN 1993; HUTCHINS 1995; WRIGHT 1998). Wie dem auch sei, nachdem sich hier in mehr als 70 Jahren eine dauerhafte Population entwickelt hat, sollte man den Schneeziegen heute ein "Heimatrecht" in den Olympic Mountains zugestehen, wie zum Beispiel am Mt. Evans (Front Range) oder Mt. Shavano (Sawatch Range) in Colorado. Der Bestand beträgt gegenwärtig etwa 300 bis 350 Tiere. Diese Anzahl entspricht wohl ungefähr der natürlichen Tragfähigkeit (Bericht MCCULLOUGH in NOSS et al. 2000) und sollte entsprechend reguliert werden.

Durchaus vergleichbar ist die Situation im Oberen Donautal, wo Gamswild die Xerothermenvegetation mit ihren alpigenen Reliktarten durch Verbiss, Vertritt, Lagern und nicht zuletzt Eutrophierung zu zerstören droht. Wenngleich nicht auszuschließen ist, dass das Gamswild dort, wie auch im Schwarzwald (KNAUS und SCHRÖDER 1975), aus dem Alpenraum eingewandert ist, geht die heutige Population jedoch im wesentlichen auf Aussetzungen während der sechziger Jahre des vorigen Jahrhunderts zurück. Will man die Xerothermenvegetation schützen, so ist dies wohl nur bei einer starken Reduzierung des Gamsbestandes möglich. Naturschützer fordern sogar den Totalabschuss, der sich aber gegen den Widerstand der Jäger und auch der Bevölkerung wohl kaum wird durchführen lassen. Immerhin bieten die hier leicht zu beobachtenden Gämsen den Wanderern ein eindrucksvolles Naturerlebnis und sind daher durchaus eine Attraktion für den Fremdenverkehr, wie zum Beispiel auch das Steinwild im Oberengadin (Kapitel 3.2.2). Ob und wie es gelingen wird, die zuwiderlaufenden Interessen des Naturschutzes und der Befürworter des Gamswildes so aufeinander abzustimmen, dass einerseits die Xerothermenvegetation vor der weiteren Zerstörung bewahrt und andererseits eine überlebensfähige Gamspopulation erhalten werden kann , ist eine offene Frage (MAYLEIN 2001). Derzeit liegen nicht einmal verlässliche Zahlen über die Größe der Gamspopulation vor (Mitt. K. MAYLEIN vom 07. 05. 2001) – eine unerlässlich Voraussetzung für Regulierungsmaßnahmen.

Die "Tragfähigkeit" eines Raumes (einer Landschaft) ist also nicht allein durch das Nahrungsangebot, das Vorhandensein bzw. den Mangel an existentiellen Biotoprequisiten und demökologische Regulierungsmechanismen bestimmt (= K-Wert in der Populationsökologie, siehe Abb. 10, 11), sondern auch durch den Zeitpunkt, an dem es bei sich selbst überlassener, also allein den Naturgesetzen unterliegender (= natürlicher) Entwicklung zu Konflikten mit den auf diesen Raum gerichteten Nutzungsansprüchen kommt (Abb. 96). Dann ist vielfach von "Problemarten" oder eben von "Schädlingen" die Rede. Unter diesem

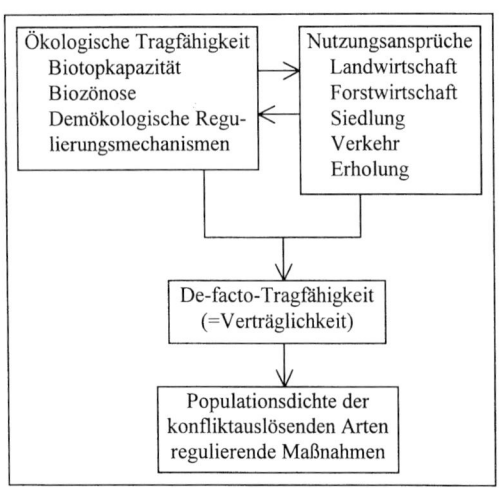

Abb. 96: Ökologische Tragfähigkeit und "De-facto-Tragähigkeit" oder "Verträglichkeit" eines Raumes (Entwurf HOLTMEIER).

Aspekt sollte man daher nicht von Tragfähigkeit, sondern von Verträglichkeit sprechen. Diese aber kann bereits überschritten sein, bevor die ökologischen Bedingungen das Wachstum einer Population begrenzen – und schon dann muss lenkend eingegriffen werden. Die Entwicklung der Bisambestände in Mitteleuropa oder die vieler in Neuseeland und Australien eingeführten Arten sind Beispiele dafür, aber auch viele der heimischen Wildtiere in unserer zumeist intensiv genutzten Kulturlandschaft bedürfen der regelmäßigen Kontrolle.

Zum Beispiel hat in manchen Gebieten des nord- und nordwestdeutschen Tieflandes wie auch in anderen Regionen Westeuropas die Anzahl der durchziehenden oder überwinternden Wildgänse bis etwa Ende der achtziger Jahre des vorigen Jahrhunderts derart zugenommen (u.a. MOOIJ 1999 a), dass sie an vielen Stellen aus der Sicht der Landwirtschaft die "Verträglichkeitsgrenze" überschritten hat. In Nordrhein-Westfalen beispielsweise wurden schon Mitte der siebziger Jahre über die ersten durch Gänsefraß verursachten Ernteschäden berichtet (MILDENBERGER 1971). Der Konflikt ist in erster Linie die Folge der Intensivierung der Landwirtschaft und des dadurch sowohl hinsichtlich seiner Qualität als auch der Menge deutlich verbesserten Nahrungsangebotes (u.a. BERGMANN 1999; MOOIJ 1999 b; BRÜHNE et al. 1999; SÜDBECK und KÖNIGSTEDT 1999). Über Entschädigungen der Landwirte sowie durch gezielte Maßnahmen, wie Bejagung, Vergrämung oder auch die Anlage von Ablenkungsflächen, versucht man, das Problem zu lösen. Die regionale Situation (Ausstattung der Überwinterungs- und Rastbiotope), die Häufung und Verteilung der Gänse sowie die auf sie einwirkenden Störungen sind aber so gebietsspezifisch, dass von Fall zu Fall über die Maßnahmen oder Maßnahmenbündel entschieden werden muss, die die "Verträglichkeit" der Gänsebestände mit der Landwirtschaft und den Zielen des Naturschutzes herstellen sollen. Die regionalen Maßnahmen müssen jedoch in ein überregionales Managementkonzept eingebunden werden, das die vielfältigen Beziehungen zwischen den Teilpopulationen und den einzelnen Gebieten berücksichtigt (MOOIJ 1999 b).

Wohl noch gravierender ist das Schalenwildproblem. Zweifelsohne würden sich die Bestände "natürlich" regulieren, wenn die ökologische Tragfähigkeit des Lebensraumes erreicht und überschritten wird. Zu dem Zeitpunkt aber, an dem dies erfolgen würde, wären die Folgen für den Zustand der Wälder (siehe auch die Literaturhinweise in Kapitel 1 und 2.3.2.4) sowie ihre ökologischen, ökonomischen und sozialen Funktionen schon längst nicht mehr tragbar. Über die Maßnahmen zur Erzielung "waldverträglicher" oder besser "umweltverträglicher" Wildbestände – sie reichen von Forderungen nach drastischer Erhöhung der Abschusszahlen bis zur völligen Umgestaltung der derzeitigen Waldstrukturen (naturgemäßer Waldbau = wildgerechter Wald) – gehen die Meinungen zum Teil weit auseinander. Hier soll darauf nicht mehr weiter eingegangen werden (siehe dazu die Auseinandersetzungen in der Forst- und Jagdliteratur sowie SCHERZINGER 1996). Auf die Bejagung wird man wohl nicht verzichten können, und wenn man sie als auf Nachhaltigkeit ausgerichtete Form der Landnutzung (LEOPOLD 1933) betreibt, spricht auch nichts dagegen, denn eine nachhaltige Nutzung ist nur bei Erhaltung des Lebensraums des Wildes möglich. Ob die Jagd in der tradierten und den in das Bundesjagdgesetz eingeflossenen Bestimmungen des Reichsjagdgesetzes (von 1934) entsprechenden Weise erfolgen muss, ist eine andere Frage. Überspitzt ausgedrückt könnten ebenso gut Kopfjäger auf der Pflege ihrer überlieferten und wohl kaum mehr zeitverträglichen Rituale bestehen. Mit den unter anderem von der "Arbeitsgemeinschaft Naturgemäße Waldwirtschaft", dem "Bunde für Naturschutz Bayern" und dem "Ökologischen Jagdverein Bayern" erhobenen Forderungen nach waldgerechten Jagdmethoden (ÖKOLOGISCHER JAGDVEREIN 1994) zeichnet sich inzwischen auf breiter Ebene ein Umdenken ab (siehe auch SEIDENSCHNUR 1998; EMMER 2001).

In der Landschaft als einem mehr oder weniger kleinflächigen Mosaik von Lebensräumen oder einem Verbund von für manche Arten existentiellen Teillebensräumen kommt es aber nicht nur auf durchgreifende Korrekturen "im Wald" an, sondern auch auf die Art und Weise der Einbindung der Waldbestände in das offene Kulturland, das ja insbesondere für das Rehwild ein sehr

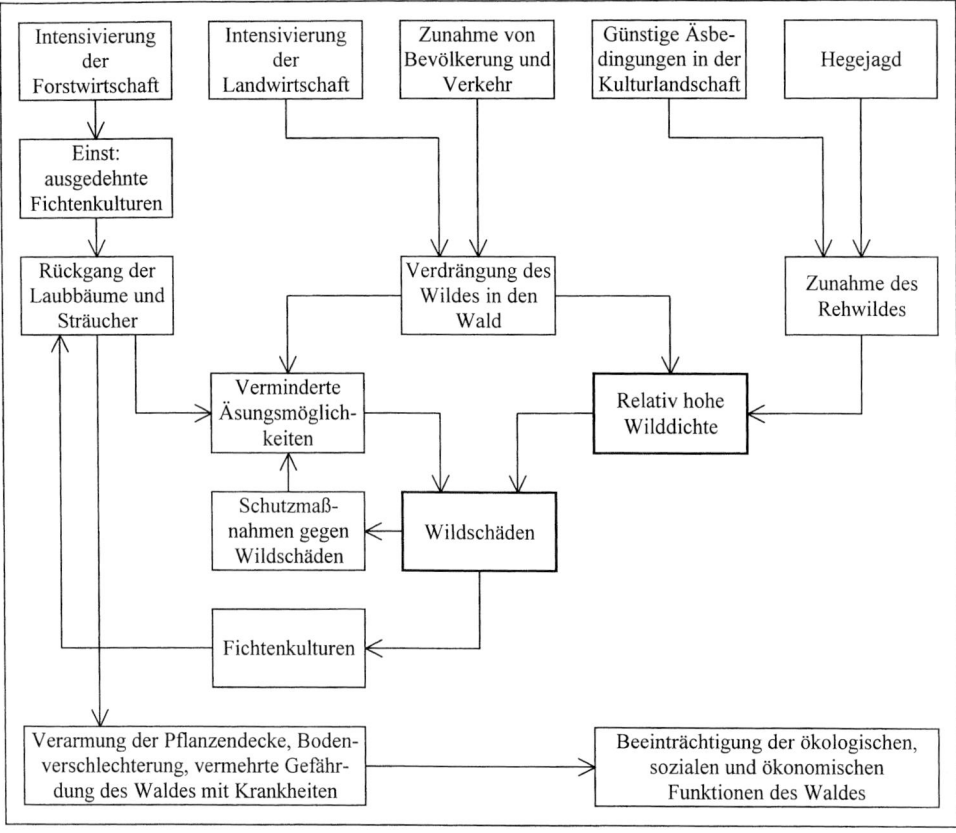

Abb. 97: Ursachen und Wirkungen hoher Rehbestände (nach LEIBUNDGUT 1975, verändert).

wichtiges Teilhabitat ist. Die dort zum Teil sehr günstigen Äsungsbedingungen haben (neben der Überhegung) zum Anwachsen der Rehpopulationen auf ein für den Teillebensraum Wald zu hohes Niveau entscheidend beigetragen (Abb. 97; LEIBUNDGUT 1975; KURT 1977; DAVID 1998). Schon geringfügige Änderungen der Bewirtschaftung der Feldflur können zu einer Zunahme oder Im Einzelfall müssen regulierende Maßnahmen auf die lokalen und regionalen Rahmenbedingungen sowie die jeweiligen aus einem Wild-Überbesatz resultierenden Konfliktsituationen (Verträglichkeit) abgestellt werden. Während beispielsweise das Steinwild in den meisten seiner heutigen Verbreitungsgebiete kein Problem darstellt, hat sich in der Steinwildkolonie bei Pontresina gezeigt, dass dort unter Berücksichtigung der Gesamtsituation (Schäden in den Hochlagenaufforstungen, Erosion, Sicherheit des Ortes Pontresina - siehe Kapitel 3.2.2) heute eine regelmäßige Bestandeskontrolle unerlässlich ist.

Schwierig wird ein effektives Wildtiermanagement, wenn neben den auf den Lebensraum des Wildes gerichteten vielfältigen Nutzungsinteressen auch noch politische Grenzen eine Rolle spielen. Ein Beispiel dafür, wie solche Hindernisse überwunden werden können, ist das "Pilotprojekt Monschau-Elsenborn" im deutsch-belgischen Grenzgebiet (Naturpark Nordeifel-Hohes Venn), das sowohl die grenzüberschreitende Hege und Bejagung des Rotwildes als auch seine natürlichen Verhaltensweisen bei den waldbaulichen Maßnahmen und der touristischen Erschließung berücksichtigt (PETRAK 1999). Das Ziel, eine dem Lebensraum angepasste Bestandesdichte und ein Rückgang der Waldschäden, ist erreicht worden. Laubhölzer, wie Eberesche, Birke und Espe sind aufkommen, und die Lebensraumqualität in den Waldbeständen für das Rotwild haben sich verbessert. Insgesamt wurde durch diese Maßnahmen der dem Rotwild zu Verfügung stehende Lebensraum seit dem Beginn der achtziger Jahre um mehr als das Zehnfache vergrößert. Bei einer Rotwilddichte von drei bis fünf Tieren je 100 Hektar halten sich die Verbiss- und Schälschäden in auch aus waldbaulicher Sicht erträglichen Grenzen. Ein Maßnahmebündel hat hier die Verträglichkeit des Rotwildbesatzes mit seinem zahlreichen Nutzungsinteressen unterliegendes Lebensraumes hergestellt. Mit Selbstregulierung hätte dieses Ziel unter den gegebenen Umständen nicht erreicht werden können.

Allenfalls in Nationalparks sollte man vielleicht der Entwicklung freien Lauf lassen und auf die Selbstregulierung der Biozönosen setzen können, wurden die Parks doch eingerichtet, um "ein Stück unberührter Natur" oder zumindest einen naturnahen Zustand zu erhalten. Doch auch dort gibt es Probleme, wie schon mehrfach gezeigt wurde (Kapitel 2.3.2.1 und 2.3.2.4). Selbst in den vergleichsweise großen amerikanischen und afrikanischen Nationalparks (Tab. 14) ist die Entwicklung heute nur insoweit "natürlich", als sie nach den Naturgesetzen abläuft – und die gelten sowohl in vom Menschen beeinflussten als auch unbeeinflussten Systemen. "Natürlich" im Sinne von "ursprünglich" oder "naturbelassen" war der Zustand dieser Räume aber schon zum Zeitpunkt ihrer Unterschutzstel-

Tab. 14: Fläche einiger Nationalparks.

Park/Gebiet	Fläche (km^2)
Yosemite-Nationalpark	3 108
Yellowstone-Nationalpark	ca. 9 000
Glacier-Nationalpark	> 4 000
Rocky-Mountain-Nationalpark	1 062
Banff-Jasper-Nationalpark	17 514
Tsavo-Nationalpark (West- und Ostteil)	20 812
Serengeti-Nationalpark	16 500
Mara-Wildschutzgebiet	1672
Etosha-Nationalpark	22 270
Nationalpark Bayerischer Wald	80
Nationalpark Berchtesgaden	70
Schweizerischer Nationalpark	169
Adamello-Brenta-Nationalpark	620
Gesamtfläche Schleswig-Holstein	15 770

lung nicht mehr. In zunehmendem Maße unterliegen sie allochthonen Einflüssen, wie der Zuwanderung von Huftieren aus den umliegenden, zum großen Teil durch Vieh- und Landwirtschaft intensiv genutzten Gebieten, in denen sie überdies einem hohen Jagddruck ausgesetzt sind. So ist zum Beispiel in Simbabwe, im Mara-Wildschutzgebiet und im Tsavo-Nationalpark die ökologische Tragfähigkeit infolge der starken Vermehrung der Elefanten, vor allem aber durch Zuwanderung dieser Tiere aus den Gebieten außerhalb der Nationalparke und Wildschutzgebiete, längst überschritten, und die Elefanten sind dabei, nicht nur ihre Existenzgrundlage, sondern auch die vieler anderer Mitglieder der Biozönose zu zerstören. Als man unter dem Druck der öffentlichen Meinung im Tsavo-Nationalpark auf durchgreifende Regulierungsabschüsse verzichten musste, "funktionierte" das Ökosystem natürlich, jedoch in einer für manchen Naturschützer sicherlich ernüchternden aber sehr effektiven Weise. Der großen Dürre 1970/71 (Kapitel 2.3.2.1) fielen nämlich vor allem Elefantenkühe und Jungtiere zum Opfer. Diese natürliche Reduktion war damit wesentlich wirkungsvoller als Management durch eine Abschusskampagne vermutlich je hätte sein können (LEUTHOLD 1978). Es entbehrt nicht einer gewissen Ironie, dass der vehemente, von Emotionen getragene Widerstand gegen eine drastische Reduzierung der Elefantenbestände auf diese Weise zu einer ökologischen Lösung des Problems, zumindest für eine gewisse Dauer, geführt hat.

Die Diskussion über die Populationskontrolle durch Abschuss hält unvermindert an. Untersuchungen über vier Elefanten-Subpopulationen im Krüger-Nationalpark (Südafrika) legen wiederum nahe, die Regulierungsabschüsse auf die Fälle zu beschränken, in denen in zwei aufeinander folgenden Jahren die für diesen Raum noch als verträglich geltende Dichte von 0,37 Elefant pro Quadratkilometer überschritten wird. Greift man früher ein, so führt dies zu einem dramatischen

Populationszuwachs, und zwar nicht durch mehr Geburten, sondern durch Zuwanderung aus den nicht regulierten Herden. Mit anderen Worten: die Regulierung einer Population kann die Belastung benachbarter Gebiete verringern, während sie in dem Gebiet, in dem der Abschuss durchgeführt wird, eher zu einer Verschärfung des Problems führt (VAN AARDE et al. 1999).

Zahlreich sind die Bemühungen, diese großen Lebensräume zu schützen und zu erhalten. Erweiterungen unter Einschluss der saisonal genutzten Teilhabitate außerhalb der heutigen Parkgrenzen (siehe auch Abb. 20) sind dringlich geboten, wie auch durchgreifende Maßnahmen gegen die Wilderei, bei der es keineswegs nur um Elfenbein, sondern zumeist schlicht um die Versorgung mit Fleisch geht. Ihr dürften beispielsweise in der Serengeti pro Jahr etwa 200 000 Tiere zum Opfer fallen, um den Fleischbedarf von über einer Million unmittelbar westlich des Schutzgebietes lebender Eingeborener zu decken. Wenn es nicht gelingt, den Bedarf der immer rascher wachsenden Bevölkerung an Wildtierfleisch aus anderen Quellen zu decken, die Wilderei durch vermehrte Kontrollen zu reduzieren und alternative Verdienstmöglichkeiten für über 30 000 Jäger zu schaffen, dürfte es um die Zukunft dieser Gebiete langfristig nicht gut bestellt sein. (ARCESE et al. 1995; CAMPBELL und BORNER 1995; CAMPBELL und HOFER 1995).

Die Aussicht auf eine dauerhafte und erfolgreiche Umsetzung solcher Forderungen sind aber angesichts des ungebrochenen Bevölkerungswachstums, der sich häufenden Hungerkatastrophen und des steigenden Landschaftsbedarfes eher gering (u. a. VORLAUFER 1998; JOB 1999). Dies dürfte auch für die Bemühungen gelten, die einheimische Bevölkerung durch Aufklärung und Erziehung für die Erhaltung von Fauna und Flora zu motivieren. Am ehesten ließe sich dies wohl erreichen, wenn es gelänge, das materielle Interesse an der Tierwelt und der übrigen Natur zu wecken, um sie für "wertvoll" und deshalb schützenswert zu erachten.

Die Entwicklung wird sich auch in diesen großen Nationalparken und Schutzgebieten nicht zurückdrehen lassen. Es wäre schon ein großer Erfolg, wenn sie auf Dauer und ohne weitere Einschränkungen erhalten werden könnten, auch wenn sie mehr und mehr den Charakter von "Freilandzoos" annehmen. Besondere Beachtung wird dabei "Schirmarten", wie den Gnus und den Elefanten zukommen müssen. Im Gegensatz zu den in ihren Strukturen total anthropogen geprägten Lebensräumen Europas kann hier das Verschwinden der großen Herbivoren unter Umständen noch weitreichende Veränderungen mit sich bringen, ohne dass man verlässlich voraussagen könnte, wie diese aussehen werden. Die natürliche Wiederbewaldung großer Landstriche ist nur eine Möglichkeit.

Sind schon in diesen großen Nationalparks und Schutzgebieten ständige Bestandeskontrollen und andere "regulierende" Eingriffe unumgänglich so gilt dies erst recht für die sehr kleinen, in intensiv genutzte Kulturlandschaften eingebetteten Nationalparks und Naturschutzgebiete Mitteleuropas. Vor allem die vergleichsweise geringe Größe dieser Gebiete ist ein Problem.

4.2 Große Pflanzenfresser als Instrumente der Landschaftspflege

In den Katalog offener Fragen gehört in unserem Raum unter anderem die Art und Weise des Umgangs mit den in großem Umfang brachfallenden landwirtschaftlichen Nutzflächen (Grünland, Ackerland; u. a. GANZERT 1994). Soll man sie offen halten oder sie der natürlichen Sukzession überlassen? Im letzten Falle wären Verbuschung und Wiederbewaldung die Folge. Für beide Alternativen lassen sich Argumente finden – für die Offenhaltung zum Beispiel die Erhaltung von Lebensraum für die Wiesenvögel oder einer hohen landschaftlichen Vielfalt (also Konservierung eines für erhaltenswert erachteten Zustandes), für den Wald würde sprechen, dass der Natur freier Lauf gelassen wird, und der Wald den gängigen Vorstellungen von einem "naturnahen" Lebensraum näher kommt als Grünland. Den Wiesenvögeln wiederum ist es sicher gleich, ob die Grünlandflächen "natürlich" oder anthropogen sind, sofern sie nur ihren Habitatansprüchen genügen. Ein "Sich-selbst-überlassen" ("Naturbelassenheit", WAGNER 1993) der nicht mehr genutzten Grünlandflächen würde jedenfalls ihren derzeitigen Lebensraum deutlich verringern. Zur Offenhaltung solcher Flächen kommt neben künstlichen Eingriffen zur Beseitigung aufkommender Strauch- und Baumvegetation durchaus auch der Einsatz großer Herbivoren – und zwar sowohl domestizierter als auch wildlebender Huftiere – infrage (z. B. WALLIS DE VRIES 1995; HOFMANN et al. 1998).

Seit langem werden in Mitteleuropa domestizierte Huftiere – Schafe, Heidschnucken, Moorschnucken, Rinder und Pferde – zur Offenhaltung der Landschaft eingesetzt (u. a. OOSTERFELD 1975, 1979; SCHERRER und SURBER 1978; THALEN 1981, 1984; ZIMMERMANN und WOIKE 1982; WIBBELS 1990, 1994; VAN WIEREN 1991, 1995; LAMMERS 1994; NITSCHE und NITSCHE 1994; FISCHER et al. 1995, 1996; BEINLICH et al. 1997; BUNZEL-DRÜKE 1997; MARTIN 1997; VÖLKL 1997; OPPERMANN und LUICK 1999). Heidschnucken (Graue Schnucken) beispielsweise tragen dazu bei, die großen Calluna-Flächen der Lüneburger Heide zu erhalten. Moorschnucken (Weiße Schnucken) werden seit 1986 im Neustädter Moor bei Diepholz eingesetzt, um den Fortbestand der Moorheiden zu sichern (NITSCHE und NITSCHE 1994). Schon seit 1983 lässt man große Flächen des an der Grenze zu den Niederlanden gelegenen Zwillbrocker Venns und des benachbarten Amtsvenns durch Moorschnucken beweiden, die insbesondere das alles erstickende Pfeifengras (Molinia caeruela) zurückdrängen und die "Verbirkung" aufhalten sollen (LAMBECK und SCHWÖPPE 1987). Im Verlauf zehnjähriger Untersuchungen über die Eignung verschiedener Maßnahmen (einmalige Mahd im Herbst, Brache, Schafbeweidung) zur Erhaltung beziehungsweise Neubegründung artenreicher Kalkrasen im südlichen Limburg (Niederlande) erwies sich die Beweidung mit Schafen als die beste Pflegemaßnahme (WILLEMS 1983). Auch auf der Schwäbischen Alb dient die Hüteschafhaltung dazu, die dortigen Kalkmagerrasen zu erhalten, die übrigens auch durch Schafweide entstanden sind (BEINLICH et al. 1997). Zudem hat sich gezeigt, dass wandernde Schafherden effektive Verbreiter von Diasporen und auch kleinen Tieren (vor allem Grashüpfer, aber auch Schnecken, Spinnen, Käfer u. a.) sind und zum Austausch von Pflanzen und Tieren zwischen isolierten Flächen sowie zur Erhaltung der Artendiversität beitragen (FISCHER et al. 1996). In Nordspanien sind seit 1993 Bemühungen im Gange, die früher übliche Transhumance zwischen der Estremadura und den Sommerweiden im Kantabrischen Gebirge wiederzubeleben. Die breiten alten Wanderwege, die sogenannten "Canadas", zeichnen sich durch eine vielfältige Flora und Fauna aus, die im Wesentlichen auf der epizoochoren Verbreitung von Diasporen und Insekten durch die Schafe beruht (BAUSCHMANN 2000). Auf Hiddensee wurden 1988 auf Veranlassung der Jagdbehörden Mufflons (Ovis ammon) angesiedelt, die seither die Offenhaltung der Dünenheide wirkungsvoll unterstützt haben. Zur Verstärkung dieses "positiven landschaftspflegerischen Effektes" wird eine Vergrößerung der Herde von derzeit dreißig auf mindestens sechzig Tiere gefordert (JESCHKE 1997). Man fragt sich allerdings, ob hier unbedingt die aus dem gebirgigen Korsika stammenden (jagdbaren) Wildschafe zur Landschaftspflege eingesetzt werden mussten. Gotlandschafe, mit denen man auf der unmittelbar benachbarten Fährinsel gute Erfahrungen gemacht hatte, hätten mit Sicherheit denselben Zweck erfüllt. Mit ihrem "Management" hätte sich allerdings kein Jagdvergnügen verbinden lassen.

Rotwild kommt, wie sich im Fichtelgebirge gezeigt hat, nur sehr kleinräumig und kurzfristig als Alternative zu anderen Formen der extensiven Grünlandbewirtschaftung in Betracht (siehe dagegen die Verhältnisse auf subalpinen Weiden im schweizerischen Nationalpark, Kapitel 2.3.2.4). Untersuchungen im Perlenbachtal (Naturschutzgebiet Perlenbach-Fuhrtsbachtal, Westeifel) deuten darauf hin, dass Rotwild dort die Verbuschung und Wiederbewaldung der ehemaligen Magertriften erheblich verzögert und zur Erhaltung der für schützenswert erachteten Wiesengesellschaften beiträgt (PETRAK 1992). Auch hier sind begleitende Pflegemaßnahmen unentbehrlich. Insbesondere die bärwurzreichen Magertriften müssen alle zwei bis drei Jahre gemäht und das Mahdgut entfernt werden. Rehe können die Sukzession auf Brachflächen dagegen nicht aufhalten, geschweige denn verhindern (VÖLKL 1997, 1999). Letztlich sind beide Schalenwildarten keine Alternative für eine naturnahe Bewirtschaftung von Grünland.

In der Provence versucht man, durch Lamas den Strauchunterwuchs in den Wäldern zu beseitigen und auf diese Weise den häufigen Waldbränden vorzubeugen. Wie auf Hiddensee werden auch hier völlig lebensraumfremde Pflanzenfresser als Pflegeinstrument eingesetzt. Schafe wären hier jedoch kaum in der Lage, den holzigen Strauchunterwuchs zu beseitigen, und zudem würden ihre Klauen den Waldboden weniger schonen als die gepolsterten Hufe der Lamas. Neuerdings denkt man auch in Deutschland über den Einsatz von Neuweltkameliden in der Landschaftspflege nach. Ihre Haltung bereitet keine Schwierigkeiten, und schon seit geraumer Zeit werden bei uns einige Tausend Lamas und Alpacas sowie Guanacos als "Hobbytiere" gehalten. Je nach Pflegeziel wird eine gemischte Beweidung mit Schafen, Ziegen, Rindern oder Pferden als "sinnvoll" erachtet (GERKEN 1999). Mehr noch als bei den Mufflons auf Hiddensee drängt sich hier allerdings die Frage auf, ob unsere einheimischen Tiere bei der Erfüllung der ihnen zugedachten Aufgabe wirklich der Ergänzung durch diese Exoten bedürfen.

Nur schwer kann man sich Wildschweine als "Landschaftspfleger" vorstellen. Wegen ihrer vielfältigen und den Pflegezielen nicht selten zuwiderlaufenden Wirkungen lassen sie sich kaum in ein Pflegekonzept integrieren. Sie können zwar zur Steigerung der Vielfalt und der Vegetationsdynamik beitragen, indem sie zum Beispiel tiefliegende Samenbäume aktivieren (Kapitel 2.6.2) und für bestimmte Pflanzenarten günstige Keimbeete schaffen, aus denselben Gründen fördern sie aber unter Umständen auch das Vordringen von Gehölzen in Brachflächen (VÖLKL 1999). Inzwischen ist auch die Zahl der noch vor einem halben Jahrhundert in Deutschland eher seltenen Wildschweine in vielen Gebieten infolge von Anlockungs- oder Ablenkungsfütterungen (meist mit Körnermais) so stark angestiegen, dass sie die natürliche Tragfähigkeitsgrenze und erst recht die Verträglichkeitsgrenze weit überschreitet (siehe auch Kapitel 4.4). Zudem sind sie als Verbreiter der Schweinepest zu einem Risikofaktor für die Landwirtschaft geworden.

Eine Integration von domestizierten und vor allem auch wildlebenden Huftieren in die Landschaftspflege – gewissermaßen als "Simulation des ursprünglichen Multi-Spezies-Systems" (verschiedene Ernährungstypen: Laub- und Kräuterfresser, Mischäser sowie Gras- und Raufutterfresser; Abb. 98) – erscheint gleichwohl aus funktionaler Sicht sinnvoll, spart im Vergleich zu anderen Pflegemaßnahmen vermutlich Kosten und dürfte sich auch weniger nachteilig auf andere Glieder der Biozönose (z. B. Streubewohner, Bodenfauna) auswirken als zum Beispiel Abplaggen, Brennen oder Entbirkung. Die Pflanzenfresser wären "natürliche Störfaktoren", die die Zusammensetzung und Strukturen der Ökosysteme beeinflussen und die Biodiversität erhöhen (u. a. WHITE und PICKETT 1985; HOBBS und HUENNECKE 1992). Bislang wissen wir allerdings noch wenig darüber, wie sich ein solches Management langfristig auf die Vegetationsentwicklung, den Nährstoffhaushalt und die Diversität auswirken wird (BOKDAM und GLEICHMAN 2000). Auch weiterhin werden wohl zusätzliche Pflegemaßnahmen unumgänglich sein. So ist kaum zu erwarten, dass die Calluna-Heiden allein durch die Beweidung mit Schafen, Hirschen und Kaninchen erhalten werden können, wenn nicht regelmäßig die aufkommenden Gehölze entfernt werden. Geschieht dies nicht, so dürfte sich auf lange Sicht eine halboffene Waldweide entwickeln (POTT und HÜPPE 1991; BOKDAM und GLEICHMAN 2000). Die Multi-Spezies-Beweidung kommt der Forderung nach "Schutz und Wiedereinführung dynamischer Prozesse" (RIECKEN et al. 1998) entgegen, die für das Konzept eines modernen Naturschutzes stehen sollen – sozusagen als Kontrapunkt zum statisch konservierenden Naturschutz. Im Prinzip hat sich jedoch die Zielsetzung nicht geändert, denn nach wie vor geht es um die Erhaltung beziehungsweise die Schaffung von

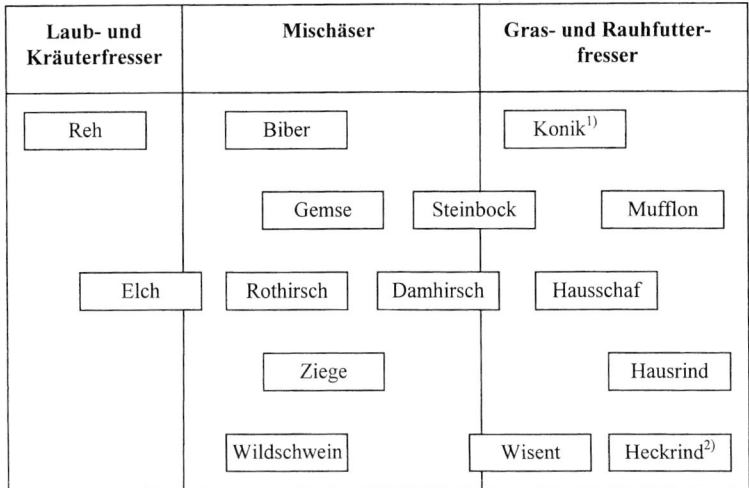

Laub- und Kräuterfresser	Mischäser	Gras- und Rauhfutterfresser
Reh	Biber	Konik[1]
	Gemse Steinbock	Mufflon
Elch Rothirsch	Damhirsch	Hausschaf
	Ziege	Hausrind
	Wildschwein	Wisent Heckrind[2]

Abb. 98: Ernährungstypen großer Pflanzenfresser Mitteleuropas. [1] Nachzüchtung des Waldpferdes, [2] Nachzüchtung des Auerochsen (nach HOFMANN und STEWART 1972 sowie HOFMANN 1998, verändert).

Zuständen, die man für wünschenswert erachtet und unter anderem wegen der mit ihnen verbundenen biologischen Vielfalt schließlich auch wieder "konservieren" möchte. Neu ist lediglich, dass jetzt die großen Huftiere in ihrer Funktion als ökologischer Faktor zum Instrument der Landschaftspflege beziehungsweise des Naturschutzes werden, um diese Ziele zu erreichen. Sie werden ein den gegebenen Rahmenbedingungen entsprechendes Management erfordern. Im Hinblick auf die Einbindung der wildlebenden großen Pflanzenfresser in solche Konzeptionen bedarf es allerdings relativ großer und zusammenhängender Flächen.

Den großen Pflanzenfressern schreibt man im Biotopmanagement die Funktion von "Schirmarten" ("umbrella species") zu, da in den nach ihren Bedürfnissen gestalteten Lebensräumen (u. a. Vernetzung) auch viele andere Arten existieren können (u. a. WALLIS DE VRIES 1995, 1999; POPP 1999). Ein in Mitteleuropa hinsichtlich seiner Größe einmaliges "Experimentierfeld" sind die durch Neulandgewinnung entstandenen Oostvaardersplassen in Flevoland (Niederlande). Sie gehören heute zu den wildreichsten Gebieten der Niederlande (KAMPF 2000). Ursprünglich für die Ansiedlung von Industrieanlagen vorgesehen, wurden sie 1982 als Großschutzgebiet mit einer Gesamtfläche von 5 600 Hektar ausgewiesen. Es dient in erster Linie dem Schutz von Grünland- und Feuchtgrünlandarten. Koniks, Heckrinder, Rothirsche und Rehe sollen die Randzonen von Buschwerk und Gehölzen freihalten. Die Hirsche stammen aus der Veluwe oder sind aus Schottland und der Tschechischen Republik eingeführt worden (KAMPF 2000). Die Anzahl der Koniks und Heckrinder ist inzwischen auf jeweils rund 600 gestiegen, die der Rothirsche auf über 700, während der Rehbestand unter 100 Tieren liegt (Mitt. STAATSBOSBEHEER vom 02. 10. 2001). Für die Rehe, die ein vielfältiges Landschaftsmosaik aus offenen Flächen, Gehölzen und Waldbeständen bevorzugen, dürfte sich der das Gebiet umgebende Sicherheitszaun, der das Rotwild von den umliegenden Ackerflächen und einer benachbarten Eisenbahntrasse abhalten soll, negativ ausgewirkt haben.

Aufgrund ihrer unterschiedlichen Ernährungsgewohnheiten haben diese großen Pflanzenfresser zusammen mit den hier in großer Zahl lebenden Graugänsen ein abwechslungsreiches, vielfältig strukturiertes Vegetationsmosaik geschaffen, das zahlreichen anderen Arten Lebensraum bietet. In der Presse ist bereits von der "Serengeti hinter den Deichen" zu lesen (DER SPIEGEL 32, 2001). Auf Dauer wird man allerdings um bestandesregulierende Maßnahmen nicht verzichten können, da die Tragfähigkeit des gegen sein Umland abgezäunten Gebietes begrenzt ist (KRÜGER 1999). Dies betrifft sowohl die domestizierten als auch die wilden Pflanzenfresser. Probleme bereitet die Verwertung der Heckrinder und Koniks, wenn ihr Fleisch für die menschliche Ernährung verwendet werden soll, da sie immer wieder strengen veterinärmedizinischen Kontrollen unterzogen werden müssen. So gehen Vorschläge dahin, nur die wilden Herbivoren, wie Rotwild, Wisent und auch Wildschweine, zur Pflege der Feuchtgebiete einzusetzen. Das Wildbret kann ohne Schwierigkeiten vermarktet werden, und die ständige Entsorgung zahlreicher Rinder- und Pferdekadaver ließe sich vermeiden (LUMEIJ und OOSTERBAAN 2000).

Die Umsetzung von Vorstellungen, wie sie hinter dem Oostvaardersplassen-Konzept stehen, dürfte angesichts der zumeist starken Fragmentierung und Nutzung unserer Kulturlandschaft schwierig sein. Gleichwohl sieht man heute in immer mehr Gebieten, so unter anderem in den Rieselfeldern von Münster (Foto 72) und am Rande Berlins sowie auch in den Lippeauen bei Soest, Heckrinder, die die Verbuschung und Bewaldung verhindern sollen.

Ein nicht nur im wörtlichen Sinne "weit hergeholtes" Beispiel für die "Schirmart-Funktion" großer Pflanzenfresser unter natürlichen Bedingungen, auf das unter solchen Aspekten gerne verwiesen wird, ist die Entwicklung der Savanne in den großen afrikanischen Nationalparks und Wildschutzgebieten (siehe auch Tab. 14) unter dem Einfluss der Huftierherden und insbesondere der Elefanten. Bei sehr hoher Dichte tendiert sie zum offenen Grasland, mit deutlicher Zunahme der Graslandarten in der Lebensgemeinschaft der Tiere, bei niedriger Dichte zur Baumsavanne, mit Rückgang der für das offene Grasland typischen Arten (Kapitel 2.3.2.1). Beide Zustände sind zwar das Ergebnis der natürlichen Funktion der Ökosysteme, doch sind diese durch den "Störfaktor Mensch" (Einschleppung und Ausrottung der Rinderpest, Bekämpfung der Schlafkrankheit, Feuer, Wilderei, Holznutzung, Beweidung u. a.) erheblich verändert worden, wenn auch nicht in einem Umfang wie unsere mitteleuropäischen Landschaften.

Foto 72: Heckrinder in den Rieselfeldern der Stadt Münster (F.-K. HOLTMEIER, 1998).

4.3 Die Rolle von Sympathie, Akzeptanz und Betroffenheit bei der Umsetzung von Naturschutz- und Landschaftspflegemaßnahmen

Bei der Manipulation unseres Lebensraumes stellt sich immer wieder die Frage, welche Arten gefödert, erhalten oder eventuell auch bekämpft ("Schädlinge"?) werden sollen. Oftmals prägen emotionale Beweggründe und politische Erwägungen die Entscheidungen. Von wenigen Fällen abgesehen lassen sich Eingriffe kaum primär mit ökologischen Notwendigkeiten begründen – in dem Sinne, dass die Art in ihrer Funktion unverzichtbar sei oder die Biodiversität (welche?) erhalten oder gesteigert werden müsse –, sondern nur bei Berücksichtigung der fast immer aus ganz anderen als ökologischen Erwägungen und Entscheidungen heraus gegebenen Rahmenbedingungen. Wenn also beispielsweise die Existenz des Großen Brachvogels (*Numenius arquata*) oder der Großtrappe (*Otis tarda*) in der (dicht besiedelten) Kulturlandschaft durch gezielte Maßnahmen gesichert werden soll, so ist dies eine naturschutzpolitische Entscheidung, die man akzeptieren oder aus verschiedenen Gründen auch ablehnen kann. Als ökologisch notwendig (z. B. funktionaler Aspekt) lässt sie sich jedenfalls nicht begründen. Das gilt beispielsweise auch für die Forderung nach effektiver Kontrolle der natürlichen Feinde des Birkhuhns, ohne die eine erfolgreiche Wiederansiedlung in den oberschwäbischen Mooren nicht möglich zu sein scheint. Nur am Erfolg der Wiedereinbürgerung dieses Raufußhuhnes gemessen sind die Fressfeinde "zu zahlreich", ansonsten entspricht ihre Populationsdichte dem letztlich durch den Menschen geschaffenen Potential. Im Prinzip trifft dies auch auf die Argumente gegen vermeintlich zu hohe Populationen der natürlichen Feinde des Feldhasen zu. Vor allem die Veränderungen der Landschaft durch Landwirtschaft, Umweltgifte, Verkehr sowie auch ausufernde Freizeitaktivitäten haben seinen Bestand deutlich zurückgehen lassen (z. B. STUBBE 1999). Zum Teil unterliegen die Hasen aber auch einer natürlichen Zyklizität. Mit sinkender Populationsdichte steigt der Einfluss der Fressfeinde (Kapitel 2.2.2; einschließlich der der Jäger, Anmerkung des Verfassers). Von einem "explosionsartigen Anstieg" der Zahl der Füchse ist die Rede. Hohe Steinmarderbestände, einen "Bestandesüberschuss" produzierende Nebelkrähen- und Kolkrabenpopulationen sowie der "belegte" oder "wahrscheinlich" erhöhte Druck durch weitere Beutegreifer (GORETZKI 1999) drohen das Schicksal des Feldhasen in unseren Landschaften zu besiegeln. So ist der Ruf nach Reduzierung verständlich, denn "*Alle wollen ihn fressen, ich auch*", so schreibt HESPELER (1990) und bringt damit das Problem "auf den Punkt".

Probleme wie diesen werden die Bemühungen des Artenschutzes immer gegenüberstehen, und es bedarf weniger der wissenschaftlich stichhaltigen (und nur selten beizubringenden) oder auch nur wissenschaftlich verbrämten Begründung als vielmehr des Bewusstmachens einer ethischen Verpflichtung und der Durchsetzung für notwendig erachteter Maßnahmen. Deren Umsetzung wiederum ist ohne die Akzeptanz in der Bevölkerung kaum mit Erfolg möglich. Akzeptanz beruht auf Einsicht, Verständnis und nicht zuletzt auf Sympathie. So bedient sich der Naturschutz in zunehmendem Maße sogenannter Sympathieträger, um die Akzeptanz von Maßnahmen auf der "emotionalen Schiene" zu fördern. Nun ist zwar nicht jeder "Sympathieträger" auch unbedingt ein für den Bestand seines Ökosystems unverzichtbarer "Funktionsträger" oder eine "Schirmart", wie zum Beispiel der Biber oder in Herden lebende große Pflanzenfresser, wie Gnus oder Elefanten; es lässt sich aber leicht verständlich machen, dass Maßnahmen, die beispielsweise die Lebensraumqualität des zum "Sympathieträger" und zur "Leitart" erkorenen und in seinem Bestand bedrohten Laubfrosches (*Hyla arborea*) sichern sollen, auch den anderen Arten der Biozönose einschließlich der Konkurrenten und Fressfeinde zugute kommen. So wird beispielsweise im Rahmen eines den amtlichen und ehrenamtlichen Naturschutz zusammenführenden Projektes "Ein

König sucht sein Reich" des NABU unter Nutzung der guten Vermittelbarkeit dieses "Sympathie-trägers" – noch können sich die meisten an den "Froschkönig" des Märchens erinnern – für die Ziele des Arten- und Biotopschutzes geworben (GEIGER et al. 2000).

Die Akzeptanz endet nicht zwangsweise dort, wo zum Beispiel Maßnahmen zur Verbesserung der Biotopvernetzung mit anderen Nutzungsinteressen kollidieren. In solchen Fällen lassen sich beispielsweise durch Schadensausgleichszahlungen Änderungen der Einstellung zugunsten beabsichtigter Eingriffe erreichen. Wesentlich schwieriger wird es, wenn im Hinblick auf die langfristige Sicherung der ökologischen Tragfähigkeit oder der "de-facto-Tragfähigkeit" Regulierungsmaßnahmen notwendig werden, zum Beispiel Abschusskampagnen oder gar Vergiftungsaktionen. Gerade dann werden Akzeptanz oder Ablehnung oftmals viel weniger durch rationale Überlegungen als durch Emotionen bestimmt. Dies trifft aber auch zu, wenn beispielsweise ein Wald durch Feuer vernichtet wird. Man bedauert die getöteten Tiere mehr als die verbrannten Bäume, und fühlt sich eher gedrängt, die angesengten Tiere in Sicherheit zu bringen, als die Bäume zu retten. Unumgängliche Regulierungsabschüsse von Hirschen im Rocky-Mountain-Nationalpark stießen auf weitgehende Ablehnung, weil sie sozusagen unter den Augen der Touristen durchgeführt wurden, die dorthin kommen, weil sie "unberührte Natur" erleben wollen - und diesem Verlangen scheinen die großen "friedlich grasenden" und von den Fahrstraßen aus leicht zu beobachtenden Herden zu entsprechen. Dass Weiden- und Pappelbestände dem Äsungsdruck schon längst nicht mehr gewachsen sind (Kapitel 2.3.2.4), wird kaum wahrgenommen. Um weitere Proteste zu vermeiden, wurden außerhalb der Parkgrenzen und abseits der Touristenrouten künstliche Salzlecken angelegt, mittels derer man die Hirsche aus dem Park herauslockte und sie dann dort, den Blicken der Öffentlichkeit weitgehend entzogen, abschießen konnte. Umsiedlungen sind mit hohen Kosten und zudem nicht geringen Risiken verbunden, wie zum Beispiel der Übertragung der wohl schon von den Spaniern im 16. Jahrhundert eingeschleppten Bruzelose (*Brucella abortus*) durch Wapitis und Bisons oder auch von Lungenwürmern (*Pasteurella* spec.) durch Dickhornschafe (u. a. PETERSON 1991; AGUIRRE und STARKEY 1994; SIMONETTI 1995; CUNNINGHAM 1996; MARCOT et al. 1998). Die Bruzelose führt zu Totgeburten. Übertragen wird sie durch den oralen Kontakt mit toten Föten und infizierten Placenten.

Ganz allgemein ist die Betroffenheit angesichts von Maßnahmen, welche die dem Menschen stammesgeschichtlich nahestehenden Säugetiere betreffen, größer – vor allem, wenn diese auch noch dem plüschigen "Knuddeltier" oder "Bambi" entsprechen – , als wenn es beispielsweise um die Vernichtung von "Schadinsekten" geht (Abb. 99). So stößt beispielsweise auch die derzeit wieder einmal erhobene Forderung nach drastischer Reduzierung der hinsichtlich der ökologischen Tragfähigkeit (Nahrungsangebot) der verbliebenen Eukalyptuswälder zu zahlreich gewordenen Koalabären in Australien in der Öffent-

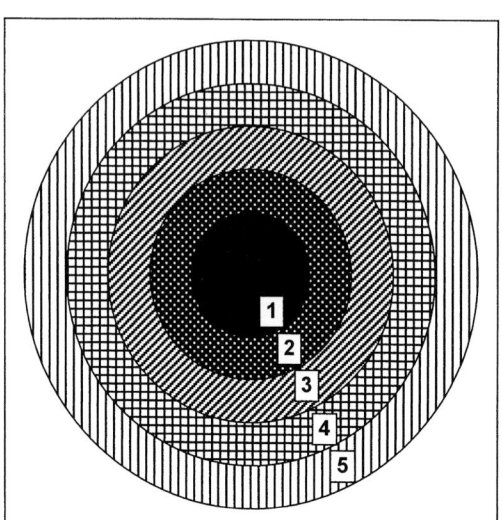

Abb. 99: Relative Betroffenheit (vom Kreiszentrum zur Peripherie abnehmend) der Menschen bei Einsatz von Bekämpfungsmaßnahmen gegen verschiedene Tiergruppen und Pflanzen nach dem Grad ihrer phylogenetischen Nähe zum Menschen. 1 Mensch, 2 Säugetiere, 3 andere Wirbeltiere, 4 Wirbellose, 5 Pflanzen (Entwurf HOLTMEIER).

lichkeit - und insbesondere in der Tourismusindustrie in Europa und Nordamerika - auf große Entrüstung (DER SPIEGEL 32, 1998). Dabei kann wohl nur auf diese Weise verhindert werden, dass ein Großteil der zum Inbegriff des "Knuddeltieres" gewordenen Koalas verhungert, nachdem sie die verbliebenen Wälder kahlgefressen haben.

Auch die wütenden Proteste aufgebrachter Tierschützer gegen die in Jägerkreisen populäre Jagd auf Bisons, die aus dem nördlichen Yellowstone-Park trotz wiederholter Abschussregulie-rungen und anderer Gegenmaßnahmen (MEAGHER 1989 a, 1989 b, 1996; YELLOWSTONE NATIO-NAL PARK 1997) herausdrängen, erklärt sich im Wesentlichen aus der besonders tief empfunde-nen moralischen Verpflichtung, dieses eindrucksvolle und symbolträchtige Tier (WRIGHT 1992 a) zu schützen, nachdem es vor gerade mehr als hundert Jahren durch massenhafte Abschlachtung (Kapitel 2.3.2.2) fast ausgerottet worden wäre. Die Tatsache, dass die Bisons die Bruzellose über-ragen und eine Gefahr für die Rinderherden außerhalb des Parks darstellen, wird dabei verdrängt. Es ist allerdings schon als Ironie des Schicksals zu bezeichnen, dass die Bisons im Yellowstone-Park möglicherweise erst durch Rinder, die man dort seit 1910 zur Versorgung der Parkangestell-ten in Pferchen hielt, mit der Bruzellose in Berührung kamen (MEAGHER and MEYER 1994). Die Bisonpopulation selbst scheint durch die Bruzellose nicht in ihrer Existenz gefährdet zu sein, da die Bisonkühe im Verlauf der zweiten und dritten Tragzeit resistent werden. Danach treten kaum noch durch die Bruzellose verursachte Totgeburten auf. Übrigens scheinen die Bisons den Park nicht infolge einer inzwischen zu hohen Populationsdichte und Überbeweidung während des Winters zu verlassen, sondern offensichtlich haben sie gelernt, dass es leichter ist, auf den zahl-reichen festgefahrenen Snowmobile-Routen in tieferliegende Weidegebiete außerhalb des Parks zu ziehen, als sich im Park bei hohem Schnee den Weg zu bahnen und Nahrung zu suchen (MEA-GHER 1989 a, 1989 b, 1996). Die gute bis ausgezeichnete körperliche Kondition der außerhalb der Parkgrenzen geschossenen Tiere spricht jedenfalls dafür, dass sie den Park keineswegs wegen Nahrungsmangels verlassen.

Hinsichtlich der Akzeptanz ist nicht einmal unbedingt entscheidend, ob es sich um Tiere der einheimischen Fauna handelt oder um eingebürgerte Arten, sofern sie nur gefühlsmäßig ins Bild passen, und es sich nicht um ausgesprochene "Schädlinge" handelt. Allenfalls der Naturpurist übt eine deutliche Distanz zu den "Neubürgern" und fordert eine unverfälschte Natur (siehe auch Schneeziegen, Kapitel 4.1). Auch Gewöhnung kann zu einer größeren Akzeptanz führten. Nur dauert es durchaus eine Generation und auch mehrere Generationen, bis tradierte Vorurteile und festgefahrene Meinungen verschwinden und eine solche "Strategie des Abwartens" zum Ziele führt. Nicht zuletzt darauf bauen auch die Befürworter der Wiederansiedlung großer Raubtiere (siehe dazu auch BAUR und HUNZIKER 2001).

4.4 Schlussbemerkung

Wir kommen zurück auf die Frage, wie im Rahmen des Naturschutzes und der Landschaftspflege mit den Tieren umzugehen ist. Wie die angeführten Beispiele zeigen, können im Einzelfall er-folgreiche Maßnahmen und Konzepte kaum oder in nur eingeschränktem Maße auf andere Gebie-te übertragen werden. Gleichwohl müssen sie in ein regionales Gesamtkonzept (z. B. Sommer-und Wintereinstände für Rotwild) eingebunden werden, welches wiederum auch die überregiona-len ökologischen Verflechtungen (z. B. Mauserplätze für Zugvögel, traditionelle Wanderrouten) berücksichtigt. Angesichts der vielen darauf Einfluss nehmenden Gruppen und Interessen sind solche Zielvorstellungen nicht nur schwierig zu entwickeln, sondern noch schwerer umzusetzen, zumal sie den sich ständig wandelnden Rahmenbedingungen Rechnung tragen müssen.

Es macht wenig Sinn (siehe auch GÖTAMARK 1992), Szenarien potentieller Zönosen und Ökosysteme zu entwickeln, die sich an einer Zeit orientieren, in der die Entwicklung der Landschaft noch nicht dem menschlichen Einfluss unterlag. Immerhin ist die Landschaft spätestens im Verlauf der zweiten Hälfte des Holozäns in ihrer räumlichen Struktur und einschließlich ihrer Biozönosen durch den Menschen in ständig zunehmendem Maße überprägt worden. Auch in Zukunft werden neue Bedingungen geschaffen und neue Strukturen entstehen (siehe auch SCHMIDT 1993), und es werden sich die Arten etablieren, die mit diesen Veränderungen der Landschaft am besten zurechtkommen.

Ein typisches Beispiel für derartige Entwicklungen ist unter vielen anderen die "Verstädterung von Arten" (KLAUSNITZER 1987, 1989). Ursprüngliche Felsenbrüter, wie Mauersegler (*Apus apus*), Dohle (*Corvus monedula*) und Turmfalke (*Falco tunninculus*), sowie auch das die städtischen Grünanlagen (Parks, Friedhöfe, Sportplätze u. a.) in großer Zahl bevölkernde Wildkaninchen sind aus der Stadt nicht mehr wegzudenken. Dasselbe gilt, wie schon sein Name sagt, für den "Stadtfuchs" oder auch den Steinmarder (*Martes foina*). Auch der Waschbär erreicht heute in manchen Städten Populationsdichten, die denen in amerikanischen Städten gleichkommen (ein Waschbär pro Hektar) und um ein Vielfaches höher sind als in der freien Natur (HOHMANN 2000). Ausschlaggebend sind das reiche Nahrungsangebot (Gärten, Abfallhaufen), günstige Möglichkeiten zur Aufzucht der Jungen sowie nicht zuletzt die Fütterung dieser "putzigen" Kleinbären durch die Bevölkerung. Ebenso haben Wildschweine längst die Stadt "entdeckt". Auf der Nahrungssuche verwüsten sie Gärten, Grünanlagen, Sportanlagen und Friedhöfe. Viele Wildschweine wurden bereits in der Stadt geboren. Im rund 3000 Hektar großen Grunewald, dem bekannten Naherholungsgebiet der Berliner, leben heute bis zu 1 000 dieser äußerst anpassungsfähigen Tiere. Einige dieser "Stadtschweine" haben sich eine neue Nahrungsquelle erschlossen, indem sie während der Pausen die Schulkinder um Futter anbetteln (DER SPIEGEL 44, 1999). Graureiher (*Ardea cinera*) – an sich sehr scheue Vögel – dringen in Wohngebiete vor, um dort die gerade in den letzten Jahren immer zahlreicher gewordenen Gartenteiche "abzufischen". Elstern (*Pica pica*) und Eichelhäher (*Garrulus glandarius*) breiten sich in Siedlungsbereichen, und zwar nicht nur in dörflichen Strukturen, sondern auch in Stadtgebieten mit hohem Grünanteil, aus (u. a. KNIEF und BORKENHAGEN 1993; BELLEBAUM und NOTTEMEYER-LINDEN 1998; KOOIKER 1998; MÄCK und JÜRGENS 1999). Dabei ist sicher nicht allein der Verlust an Lebensraum in der offenen Kulturlandschaft der treibende Faktor. Eine ebenso große Rolle dürfte die Attraktivität des städtischen Lebensraumes spielen, der beiden Arten vergleichsweise günstige Lebensbedingungen bietet. Das Nahrungsangebot ist dort größer und der Feinddruck zumeist geringer als im Umland. In den meisten Fällen bietet der städtische Lebensraum auch günstige Möglichkeiten für die Aufzucht des Nachwuchses. Zudem gilt in Siedlungen ein allgemeines Jagdverbot. Inzwischen scheinen aber auch die Fressfeinde auf diese Veränderungen zu reagieren. So wird beispielsweise aus Köln berichtet, dass dort die Beute der "Stadt-Habichte" inzwischen zu 25 % bis 40 % aus Elstern besteht. Hinzu kommen die dort in großer Zahl lebenden verwilderten Haustauben, Türkentauben, Ringeltauben, Drosseln, Amseln, Stare und Kaninchen. Der Bruterfolg und die Zahl der ausgeflogenen Junghabichte ist im Grüngürtel der Stadt höher als im Landesdurchschnitt von Nordrhein-Westfalen (MARTIN 1998). Welchen und wie vielen Arten es gelingen wird, sich in diesen sich fortlaufend mehr oder weniger stark verändernden Strukturen einzunischen, und welche Folgen das für die ökologischen Verhältnisse haben wird, lässt sich, wie der künftige Verlauf der Evolution, nicht voraussagen. Dies dürfte erst recht bei globaler Betrachtung des Problemfeldes gelten.

Schließlich wird die Sicherung der Existenzgrundlagen des Menschen (sauberes Wasser und saubere Luft sowie nicht kontaminierte und tragfähige Böden, möglichst wenig belastete Nahrungsmittel) das oberste Ziel sein, dem sich alle Maßnahmen unterzuordnen haben. In so dicht besiedelten und intensiv genutzten Räumen wie beispielsweise Mitteleuropa müsste zum Beispiel der Erhaltung und Verbesserung der Wohlfahrtsfunktionen der Wälder erste Priorität zukommen.

Die zwingende Notwendigkeit der Anpassung der Schalenwildbestände an die damit vereinbare Populationsdichte wurde schon mehrfach angesprochen. Das Problem dabei ist nach wie vor, diese festzulegen – unter Abwägung aller lokalen Gegebenheiten und der dadurch bedingten "natürlichen" Schwankungen (Kapitel 2.3.2.4).

Nicht minder wichtig ist die Erhaltung tragfähiger Böden und ihrer Filterwirkung hinsichtlich der Wasserqualität. Hier sind es dann vor allem die die Stoffumsätze in starkem Maße beeinflussenden Bodenbiozönosen, die pfleglicher Behandlung bedürfen. Obwohl ihre Wirkung in den Ökosystemen von fundamentaler Bedeutung ist, spielen sie im Naturschutz kaum eine Rolle. Gelegentlich gewinnt man den Eindruck, dass Naturschutz eine "oberirdische" Aktivität ist und sich vorrangig auf Arten konzentriert, die dem Menschen mehr oder weniger sympathisch und/oder vergleichsweise selten beziehungsweise vom Aussterben bedroht sind. Wenn, wie man heute weiß, der Schutz von Arten nur durch den Schutz ihrer Habitate (Biotopschutz) erreicht werden kann, dann gilt dies insbesondere für den Lebensraum Boden. Im Gegensatz zu Luft und Wasser lässt er sich so gut wie gar nicht "säubern" (EHRNSBERGER 1993). Die weitgehende Vernachlässigung der für die Funktion der Ökosysteme so wichtigen Lebensgemeinschaften im Boden einerseits und andererseits die heftigen Bemühungen, die Erschließung eines Gewerbegebietes im deutsch-niederländischen Grenzgebiet zu verhindern, um ein vermutetes Vorkommen von Feldhamstern schützen (DER SPIEGEL 32, 1998; WESTFÄLISCHE NACHRICHTEN vom 11. 10. 2001 und 06. 02. 2002), wie auch die Bestrebungen nach "hamstergerechter" Flächennutzung auf dem Baugelände des Zentrums für molekulare Biowissenschaften der Universität Göttingen (HUNGER 1999), machen deutlich, dass das Verständnis für ökosystemare Zusammenhänge größtenteils noch nicht so entwickelt ist, wie es die auf die Gesellschaft zukommenden Aufgaben erfordern. Dasselbe gilt für die vehemente Forderung bestimmter Gruppen nach effektiver Bekämpfung scheinbar "übermäßig" häufiger Beutegreifer.

Realistisch betrachtet würde aber wohl auch ein durch Erziehung und Ausbildung vertieftes ökologisches Verständnis kaum verhindern, dass weiterhin die in irgendeiner Weise auf die Landschaft Einfluss nehmenden Gruppen ihre Vorstellungen und Maßnahmenkonzepte auf politischer Ebene durchsetzen, wobei sie, sofern es ins Konzept passt, durchaus auch ökologische Argumente als Vehikel benutzen. Vielfach entpuppen sich diese aber auch als "pseudoökologische" Behauptungen, die sich aus der Ökologie gar nicht begründen lassen, wie beispielsweise die Forderung nach der Erhaltung eines wie auch immer gearteten "ökologischen Gleichgewichtes".

Auf der anderen Seite macht ein sich allein nach ökosystemaren Aspekten richtender Naturschutz und Umgang mit den Tieren als Bestandteil der Ökosysteme wenig Sinn, wenn die Maßnahmen nicht mit den auf die Lebensräume gerichteten Nutzungsansprüchen abgestimmt werden. Sendungsbewusste "Umweltverbesserer" übersehen dies leicht. Letztlich sind die langfristigen Konsequenzen auch jeder naturschützerischen Maßnahme nicht absehbar, und immer wieder werden "neue Flicken auf alte" gesetzt werden müssen – denn, wie schon der Philosoph Immanuel Kant (1724 – 1804) feststellte,

"Unsere Entscheidung reicht weiter als unsere Kenntnis".

5 Literaturverzeichnis

ABATUROV, B. D. (1972): The role of burrowing animals in the transport of mineral substances in the soil. – Pedobiologia 12: 261-266

ABBADIE, L. und LEPAGE, M. (1989): The role of subterranean fungus comb chambers (Isoptera, Macrotermitinae) in soil nitrogen cycling in a preforest savanna (Côte d'Ivoire). – Soil Biol. Biochem. 21 (8): 1067-1071

ABBOT, H. G. und QUINCK, T. T. (1970): Ecology of eastern white pine seed caches made by small forest mammals. – Ecol. 51: 271-278

ADAMS, J. (1980): High sediment yields from major rivers of western Southern Alps, New Zealand. – Nature 287: 88-89

ADAMSON, D. A. und FOX, M. D. (1982): Change in Australasian vegetation since European settlement. – In: A history of Australasian vegetation (SMITH, M. B., Hrsg.): 109-160, Sydney

AGUIRRE, A. A. und STARKEY, E. E. (1994): Wildlife disease in U. S. national parks: Historical and coevolutionary perspectives. – Conserv. Biol. 8 (3): 654-661

AHTI, T. (1977): Lichens of the boreal coniferous zone. – In: Lichen ecology (SEAWARD, M. R. D., Hrsg.): 145-181, London

AKADEMIE FÜR NATURSCHUTZ UND LANDSCHAFTSPFLEGE (ANL) (Hrsg.) (1981): Empfehlungen für die Wiedereinbürgerung gefährdeter Tiere (verabschiedet durch das ANL/BFANL-Kolloquium in Augsburg am 9. Dezember 1981): 113-114

AKKERMANN, R. (1975): Untersuchungen zur Ökologie und Populationsdynamik des Bisams (Ondatra zibethicus L.). II. Nahrung und Nahrungsaufnahme. – Z. Angew. Zool. 62: 173-218

ALBON, S. D., GUINESS, F. E. und CLUTTON-BROCK, T. H. (1983): The influence of climatic variation on the birth weights of red deer (Cervus elaphus). – J. Zool. 200: 295-298

ALBON, S. D., MITCHELL, B. und STAINES, B. W. (1983): Fertility and body-weight in female red deer: a density dependent relationship. – J. Animal Ecol. 52: 969-980

ALCORN, S. M., MCGREGOR, S. E., BUTLER, G. D. und KURTZ, E. B. (1959): Pollination requirements of the Saguaro (Carnegia gigantea). – Cactus and Succulent J. Cactus and Succulent Soc. America 31: 39-41, Santa Barbara

ALCORN, S. M., MCGREGOR, S. E. und OLIN, G. (1961): Pollination of Saguaro cactus by dove, nectar-feeding bats, and honey bees. – Science 133: 1594-1595

ALCORN, S. E., MCGREGOR, S. E. und OLIN, G. (1962): Pollination requirements of the organpipe cactus. – Cactus and Succulent J. Cactus and Succulent Soc. America 34: 134-138, Santa Barbara

ALDOUS, S. E. und KREFTING, L. W. (1946): The present status of Isle Royale moose. – Transact. North Amer. Wildl. Conf. 11: 296-308

ALEXANDRE, D.-Y. (1978): Le role disseminateur des élephants en Forêt de Tai, Côte d'Ivoire. – La Terre et la Vie 32: 47-52

ALFARO, R. I., VAN SICKLE, G. A., THOMSON, A. J. und WEGWITZ, E. (1982): Tree mortality and radial growth losses caused by western spruce budworm in a Douglas-fir stand in British Columbia. – Canad. J. Forest Res. 12 (4): 780-787

ALLEN, D. L. (1974): Of fire, moose, and wolves. – Audubon 74 (1): 39-49

ALLEN, M. F. (1991): The ecology of mycorrhizae. – New York, Port Chester, Melbourne, Sydney

ALLEN, M. F. und GRISAFULLI, C. M. (1994): Recovery of mycorrhizal associations on Mount St. Helens. – In : Mount St. Helens: Biological research following the 1980 eruptions - An indexed bibliography and research abstracts (1980 - 1993), USDA For. Serv., Pacific Northwest Res. Stn. Gen. Tech. Rep. PNW-GTR 342

ALLEN, M. F. , MACMAHON, J. A. und ANDERSEN, D. C. (1984): Reestablishment of Endogonaceae on Mount St. Helens: survival of residuals. – Mycologia 76: 1031-1038

ALLEN, M. F. und MACMAHON, J. A. (1988): Direct VA mycorrhizal inauculation of colonizing plants by pocket gophers (Thomomys talpoides) on Mt. St. Helens. – Mycologia 80: 754-756

ALLEN, S. E., GRIMSHAW, H. M. und HOLDGATE, M. W. (1967): Factors affecting the availability of plant nutrients on an Antarctic island. – J. Ecol. 55: 381-396

ALLGÖVER, R. (1995): Stellungnahmen zu "Biber und Hochwasser". – Nat. und Landsch. 70 (4): 181

ALSCHNER, G. (1980): Klipp und klar 100 x (hundertmal) Tierwanderungen. – Mannheim Wien, Zürich

AMMAN, G. D. (1977): The role of mountain pine beetle in lodgepole pine ecosystems: impact on succession. – Proc. Life Sciences, The role of arthropods in forest ecosystems: 3-18, New York, Heidelberg, Berlin

AMMERMANN, D. (1998): Zur Problematik von Wiedereinbürgerungen am Beispiel der Birkhuhnprojekte in Oberschwaben. – Nat. und Landsch. 12: 519-522

ANDERSEN, A. N. (1987): Effects of seed predation by ants on seedling densities at a woodland site in SE Australia. – Oikos 48: 171-174

ANDERSEN, A. N. (1991): Seed harvesting by ants in Australia. – In: Ant-plant interactions (HUXLEY, C. R. und CITLER, D. F., Hrsg.): 521-535, Oxford

ANDERSEN, D. C. (1982): Observations on Thomomys talpoides in the region affected by the eruption of Mount St. Helens. – J. Mammalogy 63: 652-655

ANDERSEN, D. C. (1987): Below-ground herbivory in natural communities: a review emphazising fossorial mammals. – The Quarterly Review of Biology 62 (3): 261-286

ANDERSEN, D. C. und MACMAHON, J. A. (1981): Population dynamics and bioenergetics of a fossorial herbivore, Thomomys talpoides (Rodentia: Geomyidae), in a spruce-fir sere. – Ecol. Monographs 51 (2): 1979-202

ANDERSEN, D. C. und MACMAHON, J. A. (1985): Plant succession following the Mount St. Helens volcanic eruption by a burrowing rodent, Thomomys talpoides. – The Amer. Midland Naturalist 114 (1): 62-69

ANDERSON, J. M. und COE, M. J. (1974): Decomposition of elephant dung in an arid tropical environment. – Oecologia 141: 11-125

ANDERSSON, M. und JONASSON, S. (1986): Rodent cycles in relation to food resources on an alpine heath. – Oikos 46: 93-106

ANDREEV, A. V. (1991): Winter habitat segregation in sexually dimorphgic Black-billed Capercaillie Tetrao urogalloides. – Ornis Scandinavica 22: 287-291

ANDREEV, V. N. (1954): Extension of arboreous plants into the tundra (Orig. Russisch). – Bot. J. Moskau (zit. in HUSTICH 1966)

ANDRÉN, H. (1992): Corvid density and nest predation in relation to forest fragmentation: a landscape perspective. – Ecol. 73: 794-804

ANDRÉN, H. (1995): Effects of landscape composition on predation rates at habitat edges. – In: Mosaic landscapes and ecological processes (HANSSON, L., FAHRIG, L. und MERRIAM, G., Hrsg.): 225-255, London

ANGELSTAM, P. (1992): Conservation of communities – the importance of edges, surroundings and landscape mosaic structure. – In: Ecological principles of nature conservation (HANSSON, L., Hrsg.): 9-70, London

ANL (2000): Kommen Elche, Wölfe und Bären wieder nach Bayern? – Natursch. Landschaftspl. 32 (2-3): 85-86

ANUNSEN, C. S. und ANUNSEN, R. (1993): Response to Scheffer. – Conserv. Biol. 7: 954-957

APPLE, L. L., SMITH, B. H., DUNDER, J. D. und BAKER, B. W. (1984): The use of beavers for riparian/aquatic habitat restoration of cold desert, gully-cut stream systems in southwestern Wyoming. – Proc. 18th Ann. Meeting Amer. Fisheries Soc./Wildl. Soc., February 8-10, 1984, Logan, Utah: 123-310

ARCESE, P., HANDO, J. und CAMPBELL, K. (1995): Historical and present-day-anti-poaching efforts in Serengeti. – In: Serengeti II (SINCLAIR, A. R. E. und ARCESE, P., Hrsg.): 506-533, Chicago, London

ARCHER, S. und DETLING, J. K. (1986): Evaluation of potential herbivore mediation of plant water status in a North American mixed-grass prairie. – Oikos 47: 287-291

ARNBORG, T. (1955): Skador pa tallplantor inom ett starkt renbetat omrade i Hede socken. – Norrl. skogsförbunds tidskr. 4

ARNER, D. H. (o. J.): Research and a practical approach need in management of beaver and beaver habitat in the southern United States. – Hektogr. Manuskript

ARNER, D. H. (1963): Production of duck food in beaver ponds. – J. Wildl. Management 27: 78-81

ARNER, D. H., BAKER, D. W. und HERRING, B. (1969): An inventory and study of beaver impounded water in Mississippi. – Proc. 23. Annual Conf. Southeastern Ass. of Game and Fish Commissioners: 110-128

ARSHAD, M. A. (1982): Influence of the termite Macrotermes michaelseni (Sjöst) on soil fertility and vegetation in a semi-arid savannah ecosystem. – Agro-Ecosystems 8: 47-58

ARZDORF, W. (1990): Stand, Möglichkeiten und Grenzen von Zucht und Auswilderung bedrohter Tierarten als Beitrag zum Artenschutz. – Gefördertes Forschungs- und Entwicklungsvorhaben des Bundesministeriums für Umwelt, Naturschutz und Reaktorsicherheit (ZOOLOGISCHER GARTEN KÖLN, Hrsg.), Köln

ASH, A. J. und MCIVOR, J. G. (1998): How season of grazing and herbivore selectivity influence monsoon tall-grass communities of northern Australia. – J. Veg. Sci. 9: 123-132

ASHBY, K. (1967): Studies on the ecology of field mice and voles (Apodemus sylvaticus, Clethrionomys glareolus and Microtus agrestis) in Houghall Wood, Durham. – J. Zool. 152: 389-513

ASHTON, D. H. (1979): Seed harvesting by ants in forests of E. regnans F. Muell., in central Victoria. – Austral. J. Ecol. 4: 265-277

ASPINALL, J. C. (1977): The opossum threat. – Review, J. Tussock Grasslands & Mountain Lands Institute 34: 47-50

ASTON, B. C. (1909): The soils and soil-formers of the subantarctic islands. – In: Subantarctic islands of New Zealand (CHILTON, C., Hrsg.): 745-777, Wellington

ATKINSON, I. (1985): The spread of commensal species of Rattus to oceanic islands and their effects on island avifaunas. – In: Conservation of island birds: case studies for the Management of threatened island birds (MOORS, P. J., Hrsg.), ICBP Techn. Publ. 3: 35-81, Cambridge

ATKINSON, I. (1989): Introduced animals and extinctions. – In: Conservation for the twenty-first century (WESTERN, D. und PEARL, M. C., Hrsg.): 54-75, New York

ATKINSON, I. und MOLLER, H. (1990): Kiore. – In: The handbook of New Zealand mammals (KING, C., Hrsg.): 175-192, Melbourne, Oxford, New York

AUER, C. (1947): Untersuchungen über die natürliche Verjüngung der Lärche im Arven-Lärchenwald des Oberengadins. – Mitt. Schweiz. Anst. forstl. Versuchsw. 25: 7-140

AUER, C. (1961): Ergebnisse zwölfjähriger quantitativer Untersuchungen der Populationsbewegungen des Grauen Lärchenwicklers Zeiraphera griseana Hübner (=diniana Guené) im Oberengadin (1949/60). – Mitt. Schweiz. Anst. forstl. Versuchsw. 37 (3): 174-263

AUER, C. (1975): Ziel und Stand der Forschungen über den grauen Lärchenwickler (LW) 1949-1974. – Bündnerwald 28 (1): 7-32

AUGUSTINE, D. J. und McNAUGHTON, S. J. (1998): Ungulate effects on the functional species composition of plant communities: herbivore selectivity and plant tolerance. – J. Wildl. Management 62 (4): 1165-1183

AULITZKY, H. (1968): Die Lufttemperaturverhältnisse einer zentralalpinen Hanglage. – Arch. Met. Geophys. Biokl., Ser. B, 16: 18-69

AUSTIN, O. L. (1963): Die Vögel der Welt. – München, Zürich

BACHMANN, P. (1971): Der Eichhörnchenschaden des Jahres 1969 im Kanton Bern. – Bünderwald 24 (3): 97-98

BAKER, B. H. und KEMPERMAN, J. A. (1974): Spruce beetle effects on a white spruce stand in Alaska. – J. Forestry 72: 423-425

BAKKE, A. (1969): Extremely low supercooling point in eggs of Zeiraphera diniana (Guenee) (Lepidoptera: Tortricidae). – Norsk entomol. Tidsskr. 16: 81-83

BAKKER, J. P., DE LEEUW, J. und VAN WIEREN, S. E. (1983): Micro-patterns in grassland vegetation created and sustained by sheep-grazing. – Vegetatio 55: 153-161

BALLING, R. C., MEYER, G. A. und WELLS, S. G. (1992): Climate change in Yellowstone National Park: the drought-related risk of wildfire increasing? – Climatic Change 22: 35-45

BALODIS, M. (1992): Die Biber in Lettland. – In: Semiaquatische Säugetiere, Wiss. Beitr. Univ. Halle 1992: 121-129

BALTENSWEILER, W. (1962): Zur Historik der Massenvermehrung des Grauen Lärchenwicklers (Zeiraphera griseana Hübner; Lepidoptera, Tortricidae). – Verh. Schweiz. Naturf. Ges. 104: 121-122

BALTENSWEILER, W. (1964): Zeiraphera grisenana Hübner (Lepidoptera: Tortricidae) in the European Alps. A contribution to the problems of cycles. – The Canad. Entomologist 96 (5): 792-800

BALTENSWEILER, W. (1975): Zur Bedeutung des Grauen Lärchenwicklers (Zeiraphera diniana Gn.) für die Lebensgemeinschaft des Lärchen-Arvenwaldes. – Mitt. Schweiz. Entomol. Ges. 48 (1-2): 5-12

BALTENSWEILER, W., BENZ, G., BOVEY, P. und DELLUCCHI, V. (1977): Dynamics of larch-bud moth populations. – Ann. Rev. Entomol. 22: 79-100

BALTENSWEILER, W. und RUBLI, D. (1984): Forstliche Aspekte der Lärchenwickler-Massenvermehrungen im Oberengadin. – Mitt. Schweiz. Anst. forstl. Versuchsw. 60

BANNIKOV, A. G., ZHIRNOV, L. V., LEBEDEVA, L. S. und FANDEEV, A. A. (1967): Biology of the Saiga (aus dem Russischen übersetzt). – Jerusalem

BARNES, V. G. (1973): Pocket gophers and reforestation: a problem analysis. – Spec. Sci. Rep. Wildl. 155., USDI Fish and Wildlife Service, Denver Wildlife Res. Center, Forest Animal Damage Unit

BARNES, V. G. (1974): Response of pocket gopher populations to silvicultural practices in central Oregon. – Proceedings, symposium on wildlife and forest management in the Pacific Northwest 11. - 12. Sept. 1973, Corvallis, Oregon (BLACK, H. C., Hrsg.), 167-175, Oregon State University, School of Forestry

BARNES, W. J. und DIBBLE, E. (1988): The effect of beaver in riverbank forest sucession. – Canad. J. Bot. 66: 40-44

BARRETT, G. W. und PELES, J. D. (Hrsg.) (1999): Landscape ecology of small mammals. – New York

BARTOS, D. L., BROWN, J. K. und BOOTH, G. D. (1994): Twelve years biomass response in aspen communities following fire. – J. Range Management 47: 79-83

BASTIAN, O. und SCHREIBER, K.-F. (Hrsg.) (1994): Analyse und ökologische Bewertung der Landschaft. – Jena,, Stuttgart

BATCHELER, C. L. (1983): The possum and rata-kamahi dieback in New Zealand: A review. – Pacific Science 37 (4): 415-426

BATZLI, G. O. (1981): Populations and energetics of small mammals in the tundra ecosystem. In: Tundra ecosystems: a comparative analysis (BLISS, L. C., HEAL, O. W. und MOORE, J. J., Hrsg.). – The Internat. Biol. Progr. 25: 377-396, Cambridge

BATZLI, G. O. (1983): Responses of arctic rodent populations to nutritional factors. – Oikos 40: 396-406

BATZLI, G. O., WHITE, R. G., MACLEAN, S. F., PITELKA, F. A. und COLLIER, B. D. (1980): The herbivore-based trophic system. – In: An arctic ecosystem: The coastal tundra at Barrow, Alaska (BROWN, J., MILLER, P. C., TIESZEN, L. L. und BUNNELL, F. L., Hrsg.): 335-410, Stroudsburg

BÄUMLER, W. und HOHENADL, W. (1980): Über den Einfluß alpiner Kleinsäuger auf die Verjüngung in einem Bergmischwald der Chiemgauer Alpen. – Forstw. Cbl. 99: 207-221

BAUR, H. und HUNZIKER, M. (2001): Welche Rolle spielen die "Luchsadvokaten" im "Luchskonflikt"? Ergebnisse einer sozialwissenschaftlichen Pilotstudie. – Informationsbl. Forschungsbereich Landschaft 50: 4-6

BAUSCHMANN, G. (2000): Alte Wege, neue Chancen - die Transhumanz. – Natursch. Landschaftspfl. 32 (10): 315-316

BAYERISCHE AKADEMIE FÜR NATURSCHUTZ UND LANDSCHAFTSPFLEGE (Hrsg.) (2001): Störungsökologie. – Laufener Seminarbeitr. 1/01

BAX, N. und SHELDRICK, D. L. W. (1963): Some preliminary observations on the food of elephants in the Tsavo Royal National Park (east) of Kenya. – East Afr. Wildl. J. 1: 140-153

BAZELY, D. R. und JEFFERIES, R. L. (1985): Goose faeces: a source of nitrogen for plant growth in a grazed salt marsh. – J. Appl. Ecol. 22: 693-703

BEALS, E. W., COTTAM, G. und VOGL, R. J. (1960): Influence of deer on vegetation of the Apostle islands, Wisconsin. – J. Wildl. Management 24 (1): 68-80

BEARD, E. (1953): The importance of beaver in waterfowl management at the Seney National Wildlife Refuge. – J. Wildl. Management 17: 392-436

BECK, L. (1989): Lebensraum Buchenwaldboden 1. Bodenfauna und Streuabbau - eine Übersicht. – Verh. Ges. Ökol. 17: 47-54

BECKER, T. und GETZIN, S. (2000): The fairy cycles of Kaokoland (North-West Namibia) – origin, distribution and characteristics. – Basic and Applied Ecology 1: 149-159

BECKER, T. (2001): Die Feenkreise des Kaokolandes. – Naturwiss. Rundsch. 54 (8): 430-431

BEE, J. W. und HALL, E. R. (1956): Mammals of northern Alaska on the Arctic Slope. – Univ. Kansas Misc. Publ. Mus. Nat. Hist. 8

BEECHER, W. J. (1942): Nesting birds and the vegetative substrate. – Chicago Ornithol. Soc., Chicago

BEETLE, A. A. (1974): The zootic disclimax concept. – J. Range Management 27: 30-32

BEGALL, S. (1999): Verhaltensökologische und genetische Analysen der Sozial- und Populationsstruktur von Coruros (Spalacopus cyanus, Octodentidae, Rodentia) aus Chile. – Diss. Univ. Essen, Fachber. 9

BEGALL, S. und GALLARDO, M. H. (2000): Spalacopus cyanus (Rodentia: Octodontidae): an extremist in tunnel constructing and food storing among subterranean mammals. – J. Zool., London 251: 53-60

BEIER, P. und BARRETT, R. H. (1987): Beaver habitat use and impact in Truckee River Basin, California. – J. Wildl. Management 51: 794-789

BEINLICH, B., HAMPICKE, U., PLACHTER, H. und TAMPE, K. (1997): Erhaltung großflächiger Kalkmagerrasen und magerer Wirtschaftswiesen auf der Schwäbischen Alb. – Schriftenr. Landschaftspfl. Natursch. 54: 53-76

BELL, J. H. und WILLIAMS, J. M. (1981): Where are we with rabbit control? – Proc. 1981 Hill & Country Seminar, Lincoln College, Tussock Grasslands and Mountain Land Institute: 33-44

BELL, R. H. (1970): The use of the herb layer by grazing ungulates in the Serengeti. – In: Animal populations in relation to their food resources (WATSONS, A., Hrsg.): 111-124, London

BELLEBAUM, J. und NOTTEMEYER-LINDEN, K. (1998): Gibt es "Überpopulationen" von Elster, Rabenkrähe und Eichelhäher in Nordrhein-Westfalen? – LÖBF-Mitt. 1: 29-34

BELSKY, A. J. (1986): Does herbivory benefit plants? A review of the evidence. – The Amer. Midland Naturalist 127 (6): 879-892

BELSKY, A. J. (1989): Landscape pattern in a semi-arid ecosystem in East Africa. – J. Arid Env. 17: 265-270

BELSKY, A. J. (1992): Effects of grazing, competition, disturbance, and fire on species composition and diversity of grassland communities. – J. Veg. Sci. 3: 187-200

BELSKY, A. J. (1995): Spatial and temporal landscape pattern in arid and semi-arid African savannas. – In: Mosaic Landscapes and Ecological Processes (HANSSON, L., FAHRIG, L. und MERRIAM, G., Hrsg.): 31-56, London

BELSKY, A. J. und CANHAM, C. D. (1994): Forest gaps and isolated forest trees. – BioScience 44: 77-84

BEN-DAVID, M., BOWYER, R. T., DUFFY, L. K., ROBY, D. D. und SCHELL, D. M. (1998): Social behavior and ecosystem processes: River otter latrines and nutrient dynamics of terrestrial vegetation. – Ecol. 79 (7): 2567-2571

BENEDICT, F. C. (1936): The physiology of the elephant. – Carnegie Institution, Washington D. C.

BENNETT, A. F. (1999): Linkages in the landscape. The role of corridors and connectivity in wildlife conservation. – IUCN, Gland, Switzerland, Cambrige, UK

BEN-SHAHAR, R. (1995): Habitat classification in relation to movements and densities of ungulates in a semi-arid savanna. – Afr . J. Ecol. 33: 50-63

BENZ, G. (1974): Negative Rückkoppelung durch Raum- und Nahrungskonkurrenz sowie zyklische Veränderung der Nahrungsgrundlage als Regelprinzip in der Populationsdynamik des Grauen Lärchenwicklers, Zeiraphera diniana (Guenée) (Lep., Tortricidae). – Z. Angew. Entomol. 76: 196-228

BERG, E. und DEVOLDER, A. (2000): Spruce beetle outbreaks and climate change on the Kenai peninsula, Alaska. – Int. Conf. on Dendrochronol. For the Third Millenium, 2-7 April, 2000, Mendoza

BERG, R. Y. (1975): Myrmecochorous plants and their dispersal by ants. – Austral. J. Bot. 23: 475-508

BERGERUD, A. T. (1983): The natural population control of caribou. – In: Symposium on natural regulation of wildlife populations (BUNNEL, F. L., EASTMAN, D. S. und PEEK, J. M., Hrsg.), Univ. Idaho For. Wildl, and Range Exp. Stn.: 14-61

BERGERUD, A. T. (1989): Die Populationsdynamik von Räuber und Beute. – In: Chaos und Fraktale (JÜRGENS, H., Hrsg.), Spektr. d. Wiss.: 82-90

BERGERUD, A. T. und MANUEL, F. (1968): Moose damage to balsam fir-white birch forests in central Newfoundland. – J. Wildl. Management 32 (4): 729-746

BERGMANN, H.-H. (1999): Winterökologie arktischer Gänse in Deutschland. – NNA Berichte 12 (3): 105-112

BERGSTROM, D. (1985): Beavers. Biologists "rediscover" a natural resource. – USDA For. Serv., Forestry Res. West, October 1985: 1-5

BERGSTRÖM, R. und HJELJORD, O. (1987): Moose and vegetation interactions in northwestern Europe and Poland. – Swed. Wildl. Res., Suppl. 1: 213-228

BERNHARDT, K.-G. und SCHRÖPFER, R. (1992): Einfluß des Bisams auf die Vegetation. Untersuchungen im Ersatzbiotop Geeste im Emsland. – Natursch. und Landschaftspfl. 1

BERNHART, A. (1988): Waldentwicklung, Verjüngung und Wildverbiß im oberbayerischen Bergwald. – Schweiz. Z. Forstwesen 139 (6); 463-484

BERNHART, A. (1990): Entwicklung der Bestockung im Bergwald Oberbayerns seit 1860. – In: Zustand und Gefährdung des Bergwaldes (SCHUSTER, E., Hrsg.), Forstwiss. Forschungen 40, Beih. Forstw. Cbl.: 19-29

BEUTLER, A. (1992): Die Großtierfauna Mitteleuropas und ihr Einfluß auf die Landschaft. –Landschaftsökologie Weihenstephan 6: 49-69

BEUTLER, A. (1996): Die Großtierfauna Mitteleuropas und ihr Einfluß auf die Landschaft. – In: Wo lebten Pflanzen und Tiere in der Naturlandschaft und der frühen Kulturlandschaft Europas ? (GERKEN, B. und MEYER, C., Hrsg.), Natur- und Kulturlandschaft 1: 107-112

BEUTLER, A. (1997): Das Weidelandschaftsmodell: Versuch einer Rekonstruktion der natürlichen Landschaft. In: Vom Waldesinnensaum zur Hecke – Geschichte, Situation und Perspektiven eines Natur-Lebensraum-Gefüges (GERKEN, B. und MEYER, C., Jrsg.), Natur- und Kulturlandschaft 2: 194-196

BEUTLER, A. und SCHILLING, D. (1991): Säugetiere. – In: Arten- und Biotopschutz (KAULE, G., Hrsg.): 198-205, Stuttgart

BEYER, D. N. (1996): Ohne Waldelefanten kein Regenwald. Die segensreiche Wirkung der Urwaldriesen. – WWF Aktuell 10

BEZZEL, E. (1983): Amtlich bescheinigt - Habicht verhält sich unnatürlich. – In: Wir und die Vögel, Z. Umweltschutz 15, Jan./Febr. 1983: 33

BEZZEL, E. (1985): Kompendium der Vögel Mitteleuropas Bd.1, Nonpasseriformes. – Wiesbaden

BEZZOLA, D. (1989): Zur Verjüngung und Sprossbildung der Arve unter dem Einfluss des Lärchenwicklers. – Schweiz. Z. Forstwesen 140: 305-312

BIBIKOW, D. I. (1988): Der Wolf: Canis lupus. – Die Neue Brehmbücherei 587, Wittenberg Lutherstadt

BIBIKOW, D. I. (1996): Die Murmeltiere der Welt (2. Aufl.). – Die Neue Brehm-Bücherei 358, Magdeburg, Heidelberg

BILLINGS, W. D. (1970): Plants, man, and the ecosystem (2. Aufl.). – Fundamentals of Botany Series, Belmont, California

BISAZ, O. (1968): Das Lawinenverbauungs- und Aufforstungsprojekt " Munt da la Bês-cha (Schafberg) der Gemeinde Pontresina. – Bündnerwald 21 (5): 201-207

BISHOA MENEA, K. und BOLOY, N. (1995): Termitary soil and dried peanut straw as market-garden fertilisers in Yangambi (Zaire). – Cah. Agric. 4 (2): 125-128

BJERKE, S. (1957): Nogle traek af de sydskandinaviske louskoves udujkling gennem de sidste arhundreder. – Dansk Dendrol. Arssku. 4: 373-413

BLACK, H. I. J. und OKWAKOL, M. J. N. (1997): Agricultural intensification, soil biodiversity and agrosystem function in the tropics: the role of termites. – Appl. Soil Ecol. 6: 37-53

BLAKEMORE, L. C. und GIBBS, H. S. (1968): Effects of gannets on soil at Cape Kidnappers, Hawke's Bay. – N. Z. J. Sci. 11: 54-62

BLANKE, D. (1998): Biber in Niedersachsen. – Inform. Natursch. Niedersachs. 18 (2): 29-35

BLISS, L. C. (1986): Arctic ecosystems: Their structure, function and herbivore carrying capacity. – In: Grazing research at northern latitudes (GUDMUNDSSON, O., Hrsg.): 5-25, New York

BLOCH, J.-M. (2000): Wiederansiedlung mit Folgen. – Die Pirsch 12: 12-14

BLUMENBERG, D. (1986): Telemetrische und endoskopische Untersuchungen zur Soziologie, zur Aktivität und zum Massenwechsel der Feldmaus, Microtus arvalis (Pall.). – Z. angew. Zool. 73: 301-344

BLUMER, P. und DIEMER, M. (1996): The occurrence and consequences of grasshoppers herbivory in an alpine grassland, Swiss Central Alps. – Arctic and Alpine Res. 28 (4): 435-440

BLÜTHGEN, J. (1942): Die polare Baumgrenze in Lappland. – Veröff. Dtsch. Wiss. Inst. Kopenhagen, Reihe 1: Arktis (10)

BLYTH, C., CAMPBELL, C., CAMPBELL, I und MCANDREW, J. (1994): Bison extirpation may have caused aspen expansion in western Canada. – Ecography 17: 360-362

BLYTH, C. B. und HUDSON, R. J. (1987): A plan for management of vegetation and ungulates, Elk Island National Park. – Canadian Parks Serv., Elk Island National Park, Alberta

BOBAK, A. W. (1961): Wiedereinbürgerungsversuche mit Bibern in alter und neuer Zeit. – Nat. und Landsch. 36 (7): 130-132

BODENMANN, A. und EIBERLE, K. (1967): Über die Auswirkungen des Verbisses der Gemse im Aletschwald. – Schweiz. Z. Forstwesen 7: 461-470

BOKDAM, J. und GLEICHMAN, M.(2000): Effects of grazing by free-ranging cattle on vegetation dynamics in a continental north-west European heathland. – J. Appl. Ecol. 37: 415-431

BOMFORD, M. (1990): A role for fertility control in wildlife management. – Bureau of Rural Resources Bull. 7, Canberra

BONNER, W. N. (1985): Impact of fur seals on the terrestrial environment at South Georgia. – In: Antarctic Nutrient Cycles and Food Webs (SIEGFRIED W. R., CONDY, P. R. und LAWS, R. M., Hrsg.): 641-646, Berlin, Heidelberg

BORNEMISSZA, G. F. (1976): The Australian dung beetle project 1965-1975. – Austr. Meat Res. Comm. Rev. 30: 1-30

BOSSEMA, I. (1979): Jays and oaks: an eco-ethological study of a symbiosis. – Behaviour 70: 11-117

BOTKIN, D. B. , MELLILO, J. M. und WU, L. S.-Y. (1981): How ecosystem processes are linked to large mammal population dynamics. – In: Dynamics of large mammal populations (FOWLER, C.-W. und SMITH, T. D., Hrsg.): 373-387, New York

BOTT, G. (1995): Wirtschaftliche Bedeutung der Arve im Oberengadin. – Bündnerwald 6: 56-60

BOUCHER, D. H. (1981): Seed predation by mammals and forest dominance by Quercus oleoides in a tropical lowland. – Oecologia 49: 409-414

BOUSFIELD, W. und CHASE, A. (1982): Progress report on spruce budworm damage in the Wall Creek Area, Beaverhead National Park. – USDA For. Serv., Forest Insect and Disease Management, State and Private Forestry, Northern Region, Rep. 82-12

BOWMAN, W. D., THEODOSE, T. A., SCHARDT, J. C. und CONANT, R. T. (1993): Constraints of nutrient availability on primary production in two alpine tundra communities. – Ecol. 74 (1): 2085-2097

BOWYER, J. W. und BOWYER, R. T. (1997): Effects of previous browsing on the selection of willow stems by Alaskan moose. – Alces 33: 11-18

BOWYER, R. T., VAN BALLENBERGHE, V. und KIE, J. G. (1997): The role of moose in landscape processes: effects of biogeography, population dynamics and predation. – In: Wildlife and landscape ecology. Effects of pattern and scale (BISONETTE, J. A., Hrsg.): 265-287, New York

BOYD, W. L., STALEY, J. T. und BOYD, J. W. (1966): Ecology of soil microorganisms of Antarctica. – In: Antarctic soils and soil forming processes, Antarct. Res. Ser. 8: 125-177

BOYE, P. (1996): Die Rolle von Säugetieren in mitteleuropäischen Ökosystemen. – Schriftenr. Landschaftspfl. Natursch. 46: 11-18

BOYER, P. (1975): Etude particulière des trois termitières de Bellicositermes et leur action sur les sols tropicaux. – Ann. Sciences Naturelles, Zoologie 17: 273-496

BOYER, W. D. (1964): Longleaf pine seed predators in southwest Alabama. – J. Forestry 62: 481-484

BRADSHAW, R. und MITCHELL, F. J. G. (1999): The paleoecological approach to reconstructing former grazing-vegetation interactions. – For. Ecol. Management 120: 3-12

BRANDER, T. (1951): Bidrag till kännedomen om bisamrattan (Ondatra z. zibethica L.) kägebobyggen. – Memoranda Soc. Fauna Flora Fenn. 26

BRÄNDLI, U.-B. (1995): Zur Verjüngungs- und Wildschadensituation im Gebirgswald der Schweiz. Regionale Ergebnisse des ersten Landesforstinventars (LFI), 1983/85. – Schweiz. Z. Forstwesen 146 (5): 355-378

BRANDNER, T. A., PETERSON, R. D. und RISENHOOVER, K. L. (1990): Balsam fir on Isle Royale: Effects of moose herbivory and population density. – Ecol. 71 (1): 155-164

BRATTON, S. P. (1975): The effect of European wild boar, sus scrofa, on green beech forest in Great Smoky Mountains. – Ecol. 56: 1356-1366

BRATTSEN, L. B. (1979): Biochemical defense mechanisms in herbivores against plant allelochemics. – In: Herbivores: Their interaction with secondary plant metabolites (ROSENTHALL, G. A. und JANZEN, D. H., Hrsg.): 199-270, New York

BRAUN, H. M. (1973): Primary production in the Serengeti: Purpose, methods and some results of the research. – Ann. Université d' Abidjan, Serie E (Écologie) 6 (2): 171-188

BREITENMOSER, U. (1998 a): Large predators in the Alps: The fall and rise of Man's competitors. – Biol. Conserv. 83 (3): 279-289

BREITENMOSER, U. (1998 b): Recent development of carnivore population in Switzerland and in adjacent countries. – KORA Bericht Nr. 3: 7-8

BREITENMOSER, U. (1998 c): Grundzüge eines alpenweiten Schutzkonzeptes für den Luchs. – Schriftenr. Landesjagdverb. Bayern e. V. 5: 7-10

BREWER, S. W. und REJMÁNEK, M. (1999): Small rodents as significant dispersers of tree seeds in a Neotropical forest. – J. Veg. Sci. 10: 165-174

BRIEDERMANN, L. (1990): Das Schwarzwild. – Berlin

BRINKMANN, R. (1998): Berücksichtigung faunistisch-tierökologischer Belange in der Landschaftsplanung. – Informationsdienst Natursch. Niedersachsen 18 (4): 57-128

BROLL, G., BRAUCKMANN, H.-J. und SCHREIBER, K.-F. (1996): Changes of soil ecological conditions due to long-term fallow, Bernau. – 9th ISCO Conference, Bonn, Excursion Guide Post-Conference Tour South: 100-103

BROLL, G. und KEPLIN, B. (1995): Ecological studies on urban lawns. – In: Urban ecology as the basis of urban planning (SUKOPP, H., NUMATA, M. und HUBER, A., Hrsg.): 71-82, Amsterdam

BROOKS, A. C. und BUSS, I. O. (1962): Past and present status of the elephant in Uganda. – J. Wildl. Management 26 (1): 38-50

BROWN, J. H. und HESKE, E. J. (1990): Control of a desert-grassland transition by a keystone rodent guild. – Science 250: 1705-1707

BROWN, K. P., INNES, J. G. und SHORTEN, R. M. (1993): Evidence that possums prey on and scavenge birds' eggs, birds, and mammals. – Notornis 40: 169-177

BROWN, L. (1972): The life of the African plains. – New York

BROWN, R. und MIKOLA, P. (1974): The influence of fruticose soil lichens upon the mycorrhizae and seedling growth of forest trees. – Acta Forest. Fenn. 141: 1-23

BRÜHNE, M., MOOIJ, J. H., SCHWÖPPE, M. und WILLE, V. (1999): Projekt zur Minderung von Gänsefraßschäden am Unteren Niederrhein in Nordrhein-Westfalen. – NNA Berichte 12 (3): 156-162

BRYANT, J. P. (1981): The regulation of snowshoe hare feeding behavior during winter by plant antiherbivory chemistry. – In Proceedings of the First International Lagomorph Conference (MEYERS, K. und MACINNES, C. D., Hrsg.): 720-731, Guelph, Ontario

BRYANT, J. P., CHAPIN III, F. S. und KLEIN, D. R. (1983): Carbon/nutrient balance of boreal plants in relation to herbivory. – Oikos 40: 357-368

BRYANT, J. P. und CHAPIN III, F. S. (1986): Browsing-woody plant interactions during boreal forest plant succession. – In: Forest ecosystems in the Alaskan taiga (VAN CLEVE, K., CHAPIN III, F. S., FLANAGAN, P. W. et al., Hrsg.): 213-225, New York

BRYANT, J. P., TAHVANAINEN, J., SULKINOJA. M., JUKKUNEN-TIITO, R., REICHART, P. und GREEN, T. (1989): Biogeographic evidence for the evolution of chemical defense by boreal birch and willow against mammalian browsing. – The Amer. Midland Naturalist 134 (1): 20-34

BRYANT, J. P., WIELAND, G. D., CLAUSEN, T. und KUROPAT, P. (1985): Interactions of snowshoe hare and feltleaf willow in Alaska. – Ecol. 66: 1564-1573

BUCKNER, D. L. (1977): Ribbon forest development and maintenance in the Central Rocky Mountains of Colorado. – Diss. Univ. Colorado, Boulder

BUECHNER, H. K. (1942): Interrelationships between the pocket gopher and land use. - J. Mammalogy 23 (3): 346-348

BUECHNER, H. K. und DAWKINS, H. C. (1961): Vegetation change induced by elephants and fire in Murchison Falls National Park, Uganda. – Ecol. 42 (4): 752-766

BUND (BUND FÜR UMWELT UND NATURSCHUTZ DEUTSCHLAND) (1992): Der BUND bringt Biber wieder auf den Damm. – BUNDruf 1, Februar

BUNZEL-DRÜKE, M. (1997): Großherbivore und Naturlandschaft. – Schriftenr. Landschaftspfl. Natursch. 54: 109-128

BUNZEL-DRÜKE, M., DRÜKE, J. und VIERHAUS, H. (1994): Quaternary Park, Überlegungen zu Wald, Mensch und Megafauna. – ABU Info 17/18 (1): 4-38

BURCKHARDT, D. (1958): Vom Vorratsanlegen des Tannenhäher. – Bündnerwald 11: 102-144

BURGER, A. E., LINDEBOOM, H. J. und WILLIAMS; A. J. (1978): The mineral and energy contributions of guano of selected species of birds to the Marion Island terrestrial ecosystem. – S. Afr. J. Antarct. Res. 8: 59-70

BURGER, J. (1987): A mountainous appetite: Olympic searches for the best way to rid the park of exotic moutain goats. – National Parks 61 (1): 28-31

BURNS, S. F. (1979): The northern pocket gopher (Thomomys talpoides). A major geomorphic agent on the alpine tundra. – J. Colorado-Wyoming Acad. Sciences 27: 395-410

BURNS, S, F. (1980): Alpine soil distribution and development, Indian Peaks, Colorado Front Range. – Diss. Univ. Colorado, Boulder

BURNS, S. F. und TONKIN, P. J. (1982): Soil-geomorphic models and the spatial distribution and development of alpine soils. – In Space and time in geomorphology (THORN, C. E., Hrsg.): 25-43, London

BURRICHTER, E., POTT, R., RAUS T. und WITTIG, R. (1980): Die Hudelandschaft "Borkener Paradies" im Emstal bei Meppen. – Abh. Landesmus. Naturk. 42 (4): 1-69

BURTON, R. L., STARKS, K. J. und PETERS, D. C. (1980): The army cutworm. – Bull. B-749, Agricult. Exp. Stat., Div. Agricult., Oklahoma State Univ.

BURSCHEL, P., BINDER, F., EL KATEB, H. und MOSANDL, R. (1990): Erkenntnisse zur Walderneuerung in den Bayerischen Alpen. – Beih. Forstw. Centrabl. 40: 40-49

BUSS, I. O. (1961): Some observations on food habits and behavior of the African elephant. – J. Wildl. Management 25 (2): 131-148

BUSSMANN, R. W. (1994): The forest of Mount Kenya (Kenya), vegetation, ecology, destruction and management of a tropical mounain forest ecosystem. – Diss. Univ. Bayreuth, Fak. Biol., Chem., Geowiss., Bayreuth

BUTLER, D.R. (1992): The grizzly bear as an erosional agent in mountainous terrain. – Z. Geomorphol., N. F. 36 (2): 179-189

BUTLER, D. R. (1993): The impact of mountain goat migration on unconsolidated slopes in Glacier National Park, Montana. – Geogr. Bull. 35: 98-106

BUTLER, D. R. (1995): Zoogeomorphology. Animals as geomorphic agents. – Cambridge Univ. Press

BUTLER, D. R. und MALANSON, G. P. (1994): Canadian landform examples, Beaver landforms. – Canad. Geogr. 38: 76-79

BUTLER, J. H. A. und BUCKERFIELD, J. C. (1979): Digestion of lignin by termites. – Soil. Biol. Biochem. 11: 507-513

BUXTON, R. D. (1981): Termites and the turnover of dead wood in an arid tropical environment. – Oecologia: 379-384

BYLUND, H. (1995): Long-term interactions between the autumnal moth and mountain birch: the role of resources, competitors, natural enemies, and weather. – Diss. Swedish Univ. Agricult. Sciences, Uppsala

BYLUND, H. (1997): Stand age-structure influence in a low population peak of Epirrita autumnata. – Ecography 20: 319-326

BYLUND, H. (1999): Climate and the population dynamics of two insect outbreak species in the north. – Ecol. Bulletins 47: 54-62

CALAHANE, V. H. (1939): The evolution of predator control policy in National Parks. – J. Wildl. Management 3 (3): 229-237

CALVOPINA, L. (1985): The impact and eradication of feral goats on the Galapagos Islands. – In: Conservation of island birds: case studies for the management of threatened island birds (MOORS, P. J., Hrsg.), ICBP Techn. Publ. 3: 157-158, Cambridge

CAMBEFORT, Y. (1991): Dung beetles in tropical savannas. – In: Dung beetle ecology (HANSKI, I. und CAMBEFORT, Y., Hrsg.): 156-178, Princeton

CAMBEFORT, Y. und HANSKI, I. (1991): Dung beetle population biology. – In Dung beetle ecology (HANSKI, I. und CAMBEFORT, Y., Hrs.): 36-50, Princeton

CAMPBELL, C., CAMPBELL, I. D., BLYTH, Ch. B. und MCANDREWS, H. H. (1994): Bison extirpation may have caused aspen expansion in western Canada. – Ecography 17 (4): 360-362

CAMPBELL, I. B. und CLAIRIDGE, G. G. C. (1966): A sequence of soils from a penguin rookery, Inexpressible Island, Antarctica. – N. Z. J. Sci. 9: 361-372

CAMPBELL, K. und BORNER, M. (1995): Population trends and distribution of Serengeti herbivores: Implications for management. – In: Serengeti II (SINCLAIR, A. R. E. und ARCESE, P., Hrsg.): 117-145, Chicago und London.

CAMPBELL, K. und HOFER, H. (1995): People and wildlife: Spatial dynamics and zones of interaction. – In: Serengeti II (SINCLAIR, A. R. E. und ARCESE, P., Hrsg.): 534-570, Chicago und London

CAMPELL, E. (1944): Der Wald des Oberengadins im Wandel der Zeiten. – Festschr. 124. Jahresvers. Schweiz. Naturf. Ges.: 93-112

CAMPELL, E. (1950): Der Tannen- oder Nußhäher und die Arvenverbreitung. – Bündnerwald 4 (1): 3-7

CAMPELL, E. (1958): Steinwild im Engadin. – Bündnerwald 11: 287-294

CANALS, R.-M. und SEBASTIA, M.-T. (2000): Soil nutrient fluxes and vegetation changes on molehills. – J. Veg. Sci. 11: 23-30

CARBYN, L. N. (1993): Introduction - Wolves in Canada and Alaska. – Canad. Wildl. Serv. Rep. Ser. 45: 6-8

CAREY, A. B., KERSHNER, J., BISWELL, B. und DOMINGUEZ DE TOLEDO, L. (1999): Ecological scale and forest development: Squirrels, dietary fungi, and vascular plants in managed and unmanaged forests. – Wildl. Monographs 142: 1-71

CARGILL, S. M. und JEFFERIES, R. L. (1984): The effects of grazing by lesser snow geese on the vegetation of a sub-arctic salt marsh. – J. Appl. Ecol. 21: 669-686

CARL, E. A. (1971): Population control in arctic ground squirrels. – Ecol. 52: 395-413

CARLSON, D. C. und WHITE, E. M. (1987): Effect of prairie dogs on mound soils. – Soil Sci.Soc.Amer.J. 51: 389-393

CAROLIN, V. M. (1987): Life history and behaviour. In: Western spruce budworm (BROOKES, M. H., CAMPBELL, R. W., COLBERT, J. J., MITCHELL, R. G. und STARK, R. W., Hrsg.). – USDA For. Serv., Cooperative State Res. Service, Tech. Bull. 1694: 29-42

CAROLIN, V. M., POWELL, J. A., DATERMAN, G. E. und STOCK, M. W. (1987): Budworm taxonomy. In: Western spruce budworm (BROOKES, M. H., CAMPBELL, R. W., COLBERT, J. J., MITCHELL, R. G. und STARK, R. W., Hrsg.). – USDA For. Serv., Cooperative State Res. Service, Tech. Bull. 1694: 19-28

CATT, D. (1975): Growth, reproduction and mortality in Bennett's Walleby (Macropus rufogriseus fruticus) in South Canterbury, New Zealand. M. Sc. Thesis, Dept. Zool., Univ. Canterbury (zit. in GRAHAM 1977)

CAUGHLEY, G. (1970): Eruption of ungulate populations, with emphasis on Himalayan Thar in New Zealand. – Ecol. 51 (1): 53-72

CAUGHLEY, G. (1976 a): The elephant problem - an alternative hypothesis. – East Afr. Wildl. J. 14: 265-283

CAUGHLEY, G. (1976 b): Management and the dynamics of ungulate populations. – In: Applied biology (COAKER, T. H., Hrsg.): 183-246

CAUGHLEY, G. (1983): Dynamics of large mammals and their relevance to culling. – In: Management of large mammals in African conservation areas (OWEN-SMITH, N., Hrsg.): 115-126

CAUGHLEY, G., GRIGG, G. C. und SMITH, L. (1985): The effect of drought on kangaroo populations. – J. Wildl. Management 49: 679-685

CHADDE, S. W. und KAY, C. E. (1996): Tall-willow communities on Yellowstone's northern range: a test of the "natural regeneration" paradigm. – In: Effects of grazing by wild ungulates in Yellowstone National Park (SINGER, F. J., Hrsg.). – Tech. Rep. NPS/NTYELL/NRTR/96-01: 165-183

CHALLIES, C. N. (1975): Feral pigs (Sus scrofa) on Auckland Island: status and effects on vegetation and nesting sea birds. – N. Z. J. Zool. 2 (4): 479-490

CHALLIES, C. N. (1985): Establishment, control and commercial exploitation of wild deer in New Zealand. – Biol. of Deer Production, Roy. Soc. N. Z., Bull 22: 23-36

CHAN, S., MAKSIMUK, A. V. und ZHIRNOV, L. V. (1995): From steppe to store: the trade in Saiga antelope horn. – TRAFFIC International, Cambridge, United Kingdom

CHAPIN III, F. S. (1980): The mineral nutrition of wild plants. – Ann. Rev. of Ecological Systems 11: 233-260

CHAPIN III, F. S., BARSDALE, R. J. und BARÉL, D. (1978): Phosphorus cycling in Alaskan coastal tundra. A hypothesis for the regulation of nutrient cycling. – Oikos 31: 189-199

CHAPMAN, J. A., ROMER, J. I. und STARK, J. (1955): Ladybird beetles and army cutworm adults as food of grizzly bears in Montana. – Ecol. 36: 156-158

CHAPMAN, L. J., CHAPMAN, C. A. und WRANGHAM, R. W. (1992): Balanites milsoniana: elephant dependent dispersal. – Trop. Ecol. 8: 275-283

CHARLES, W. N., McCOWAN, D. und EAST, K. (1977): Selection of upland swards by red deer (Cervus elaphus L.) on Rhum. – J. Appl. Ecol. 14: 55-64

CHASE, A. (1986): Playing God in Yellowstone: the destruction of America's first national park. – Boston

CHAVASSE, C. G. R. (1955): Mortality in rata/kamahi protection forest - Westland. – Unveröff. Bericht N. Z. For. Serv. (zit. in PAYTON 1987)

CHEW, R. M. (1978): The impact of small mammals on ecosystem structure and function. In: Populations of small mammals under natural conditions (SNYDER, D. P., Hrsg.), Symp. at Pymatuning Laboratory of Ecology, May 14-16, 1976 – Special Publ. Series Pymatuning Laboratory of Ecology, Univ. of Pittsburgh, Vol 5: 167-180

CHEW, R. M. (1994): Consumers as regulators of ecosystems: an alternative to energetics. – The Ohio J. Sci. 74: 359-370, Ohio Acad. Sci., Columbus

CHILDES, S. M. und WALKER, B. H. (1987): Ecology and dynamics of the woody vegetation on the Kalahari sands in Hwange National Park. – Vegetatio 72: 11-128

CHOQUENOT, D. (1991): Density-dependent growth, body condition, and demography in feral donkeys: testing the food hypothesis. – Ecol. 72: 805-813

CHOQUENOT, D., McILLROY, J. und KORN, T. (1996): Managing vertebrate pests: Feral pigs. – Austr. Government Publ. Serv., Canberra

CHOQUENOT, D., LUKINS, B. und CURRAN, G. (1997): Assessing lamb predation by feral pigs in Australia's semi-arid rangelands. – J. Appl. Ecol. 34: 1445-1454

CHRISMAN, A. B., BLAKE, G. M. und SHEARER, R. C. (1983): Effect of western spruce budworm on Douglas-fir cone production in western Montana. – USDA For. Serv., Intermountain Forest and Range Exp. Stn., Ogden, Utah, Res. Paper INT-308

CHRISTIANSEN, E. (1983): Fluctuations in some small rodent populations in Norway 1971-1979. – Holarctic Ecol. 6: 24-31

CHRISTIANSEN, F. B. und FENCHEL, T. M. (1977): Theories of populations in biological communities. – Ecol. Studies 20

CID, M. S., DETLING, J. K. und BRIZUELA, M. A. (1991): Vegetational response of a mixed-grass prairie site following exclusion of prairie dogs and bison. – J. Range Management 44: 100-105

CLANCY, K. M., WAGNER, M. R. und REICH, P. B. (1995): Ecophysiology and insect herbivory. – In: Ecophysiology in coniferous forests (SMITH, W. K. und HINCKLEY, T. M., Hrsg.): 125-180, San Diego und London

CLARK, A. H. (1956): The impact of exotic invasion on the remaining New World mid-latitude grasslands. – In: Man's role in changing the face of the earth (THOMAS, W. L., Hrsg.): 737-762, Chicago

CLARK, P. E., KRUEGER, W. C., BRYANT, L. D. und THOMAS, D. R. (2000): Livestock grazing effects on forage quality of elk winter range. – J. Range Management 53: 97-105

CLARKE, C. M. H. (1976): Eruption, deterioration and decline of the Nelson red deer herd. – N. Z. J. For. Sci. 5 (3): 235-249

CLARKE, C. M. H. (1978): How far do chamois range?. – What 's new in Forest Res. 69

CLARKE, C. M. H. (1990): Chamois. – In: The handbook of New Zealand mammals (KING, C. M., Hrsg.): 380-393, Melbourne, Oxford, New York

CLUTTON-BROCK, T. H., AJOR, M., ALBON, S. D. und GUINESS, F. E. (1987): Early development and population dynamics in red deer I: Density-dependent effects on juvenile survival. – J. Ecol. 56: 53-67

CLUTTON-BROCK, T. H., GUINESS, F. E. und ALBON, S. D. (1982): Red deer: behavior, and ecology of two sexes. – Chicago

COATON, W. G. H. (1958): The homotermid harvester termids of South Africa. Union of South Africa, Department of Agriculture, Division of Entomology, Science Bulletin 375, Entomology Series 43

COATON, W. G. H. (1962): The origin and development of massive vegetated termite hills in Northern Rhodesia. – Afr. Wildl. 16: 159-166

COATON, W. G. H. und SHEASBY, J. L. (1972): Preliminary report on a survey of the termites (Isoptera) of South West Africa. – Cimbebasia Memoir 2: 1-129

COBB, S. (1980): Tsavo, the first thirty years. – Swara 3: 12-15

COCKAYNE, L. (1926): Monograph on the New Zealand beech forests. – N. Z. State For. Serv. Bull. 4 (1)

COE, M. J. (1981): Large herbivores and food quality. – In: Nitrogen as an ecological factor (LEE, J. A., MCNEILL, S. und RORISON, I. H., Hrsg.): 345-368, Oxford

COE, M. J. und FOSTER, J. B. (1972): The mammals of the northern slopes of Mt. Kenya. – J. East Afr. Nat. Hist. Soc. and Nat. Mus. 131: 1-19

COE, M. J., CUMMING, D. H. und PHILLIPSON, J. (1976): Biomass and production of large African herbivores in relation to rainfall and primary production. – Oecologia 22: 341-354

COE, M. (1999): Introduction. – In: Mkomazi: the ecology, biodiversity and conservation of a Tanzanian savanna (COE, M., MCWILLIAM, N., STONE, G. und PACKER, M., Hrsg.): 5-13, London

COLE, G. C. (1971): An ecological rationale for the natural and artificial regulation of native ungulates in parks. – Transact. North Amer. Wildl. Conf. 36: 417-425

COLE, M. M. (1986): The savannas: biogeography and geobotany. – New York

COLE, W. E. und AMMAN, G. D. (1969): Mountain pine beetle infestations in relation to lodgepole pine diameters. – USDA For. Serv. Res. Note INT-95

COLEMAN, D. C., ANDREWS, R., ELLIS, J. E. und SINGH, J. S. (1976): Energy flow and partitioning in selected man-managed and natural ecosystems. – Agrosystems 3: 45-54

COLEMAN, J. D., GILLMAN, A. und GREEN, W. Q. (1980): Forest patterns and possum densities within podocarp/mixed hardwood forests on Mt. Bryan O'Lynn, Westland. – N. Z. J. Ecol. 3: 69-84

COLEMAN, J. D., GREEN, W. Q. und POLSON, J. G. (1985): Diet of brushtail possums over a pasture-alpine gradient in Westland, New Zealand. – N. Z. J. Ecol. 8: 21-35

COLEY, P. D., BRYANT, J. P. und CHAPIN III, F. S. (1985): Resource availability and plant antiherbivore defense. – Science 230 (4728): 895-899

COLLINS, N. M. (1977): The population ecology and energetics of Macrotermes bellicosus (Smeathman) Isoptera. – Diss. London

COLLINS, N. M. (1981 a): The role of termites in the decomposition of wood and leaf litter in the southern Guinea savanna of Nigeria. – Oecologia 51: 389-399

COLLINS, N. M. (1981 b): The utilization of nitrogen resources by termites (Isoptera). – In: Nitrogen as an ecological factor (LEE, J. A., MCNEILL, S. und RORISON, I. H., Hrsg.): 381-412, Oxford

301

COLLINS, N. M. und WOOD, T. G. (1984): Termites and atmospheric gas production. – Science 224: 84-85

COLLINS, S. L. und GLENN, S. M. (1988): Disturbance and community structure in North American prairies. – In: Diversity and pattern in plant communities (DURING, H. J., WERGER, M. J. A. und WILLEMS, J. A., Hrsg.): 131-143, The Hague

COLLINS, S. L. und STEINAUER, E. M. (1998): Disturbance, diversity and species interactions in tallgrass prairie. – In: Grassland dynamics (KNAPP, A. K., BRIGGS, J. M., HARTNER, D. C. und COLLINS, S. L., Hrsg.): 140-156, Oxford

CONTRERAS, L. C. und GUTIÉRREZ, J. R. (1991): Effects of subterranean herbivorous rodent Spalacopus cyanus in herbaceous vegetation in arid coastal Chile. – Oecologia (Berlin) 87: 106-109

COOKE, B. D. (1990): Notes on the comparative reproductive biology and the laboratory breeding of the rabbit flea Xenopsylla cunicularis Smit (Siphonatera: Pulicidae). – Austr. J. Zool. 38: 527-534

COPPOCK, D. L. und DETLING, J. K. (1986): Alteration of bison and black-tailed prairie dog grazing interaction by prescribed burning. – J. Wildl. Management 50: 452-455

COPPOCK, D. L., DETLING, J. K., ELLIS. J. E. und DYER, M. I. (1983 a): Plant-herbivore interactions in a North American mixed-grass prairie I. Effects of black-tailed prairie dogs on intraseasonal aboveground plant biomass and nutrient dynamics and plant diversity. – Oecologia 56: 1-9

COPPOCK, D. L., ELLIS, J. E., DETLING, J. K. und DYER, M. I. (1983 b): Plant herbivore interactions in a North American mixed-grass prairie II. Responses of bison to modification of vegetation by prairie dogs. – Oecologia 56: 10-15

CORBET, G. B. (1974): The distribution of mammals in historic times. – In: The changing flora and fauna of Britain (HAWKSWORTH, D. L., Hrsg.): 1979-202, London und New York

CORBETT, L. (1995): Does dingo predation or buffalo competition regulate feral pig populations in the Australian Wet-Dry Tropics? An experimental study. – Wildl. Res. 22: 65-74

CORNELIUS, R. und HOFMANN, R. R. (1999): Huftiergemeinschaften und Vegetation - Entstehung, Zerstörung und schrittweise Rekonstruktion eines natürlichen Gefüges. – In: Europäische Landschaftsentwicklung mit großen Weidetieren. Geschichte, Modelle und Perspektiven (GERKEN, B. und GÖRNER, M., Hrsg.), Natur- und Kulturlandschaft 3: 382-389

CORTINAS, M. R. und SEASTEDT, T. T. R. (1996): Short- and long-term effects of gophers (Thomomys talpoides) on soil organic matter dynamics in alpine tundra. – Pedobiologia 40: 162-170

COSAR, H. G. (1934): Die Termiten in der afrikanischen Landschaft. – Beih. Mitt. Geogr. Ges. Rostock 2

COSTANTINO, R. F., DESHARNAIS, R. A., CUSHING, J. M. und DENNIS, B. (1991): Chaotic dynamics in an insect population. – Science 275: 389-391

COSTELLO, D. F. (1970): The world of the prairie dog. – Philadelphia, New York

COULTER, M. C., CRUZ, F. und CRUZ, J. (1985): A programme to save the dark-rumped petrel, Pterodroma phaeopygia, on Floreana Island, Galapagos, Ecuador. – In: Conservation of island birds: case studies for the management of threatened island birds (MOORS, P. J., Hrsg.), ICBP Techn. Publ. 3: 177-180, Cambridge

COWAN, P. (1991): The ecological effects of possums on the New Zealand environment. – In: Symp. on Tuberculosis, Veterinary Continuing Education, Massey Univ., Publ. 132: 73-89

COX, G. W. (1984): Mounts of mystery. – Natural History 5: 36-45

COX, G. W. und ALLEN, D. W. (1987): Soil translocation by pocket gophers in a Mima mound-field. – Oecologia 72: 207-210

COX, G. W., GAKAHU, C. G. und ALLEN, D. W. (1987): Small-stone content of Mima mounds of the Columbia Plateau and Rocky Mountains regions: Implication for mound origin. – Great Basin Naturalist 47 (4): 609-619

COX, G. W. und GAKAHU, C. G. (1983): Mima mounds in the Kenya highlands: significance for the Dalquest-Scheffer hypothesis. – Oecologia 57: 68-84

COX, G. W. und GAKAHU, C. G. (1986): A latitudinal test of the fossorial rodent hypothesis of Mima mound origin. – Z. Geomorphol., N.F. 30 (4): 485-501

COX, G. W., GAKAHU, C. G. und WAITHAKA, J. M. (1989): The form and small stone content of large earth mounds constructed by mole rats and termites in Kenya. – Pedobiologia 33: 307-314

COX, G. W. und HUNT, J. (1990): Form of Mima mounds in relation to occupancy by pocket gophers. – J. Mammalogy 71 (1): 90-94

COX, G. W. und ROIG, V. G. (1986): Argentinian Mima mounds occupied by ctenomiyid rodents. – J. Mammalogy 67 (2): 48-4321

COX, G. W. und SCHEFFER, V. B. (1991): Pocket gophers and Mima terrain in North America. – Natural Areas Journal 11 (4): 193-198

COX, W. T. (1940): The beaver - friend of the forest. – American Forests 46 (10): 448-450 und 476-477

CRAIGHEAD, J. J. (1980): A proposed delineation of critical grizzly bear habitat in the Yellowstone region. – Int. Conf. Bear Res. Management 4: 379-399

CRAIGHEAD, J. J., SUMMER, J. S. und MITCHELL, J. A. (1995): The grizzly bear population in the Yellowstone eco-system, 1959 – 1992. – Island Press, Washington D. C.

CRAIK, J. C. A. (1995): Mink predation at seabird colonies. – Mammal News 100: 10

CREAGH, C. (1992): New approaches to rabbit and fox control. – Ecos 71: 18-24

CRÊTE, M., COUTURIER, S., HEARN, B. J. und CHUBBS, T. E. (1996): Relative contribution of decreased productivity and survival to recent changes in the demographic trends in the Rivière George caribou herd. – Rangifer, Spec. Issue 9: 27-36

CRÊTE, M. und DOUCET, G. J. (1998): Persistent suppression in dwarf birch after release from heavy summer browsing by caribou. – Arctic and Alpine Res. 30 (2): 126-132

CROCKER, R. E. (1966): Das Meer - der größte Lebensraum. – Hamburg und Berlin

CROCQ, C. (1974): Notes complémentaires sur la nidification du Casse-noix Nucifraga caryocatactes dans les Alpes francaises. – Alauda 42: 3950

CROME, F. J. H. und BENTRUPPENBAUMER, J. (1993): Special people, a special animal and a special vision: the first step to restoring a fragmented tropical landscape. – In: Nature Conservation 3. The reconstruction of fragmental ecosystems (SAUNDERS, D. A., HOBBS, R. J. und EHRLICH, P. R., Hrsg.): 267-279, CHIPPIN Norton, New South Wales

CROUCH, G. L. (1969): Animal damage to conifers on national forests in the Pacific Northwest region. – USDA For. Serv., Pacific Northwest Forest and Range Exp. Station, Res. Bull. PNW-28

CROUCH, G. L. (1971): Susceptibility of ponderosa, jeffrey and lodgepole pine to pocket gophers. – Northwest Science 45 (4): 252-256

CROXALL, J. P. (1984); Seabirds. – In: Arctic Ecol. (LAWS, R. M., Hrsg.): 533-616, London, Orlando, San Diego, San Francisco, New York, Toronto, Montreal, Tokyo, Sao Paulo

CSIRO 2001: CSIRO cane toad research. – Information sheet, last updated 14. 06. 2001

CUMMING, D. H. M. (1982): The influence of large herbivores on savanna structure in Africa. In: Ecology of tropical savannas (HUNTLEY, B. J. und WALKER, B. H., Hrsg.). – Ecol. Studies 42: 217-245

CUMMING, D. H., FENTON, M. B., RAUTENBACH, I. L. , TAYLOR, R. D., CUMMING, G. S., CUMMING, MEG S., DUNLOP, J. M., FORD, A. G., HOVORKA, M. D., JOHNSTON, D. S., KALCOUNIS, M., MAHLANGU, Z. und PORTFORS, C. V. R. (1997): Elephants, woodlands and biodiversity in southern Africa. – South Afr. J. Science 93: 231-236

CUNNINGHAM, A. A. (1996): Disease risk of wildlife translocation. – Conserv. Biol. 10 (2): 349-353

DAHL, J. (1982): Ökologie pur. – Natur 12: 74-79

DAHL, H.-J., ALTMÜLLER, R., GRAVE, E., KAUFMANN, W., SÜDBECK, P. und BIERHALS, E. (2000): Artenschutz. – In: Umweltschutz – Grundlagen und Praxis 8 (BUCHWALD, K. und ENGELHARDT, W., Hrsg.): 1-172

DAHLSTEDT, K. J., SATHER-BLAIR, S., WORCESTER, B. K. und KLUKAS, R. (1981): Application of remote sensing to prairie dog management. – J. Range Management 34: 218-223

DALQUEST, W. W. und SCHEFFER, V. B. (1942): The origin of the Mima Mounds of western Washington. – J. Geol. 50: 68-84

DANELL, K. (1977 a): Food habits of the muskrat Ondatra zibethica (L.) in a Swedish lake. – Rep. Nat. Swed. Env. Protect. Board: 111-115

DANELL, K. (1977 b): Short-term plant successions following the colonization of a northern Swedish lake by the muskrat, Ondatra zibethica. – J Appl. Ecol. 14: 933-947

DANELL, K. (1978): Ecology of the muskrat in Northern Sweden. – Diss. Dept. Ecological Zool, Umea

DANILKIN, A. (1996): Behavioural ecology of Siberian and European roe deer. – London, Glasgow, Weinheim, New York, Tokyo, Melbourne, Madras

DARLEY-HILL, S. und JOHNSON, W. C. (1981): Acorn dispersal by the Blue Jay (Cyanocitta cristata). – Oecologia 50: 231-232

DARLING, F. (1947): Natural history in the Highlands and islands. – London

DARLING, F. F. (1960): Wildlife in an African territory. – London, New York, Toronto

DARLINGTON, J. P. E. C. (1982): The underground passages and storage pits used in foraging by a nest of the termite Macrotermes michaelseni in Kajiado, Kenya. – J. Zool. (London): 237-247

DARLINGTON, J. P. E. C. (1985): Lenticular soil mounds in the Kenya highlands. – Oecologia 66: 116-121

DARWIN, C. R. (1881): The formation of vegetable mould and earthworms: With observations on their habits. – London

DAUBENMIRE, R. (1970): Steppe vegetation of Washington. – Washington Agr. Exp. Stn., Tech. Bull. 162

DAVID, A. (1998): Das Reh - "Freud- und Leidwild" deutscher Jagd. – Jagdbuch-Report '98/99: 5-10, Wiesbaden

DAVIS, M. B. (1976): Pleistocene biogeography of temperate deciduous forest. – Geoscience and Man 13: 13-26

DAY, T. A. und DETLING, J. K. (1990): Grassland patch dynamics and herbivore grazing preference following urine deposition. – Ecol. 71 (1): 180-188

303

DEAN, W. R. J. und MILTON, S. J. (1991): Disturbances in semi-arid shrubland and arid grassland in the Karoo, South Africa: Mammals diggings as germination sites. – Afr. J. Ecol. 29: 11-16

DEAN, W. R. J., MILTON, S. J. und JELTSCH, F. (1999): Large trees, fertile islands, and birds in arid savanna. – J. Arid Environments 41: 61-78

DE LATTIN, G. (1967): Grundriß der Zoogeographie. – Hochschulbücher für Biologie 12, Stuttgart

DELELLA-BENEDICT, A. D. (1991): A Sierra Club naturalist's guide: The southern Rockies: the Rocky Mountains regions of southern Wyoming, Colorado and northern New Mexico. – Sierra Club Books, San Francisco

DEL MORAL, R. (1984): The impact of the Olympic Marmot on subalpine vegetation structure. – Amer. J. Bot. 71 (9): 1228-1236

DELWICHE, C. C. und WIJLER, J. (1956): Non-symbiontic nitrogen fixation in soil. – Plant-Soil 7: 113-129

DEMMENT, M. W. und VAN SOEST, P. J. (1985): A nutritional explanation for body-size patterns of ruminant and nonruminant herbivores. – The American Naturalist 125 (5): 641-672

DENNEY, R. N. (1952): A summary of North American beaver management. – Colorado Fish and Game Dept., Current Rep. 28

DENZAU, G. und DENZAU, H. (1999): Wildesel. - Stuttgart

DEPARTMENT OF CONSERVATION (1993): Himalayan thar control plan. – Canterbury Conservancy Management Series 3: 1-68

DESAX, C. (1978): Die Wiedereinbürgerung des Steinwildes in der Schweiz. Arbeitstagung über Steinwild vom 9. - 11. Februar 1978 in Pontresina der Kommission Großwild Europa-Asien des internat. Jagdrates zur Erhaltung des Wildes. – Bern

DESPAIN, D., HOUSTON, D., MEAGHER, M. und SCHULLERY, P. (1986): Wildlife in transition: man and nature on Yellowstone's northern range. – Boulder

DETLING, J. K. (1988): Grassland and savannas: regulation of energy flow and nutrient cycling by herbivores. – In: Concepts of ecosystem ecology (POMEROY, L. R. und ALABERTS, J. J., Hrsg.): 131-148

DETLING, J. K., DYER, M. I., PROCTER-GREGG, C. und WINN, D. T. (1980): Plant herbivore interactions: Examination of potential effects of bison saliva on regrowth of Bouteloa gracilis (H. B. K.) Lag. – Oecologia 45: 26-31

DEWEY,, J. E. (1970): Damage to douglas-fir cones by the budworm, Choristoneura occidentalis. – J. Econ. Entomol. 63 (6): 1804-1806

DI CASTRI, F. (1989): History of biological invasions with special emphasis on the Old World. – In: Biological invasions: a global perspective (DRAKE, J. A., MOONEY, F., DI CASTRI, F., GROVES, R. H., KRUGER, F. J., REMANCEK, M. und WILLIAMSON, M., Hrsg.): 1-30

DIETRICH, U. (1985): Beobachtungen am Kanadischen Biber Castor canadensis in einem Einbürgerungsgebiet auf der Insel Feuerland, Südamerika. – Säugetierkundl. Mitt. 32: 241-244

DIGHTON, J. (1978): Effects of synthetic lime aphid honeydew on populations of soil organisms. – Soil Biol. Biochemistry 10: 369-376

DINGLE, R. W. (1956): Pocket gophers as a cause of mortality in eastern Washington pine plantations. – J. Forestry 54 (12): 832-835

DIONNE, J.-C. (1985): Tidal marsh erosion by geese, St. Lawrence estuary, Québec. – Geogr. phys. et Quarternaire 39 (1): 99-105

DJOSHKIN, W. W. und SAFONOV, W. G. (1972): Die Biber der Alten und Neuen Welt. – Neue Brehm-Bücherei 437, Wittenberg Lutherstadt

DONOVAN, S. E., EGGLETON, P., DUBBIN, W. E., BATCHELDER, M. und DIBOG, L. (2001): The effect of soil-feeding termite, Cubitermes fungifaber (Isoptera: Termitidae) on soil properties: termites may be an important source of soil microhabitat heterogeneity in tropical forests. – Pedobiologia 45: 1-11

DOUBE, B. M., MACQUEEN, A., RIDSDILL, T. J. und WEIR, T. A. (1991): Native and introduced dung beetles in Australia. – In: Dung beetle ecology (HANSKI, I. und CAMBEFORT, Y., Hrsg.): 255-278, Princeton

DOUDE VAN TROOSTWIJK, W. J. (1976): The musk-rat (Ondatra zibethicus L.) in the Netherlands, its ecological aspects and the consequences for man. – Diss. Rijksunivers. Leiden, RIN Verhandeling 7

DOUGLAS, H. W., DRYSDALE, V. M. und GLOVER, P. E. (1964): The chemical composition of Themedra triandra und Cynodon dactylon. – East Afr. Wildl. J. 2: 82-121

DOUGLAS, M. H. (1977): The warning whistle of thar. – J. Tussock Grassland & Mountain Lands Institute 35: 57-66

DREISER, Ch. (1993): Mapping and monitoring of Quelea habitats in East Africa. – Berliner geogr. Studien 37

DRODZ, A. (1966): Food habits and food supply of rodents in beech forest. – Acta theriologica 11: 363-384

DRUMMOND, H. (1888): Tropical Africa. – London

DRYGALA, F., MIX, H. M., STIER, N. und ROTH, M. (2000): Preliminary findings from ecological studies of the racoon dog (Nyctereutes procynoides) in eastern Germany. – Z. Ökol. Natursch. 9: 147-152

DUBLIN, H. T. (1995): Vegetation dynamics in the Serengeti-Mara ecosystem: The role of elephants, fire, and other factors. – In: Sergeti II (SINCLAIR, A. R. E. und ARCESE, P., Hrsg.): 71-90, Chicago und London

DUBLIN, H. T., SINCLAIR, A. R. E. und McGLADE, J. (1990): Elephants and fire as causes of multiple stable states in the Serengeti-Mara woodlands. – J. Animal Ecol. 59: 1147-1164

DUELLI, P. (1995): Biodiversität erhalten und fördern: Was sagt die ökologische Forschung dazu? – In: Forum für Wissen (EIDG. FORCHUNGSANSTALT FÜR WALD, SCHNEE UND LANDSCHAFT, Hrsg.): 13-21, Birmensdorf

DUFF, J. P., SCOTT, A. und KEYMER, I. F. (1996): Parapox virus infection of the grey squirrel. – The Veterinary Report 138 (21): 527

DUNSTONE, N. (1993): The mink. – London

DUNSTONE, N. und IRELAND, M. (1989): The mink menace? A reappraisal. – In: Mammals as pests (PUTNAM, R. J., Hrsg.): 224-241, London und New York

DU TOIT, J. T. und CUMMING, D. H. M. (1999): Functional significance of ungulate diversity in African savannas and the ecological implications of the spread of pastoralism. – Biodiv. and Conserv. 8: 1643-1661

DYER, M. I. und BOKHARI, U. G. (1976): Plant animal interactions: studies on the effects of grasshopper grazing in blue grama grass. – Ecol. 57: 762-772

EASON, C. T., FRAMPTON, C. M., HENDERSON, R., THOMAS, M. D. und MORGAN, D. R. (1993): Sodium fluoroacetate and alternative toxins for possum. – N. Z. J. Zool. 20: 329-334

EAST, R. (1984): Rainfall, soil nutrient status and biomass of large African savanna mammals. – Afr. J. Ecol. 22: 245-270

EASTEAL, S. und FLOYD, R. B. (1986): The cane toad –an amphibian weed. – In: The ecology of exotic animals and plants. Some Australian case histories (KITCHING, R.L., Hrsg.): 27-42, Brisbane, New York, Chichester, Toronto, Singapore

EDGE, W. D., MARCUM, C. L. und OLSON-EDGE, S. L. (1990): Distribution and grizzly bear, Ursus arctos, use of yellow sweetvetch, Hedysarum sulphurescens, in northwestern Montana and southwestern British Columbia. – Canad. Field Naturalist 104: 435-438

EDLAND, T. (1971): Wind dispersal of the winter moth larvae Operophtera brumata L. (Lep. Geometridae) and its relevance to control measures. – Norsk. Entomol. Tisskr. 18: 103-105

EDROMA, E. L. (1981): The role of grazing in maintaining high species composition in Imperata grassland in Rwenzori National Park, Uganda. – Afr. J. Ecol. 19: 215-233

EDWARDS, C. A. und LOFTY, J. R. (1977): Biology of earthworms (2. Aufl.). – New York

EDWARDS, G. R., CRAWLEY, M. J. und HEARD, M. S. (1999): Factors influencing molehill distribution in grassland: implications for controlling the damage caused by molehills. – J. Appl. Ecol. 36: 434-442

EGGLETON, P., BIGNELL, D. E., SANDS, W. A., MAWDSLEY, N. A., LAWTON, J. H., WOOD, T. G. und BIGNELL, N. C. (1996): The diversity, abundance, and biomass of termites under different levels of disturbance in the Mbalmayo Forest Reserve, southern Cameroon. – Phil. Transactions Royal Soc., Series B 351: 51-68

EGLI, E., LÜTHI, B. und HUNZIKER, M. (1998): Die Akzeptanz des Luchses im Simmental, Ergebnisse einer Fallstudie. – Informationsbl. Forschungsbereich Landschaftsökol. 39 (EIDG. FORSCHUNGSANST. FÜR WALD, SCHNEE UND LANDSCHAFT, Hrsg.), Birmensdorf

EHRNSBERGER, R. (1993): Bodenzoologie und Agroökosysteme. – In: Bodenmesofauna und Naturschutz (EHRNSBERGER, R., Hrsg.), Informationen zu Natursch. und Landschaftspfl. in Nordwestdeutschland 6: 11-41, Cloppenburg

EISFELD, D. (1975): Der Eiweiß- und Energiebedarf des Rehes (Capreolus L.), diskutiert anhand von Laboruntersuchungen. – Verh. Ges. Ökol., Erlangen 1974: 129-139

EISFELD, D. und FISCHER, M. (1996): Das Management eingebürgerter Huftierarten – widerstreitende Interessen, fehlende Konzepte. – In: Gebietsfremde Tierarten. Auswirkungen auf einheimische Arten, Lebensgemeinschaften und Biotope, Situationsanalyse (GEBHARDT, H., KINZELBERGER, R. und SCHMIDT-FISCHER, S., Hrsg.): 287-295

ELDER, N. L. (1965): Vegetation of the Ruahine Range: an introduction. – Transactions Roy. Soc. N. Z. (Botany) 3: 13-66

ELKINS, N. Z., SABOL, G. V., WARD, T. J. und WHITFORD, W. G. (1986): The influence of subterranean termites on the hydrological characteristics of a Chihuahuan desert ecosystem. – Oecologia 68: 521-528

ELLENBERG, H. (1973): Ziele und Stand der Ökosystemforschung. – In: Ökosystemforschung (ELLENBERG, H., Hrsg.): 1-31, Berlin, Heidelberg, New York

ELLENBERG, H. (1974): Beiträge zur Ökologie des Rehes (Capreolus capreolus L. 1758). Daten aus den Stammhamer Versuchgehegen. – Diss. Kiel

ELLENBERG, H. (1978): Zur Populationsökologie des Rehs (Capreolus capreolus L., Cervidae) in Mitteleuropa. – Spixiana München, Suppl. 2: 1-211

ELLENBERG, H. (1980): Für und Wider der Einbürgerung von Großtieren in Mitteleuropa. – Jb. Ver. Schutz der Bergwelt 45: 43-63

ELLENBERG, H. (1982): Vegetation Mitteleuropas mit den Alpen (3. Aufl.) – Stuttgart

ELLENBERG, H. (1996): Vegetation Mitteleuropas mit den Alpen in ökologischer, dynamischer und historischer Sicht (5. Aufl.). – Stuttgart

305

ELLENBERG, H. und NOWAK, E. (1981): Welche Tierarten können künftig angesiedelt werden? – Akad. Natursch. Landschaftspfl., Tagungsber. 12/81: 96-107

ELLIOTT, J. P. und COWAN, I. M. (1978): Territoriality, density, and prey of the lion in Ngorongoro crater, Tanzania. – Canad. J. Zool. 56: 26-34

ELLISON, L. (1946): The pocket gopher in relation to soil erosion on mountain range. – Ecol. 27 (2): 101-114

ELLISON, L. und ALDOUS, C. M. (1952): Influence of pocket gophers on vegetation of subalpine grassland in Central Utah. – Ecol. 33 (2): 177-186

ELTRINGHAM, S. K. (1974): Changes in the large mammal community of Mweya Peninsula, Rwenzori National Park, Uganda, following the removal of hippopotamus. – J. Appl. Ecol. 11: 855-866

ELTRINGHAM, S. K. (1999): The hippos. Natural history and conservation. – London, San Diego

EMANUELSSON, U. (1987): Human influence on vegetation in the Torneträsk area during the last three centuries. – Ecol. Bulletins 38: 95-111

EMMER, E. (2001): Ökologischer Jagdverband e. V. (ÖJV). Wald und Wild. – Natur und Landschaft 76 (5): 232-234

ENGSTROM, D. R., WHITLOCK, C., FRITZ, S. C. und WRIGHT, H. E. (1991): Recent environmental changes inferred from the sediments of small lakes in Yellowstone's northern Range. – J. Paleoclimatol. 5: 139-174

ERMALA, A., HELMINEN, M. und LAHTI, S. (1989): Majaremme levinneisyyden ja runsauden raihteluista sekä tule-vaisuuden näkymistä (Summary: Some aspects of the occurrence, abundance and future of the Finnish beaver population). – Suomen Riista 35: 108-118

ESSLINGER, H. (1988): Ski Heil! – ARD Sendereihe Globus, Begleitheft 1 zur Sendung vom 10. Jan. 1988

ESTES, J. R. ,TYRI, R. J. und BRUNKEN, J. N. (Hrsg.) (1982): Grasses and grasslands. – Oklahoma

EUROLA, S. und HAKALA, A. V. K. (1977): The bird cliff vegetation of Svalbard. – Aquilo Ser. Bot. 15: 1-18

EVANS, G. R. (1973 a): Hutton's shearwaters initiating local soil erosion in the Seward Kaikoura Range. – N. Z. J. Sci. 16: 637-642

EVANS, G. R. (1973 b): Animals in the alpine grasslands. – N. Z. For. Serv. Reprint No. 856

EVANS, R. (1995): Impacts of reindeer grazing in soils and vegetation in Finnmark. – NORUT Informasjonstek-nologi, rapport 2003/02-94

FABIAN, P. (1991): Klima und Wald - Perspektiven für die Zukunft. – Forstw. Cbl. 110: 286-304

FAEGRI, K. und VAN DER PIJL, L. (1971): Principles of pollination ecology. – Oxford

FAHNESTOCK, J. T. und KNAPP, A. K. (1994): Plant responses to selective grazing by bison: interactions between light, herbivory and waterstress. – Vegetatio 115: 123-131

FAN, N., ZHOU, W., WEI, W., WANG, Q. und JIANG, Y. (1999): Rodent pest management in the Quinhai-Tibet alpine meadow ecosystem. – In: Ecologically-based management of rodent pests (SINGLETON, G. R., HUNDS, L. A., LEIRS, H. und ZHANG, Z. Hrsg.): 285-304, Australian Center for International Agricultural Research, Canberra

FARMER, A. P. (1973): Assessment of animal damage in exotic forests of the central North Island. – N. Z. For. Serv. Reprint No. 859

FARMER, R. E. (1997): Seed ecophysiology of temperate and boreal zone forest trees. – Delray Beach, Florida

FEER, F. (1995): Morphology of fruits dispersed by African forest elephant.- Afr. J. Ecol. 33: 279-284

FEINSINGER, P. (1983): Coevolution and pollination. – In: Coevolution (FUTUYAMA, D. F. und SLATKINS, M., Hrsg.), Sinauer Associates: 283-310

FELDMANN, K.-B. (1980): Zu: Neuer Lebensraum für den Baumeister unter den Tieren. – Niedersächsischer Jäger 25 (15): 799

FELDMANN, R. (1988): Neubürger in der Wirbeltierfauna Westfalens. – Natur und Landschaftskunde 24: 79-86

FELDMANN, R. (1991): Buckelweiden – Buckelraine – Buckelwälder. Biogene Kleinreliefbildung in der Kulturland-schaft. – Natur und Museum 121 (7): 204-210

FELLIN, D. G. und SHEARER, R. (1968): Spruce budworm larvae damage western larch cones and seeds. – J. Forestry 66 (7): 568-570

FERRAR, A. A. und WALKER, B. H. (1974): An analysis of herbivore/habitat relationships in Kyle National Park, Rhodesia. – J. South Afr. Wildl. Management Association 4 (3): 137-147

FERRAR, P. und WATSON, J. A. L. (1970): Termites associated with dung in Australia. – J. Austr. Entomol. Soc. 9: 100-102

FERRERAS, P. und MACDONALD, D. W. (1999): The impact of American mink Mustela vison on water birds in the upper Thames. – J. Appl. Ecol. 36: 701-708

FESTETICS, A. (1981): Die Wiederansiedlung des Luchses am Beispiel der Ostalpen. - Nat. und Landsch. 56 (4): 120-122

FEUERSTEIN, G. C. (1997): Analyse von Stammverletzungen durch den Alpensteinbock (Capra i. ibex) in einem sub-alpinen Lärchen-Arvenwald. – Diplomarb. Professur für Forsteinrichtung, Abt. f. Forstwiss. (VI), ETH Zürich, Samedan

FEUSTEL, G. (1967): Vergleichende Untersuchungen am Verdauungstrakt von Rothirsch und Reh post mortem unter besonderer Berücksichtigung der Gerüstkohlenhydrate und des Ligningehaltes der Ingesta. – Diss. Tierärztl. Fak. Univ. München

FIELDS, M. J., COFFIN, D. P. und GOSZ, J. R. (1999): Burrowing activities of kangaroo rats and patterns in plant species dominance at a shortgrass steppe-desert grassland ecotone. – J. Veg. Sci. 10: 123-130

FINERAN, A. A. (1973): A botanical survey of seven Mutton-bird islands, southwest Steward island. – J. Roy. Soc. N. Z. 3 (4): 475-526

FINLEY, R. B. (1969): Cone caches and middens of Tamasciurus in the Rocky Mountain Region. – In: Contributions in mammalogy (JONES, J. K., Hrsg): Univ. Kansas Mus. Nat. Hist., Misc. Publ. 51: 233-273

FISCHER, A. (1987): Untersuchungen zur Populationsdynamik am Beginn von Sekundärsukzessionen. Die Bedeutung von Samenbank und Samenniederschlag für die Wiederbesiedlung vegetationsfreier Flächen in Wald- und Grünlandgesellschaften. – Diss. Bot. 110, Berlin, Stuttgart

FISCHER, A. (1999): Der Einfluß des Schalenwildes auf die Bodenvegetation. – In: Waldökosysteme und Schalenwild (SUDA, M., FISCHER, A., HOCKENJOS, W., STRAUBINGER, F., MEISTER, G. und SPERBER, G., Hrsg.): 23-44, Ökol, Jagdver. Bayern e. V., Rothenburg o. T.

FISCHER, S. F., POSCHLOD, P. und BEINLICH, B. (1995): Die Bedeutung der Wanderschäferei für den Artenschutz zwischen isolierten Schaftriften. – Beih. Veröff. Natursch. Landschaftspfl. Baden Württemberg 83: 229-256

FISCHER, S. F., POSCHLOD, P. und BEINLICH, B. (1996): Experimental studies on the dispersal of plants and animals on sheep in calcareous grasslands. – J. Appl. Ecol. 33: 1206-1222

FITZGERALD, B. M. (1981): Predatory birds and mammals. In: Tundra ecosystems: a comparative analysis (BLISS, L. C., HEAL, O. W. und MOORE, J. J., Hrsg.). – The Third Internat. Biol. Progr. 25, Cambridge Univ. Press: 485-508, Cambridge

FLOOK, D. R. (1962): Range relationships of some ungulates native to Banff and Jasper national parks, Alberta. – In: Grazing in terrestrial and marine environments: 119-128, Oxford

FOGEL, R. und TRAPPE, J. M. (1978): Fungus consumption (mycophagy) by small animals. – Northwest Science 52 (1): 1-31

FORD, J. (1966): The role of elephants in controlling the distribution of tsetse flies. – Bull. Int. Union Conserv. Nature 19: 6

FORMAN, R. T. T. (1995): Land mosaics. The ecology of landscapes and regions. – Cambridge

FORMAN, R. T. T, und GODRON, M. (1981): Patches and structural components for a landscape ecology. – BioScience 31 (10): 733-740

FORSYTH, D. M. (1999): Long-term harvesting and male migration in a New Zealand population of the Himalayan tahr Hemitragus jemlahicus. – J. Appl. Ecol. 36: 351-362

FOWLER, C. W. und SMITH, T. (1973): Characterizing stable populations, an application to the African Elephant population. – J. Wildl. Management 37 (4): 513-523

FOWLER, D. P., PARK, J. S. und LOO-DINKINS, J. (1995): Larix laricina - silvics and genetics. - In: Ecology and Management of Larix forests: A Look Ahead. Proceedings of an International Symposium (SCHMIDT, W. C. und MCDONALD, K. J., Compilers.). – USDA For. Serv., Intermountain Res. Stn., Gen. Tech. Rep. GTR-INT 319: 54-57

FRANCE, A. J. (1991): The rabbit and land management programme - will it achieve its objective? - a runholder's perspective. – J. New Zealand Mountain Lands Institute, Review 48: 1-7

FRANK, D. A. und MCNAUGHTON, J. (1993): Evidence for the promotion of aboveground grassland production by native large herbivores in Yellowstone National Park. – Oecologia 96: 157-161

FRANK, F. (1953): Zur Entstehung übernormaler Populationsdichten im Massenwechsel der Feldmaus. – Zool. Jahrb. 81

FRANK, F. (1954): Untersuchungen über den Zusammenbruch von Feldmausplagen. – Zool. Jahrb. 82

FRANK, F. (1986): Regulierung der Nagetiere und des Maulwurfs im Garten und in der Land- und Forstwirtschaft. – Deutsche Tierärztl. Wochenschr. 93 (5): 194-198

FRANK, F. und HÄRLE, A. (1967): Derzeitiger Stand und voraussichtliche Entwicklung des Bisambefalls (Ondatra zibethicus) in der Bundesrepublik Deutschland von 1957 bis 1963. – Nachrichtenbl. Dtsch. Pflanzenschutzdienstes (Braunschweig) 16: 145-147

FRANKLIN, J. F. und DYRNESS, C. T. (1973): Natural vegetation of Oregon and Washington. – USDA For. Serv., Gen. Tech. Rep. PNW 8

FREELAND, W. J. und JANZEN, D. H. (1974): Strategies in herbivory by mammals. The role of plant secondary compounds. – The Amer. Naturalist 108: 269-289

FRENCH, C. M., MCEWEN, L. C. und MAGRUDER, N. D. et al. (1955): Nutritional requirements of white-tailed deer for growth and antler development. – Bull. 600, Pennsylvania Agricult. Exp. Stn.

FRENCH, D. D., MILLER, G. R. und CUMMINS, R. P. (1997): Recent development of high-altitude Pinus sylvestris in the northern Cairngorm Mountains, Scotland. – Biol. Conserv. 79: 133-144

FRENZEL, B. (1983): Die Vegetationsgeschichte Süddeutschlands im Eiszeitalter. – In: Urgeschichte in Baden-Württemberg (MÜLLER-BECK, H., Hrsg.): 91-166, Stuttgart

FRITTS, T. H. (1987): Movements of snakes via cargo in the Pacific region. – ´Elepaio 47 (2): 17-18

FRITTS, T. H. (1988): The brown tree snake, Boiga irregularis, a threat to Pacific islands. – USDI Fish and Wildl. Serv., Washington, D. C. 20240

FRITZ, H. und DUNCAN, P. (1994): On the carrying capacity for large ungulates of African savanna ecosystems. – Proc. Royal Soc. London B 256: 77-82

FROBEL, K. (1994): Die Wiedereinbürgerung des Bibers in Bayern durch den Bund Naturschutz. – Schriftenr. Bayer. Landesamt Umweltsch. 128: 61-65

FUNKE, W. (1973): Rolle der Tiere in Waldökosystemen des Solling. – In: Ökosystemforschung (ELLENBERG, H., Hrsg.): 143-164, Berlin, Heidelberg, New York

FURNESS, R. W. (1991): The occurrence of burrow-nesting among birds and its influence on soil fertility and stability. – Symp. Zool. Soc. London 63: 53-67

FURNISS, R. L. und CAROLIN, V. M. (1977): Western forests insects. – USDA Misc. Publ. 1339

GAKAHU, C. G. und COX, G. W. (1984): The occurrence and origin of Mima mound terrain in Kenya. – Afr. J. Ecol. 22: 31-42

GALBRAIGHT, W. A. und ANDERSON, E. W. (1971): Grazing history of the Northwest. – Range Management 24 (1): 6-12

GANZONI, R. Z. (1911): Die Waldungen des Oberengadins. – Schweiz. Z. Forstwesen: 40-44 und 77-81

GANZERT, C. (1994): Umweltgerechte Landwirtschaft, nachhaltige Wege für Europa. – Bonn

GARD, R. (1961): Effects of beaver on trout in Sagehen Creek. – J. Wildl. Management 25: 221-242

GASAWAY, W. C., STEPHENSON, R. O., DAVIS, J. L., SHEPHERD, P. E. K. und BURRIS, O. E. (1983): Interrelations of wolves, prey, and man in interior Alaska. – Wildl. Monographs 84

GASHWILER, J. S. (1970): Further study of conifer seed survival on a Western Oregon clearcut. – Ecol. 51: 849-854

GEARIN, M. (2000): Cane toads march on Kakadau. – Landline 10/12/00, Australias Rural Affairs Weekly, www.abc.net.au/landline/stories/s220858.htm

GEIERSBERGER, I. (1997): Biber und Mensch - Konflikte in der Landnutzung. – In: Der Biber in der Kulturlandschaft - eine Illusion? Int. Fachsymp. Wiederansiedlg. des Bibers im Saarland, August 1994, Saarbrücken (MINISTERIUM FÜR UMWELT, ENERGIE UND VERKEHR, SAARBRÜCKEN, Hrsg.): 49-53

GEIGER, A., STEVEN, M., GLANDT, D., KRONSHAGE, A. und SCHWARTZE, M. (2000): Laubfroschschutz im Münsterland. Das Kooperationsprojekt "Ein König sucht sein Reich" im Artenschutzprogramm NRW. – LÖBF-Mitt. 4: 16-34

GEIGER, R. (1961): Das Klima der bodennahen Luftschicht. – Braunschweig

GEISER, R. (1992): Auch ohne Homo sapiens wäre Mitteleuropa von Natur aus eine halboffene Weidelandschaft. – Laufener Seminarbeitr. 2: 22-34

GEISSEN, H. - P. (1996): "Welche Natur wollen wir ?", Naturschutz auf naturgeschichtlicher Grundlage. – Bibl. Nat. und Wiss. 9, Solingen

GEIST, V. (1974): On the relationship of social evolution and ecology in ungulates. – Amer. Zool. 14: 205-220

GERELL, R. (1967): Food selection in relation to habitat in mink (Mustela

GERKEN, B. und GÖRNER, B. (Hrsg.) (1999): Europäische vison Schreber.) in Sweden. – Oikos 18: 233-246 Landschaftsentwicklung mit großen Weidetieren. Geschichte, Modelle und Perspektiven. – Natur und Kulturlandschaft 3, Höxter, Jena

GERKEN, B., KRIEDEMANN, K. und GRUPE, M. (1992): Dynamik im Rotbuchenwald durch Eisbruch und Vogelkolonien - ein Beitrag zum Verständnis der Verlichtungsdynamik im mitteleuropäischen Wald. – Laufener Seminarbeitr. 2: 71-79

GERKEN, M. (1999): Neuweltkameliden in der Landschaftspflege. – In: Landschaftsentwicklung mit großen Weidetieren. Geschichte, Modelle und Perspektiven (GERKEN, B. und GÖRNER, M., Hrsg.). – Natur- und Kulturlandschaft 3: 236-240

GERNHÄUSER, S. (1991): Ein Meinungsbild zum Luchs in Bayern. – Mitt. aus der Wildforschg. 110, München

GERSDORF, E. und FRANK, F. (1969): Der Bisam (die Bisamratte) Ondatra zibethicus (L.) – Stuttgart

GESSAMAN, J. A. und MACMAHON, J. A. (1984): Mammals in ecosystems: their effects on the composition and production of vegetation. – Acta Zool. Fenn. 172: 11-18

GHILAROV, M. S. (1978): Bodenwirbellose als Indikatoren des Bodenhaushaltes und von bodenbildenden Prozessen. – Pedobiologia 18: 300-309

GIBB, J. A. und WILLIAMS, J. M. (1995): European rabbit. – The handbook of New Zealand Mammals (KING, C. M., Hrsg.): 138-160, Melbourne, Oxford, New York

GIBSON, D. J. (1989): Effects of animal disturbance on tallgrass prairie vegetation. – Amer. Midland Naturalist 121: 144-154

GIGON, A. (1983 a): Über das biologische Gleichgewicht und seine Beziehungen zur ökologischen Stabilität. – Ber. Geobot. Inst. ETH, Stiftung Rübel 1983, 50: 149-177

GIGON, A. (1983 b): Typen ökologischer Stabilität und Instabilität mit Beispielen aus Waldökosystemen. – In: MAYER, H. (Hrsg.) 1983, Urwald-Symposium, Wien 1982, IUFRO Gruppe Urwald, Waldbau-Institut, Univ. f. Bodenkultur, Wien: 23-24

GIGON, A. und BOLZERN, H. (1988): Was ist biologisches Gleichgewicht? – Aus Forschung und Medizin 3 (1): 18-28

GILL, D. (1972): The evolution of a discrete beaver habitat in the Mackenzie River Delta, Northwest Territories. – The Canad. Field Naturalist 86: 233-239

GISI, U., SCHENKER, R., SCHULIN, R. , STADELMANN, F. X. und STICHER, H. (1997): Bodenökologie (2. Aufl.) – Stuttgart

GLANDT, D. und GEIGER, A. (1990): Reptilienschutz in Nordrhein-Westfalen. Situation – Forschungsstand – Probleme – Maßnahmen. – NZ/NRW Seminarber. 9: 9-13

GLAWION, R. (1993): Waldökosysteme in den Olympic Mountains und im pazifischen Nordwesten Nordamerikas. – Bochumer Geogr. Arb. 56

GLOVER, P. E., TRUMP, E. C. und WATERIDGE, L. E. D. (1964): Termitaria and vegetation patterns on the Loita plains of Kenya. – . Ecol. 52: 367-377

GLUTZ VON BLOTZHEIM, U. N. und BAUER, K. M. (1993): Handbuch der Vögel Mitteleuropas 13 (III). – Wiesbaden

GOMEZ-GARCIA, D., BORGHI, C. E. und GIANNONI, S. M. (1995): Vegetation differences caused by pine vole mound building in the subalpine plant communities in the Spanish Pyrenees. – Vegetatio 117: 61-67

GOODWIN, D. (1976): The crows of the world. – Ithaca, New York

GORDON, K. L. und ARNER, D. H. (o. J.): Preliminary study using chemosterilisants for control of nuisance beaver. – Hektogr. Manuskript

GORETZKI, J. (1999): Einfluß von Beutegreifern auf Feldhasenpopulationen. – In: Feldhasensymposium, Informationsveranstaltung am 16. 06. 1999 in Bonn (BUNDESMINISTERIUM FÜR ERNÄHRUNG, LANDWIRTSCHAFT UND FORSTEN, Hrsg.): 5-10

GOSLING, M. (1981): Climatic determinants of spring littering by feral coypus, Myocastor coypus. – J. Zool., London 195: 281-288

GOSLING, M. (1989): Extinction to order. – New Scientist 4: 44-49

GOSLING, L. M. und BAKER, S. J. (1989): The eradication of muskrats and coypus from Britain. – Biol. J. Linnean Soc. 38: 39-51

GOSSOW, H. (1976): Wildökologie. – München

GOSSOW, H. und HONSING-ERLENBURG, P. (1986): Management problems with re-introduced lynx in Austria. – In: Cats of the world: biology, conservation and management (MILLER, S. D. und EVERETT, D. D., Hrsg.), Nat. Wildl. Federation: 77-83, Washington D. C.

GOSZCYNSKA, W. und GOSZCYNSKI, J. (1977): Effect of the burrowing activities of the common vole and the mole on the soil and vegetation of the biocoenoses of cultivated fields. – Acta Theriologica 22 (10): 181-190

GÖTAMARK, F. (1992): Naturalness as an evaluation criterion in nature conservation: A response to Anderson. – Conserv. Bull. 6 (3): 455-458

GOUDIE, A. S. (1988): The geomorphological role of termites and earthworms in the tropics. – In: Biogeomorphology (VILES, H., Hrsg.): 166-192, Oxford

GOUDIE, A. (1994): Mensch und Umwelt. – Heidelberg

GOULD, M. S. und SWINGLAND, I. R. (1980): The tortoise and the goat: interactions on Aldabra Island. – Biol. Conserv. 17: 267-279

GOULSON, D. und STOUT, J. C. (1999): Impacts of introduced bumblebees in Tasmania. – Bull. Brit. Ecol. Soc. 30 (4): 39-40

GRAF, E. (1974): Zur Biologie und Gradologie des Grauen Lärchenwicklers, Z. diniana Gn. (Lep. Tortricidae) im schweizerischen Mittelland. – Z. angew. Entomol. 76: 233-251 und 347-379

GRAF, J. (1971): Tierbestimmungsbuch. – München

GRAFF, O. (1977): Wechselbeziehungen zwischen Regenwurmaktivität und Pflanze. – Ber. Int. Symp. Ver. Vegetationskunde, Vegetation und Fauna (Rinteln 12. - 15.4. 1976): 105-107

GRAFF, O. und MAKESCHIN, F. (1979): Der Einfluß der Fauna auf die Stoffverlagerung sowie die Homogenität und die Durchlässigkeit von Böden. – Z. Pflanzenernähr. Bodenk. 142: 476-491

GRAHAM, A., BEGG, R., GRAHAM, P. und RASKIN, P. (1982): An aerial survey of buffalo in the Northern Territory: A technical report. – Parks and Wildlife Unit, Conservation Commission of the Northern Territory, Darwin, N. T.

GRAHAM, P. (1977): The war against the walleby. – Tussock Grasslands & Mountain Lands Institute, Review 36: 5-15

GRASSE, J. E. (1949): Beaver and trout. – Wyoming Wildl. 13 (11): 4-13 und 34

GRASSE, J. E. (1951): Beaver ecology and management in the Rockies. – J. Forestry 49 (1): 3-6

GRASSE, P. P. (1984): Termitologia: fondation et construction. II. – Masson

GRASSE, P. P. und NOIROT, C. (1958): Le meule des termites champignonnistes et sa signification symbiotique. – Ann. Sci. Nat. Zool. Biol. Animale 20 (11): 113-128

GREEN, W. Q. (1984): A review of ecological studies relevant to management of the common brushtail possum. – In: Possums and gliders (SMITH, A. P. und HUME, A. P., Hrsg.): 483-499, Sydney

GRIFFITH, G. A. (1979): High sediment yields from major rivers in the western Southern Alps, New Zealand. – Nature 282: 61-63

GRINNEL, J. (1923): The burrowing rodents of California as agents in soil formation. – J. Mammalogy 4 (3): 137-149

GRISHIN, S. Y. und DEL MORAL, R. (1996): Dynamics of forests after catastrophic eruptions of Kamchatkas volcanoes. – In: Biodiversity and the dynamics of ecosystems (TURNER, I. M., DIONG, C. H., LIM, S. S. und NG, P. K. L., Hrsg), DIWPA Series 1: 133-146

GRISHIN, S. Y., DEL MORAL, R., KRESTOV, P. V. und VERKHOLAT, V. P. (1996): Succession following the catastrophic eruption of Ksudach volcano (Kamchakta 1907). – Vegetatio 127: 129-153

GROENMANN-VAN WAATERINGE, W. (1993): The effects of grazing on the pollen production of grasses. – Vegetation History and Archaeobotany 2: 157-162

GRUMMT, W. (1973): Der Waschbär. – In: Buch der Hege, Bd.1 (STUBBE, H., Hrsg.): 220-226

GRUTTKE, H. (1994): Investigations on the ecology of Laemostenus terricola (Coleoptera, Carabidae) in agricultural landscape. – In: Carabid beetles: ecology and evolution (DESENDER, K. et al., Hrsg.): 145-151, Den Haag

GRZIMEK, M. und GRZIMEK, B. (1960 a): Census of the plains animals in the Serengeti National Park, Tanganyika. – J. Wildl. Management 24: 27-37

GRZIMEK, M. und GRZIMEK, B. (1960 b): A study of the game of the Serengeti plains. – Z. Säugetierk. (Sonderheft) 25: 1-61

GTZ (1987): The ecology and control of the red-billed weaver bird (Quelea quelea L.) in Northeast Nigeria. – Eschborn

GUNN, T. C. und WALTON, D. W. H. (1985): Storage carbohydrate production and overwintering strategy in a winter-green tussock grass on South Georgia (Sub Antarctic). – Polar Biol. 4: 237-242

GUNSON, J. R. (1983): Wolf predation of livestock in western Canada. In: Wolves in Canada and Alaska (CARBYN, L. N., Hrsg.), Proc. Wolf Symp., Edmonton, Alberta, 12-14 May 1981. – Canad Wildl. Serv., Rep. Ser. 45: 102-105

GUTHÖRL, V. (1991): Rehwildverbiß und Waldvegetation. Allg. Forstz. 4: 175-177

GWYNNE, M. D. und BELL, R. H. V. (1968): Selection of vegetation compounds by grazing ungulates in the Serengeti National Park. – Nature 220: 390-393

HAAPASAARI, M. (1988): The oligotrophic heath vegetation of northern Fennoscandia and its zonation. – Acta Bot. Fenn. 135

HABERD, D. J. (1962): Some observations on natural clones of Festuca ovina L. – New Phytol. 61: 85-100

HABERD, D. J. (1967): Observations on natural clones of Holcus mollis. – New Phytol. 66: 401-408

HADLEY, K. S. und VEBLEN, T. T. (1993): Stand response to western spruce budworm and Douglas-fir bark beetle outbreaks, Colorado Front Range. – Canad. J. Forestry 23: 479-491

HALL, A. M. (1971): Ecology of beaver and selection of prey by wolves in central Ontario. – M. S. Thesis, Univ. Toronto

HALL, E. R. und KELSON, K. R. (1959): Mammals of North America. – New York

HALL, K., BOELHOUWERS, J. und DRISCOLL, K. (1999): Animals as erosion agents in the alpine zone: Some data and observations from Canada, Lesotho, and Tibet. – Arctic, Antarctic and Alpine Res. 31 (4): 436-446

HALL, K. J. und WILLIAMS, A. J. (1981): Animals as agents of erosion at sub-antarctic Marion Island. – South Afr. J. Antarct. Res. 10-11: 18-24

HALLER, H. (1992): Zur Ökologie des Luchses Lynx lynx im Verlauf seiner Wiederansiedlung in den Alpen. – Hamburg und Berlin

HALLER, H. (1996): Prädation und Unfälle beim Steinbock Capra ibex im Engadin. – Z. f. Jagdwiss. 42: 26-35

HÄMET-AHTI, L. (1963): Zonation of the mountain birch forest in northernmost Fennoscandia. – Ann. Bot. Soc. Zool. Bot. Fenn. 'Vanamo' 34 (4)

HAMER, D., HERRERO, S. und BRADY, K. (1991): Food and habitat used by grizzly bears, Ursus arctos, along the Continental Divide in Waterton Lakes National Park, Alberta. – Canad. Field Naturalist 105: 325-329

HAMILTON, R. G. (1996): Using fire and bison to restore a functional tallgrass prairie landscape. – Transact. 61st North Amer. Wildl. and Natural Resources Conf.: 208-214

HAMMELBACHER, K. und MÜHLENBERG, M. (1986): Laufkäfer (Carabidae) und Weberknechte (Opiliones) als Bioindikatoren für Skibelastung auf Almflächen. – Nat. und Landsch. 61 (12): 463-466

HANDEL, S. N. und BEATTIE, A. J. (1990): Verbreitung von Pflanzensamen durch Ameisen. – Spektr. d. Wiss., Okt. 1990: 150-156

HANDKE, K. (1996): Die Bedeutung tierökologischer Untersuchungen für die Angewandte Landschaftsökologie. – Arbeitsber. Landschaftsökologie Münster 2: 93-112

HANLEY, T. A. (1993): Balancing economic development, biological conservation, and human culture: the sitka black-tailed deer Odocoileus hemionus sitkensis as an ecological indicator. – Biol. Conserv. 66: 61-67

HANLEY, T. A. (1996): Potential role of deer (Cervidae) as ecological indicators of forest management. – Forest ecology and management 88: 199-204

HANSEN, H. L., KREFTING, L. W. und KURMIS, V. (1973): The forest of Isle Royale in relation to fire history and wildlife. – Minnesota Agricultural Experiment Station, Tech. Bull. 294

HANSEN, R. M. und MORRIS, M. J. (1968): Movement of rocks by northern pocket gophers. – J. Mammalogy 49: 391-399

HANSEN, R. M. und REID, V. H. (1973): Distribution and adaptation of pocket gophers. – In: Pocket gophers and Colorado mountain rangeland (TURNER, G. T., HANSEN, R. M., REID, V. H., TIETJEN, H. P. und WARD, A. L., Hrsg.), Colorado State Univ. Fort Collins, Bull. 554: 1-19

HANSON, J. R. (1984): Bison ecology in the northern plains and a reconstruction of bison patterns for the North Dakota region. – Plains Anthropologists 29 (104): 93-113

HANUSS, H. (1965): Der Bisam – ein gefährlicher Nager. – Mitt. DLRG 35: 1345-1350

HANXI, Y., ZHAN, W., JEFFER, J. N. R. und WARD, P. A. (1986): The temperate forest ecosystem. – Inst. Terrestr. Ecol. 20

HARDER, W. (1949): Zur Morphologie und Physiologie des Blinddarms der Nagetiere. – Verh. Dtsch. Zool. Ges. Mainz

HARDING, P. T. und ROSE, F. (1986): Pasture-woodland in Lowland Britain. – Huntingdon

HARMER, R. (1994): Natural regeneration of broadleaved trees in Britain: II Seed production and predation. – Forestry 67 (4): 275-286

HARPER, J. L. (1969): The role of predation in vegetational diversity. – In: Diversity and stability in ecological systems. - Broohaven Symp. Biol. 22: 48-62

HARRIS, W. V. (1961): Termites: their recognition and control. – London

HARRISON, M. D. K. und SYMES, R. G. (1989): Economic damage by feral American mink (Mustela vison) in England and Wales. – In: Mammals as pests (PUTNAM, R. J., Hrsg.): 242-250, London und New York

HARTHUN, M. (1999): Zur Bedeutung der Biberwiesen in der mitteleuropäischen Urlandschaft. – In: Europäische Landschaftsentwicklung mit großen Weidetieren (GERKEN, B. und GÖRNER, M., Hrsg.), Natur- und Kulturlandschaft 3: 146-155

HARTHUN, M. (2000): Einflüsse der Stauaktivität des Bibers (Castor fiber albicaulis) auf physikalische und chemische Parameter von Mittelgebirgs-Bächen (Hessen, Deutschland). – Limnologica 30: 21-35

HARTMANN, G. (1994): Ecological studies of a reintroduced beaver population. – Diss Uppsala, Sveriges Landbruksuniversitet, Institutionen för Viltekologi Rapport 25

HARTMAN, G. (1996): Habitat selection by European beaver (Castor fiber) colonizing a boreal landscape. – J. Zool. Lond. 240: 317-325

HARTMANN, H. (1980): Beitrag zur Kenntnis der Pflanzengesellschaften Spitzbergens. – Phyotocoenologia 8 (1): 65-147

HARTNETT, D. C., HICKMAN, K. R. und FISCHER, W. L. E. (1996): Effects of bison grazing, fire, and topography on floristic diversity in tallgrass prairie. – J. Range Management 49: 413-420

HÄSLER, R. und SCHÖNENBERGER, W. (1980): Bericht über die IUFRO-Dreiländer-Gebirgswaldbau-Tagung vom 17. bis 22. September 1979. – Schweiz. Z. Forstwesen 131 (4): 375-380

HATTON, J. C. und SMART, N. O. E. (1984): The effect of long-term exclusion of large herbivores on soil nutrient status in Murchison Falls National Park, Uganda. – Afr. J. Ecol. 22: 23-30

HAUGEN, A. D. und SHULT, M. J. (1972): Approximating pre-white-man animal influences and relationships in prairie natural areas. – Proc. Midwest Prairie Conf. 2: 17-19

HAUKIOJA, E. (1980): On the role of plant defences in the fluctuation of herbivore populations. – Oikos 5: 203-213

HAUKIOJA, E. (1982): Inducible defences of white birch to a geometrid defoliator, Epirrita autumnata. – In: Proc. 5th Int. Symp. Insect-Plant Relationships: 199-203, Pudoc, Wageningen

HAUKIOJA, E. und HAKALA, T. (1975): Herbivore cycles and periodic outbreaks. Formulation of a general hypothesis. – Rep Kevo Subarctic Res. Stn. 12: 1-9

HAUKIOJA, E., KAPIAINEN, K., NIEMELÄ, P. und TUOMI, J. (1983): Plant availability hypothesis and other explanations of herbivore cycles: complementary or exclusive alternatives. – Oikos 40: 419- 432

HAUKIOJA, E. und NIEMELÄ, P. (1977): Retarded growth of a geometrid larva after mechanical damage to leaves of its host tree. – Ann. Zool. Fennici 14: 48-52

HAUKIOJA, E. und NIEMELÄ, P. (1979): Birch leaves as a resource for herbivores: seasonal occurrence of increased resistance in foliage after mechanical damage of adjacent leaves. – Oecologia 39: 151-159

HAUKIOJA, E., SUOMALA, J. und NEUVONEN, S. (1985): Long-term inducible resistance in birch foliage: triggering cues and efficiency on a defoliator. – Oecologia 65: 363-369

HAWKINS, L. und NICOLETTO, P. F. (1992): Kangaroo rat burrows structure the spatial organization of ground-dwelling animals in a semiarid grassland. – J. Arid Environments 23: 199-208

HAYES, J. P., GROSS, S. P. und MCINTIRE, P. W. (1986): Seasonal variation in mycophagy by the western red-backed vole, Clethrionomys californicus, in southern Oregon. – Northwest Science 60 (4): 250-257

HEADY, H. F. (1968): Grassland response to changing animal species. – J. Soil and Water Conserv. 23 (5): 173-176

HEIDECKE, D. (1985): Ergebnisse und Probleme beim Schutz des Elbebibers. – Naturschutzarbeit in Berlin und Brandenburg 21: 6-12

HEIDECKE, D. (1997): Erfahrungen bei der Wiederansiedlung des Elbebibers. – In: Biber in der Kulturlandschaft – eine Illusion? – Int. Fachsymp. zur Wiederansiedlung des Bibers im Saarland, August 1994, Saarbrücken (MINISTERIUM FÜR UMWELT, ENERGIE UND VERKEHR, SAARBRÜCKEN; Hrsg.): 69-78

HEIDECKE, D. und KLENNER-FRINGES, B. (1992): Studien über die Habitatausnutzung des Bibers in der Kulturlandschaft. – In: Semiaquatische Säugetiere, Wiss. Beitr. Univ. Halle 1992: 215-265

HEIDECKE, D., STUBBE, M. und KÖNIGSFELD, T (2001): Status der Nutria Myocastor coypus (Molina, 1982) in Deutschland. – Beitr. Jagd- und Wildforsch. 26: 321-338

HEIKKILÄ, R. (1981): Damage in Scots pine plantations in northern Finland. – Folia Forestalia 497: 1-22

HEIKKILÄ, R. und HÄRKÖNEN, S. (1996): Moose browsing in young Scots pine stands in relation to forest management. – For. Ecol. Management 88: 179-186

HEIKKINEN, R. K. und KALLIOLA, R. J. (1989): Vegetation types and maps of the Kevo nature reserve, northernmost Finland. – Kevo notes 8

HEIM, R. (1963): Les termitomyces de la République Centrafricain I. – Cah. Maboke 1: 20-26

HEINRICH, B. und BARTHOLOMEW, G. A. (1980): Afrikanische Kotkäfer. – Spektr. d. Wiss. 1: 61-67

HELLE, R. (1966): An investigation of reindeer husbandry in Finland. – Fennia 95 (4)

HELLE, T. und ASPI, J. (1983): Effects of winter grazing by reindeer on vegetation. – Oikos40: 337-343

HELLE, T. und KOJOLA, I. (1993): Reproduction and mortality of Finnish semi-domesticated reindeer in relation to density and management strategies. – Arctic 46 (1): 72-77

HENRY, G. H. R. und SVOBODA, J. (1993): Composition of grazed and non-grazed High-Arctic sedge meadows. – In: Ecology of a polar oasis: Alexandra Fjord, Ellesmere Island, Canada (SVOBODA, J. und FREEDMAN, B., Hrsg.), Toronto, Campus University Publications: 193-194

HERMAN, R. K. (1987): Description of the host species. – In: Western spruce budworm (BROOKES, M. H., CAMPBELL, R. W., COLBERT, J. J., MITCHELL, R. G. und STARK, R. W., Hrsg.), USDA For. Serv., Cooperative State Res. Service, Tech. Bull. 1694: 43-56

HERRE, W. (1955): Das Ren als Haustier. Eine zoologische Monographie. – Leipzig

HERRERO, S. (1985): Bear attacks. Their causes and avoidance. – New York

HESPELER, B. (1990): Jäger wohin? Eine kritische Betrachtung deutschen Waidwerks. – München, Wien, Zürich

HESPELER, B. (1992): Rehwild heute. Lebensraum, Jagd und Pflege. 4. Aufl. – München, Wien, Zürich

HESPELER, B. (1995): Raubwild heute. Biologie, Lebensweise, Jagd. – München, Wien, Zürich

HESPELER, B. (1999): Wildschäden heute. Vorbeugung, Feststellung, Abwehr. – München, Wien

HESS, A. (1916): Der Tannenhäher in forstwirtschaftlicher Bedeutung. – Schweiz. Z. Forstwesen 67

HESSBURG, P. F., MITCHELL, R. G. und FILIP, G. M. (1994): Historical and current roles of insects and pathogens in eastern Oregon and Washington forested landscapes. – USDA For. Serv., Pacific Northwest Res. Stn., Gen. Tech. Rep. PNW-GTR 327

HESSE, P. R. (1955): A chemical and physical study on the soils of termite mounds in East Africa. – J. Ecol. 43: 449-461

HETH, G. (1991): The environmental impact of subterranean mole rats (Spalax ehrenbergii) and their burrows. – Symp. Zool. Soc. London 63: 265-880

HICKIE, P. F. (1936): Isle Royale moose studies. – Proc. North Amer. Wildl. Conf. 1: 396-399

HICKMAN, S. D. (1964): A beaver census of Moraine Park, Rocky Mountain National Park, Colorado State Univ., Fort Collins. – Hektogr. Manuskript

HILDEBRAND, G. V., HANLEY, T. A., ROBBINS, C. T. und SCHWARTZ, C. C. (1999): Role of brown bears (Ursus arctos) in the flow of marine nitrogen into a terrestrial ecosystem. – Oecologia 121: 546-550

HILL, E. P. (1976): Control methods for nuisance beaver in the southwestern United States. – Proc. 7. Vertebrate Pest Control Conf., March 9-11, Monterey, California (SIEBE, C. C., Hrsg.): 85-98

HINZ, W. (1976): Zur Ökologie der Tundra Zentralspitzbergens. – Norsk Polarinstitut Skrifter 163: 1-15

HINZE, G. (1950): Der Biber. Körperbau und Lebensweise, Verbreitung und Geschichte. – Berlin

HIRST, S. M. (1975): Ungulate-habitat relationships in a South African woodland /savanna ecosystem. – Wildl. Monographs 44: 5-60

HJORTH, I. (1994): Tjädern. En skogsfågel. - Jönköping

HOBBS, R. J. und HUENNECKE, I. F. (1992): Disturbance, diversity and invasion: Implications for conservation. – Conserv. Biol. 6: 324-337

HODGES, K. E., KREBS, C. J. und SINCLAIR, A. R. E. (1999): Snowshoe hare demography during a cyclic population low. – J. Animal Ecol. 68: 581-594

HODGSON, J. und ILLIUS, A. W. (Hrsg.) (1996): The ecology and management of grazing systems. – Wallingford

HOFMANN, A. und NIEVERGELT, B. (1972): Das jahreszeitliche Verteilungsmuster und der Äsungsdruck von Alpensteinbock, Gemse, Rothirsch und Reh in einem begrenzten Gebiet im Oberengadin. - Z. Jagdwiss. 18: 185-212

HOFMANN, R. (1973): The ruminant stomach. – East Afr. Monogr. Biol. 2, Nairobi

HOFMANN, R. (1977): Wildbiologische Erkenntnisse, ein Hilfsmittel zur Minderung der Waldschäden. – Allg. Forstz. 32 (5): 111-115

HOFMANN, R. (1978): Die Ernährung des Rehwildes im Jahresablauf. – Allg. Forstzeitschrift 33 (4): 1279-1284

HOFMANN, R., CORNELIUS, R., LINDER, R. und SCHEIBE, K. (1998): Wiedererstehen des postglazialen Großsäugerspektrums als landschaftsgestaltendes Multi-Spezies-System: ein Pilotversuch zur "Redynamisierung" halboffener Landschaften. – Schriftenr. Landschaftspfl. Natursch. 56: 301-315

HOFMANN, R. und STEWART, D. R. M. (1972): Grazer or browser: a classification based on the stomach structure and feeding habits of East African ruminants. – Mammalia 36 (2): 226-240

HOFFMANN, M. T., COWLING, R. M., DOUIE, C. und PIERCE, S. M. (1989): Seed predation and germination of Acacia eriloba in the Kuiseb River Valley, Namib Desert. – South Afr. J. Bot. 78: 443-457

HOGDON, H. E. und LANCIA, R. A. (1983): Behavior of the North American beaver, Castor canadensis. – Acta Zool. Fenn. 174: 99-103

HOHMANN, U. (1994): Status specific habitat use in the common buzzard Buteo buteo. – In: Raptor conservation today (MEYBURG, B.-U. und CHANCELLOR, R. D., Hrsg.): 359-366, Berlin, The Banks

HOHMANN, U. (2000): Mitbürger Waschbär. – DIE ZEIT Nr. 4, 20 Jan. 2000: 30

HOHMANN, U. (2001): Stand und Perspektiven der Erforschung des Waschbären in Deutschland. – Beitr. Jagd- und Wildforsch. 26: 181-186

HOLCROFT, A. C. und HERRERO, S. (1984): Grizzly bear digging sites for Hedysarum sulphurescens roots in southwestern Alberta. – Canad J. Zool. 62: 2571-2595

HOLE, F. (1981): Effects of animals on soil. – Geoderma 25: 75-112

HOLDGATE, M. W. (1967): The influence of introduced species on the ecosystems of temperate oceanic islands. – In: Towards a new relationship of man and nature in temperate lands, Part III: changes due to introduced species. IUCN Morges, Schweiz

HOLLEMANN, D. F. und LUICK, J. R. (1977): Lichen species preference by reindeer. – Canad. J. Zool. 55: 1368-1369

HOLLOWAY, J. T. (1950): Deer and the forest of Western Southland. – N. Z. Forestry 6: 123-137

HOLLOWAY, J. T. (1973): The status quo in animal control and management: A research assessment. – N. Z. For. Serv. Reprint No. 863

HOLTMEIER, F.-K. (1965): Die Waldgrenze im Oberengadin in ihrer physiognomischen und ökologischen Differenzierung. – Diss. Math.-Nat. Fakultät Univ. Bonn

HOLTMEIER, F.-K. (1966): Die ökologische Funktion des Tannenhähers im Zirben-Lärchenwald und an der Waldgrenze im Oberengadin. – J. Ornithol. 4: 337-345

HOLTMEIER, F.-K. (1967 a): Die Verbreitung der Holzarten im Oberengadin unter dem Einfluß des Menschen und des Lokalklimas. – Erdk. 21 (4): 249-258

HOLTMEIER, F.-K. (1967 b): Zur natürlichen Wiederbewaldung aufgelassener Alpweiden im Oberengadin. – Wetter und Leben 10: 195-200

HOLTMEIER, F.-K. (1968): Ergänzende Beobachtungen in der Steinwildkolonie am Schafberg und Piz Albris bei Pontresina. – Bündnerwald 21: 244-249

HOLTMEIER, F.-K. (1969 a): Das Steinwild in der Landschaft von Pontresina. – Natur und Museum 99 (1): 15-24

HOLTMEIER, F.-K. (1969 b): Die Landschaft von Pontresina im Luftbild. – Erdk. 23 (2): 133-142

HOLTMEIER, F.-K. (1972): The influence of animal and man on the alpine timberline. – Erdwiss.Forschung IV: 93-97

HOLTMEIER, F.-K. (1974): Geoökologische Beobachtungen und Studien an der subarktischen und alpinen Waldgrenze in vergleichender Sicht (nördliches Fennoskandien/ Zentralalpen). – Erdwiss. Forschung VIII

HOLTMEIER, F.-K. (1976): Pontresina - landschaftliche Bindung und aktuelle Probleme einer Oberengadiner Gemeinde. – Westf. Geogr. Studien 33: 329-249

HOLTMEIER, F.-K. (1978): Die bodennahen Winde in den Hochlagen der Indian Peaks Section, Colorado Front Range, USA. – Münstersche Geogr. Arb. 3: 3-47

HOLTMEIER, F.-K. (1982): "Ribbon-forest" und "Hecken" - streifenartige Verbreitungsmuster des Baumwuchses an der oberen Waldgrenze in den Rocky Mountains. – Erdk. 36: 142-153

HOLTMEIER, F.-K. (1985): Die klimatische Waldgrenze - Linie oder Übergangssaum (Ökoton)? Ein Diskussionsbeitrag unter besonderer Berücksichtigung der Waldgrenzen in den mittleren und hohen Breiten der Nordhalbkugel. – Erdk. 39: 271-285

HOLTMEIER, F.-K. (1986): Ökologische Studien in Lappland und Südfinnland. – Ges. Förd. der Westfälischen Willhelms-Univ. 1984/85: 22-26

HOLTMEIER, F.-K. (1987 a): Biber und Steinwild. Ökologische Aspekte der Wiederansiedlung von Tieren in ihren ehemaligen Lebensräumen. – Münstersche Geogr. Arbeiten 26: 99-117

HOLTMEIER, F.-K. (1987 b): Beobachtungen und Untersuchungen über den Ausaperungsverlauf und einige Folgewirkungen in "ribbon-forests" an der oberen Waldgrenze in der Front Range, Colorado. – Phytocoenologia 15 (3): 373-396

HOLTMEIER, F.-K. (1987 c): Der Baumwuchs als klimaökologischer Faktor an der oberen Waldgrenze. – Münstersche Geogr. Arbeiten 27: 145-151

HOLTMEIER, F.-K. (1990): Disturbance and management in larch-cembra pine forests in Europe. Proc. symp. Whitebark pine ecosystems: ecology and management of a high-mountain resource. – USDA For. Serv., Intermtn. Res. Stn., Gen.Tech. Rep. INT- 270: 25-36

HOLTMEIER, F.-K. (1993 a): Der Einfluß der generativen und vegetativen Verjüngung auf das Verbreitungsmuster der Bäume und die ökologische Dynamik im Waldgrenzbereich. Beobachtungen und Untersuchungen in Hochgebirgen Nordamerikas und den Alpen. – Geoökodyn. 14: 153-182

HOLTMEIER, F.-K. (1993 b): Timberlines as indicators of climatic changes: problems and research needs. – In: Oscillations of the alpine and polar tree limits in the Holocene (FRENZEL, B., Hrsg.). Spec. Issue: ESF Project European Palaeoclimate and Man 4: 211-222, Mainz, Straßburg, New York

HOLTMEIER, F.-K. (1994): Introduction to the Upper Engadine and its forests. Proceedings international workshop on subalpine stone pines and their environment: The status of our knowledge, St. Moritz, Switzerland, September 5-11, 1992 (SCHMIDT, W. und HOLTMEIER, F.-K., Compilers). – USDA For. Serv., Intermtn. Res. Stn., Gen. Tech. Rep. INT-GTR-309: 9-17

HOLTMEIER, F.-K. (1995 a): European larch (Larix decidua MILL = Larix europaea DE CANDOLLE) in Middle Europe with special reference to the central Alps. Proceedings symposium on ecology and management of Larix forests: A look ahead, Whitefish, Montana, U.S.A., October 5-9, 1992 (SCHMIDT, W. und MCDONALD, K. J., Compilers) – USDA For. Serv. Intermtn. Res. Stn., Gen. Tech. Rep. INT-319: 41-49

HOLTMEIER, F.-K. (1995 b): Waldgrenzen und Klimaschwankungen. Ökologische Aspekte eines vieldiskutierten Phänomens. – Geoökodyn. 15: 1-24

HOLTMEIER, F.-K. (1996): Die Wirkungen des Windes in der subalpinen und alpinen Stufe der Front Range, Colorado, U.S.A. – Arb. Inst. Landschaftsökol., Westf. Wilhelms-Univ. Münster 1: 19-45

HOLTMEIER, F.-K. (1997): Timberlines: research in Europe and North America. – In: Pallas-Symposium 1996 (LOVÉN, L. und SALMELA, S., Hrsg.), Finnish Forest Res. Inst., Res. Papers 623: 23-36

HOLTMEIER, F.-K. (1999): Tiere als landschaftsökologische Faktoren. – Arb. Inst. Landschaftsökol. Westf. Wilhelms-Univ. Münster 6

HOLTMEIER, F.-K. (2000): Die Höhengrenze der Gebirgswälder. – Arb. Inst. Landschaftsökol. Westf. Wilhelms-Univ. Münster 8

HOLTMEIER, F.-K. (2001): Changes in the timberline ecotone in northern Finnish Lapland during the last thirty years. – Rep. Kevo Subarct. Res. Inst., in press

HOLZGANG, O., ACHERMANN, G. und GIGON, A. (1996): Productivity and usage by red deer (Cervus elaphus L.) of two subalpine grasslands in the Swiss National Park. – Bull. Geobot. Inst. ETH: 35-45

HONE, J. (1990): How many feral pigs in Australia? – Austr. Wildl. Res. 17: 571-572

HONE, J. (1999): On rate of increase: Patterns of variation in Australian mammals and the implications for wildlife management. – J. Appl. Ecol. 36: 709-718

HOOGESTEGER, J. und KARLSSON, P.S. (1992): Effects of defoliation on radial growth and photosyn thesis in the mountain birch (Betula pubescens ssp. tortuosa). – Functional Ecology 6: 317-323

HOOVEN, E. F. (1971): Pocket gopher damage on ponderosa pine plantations in southwestern Oregon. – J. Wildl. Management 35 (2): 346-353

HÖPER, J. (1997): Stoffausträge aus Böden forstlich bewirtschafteter Standorte im Wassereinzugsgebiet Hohe Ward, Münster. – Diplomarb. Inst. Landschaftsökol., Westf. Wilhelms-Univ. Münster

HORN, E. (1968): Das Pelzbuch. – München

HOUSTON, D. B. (1971): Ecosystems of natural parks. – Science 172: 648-651

HOUSTON, D. B. (1976): The status of research on ungulates in northern Yellowstone Park. – In: Research in the parks. Transact. Nat. Parks Centennial Symp., 1971, Nat. Park Serv. Symp. Ser. 1: 11-27

HOUSTON, D. B. (1982): The northern Yellowstone elk-ecology and management. – New York

HOUSTON, D. B., MOORHEAD, B. B. und OLSEN, R. W. (1986): An aerial census of mountain goats in the Olympic Mountain Range. – Northwest Sci. 60: 131-136

HOUSTON, D. B. und STEVENS, V. (1988): Resource limitation in mountain goats: a test by experimental cropping. – Canad. J. Zool. 66: 228-238

HOWARD, R. J. und LARSON, J. S. (1985): A stream habitat classification system for beaver. – J. Wildl. Management 49 (1): 19-25

HOWARD, W. E. (1965): Interaction of behavior, ecology and genetics of introduced mammals. – In: The genetics of colonizing species (BAKER, H. G. und STEBBINS, G. L., Hrsg.): 147-150, New York

HOWARD, W. E. und COLE, R. E. (1967): Olfaction in seed detection by deer mice. – J. Mammalogy 48: 147-150

HOWE, H. F. und WESTLEY, L. C. (1993): Anpassung und Ausbeutung: Wechselbeziehungen zwischen Pflanzen und Tieren. – Heidelberg, Berlin, Oxford

HUDSON, R. J. und WHITE, R. G. (1985): Bioenergetics of wild herbivores. – Boca Raton

HUGGET, R. J. (1995): Geoecology, an evolutionary approach. – London und New York

HUGO, R. (2001): Integrierte Gewässerinformationssysteme - Der Biber. – KA-Wasserwirtschaft, Abwasser, Abfall 48 (5): 694-699

HUNGER, U. (1999): Hamsterdrama zu Göttingen. Wie das Schicksal einer Feldhamsterkolonie eine Stadt in Atem hält. Eine Chronik. – DIE ZEIT 41, 7. 10. 1999: 39

HUNTLEY, B. J. und WALKER, B. H. (Hrsg.) (1982): Ecology of tropical savannas. – Berlin, Heidelberg, New York

HUNTLY, N. und INOUYE, R. (1988): Pocket gophers in ecosystems: patterns and mechanisms. – BioScience 38 (11): 786-203

HUNZIKER, M. (2000): Warum sind Raubtiere willkommen – warum nicht? – Das Jahr 1999, Jahresber. Eidg. Forschungsanst. WSL: 22-23

HUSTICH, I. (1966): On the forest-tundra and the northern tree-lines. – Rep. Kevo Subarct. Res. Stn. 3: 7-47

HUSTON, M. A. (1994): Biological diversity. The coexistence of species in changing landscapes (2. Aufl.). – Cambridge

HUSTON, M. A. (1997): Hidden treatments in ecological experiments: re-evaluating the ecosystem function of biodiversity. – Oecologia 110: 449-460

HUTCHINS, M. (1995): Olympic mountain goat controversy continues. – Conserv. Biol. 9 (5): 1324-1326

HUTCHINS, M., STEVENS, V. und ATKINS, N. (1982): Introduced species and the issue of animal welfare. – Int. J. of Studies on Animal Problems 3: 318-336

IDA, H. und NAKAGOSHI, N. (1996): Gnawing damage by rodents to the seedlings of Fagus crenata and Quercus mongolica var. grosseserrata in a temperate Sasa grassland-deciduous forest series in southwestern Japan. – Ecol. Res. 11: 97-103

IMESON, A. C. (1976): Some effects of burrowing animals on slope processes in the Luxembourg Ardennes, Pt. 1: Excavation of animal burrows in experimental plots. – Geografiska Annaler 58A: 115-125

INGHAM, R. E. und DETLING, J. K. (1984): Plant-herbivore interactions in a North American mixed-grass prairie. III. Soil nematode populations and root biomass on cynomis ludovicianus colonies and adjacent uncolonized areas. – Oecologia 63: 307-313

INOUYE, R. S., HUNTLY, N. J., TILMAN, D., TESTER, J. R., SILLWELL, M. A. und ZINNEL, K.C. (1987): Old-field succession on a Minnesota sand plain. – Ecol. 68: 12-26

IRVIN, L. L., COOK, J. G., RIGGS, R. A. und SKOVLIN, J. M. (1994): Effects of long-term grazing by big game and livestock in the Blue Mountains forests ecosystems. – USDA For. Serv., Pac. Northwest Res. Stn., Gen. Tech. Rep. PNW-GTR 325

ISENBERG, A. C. (2000): The destruction of the bison. An environmental history, 1750 – 1920. – Cambridge

IVES, R. I. (1942): The beaver-meadow complex. – J. Geomorph. 5: 191-203

JACKSON, D. B. (2001): Experimental removal of introduced hedgehogs improves wader nest success in the Western Isles, Scotland. – J. Appl. Ecol. 38: 802-812

JACOBI, A. (1931): Das Rentier, eine zoologische Monographie der Gattung Rangifer. – Zool. Anz. 96, Leipzig

JAHN, E. (1968): Beobachtungen zum Massenwechsel von Forstinsekten im Hochgebirge. – Verh. Dtsch. Zool. Ges. Innsbruck: 734-740

JAKUBIEC, Z. (1993): Ursus arctos Linnaeus, 1758 – Braunbär. – In: Handbuch der Säugetiere Europas, Raubsäuger (Teil I) (STUBBE, M. und KRAPP, F., Hrsg.): 254-300, Wiesbaden

JANZEN, D. H. (1981): Enterolobium cyclocarpum seed passage rate and survival in horses, Costa Rican pleistocene seed dispersal agents. – Ecol. 62 (3): 593-601

JANZEN, D. H. (1983): Food webs: who eats what, why, how, and with what effects in a tropical forest. – In: Tropical forest ecosystems (GOLLEY, F. B., Hrsg.): 167-182, Amsterdam

JARMAN, P. (1986): The red fox-an exotic large predator. – In: The ecology of exotic animals and plants. Some Australian case histories (KITCHING, R. L., Hrsg.).: 45-61, Brisbane, New York, Chichester, Toronto, Singapore

JARMAN, P. J. und SINCLAIR, A. R. E. (1979): Feeding strategy and the pattern of resource partitioning in ungulates. – In: Serengeti: Dynamics of an ecosystem (SINCLAIR, A. R. E. und NORTON-GRIFFITHS, M., Hrsg.): 130-163, Chicago

JÄRVINEN, A. (1987): Microtine cycles and plant production: what is cause and effect? – Oikos 49 (3): 352-357

JARVIS, J. U. M. (1981): Eusociality in a mammal: cooperative breeding in naked mole-rat colonies. – Science 212 (4494): 571-573

JEDICKE, E. (1994): Biotopverbund. Grundlagen und Maßnahmen einer neuen Naturschutzstrategie. - Stuttgart

JEDICKE, E. (1996): Tierökologische Daten in raumbedeutsamen Planungen. – Geogr. Rdsch. 48 (11): 623-639

JENKINS, S. H. (1975): Food selection by beavers. A multidimensional contingency table analysis. – Oecologia 21: 157-173

JENKINS, S. H. (1979): Seasonal and year-to year differences in food selection by beavers. – Oecologia 44: 112-116

JENKINS, S. H. (1980): A size-distance relation in food selection by beavers. – Ecol. 61 (4): 740-746

JENKINS, S. R. und WINKLER, W. G. (1987): Descriptive epidemiology from an epizootic of racoon rabies in the Atlantic States, 1982-1983. – Amer. J. Epidemiol. 126 (3): 429-437

JENSEN, C. L. und BELSKY, A. J. (1989): Grassland homogeneity in Tsavo National Park (West), Kenya. – Afr. J. Ecol. 27: 35-44

JESCHKE, L. (1997): Pflege einer Küstenheide auf Hiddensee durch Wildschafe. – Schriftenr. Landschaftspfl. Natursch. 54: 177-188

JEZIERSKI, W. und MYRCHA, A. (1975): Food requirements of a wild boar population. – Polish Ecol. Studies 1: 61-83

JOACHIM, A. W. R. und KANDIAH, S. (1940): Studies on Ceylon soils XIV. A comparison of soils from termite mounds and adjacent lands. – Trop. Agric. Mag. Ceylon agric. Soc. 104: 119-129

JOB, H. (1999): Probleme afrikanischer Großschutzgebiete - die Situation Kenias und das Fallbeispiel Samburn National Reserve. – Petermanns Geogr. Mitt. 143 (1): 3-15

JOBIN, A. (1998): Der Einfluß des Luchses auf die Beutepopulation. – Schriftenr. Landesjagdverb. Bayern e. V.: 11-12

JOHANESSON-GROSS, K. (1996): Qualitative Indizien zum Vorkommen des Maulwurfs (Talpa europaea): Seine gewöhnlichen und außergewöhnlichen Aktivitätsspuren. – Schriftenr. Landschaftspfl. Natursch. 46: 77-83

JOHNSON, C. E. (1927): The beaver in the Adirondacks: its economics and natural history. – Roosevelt Wildl. Bull. 4 (4)

JOHNSON, C. F., COWLING, R. M. und PHILLIPSON, P. B. (1999): The flora of the Addo Elephant National Park, South Africa: are threatened species vulnerable to elephant-damage? – Biodiv. and Conserv. 8: 1447-1456

JOHNSON, C. G., CLAUSNITZER, R. R., MEHRINGER, P. J. und OLIVER, C. D. (1994): Biotic and abiotic processes of eastside ecosystems: The effects of management on plant and community ecology, and on stand and landscape vegetation dynamics. – USDA For. Serv., Pacific Northwest Res. Stn. Gen. Tech. Rep. PNG-GTR 322

JOHNSON, P. C. und DENTON, R. E. (1975): Outbreaks of the western spruce budworm in the American northern Rocky Mountain area from 1922 through 1971. – USDA For. Serv., Intermountain Forest and Range Exp. Stn., Ogden, Utah, Gen. Tech. Rep. INT-20

JOHNSON, W. C. und WEBB, T. (1989): The role of blue jay (cyanocitta cristata) in the postglacial dispersal of fagaceous trees in Eastern North America. – J. Biogeogr. 16: 561-571

JOHNSTON, C. A. (1995): Effects of animals on landscape pattern. – In: Mosaic landscapes and ecological processes (HANSSON, L., FAHRIG, L. und MERRIAM, G., Hrsg.): 57-80, London

JOHNSTON, C. A. und NAIMAN, R. J. (1987): Boundary dynamics at the aquatic-terrestrial interface: The influence of beaver and geomorphology. – Landscape Ecology 1 (1): 47-57

JOHNSTON, C. A. und NAIMAN, R. J. (1990 a): Browse selection by beaver: effects in riparian forest composition. – Canad. J. For. Res. 20: 1036-1043

JOHNSTON, C. A. und NAIMAN, R. J. (1990 b): The use of a geographic information system to analyze long-term landscape alteration by beaver. – Landscape Ecology 4 (1): 5-19

JOHNSTON, C. A. und NAIMAN, R. J. (1990 c): Aquatic patch creation in relation to beaver population trends. – Ecol. 71 (4): 1617-1621

JOHNSTON, W. F. (1990): Larix laricina (Du Roi) K. Koch. Tamarack. – In: Silvics of North America. Vol. 1. Conifers (BURNS, R. M. und HONKALA. H., Tech. Coordinators). Agricult. Handbook 654, USDA For. Serv., Washington D. C.

JOLY, Y., FRENOT, Y. und VERNON, P. (1987): Environmental modifications of a subantarctic peat-bog by the wandering albatross (Diomedea exulans): A preliminary study. – Polar Biol. 8: 61-72

JONCA, E. (1972): Winter denudation of molehills in mountainous areas. – Acta Theriologica 17 (31): 407-417

JONES, J. A. (1990): Termites, soil fertility, and carbon cycling in dry tropical Africa: a hypothesis. – J. Tropical Ecol. 6: 291-305

JONES, M. J. (1973): The organic matter content of the savanna soils of West Africa. – J. Soil Sci. 24: 42-53

JONES, M. G. (1933): Grassland management and its influence on the sward. – Empire J. Experiment. Agricult.1: 43-367

JOPE, K. L. (1985): Implications of grizzly bear habituation to hikers. – Wildl. Soc. Bull. 13: 32-37

JOSENS, G. (1992): The soil fauna of tropical savannas. – In: Tropical savannas (BOURLIÈRE, F., Hrsg.), Ecosystems of the World 13:505-524, Amsterdam

JULANDER, O., LOW, J. B. und MORRIS, O. W. (1959): Pocket gophers on seeded Utah mountain range. – J. Range Management 12 (5): 219-224

JULANDER, O., ROBINETTE, W. L. und JONES, D. A. (1961): Relation of summer range condition to mule deer herd productivity. – J. Wildl. Management 25: 54-60

JUNGBLUTH, J. H. (1978): Der tiergeographische Beitrag zur ökologischen Landschaftsforschung. – Biogeographica 13

KACZENSKY; P. und KNAUER, F. (2001): Wiederkehr des Braunbären in die Alpen – Erfahrungen mit einem anspruchsvollen Großräuber. – Beitr. Jagd- und Wildforsch. 26: 67-75

KAJIMOTO, T., ONODERA, H., DAIMARU, H. und SEKI, T. (1998): Seedling establishment of subalpine stone pine (Pinus pumila) by nutcracker (Nucifraga) seed dispersal on Mt. Yumori, Northern Japan. – Arctic and Alpine Res. 30 (4): 408-417

KALCHREUTER, H. (1981): Erste Erfolge der Birk- und Auerhuhn-Projekte in Baden-Württemberg. – Nat . und Landsch. 56 (4): 129-130

KALCHREUTER, H. (1994): Rabenvögel und Artenschutz - Aktueller Stand. – Gutachten im Auftrag des Niedersächsischen Ministeriums für Ernährung, Landwirtschaft und Forsten und gefördert mit Jagdforschungsmitteln des Landes Niedersachsen.

KALCHREUTER, H. und WAGNER, E. (1981): Ausbürgerung von Auerwild - Projektbericht. – Der Jäger in Baden-Württemberg, Mai '81: 3-4

KALELA, O. (1957): Regulation of reproduction rate in subarctic populations of the vole Clethrionomys rufocanus (Sund.). – Ann. Acad. Scient. Fenn., Ser. A IV Biologica 34

KALELA, O. (1962): On the fluctuations in the numbers of arctic and boreal small rodents as a problem of production biology. – Ann. Acad. Scientarum Fennicae, Series A, IV. Biologica 66: 1-38

KALLIO, P. (1975): Kevo, Finland. - In: Structure and function of tundra ecosystems (ROSWALL, T. und HEAL, O. W., Hrsg.). – Ecol. Bulletins (Stockholm) 20: 193-223

KALLIO, P. und KÄRENLAMPI, L. (1971): A review of the stage reached in the Kevo IBP in 1970. – In: IBP Tundra Biome, Working Meeting on Analysis of Ecosystems, Kevo, Finland, Sept. 1970 (HEAL, O. W., Hrsg.): 79-89, London

KALLIO, P. und LEHTONEN, J. (1973): Birch forest damage caused by Oporinia autumnata (BKH.) in 1965-1966 in Utsjoki, N-Finland. – Rep. Kevo Subarctic Res. Stn. 10: 55-59

KALLIO, P. und LEHTONEN, J. (1975): On the ecocatastrophe of birch forests caused by Oporinia autumnata (Bkh.) and the problem of reforestation. – In: Fennoscandian tundra ecosystems, Part 2 (WIELGOLASKY, F. E., Hrsg.). – Ecol. Studies 17: 174-180

KALLIOLA, R. (1939): Pflanzensoziologische Untersuchungen in der alpinen Stufe Finnisch-Lapplands. – Ann .Bot. Soc. Zool.-Bot. Fenn. Vanamo 13 (2)

KALLIOLA, R. (1941): Tunturimittari (Oporinia autumnata) subalpiinisten koivikoiden tuholainen – Luonnon Ystävä 45: 45-60 (zit. in NUROTEVA 1963)

KAMPF, H. (2000): The role of large grazing animals in nature conservation – a Dutch perspective. – British Wildlife 12: 37-46

KAMPMANN, H. (1972): Der Waschbär in Deutschland. – Diss. Forstl. Fak. Georg-August-Univ. Göttingen

KAMPMANN, H. (1973): Der Waschbär, ein in Deutschland unerwünschtes Raubtier. – Wild und Hund 75 (21): 123-124

KÄMPFER, M. (1967): Biber (Castor) - Biologie, Ökologie, Vorkommen, Wiedereinbürgerung. – Bundesanst. Vegetationsk., Natursch. Landschaftspfl., Bibliographie Nr. 5

KAREIVA, P. (1996): Diversity and sustainability on the prairie. – Nature 379: 673-674

KÄRENLAMPI, L. (1972): On the relationships of Scots pine annual ring width and some climatic variables at the Kevo Subarctic Research Station. – Rep. Kevo Subarct. Res. Stn. 9: 78-81

KARHU, K. J. und NEUVONEN, S. (1998): Wood ants and geometrid defoliator of birch: predation outweighs beneficial effects through the host plant. – Oecologia 113: 509-516

KASHULINA, G., REIMANN, C., FINNE, T. E., HALLERAKER, J. H., ÄYRÄS, M. und CHEKUSHIN, V. A. (1997): The state of the ecosystems in the Central Barents Region: scale, factors and mechanism of disturbance. – The Science of Total Environment 206: 203-225

KASPAREK, M. (1996): Dismigration und Brutarealexpansion der Türkentaube (Streptopelia decaocto). – J. Ornithol. 137 (1): 1-33

KAULE, G. (1991): Arten- und Biotopschutz (2. Aufl.) – Stuttgart

KAUHALA, K., KAUNISTO, M. und HELLE, E. (1993): Diet of the racoon dog, Nyctereutes procynoides, in Finland. – Z. Säugetierk. 58: 129-136

KÄYHKÖ, J. und PELLIKKA, P. (1994): Remote sensing of the impact of reindeer grazing on vegetation in northern Fennoscandia using SPOT XS data. – Polar Res. 13: 115-124

KEITH, L. B. (1983): Role of food in hare population cycles. – Oikos 40: 385-395

KEITH, L. B., CARY, J. R., RONGSTAD, O. J. und BRITTINGHAM, M. C. (1984): Demography and ecology of a declining snowshoe hare population. – Wildl. Monographs 90: 1-43

KELSALL, J. A. (1957): Continued barren-ground caribou studies. – Canad. Wildl. Serv., Wildl. Management Bull. Ser. 1 (12)

KELSALL, J. A. (1968): The migratory barren-ground caribou of Canada. – Canad. Wildl. Serv. Monogr. 3

KENDALL, K. C. (1983): Use of pine nuts by grizzly and black bears in the Yellowstone area. – Int. Conf. Bear Res. Management 5: 166-173

KENDALL, K. C. und ARNO, S. F. (1990): Whitebark pine - an important but endangered wildlife resource. Proc. Symp. on Whitebark Pine Ecosystems: Ecology and Management of a High-Mountain Resource, Bozeman MT March 29-31, 1989 (SCHMIDT, W. C., Hrsg.). – USDA For. Serv., Intermountain Res. Stn., Gen. Tech. Rep. INT 270: 264-273

KENNEL, E. (1998): Was kann das Vegetationsgutachten zum nachhaltigen Management eines waldverträglichen Schalenwildbestandes leisten? Vorschlag zur Bewertung von Verbissbefunden. – Ber. ANL 22: 51-58

KENWARD, R. E. (1989): Bark-stripping by grey squirrels in Britain and North America: why does the damage differ? – In: Mammals and pests (PUTNAM, R. J. (Hrsg.): 144-154, London, New York

KEPLIN, B. (1995): Untersuchungen zur Bodenfauna städtischer Grünflächen unter dem Einfluß verschiedener Pflegemaßnahmen. – Diss. Math. -Nat. Fak. Westf. Wilhelms-Univ. Münster, Arbeitsber. Landschaftsökol. Münster

KERBES, R. H., KOTANEN, P. M. und JEFFERIES, R. L. (1990): Destruction of wetland habitats by lesser snow geese: a keystone species on the west coast of Hudson Bay. – J. Appl. Ecol. 27: 241-258

KERLEY, G. I. H. und BOSHOFF, A. (1997): A proposal for a greater Addo National Park. A regional and natural conservation development opportunity. – Terrestrial Ecology Unit Report 17: University of Port Elizabeth, South Africa

KERR, I. G. C. (1989): What are they doing about rabbits? – J. New Zeal. Mountain Lands Institute, Rev. 46: 11-24

KERSHAW, K. A. und MACFARLANE, J. D. (1980): Physiological-environmental interactions in lichens. X. Light as an ecological factor. – New Phytol. 84: 687-702

KEYA, S. O., MURERIA, N. K. und ARSHAD, M. A. (1982): Population dynamics of soil microorganisms in relation to proximity of termite mounds in Kenya. – J. Arid Environments 5: 353-359

KHOMENTOVSKY, P. A., BALTENSWEILER, W., EFREMOVA, L. S., PAVLENKO, T. V. und MARYCHEVA, E. M. (1997): The first record of an outbreak of the larch bud moth, Zeiraphera diniana Gn. (Lep., Tortricidae) on an evergreen conifer host (Pinus pumila [Pall.] Regel) in north-eastern Asia. – J. Appl. Entomol. 121: 1-7

KIGHTLEY, S. P. J. und SMITH, R. I. L. (1976): The influence of reindeer on the vegetation of South Georgia. I. Long-term effects of unrestricted grazing and the establishment of exclosure experiments in various plant communities. – Brit. Antarct. Surv. Bull. 44: 57-76

KING, C. M. (Hrsg.) (1990 a): The handbook of New Zealand mammals. – Melbourne, Oxford, New York

KING, C. M. (1990 b): Introduction. – In: The handbook of New Zealand mammals (KING, C. M., Hrsg.): 3-21, Melbourne, Oxford, New York

KINGSTON, T. J. und COE, M. (1977): The biology of a giant dung-beetle (Heliocopris dilloni) (Coleoptera: Scarabaeidae). – J. Zool. 181: 243-263

KIRCHHEFER, A. (1996): A dendrochronological study on the effect of climate, site, and insect outbreaks on the growth of Betula pubescens coll. in northern Norway. – In: Holocene treeline oscillations, dendrochronology and paleoclimate (FRENZEL, B., Hrsg.), Spec. Issue: ESF Project European Palaeoclimate and Man 13: 93-106

KIRK, H. B. (1920): Opossums in New Zealand. – N. Z. Parliament: 1st session, 20th Parliament, Appendix H. 28 to Journals of the House of Representatives (zit. in PRACY 1962)

KIRKPATRICK, J. B., MASSEY, J. S. und PARSONS, R. F. (1974): Natural history of Curtis Island, Bass Strait. 2. Soils and vegetation. – Papers and Proceedings Roy. Soc. Tasmania 107: 131-144

KITCHING, R. L. (1986): Exotics in Australia and elsewhere. – In: The ecology of exotic animals and plants. Some Australian case histories (KITCHING, R. L., Hrsg.): 1-5, Brisbane, New York, Chichester, Toronto, Singapore

KLAUS, S. und ANDREEV, V. (2001): Raufußhühner als "Landschaftsgärtner": Steinauerhühner in Nordostsibirien. – Der Falke 48: 132-137

KLAUSNITZER, B. (1987): Ökologie der Großstadtfauna. – Stuttgart und New York

KLAUSNITZER, B. (1989): Verstädterung von Tieren. – Die Neue Brehm-Bücherei 579, Wittenberg-Lutherstadt

KLEIN, D. R. (1962): Rumen contents analysis as an index to range quality. – Transact. North Amer. Wildl. Conf. 27: 150-164

KLEIN, D. R. (1968): The introduction, increase and crash of reindeer on St. Matthew Island. – J. Wildl. Management 32: 350-367

KLEIN, D. R. (1970): Food selection by North American deer and their responses to over-utilization of preferred plant species. - In: Animal populations in relation to their food resources (WATSON, A., Hrsg.): 25-46, Oxford

KLEIN, D. R. und BAY, C. (1990): Foraging dynamics of muskoxen in Peary Land, northern Greenland. – Holarct. Ecol. 13: 269-280

KLEKOWSKY, R. Z. und OPALINSKI, K. W. (1986): Matter and energy flow in Spitsbergen ornithogenic tundra. – Polar Res. 4 , n. s.: 187-197

KLEMANN, N. (1997): Das "Europareservat Rieselfelder" als Habitat der allochthonen Nutria (Myocastor coypus). – Diplomarb. Inst. Landschaftsökol., Westf. Wilhelms-Univ. Münster

KLENNER-FRINGES, B. (1997): Die Ansprüche des Bibers in der Kulturlandschaft. – In: Der Biber in der Kulturlandschaft - eine Illusion? Int. Fachsymp. zur Wiederansiedlung des Bibers im Saarland (MINISTERIUN FÜR UMWELT, ENERGIE UND VERKEHR, SAARBRÜCKEN, Hrsg.): 49-55

KLIMETZEK, D. und WELLENSTEIN, G. (1978): Assimilatentzug und Zuwachsminderung an Forstpflanzen durch Baumläuse (Lachnidae) unter dem Einfluß von Waldameisen (Formicidae). – Forstw. Cbl. 97: 1-12

KLINK, H.-J. (1978): Ökologische Raumgliederung. – In: Natur und Umweltschutz in der Bundesrepublik Deutschland (OLSCHOWY, G., Hrsg.): 55-68, Hamburg und Berlin

KLOFT, W. J. und GRUSCHWITZ, M. (1988): Ökologie der Tiere. – Stuttgart

KLÖZLI, F. (1965): Qualität und Quantität der Rehäsung. – Veröff. Geobot. Inst. ETH, Stiftung Rübel, Zürich 38

KLÖTZLI, F. (1977): Wild und Vieh im Gebirgsland Äthiopiens. – Ber. Int. Symp. Ver. Vegetationskunde, Vegetation und Fauna (Rinteln 12, - 15. 4. 1976): 498-512, Vaduz

KNAPP, A. K. und SEASTEDT, T. R. (1986): Detritus accumulation limits productivity of tallgrass prairie. – BioScience 36: 662-668

KNAPP, R. (1965): Die Vegetation von Nord- und Mittelamerika und der Hawaii-Inseln. – Stuttgart

KNAUER, N. und GERTH, H. (1980): Wirkungen einiger Landschaftspflegeverfahren auf die Pflanzenbestände und Möglichkeiten der Bestandeslenkung durch Schafweide im Bereich von Grünlandbrachflächen. – Phytocoenologia 7: 218-236

KNAUS, W. und SCHRÖDER, W. (1975): Das Gamswild. Naturgeschichte, Verhalten, Ökologie, Hege und Jagd, Krankheiten (2. Aufl.). – Hamburg und Berlin

KNIEF, W. und BORKENHAGEN, P. (1993): Ist eine Bestandesregulierung von Rabenkrähen und Elstern erforderlich? - Ein Untersuchungsbeispiel aus Schleswig-Holstein. – Nat. und Landsch. 68 (3): 102-107

KOFORD, C. B. (1958): Prairiedogs, whitefaces, and blue grama. – Wildl. Monographs 3

KOMARKOVA, V. und WIELGOLASKI, F. E. (1999): Stress and disturbances in cold region ecosystems. – In: Ecosystems of disturbed ground (WALKER, L. R., Hrsg.), Ecosystems of the world 16: 39-121, Amsterdam

KOMPOSCH, B. und GUTLEB, B. (1999): Bestandessituation von Wolf, Bär und Luchs in den südöstlichen Kalkalpen (Österreich). – Artenschutzreport 9: 42-44

KONATE, S., MERDACI, K., LEPAGE, M., LE ROUX, X. und TESSIER, D. (1998): Effect of termitaria on spatio-temporal variations of soil water in a tropical savanna. – Proc. 16. World Congr. Soil Sci., Montpellier, Frankreich, 20. - 26. 08. 1998, Symp. Nr. 18, Beitrag 1129

KOOIKER, G. (1998): Warum werden Elstern immer noch getötet. Rabenvogelstreit. – Der Falke 45: 122-126

KORN, H. (1991): Small mammals and the mosaic-cycle concept of ecosystems. – In: The mosaic cycle concept of ecosystems (REMMERT, H., Hrsg.). – Ecol. Studies 85: 106-131

KORN, H. und KORN, U. (1989): The effect of gerbils (Tatera brantsii) on primary production and plant species composition in a southern African savanna. – Oecologia 79: 271-278

KOSHINKA, T. V. (1970): On population dynamics of the lemming. – Fauna Ekologia Grusinov 9: 11-61 (Russisch, Engl. Zusammenfassung)

KOSTRZEWA, R. (1998): Die Alken des Nordatlantiks. – Wiesbaden

KOTANEN, P. M. (1995): Responses of vegetation to a changing regime of disturbance: effects of feral pigs in a Californian coastal prairie. – Ecography 18: 190-199

KOTTER, M. M. (1981 a): Interrelationships of tassel-eared squirrels, ponderosa pine, and hypogeous mycorrhizal fungi. – M.S. thesis, Ohio State University, Columbus

KOTTER, M. M. (1981 b): Interrelationships of tassel-eared squirrels. – Mycol. 76 (4): 760-763

KOTTER, M. M. und FARENTINOS, R.C. (1984 a): Formation of ponderosa pine ectomycorrhizae after inoculation with feces of tassel-eared squirrels. – Mycologia 76 (4): 760-763

KOTTER, M. M. und FARENTINOS, R. C. (1984 b): Tassel-eared squirrels Sciurus aberti ferreus as spore dispersal agents of hypogeous mycorrhizal fungi. – J. Mammalogy 65: 684-687

KRAFT, U., KRÄUSSLICH, H., GRAUVOGL, A., BOGNER, H. und ALPS, H. (1990): Ethologische Untersuchungen zum Baumschälen durch Rinder. – Landw. Jahrb. 67 (3): 251-310

KRAKAUER, T. (1970): The invasion of toads. – The Florida Naturalist for January 1970: 12-14

KRATOCHWIL, A. und SCHWABE, A. (2001): Ökologie der Lebensgemeinschaften. – Stuttgart

KREBS, C. J. und MYERS, J. H. (1974): Population cycles in small mammals. – Advances in Ecol. Res. 8: 267-399

KREFTING, L. W. (1974): The ecology of the Isle Royale moose with special reference to the habitat. – Agricult. Exp. Stat. Univ. Minnesota, Tech. Bull. 297, Forestry Series 15

KRONAUER, H. (1988): Bodentiere als Indikatoren für Waldschäden. – Allg. Forstz. 43: 1170-1171

KRUEGER, K. (1986): Feeding relationships among bison, pronghorn, and prairie dogs: an experimental analysis. – Ecol. 67: 760-770

KRÜGER, U. (1999): Das niederländische Beipsiel: Die "Oostvaardersplassen" – ein Vogelschutzgebiet mit Großherbivoren als Landschaftsgestalter. – Natur und Landschaft 74 (10): 428-435

KRÜSI, B. O., SCHÜTZ, M., WILDI, O. und GRÄMIGER, H. (1995 a): Huftiere und botanische Vielfalt im Schweizerischen Nationalpark. – Informationsbl. Forschungsber. Landschaftsökol. WSL 28: 3-4

KRÜSI, B. O., SCHÜTZ, M., WILDI, O. und GRÄMIGER, H. (1995 b): Huftiere, Vegetationsdynamik und botanische Vielfalt im Nationalpark. – Cratschla 3, Mitt. Schweizer. Nationalpark, Zernez: 14-25

KUJALA, V. (1950): Über die Kleinpilze der Koniferen in Finnland. Ascomycetes, Fungi imperfecti, Uredinales. – Comm. Inst. Forest. Fenn. 38 (4)

KÜHNLEIN, H. und TURNER, N. (1991): Traditional plant foods of Canadian indigenous peoples: nutrition, botany and use. – Philadelphia

KUMPULA, J. und NIEMINEN, M. (1992): The inventory of reindeer pastures in Finland by satellite imageries. – In: Extended abstracts. Symposium on the state of the environment and environmental monitoring in Northern Fennoscandia and Kola Peninsula, 6-8 October, Rovaniemi, Finland 1992 (TIKKANEN, E., VARMOLA, M. und KATERMAA, T., Hrsg.): 294-296

KUOCH, R. (1965): Der Samenanfall 1962/63 an der oberen Fichtenwaldgrenze im Sertigtal. – Mitt. Schweiz. Anst. forstl. Versuchswesen 41: 63-85

KURT, F. (1977): Wildtiere in der Kulturlandschaft. – Erlenbach-Zürich und Stuttgart

KURT, F. (1982): Das Comeback. – Natur 11: 83-91

KURT, F. (1991): Das Reh in der Kulturlandschaft. – Hamburg und Berlin

KUZNEZOV, N. I. (1959): On the ecology of the nutcracker Nucifraga caryocatactes in the Mid-Urals. – Bjull. Moip. SSSR 64: 132-133

KWK-DVWW (1977): Empfehlungen für bisamsicheren Ausbau von Gewässern, Deichen und Dämmen. – KWK-DVWW Regeln zur Wasserwirtschaft 107, Hamburg und Berlin

LADO, C. (1992): Problems of wildlife management and land use in Kenya. – Land Use Policy 9: 169-184

LAGONI-HANSEN, A. (1981): Der Waschbär. – Mainz

LAHTI, S. (1997): Development of populations, distribution problems and prospects of Finnish beaver populations (Castor fiber L. und Castor canadenis Kuhl). – 1. Europ. Bibersymp. Bratislava, 15. - 19. Sept. 1997 (unveröff.)

LAHTI, S. und HELMINEN, M. (1974): The beaver Castor fiber (L.) and Castor canadensis (Kuhl) in Finland. – Acta Theriologica 19 (13): 177-189

LAINE, K. und HENTTONEN, H. (1983): The role of plant production in microtine cycles in northern Fennoscandia. – Oikos 40: 407-418

LAINE, K. und NIEMELÄ, P. (1980): The influence of ants on the survival of mountain birch during an Oporinia autumnata (Lep. Geometridae) outbreak. – Oecologia 47: 39-42

LAL, R. (1987): Tropical ecology and physical edaphology. – Chichester, New York, Brisbane, Toronto, Singapore

LAMBECK, S. und SCHWÖPPE, W. (1987): Schafbeweidung zur Pflege von Heiden und Mooren. – Unsere Heimat, Jahrb. des Kreises Borken: 73-80

LAMMERS, I. (1994): De grote grazers van de nieuwe wildernis. – Panda 30 (2): 4-11

LAMONT, B. B., RALPH, C. und CHRISTENSEN, P. E. S. (1985): Mycophagous marsupials as dispersal agents for ectomycorrhiza fungion eucalyptus calophylla and gastrolobium biloum. – The New Phytologist 101: 651-656

LAMPARSKI, F. (1985): Der Einfluß der Regenwürmer Lumbricus badensis auf Waldböden im Südschwarzwald. – Freiburger Bodenkdl. Arb. 15

LAMPARSKI, F. und KOBEL-LAMPARSKI, A. (1988): Bodenprofil und Bodentransport unter dem Einfluß der tiefgrabenden Regenwurmart Lumbricus badensis. – Pedobiologia 31: 189-198

LAMPREY, H. F. (1963): Ecological separation of the large mammal species in the Tarangire Game Reserve, Tanganyika. – East Afr. Wildl. J. 1: 63-92

LAMPREY, H. F. (1974): Notes on the dispersal and germination of some tree seeds through the agency of mammals and birds. – East. Afr. Wildl. J. 5: 179-180

LAMPREY, H. F., GOVER, P. E., TURNER, M. I. M. und BELLS, R. H. V. (1967): Invasion of the Serengeti National Parks by elephants. – East Afr. Wildl. J. 5: 151-166

LANDA, A., GUDVANGEN, K., SWENSON, J. E. und RØSKAFT, E. (1999): Factors associated with wolverine Gulo gulo predation on domestic sheep. – J. Appl. Ecol. 36: 963-973

LANDRY, J.-M. (1997): La bête du Val Ferret. – KORA Bericht 1

LANGE, S., BUSSMANN, R. W. und BECK, E. (1997): Stand structure and regeneration of the subalpine Hagenia abyssinica forests of Mt. Kenya. – Bot. Acta 110: 473-480

LANNER, R. M. (1980): Avian seed dispersal as a factor in the ecology and evolution of limber and whitebark pines. – Proc. Sixth American Forest Biol. Workshop. Univ. Alberta, Edmonton, Alberta: 16-48

LANNER, R. M. (1981): The pinon pine, a natural and cultural history. – Reno

LANNER, R. M. (1984): Trees of the Great Basin. – Reno

LANNER, R. M. (1990): Biology, taxonomy, evolution, and geography of the stone pines of the world. – USDA For. Serv., Intermtn. Res. Stn., Gen., Tech. Rep. INT-270: 14-24

LANNER, R. M. (1996): Made for each other. A symbiosis of birds and pines. – New York, Oxford

LARSON, D. W. und KERSHAW, K. A. (1976): Studies on lichen-dominated systems. XVII. Morphological control of evaporation in lichens. – Canad. J. Bot. 54: 2061-2073

LARSON, J. S. und GUNSON, J. R. (1983): Status of the beaver in North America. – Acta Zool. Fenn. 174: 91-93

LARTER, N. C. und NAGY, J. A. (2001): Variation between snow conditions at Peary caribou and muskox feeding sites and elsewhere in foraging habitats on Banks Island in the Canadian High Artcic. – Arctic, Antarctic and Alpine Res. 33 (2): 123-190

LAUCKHART, J. B. (1961): Predator management. – 41. Ann. Conf., Western Ass. State Game and Fish Comm., New Mexico

LAUNDRE, J. W. (1993): Effects of small mammal burrows on water infiltration in a cool desert environment. – Oecologia 94: 43-48

LAVSUND, S. (1975): Bävern i Sverige. – Statens natuvardverk, Stockholm

LAVSUND, S. (1981): Moose as a problem in Swedish forestry. – Alces 17: 165-178

LAVSUND, S. (1983): Beaver management and economics. Europe except the USSR. – Acta Theriologica 174: 133-135

LAWS, R. M. (1968): Interactions between elephant and hippopotamus populations and their environments. – East Afr. Agricultural and Forestry Jounal 33 (Special Issue): 140-147

LAWS, R. M. (1969): The Tsavo research project. – J. Reprod. Fertil., Suppl. 6: 495-531

LAWS, R. M. (1970): Elephants as agents of habitat and landscape change in East Africa. – Oikos 21: 1-15

LAWS, R. M. (1984): Seals. – In: Antarctic ecology (LAWS, R. M., Hrsg): 621-715, London

LAWS, R. M. (1985): The ecology of the Southern Ocean. – Amer. Scientist 73: 26-40

LAWS, R. M., PARKER, I. S. C. und JOHNSTONE, R. C. B. (1970): Elephants and habitats in North Bunyoro, Uganda. – East Afr. Wildl. J. 8: 163-180

LAYCOCK, W. A. und RICHARDSON, B. Z. (1975): Long-term effect of pocket gopher control on vegetation and soils of a subalpine grassland. – J. Range Management 28 (6): 458-462

LEADER-WILLIAMS, N. (1980 a): Population dynamics and mortality of reindeer introduced into South Georgia. – J. Wildl. Management 44: 640-657

LEADER-WILLIAMS, N. (1980 b): Population ecology of reindeer on South Georgia. – In: Proc. 2nd Internat. Reindeer/Caribou Symp. Röros, Norway 1979 (REIMERS, E., GAARE, E. und SKJENNEBERG, S., Hrsg.): 664-676, Trondheim

LEADER-WILLIAMS, N., SMITH, R. I. L. und ROTHERY, P. (1987): Influence of introduced reindeer on the vegetation of South Georgia: results from a long-term exclusion experiment. – Appl. Ecol. 24: 801-822

LEAMY, M. L. und BLAKEMORE, L. C. (1960): The peat soils of the Auckland Islands. – N. Z. J. agricult. Res. 3: 526-546

LEARMONTH, A. T. A. und LEARMONTH, A. I. (1968): Rabbits. - In: Encyclopaedia of Australia: 442, London

LEE, J. A. (1986): Origin of mounds under creosote bush (Larrea tridentata) on terraces of the Salt River, Arizona. – J. Arizona-Nevada Academy of Science 21: 23-27

LEE, K. E. und WOOD, T. G. (1971): Termites and soils. – London und New York

LEE. W. G., FENNER, M., LOUGHNAN, A. und LLOYD, K. H. (2000): Long-term effects of defoliation: incomplete recovery of a New Zealand alpine tussock grass, Chionochloa pallescens, after 20 years. – J.Appl.Ecol.37: 348-355

LEHTONEN, J. (1987): Recovery and development of birch forests damaged by Epirrita autumnata in Utsjoki area, North Finland. – Rep. Kevo Subarctic Res. Stn. 20: 35-39

LEHTONEN, J. und YLI-REKOLA, M. (1979): Field and ground layer vegetation in birch forests after Oporinia damage. – Rep. Kevo Subarctic Res. Stn. 15: 27-32

LEIBUNDGUT, H. (1975): Wirkungen des Waldes auf die Umwelt des Menschen. – Erlenbach-Zürich und Stuttgart

LEICHT, W. H. (1979): Tiere der offenen Kulturlandschaft, Teil 2, Feldhamster, Feldmaus. – Ethologie einheimischer Säugetiere 2, Heidelberg

LELEK, A. (1998): Die allochthonen und die beheimateten Fischarten unserer großen Flüsse - Neozoen der Fischfauna. – In: Gebietsfremde Tierarten (GEBHARDT, H., KINZELBACH, R. und SCHMIDT-FISCHER, S., Hrsg.) (2. Aufl.): 197-215, Landsberg

LEOPOLD, A. (1933): Game management (Nachdruck 1996). – Dehra Dun

LEPAGE, M., ABBADIE, L., KONATE, S., MERDACI, K. und QUEDRAOGO, P. (1998): Structures related to termite activity and organic matter dynamics at different spatio-temporal scales. – Proc. 16. World Congr. Soil Sci., Montpellier, Frankreich, 20. - 26. 08. 1998, Symp. Nr. 9, Beitrag 1143

LESER, H. (1976): Landschaftsökologie (1. Aufl.). – Stuttgart

LESER, H. (1986): Problems of biotic compartments in geoecosystems. – In: Landscape synthesis part I; Geoecological foundations (RICHTER, H. und SCHÖNFELDER, G., Hrsg.). – Kongreßber. Martin-Luther-Univ. Halle-Wittenberg WB 1986/16 (Q 16): 43-51

LESER, H. (1991): Landschaftsökologie (3. Aufl.). – Stuttgart

LEUCHT, A. (1983): Einfluß der Feldmaus, Microtus arvalis (Pall.) auf die floristische Zusammensetzung von Wiesen-Ökosystemen. –Veröff. Geobot. Inst. ETH, Stiftg. Rübel, 79, Zürich

LEUTHOLD, W. (1977 a): African ungulates. – Berlin, Heidelberg, New York

LEUTHOLD, W. (1977 b): Spatial organization and strategy of habitat utilization of elephants in Tsavo National Park, Kenya. – Z. Säugetierk. 42 (6): 358-379

LEUTHOLD, W. (1978): Kann Afrikas Großwild überleben? – Vierteljahresschr. Naturf. Ges. Zürich 123: 333-340

LEUTHOLD, W. (1995): Langfristige Veränderungen der Vegetation im Tsavo-Nationalpark, Kenya. – Vierteljahresschr. Naturf. Ges. Zürich 140 (4): 163-171

LEUTHOLD, W. (1996): Recovery of woody vegetation in Tsavo National Park, Kenya. – Afr. J. Ecol. 34: 101-112

LEVIN, D. A. (1976): The mechanical defenses of plants to pathogens and herbivores. – Ann. Rev. Ecol. Syst. 7: 121-159

LEWIN, R. (1986): In ecology, change brings stability. – Science 234: 1071-1073

LIEBERMANN, D., LIEBERMANN, M. und MARTIN, C. (1987): Notes on seeds in elephant dung from Bia National Park, Ghana. – Biotropica 19 (4): 356-369

LIEBERMANN, H. (1992): Lehrbuch der veterinärmedizinischen Virologie. – Jena, Stuttgart

LIESER, M. (2000): Irrwege der Hege: das Auerhuhn im Schwarzwald. – Ökojagd 4 (2): 12-13

LINDSAY, K. (1973): Effects of reindeer on plant communities in the Royal Bay area of South Georgia. – Bull. Brit. Antarct. Surv. 35: 101-109

LINHART, Y. B. und TOMBACK, D. F. (1985): Seed dispersal by nutcrackers causes multi-trunk growth forms in pines. – Oecologia 67: 107-11

LINSCOMBE, G., KINLER, N. und WRIGHT, V. (1981): Nutria population density and vegetative changes in brackish marsh in coastal Louisiana. – In: Worldwide furbearer conference proceedings Vol. 1 (CHAPMAN, J. A. und PURSLEY, A., Hrsg.): 129-141, Frostburg, M. D. USA

LISS, B.-M. (1988): Versuche zur Waldweide - der Einfluß von Weidevieh und Wild auf Verjüngung, Bodenvegetation und Boden im Bergmischwald der ostbayerischen Alpen. – Forstl. Forschungsber. München 87

LISS, B.-M. (1990): Beweidungseffekte im Bergwald. Ergebnisse aus fünfjährigen Untersuchungen zur Waldweide unter besonderer Berücksichtigung des Wildverbisses. – Beih. Forstw. Centralbl. 40: 50-65

LIVINGSTON, R. B. (1972): Influence of birds, stones and soil on the establishment of pasture juniper, Juniperus communis, and red cedar, J. virgiana, in New England pastures. – Ecol. 52: 1141-1147

LLEWEELYN, M. (1972): The effects of the lime aphid Eucalipterus filiae L. (Aphidae) on the growth of the lime Tilia x vulgaris Hayne. I. Energy requirements of the aphid populations. – J. Appl. Ecol. 9: 261-282

LOBRY DE BRUYN, L. A. und CONACHER, A. J. (1990): The role of termites and ants in soil modification: a review. – Austr. J. Soil Res. 28

LÖBF (2000): Ansiedlung von Bibern in der Eifel erfolgreich. – LÖBF-Mitt. 4: 9

LOCK, J. M. (1972): The effects of hippopotamus grazing on grasslands. – J. Ecol. 60: 445-467

LOCKE, H. (1997): The role of Banff National Park as protected area in the Yellowstone to Yukon mountain corridor of western North America. – In: National Parks and protected areas. Keystones to conservation and sustainable development (NELSON, J. G. und SERAFIN, R., Hrsg.), NATO ASI Series G: Ecological Sciences 40: 117-124

LOCKLEY, R. M. (1953): Puffins. – London

LÖFFLER, E. (1996 a): Geomorphology of Papua New Guinea. – Saarbrücken

LÖFFLER, E. (1996 b): Bioturbation als Faktor der Reliefgenese in den wechselfeuchten Tropen. – Peterm. Geogr. Mitt. 140 (5): 301-313

LÖFFLER, E. und GROTZ, R. (1995): Australien. – Darmstadt

LÖFFLER, E. und MARGULES, C. (1980): Wombats detected from space. – Remote Sensing of Environment 9: 47-56

LÖFFLER, H. (1996): Neozoen in der Fischfauna Baden-Württembergs - ein Überblick. – In: Gebietsfremde Tierarten (GEBHARDT, H., KINZELBACH, R. und SCHMIDT-FISCHER, S., Hrsg.) (2. Aufl.): 217-226, Landsberg

LOGAN, J. W. H. (1992): Termites (Isoptera) – a pest or resource for small farmers in Africa. –Trop. Sci. 32: 71-79

LOGAN, P. C. und HARRIS, L. H. (1967): Introduction and establishment of red deer in New Zealand. – N. Z . For. Serv., Information Series 55

LOHMEYER, W. und KRAUSE, A. (1974): Über den Gehölzbewuchs an kleinen Fließgewässern Nordwestdeutschlands und seine Bedeutung für den Uferschutz. – Nat. und Landsch. 49: 323-330

LOOS, R. (1972): Raubwild in Gefahr. – Die Pirsch 24: 601-605

LOPEZ, B. H. (1978): Of wolves and men. – New York

LÓPEZ-HERNÁNDES, D. (2001): Nutrient dynamics (C, N and P) in termite mounds of the Orinoco Llanos (Venezuela). – Soil Biol. Biochemistry 33: 747-753

LOOSCHEN, R. (1986): Verbreitung und Auswirkungen des Bisams (Ondatra zibethica L.) in Westfalen. – Staatsexamensarb. Inst. f. Geogr., Westfl. Wilhelms-Univ. Münster

LÖTTINIEMI, K. (1985): On repeated browsing of Scots pine saplings by moose Alces alces. – Silva Fennica 19: 387-391

LOVAAS, A. L. (1973): A cooperative elktrapping program in Wind Cave National Park. – Wildl. Soc.Bull. 1: 93-100

LOVEGROVE, B. (1993): The living deserts of Southern Africa. – Vlaeberg

LOVEGROVE, B. G. (1991): Mima-like mounds (heuweltjes) of South Africa: the topographical, ecological and economic impact of burrowing animals. – Symp. Zool. Soc. London 63: 183-198

LÖW, H. und METTIN, C. (1977): Der Hochlagenwald im Werdenfelser Land. – Forstw. Cbl. 96: 108-120

LUDWIG, M., GEBHARDT, H., LUDWIG, H. W. und SCHMIDT-FISCHER, S. (2000): Neue Tiere und Pflanzen in der heimischen Natur. – München

LUMEIJ, J. T. und OOSTERBAAN, J. (2000): Grote grazers in het Nederlandse wetland "de Oostvaardersplassen". – Tidschr. voor Diergeneeskunde 125 (7): 230-234

LÜPS, P. (2001): Steinbock Capra ibex, Luchs Lynx lynx und viele andere: Wunschdenken und Wirklichkeit bei Wiedereinbürgerungen in der Schweiz. – Beitr. Jagd- und Wildforsch. 26: 15-22

LUTZ, W. (1996): Goldschakal, Marderhund, Waschbär: Nachtaktive Neubürger. – Rhein.-Westf Jäger 8/96: 36-38

LUX, E., BARKE, A. und MIX, H. (1999): Die Waschbären (Procyon lotor) Brandenburgs, eine Herausforderung für den Naturschutz. – Artenschutzreport 9: 12-16

LYMAN, R. L. (1998): White goats white lies: The abuse of science in the Olympic National Park. – The Univ. of Utah Press

MACDONALD, D. (1956): Beaver carrying capacity of certain mountain streams in North Park, Colorado. – M. S. thesis, Colorado State Univ., Fort Collins

MACE, R. D. und BISSEL, G. N. (1986): Grizzly bear food resources in the flood plains and avalanche chutes of the Bob Marshall Wilderness, Montana. Proc. Grizzly Bear Habitat Symp. Missoula, Montana, April 30 - May 2, 1985. – USDA For. Serv., Intermtn. Res. Stn., Ogden, Utah, Gen. Techn Rep. INF-207; 78-91

MÄCK, U. und JÜRGENS, M.-E. (1999): Aaskrähe, Elster und Eichelhäher in Deutschland. – Bundesamt f. Naturschutz, Bonn

MACLEAN, D. A. (1988): Effects of spruce budworm on vegetation structure, and succession of balsam fir forests on Cape Breton Island, Canada. – In: Plant, form and vegetation structure (WERGER, M. J. A., VAN DER AART, P. J. M., DURING, H. J. und VERHOVEN, J. T. A., Hrsg.) – SPB Academie Publishing bv: 253-261, The Hague

MACLEAN, S. F., FITZGERALD, B. M. und PITELKA, F. A. (1974): Population cycles in arctic lemmings: winter reproduction and predation by weasels. – Arctic and Alpine Res. 6: 1-12

MACLULICK, D. A. (1937): Fluctuations in mammals of the varying hare (Lepus americanus). – Univ. Toronto Studies, Biol. Series 43: 1-36

MACMAHON, J. A. (1981): Successional processes: comparison among biomes with special reference to probable role of and influence on animals. – In: Forest succession: concept and application (SHUGART, H., BOTKIN, D. und WEST, P., Hrsg.): 277-304, New York, Heidelberg, Berlin

MACMAHON, J. A. und WAGNER, F. H. (1985): The Mojave and Chihuahuan deserts of North America. – In: Warm deserts ecosystems (EVENARI, M. und NOY-MEIR, I., Hrsg.), Ecosystems of the world 12: 105-202, New York

MACMAHON, J. A. und WARNER, N. (1984): Dispersal of mycorrhizal fungi: processes and agents. – In: VA mycorrhizae reclamation of arid and semiarid lands (WILLIAMS, S. und ALLEN, M., Hrsg.): 28-41, Univ. Wyoming, Agric. Exp. Stn., Laramie

MADDOCK, L. (1979): The "migration" and grazing succession. – In: Serengeti. Dynamics of an ecosystem (SINCLAIR, A. R. und NORTON-GRIFFITHS, M., Hrsg.): 104-129, Chicago und London

MADGE, D. S. (1965): Leaf fall and litter disappearance in a tropical rain forest. – Pedobiologia 5: 273-288

MAF (1996): MAF Tech. Paper 96 (4)

MAF (1997): MAF Policy Information Paper 17

MAGOMBE, J. K. und CAMPBELL, K. (1989): Poaching survey. – Serengeti Wildl. Res. Center Bi-annual Rep. 1988-89

MAGOR, J. I. und WARD, P. (1972): Illustrated descriptions, distribution maps and bibliography of the species Quelea (Weaver birds: Proceidae). – Trop. Pest Bull. 1, London

MAHANEY, W. C. und BOYER, M. G. (1986): Appendix: small herbivores and their influence on landforms origins in the Mount Kenya afroalpine belt. – Mtn. Res. Developm. 6 (3): 256-260

MAHER, W. J. (1967): Predation by weasels on a winter population of lemmings, Banks Island, Northwest Territories. – Canad. Field Naturalist 81: 248-250

MAHER, W. J. (1970): The pomarine jaeger as a brown lemming predator in northern Alaska. – Wilson Bull. 82: 130-157

MAIER, P. (1994): Der Biber aus wasserwirtschaftlicher Sicht. Probleme und Lösungsmöglichkeiten. – Schriftenr. Bayer. Landesamt Umweltsch. 128: 51-56

MALAJCZUK, N., TRAPPE, J. M. und MOLINA, R. (1987): Interrelationships among some ectomycorrhizal trees, hypogeous fungi and small mammals: western Australian and northwestern American parallels. – Austral. J. Ecol. 12: 53-55

MALIZIA, A. I., KITTLEIN, M. J. und BUSCH, C. (2000): Influence of the subterranean herbivorous rodents Ctenomys talarium on vegetation and soil. – Z. Säugetierk. 65: 172-182

MALLOCH, D. W., PIROCHINSKI, K. H. und RAVEN, P. H. (1980): Ecological and evolutionary significance of mycorrhizal symbiosis in vascular plants (a review). – Proc. Nat. Acad. Sci (U.S.A.) 77: 2113-2118

MALO, J. E. und SUAREZ, F. (1995): Establishment of pasture species on cattle dung: the role of endozoochorous seeds. - J. Veg. Sci. 6: 169-174

MANSEAU, M., HUOT, J. und CRÊTE, M. (1996): Effects of summer grazing by caribou on composition and productivity of vegetation: community and landscape level. – J. Ecol. 84: 503-513

MARCHANT, S. und HIGGINS, P. J.(1990): Handbook of Australian, New Zealand and Antarctic birds. Vol. 1. Ratites to ducks. – Melbourne

MARCOT, B. G., CROFT, L. K., LEHMKUHL, J. F., NANEY, R. H., NIWA, C. G., OWEN, W. R. und SANDQUIST, R. E. (1998): Macroecology, paleoecology, and ecological integrity of terrestrial species and communities of the interior Columbian Basin and northern portions of the Klammath and Great Basin. – USDA For. Serv. Pac. Northwest Res. Stat., Gen. Tech. Rep. PNW-GTR 410

MARK, A. F. (1965): Flowering, seeding and seedling establishment of narrow-leaved snow tussock Chionochloa rigida. – N. Z. J. Bot. 3: 180-193

MARK, A. F. und BAYLIS, G. T. (1975): Impact of deer on Secretary Island, Fiordland, New Zealand. – Proc. N. Z. Ecol. Soc. 22: 19-24

MARTIN, D. (1997): Erfahrungen mit der Extensiv-Haltung von Fjellrindern im Müritz-Nationalpark. – Schriftenr. Landschaftspfl. Natursch. 54: 161-175

MARTIN, G. H. G. (1988): Mima mounds in Kenya - a case of mistaken identity. – Afr. J. Ecol. 26: 127-133

MARTIN, W. (1998): Stadt-Habichte im Aufwind. – Wild und Hund 16: 22-23

MARTINKA, C. J. (1982): Rationale and options for management in grizzly bear sanctuaries. – Transact. North Amer. Wildl. and Nat. Res. Conf. 47: 470-475

MASER, C., MASER, Z., WITT, J. W. und HUNT, G. (1986): The northern flying squirrel: a mycophagist in southwestern Oregon. – Canad. J. Zool. 64: 2086-2089

MASER, Z., MASER, C. und TRAPPE, J. M. (1985): Food habits of the northern flying squirrel (Glaucomys sabrinus) in Oregon. – Canad. J. Zool. 63: 1086-1088

MASER, C., TRAPPE, J. M. und NUSSBAUM, R. A. (1978 a): Fungal-small mammal interrelationships with emphasis on Oregon forests. – Ecol. 59 (4): 799-809

MASER, C., TRAPPE, J. M. und URE, D. C. (1978 b): Implications of small mammal mycophagy to the management of western coniferous forests. – Transact. 43rd N. A. M. Wildl. Nat. Res. Conf., Washington, D. C.

MASER, Z. und MASER, C. (1987): Notes on mycophagy of the yellow-pine chipmunk (Eutamias amoenus) in northeastern Oregon. – The Murrelet 68: 24-27

MASON, R. R. (1987): Nonoutbreak species of forest lepidoptera. – In: Insect outbreaks (BARBOSA, P. und SCHULTZ, J., Hrsg.): 31-57, San Diego

MATSUMOTO, T. (1976): The role of termites in an equatorial rain forest ecosystem of West Malaysia. – Oecologia 22: 153-178

MATTES, H. (1978): Der Tannenhäher im Engadin. Studien zur Ökologie und Funktion im Arvenwald. – Münstersche Geogr. Arb. 2

MATTES, H. (1982): Die Lebensgemeinschaft von Arve und Tannenhäher. – Eidg. Anst. Forstl. Versuchswes. Ber. 241

MATTES, H. (1985): The role of animals in cembran pine forest regeneration. – In: Establishment and tending of subalpine forest: research and management (TURNER, H. und TRANQUILLINI, W., Hrsg.), Proc. 3rd UFRO workshop P. 1.07-00 1984. – Eidg. Anst. forstl. Versuchsw., Berichte 270: 197-205

MATTSON, D. J., BLANCHARD, B. M. und KNIGHT, R. R. (1991 a): Food habits of Yellowstone grizzly bears, 1977-1987. – Canad. J. Zool. 69: 1619-1629

MATTSON, D. J., BLANCHARD, B. M. und KNIGHT, R. R. (1992): Yellowstone grizzly bear mortality, human habituation, and whitebark pine seed crops. – J. Wildl. Management 56: 432-442

MATTSON, D. J., GILLIN, C. M., BENSSON, S. A. und KNIGHT, R. (1991 b): Bear feeding activity at alpine insect aggregation sites in the Yellowstone ecosystem. – Canad. J. Zool. 69: 2430-2435

MATTSON, D. J. und JONKEL, Ch. (1990): Stone pines and bears. – In: Proc. Symp. on Whitebark Pine Ecosystems: Ecology and Management of a High-Mountain Resource (SCHMIDT, W. C., Hrsg.), USDA-For. Serv., Intermtn. Res. Stn., Gen. Tech. Rep. INT 270: 223-236

MATTSON, D. J., KENDALL, K. C. und REINHARDT, D. P. (2001): Whitebark pine, grizzly bears, and red squirrels. – In: Whitebark pine communities. Ecology and restoration (TOMBACK, D. F., ARNO, S. F. und KEANE, R. E.): 121-136, Washington, Covelo, London

MATTSON, D. J. und REINHART, D. P. (1994): Bear use of whitebark pine seeds in North America. – In: Proc. Int. workshop on subalpine stone pines and their environment: The Status of our knowledge, St. Moritz, Switzerland, September 5-11, 1992 (SCHMIDT, W. C. und HOLTMEIER, F.-K., Compilers), USDA-For. Serv., Intermtn. Res. Stn., Gen. Tech. Rep. INT-GTR 309: 212-220

MATTSON, D. J. und REINHART, D. P. (1997): Excavation of red squirrel middens by grizzly bears in the whitebark zone. – J. Appl. Ecol. 34: 926-940

MATTSON, J. (1995): Human impact on the timberline in the North of Europe. – Prace Geograficzne 98: 41-55

MAY, R. M. (1973): Stability and complexity in model ecosystems. – New York

MAY, Th. (1993): Beeinflussten Großsäuger die Waldvegetation der pleistozänen Warmzeiten Mitteleuropas. Ein Diskussionsbeitrag. – Natur und Museum 123 (6): 157-170

MAYER, H. (1973): Möglichkeiten und Grenzen der Schalenwildhege im Gebirgswald. – Z. Schweizer. Forstver., Beih. 52: 90-118

MAYER, H. (1975): Der Einfluß des Schalenwildes auf die Verjüngung und Erhaltung von Naturwaldreservaten. – Forstw. Cbl. 94: 209-224

McBEE, R. H. (1971): Significance of intestinal microflora in herbivory. – Ann. Rev. Ecol. and Systematics 2: 165-176

McCLARAN, M. P. und COLE, D. N. (1993): Packstock in wilderness: Use, impacts, monitoring, and management. – USDA For. Serv., Intermtn. Res. Stn., Ogden, Utah, Tech. Rep., INT-301

McCRORY, W., HERRERO, S. und WHITFIELD, P. (1986): Using grizzly bear habitat information to reduce human-grizzly bear conflicts in Kokame glacier and Vahalla provincial parks, BC. – In: Proc. Grizzly Bear Habitat Symp. Missoula, Montana, April 30 - May 2, 1985, USDA For. Serv., Intermtn. Res. Stn. Ogden, Utah, Gen. Tech. Rep. INT-207: 24-30

McCULLAGH, K. G. (1969): The growth and nutrition of the African elephant. I. Seasonal variations in the rate of growth and the urinary excretion of hydroxproline. – East Afr. Wildl. J. 7: 85-90

McDONOUGH, W. T. (1974): Revegetation of gopher mounds on aspen range in Utah. – Great Basin Naturalist 34 (4): 267-275

McGREGOR, S. E., ALCORN, St. M. und OLIN, G. (1962): Pollination and pollinating insects of the Saguaro. – Ecol. 43: 259-267

McHUGH, T. (1972): The time of the buffalo. – New York

McKENDRICK, J. D., BATZLI, G. O., EVERETT, K. R. und SWANSON, J. C. (1980): Some effects of mammalian herbivores and fertilization on tundra soils and vegetation. – Arctic and Alpine Res. 12 (4): 565-578

McKNIGHT, T. L. (1971): Australia's buffalo dilemma. – Ann. Assoc. Amer. Geographers 61: 754-773

McLAREN, B. E. und PETERSON, R. O. (1994): Wolves, moose, and tree rings on Isle Royale. – Science 266: 1555-1558

McNAUGHTON, S. J. (1979 a): Grazing as an optimization process: grass-ungulate relationships in the Serengeti. – Amer. Naturalist 113: 691-703

McNAUGHTON, S. J. (1979 b): Grassland-herbivore dynamics. – In: Serengeti. Dynamics of an ecosystem (SINCLAIR A. R. E. und NORTON-GRIFFITHS, M., Hrsg.): 46-81, Chicago und London

McNAUGHTON, S. J. (1983 a): Serengeti grassland ecology: the role of composite environmental factors and contingency in community organization. – Ecol. Monographs 53 (3): 291-320

McNAUGHTON, S. J. (1983 b): Compensatory plant growth as response to herbivory. – Oikos 40: 329-336

McNAUGHTON, S. J. (1985): Ecology of grazing ecosystem: The Serengeti. – Ecol. Monographs 55: 259-345

McNAUGHTON, S. J. (1988): Mineral nutrition and spatial concentrations of African ungulates. – Nature 334: 343-345

McNAUGHTON, S. J. und GEORGIADIS, N. J. (1986): Ecology of African grazing and browsing animals. A. – Rev. Ecol. Syst. 17: 39-65

McNAUGHTON, S. J., RIESS, R. W. und SEAGLE, S. W. (1988): Large mammals and process dynamics in African ecosystems. – BioScience 38: 794-800

MEADOWS, A. (1991): Burrows and burrowing animals: an overview. – Symp. Zool. Soc. London 63: 1-13

MEADS, M. J. (1976): Effects of opossum browsing on northern rata trees in New Zealand. – N. Z. J. Zool. 3: 127-139

MEAGHER, M. M. (1989 a): Range expansion by bison of Yellowstone National Park. – J. Mammalogy 70 (3): 670-675

MEAGHER, M. M. (1989 b): Evaluation of boundary control for bison of Yellowstone National Park. – Wildl. Soc. Bull. 17: 15-19

MEAGHER, M. M. (1996): Range expansion by bison of Yellowstone National Park. – In: Effects of grazing by wild ungulates in Yellowstone National Park (SINGER, F. J., Hrsg.), Tech. Rep. NPS/NRYELL/NRTR/96-01, NPS, Natural Resource Information Division, Denver: 307-312

MEAGHER,, M.M. und MEYER, M. E. (1994): On the origin of Brucellosis in bison of Yellowstone National Park: A Review. – Conservation Biol. 8: 645-653

MECH, L. D. (1970): The wolf: The ecology and behavior of an endangered species. – New York

MECH, L. D., MCROBERTS, R. E., PETERSON, R. O. und PAGE, R. E. (1987): Relationship of deer and moose populations to previous winter's snow. – J. Animal. Ecol. 56: 615-627

MEDIN, D. E. und TORQUEMADA, K. E. (1988): Beaver in western North America: An annoted bibliography 1966 to 1986. – USDA For. Serv., Intermtn. Res. Stat., Gen. Tech. Rep. INT 242

MEINIG, H. (1992): Möglichkeiten und Grenzen der ökologischen Habitatbewertung mittels Säugetieren. – In: Beiträge zur Biotop- und Landschaftsbewertung (EIKHORST, R., Hrsg.): 39-54

MEISTER, G. (1969): Ziele und Ergebnisse forstlicher Planung im oberbayerischen Hochgebirge. – Forstw. Cbl. 88: 97-130

MERIGGI, A., BRANGI, A., MATTEUCCI, C. und SACCHI, O. (1996): The feeding habit of wolves in relation to large prey availability in northern Italy. – Ecography 19: 287-295

MERIGGI, A. und LOVARI, S. (1996): A review of wolf predation in southern Europe: does wolf prefer wild prey to livestock ? – J. Appl. Ecol. 33: 1561-1571

MERTENS, R. (1961): Tier und Landschaft. Zoologische Unterlagen zur Landschaftskunde. – Frankfurter Geogr. Hefte 37: 31-38

MERZ, G. (1982): Untersuchungen über Lebensraum und Verhalten des Afrikanischen Waldelefanten im Tai-Nationalpark der Republik Elfenbeinküste unter dem Einfluß der regionalen Entwicklung. – Diss. Nat. - Math. Gesamtfak. Univ. Heidelberg, Heidelberg

MESSIER, F. (1994): Ungulate population models with predation: a case study with the North American moose. – Ecol. 75 (2): 478-488

MEURER, M. (1986 a): Nutzungsbedingte Eingriffe in die Pflanzendecke des tunesischen Mogod-Berglandes und standortangepaßte Meliorationsmaßnahmen. – Giessener Beitr. Entwicklungsforschung Reihe I, Bd. 13: 89-103

MEURER, M. (1986 b): Die Auswirkungen eines abgestuften Ziegenbestandes auf die nordtunesische Macchie und Garigue. – Verh. Ges. Ökol. XIV: 229-236

MEURER, M. (1988): Maßstabsbezogene weideökologische Untersuchungen an Fallbeispielen aus Nordtunesien und Nordbenin. – Giessener Beitr. Entwicklungsforschung Reihe I, Bd. 16: 171-196

MEYER, T. (1996): Die Rückkehr der Raubtiere. – Natur 7/96: 44-55

MEZHENNYI, A. A. (1964): Biology of the nutcracker Nucifraga caryocatactes macrorhynchos on South Yakutia. – Zool. Zurnal 43: 1679-1687

MIDGLEY, G. F. und MUSIL, C. F. (1990): Substrate effects of zoogenic soil mounds on vegetation composition in the Worcester-Robertson valley, Cape Province. – S. Afr. J. Bot. 52 (2): 158-166

MIEHE, G. (1994): Recent climatic changes in subhumid to arid regions of High Asia (Karakorum, Kunlun, Himalaya, Tibet) as indicated by elevation features. – In: Proceedings of International Symposium on the Karakorum and Kunlun Mountains (ZHENG, D., ZHANG, Q. und PAN, Y., Hrsg.): China Meteorological Press: 333-346

MIELKE, H. (1977): Mound building by pocket gophers (Geomyidae): their impact on soils and vegetation in North America. – J. Biogeogr. 4: 171-180

MIKOLA, P. (1971): Reflexion of climatic fluctuation in the forestry practises of Northern Finland. – Rep. Kevo Subarctic Res. Stn. 8: 116-121

MILDENBERGER, H. (1971): Wildschäden durch Gänse. – Charardrius 7: 13-15

MILLER, M. F. (1995): Acacia seed survival, seed germination and seedling growth following pod consumption by large herbivores and seed chewing rodents. – Afr. J. Ecol. 33: 194-210

MILLS, J. A. und MARK, A. F. (1977): Food preference of takahé in Fiordland National Park, New Zealand, and the effect of competition from introduced red deer. – J. Animal Ecol. 46: 939-958

MILNE, G. V. (1947): A soil reconaissance journey through parts of Tanganyika Territory. December 1935 to February 1936. – J. Ecol. 35: 192-264

MILNE, L. und MILNE, M. (1965): Das Gleichgewicht in der Natur. – Hamburg und Berlin

MILNER-GULLAND, E. J. (1994): A population model for the management of the saiga antelope. – J. Appl. Ecol. 31: 25-39

MILNER-GULLAND, E. J., BEKENOV, A. B. und GRACHOV, Y. A. (1995): The real threat to saiga antelopes. – Nature 377: 488-489

MILTON, S. J., DEAN, W. R. J. und KLOTZ, S. (1997): Effects of small-scale animal disturbances on plant assemblages of set-aside land in central Germany. – J. Veg. Sci. 8: 45-54

MILTON, W. E. J. (1940): The effect of manuring, grazing and liming on the yield, botanical and chemical composition of natural hill pastures. – J. Ecol. 28: 326-356

MILTON, W. E. J. (1947): The composition of natural hill pasture, under controlled and free grazing, cutting and manuring. – Welsh J. Agricult. 14: 182-195

MIQUELLE, D. G. und VAN BALLENBERGHE, V. (1989): Impact of bark stripping by moose on aspen-spruce communities. – J. Wild. Management 53 (3): 557-568

MITCHELL, P. (1988): The influence of vegetation, animals and micro-organisms on soil processes. – In: Biogeomorphology (VILES, H., Hrsg.): 43-82

MITCHELL, B. und BROWN, D. (1974): The effect of age and body size on fertility in female red deer, cervus elaphus. - Int. Congr. Game Biologists 10: 437-450

MÖCKEL, R. (2000): Der Marderhund in der Niederlausitz. – Natursch. Landschaftspfl. Brandenburg 9 (1): 19-22

MOLL, E. (1994): Fairy rings in Kaokoland. – In: Proceedings of the 13th Plenary Meeting AETFAT, Zomba, Malawi: 1203-1210

MÖLLER, I. (2000): Pflanzensoziologische und vegetationsökologische Studien in Nordwestspitzbergen. – Mitt. Geogr. Ges. Hamburg 90

MOLVAR, E. M., BOWYER, R. T. und VAN BALLENBERGHE, V. (1993): Moose herbivory, browse quality, and nutrient cycling in an Alaskan treeline community. – Oecologia 94: 472-479

MOOIJ, J. H. (1999 a): Übersicht über die Bestandessituation und Bestandesentwicklung der Gänse in Deutschland und der westlichen Paläarktis. – NNA Berichte 12 (3): 113-126

MOOIJ, J. H. (1999 b): Kann die Jagd zur Verringerung der Gänseschäden beitragen? – NNA Berichte 12 (3): 164-172

MOOLMAN, H. J. und COWLING, R. M. (1994): The impact of elephant grazing on the endemic flora of South African succulent thicket. – Biol. and Conserv. 68: 53-61

MOONEY, H. A. und DRAKE, J. A. (Hrsg.) (1986): Ecology of biological invasions of North America and Hawaii. – Ecol. Studies 58

MOORHEAD, B. B. (1977 a): The enigmatic mountain goat. – Pacific Search 11 (8): 23

MOORHEAD, B. B. (1977 b): Status and management of the mountain goat in the Olympic Mountains, Washington. Prepared for status and management of the mountain goat in North America by Rolf Johnson. – First International Mountain Goat Symposium, Northwest Section Meeting, The Wildlife Society, Kalispell, Montana

MOORHEAD, B. B. (1981): Olympic N P stages well-run removal of exotic goats. – Park Science 2 (1): 5

MOORHEAD, B. B. (1989): Non-native mountain goat management undertaken at Olympic National Park. – Park Science 9(3): 10-11

MOORHEAD, D. L., FISHER, F. M. und WHITFORD, W. C. (1988): Cover of spring annuals on nitrogen-rich Kangaroo rat mounds in a Chihuahuan desert grassland. – The Amer. Midl. Naturalist 120 (2): 443-447

MORRISON, C. G. T., HOYLE, A. C. und HOPE-SIMPSON, J. F. (1948): Tropical soil vegetation catenas and mosaics. – J. Ecol. 36: 1-84

MÖRSCHEL, F. M. (1996): Effects of weather and parasitic insects on summer ecology of caribou of the Delta Herd. – M. S. Thesis, Univ. Alaska, Fairbanks, U. S. A.

MÖRSCHEL, F. M. (1999): Dynamische Prozesse in Huftierpopulationen am Beispiel von Karibus in Alaska und ihre Bedeutung für Mitteleuropa. – In: Europäische Landschaftsentwicklung mit großen Weidetieren. Geschichte, Modelle und Perspektiven (GERKEN, B.und GÖRNER, M., Hrsg.), Natur- und Kulturlandschaft 3: 191-197

MÖRSCHEL, F. M. und KLEIN, D. R. (1997): Effects of weather and parasitic insects on behavior and group dynamics of caribou of the Delta Herd, Alaska. – Canad. J. Zool. 75: 1659-1670

MOSER, O. (1988): Verbiß durch Schalenwild - tragbar oder waldzerstörend? – Österr. Forstz. 11: 51-52

MOSER, O., WIDHALM, H. und HOCHBICHLER, E.(1989): Schutzwaldsanierung und Wildbewirtschaftung in Österreich auf neuen Wegen? – Allg. Forstz. 9-10: 242-244

MOSIMANN, T. (1984): Landschaftsökologische Komplexanalyse. – Stuttgart

MOSLEY, M. P. (1978): Erosion in the south-eastern Ruahine Range: Its implication for downstream river control. – N. Z. J. For. 23: 21-48

MOULD, E. D. und ROBBINS, C. T. (1981): Nitrogen metabolism in elk. – J. Wildl. Management 45: 323-334

MOVAR, E. M., BOWYER, R. T. und VAN BALLENBERGHE, V. (1993): Moose herbivory, browse quality, and nutrient cycling in an Alaskan treeline community. – Oecologia 94: 472-479

MOYLE, P. B. (1980): Fish introductions into North America: Patterns and ecological impact. – In: Ecology of biological invasions of North America (MOONEY, H. A. und DRAKE, J. A., Hrsg.): 27-43

MOYLE, P. B. und LI, H. W. (1994): Good report but should go much further. – Fisheries 19: 22-23

MRAZ, K. (1960): Zusammenhang zwischen Wildbestand und Waldgesellschaft. – Biosoziologie, Berichte über das internationale Symposium in Stolzenau 78, Weser: 331-340

MROTZEK, R., HALDER, M. und SCHMIDT, W. (1999): Die Bedeutung von Wildschäden für die Diasporenausbreitung von Phanerogamen. – Verh. Ges. Ökol. 29: 437-443

MULKEY, S. S., SMITH, A. P. und YOUNG, T. P. (1984): Predation by elephants on senecio keniodendron (Compositae) in the alpine zone of Mount Kenya. – Biotropica 16 (3): 246-248

MÜLLER, P. (1977): Tiergeographie. – Stuttgart

MÜLLER-HOHENSTEIN, K. (1979): Die Landschaftsgürtel der Erde. – Stuttgart

MÜLLER-SCHNEIDER, P. (1948): Untersuchungen über die endozoochore Samenverbreitung durch Weidetiere im Schweizerischen Nationalpark. – Ergebn. wiss. Unters. Schweiz. Nationalpark 2: 1-13

MÜLLER-SCHNEIDER, P. (1977 a): Über die Rolle der Tiere bei der Samenverbreitung. – Ber. Int. Symp. Int. Ver. Vegetationsk., Vegetation und Fauna, Rinteln 12.- 15. 4. 1976: 119-130

MÜLLER-SCHNEIDER, P. (1977 b): Verbreitungsbiologie (Diasporologie) der Blütenpflanzen. – Veröff. Gebot. Inst. ETH Stiftung Rübel 61

MÜLLER-SCHWARZE, D. (1984): The behavior of penguins. – New York

MÜLLER-USING, D. (1965): Das Vorkommen der Nutria in Deutschland. – Z. Jagdwiss. 11 (3): 161-165

MUN, H.-T. und WHITFORD, W. G. (1990): Factors affecting animal plant assemblages on banner-tailed kangaroo rat mounds. – J. Arid Environments 18: 165-173

MUNROE, E. (1979): Lepidoptera. – In: Canada and its insect fauna (DANKS, H. V., Hrsg.), Entomol. Soc. Canad. Mem. 108: 427-481

MURIE, A. (1934): The moose of Isle Royale. – Univ. Michigan Mus. Zool., Misc. Publ. 25

MÜRI, H. (1999 a): Witterung, Fortpflanzung und Bestandesdichte beim Reh. – Z. Jagdwiss. 45: -1-8

MÜRI, H. (1999 b) Veränderungen im Dispersal von Rehen in einer stark frequentierten Landschaft. – Z. Ökol. Natursch. 8: 41-51

MURL (MINISTERIUM FÜR UMWELT, RAUMORDNUNG UND LANDWIRTSCHFT DES LANDES NORDRHEIN-WESTFALEN) (1990): Natur 2000 in Nordrhein-Westfalen, Leitlinien und Leitbilder für Natur und Landschaft im Jahr 2000. – Düsseldorf

MURRAY, M. G. und ILLIUS, A. W. (1996): Multispecies grazing in the Serengeti. – In: The ecology and management of grazing systems (HODGSIN, J. und ILLIUS, A. W., Hrsg.): 247-272, Wallingford

MURRAY, N. (1976): The love of elephants. – London

MURTON, R. K. und WESTWOOD, N. J. (1976): Birds as pest. – In: Applied Ecology I (COAKER, T. H., Hrsg.): 89-181

MUSSELMAN, L. K. (1969): Rocky Mountain National Park, 1915-1965: An administrative history. – Diss. Univ. Denver

MYRBERGET, S. (1973): Geographical synchronism of cycles of small rodents in Sweden. – Oikos 24: 224-240

MYRBERGET, S. (1986): A note on cycles in plant production and microtine populations. – Oikos 46: 264-267

MYRCHA, A., PIETR, S. J. und TATUR, A. (1985): The role of penguin rookeries in nutrient cycles at Admirality Bay, King George Island. – In: Antarctic nutrient cycles and food webs (SIEGFRIED, W. R., CONDY, P. R. und LAWS, R. M., Hrsg.): 156-162

MYRCHA, A. und TATUR, A. (1991): Ecological role of the current and abandoned penguin rookeries in the land environment of the maritime Antarctic. – Polish Polar Res. 12 (1): 3-24

NAARDING, J. A. (1981): Study of the short-tailed Shearwater (Puffinus tenuirostris) in Tasmania. – Nat. Parks and Wildl. Serv., Tasmania, Wildl. Div., Tech. Rep. 81 (3)

NÄGELI, W. (1969): Waldgrenze und Kampfzone in den Alpen. – Hespa-Mitt. 19 (1)

NAIMAN, R. J. (1988): Animal influences on ecosystem dynamics. – BioScience 38: 750-752

NAIMAN, R. J., JOHNSTON, C. A. und KELLEY, J. C. (1988): Alteration of North American streams by beaver. – BioScience 38 (11): 753-762

NAIMAN, R. J. , MELLILO, J. M. und HOBBIE, J. E. (1986): Ecosystem alteration of boreal forest streams by beaver (Castor canadensis). – Ecol. 67 (5): 1254-1269

NASH, M. H. und WHITFORD, W. G. (1995): Subterranean termites: regulators of soil organic matter in the Chihuahuan Desert. – Biol. and Fertility of Soils 19: 15-18

NATIONAL AUDUBON SOCIETY (1992): Beringia Natural History. – Notebook Series, Anchorage

NAVEH, Z. und WHITTAKER, R. H. (1980): Structural and floristic diversity of shrublands and woodlands in northern Israel and other Mediterranean areas. – Vegetatio 41: 171-190

NEAL, E. G. und ROPER, T. J. (1991): The environmental impact of badgers (Meles meles) and their setts. – Symp. Zool. Soc. London 63: 89-106

NEFF, C. (2001): Der rezente Landschaftswandel im westlichen Mediterranraum – Herausforderungen für Natur- und Landschaftsschutz

NEFF, D. J. (1957): Ecological effects of beaver habitat abandonment in the Colorado Rockies. – J. Wildl. Management 21: 80-84

NEUMANN, M. (1979): Bestandesstruktur und Entwicklungsdynamik im Urwald Rothwald/NÖ und im Urwald Corkova Uvala/Kroatien. – Diss. Univ. Bodenkultur Wien 10

NEUVONEN, S., NIEMELÄ, P. und VIRTANEN, T. (1999): Climatic change and insect outbreaks in boreal forests: the role of winter temperatures. – Ecol. Bulletins 47: 63-67

NICHOLSON, J. A., PATERSON, I. S. und CURRIE, A. (1970): A study of vegetational dynamics: selection by sheep and cattle in Nardus pasture. – In: Animal population in relation to their food resources (WATSON, A., Hrsg.). Symp. Brit. Ecol. Soc.: 129-143, Oxford

NIEMELÄ, P. (1979): Topographical delimitation of Oporinia-damages: Experimental evidence of the effect of winter temperature. – Rep. Kevo Subarct. Res. Stat. 15: 27-32

NIEMELÄ, P., HAGMAN, M. und LEHTILÄ, K. (1989): Relationships beween Pinus sylvestris L. origin and browsing preference by moose in Finland. – Scand. J. For. Res. 4: 239-246

NIETHAMMER, G. (1963): Die Einbürgerung von Säugetieren und Vögeln in Europa. – Hamburg und Berlin

NIETHAMMER, J. (1988): Sandgräber. – Grzimeks Enzyklopädie Bd. 3, Säugetiere: 310-313, München

NIEVERGELT, B. (1966): Der Alpensteinbock (Capra ibex L.) in seinem Lebensraum. – Mammalia depicta, Hamburg und Berlin

NIKULA, A. (1992): Animals as forest pests in Finnish-Lapland. – Finnish Forest. Res. Inst., Res. Papers 451: 22-29

NILSSEN, A. und TENOW, O. (1990): Diapause embryo growth and supercooling capacity of Epirrita autumnata eggs from northern Fennoscandia. – Entomol. exp. appl. 57: 39-55

NILSSON, S. G. (1985): Ecological and evolutionary interactions between reproduction of beech Fagus silvatica and seed eating animals. – Oikos 44: 157-164

NITSCHE, K.-A. (1994): Biber-Ausrottung, Schutz und Wiederansiedlung in Deutschland. – Säugetierkdl. Mitt. 34 (2): 83-178

NITSCHE, K.-A. (1995 a): Biber zwischen den Fronten. – Naturschutz heute 2: 38-39

NITSCHE, K.-A. (1995 b): Warum keine neuen Wiederansiedlungsprojekte von Bibern? – Säugetierkdl. Mitt. 36 (1): 43-48

NITSCHE, S. und NITSCHE, L. (1994): Extensive Grünlandnutzung. – Radebeul

NOLET, B. A., HOEKSTRA, A. und OTTENHEIM, M. M. (1994): Selective foraging on woody species by the beaver Castor fiber and its impact on a riparian willow forest. – Biol. Conserv. 70: 1117-128

NORTON-GRIFFITHS, M. (1979): The influence of grazing, browsing, and fire on the vegetation dynamics of the Serengeti. – In: Serengeti. Dynamics of an ecosystem (SINCLAIR, A. R. E. und NORTON-GRIFFITHS, M., Hrsg.): 310-352, Chicago und London

NOSS, R. F., GRAHAM, R. MCCULLOUGH, D. R., RAMSEY, F. L., SEAVEY, J., WHITLOCK, C. und WILLIAMS, M. P. (2000): Review of scientific material relevant to the occurrence, ecosystem role, and tested management options for mountain goats in Olympic National Park. – Conservation Biology Institute, Corvallis

NOVAK, V., HROZINKA, F. und STARY, B. (1989): Atlas schädlicher Forstinsekten (übersetzt und bearbeitet von K. RACK). – Stuttgart

NOWAK, E. (1977): Die Ausbreitung der Tiere. – Die Neue Brehm-Bücherei, Wittenberg Lutherstadt

NOWAK, E. (1981): Geschichtliches und Rezentes über die aktive Rolle des Menschen bei der Bereicherung bzw. Erhaltung der Fauna durch Tieraussetzungen. – Akad. Natursch. Landschaftspfl., Tagungsber. 12/'81: 19-28

NOWAK, E. (1982): Wie viele Tierarten leben auf der Welt, wie viele davon in der Bundesrepublik Deutschland? – Nat. und Landsch. 57 (11): 383-389

NOWAK, E. und ZSIVANOVITS, A. (1982): Wiedereinbürgerung gefährdeter Tierarten: Wissenschaftliche Grundlagen, Erfahrungen und Bewertungen. – Schriftenr. Landschaftspfl. Natursch. 23

NOWAK, E. und ZUROWSKI, W. (1980): Wiederherstellung des Bibervorkommens in Polen. – Nat. und Landsch. 55 (12): 454-458

NUORTEVA, P. (1963): The influence of Oporinia autumnata (Bkh.) (Lep. Geometridae) on the timberline in subarctic conditions. – Ann. Ent. Fenn. 29: 270-277

NÜSSLEIN, S., FAISST, G., WEISBACHER, A., MORITZ, K., ZIMMERMANN, L., BITTERSOHL, J., KENNEL, M., TROYCKE, A. und ADLER, H. (2000): Zur Waldentwicklung im Nationalpark Bayerischer Wald 1999. Buchdrucker-Massenvermehrung und Totholzflächen im Rachsel-Lusen-Gebiet. – Ber. Bayer. Landesanst. f. Wald und Forstwirtschaft, LWF 25

NYAMAPFENE, K. W. (1986): The use of termite mounds in Zimbabwe peasant agriculture. – Trop. Agric. (Trinidad) 63 (2): 191-192

NYE, P. H. (1955): Some soil-forming processes in the humid tropics. IV. The action of the soil fauna. – J. Soil Sci. 6: 73-83

NYGREN, T. (1987): The history of moose in Finland. – Swedish Wildl. Res., Suppl. 1: 49-54

O'BRIEN, D. F. (1938): A qualitative and quantitative food habitat study of beavers in Maine. – M. S. Thesis, Univ. Maine

ODENING, K. (1984): Antarktische Tierwelt. Einführung in die Biologie der Antarktis. – Leipzig, Jena, Berlin

ODUM, E. (1971): Fundamentals of ecology (3. Aufl.). - Philadelphia, London, Toronto

ODUM, E. (1983): Grundlagen der Ökologie in 2 Bänden, 2. Aufl. – Stuttgart und New York

ODUM, E. (1991): Prinzipien der Ökologie. Lebensräume, Stoffkreisläufe, Wachstumsgrenzen. – Heidelberg

OJASTI, J. (1992): Ungulates and large rodents of South America. – In: Tropical savannas (BOURLIÈRE, F., Hrsg.), Ecosystems of the world 13: 427-439, Amsterdam

ÖKOLOGISCHER JAGDVEREIN (1994): Waldgerechtere Jagdmethoden. – Natur und Landschaft 64 (9): 425

OKSANEN, L. (1978): Lichen grounds of Finnmarksvidda, northern Norway, in relation to summer and winter grazing by reindeer. – Rep. Kevo Subarct. Res. Stn. 14: 64-71

OKSANEN, L., MOEN, J. und HELLE, T. (1995): Timberline patterns in northernmost Fennoscandia. Relative importance of climate and grazing. – Acta Bot. Fenn. 153: 93-107

OKSANEN, L. und OKSANEN, T. (1981): Lemmings (Lemmus lemmus) and grey-sided voles (Clethrionomys rufocanus) in interaction with their resources and predators in Finnmarksvidda, northern Norway. – Rep. Kevo Subarct. Res. Stn. 17: 7-31

OLIVIERA, L. A. und PAIVA, W. O. (1985): Use of termite nests and chicken manure as fertilizers for lettuce in red yellow podzolic soils of the Mnaus region. – Acta Amazonica 15 (1-2): 13-18

ONDERSCHEKA, K. (1986): Auswirkungen der Umweltveränderungen auf das Rot-, Reh- und Gamswild. – Alpine Umweltprobleme, Ergebnisse des Forschungsprojektes Achenkirch 19: 31-35

OOSTERVELD, P. (1975): Beheer en ontwikkeling van natuurreservaten door begrazing. – Natuur Landschap 29: 161-171

OOSTERVELD, P. (1979): Maaien, grazen of stuiven. Via natuurbeheer naar meer natuur. – Duin 2: 3-8

OPPERMANN, R. und LUICK, R. (1999): Extensive Beweidung und Naturschutz. Charakterisierung einer dynamischen und naturverträglichen Landnutzung. – Natur und Landschaft 74 (10): 411-419

OSBORN, B. und ALLAN, P. F. (1949): Vegetation of an abandoned prairie-dog town in tall grass prairie. – Ecol. 30: 322-332

OSBORNE, B. C. (1984): Habitat use by red deer and hill sheep in the West Highlands. – J. Appl. Ecol. 21: 497-506

OSSENBRINK, R. (1996): Standortuntersuchungen in einer Fjellheide im nördlichen Finnisch-Lappland unter besonderer Berücksichtigung des Einflusses der Rentiere auf die Vegetation. – Diplomarb. Inst. Landschaftsökol., Westf. Wilhelms-Univ. Münster

OTT, E., FREHNER, M., FREY, H.-U. und LÜSCHER, P. (1997): Gebirgsnadelwälder. Ein praxisorientierter Leitfaden für eine standortgerechte Waldbehandlung. – Bern, Stuttgart, Wien

OTTO, H.-J. (1994): Waldökologie. – Stuttgart

OWEN, D. F. und WIEGERT, R. G. (1976): Do consumers maximize plant fitness? – Oikos 27: 488-492

OWEN, D. F. und WIEGERT, R. G. (1981): Grasses and grazers: Is there a mutualism? – Oikos 38: 258-259

OWEN, D. F. und WIEGERT, R. G. (1987): Leaf eating as mutualism. – In: Insect outbreaks (BARBOSA, P. und SCHULTZ, J. C., Hrsg.): 81-95, San Diego, New York, Berkeley, Boston, London, Sydney, Tokyo, Toronto

OWEN-SMITH, N. (1982): Factors influencing the consumption of tropical savannas. – In: Ecology of tropical savannas (HUNTZLEY, B. J. und WALKER, B. H., Hrsg.), Ecol. Studies 42: 359-404

OWEN-SMITH, N. (Hrsg.) (1983): Management of large mammals in African conservation areas. – Pretoria

OWEN-SMITH, N. (1987): Pleistocene extinctions of the pivotal role of megaherbivores. – Paleobiol. 13 (3): 351-362

PACKARD, F. M. (1947): A survey of the beaver population of the Rocky Mountain National Park, Colorado. – J. Mammalogy 28 (3): 219-227

PADBERG, M. K. (1992): Besiedlung des Vorfeldes des Tschiervagletschers (Oberengadin, Schweiz) durch Larix decidua Mill. und Pinus cembra L.. – Diplomarb. Inst. F. Geogr., Studienrichtung Landschaftsökologie, Westf. Wilhelms-Univ., Münster

PAINE, R. T. (1966): Food web complexity and species diversity. – Amer. Naturalist 100: 65-75

PAINE, R. T. (1969): A note on trophic complexity and community stability. – Amer. Naturalist 103: 91-93

PALM, T. (1959): Földjverkningar av fjällbjörkmätarens härjning i Abiskodalen 1954-1956. En koleopterologisk undersökning somrarna 1958 och 1959. – Entomol. Tidsskr. 80: 120-136

PALO, R. T., BERGSTRÖM, R. und DANELL, K. (1992): Digestibility, distribution of phenols, and fiber at different twig diameters of birch in winter. Implication for browsers. – Oikos 65: 450-454

PARKER, I. S. C. (1979): The ivory trade. – Rep. US Fish and Wildlife Service.

PARKER, I. S. C. (1983): The Tsavo story: An ecological case history. – In: Management of large mammals in African conservation areas (OWEN-SMITH, N., Hrsg.): 37-49

PARKER, M., WOOD, F. J., SMITH, B. H. und ELDER, R. G. (1985): Erosional downcutting in lower order riparian ecosystems: Have historical changes been caused by the removal of beavers? - Paper presented at the First North American Riparian Conf. (The Univ. of Arizona, Tucson, April 16-18, 1985). – Hektogr. Manuskript

PARTON, W. J. und RISSER, P. G. (1980): Impact of management practises on the tallgrass prairie. – Oecologia 46: 223-234

PASTOR, J., NAIMAN, R. J., DEWEY, B. und MCINNES, P. (1988): Moose, microbes, and the boreal forest. – BioScience 38: 770-777

PAYTON, I. J. (1987): Canopy dieback in the rata (Metrosideros)-kamahi (Weinmannia) forests of Westland, New Zealand. – In: Human impacts and management of mountain forests, Proc. Internat. Workshop, Ibaraki 5-13

Sept. 1987 (FUJIMORI, T. und KIMURA, M., Hrsg.), Forestry and Forest Products Res. Inst., Ibaraki, Japan: 123-136

PEASE, J. L., VOWLES, R. H. und KEITH, L. B. (1979): Interaction of snowshoe hares and woody vegetation. - J. Wildl. Management 43: 43-60

PECH, R. P. und HOOD, G. M. (1998): Foxes, rabbits, alternative prey and rabbit calicivirus disease: consequences of a new biological control agent for an outbreaking species in Australia. – J. Appl. Ecol. 35: 434-453

PEEK, J. M. (1974): Initial response of moose to a forest fire in northeastern Minnesota. – The Amer. Midland Naturalist 91 (2): 435-438

PÉGAU, R. E. (1970): Succession in two exclosures near Uvalakleet, Alaska. – The Canad. Field Naturalist 84: 175-177

PÉGAU, R. E. (1975): Analysis of the Nelchina caribou range. – Biol. Papers Univ. Alaska, Spec. Rep. 1: 316-323

PEKELHARING, C. J. (1979): Fluctuation in opossum populations along the north bank of the Taramakau catchment and its effect on the forest canopy. – N. Z. J. For. Sci. 9 (2): 212-224

PEKELHARING, C. J. und REYNOLDS, R. N. (1983): Distribution and abundance of browsing mammals in Westland National Park in 1978, and some observation on their impact on the vegetation. – N. Z. J. For. Sci. 13 (3): 247-265

PELLEW, R. A. P. und SOUTHGATE, B. J. (1984): The parasitism of Acacia tortilis in the Serengeti. – Afr. J. Ecol. 22: 73-75

PELZ, H.-J. (1996): Zur Geschichte der Bisambekämpfung in Deutschland. – Mitt. Biol. Bundesanst. Land-Forstwirtsch. Berlin Dahlem 317: 219-234

PELZ, H.-J., KLEMANN, N. und GIESEMANN, R. (1997): Zur Entwicklung der Nutriabestände in Westfalen. – Abh. Westf. Mus. Naturk. 59 (3): 97-105

PELZ, H.-J. und LAUENSTEIN, G. (1989): Nutrial deficiencies as cause for changes in density in Microtus arvalis (Pallas) on grassland (Abstract). – 5th Int. Theriol. Congr. Rome, 22. - 29. August 1989: 549-550

PENDLETON, R. L. (1941): Some results of termite activity in Thailand soils. – Thai Sci. Bull. 3 (2): 29-53

PENDLETON, R. L. (1942): Importance of termites in modifying certain Thailand soils. - J. Amer. Soc. Agron. 34: 340-344

PENNYCUICK, L. (1975): Movements of the migratory wildebeest population in the Serengeti area between 1960 und 1973. – East Afr. Wildl. J. 13: 65-87

PENTZHORN, B. L., ROBERTSE, P. J. und OLIVIER, M. C. (1974): The influence of the african elephant on vegetation of the Addo Elephant National Park. – Koedoe 17: 137-158

PERRY, D. A. (1994): Forest ecosystems. – London, Baltimore

PETELLE, M. (1980): Aphids and melezitose: a test of Owen's 1978 hypothesis. – Oikos 35: 127-128

PETELLE, M. (1984): Aphid sugars and soil nitrogen. – Soil Biol. Biochem 16 (3): 203-206

PETERSON, M. J. (1991): Wildlife parasitism, science and management policy. – J. Wildl. Managem. 55: 782-789

PETERSON, R. O. (1983): Wolf management and harvest patterns on the Kenai National Wildlife Refuge, Alaska. In: Wolves in Canada and Alaska (CARBYN, L. N., Hrsg.), Proc. Wolf Symp. Edmonton, Alberta, 12-14 May 1981. – Canad. Wildl. Serv., Rep. Series 45: 96-99

PETERSON, R. O., PAGE, R. E. und DODGE, K. M. (1984): Wolves, moose, and the allometry of population cycles. – Science 224: 1350-1352

PETRAK, M. (1992): Rotwild (Cervus elaphus Linné, 1758) als Pflegefaktor für bärwurzreiche Magertriften (Arnicetum montanae Schw. 1974 = Meso-Festucetum) in der Nordeifel. – Z. Jagdwiss. 38: 221-234

PETRAK, M. (1993): Beäsung als Standortfaktor unter besonderer Berücksichtigung des Rehwildes: Rehwild-Symposium Gießen (HOFMANN, R. R. und PIELOWSKI, Z., Hrsg.) – Schr. Arbeitskr. Wildbiol. Justus-Liebig-Univ. Gießen e. V., 21: 105-116. – Schriftenr. Landespfl. Natursch. 46: 69-75

PETRAK, M. (1996): Erfassung von Schalenwildarten und deren Bewertung für die Landschaftsplanung

PETRAK, M. (1999): Grenzüberschreitende Rotwildhege im deutsch-belgischen Naturpark Nordeifel. – Hohes Venn. – LÖBF-Mitt. 4: 28-31

PEVELING, R. (1990): Nutzungsabhängige Zusammensetzung und Verbreitung südsomalischer Grasgesellschaften und ihr Einfluß auf das Schadenspotential von Quelea quelea (L). – Geomethodica 15: 107-139

PFISTER, F., WALTHER, H., ERNI, V. und CANDRIAN, M. (1987): Walderhaltung und Schutzaufgaben im Berggebiet. – EAFV Berichte 294

PFITSCH, W. A. (1980): The effect of mountain goats on the subalpine plant communities of Klahhane Ridge, Olympic National Park, Washington. – M. S. Thesis, Univ. Washington

PFLUG, W. (1987): Der Naturschutz und die Natur. – Naturschutzzentrum NRW, Seminarber. 1 (1): 5-10

PIKE, D. K. (1981): Effects of mountain goats on three plant species unique to the Olympic Mountains, Washington. – M. S. Thesis, Univ. Washinton

PILLERI, G. (1960): Biber. – Umschau 14: 420-424

PITELKA, F. A. (1957): Some characteristics of microtine cycles in the Arctic. – In: Arctic Biology (HANSEN, H. P.,Hrsg.) – Eighteenth Ann. Biol. Colloq. Oregon: 73-88, Corvallis

PLATT, W. J. (1975): The colonization and formation of equilibrium plant species associations on badger disturbances in a tall-grass prairie. – Ecol. Monographs 45: 285-305

POGLAYEN-NEUWALL, I. (1982): Einbürgerung exotischer Huftiere in New Mexico. 1950-1979. – Zool. Garten N. F. 52: 195-232

POLLEY, H. W. und COLLINS, S. L. (1984): Relationships of vegetation and environment in buffalo wallows. – Amer. Midland Naturalist 112: 178-186

POPP, A. (1999): Zur Habitatnutzung von Wisenten (Bison bonasus bonasus) im Gehege und im Freiland. – Artenschutzrep. 9: 16-21

POST, E., PETERSON, R. O., STENSETH, N. C. und MCLAREN, B. E. (1999): Ecosystem consequences of wolf behavioural response to climate. – Nature 401: 905-907

POTT, R. (1995): The origin of grassland plant species and grassland communities in Central Europe. – Fitosociologica 29: 7-32

POTT, R. (1996): Biotoptypen, schützenswerte Lebensräume Deutschlands und angrenzender Regionen. – Stuttgart

POTT, R. (1997): Von der Urlandschaft zur Kulturlandschaft - Entwicklung und Gestaltung mitteleuropäischer Kulturlandschaften durch den Menschen. – Verh. Ges. Ökol. 27: 5-26

POTT, R. (1998): Effects of human interference on the landscape with special reference to the role of grazing livestock. – In: Grazing and conservation management (WALLIS DE VRIES, M. F., BAKKER, J. P. und VAN WIEREN, S. H., Hrsg.): 107-134, Dordrecht

POTT, R. und HÜPPE, R. (1991): Die Hudelandschaften Nordwestdeutschlands. – Abh. Westf. Mus. Naturk. 53 (1/2), Münster

POTTER, G. L. (1978): The effect of small mammals on forest ecosystem structure and function. – In: Population of small mammals under natural conditions (SNYDER, D. P. ,Hrsg.): 181-191, Pittsburgh

POWELL, J. A. (1980): Nomenclature of nearctic conifer-feeding Choristoneura (Lepidoptera: Tortricidae): historical review and present status. – USDA For. Serv., Pacific Northwest Forest and Range Exp. Stn., Portland, Oregon, Gen. Tech. Rep. PNW-100

PRACY, L. T. (1962): Introduction and liberation of the Opossum (Trichosurus vulpecula Kerr) into New Zealand. – N. Z. For. Serv. Info, Series 45: 3-15

PRATT, R. M. und SMITH, R. I. L. (1982): Seasonal trends in the chemical composition of reindeer forage plants on South Georgia. – Polar Biol. 1: 13-32

PRICE, A. G. (1972): Island continent, aspects of the historical geography of Australia and its territories. – Sydney, London, Melbourne, Brisbane, Singapore

PRICE, M. V. und JENKINS, S. H. (1987): Rodents as seed consumers and dispersers. – In: Seed dispersal (MURRAY, D., Hrsg.): 191-235, Acad. Press, Australia

PRICE, L. W. (1971): Geomorphic effect of the Arctic ground squirrel in an alpine environment. – Geograf. Annaler 53 A: 100-106

PRICE, W. A. (1949): Pocket gophers as architects of Mima (pimple) mounds of the western United States. – Texas J. Science 1: 1-17

PRINS, H. H. T. und VAN DER JEUGD, H. P. (1993): Herbivore population crashes and woodland structure in East Africa. – J. Ecol. 81: 305-314

PULLAN, R. A. (1979): Termite hills in Africa: their characteristics and evolution. – Catena 6: 267-291

PULLIAINEN, E. (1965): Studies on the wolf (Canis lupus) in Finland. – Ann. Zool. Fenn. 2 (4): 214-259

PULLIAINEN, E. (1986): Habitat selection in the brown bear in eastern Finland. Proc. Grizzly Bear Habitat Symp., Missoula, Montana, April 30 - May 2, 1985. – USDA For. Serv., Intermtn. Res. Stn. Ogden, Utah, Gen. Tech. Rep. INT-207: 113-115

QUELLET, J. P., HEARD, D. C. und BOUTIN, S. (1993): Range impacts following the introduction of caribou on Southampton Island, Northwest Territories, Canada. – Arctic and Alpine Res. 25 (2): 136-141

RABOTNOV, T. A. (1995): Phytozönologie. – Stuttgart

RACZINSKI, J. (1981): Wiedereinbürgerung des Wisents in Europa. – Nat. und Landsch. 56 (4): 115-117

RAHM, U. (1997): Der aktuelle Stand der Biber in der Schweiz. – Internationales Fachsymposium zur Wiederansiedlung des Bibers im Saarland, August 1994, Saarbrücken (MINISTERIUM FÜR UMWELT, ENERGIE UND VERKEHR, SAARBRÜCKEN, Hrsg.): 29-33

RAHM U. und BAETTIG, M. (1996): Der Biber in der Schweiz. Bestand, Gefährdung, Schutz (BUWAL, BWW, Hrsg.). – Schriftenr. Umwelt 249

RAILLARD, M. und SVOBODA, J. (1989): Muskox winter feeding strategies at Sverdrup pass, Ellesmere Island, N. W. T. – The Muskox 37: 86-92

RAILLARD, M. und SVOBODA, J. (2000): High grazing impact, selectivity, and local density of Muskoxen in central Ellesmere Island, Canadian High Arctic. – Arctic, Antarctic and Alpine Res. 32 (3): 278-285

RÄISÄNEN, J. (1994): A comparison of the results of seven CGM experiments in northern Europe. – Geophysica 30: 3-30

RAMMER, W. (1936): Das Tier in der Landschaft. – Leipzig

RASMUSSEN, D. I. (1941): Biotic communities of Kaibab Plateau, Arizona. – Ecol. Monographs 11: 229-275

RASMUSSEN, R. A. und KHALIL, M. A. K. (1986): Atmospheric trace gases: trends and distribution over the last decades. – Science 232: 1623-1627

RATCLIFFE, F. N. (1959): The rabbit in Australia. – Biogeography and ecology in Australia (KEAST et. al., Hrsg.): 545-564

RATCLIFFE, P. R. (1989): The control of red and sika deer populations in commercial forests. – In: Mammals as pest (PUTNAM, R. J., Hrsg.): 98-155, London und New York

RATTI, P. (1981): Zur Hege des Steinwildes in Graubünden. – Z. Jagdwiss. 27 (1): 41-57

RAUH, W. (1989): Madagaskar: Zerstörung einer einzigartigen Vegetation. – Spektr. d. Wiss. 9/89: 12-14

REARDON, P. O., LEINEWEBER, C. L. und MERRIL, L. B. (1972): The effect of bovine saliva on grasses. – J. Animal Sci. 34: 897-898

REARDON, P. O., LEINEWEBER, C. L. und MERRILL, L. B. (1974): Response of sideoats grama to animal saliva and thiamine. – J. Range Management 27: 400-401

REBERTUS, A. J., BURNS, B. R. und VEBLEN, T. T. (1991): Stand dynamics of Pinus flexilis dominated subalpine forests in the Colorado Front Range. – J. Veg. Sci. 2: 445-458

REICHHOLF, J. (1976): Zur Wiederansiedlung des Bibers (Castor fiber L.), biologische Grundlagen und Erfahrungen von den Innstauseen. – Nat. und Landsch. 51 (2): 41-44

REICHHOLF, J. (1977): Zur Ein- und Wiedereinbürgerung von pflanzenfressenden Säugetieren. – Z. Säuetierk. 42: 189-196

REICHHOLF, J. (1993): Das Comeback der Biber. – München

REICHHOLF, J. (1997): Der Biber - eine Schlüsselart der Fließgwässer. – In: Biber in der Kulturlandschaft - eine Illusion? Internationales Fachsymposium zur Wiederansiedlung des Bibers im Saarland, August 1994, Saarbrücken (MINISTERIUM FÜR UMWELT, ENERGIE UND VERKEHR, SAARBRÜCKEN, Hrsg.): 9-14

REICHHOLF-RIEHM, H. (1981): Noch eine Chance für den Biber. – Nationalpark 31 (2): 6-9

REICHMAN, O. J. und SMITH, St. C. (1985): Impact of pocket gopher burrows on overlaying vegetation. – J. Mammalogy 66: 720-725

REID, K. A. (1951): Planning for wildlife on a managed forest. – J. Forestry 49 (6): 436-439

REID, R. W., WHITNEY, H. S. und WATSON, J. A. (1967): Reactions of lodgepole pines to attack by Dendroctonus ponderosae Hopkins and the blue stain fungi. – Canad. J. Bot. 45: 1115-1126

REIDT, L. (1995): Auswilderung, Heimkehr in ein Feindesland. – Natur 5: 38-42

REIF, U. (1995): Stellungnahmen zu "Biber und Hochwasser". – Natur und Landschaft 70 (4): 181

REIG, O. A. (1970): Ecological notes on the fossorial octodont rodent Spalacopus cyanus (Molina). – J. Mammal. 51: 592-602

REIMERS, E., KLEIN, D. R. und SORUMGARD, R. (1983): Calving time, growth rate and body size of Norwegian reindeer on different ranges. – Arctic and Alpine Res. 15: 107-118

REIMOSER, F. (1999): Schalenwild und Wintersport. – Laufener Seminarbeitr. 6: 39-45

REIMOSER, F., MAYER, H., HOLZINGER, A. und ZANDL, J. (1987): Einfluß von Sommer- und Wintertourismus auf Waldschäden durch Schalenwild im Angertal (Bad Gastein). – Cbl. ges. Forstwes. 104: 95-118

REIJMERS, F. F. (1959): Birds of the cedar pine forest of central Siberia and their role in the life of cedar-pine. – Trudy Biol. Inst. Sibirsk. Otdel. Akad. Nauk. SSSR 5: 121-166

REINHART, D. P. und MATTSON, D. J. (1990): Red squirrels in the whitebark zone. Proc. Symp. on Whitebark Pine Ecosystems: Ecology and Management of a High-Mountain Resource, Bozeman MT, March 29-31, 1989 (SCHMIDT, W. C., Hrsg.) – USDA For. Serv., Intermtn. Res. Stn., Gen. Tech. Rep INT-270: 256-263

RELVA, M. A. und KITZBERGER, T. (2000): A tree ring-based reconstruction of fraying and bark stripping damage by exotic deer in northern Patagonia, Argentine. – In: Conf. on Dendrochronology for the Third Millenium, 2-7 April 2000, Mendoza, Argentina: 261

REMILLARD, M. M, GRUENDLING, G. K. und BOGUCKI, D. J. (1987): Disturbance in beaver (Castor canadensis Kuhl) and landscape heterogeneity. – In: Landscape heterogeneity and disturbance (TURNER, M. G., Hrsg.): 103-123, New York

REMMERT, H. (1968): Über die Bedeutung volkreicher Meeresvogelkolonien und pflanzenfressender Landtiere für die Tundra Spitzbergens. – Veröff. Inst. Meeresforsch. Bremerhaven 11: 47-60

REMMERT, H. (1973): Über die Bedeutung warmblütiger Pflanzenfresser für den Energiefluß in terrestrischen Ökosystemen. – J. Ornithol. 114: 227-249

REMMERT, H. (1980 a): Ökologie. – Berlin, Heidelberg, New York

REMMERT, H. (1980 b): Arctic animal ecology. – Berlin, Heidelberg, New York

REMMERT, H. (1985): Der vorindustrielle Mensch in den Ökosystemen der Erde. – Naturwiss. 72: 627-632

REMMERT, H. (1988): Gleichgewicht durch Katastrophen. – Aus Forschung und Medizin 3 (1): 7-17

REMMERT, H. (1992): Das Mosaikzyklus-Konzept und seine Bedeutung für den Naturschutz - Eine Übersicht. – Laufener Seminarbeitr. 2/92: 45-57

REMMERT, H. (1993): Diversität, Stabilität und Sukzession im Lichte moderner Waldforschung. – In: Dynamik von Flora und Fauna - Artenvielfalt und ihre Erhaltung, Rundgespr. Komm. Ökol. 6: 15-20

REMMERT, H. (1994): Das Mosaik-Zyklus-Konzept und seine Bedeutung für den Naturschutz. Naturschutzreport. – Naturschutz in Thüringen 7 (1): 11-21

REMMERT, H. (1998): Spezielle Ökologie. Terrestrische Ökosysteme. – Berlin, Heidelberg, New York

REMMERT, H. (1999): Das Leitbild für Schutz, Pflege und Gestaltung der Landschaft Mitteleuropas - Der Blickwinkel eines Ökologen (Überarbeitetes Manuskript eines Vortrags des Autors auf dem Internationalen Symposium 1993 in Neuenhaus Solling). – In: Europäische Landschaftsentwicklung mit großen Weidetieren. Geschichte, Modelle und Perspektiven (GERKEN, B. und GÖRNER,, M., Hrsg.), Natur-und Kulturlandschaft 3: 115-117

REMMERT, H. und ZELL, R. A. (1984): Tiere der Urzeit: Ausgestorben oder ausgerottet? – Bild der Wissenschaft 21 (9): 50-51

RETZER, J. L., SWOPE, H. M., REMINGTON, J. D. und RUTHERFORD, W. (1956): Suitability of physical factors for beaver management in the Rocky Mountains of Colorado. – State of Colorado, Dept. Game and Fish, Tech. Bull. 2

REYNOLDS, H. G. (1958): Merriam kangaroo rat (Dipodomys merriami Mearns) on the grazing land of southern Arizona. – Ecol. Monographs 28: 111-127

RHOADES, D. F. (1983): Herbivore population dynamics and plant chemistry. – In: Variable plants and herbivores in natural and managed systems (DENNO, R. F. und MCCLURE, M. S., Hrsg.): 155-220, New York

RHOADES, D. F. und CATES, R. G. (1976): Toward a general theory of plant antiherbivore chemistry. In: Biochemical interactions between plants and insects (WALLACE, J. W. und MANSELL, R. L., Hrsg.). – Recent advances in phytochemistry 10, New York

RICHARD, P. B. (1983): Mechanisms and adaptation in the constructive behaviour of the beaver (C. fiber L.). – Acta Zool. Fenn. 174: 105-108

RICHARD, B. (1981): Les castors. - Coll. Faune et Flore. – Paris

RICHARDSON, D. H. S. und YOUNG, C. M. (1977): Lichens and vertebrates. – In: Lichen ecology (SEAWARD, M. R. D., Hrsg.): 121-144, London

RICHARDSON, F. (1961): Breeding colony of the rhinoceros auklet on Protection Island, Washington. – Condor 63: 456-473

RICHENS, V. B. (1966): Notes on the digging activity of the northern pocket gopher. – J. Mammalogy 47 (3): 531-533

RIECKEN, U. (Hrsg.) (1990): Möglichkeiten und Grenzen der Bioindikation durch Tierarten und Tiergruppen im Rahmen umweltrelevanter Planungen. – Schriftenr. Landschaftspfl. Natursch. 32

RIECKEN, U. (1991): Probleme der Raumgliederung aus tierökologischer Sicht. – LÖLF-Mitt. 4: 37-43

RIECKEN, U. (1992): Planungsbezogene Bioindikation durch Tierarten und Tiergruppen. – Schriftenr. Landschaftspfl. Natursch. 36

RIECKEN, U., FINCK, P., KLEIN, M. und SCHRÖDER, E. (1998): Schutz und Wiedereinführung dynamischer Prozesse als Konzept des Naturschutzes. – Schriftenr. Landschaftspfl. Natursch. 56: 7-19

RIGGS, R. A., TIEDEMANN, A. R., COOK, J. G., BALLARD, T. M., EDGERTON, P. J., VAVRA, M., KRUEGER, W. C., HALL, F. C., BRYANT, L. D., IRWIN, L. L. und DELUCTO, T. (2000): Modification of mixed-conifer forest by ruminant herbivores in the Blue Mountains ecological province. – USDA For. Serv. Pacific Northwest Res. Stat., Res. Paper PNW-RP 570

RINEY, T. (1964): The impact of introductions of large herbivores on tropical environment. – IUCN Publications, New Series 4: 261-273

RISCH, A. C., KRÜSI, B. O., GRÄMIGER, H. und SCHÜTZ, M. (2001): Spatially specific simulation of the long-term development of a subalpine pasture in the Swiss National Park. – Bull. Geobot. Inst. ETH 67: 27-40

ROBBINS, C. T. (1983): Wildlife feeding and nutrition. – New York

RÖBEN, P. (1976): Veränderungen des Säugetierbestandes der Bundesrepublik Deutschland und deren Ursachen. – Schriftenr. F. Vegetationsk. 10: 239-254

ROBINSON, F. N. und FRITH, H. J. (1981): The superb lyrebird Menura novaehollandiae at Tindinbilla A. C. T. – Emu 81: 145-157

RODDA, G. H. und FRITTS, T. H. (1992): The impact of the introduction of the colubrid snake Boiga irregularis on Guam's lizards. – J. Herpetol. 26: 166-174

ROE, F. G. (1970): The North American buffalo (2. Aufl.) – Toronto

ROEDER, A. und JÄGER, A. (1988): Die Verbißbelastung als Maßstab für eine weiserorientierte Wildbewirtschaftung. – Allg. Forstz. 23: 649-650

ROLLER, S. (2001): Gewässerstrukturgütedaten – Auswertungsmöglichkeiten am Beispiel des Bibers (Castor fiber). – Gewässer-Info 20 (Februar 2001): 106-108

ROMAŠOV, B. V. (1992): Krankheiten der Biber. – In: Semiaquatische Säugetiere. Wiss. Beitr. Univ. Halle 1992: 199-203

ROMME, W. H. und DESPAIN, D. G. (1990): Die Yellowstone-Brände: Feuer als Lebensspender. – Spektr. d. Wiss.: 114-123

RONCO, F. (1967): Lessons from artificial regeneration studies in a cutover beetle-killed spruce stand in western Colorado. – USDA For. Serv., Res. Note RM-90

ROOTS, C. (1976): Animal invaders. – Newton Abbot, London, Vancouver

RÖSCH, K. (1992): Einfluß der Beweidung auf die Vegetation des Bergwaldes. – Nationalpark Berchtesgaden, Forschungsber. 26

RÖSER, B. (1988): Saum- und Kleinbiotope. Ökologische Funktion, wirtschaftliche Bedeutung und Schutzwürdigkeit in Agrarlandschaften. – Landsberg/Lech

ROSS, B. A., TESTER, J. R. und BRECKENRIDGE, W. J. (1968): Ecology of mima-type mounds in northwestern Minnesota. – Ecol. 49: 172-177

ROSS, K. C. und ARTHUR-WORSOP, M. J. (1987): A preliminary economic evaluation of rabbit control. – Resource use paper 3/87, MAF Corp, Min. Agriculture and Fisheries, Christchurch

ROTENHAN, S. Frh. von (1990): Stellungnahme zu Wald und Schalenwild: Aus der Sicht der Arbeitsgemeinschaft Naturgemäße Waldwirtschaft. – Allg. Forstz. 4: 102-103

RUDOLPH, J. (1994): Anomalous methane. – Nature 368: 19-20

RUEDEMANN, R. und SCHOONMAKER, W. J. (1938): Beaver as geological agents. – Science 88 (2292): 523-525

RUSHTON, S. P., LURZ, P. W. W., GURNELL, J. und FULLER, R. (2000): Modelling the spatial dynamics of parapox-virus disease in red and grey squirrels: a possible cause of the decline in the red squirrels in the UK? – J. Appl. Ecol. 37: 997-1012

RUSSEL, D. E. und MARTELL, A. M. (1984): Winter range ecology of caribou (Rangifer tarandus). – In: Northern ecology and resource management. Memorial essays honouring Don Gill (OLSON, R., HASTINGS, R. und GEDDES, F., Hrsg.): 117-144, Edmonton

RUSSO, J. P. (1964): The Kaibab north deer herd, its history, problems and management. – Arizona Game and Fish Dept. Wildl. Bull. 7

RUSSOW, F. und HEINRICH, J. (2001): Jungholozäne Überprägungen von quartären Deckschichten und Böden des Mittelgebirgsraumes durch biomechanische Prozesse in Mitteleuropa. – Geoöko XXII: 37-290

RUTHERFORD, W. H. (1955): Wildlife and environmental relationships of beavers in Colorado forest. – J. Forestry 53: 803-806

RUTHERFORD, W. H. (1964): The beaver in Colorado, its biology, ecology, management and economics. – Colorado Game, Fish and Parks Dept., Tech. Publ. 17

RYSER, P. und GIGON, A. (1985): Influence of seed bank and small mammals on the floristic composition of limestone grassland (Mesobrometum) in northern Switzerland. – Ber. Geobot. Inst. ETH, Stiftung Rübel, Zürich 52: 41-52

SAFRANYIK, L., SHRIMPTON, D. M. und WHITNEY, H. S. (1975): An interpretation of the interaction between lodgepole pine, the mountain pine beetle and its associate blue stain fungi in western Canada. – In: Management of Lodgepole Pine Ecosystems, Symp. Proc. (BAUMGARTNER, D. M., Hrsg.): 406-428, Washington

SALA, O. E. (1988): The effect of herbivory on vegetation structure. – In: Plant form and vegetation structure: 317-330, The Hague

SALWASSER, H., SCHONEWALD-COX, C. und BAKER, R. (1987): The role of interagency cooperation in managing for viable populations. – In: Viable populations for conservation (SOULÉ, M. E., Hrsg.): 159-173, Cambridge

SALYER, J. C. (1935): Preliminary report on beaver-trout investigations. – Amer. Game 24 (1):6, 13-15

SANDERS, W. und WEBSTER, D. (1994): Preindustrial man and environmental degradation. – In: Biodiversity and landscapes (KIM, K. C. und WEAVER, R. D., Hrsg.): 77-104, Cambridge

SANDS, W. A. (1969): The association of termites and fungi. – In: Biology of termites (KRISHNA, K. und WEESNER, F. M., Hrsg.) 1: 495-524, New York und London

SANTOS, T., TELLERIA, J. L. und VIRGOS, E. (1999): Dispersal of Spanish juniper Juniperus thurifera by birds and mammals in a fragmental landscape. – Ecography 22: 193-201

SATCHELL, J. E. (Hrsg.) (1983): Earthworm ecology from Darwin to vermiculture. – London, New York

SAVIDGE, J. A. (1987): Extinction of an island forest avifauna by an introduced snake. – Ecol. 68 (3): 660-668

SCHAEFER, V. H. (1981): A test of the possible reduction of the digging activity of moles in pasture by increasing soil nitrogen. – Acta Theriologica 26: 118-123

SCHAFFER, W. M. und TAMARIN, R. H. (1973): Changing reproductive rates and population cycles in lemmings and voles. – Evolution 27: 111-124

SCHALLER, G. B. (1973): Observations on Himalayan Thar (Hemitragus jelahicus). – J. Bombay Nat. Hist. Soc. 70 (1): 1-24

SCHALLER, G. B. (1995): Der letzte Panda. – Reinbek bei Hamburg

SCHAUER, T. (1982): Die Belastung des Bergwaldes durch Schalenwild, Waldweide und Naturschutz. – Laufener Seminarber. 9/82., Laufen

SCHEFFER, V. B. (1951): The rise and fall of a reindeer herd. – Scientific Monthly 73: 356-362

SCHEFFER, V. B. (1958): Do fossorial rodents originate Mima-type microrelief? – Amer. Midl. Naturalist 59: 505-510

SCHENK, A. und TÖDTER, U. (1994): Die große Rückkehr? Wiederansiedlung von ausgerotteten Tierarten in den Alpen. – CIPRA-INFO 35: 1-4

SCHERRER, H. U. und SURBER, E. (1978): Behandlung von Brachland in der Schweiz. – Eidg. Anst. f. d. forstl. Versuchswes., Berichte 189

SCHERZINGER, W. (1981): Chancen der Wiedereinbürgerung von Waldhühnern in Deutschland. – Nat. und Landsch. 56 (4): 131-132

SCHERZINGER, W. (1996): Naturschutz im Wald, Qualitätsziele einer dynamischen Waldentwicklung. – Stuttgart

SCHEUNERT, T. A. und ZIMMERMANN, K. (1952): Bakterielle Synthese im Blinddarm und Koprophagie beim Kaninchen. – Arch. Tierernährung 2 (4): 217-222

SCHIMPF, D. J., HENDERSON, J. A. und MACMAHON, J. A. (1980): Some aspects of succession in the spruce-fir zone of northern Utah. – The Great Basin Naturalist 40 (1): 1-26

SCHLUND, G. (1988): Rotwild und Biotopkapazität. – In: AFZ Diskussion: Ökosystemgerechte Jagd - Stellungnahme zu Paul Müller in AFZ Nr. 27-28, 1988: 761-772

SCHMID, J. M. und FRYE, R. H. (1977): Spruce beetle in the Rockies. – USDA For. Serv., Gen. Tech. Report RM-49, Rocky Mtn. Forest and Range Exp. Stn., Fort Collins

SCHMID, J. M. und HINDS, T. E. (1974): Development of spruce-fir stands following spruce beetle outbreaks. – USDA For. Serv., Rocky Mtn. Forest and Range Exp. Stn., Fort Collins, Colorado, Res. Paper RM-131

SCHMIDT, E. (2001): Bisam und Nutria. – Neubürger an urbanen Gewässern. – Unterricht Biologie 25 (269): 53-56

SCHMIDT, G. (1969): Vegetationsgeographie auf ökologisch-soziologischer Grundlage. – Leipzig

SCHMIDT, K. (1993): Winter ecology of nonmigratory Alpine red deer. – Oecologia 95: 226-233

SCHMIDT, M. (1993): Naturschutzmanagement - Notwendigkeit oder Übereifer? – In: Landschaftspflege - Quo vadis? - (LANDESAMT FÜR UMWELTSCHUTZ BADEN-WÜRTTEMBERG, Hrsg.): 138-142, Karlsruhe

SCHMIDT, O. (1999): Stellungnahme zur "Megaherbivorentheorie" aus forstlicher Sicht. – Vervielf. Manuskr. Bayer. Landesanst. Wald- und Forstwirtsch. Freiburg

SCHMITT, K. (1991): The vegetation of the Aberdare National Park, Kenya. – Hochgebirgsforschung 7, Innsbruck

SCHMUTTERER, H. (1965): Großschädling Blutschnabelweber. Eine neue Plage für die afrikanische Landwirtschaft. – Kosmos 11: 469-477

SCHLUMPRECHT, H., SCHUPP, D. und SÜDBECK, P. (2001): Methoden zur Entwicklung eines Indikators "Bestandesentwicklung ausgewählter Vogelarten". – Natursch. und Landschaftspl. 33 (11): 333-343

SCHNEIDER, E. (1985): Erfahrungen zum Management lokaler Vorkommen des Bibers Castor fiber L. in der Bundesrepublik Deutschland. – Angew. Zool. 1-2: 191-203

SCHNEIDER, E. und RIEDER, N. (1981): Wiederansiedlung des Bibers in der Bundesrepublik Deutschland. – Natur und Landschaft 56 (4): 118-120

SCHNEIDER, E. und SCHULTE, R. (1985): Befunde zu den Habitatsansprüchen des Europäischen Bibers (Castor fiber L.) aus einem Wiederansiedlungsversuch an einem Mittelgebirgsbach der nördlichen Eifel. – Z. Angew. Zool. 72 (1/2): 167-179

SCHNEIDER, H. - J. (1993): Der Biber in Mitteleuropa. Ein Beitrag zur Ökologie der Art und den Chancen einer flächenhaften Wiederansiedlung. – Dipl.-Arb., Gesamthochsch. Paderborn, Abt. Höxter, Studiengang Landschaftspflege, Fachber. 7, Lehrgebiet Tierökologie

SCHNEIDER, M. F. (2001): Habitat loss, fragmentation and predator impact: spatial implications for prey conservation. – J. Appl. Ecol. 38: 720-735

SCHNITTER, M. (1965): Der Steinbock. – Schr. Zool. Mus. Univ. Zürich 3

SCHOLES, R. J. und HALL, D. O. (1996): The carbon budget of tropical savannas, woodlands and grasslands. – In: Global change effects on coniferous forests and grasslands (BREYMEYER, A. I., HALL, D. O., MELLILO, J. M. und AGREN, G. I., Hrsg.): 69-100, London

SCHOLES, R. J. und WALKER, B. H. (1993): An African savanna: Synthesis of the Nylsvley Study. – Cambridge

SCHÖNBORN, C. (1999): Die Makrolepidopteren der Ilmaue (Thüringen): Analyse differenzierender Umweltfaktoren und Schlußfolgerungen für eine ökologisch begründete Sanierungskonzeption. – Z. Ökol. Natursch. 8: 53-69

SCHÖNWIESE, Ch. D. (1992): Klima im Wandel - Tatsachen, Irrtümer, Risiken. – Stuttgart

SCHOTT, C. (1934): Kanadische Biberwiesen - ein Beitrag zur Frage der Wiesenbildung. – Z. Ges. Erdk. Berlin: 370-374

SCHRADER, S. (1999): Bodentiere als "ecosystem engineers" in Agroökosystemen. – Wasser und Boden 51 (12): 48-51

SCHREIBER, K. F. (1969): Beobachtungen über die Entstehung von "Buckelweiden" auf den Hochflächen des Schweizer Jura. – Erdk. 23 (4): 280-290

SCHREIBER, K. F. (1980 a): Brachflächen in der Kulturlandschaft. – Daten und Dokumente zum Umweltschutz, Sonderreihe Umwelttagung, Univ. Hohenheim 30: 61-93

SCHREIBER, K.-F. (1980 b): Entstehung von Ökosystemen und ihre Beeinflussung durch menschliche Eingriffe. – In: Eine Welt darin zu leben (DER MINISTER FÜR UMWELT, RAUMPLANUNG UND BAUWESEN SAARLAND, Hrsg.): 34-51

SCHREIBER, K.-F. (1989): The history of landscape ecology in Europe. – In: Changing landscapes: An ecological perspective (ZONNEVELD, I. S. und FORMAN, R. T. T., Hrsg.): 22-33, Berlin, Heidelberg, London, Paris, Tokyo

SCHREIBER, K.- F. (2000): Überlegungen zum Einfluss der Großwildfauna auf die Landschaft im Holozän. – Rundgespräch der Kommission für Ökologie 18, "Entwicklung der Umwelt seit der letzten Eiszeit": 77-89, München

SCHRÖDER, W. (1972): Funktion und Situation von großen Pflanzenfressern in Waldökosystemen Mitteleuropas. – Ges. Ökol., Tagung Gießen 1972, Tagungsber. Belastung und Belastbarkeit von Ökosystemen: 55-58

SCHRÖDER, W. (1977): Räumliche Verteilung und Nahrungsauswahl von Gams und Rotwild im Hochgebirge. – Forstw. Cbl. 96: 94-99

SCHROTH, K.-E. (1994): Zum Lebensraum des Auerhuhns (Tetrao urogallus L.) im Nordschwarzwald. Eine Analyse der Kaltenbronner Auerhuhnhabitate und deren Veränderung seit Beginn der geregelten Forstwirtschaft (1843-1993). – Mitt. forstl. Versuchs- und Forschungsanst. Baden-Württemberg 178, Abt. Landespflege 17, Freiburg

SCHÜLE, W. (1992): Vegetation, megaherbivores, Man and climate in the Quaternary and the genesis of closed forest. – In: Tropical forests in transition (GOLDAMMER, J. G., Hrsg.): 45-76, Basel

SCHULLERY, P. und WHITTLESEY, L. (1992): The documentary record of wolves and related wildlife species in the Yellowstone Park area prior to 1882. – In: Wolves for Yellowstone? A report to the United States Congress, Vol. 4, research and analysis (VARLEY, J. D. und BREWSTER, G. (Hrsg.): 1- 173, National Park Service, Yellowstone, Wyoming

SCHULTE, R. (1972): Zur Nährstoffverdauung und Energieausnutzung beim Biber Castor fiber L. – Z. Angew. Zool. 72 (1/2): 153-165

SCHULTE, R. (1998): Perspektiven und Zukunftsaufgaben des Biberschutzes in Deutschland. – Natursch. und Landschaftspfl. 30 (10): 331-332

SCHULTZ, A. M. (1972): A study of an ecosystem: The arctic tundra. – In: The ecosystem concept in natural resource management (VAN DYNE, G. M., Hrsg.): 77-93, New York

SCHULTZ, J. (1988): Die Ökozonen der Erde. – Stuttgart

SCHULTZ, J. (2000): Handbuch der Ökozonen. - Stuttgart

SCHULTZ, J. C. und BALDWIN, I. T. (1982): Oak leaf quality decline in response to defoliation by gypsy moth larvae. – Science 217: 149-151

SCHULTZ, W. und FINCH, O.-D. (1997): Ein Tierarten-Klassizifizierungsverfahren als Basis für biotoptypenbezogene ökofaunistische Zustandsanalysen und Bewertungen. – Z. Ökol. Natursch. 6: 151-168

SCHUSTER, E. (1990): Exkursionsbericht Zustand und Gefährdung der Bergwälder. In: Zustand und Gefährdung des Bergwaldes (SCHUSTER, E., Hrsg.). – Forstwiss. Forschungen 40, Beih. Forstw. Cbl.: 11-18

SCHÜTZ, H., SEILER, W. und RENNENBERG, H. (1990): Soil and land-use related sources and sinks of methane in the context of the global methane budget. – In: Soils and the greenhouse effect (BOUWMAN, A. F., Hrsg.): 269-288, Chichester

SCHÜTZ, H.- U. (1998): Untersuchungen zur Ökologie von "ribbon forests" der Colorado Front Range (Rocky Mountains, U. S. A.) unter besonderer Berücksichtigung von Thomomys talpoides (Geomyidae). – Diss. Math.- Nat. Fak. Westf. Wilhelms-Univ. Münster

SCHÜTZ, M., WILDI, O., ACHERMANN, G., KRÜSI, B. O. und NIEVERGELT, B. (2000): Predicting the development of subalpine grassland in the Swiss National Park: how to build a succession model based on data from long-term permanent plots. – Nationalparkforschung in der Schweiz 89: 207-235

SCHWAB, G. (1993): Biber in Bayern. – Nat. und Landsch. 68 (2): 76-77

SCHWAB, G. (1994): Biber (Castor fiber L.) – Schriftenr. Bayer. Landesamt Umweltschutz 128: 5-7

SCHWAB, G. (1997): Der Biber (Castor fiber L.) in Bayern. – In: Biber in der Kulturlandschaft - eine Illusion? Int. Fachsymp. zur Wiederansiedlung des Bibers im Saarland, August 1994, Saarbrücken (MINISTERIUM FÜR UMWELT, ENERGIE UND VERKEHR, SAARBRÜCKEN, Hrsg.): 23-28

SCHWAB, G. (1998): Biber in der bayerischen Kulturlandschaft - Landschaftsgestalter ohne Raum. – Schriftenr. Landschaftspfl. Natursch. 56: 212-232.

SCHWAB, G., DIETZEN, W. und VON LOSSOW, G. (1994): Biber in Bayern. – Schriftenr. Bayer. Landesamt Umweltschutz 128: 9-44

337

SCHWAB, P. und MESSNER, L. (1987): Vorschläge zur Schalenwildregulierung. Ergebnisse des Forschungs- und Versuchsprojektes "Alpine Umweltgestaltung" des Fonds für Umweltstudien (FUST) in Achenkirch, Tirol/Bonn. – Allg. Forstz. 11: 247-249

SCHWEINFURTH, U. (1966): Neuseeland, Beobachtungen und Studien zur Pflanzengeographie und Ökologie der antipodischen Inselgruppe. – Bonner Geogr. Abh. 36

SCHWEINGRUBER, F. H. (1979): Auswirkungen des Lärchenwicklerbefalls auf die Jahrringstruktur der Lärche. – Schweiz. Z. Forstw. 130 (2): 1071-1093

SCHWERDTFEGER, F. (1968): Demökologie. Ökologie der Tiere Bd. II. – Hamburg und Berlin

SEASTEDT, T. R., REICHMAN, O. J. und TODD, T. C. (1986): Microarthropods and nematodes in kangaroo rat burrows. – Southwestern Naturalist 31: 114-116

SEDLAG, U. (1995): Tiergeographie. – Urania-Tierreich, Leipzig, Jena, Berlin

SEIDENSCHNUR, W. (1998): Rehwild im naturnahen Waldbau. – Jagdbuch-Report '98/99: 20-24, Wiesbaden

SEMENOV, Y., RAMOUSSE, R. und LE BERRE, M. (2001): Impact of the black-capped marmot (Marmota camtschatica bungei) on floristic diversity of Arctic tundra in northern Siberia. – Arctic, Antarctic and Alpine Res. 33 (2): 204-210

SEMMENS, T. D., TURNER, E. und BUTTERMORE, R. (1993): Bombus terrestris (L.) (Hymenoptera, Apidae) now established in Tasmania. – J. Austr. Entomol. Soc. 32: 346

SENFT, R. L., COUGHENOUR, M. B., BAILEY, D. W., RITTENHOUSE, L. R., SALA, O. E. und SWIFT, D. M. (1987): Large herbivores foraging and ecological hierarchies. – BioScience 37 (11): 789-799

SENN, J. (2000): Huftiere und Verjüngung im Gebirgswald: eine Geschichte mit vielen Variablen und noch mehr Interaktionen. – Schweiz. Z. Forstwesen 151: 99-106

SEPPÄLÄ, M. und RASTAS, J. (1980): Vegetation map of northernmost Finland with special reference to subarctic forests limits and natural hazards. – Fennia 158: 41-61

SETON, E. (1929): Lives of game animals. – Garden City, New Jersey

SEYMOUR, R. S. (1992): Der natürliche Brutschrank des Buschhuhns. – Spektr. d. Wiss., Febr. 1992: 60-67

SHARP, L. A. und BARR, W. F. (1960): Preliminary investigation on harvester ants on Southern Idaho rangeland. – J. Range Management 13: 131-134

SHAW, M. W. (1968 a): Factors affecting the natural regeneration of sessile oak (Quercus petraea) in North Wales. I. A preliminary study of acorn production, viability and losses. – J. Ecol. 56: 565-668

SHAW, M. W. (1968 b): Factors affecting the natural regeneration of sessile oak (Quercus petraea) in North Wales. II. Acorn losses and germination under field conditions. – J. Ecol. 56: 647-660

SHAW, J. H. und LEE, M. (1995): Ecological interpretation of historical accounts of bison and fire on the southern plains with emphasis on tallgrass prairie. – Final Rep. to The Nature Conservation, Oklahoma State Univ., Stillwater

SHEETS, R. G., LINDER, R. L. und DAHLGREN, R. B. (1971): Burrow systems of prairie dogs in South Dakota. – J. Mammalogy 52: 451-453

SHERMAN, P. W., JARVIS, J. U. M. und BRAUDE, S. H. (1992): Die enge Gemeinschaft der Nacktmulle. – Spektr. d. Wiss., Okt 1992: 90-98

SHERROD, S. K. und SEASTEDT, T. R. (2001): Effects of the northern pocket gopher (Thomomys talpoides) on alpine soil characteristics, Niwot Ridge, CO. – Biogeochemistry 55: 195-218

SHIGO, A. L. (1967): Succession of organisms in discoloration and decay of wood. – In: International Review of Forest Research 2 (ROMBERGER, J. A. und MIKOLA, P., Hrsg.): 239-299, New York, London

SHORT, J. (1985): The functional response of kangaroos, sheep, and rabbits in an arid grazing system. – J. Appl. Ecol. 22: 435-447

SIMON, O. und GOEBEL, W. (1999): Zum Einfluss des Wildschweines (Sus scrofa) auf die Vegetation und Bodenfauna einer Heidelandschaft. – In: Europäische Landschaftsentwicklung mit großen Weidetieren. Geschichte, Modelle, Perspektiven (GERKEN, B. und GÖRNER, M., Hrsg.), Natur- und Kulturlandschaft 3: 172-177

SIMONETTI, J. A. (1995): Wildlife conservation outside parks is a disease-mediated task. – Conserv. Biol. 9 (2): 454-456

SIMOONS, F. J. (1974): Contemporary research themes in the cultural geography of domesticated animals. – The Geogr. Review 64: 557-576

SIMS, P. L. und SINGH, J. S. (1971): Herbage dynamics and net primary production in certain ungrazed and grazed grasslands in North America. – In: Preliminary analysis of structure and function in grasslands (FRENCH, N. R., Hrsg.), Range Science Dept. Sci. Ser. 10: 56-124, Colorado State Univ., Fort Collins

SINCLAIR, A. R. E. (1974 a): The resource limitation of trophic levels in tropical grassland ecosystems. – J. Animal Ecol. 44: 497-520

SINCLAIR, A. R. E. (1974 b): The natural regulation of buffalo population in East Africa. IV. The food supply as a regulating factor, and competition. – East Afr. J. 12: 291-312

SINCLAIR, A. R. E. (1975): The resource limitation of trophic levels in tropical grassland ecosystems. – J. Animal Ecol. 44: 497-520

SINCLAIR, A. R. E. (1977): The African buffalo. A study of resource limitation of populations. – Chicago und London

SINCLAIR, A. R. E. (1979 a): Dynamics of the Serengeti ecosystem, process and pattern. – In: Serengeti. Dynamics of an ecosystem. (SINCLAIR, A. R. E. und NORTON-GRIFFITHS, M., Hrsg.): 1-30, Chicago und London

SINCLAIR, A. R. E. (1979 b): The eruptions of ruminants. – In: Serengeti. Dynamics of an ecosystem (SINCLAIR, A. R. E. und NORTON-GRIFFITHS, M., Hrsg.): 82-103, Chicago und London

SINCLAIR; A. R. E. (1979 c): The Serengeti ecosystem. – In: Serengeti. Dynamics of an ecosystem (SINCLAIR, A. R. E. und NORTON-GRIFFITHS, M., Hrsg.): 31-45, Chicago und London

SINCLAIR, A. R. E. (1983): The function of distance movements in vertebrates. – In: The ecology of animal movement (SINGLAND, I. R. und GREENWOOD, P. J., Hrsg.): 240-258, Oxford

SINCLAIR, A. R. E. (1985): Does interspecific competition shape the African ungulate community? – J. Animal Ecol. 54: 899-918

SINCLAIR, A. R. E. (1992): The adaptation of African ungulates and their effects on community function. – Tropical savannas (BOURLIÈRE, F., Hrsg.), Ecosystems of the world 13: 401-426, Amsterdam

SINCLAIR, A. R. E. (1995): Serengeti past and present. – In: Serengeti II (SINCLAIR, A. R. E. und ARCESE, P., Hrsg.): 3-30, Chicago und London

SINCLAIR, A. R. E. und ARCESE, P. (1995): Serengeti II: dynamics, management and conservation of an ecosystem. – Chicago

SINCLAIR, A. R. E. , DUBLIN, H. und BORNER, M. (1985): Population regulation of Serengeti Wildebeest: a test of the food hypothesis. – Oecologia 65: 266-268

SINCLAIR, A. R. E. und NORTON-GRIFFITHS, M. (Hrsg.) (1979): Serengeti. Dynamics of an ecosystem. – Chicago und London

SINGER, F. J. (Hrsg.) (1996): Effects of grazing wild ungulates in Yellowstone National Park. – Tech. Rep. NPS/NRYELL/NRTR/96-01, USDI Nat. Park Serv., Natural Res. Progr. Center, Natural Res. Inform. Div., Denver, Colorado

SINGER, F. J. und HARTER, M. K. (1996): Comparative effects of elk herbivory and the fires of 1988 on grassland in northern Yellowstone National Park. – In: Effects of grazing by wild ungulates in Yellowstone National Park (SINGER, F. J., Hrsg.), Tech. Rep. NPS/NRYELL/NRTR/96-01, USDI Nat. Park Serv., Natural Res. Progr. Center, Natural Inform. Div., Denver, Colorado: 97-113

SINGER, F. J., SCHREIER, W., OPPENHEIM, J. und GARTON, O. (1989): Drought, fires and large mammals. – BioScience 39: 716-722

SINGER, F. J., SWANK, W. T. und CLEBSCH, E. E. C. (1984): Effects of wild pig rooting in a deciduous forest. – J. Wildl. Management 48 (2): 464-473

SINGER, F. J., MACK, L. C. und CATES, R. C. (1994): Ungulate herbivory of willows on Yellowstone's northern winter range. – J. Range Management 47: 435-443

SKIRNISSON, K. (1992): Zur Biologie der isländischen Minkpopulation. – In: Semiaquatische Säugetiere (SCHRÖPFER, R., STUBBE, M. und HEIDECKE, D., Hrsg.), Wiss. Beitr. Univ. Halle 1992: 277-295

SKOCZEN, St., NAGAWIECKA, H. und BORON, K. (1976): The influence of mole tunnels on soil moisture on pastures. – Acta Theriologica 21 (38): 543-548

SKUNCKE, F. (1969): Reindeer ecology and management in Sweden. – Biol. Papers Univ. Alaska 8

SLAVIK, A. D. und Janke, R. A. (1987): The vascular flora of Isle Royale National Park. – Michigan Botanist 26: 91-134

SLOUGH, B. G. und SADLEIR, R. M. F. S. (1977): A land capability classification system for beaver (Castor canadensis Kuhl). – Canad. J. Zool. 55: 1324-1355

SMART, N. O. E. , HATTON, J. C. und SPENCE, D. H. N. (1985): The effect of long-term exclusion of large herbivores on vegetation in Murchison Falls National Park, Uganda. – Biol. Conserv. 33: 229-245

SMITH, B. H. (1980): Riparian willow management: its problems, potentials, within the scope of multiple use on public lands. – Shrub ecology Workshop, Lander, Wyoming

SMITH, J. N. M., KREBS, C. J., SINCLAIR, A. R. E. und BOONSTRA, R. (1988): Population biology of snowshoe hares. II. Interactions with winter food plants. – J. Animal Ecol. 57: 269-286

SMITH, R. I. L. und WALTON, D. W. H. (1975): South Georgia, SubAntarctic. – In: Structure and function of tundra ecosystems (ROSWALL, T. und HEAL, O. W., Hrsg.), Ecol. Bull. (Stockholm): 399-423

SMITH, V. R. (1976): The effect of burrowing species of Procellariidae on the nutrient status of inland tussock grasslands on Marion Island. – J. South Afr. Bot. 42 (2): 265-277

SMUTS, G. I. (1978): Interrelations between predators, prey and their environment. – BioScience 28: 316-320

SNODGRASS, J. W. (1997): Temporal and spatial dynamics of beaver-created patches as influenced by management practices in a south-eastern North American landscape. – J. Appl. Ecol. 34: 1043-1056

339

SNYDER, J. D. und JANKE, R. A. (1976): Impact of moose browsing on boreal-type forests of Isle Royale National Park. – The Amer. Midland Naturalist 95 (1): 79-95

SOKOLOV, V. E. (1974): Saiga tartarica. – Mammalian Species 38: 1-4

SOKOLOV, V. E. (1994): The role of mammal biodiversity in the function of ecosystems. – In: Bird diversity and global change (SOBRIG, O. T., VAN EMDEN, H. H. und VAN DORT, P. G. W. J., Hrsg.): 133-140, Wallingford

SONESSON, M. und HOOGESTEGER, J. (1983): Recent tree-line dynamics (Betula pubescens Erh. ssp. tortuosa Ledeb. Nyman) in northern Sweden. – Nordicana 47: 47-54

SOPER, J. D. (1941): History, range, and home life of the northern bison. – Ecol. Monographs 11: 347-412

SORGER, H.-P. (1995): Der Bär is wieder da! Konflikte und Chancen. – Graz, Stuttgart

SPATZ, G. (1975): Sekundär-Sukzession auf von Schweinen zerstörtem Grasland im Hawaii Volcanoes National Parc, Hawaii. – In: Sukzessionsforschung (SCHMIDT, W., Hrsg.): 339-352, Vaduz

SPATZ, G. und MUELLER-DOMBOIS, D. (1975) Successional patterns after pig digging in grassland communities on Mauna Loa, Hawaii. – Phytocoenologia 3: 346-373

STAHL, P., VANDEL, J. M., HERRENSCHMIDT, V. und MIGOT, P. (2001): Predation on livestock by an expanding reintroduced lynx population: long-term trend and spatial variability. – J. Appl. Ecol. 38: 674-687

STAHR, K. (1979): Die Bedeutung periglazialer Deckschichten für die Bodenbildung und Standortseigenschaften im Südschwarzwald. – Freiburger Bodenkdl. Abh. 9

STAINES, B. W., CRISP, J. M. und PARISH, H. T. (1982): Differences in the quality of food eaten by red deer (Cervus elaphus L.) stags and hinds in winter. – J. Appl. Ecol. 19: 65-77

STARY, B. (1990): Atlas der schädlichen Forstinsekten (Deutsche Ausgabe, überarbeitet und ergänzt von G. BENZ). – Stuttgart

STAUDER, S. (1963): Praktische Erfahrungen bei der Hochlagenaufforstung im vorderen Zillertal. – Mitt. forstl. Bundesversuchsanst. 60: 743-762

STEGEMAN, L. C. (1954): The production of aspen and its utilisation by beaver on the Huntington Forest. – J. Wildl. Management 18: 348-358

STEINER, E. und KRAUS, E. (1993): Des einen Freud, des anderen Leid: Elche in Österreich. – Nationalpark 3/93: 19-22

STEINER, H. (1999): Der Mäusebussard (Buteo buteo) als Indikator für Struktur und Bodennutzung des ländlichen Raumes: Produktivität im heterogenen Habitat, Einfluss von Nahrung und Witterung und Vergleich zum Habicht (Accipiter gentilis). – Stapfia 62

STENDER, S., POSCHLKOD, P., VAUK-HENZELT, E. und DERNEDDE, T. (1997): Die Ausbreitung durch Galloway-Rinder. – Verh. Ges. Ökol. 27: 173-180

STEVENS, D. R. (1980): The deer and elk of Rocky Mountain National Park: A ten-year study. – Nat. Park Serv., Rocky Mountain Nat. Park, Estes Park, Colorado, ROMO-N-13

STEWART, G. H. (1992): Forest structure and regeneration in conifer-broadleaved hardwood forests, Westland. - Monitoring rata-kamahi forest canopy condition and stand dynamics, Copland Valley. – Forest Res. Inst. Contract Report: FWE 92/31, Christchurch

STEWART, G. H. und VEBLEN, T. T. (1982 a): Regeneration patterns in southern rata (Metrosideros umbellata)-kamahi (Weinmannia racemosa) forest in central Westland, New Zealand. – N. Z. J. Bot. 20: 55-72

STEWART, G. H. und VEBLEN, T. T. (1982 b): A commentary on canopy tree mortality in Westland rata-kamahi protection forests. – N. Z. J. Forestry 27: 168-188

STIPE, L. E. (1987): History. In: Western spruce budworm (BROOKES, M. H., CAMPBELL, R. W., COLBERT, J. J., MITCHELL, R. G. und STARK, R. W., Hrsg.). – USDA For. Serv., Cooperative State Res. Service, Tech. Bull. 1694: 1-16

STOCKER, G. (1985): Biber (Castor fiber L.) in der Schweiz. – Eidg. Anst. forstl. Versuchswes., Berichte 274

STOOPS, G. (1964): Application of some pedological methods to the analysis of termite mounds. – In: Etudes sur les termites Africains (BOULLION, A., Hrsg.): 379-398, Léopoldville

STORER, T. I. und USINGER, R. L. (1971): Sierra Nevada natural history. – Berkeley, Los Angeles, London

STREIT, B. (1980): Ökologie. – Stuttgart, New York

STRANDGAARD, S. (1982): Factors affecting the moose population in Sweden during the 20th century with special attention to silviculture. – Swedish Univ. Agricultural Sciences, Dept. Wildl. Ecol., Report 8, Uppsala

STRANGE, I. J. (1980): The thin-billed prion, Pachyptila belcheri, at New Island, Falkland Islands. – Le Gerfaut 70: 411-445

STUART-HILL, G. C. (1992): Effects of elephants and goats on the Kaffrarian succulent thicket on the eastern Cape, South Africa. –J. Appl. Ecol. 29: 699-710

STUBBE, C. (1999): Zur Situation des Feldhasen in Deutschland. – In: Feldhasensymposium, Informationsveranstaltung am 16. 06. 1999 in Bonn (BUNDESMINISTERIUM FÜR ERNÄHRUNG, LANDWIRTSCHAFT UND FORSTEN, Hrsg.): 5-10

STUBBE, M. (1975): Der Waschbär Procyon lotor (L., 1758) in der DDR. – Hercynia N. F. 12: 80-91

STURM, P. (2000): Vom Aussterben bedroht: Situation und Bestandesentwicklung hochgradig gefährdeter Arten in Bayern. – Laufener Seminarbeit. 3/00: 37-43

SUDA, M. (1990): Die Entwicklung der Schalenwildbestände im bayerischen Alpenraum seit Anfang des 19. Jahrhunderts. – Beih. Forstw. Centralbl. 40: 30-39

SUDA, M. und GUNDERMANN, E. (1994): Auswirkungen und monetäre Bewertung von Wildschäden im Bereich wasserwirtschaftlicher Sanierungsflächen des Bayerischen Alpenraumes. – Forstl. Forschungsber. München 143

SÜDBECK. P. und KÖNIGSTEDT, B. (1999): Gänseschadensmanagement in Niedersachsen. – NNA Berichte 12 (3): 145-151

SUKACHEV, V. und DYLIS, N. (1964): Fundamentals of forest biogeocoenology. (Übersetzung aus dem Russischen) – London

SULLIVAN, T. P. (1979): Repopulation of clear-cut habitat and conifer seed predation by deer mice. – J. Wildl. Management 43 (4): 861-871

SUMMERHAYES, V. S. und ELTON, C. S. (1928): Further contributions to the ecology of Spitzbergen. – J. Ecol. 16: 193-268

SUMMERS, C. A. und LINDER, R. L. (1978): Food habits of the black-tailed prairie dog in western South Dakota.. – J. Range Management 31: 134-136

SUTHERST, R. W., FLOYD, R. B. und MAYWALD, G. F. (1995): The potential geographical distribution of the cane toad, Bufo marinus L. in Australia. – Conserv. Biol. 9 (6): 294-299

SUTTER, E. und AMANN, F. (1953): Wie weit fliegen vorratssammelnde Tannenhäher? – Ornithol. Beobachter 50: 89-90

SWANBERG, P. O. (1951): Food storage, territory and song in the Thickbilled Nutcracker. – 10. Int. Ornithol. Kongr. Uppsala 1950: 545-554

SWANK, W., WAIDE, J. B., CROSSLEY, D. A. und TODD, R. L. (1981): Insect defoliation enhances nitrate export from forest ecosystems. – Oecologia 51: 297-299

SWEANOR, P. Y. und SANDEGREN, F. (1989): Winter-range philopatry of seasonally migratory moose. – J. Appl. Ecol. 26: 25-33

SZEMKUS, B., INGOLD, P. und PFISTER, U. (1998): Behaviour of Alpine ibex (Capra ibex ibex) under the influence of paragliders and other air traffic. – Säugetierkunde 2: 84-89

TADZHIYEV, U. und ODINOSHIYEV, A. (1987): Influence of marmots on soil cover of the eastern Pamir. – Soviet Soil Science 2: 22-30

TALBOT, L. M. und TALBOT, M. H. (1963): The wildebeest in western Masailand, East Africa. – Wildl. Monographs 12: 1-88

TAMMARU, T., KAITANIEMI, P. und RUOHOMÄKI, K. (1995): Oviposition choices of Epirrita autumnata (Lepidoptera: Geometridae) in relation to its eruptive dynamics. – Oikos 74: 296-304

TANSLEY, A. G. (1939): The British Isles and their vegetation. – Cambridge

TANSLEY, A. G. und ADAMSON, R. S. (1925): Studies on vegetation of the English chalk. III. The chalk grasslands of the Hampshire-Sussex border. – J. Ecol. 13: 117-123

TARDY, Y. und ROQUIN, C. (1992): Geochemistry and evolution of lateritic landscapes. – In: Weathering, soils and paleosols (MARTINI, I. P. und CHESWORTH, W., Hrsg.): 407-443, Amsterdam, London, New York, Toronto

TAST, J. und KALELA, O. (1971): Comparisons between rodent cycles and plant production in Finnish Lapland. – Ann. Acad. Sci. Fenn. A (IV) 186: 1-14

TATUR, A. (1989): Ornithogenic soils of the maritime Antarctic. – Polish Polar Res. 10 (4): 481-532

TATUR, A. und MYRCHA, A. (1984): Ornithogenic soils on King George Island, South Shetland Islands (Maritime Antarctic Zone). – Polish Polar Res. 5: 31-60

TCHAMBA, M. N. (1995): The impact of elephant browsing on the vegetation in Waza National Park, Cameroon. – Afr. J. Ecol. 33: 184-193

TEN HOUTE DE LANGE, S. M. (1978): Zur Futterwahl des Alpensteinbocks (Capra ibex L.). Eine Untersuchung an der Steinbockkolonie am Piz Albris bei Pontresina. – Z. Jagdwiss. 24: 113-138

TEIPNER, C. L., GARTON, E. O. und NELSON, L. (1983): Pocket gophers in forest ecosystems. – USDA For. Serv., Intermtn. Forest and Range Exp. Stn. Ogden, UT 84401, Gen. Tech. Rep. INT-154

TENOW, O. (1972): The outbreaks of Oporinia autumnata Bkh. and Operophthera spp. (Lep. Geometridae) in the Scandinavian mountain chain and northern Finland 1862 - 1968. – Zool. Bidr. Uppsala, Suppl. 2: 1-107

TENOW, O. (1975): Topographical dependence of an outbreak of Oporinia autumnata Bkh. (Lep., Geometridae) in a mountain birch forest in northern Sweden. – ZOON 3: 85-110

TENOW, O. (1996): Hazards to a mountain birch forest - Abisko in perspective. – Ecol. Bulletins 45: 104-114

TENOW, O. und BYLUND, H. (1989): A survey of winter cold in the mountain birch/Epirrita autumnata system. – Mem. Soc. Fauna, Flora Fennica 65: 67-72

TENOW, O., BYLUND, H. und STRONG, D. R. (1995): Multiple mechanisms in cycles of the autumnal moth on mountain birch. – In: Long-term interactions between the autumnal moth and mountain birch: The roles of resources, competitors, natural enemies, and weather (BYLUND, H., Hrsg.), Diss. Sveriges Lantbruksuniversitet Uppsala

TENOW, O. und HOLMGREN, B. (1987): Low winter temperatures and an outbreak of Epirrita autumnata along a valley of Finmarksvidda, the "cold pole" of Fennoscandia. – In: Climatological extremes in the mountains (ALEXANDERSSON, H. und HOLMGREN, B., Hrsg.), Unigi Rapport 65: 203-216

TENOW, O. und NILSSEN, A. (1990): Egg cold hardiness and topoclimatic limitations to outbreaks of Epirrita autumnata in northern Fennoscandia. – J. Appl. Ecol. 27: 723-734

THALEN, D. C. P. (1981): Grote grazers en snelle snoeiers - het beheer an vegetaties. – In: Verslag van het Veluwe-Symposium gehouden op 9 mei 1980 te Arnhem.: 21-29, Arnheim

THALEN, D. C. P. (1984): Large mammals as tools in the conservation of diverse habitats. – Acta Zool. Fennica 172: 159-163

THACKER, E. J. und BRANDT, S. (1955): Coprophagy in the rabbit. – J. Nutrition 55: 375-385

THANNHEISER, D. und WÜTHRICH, C. (1999): Flora und Fauna am St. Jonsfjord (Spitzbergen). – Norden 13: 291-301, Bremen

THEBERGE, J. B. (1983): Considerations in wolf management related to genetic variability and adaptive range. In: Wolves in Canada and Alaska (CARBYN, L. N., Hrsg.), Proc. Wolf Symp. Edmonton, Alberta, 12-14 May 1981. – Canad. Wildl. Serv., Rep. Series 45: 86-99

THOMPSON, D. Q. (1955): The role of food and cover in population fluctuations of the brown lemming at Point Barrow, Alaska. – Transact. North Amer. Wildl. Conf.: 1766 - 1776

THORN, C. E. (1978): A preliminary assessment of the geomorphic role of pocket gophers in the alpine zone of the Colorado Front Range. – Geografiska Annaler 60 A (3-4): 181-187

THORN, C. E. (1982): Gopher disturbance: Its variability by Braun-Blanquet vegetation units in the Niwot Ridge alpine tundra zone, Colorado Front Range, USA. – Arctic and Alpine Res. 14 (1): 45-51

THORNE, E. T., DEAN, R. E. und HEPWORTH, W. G. (1976): Nutrition during gestation to successful reproduction in elk. – J. Wildl. Management 40: 330-335

THORP, J. (1949): Effects of certain animals that live in soils. – Scientific monthly 68: 180-191

TISDELL, C. A. (1982): Wild pigs: Environmental pest or economic resource? – Sydney, Oxford, New York, Toronto, Paris, Frankfurt

TISCHLER, W. (1990): Ökologie der Lebensräume. – Stuttgart

TIVER, F. und ANDREW, M. H. (1997): Relative effects of herbivory by sheep, rabbits, goats and kangaroos on recruitment and regeneration of shrubs and trees in eastern South Australia. – J. Appl. Ecol. 34: 903-914

TOLVANEN, A. und HENRY, G. H. R. (2000): Population structure of three dominant sedges and muskox herbivory in the High Arctic. – Arctic, Antarctic and Alpine Res. 32 (4): 449-455

TOMBACK, D. F. (1982): Dispersal of whitebark pine seeds by Clark's nutcracker: A mutualism hypothesis. – J. Animal Ecol. 51: 451-467

TOMBACK, D. F. (1983): Nutcrackers and pines: coevolution or coadaption? – In: Coevolution (NITECKI, M. H., Hrsg.): 179-223, Chicago

TOMBACK, D. F. (1986): Post-fire regeneration of krummholz whitebark pine: a consequence of nutcracker seed caching. – Madrono 33 (2): 100-110

TOMBACK, D. F. (1989): The broken circle: fire, birds and whitebark pine. – In: Wilderness and wildfire (WALSH, T., Hrsg.), Wilderness Inst. Montana Forestry and Range Exp. Stn. School of Forestry, Univ. of Montana, Misc. Publ.: 14-17

TOMBACK, D. F. (1994): Effects of seed dispersal by Clark's nutcracker on early postfire regeneration of whitebark pine. In: Proceedings International workshop on subalpine stone pines and their environment: The status of our knowledge, St. Moritz, Switzerland, September 5-11, 1992 (SCHMIDT, W. C. und HOLTMEIER, F.-K., Hrsg.). – USDA For. Serv., Intermtn. Res. Stn., Gen. Tech. Rep. INT-GTR 309: 193-198

TOMBACK, D. F. (1998): Clark's nutcracker. – In: The Birds of North America, No. 331 (POOLE, A. und GILL, F., Hrsg.), Philadelphia

TOMBACK, D. F. (2001): Clark's nutcracker: Agent of regeneration. – In: Whitebark pine communities. Ecology and restoration (TOMBACK, D. F., ARNO, S. F. und KEANE, R. E., Hrsg.): 88-104, Washington, Covelo, London

TOMBACK, D. F., HOFFMANN, L. A. und SUND, S. K. (1990): Coevolution of whitebark pine and nutcrackers: Implications for forest regeneration. – In: Proceedings Syposium on whitebark pine ecosystems: Ecology and management of a high-mountain resource (SCHMIDT, W. C. und McDONALD, K. J., Hrsg.). – USDA For. Serv., Intermtn. Res. Stn., Gen. Tech. Rep. INT 270: 118-129

TOMBACK, D. F. und LINHART, Y. B. (1990): The evolution of bird-dispersed pines. – Evolutionary Ecol. 4: 185-219

TOMBACK, D. F. und SCHUSTER, W. F. (1994): Genetic population structure and growthform distribution in bird-dispersed pines. – In: Proceedings International workshop on subalpine stone pines and their environment: The status of our knowledge, St. Moritz, Switzerland, Sept. 5-11, 1992 (SCHMIDT, W. C. und HOLTMEIER, F.-K.,

Hrsg.). - USDA Forest Serv., Intermtn. Res. Stn., Gen. Tech. Rep. INT-GTR 309: 43-50

TOPP, W. (1981): Biologie und Bodenorganismen. – Heidelberg

TORBIT, S. C., CARPENTER, L. H., SWIFT, D. M. und ALLDREDGE, A. W. (1985): Differential loss of fat and protein by mule deer during winter. – J. Wildl. Management 49: 80-85

TRAPNELL, C. G., FRIEND, M. T., CHAMBERLAIN, G. T. und BIRCH, H. F. (1976): The effects of fire and termites on a Zambia woodland soil. – J. Ecol. 64: 577-588

TREIBER, R. (1997): Vegetationsdynamik unter dem Einfluß des Wildschweins (Sus scrofa L.) am Beispiel bodensaurer Trockenrasen der elsässischen Harth. – Z. Ökol. Natursch. 6: 83-95

TRICART, J. (1972): The landforms of the humid tropics, forests and savannas. – London

TROLL, C. (1936): Termitensavannen. – In: Landeskundliche Forschung, Festschrift Norbert Krebs: 275-312, Stuttgart

TROLL, C. (1963): Geographische Luftbildinterpretation. – Arch. Int. Photogrammetrie 14: 266-275

TROLL, C. (1970): Landschaftsökologie (Geoökologie) und Biogeocoenologie, eine terminologische Studie. – Rev. Roumaine de Géologie, Géophysique et Géographie, Ser. Géogr. 14 (1): 9-18

TROLLDENIER, G. (1971): Bodenbiologie. Die Bodenorganismen im Haushalt der Natur. – Frankfurt und Stuttgart

TSCHIRCH,, W. (2001): Die Bedeutung von Luchs, Wildkatze, Waschbär und Marderhund in der Tollwutepidemiologie. – Beitr. Jagd- und Wildforsch. 26: 281-298

TUBBS, C. R. (1986): The New Forest. – London, Glasgow, Sydney, Auckland, Toronto, Johannesburg

TURCEK, F. (1967): Ökologische Beziehungen der Säugetiere und Gehölze. – Vydavateltvo Slovenskij akademic vied., Bratislava

TÜRCKE, F. (1981): Einbürgerung des Mufflons, ein Beispiel für Zielgemeinschaft der Jäger und Naturschützer. – Nat. und Landsch. 56 (4): 137

TÜRCKE, F. und SCHMINCKE, S. (1965): Das Muffelwild. Naturgeschichte, Hege, Jagd. – Hamburg, Berlin

TURNER, G. T. (1973): Effects of pocket gophers on the range. – In: Pocket gophers and Colorado mountain rangeland (TURNER, G. T., HANSEN, R. M., REID, V. H., TIETJEN, H. P. und WARD, A. L., Hrsg.), Colorado State Univ. Exp. Stn., Fort Collins, Bull. 554: 51-61

TURNER, H. (1961): Standortsuntersuchungen in der subalpinen Stufe: Die Niederschlags- und Schneeverhältnisse. – Mitt. forstl. Bundesversuchsanst. Mariabrunn 59: 265-315

TURNER, M. G. und STRATTON, S. P. (1987): Fire, grazing, and the landscape heterogeneity of a Georgia barrier island. – In: Landscape heterogeneity and disturbance (TURNER, M. G., Hrsg.), Ecological Studies 64: 85-101, New York

TWIGG, L. E., LOWE, T. J., MARTIN, G. R., WHEELER, A. G., GRAY, G. S., GRIFFIN, S. L., O`REILLY, C. M., ROBINSON, D. J. und HUBACH, P. H. (2000): Effects of surgically imposed sterility on free-ranging rabbit populations. – J. Appl. Ecol. 37: 16-39

TYLER, M. (1996): Cane toad control. – Austr. Biologist 9 (4): 120-121

UECKERMANN, E. (1992): Das Sikawild. Vorkommen, Naturgeschichte und Bejagung. – Hamburg und Berlin

VAARAMA, A. und VALANNE, T. (1973): On the taxonomy, biology and origin of Betula tortuosa Ledeb. – Rep. Kevo Subarct. Stn. 10: 70-84

VAN AARDE, R., WHYTE, I. und PIM, S. (1999): Culling and the dynamics of the Krueger National Park African elephant population. – Animal Conserv. 2: 287-294

VAN BALLENBERGHE, V. (1985): Wolf predation on caribou: the Nelchina herd case history. – J. Wildl. Management. 49 (3): 711-720

VAN BALLENBERGHE, V. und BALLARD, W. B. (1994): Limitation and regulation of moose populations: the role of predation. – Canad. J. Zool. 72: 2071-2077

VAN DER PIJL, L. (1972): Principles of dispersal in higher plants. – Berlin

VANDER WALL, S. B. und BALDA, R. P. (1977): Coadaptations of the Clark`s Nutcracker and Pinyon pine for efficient harvest and dispersal. – Ecol. Monographs 47: 27-37

VAN SICKLE, G. A. (1987): Host responses. In: Western spruce budworm (BROOKES, M. H., CAMPBELL, R. W., COLBERT, J. J., MITCHELL, R. G. und STARK, R. W., Hrsg.). – USDA For. Serv., Cooperative State Res. Service, Tech. Bull. 1694: 57-70

VAN SOEST, P. J. (1982): Nutritional ecology of the ruminant. – O & O Books, Corvallis, Oregon

VAN WIJNGAARDEN, W. (1985): Elephants - trees - grazers. Relationships between climate, soil, vegetation and large herbivores in a semi-arid savanna ecosystem (Tsavo, Kenya). – Diss. Landgebouwhogeschool te Wageningen, ITC Publ. 4

VAN WIEREN, S. E. (1991): The management of populations of large mammals. – In: The scientific management of temperate communities for conservation (SPELLENBERG, I. F., GOLDSMITH, G. M. und MORRIS, M. G., Hrsg.): 103-127, Oxford

VAN WIEREN, S. E. (1995): The potential role of large herbivores in nature conservation and extensive land use in Europe. – Biol. J. Linnean Soc. 56 (Suppl.): 11-23

VÄRE, H., OHTONEN, R. und MIKKOLA, K. (1996): The effect and extent of heavy grazing by reindeer in oligotrophic pine heaths in northern Fennoscandia. – In: Relationship between spatial heterogeneity in vegetation communities and in belowground ecosystems (VÄRE, H., Hrsg.), Acta Univ. Ouluensis A 275: 1-14

VÄRE, H., OHTONEN, R. und OKSANEN, J. (1995): Effects of reindeer grazing on understorey vegetation in dry Pinus sylvestris forests. – J. Veg. Sci. 6: 523-530

VAUGHAN, T. A. (1963): Movements made by two species of pocket gophers. – The Amer. Midland Naturalist 69 (2): 367-377

VEBLEN, T. T. und STEWART, G. H. (1982): The effects of introduced wild animals on New Zealand forests. – Annals Assoc. Amer. Geographers 72: 372-397

VERA, F. W. M. (1997): Metforen voor de Wildernis. – Proefschr. Landbouwuniversiteit Wageningen

VERA, F. W. M. (1999): Ohne Pferd und Rind wird die Eiche nicht überleben. – In: Europäische Landschaftsentwicklung mit großen Weidetieren. Geschichte, Modelle und Perspektiven (GERKEN, B. und GÖRNER, M., Hrsg.), Natur- und Kulturlandschaft 3: 404-424

VERA, F. W. M. (2000): Grazing ecology and forest history. – Wallingford, Oxford, New York

VERME, L. J. (1969): Reproductive patterns of white-tailed deer related to nutritional plane. – J. Wildl. Management 33: 881-887

VESEY-FITZGERALD, D. F. (1960): Grazing succession among East African game animals. – J. Mammalogy 41 (2): 161-172

VIITALA, J. (1977): Social organization in cyclic subarctic populations of the voles clethrionomys rufocanus (Sund.) and microtus agrestis (L.). – Ann. Zool. Fennici 14: 53-93

VINTON, M. A., HARTNETT, D. C., FINCK, E. J. und BRIGGS, J. M. (1993): Interactive effects of fire, bison (Bison bison) and plant community composition in tallgrass prairie. – The Amer. Midland Naturalist 129: 10-18

VIRTANEN, T. und NEUVONEN, S. (1999): Performance of moth larvae on birch in relation to altitude, climate, host quality and parasitoids. – Oecologia 20: 92-101

VIRTANEN, T., NEUVONEN, S. und NIKULA, A. (1998): Modelling topoclimatic patterns of egg mortality of Epirrita autumnata (Lepidoptera: Geometridae) with Geographical Information System: predictions for current and warmer climate scenarios. – J. Appl. Ecol. 32: 1-12

VITOUSEK, P. M. (1986): Biological invasions and ecosystem properties: Can species make a difference. – In: Ecology of biological invasions of North America and Hawaii (MOONEY, H. A. und DRAKE, H. A., Hrsg.): 163-176

VOGEL, A. (1988): Angelica archangelica-Hochstaudenfluren auf Island – natürlich oder anthropogen? – Flora 180: 19-29

VOGEL, L. (1985): Das Schilf reguliert seine Schädlinge selbst, eine "Monokultur" als strukturierter Lebensraum. – forschung - Mitt. DFG 2: 26-28

VOGEL, M., REMMERT, H. und SMITH, R. I. L. (1984): Introduced reindeer and their effects on the vegetation and the epigeic invertebrate fauna of South Georgia (subantarctic). – Oecologia 62: 102-109

VOLKER, K. C. (1978): Ecology of parasites and predators of the Douglas fir tussock moth in the Pacific Northwest. – Diss. Univ. Idaho, Moscow

VÖLKL, W. (1997): Die Offenhaltung von Grünland in Mittelgebirgen – Problematik und Möglichkeiten anhand eines Beispiels aus dem Fichtelgebirge. – Schriftenr. Landschaftspfl. Natursch. 54: 85-91

VÖLKL, W. (1999): Schalenwild und Sukzession: Welche Rolle können einheimische Wildtiere beim Erhalt der Kulturlanschaft spielen? – In: Europäische Landschaftsentwicklung mit großen Weidetieren. Geschichte, Modelle und Perspektiven (GERKEN, B. und GÖRNER, M., Hrsg.), Natur- und Kulturlandschaft 3: 310-317

VOOUS, K. H. (1962): Die Vogelwelt Europas und ihre Verbreitung. – Hamburg und Berlin

VORLAUFER, K. (1998): Die Selous Game Reserve/Tanzania – Naturschutz, Jagdtourismus und nachhaltige Entwicklung in Afrikas größtem Wildreservat. – Erdk. 52: 314-329

VOSER, P. (1987): Einfluß hoher Rothirschbestände auf die Vegetation im Unterengadin und im Münstertal, Kanton Graubünden. – Ergeb. wiss. Unters. schweizer. Nationalpark XVI: 143-220

VOSLAMBER, B. und VEEN, A. W. L. (1985): Digging by badgers and rabbits on some wooded slopes in Belgium. – Earth Surface Processes and Landforms 10: 799-882

WACE, N. M. (1961): The vegetation of Gough island. – Ecol. Monographs 31: 337-367

WAGNER, D., BROWN, M. J. F. und GORDON, D. M. (1997): Harvester and nests, soil biota and soil chemistry. – Oecologia 112: 232-236

WAGNER, F. H., FORESTA, R., GILL, R. B., McCULLOUGH, D. R., PELTON, M. R., PORTER, W. F. und SALWASSER, H. (1995): Wildlife policies in the U. S. National Parks. – Island Press, Washington D. C.,

WAGNER, H. (1993): "Natur total" - Biotoppflege oder Sukzession? - In: Landschaftspflege – Quo vadis? (LANDESAMT FÜR UMWELTSCHUTZ BADEN-WÜRTTEMBERG, Hrsg): 38-52, Karlsruhe

WALLIN, D. O. (1990): Habitat dynamics for an African weaver-bird: The red-billed Quelea (Quelea quelea). – Diss. Univ. of Virginia, USA

344

WALLIS DE VRIES, M. F. (1995): Large herbivores and the design of large-scale nature reserves in western Europe. – Conserv. Biol. 9: 25-33

WALLIS DE VRIES, M. (1999): The dilemma facing natural conservation and the role of large herbivores. – In: Europäische Landschaftsentwicklung mit großen Weidetieren. Geschichte, Modelle und Perspektiven (GERKEN, B. und GÖRNER, M., Hrsg.), Natur- und Kulturlandschaft 3: 24-31

WALLWORK, J. A. (1970): Ecology of soil animals. – New York

WALTER, H. (1977): Vegetationszonen und Klima (3. Aufl.). – Stuttgart

WALTER, H. und BRECKLE, S.-W. (1986): Ökologie der Erde 3, Spezielle Ökologie der gemäßigten und arktischen Zonen Euro-Nordasiens. – Stuttgart

WALTER, H. und BRECKLE, S.-W. (1991): Ökologie der Erde 4, Gemäßigte und arktische Zonen ausserhalb Euro-Nordasiens. – Stuttgart

WALTON, D. W. H. und SMITH, R. I. L. (1979): The chemical composition of South Georgian vegetation. – Brit. Antarct. Surv. Bull. 49: 117-135

WARBURTON, B. und SADLEIR, R. M. F. (1990): Parma Walleby. – In: The handbook of New Zealand Mammals (KING, C. M., Hrsg): 51-57, Melbourne, Oxford, New York

WARD, P. (1965): Feeding ecology of the black-faced dioch Quelea quelea in Nigeria. – The Ibis 107: 173-214

WARD, P. (1971): The migration patterns of Quelea quelea in Africa. – The Ibis 113 (3): 276-297

WARDLE, J. (1974): Influence of introduced mammals on the forest and shrublands of the Grey River headwaters. – N. Z. J. For. Sci. 4 (3): 459-486

WARDLE, J., HAYWARD, J. und HERBERT, J. (1971): Influence of ungulates on the forests and scrublands of South Westland. – N. Z. J. For. Sci. 3 (1): 3-36

WARDLE, P. (1971): Biological flora of New Zealand. 6. Metrosideros umbellata Cav. [Syn. M. lucida (Forst. f.) A. Rich.] (Myrtaceae) southern rata. – N. Z. J. Bot. 9: 645-671

WARREN, E. R. (1926): Notes on the beaver colonies in the Longs Peak Region of Estes Park, Colorado. – Roosevelt Wildl. Annals 1 (1-2): 192-234

WATERHOUSE, D. F. (1974): The biological control of dung. – Scientific American 230: 100-109

WATSON, J. P. (1967): A termite mound in an Iron Age burial ground in Rhodesia. – J. Ecol. 55: 663-669

WATSON, J. P. (1977): The use of mounds of the termite Macrotermes falciger (GERSTÄCKER) as a soil amendment. – J. Soil Sci. 28 (Suppl.): 664-672

WATSON, R. M. (1967): The population ecology of wildebeest (Connochaetes taurinus albojubatus Thomas) in the Serengeti. – Ph. D. thesis Cambridge Univ.

WATT, A. S. (1974): Senescence and rejuvenation in ungrazed chalk grassland (Grassland B) in Breckland: The significance of litter and moles. – J. Appl. Ecol. 11 (3): 1157-1171

WATT, A. S. und JONES, E. W. (1948): Th ecology of the Cairngorms. Part 1. The environment and the altitudinal zonation. – J. Ecol. 36 (2): 283-304

WATT, A. D., STORK, N. E., MCBEATH, C. und LAWSON, G. L. (1997): Impact of forest management on insect abundance and damage in a lowland tropical forest in southern Cameroon. – J. Appl. Ecol. 34: 985-998

WATTS, C. (1969): The regulation of wood mouse (Apodemus sylvaticus) number in Whytham Woods, Berkshire. – J. Animal Ecol. 38: 385-304

WAUTERS, L. A. und GURNELL, J. (1999): The mechanism of replacement of red squirrels by grey squirrels: A test of the interference competition hypothesis. – Ethol. 105: 1053-1071

WEBER, E. (1994): Sur les traces du bouquetin d`Europe. – Lausanne und Paris

WEBER, U. M. (1995 a): Jahrringe als Ausdruck von Insektengradationen in den schweizerischen Zentralalpen und der Front Range, Colorado. – Diss. Phil.-Naturw. Fak. Univ. Basel

WEBER, U. M. (1995 b): Der Lärchenwickler im Spiegel der Jahrhunderte. – Bündnerwald 6: 61-71

WEINER, J. und GORECKI, A. (1982): Small mammals and their habitat in the arid steppe of central eastern Mongolia. – Pol. Ecol. Studies 8: 7-21

WEINZIERL, H. (1973): Projekt Biber - Wiedereinbürgerung von Tieren. – Kosmos Bibliothek 279, Stuttgart

WEISSBACHER; A. (1999): Situation und Entwicklung der Borkenkäferpopulation im Nationalpark Bayerischer Wald. – Mitt. Biol. Bundesanst. Land-Forstwirtsch., Berlin-Dahlem 362: 53-62

WELLER, M. W. und FREDRICKSON, L. H. (1973): Avian ecology of a managed glacial marsh. – Living Bird 12: 269-291

WELLER, M. W. und SPATCHER, C. E. (1965): Role of habitat in the distribution and abundance of marsh birds. – Spec. Rep. Iowa Agricultural and Home Economics Experiment Station 43

WERNER, D. J. (1977): Vegetationsveränderungen in der argentinischen Puna unter dem Einfluß von Bodenwühlern der Gattung Ctenomys Blainville. – Vegetation und Fauna, Ber. Int. Symp. Int. Ver. Vegetationsk., Rinteln (TÜXEN, R., Hrsg.): 433-449

WERNER, R. A. (1986 a): Association of plants and phytopathogenous insects in the Alaska Taiga. – Ecol. Studies 57: 205-212

WERNER, R. A. (1986 b): The eastern larch beetle in Alaska. – USDA For. Serv., Pacific Northwest Res. Stn. Res. Paper PNW-357

WESELOH, D. V. und BROWN, R. T. (1971): Plant distribution within a heron rookery. – The Amer. Midland Naturalist 86 (1): 57-64

WEST, N. E. (1968): Rodent-influenced establishment of ponderosa pine and bitterbrush seedlings in central Oregon. – Ecol. 49: 1009-1011

WESTERN, D. (1989): The ecological role of elephants in Africa. – Pachyderm 12: 42-45

WESTRICH, P. (1989): Die Wildbienen Baden-Württembergs. – Stuttgart

WHICKER, A. D. und DETLING, J. K. (1988 a): Ecological consequences of prairie dog disturbances. – BioScience 38 (11): 778-785

WHICKER, A. D. und DETLING, J. K. (1988 b): Modification of vegetation structure and ecosystem processes by North American mammals. – In: Plantform and vegetation structure - adaption, plasticity, and relation to herbivory (WERGER, M. J. A. et al., Hrsg.). Int. Symp. Veg. Structure (SPB, Academic Publishing) Bd. 1: 301-316, The Hague

WHITE, L. M. und BROWN, J. H. (1972): Nitrogen fertilization and clipping effects on green needlegrass (Stipa viridula Trin.): II Evaporation, water use efficiency, and nitrogen recovery. – Agron. J. 64: 487-490

WHITE, P. S. und PICKETT, S. T. A. (1985): Natural disturbance and patch dynamics: An introduction. – In: The ecology of natural disturbance and patchy dynamics (PICKETT, S. T. A. und WHITE, P. S., Hrsg.): 3-13, Orlando

WHITE, R. G., BUNNELL, F. L., GAARE, E., SKOGLAND, T. und HUBERT, B. (1981): Ungulates on arctic ranges. – In: Tundra ecosystems: a comparative analysis (BLISS, L. C., HEAL, O. W. und MOORE, J. J., Hrsg.), The Internat. Biol. Progr. 25: 397-483, Cambridge

WHITFORD, W. G. (1991): Subterranean termites and productivity of desert rangelands. – Sociobiology 19: 235-243

WHITFORD, W. G. (1999): Comparison of ecosystem processes in the Nama-Karoo and other deserts. – In: The Karoo ecological patterns and processes (DEAN, W. R. J. and MILTON, S. J., Hrsg.): 292-302, Cambridge

WHITFORD, W. G., STEINBERGER, Y. und ETTERSHANK, G. (1982): Contribution of subterranean termites to the "economy" of Chihuahuan desert ecosystem. – Oecologia 55: 298-302

WHITFORD, W. G., STINNETT, K. und ANDERSON, J. (1988): Decomposition of roots in a Chihuahuan desert ecosystem. – Oecologia 75: 8-11

WHITTAKER, R. J. und JONES, St. H. (1994): The role of frugivorous bats and birds in the rebuilding of a tropical forest ecosystem, Krakatau, Indonesia. – J. Biogeogr. 21: 245-258

WIBBELS, V. L. (1990): Wetland management in the Oostvaardersplassen. – Ministerie van Verkeer en Waterstaat, Directoraat - Generaal Rijkswaterstaat, Directorat Flevoland, Center for Integrated New-Land Development

WIBBELS, V. L. (1994): De edelherten van Oostvaardersplassen. – Zoogdier 5 (3): 4-10

WICKMAN, B. E. (1990): The battle against bark beetles in Crater Lake National Park: 1925 - 1934. – USDA For. Serv., Pac. Northwest Res. Stn., Gen. Tech. Rep. PNW-GTR 259

WIDMANN, P. (1991): Zu: Synökologie von Wild und Waldvegetation. – Allg. Forstz. 8: 382-384

WIEGAND, T., KNAUER, F., KACZENSKY, P., NAVES, J., STRÜMPELER, M. und WISSEL, C. (1998): Einwanderungen von Braunbären in die Ostalpen. – Umweltforschungszentrum Leipzig-Halle, Jahresber. 1996-1997: 68-77

WIERSMA, G. (1989): Climate and vegetation characteristics of ibex-habitats in the European Alps. – Mountain Res. and Development 9 (2): 119-128

WILDE, S. A., YOUNGBERG, C. T. und HOVIND, J. H. (1950): Changes in composition of ground water, soil fertility, and forest growth produced by the construction and removal of beaver dams. – J. Wildl. Management 14 (2): 123-128

WILDI, O. und SCHÜTZ, M. (2000): Reconstruction of long-term recovery processes from pasture to forest. – Community Ecology 1: 25-32

WILES, G. J. (1987): The status of fruit bats on Guam. – Pacific Sci. 41 (1-4): 148-157

WILKS, B. J. (1963): Some aspects of the ecology of population dynamics of the pocket gopher (Geomys bursarius) in southern Texas. – The Texas Journal of Science 15: 241-283

WILLEMS, J. H. (1983): Species composition and above ground phytomass in chalk grassland with different management. – Vegetatio 52: 171-180

WILLIAMS, J. M. (1983): The impact of biological research on rabbit control policies in New Zealand. – Acta Zool. Fenn. 174: 79-83

WILLIAMS, K., PARER, I., COMAN, B., BURLEY, J. und BRAYSHER, M. (1995): Managing vertebrate pests: Rabbits. – Canberra

WILLSON, M. F. (1993): Mammals as seed-dispersal mutualists in North America. – Oikos 67: 159-176

WILLWOCK, W. (1993): Die Titicaca-See-Region auf dem Altiplano von Peru und Bolivien und die Folgen eingeführter Fische für Wildarten und ihren Lebensraum. – Naturwiss. 80: 1-8

WILMANNS, O. (1973): Ökologische Pflanzensoziologie (4. Aufl.) – Heidelberg

WILMANNS, O. und MÜLLER, K. (1977): Zum Einfluß der Schaf- und Ziegenbeweidung auf die Vegetation im Schwarzwald. – Ber. Int. Symp. Internat. Ver. Vegetationsk, Vegetation und Fauna (Rinteln 12.-15.4.1976): 465-479, Vaduz

WILSON, J. (Hrsg.) (1983): Distribution and abundance of Antarctic and Subantarctic penguins. – Polar Rec. 125: 159-162

WILSSON, L. (1971): Observations and experiments on the ethology of the European beaver (Castor fiber L.). – Viltrevy 8 (3): 113-266

WING, L. D. und BUSS, I. O. (1970): Elephants and forests. – Wildl. Monographs 19: 37-92

WODZICKI, K. (1950): Introduced mammals of New Zealand. – N. Z. DSIR Bull. 98

WODZICKI, K. (1963): Introduced mammals in New Zealand Forests. – Acta Biologica Cracoviensia Ser. Zool. 6: 111-134

WOLFF, J. O. (1980): The role of habitat patchiness in the population dynamics of snowshoe hare. – Ecol. Monogr. 50: 111-129

WOO, M.-K. und WADDINGTON, J. M. (1990): Effects of beaver dams on subarctic wetland hydrology. – Arctic 43 (3): 223-230

WOOD, T. G. (1988): Termites and the soil environment. – Biology and Fertility of Soils 6: 228-236

WOOD, T. G. und SANDS, W. A. (1978): The role of termites in ecosystems. – In: Production ecology of ants and termites (VAUGHAN, M., Hrsg.): 245-292, Cambridge

WOODMANSEE, R. G. (1978): Additions and losses of nitrogen in grassland ecosystems. – BioScience 28 (7): 448-553

WOODROFFE, R. und GINSBERG, J. R. (1998): Edge effects and the extinction of populations inside protected areas. – Science 280: 2126-2128

WOODS, R. W. (1975): The birds of the Falkland Islands. – Compton

WOODWARD, A., SCHREINER, E. G., HOUSTON, D. B. und MOORHEAD, B. B. (1994): Ungulate-forest relationships in Olympic National Park: Retrospective exclosure studies. – Northwest Sci. 68 (2): 97-110

WORMELL, P. (1976): The Manx shearwaters of Rhum. – Scottish Birds 9: 103-118

WOTSCHIKOWSKY, U. (1981 a): Jagdwesen und Naturschutz. - Konflikte und Gemeinsamkeiten bei Tieraussetzungen. – Akad. Natursch. Landschaftspfl., Tagungsber. 12: 29-31

WOTSCHIKOWSKY, U. (1981 b): Der Luchs - aus der Theorie und Praxis der Wiedereinbürgerung. – Nat. und Landsch. 56 (4): 122-124

WOTSCHIKOWSKY, U. (1990): Wiedereinbürgerung des Luchses. – Allg. Forstz. 12/13: 313-314

WOTSCHIKOWSKY, U. und GEORGII, B. (1984): Besser schonen durch klügeres Schießen. – Natur 12: 52-71

WRIGHT, K. (1996): Getting the goats: A national park struggles to rid itself of a charismatic ungulate. – Scientific American 274 (3): 11-12

WRIGHT, R. G. (1992 a): Wildlife research and management in the national parks. – Univ. of Illinois, Urbana und Chicago

WRIGHT, R. G. (1992 b): Case study: Removal of exotic mountain goats from Olympic National Park. Problem statement presented at Strategic Ecological Research Workshop, National Park Service, Feb. 24-26, 1991, Univ. New Mexico. – Albuquerque

WRIGHT, R. G. (1998): Buchbesprechung zu LYMAN, R. L. (1998) (White goats white lies: The abuse of science in Olympic National Park). – Northwest Sci. 73 (3): 236-238

WÜTHRICH, C. (1992): Stofftransporte Meer-Land. Vogelklifftundren und ornithogene Böden. – Stuttgarter Geogr. Studien 117: 177-192

WÜTHRICH, C. (1994): Die biologische Aktivität arktischer Böden mit spezieller Berücksichtigung ornithogen eutrophierter Gebiete (Spitzbergen und Finnmark). – Basler Beitr. Physiogeogr. 17

WYDEVEN, A. P. und DAHLGREN, R. B. (1985): Ungulate habitat relationships in Wind Cave National Park. – J. Wildl. Management 49: 805-813

YAIR, A. (1974): Sources of runoff and sediment supplied by the slopes of a first order drainage basin in arid environment (northern Negev). In: The field study program of the Jerusalem-Elat Symposium, 1974. Reviews and summaries of Israeli research projects (GERSON, R., INBAR, J. und INBAR, M., Compilers). – Z. Geomorph. N. F., Suppl. Bd. 20: 5-7

YAIR, A. und RUTIN, J. (1981): Some aspects of the regional variation in the amount of available sediment eroded by isopods and porcupines, northern Negev, Israel. – Earth surface processes and landforms 6: 221-234

YEAGER, L. E. und RUTHERFORD, W. H. (1957): An ecological basis for beaver management in the Rocky Mountain region. – Transact. 22. North American Wildl. Conf.

YEATON, R. I. und ELSER, K. J. (1990): The dynamics of a succulent Karoo vegetation. A study of species association and recruitment. – Vegetatio 88: 103-113

YELLOWSTONE NATIONAL PARK (1997): Yellowstone's northern range: complexity and change in a wild-land ecosystem. – National Park Service, Mammoth Hot Springs, Wyoming

ZAHNER, V. (1997): Einfluß des Bibers auf gewässernahe Wälder. – München

ZEDROSSER, A., GERSTL, N. und RAUER, G. (1999): Brown bears in Austria. 10 years of conservation and actions for the future. – Monographien M-117, Umweltbundesamt Österreich, WWF Österreich

ZEEVALKING, H. J. und FRESCO, L. F. M. (1977): Rabbit grazing and diversity in a dune area. – Vegetatio 35: 193-196

ZELTNER, J. (1979): Verarmung der Baumartenmischung durch übersetzte Rehwildbestände. – Schweiz. Z. Forstwesen 130: 81-84

ZHONG, W., WANG, M. und WAN, X. (1999): Ecological management of Brandt's vole (Microtus brandti) in Inner Mongolia, China. – In: Ecologically-based management of rodent pests (SINGLETON, G. R., HINDS, L. A., LEIRS, H. und ZHANG, Z., Hrsg.): 199-214, Australian Center for International Agricultural Research, Canberra

ZIMEN, E. (1997): Der Wolf, Verhalten, Ökologie und Mythos. – München

ZIMMERMANN, P. und WOIKE, M. (1982): Das Schaf in der Landschaftspflege. – LÖLF Mitt. VII (2): 1-3

ZIMMERMANN, P. R., GREENBERG, J. P., WANIGA, S. O. und CRUTZEN, P. J. (1982): Termites: a potentially large source of atmospheric methane, carbon dioxide, and molecular hydrogen. – Science 218: 563-565

ZLOTIN, R. I. (1971): Invertebrate animals as a factor of the biological turnover. – In: Organismes du sol et production primaire. IV.Colloquium pedobiologiae, Ann. Zool.-Ecol. animale: 455-462

ZLOTIN, R. I. und KHODASHOVA, K. S. (1980): The role of animals in biological cycling of forest-steppe ecosystems (Engl. Ausgabe von FRENCH, N. R., übersetzt von LEWUS, W. und GRANT, W. E.). – Stroudsburg, Pennsylvania

ZOLLER, H. und BISCHOFF, N. (1980): Stufen der Kulturintensität und ihr Einfluß auf Artenzahl und Artengefüge der Vegetation. – Phytocoenologia 7: 35-51

ZOLLER, H. und HAAS, J. N. (1995): War Mitteleuropa ursprünglich eine halboffene Weidelandschaft oder von geschlossenen Wäldern bedeckt? – Schweiz. Z. Forstwesen 146 (5): 321-354

ZUBER, M., BLÖCHLINGER, B. und LÜPS, P. (2001): Bewirtschaftung des Steinwildes Capara i. ibex im Berner Oberland (Schweiz): Erfahrungen aus den ersten 20 Jahren (1980-1999). – Beitr. Jagd- und Wildforsch. 26: 33-42

ZUPPKE, H. (1995): Der Einfluß des Elbebibers auf Waldbestände und forstwirtschaftliche Konsequenzen. – Hercynia N. F. 29: 349-380

6 Sachregister

7 Liste der Tiernamen

Latein	Deutsch	Englisch
Accipiter gentilis	Habicht	Goshawk
Acinonyx jubata	Gepard	Cheetah
Adelges adelges	Tannengallenlaus	Balsam woolly adelgid
Aepyceros melampus	Schwarzfersenantilope, Impala	Impala
Aepyprymnos rufescens	Rotes Rattenkänguru	Rufous rat kangaroo
Aeropus sibiricus	Sibirische Keulenschrecke	Siberian grasshopper
Agrilus viridis	Grüner Laubholzprachtkäfer, Buchenprachtkäfer	Beech borer, flat-headed wood borer
Ailuropa melanoleuca	Großer Panda	Great Panda
Alcelaphus buselaphus	Kuhantilope, Hartebeest	Hartebeest, Kongoni
Alces alces	Elch	Moose
Alces alces andersoni	Amerik. Elch	Alaskan moose
Alectura lathami	Buschhuhn, Tallegallahuhn	Brush turkey
Alligator mississippiensis	Mississippi-Alligator	Alligator
Alsophila pometaria	Frostspanner	Fall cankerworm
Amitermes meridionalis	Kompasstermite	?
Ammotragus lervia	Mähnenschaf, Mähnenspringer	Barbary sheep, Aoudad
Anas georgica	Südgeorgische Spießente	South Georgia pintail
Anser ablbifrons	Bläßgans	White-fronted goose
Anser anser	Graugans	Grey-lag goose
Anthus antarctiticus	Riesenpieper	Pipit
Antidorcas	Springbock	Springbuck
Antilocapra americana	Gabelantilope	Pronghorn, antelope
Aphelocoma coerulans	Kalifonischer Blauhäher	Scrub jay
Apis mellifera	Honigbiene	Honey bee
Apodemus flavicollis	Gelhalsmaus	Yellow-necked field mouse
Apus apus	Mauersegler	Swift
Aptenodytes patagonicus	Königspinguin	King penguin
Aquila audax	Keilschwanzadler	Wedge-tailed eagle
Aquila chrysaetos	Steinadler	Golden eagle
Archanara spec.	Schilfeule	Wainscott
Arctocephalus gazella	Antarkt. Pelzrobbe	Antarctic fur seal
Ardea cinera	Graureiher	Heron
Ardea herodias	Amerik. Graureiher, Kanadareiher	Great blue heron
Arvicola terrestris	Ostschermaus	Ground vole
Atta spec.	Blattschneiderameise	Leaf-cutter ant
Axis axis	Axishirsch, Schweinshirsch	Axis deer
Bellicositermes bellicosus	Kriegertermite	?
Bettongia penicillata	Rattenkänguru	Small kangaroo, rat kangaroo
Bison bison	Amerikanischer Büffel, Bison	American buffalo, bison
Bison bonasus	Wisent	European bison

Blarina brevicauda	Nördl. Kurzschwanzspitzmaus	Northern short-tailed shrew
Blastocerus dichotomus	Sumpfhirsch	Swamp deer
Bombyx mori	Seidenraupe	Muberry silkworm
Bonasa umbellus	Kragenhuhn	Ruffed grouse
Bos mutus	Yak	Yak
Bos mutus grunniens	Hausyak	Domestik yak
Bostrychidae	Holzbohrkäfer	False powder-post beetles
Branta leucopis	Weißwangengans,Nonnengans	Brent goose
Branta sandvicensis	Hawaiigans	Hawaiian goose
Bubalis bulbalis	Wasserbüffel	Wild water buffalo, Asiatic w. b.
Bufo marinus	Agakröte	Marine toad
Bulbucus ibis	Kuhreiher	Cattle egret
Buprestidae	Prachtkäfer	Jewel beetles
Buteo buteo	Mäusebussard	Buzzard
Calidris calidris	Alpenstrandläufer	Dunlin
Canachites	Kanadisches Waldhuhn	Spruce grouse
Canis aureus	Goldschakal	Common jackal
Canis latrans	Kojote	Coyote
Canis lupus	Wolf	Wolf
Canis familiaris dingo	Dingo	Dingo
Capra aegagrus	Bezoarziege	Wild goat, Bezoar
Capra hircus	Hausziege	Domestic goat
Capra ibex	Steinbock	Ibex
Capra ibex sibirica	Sibirischer Steinbock	Siberian ibex, Asian (Asiatic) inbex
Capreolus capreolus	Reh	Roe deer
Castor canadensis	Kanadischer Biber	Canadian beaver
Castor fiber	Biber	Beaver
Catharacta lonnbergia	Skua	Skua
Cebus capucinus	Kapuzineraffe	White-thorated capuchin
Cepphus grylle	Gryllteiste	Black guillemot
Ceratotherium simum	Breitmaulnashorn	White rhino
Cerambycidae	Bockkäfer	Longhorm beetles
Cerorhyncha moncerata	Hornalk	Rhinoceros auklet
Certia familiaris	Waldbaumläufer	Brown creeper
Cervus canadensis	Amer. Rothirsch	Wapiti, Elk
Cervus elaphus	Rothirsch	European red deer
Cervus elaphus nelsoni	Amer. Rothirsch (Neuseeland)	Red deer
Cervus elaphus scoticus	Rothirsch (Schottland)	Red deer
Cervus nippon	Sikahirsch	Sika deer
Cervus timorensis	Rusahirsch	Rusa deer
Cervus unicolor	Sambarhirsch	Sambar deer
Chen c. caerulescens	Blaue Schneegans	Blue goose, lesser snow gose
Choristoneura fumifera	?	spruce budworm
Cinaria cembrae	Arvenwollaus	?
Citellus citellus	Ziesel	European souslik
Citellus lateralis	Erdhörnchen	Mantled ground squirrel
Citellus pygmaeus	Zwergziesel	Little souslik
Citellus tridecemlineatus	Dreizehnstreifiges Erdhörnchen	Thirteen-lined ground squirrel
Citellus undulatus	Arktisches Erdhörnchen	Arctic ground squirrel
Clethrionomys glareolus	Rötelmaus, Waldwühlmaus	Bank vole

Clethrionomys rufocanus	Graurötelmaus	Large-toothed redbacked vole
Clethrionomys rutilus	Polarrötelmaus	Northern redbacked vole
Coccinella	Marienkäfer	Lady bucks
Coleophora laricella	Lärchenminiermotte	Larch casebearer
Collembola	Springschwänze	Collembola, Springtails
Connochaetes taurinus	Weißbart- oder Streifengnu	Wildebeest, White-bearded Gnu
Copris lunaris	Mondkäfer	Scarab beetle
Corvus corax	Kolkrabe	Raven
Corvus corone	Rabenkrähe, Aaskrähe	Carrion crow
Corvus corone cornix	Nebelkrähe	Hooded crow
Corvus monedula	Dohle	Jackdaw
Cratogeomys Merriam	Taschenratte	Pocket gopher
Cricetus cricetus	Feldhamster	Common hamster
Crocodulis niloticus	Nilkrokodil	Crocodile
Crocuta crocuta	Tüpfelhyäne	Spotted hyena
Ctenomys talarum	Tukotuko	"Occulto", Tuco-tuco
Cuon alpinus	Rothund	Red dog
Curculionidae	Rüsselkäfer	Weevil
Cyanocitta cristata	Östlicher Blauhäher	Blue jay
Cyanocitta stelleri	Steller`s Häher	Steller´s jay
Cynomys ludovicianus	Schwarzschwänziger Präriehund	Black-tailed plains prairie dog
Dama dama	Damhirsch	Fallow deer
Damaliscus lunatus	Leierantilope	Topi
Dasyprocta punctata	Agouti	Agouti
Dendrocopos pubescens	Dunenspecht	Downy woodpecker
Dendrocopos villosus	Haarspecht	Hairy woodpecker
Dendroctonus ponderosae	Borkenkäfer	Mountain pine beetle
Dendroctonus rufipennis	Borkenkäfer	spruce beetle
Dendroctonus simplex	Borkenkäfer	Eastern larch beetle
Diceros bicornis	Spitzmaulnashorn, Schwarzes Nashorn	Black rhino(ceros)
Dermolepida albohirtum	Zuckerrohrkäfer	?
Dipodomys merriami	Merriam-Känguruhratte	Merriam´s kangaroo rat
Dipodomys ordi	Ord´s Känguruhratte	Ord´s kangaroo rat
Dipodomys spectabilis	Känguruhratte	Banner-tailed kangaroo rat
Egretta alba	Silberreiher	Great white egret
Enchytraeidae	Enchyträen	Enchytraeids
Epirrita autumnata	Grüner Spanner	Autumnal moth
Equus burchelli	Steppenzebra	Zebra
Equus hemionus kiang	Kiang	Kiang
Equus hemionus kulan	Kulan, Dschiggetai	Kulan
Equus hemionus onager	Onager	Persian 0nager
Equus przewalski	Przewalski-Pferd	Przewalski horse
Erinaceus europaeus	Igel	Hedgehog
Eudyptes chrysolophus	Goldschopf, Makkaronipinguin	Macaroni penguin
Eudyptes crestatus	Felsenpinguin	Rockhopper penguin
Euonticellus africanus	Dungkäfer	Scarab beetles
Euonticellus intermedius	Dungkäfer	Scarab beetles
Eutamias amoenus	Gelber Fichten-Chipmunk	Yellow chipmunk
Eutamias tonwsendii	Towsend-Chipmunk	Townsend´s chipmunk

Euxoa auxiliaris	Getreideule	Dart
Falco peregrinus	Wanderfalke	Peregrine falcon
Felis catus	Hauskatze	Domestic cat
Falco tunninculus	Turmfalke	Kestrel
Felis concolor	Puma, Berglöwe	Cougar, Puma, Mountain lion
Fratercula arctica	Papageientaucher	Atlantic puffin
Fulmaria glacialis	Eissturmvogel	Fulmar
Gallinago gallinago	Bekassine	Snipe
Garrulus glandarius	Eichelhäher	Jay
Gazella granti	Grantgazelle	Grant gazelle
Gazella thomsonii	Thomsongazelle	Thomson gazelle
Geochelone gigantea	Seychellen-Riesenschildkröte	Seychelles giant tortoise
Geomyidae	Taschenratten	pocket goper
Geomys bursarius	Prärie-Taschenratte	Plains pocket goper
Geotrupes stercorosus	Waldmistkäfer	Geotrupid beetle
Geotrupes stercorarius	Großer Roßkäfer	Geotrupid beetle
Geotrupes vernalis	Frühlingsmistkäfer	Dor beetle
Gerbillidae	Rennmäuse	Gerbils
Giraffa camelopardalis	Giraffe	Giraffe
Glaucomys sabrinus	Flughörnchen	Northern flying squirrel
Glossina spec.	Tsetsefliege	Tstse flies
Gulo gulo	Vielfraß	Wolverine
Gymnorhynus cyanocephalus	Pinyonhäher	Pinyon jay
Haematobia irritans exigua	Büffelfliege	blodd-feeding buffalo fly
Heliocopris dilloni	Sonnenkäfer	Giant dung beetle
Hemilepistus reaumuri	Wüstenassel	Desert isopod
Hemitragus jemlahicus	Himalya-Tahr	Himalayan tahr
Heteromys desmarestianus	Waldstachelmaus	Forest-spiny pocket mouse
Hippodamia	Marienkäfer	Lady bucks
Hippopotamus amphibus	Nilpferd	Hippopotamus
Hydromus chrysogaster	Austral. Wasserratte	Australian water rat
Hyla arborea	Laubfrosch	Common tree frog
Hylocoetes dermestioides	Sägehörniger Bockkäfer, Bohrkäfer	?
Hypsiprymnodon moschatus	Moschusratten-Känguruh	Musk-rat kangaroo
Hystric austro-africane	Südafr. Stachelschwein	South-African porcupine
Hystrix indica	Weißschwanzstachelschwein	White-tailed porcupine
Kobus ellipsiprymnus	Wasserbock	Water buck
Kobus vardoni	Angola Grasantilope	Puku
Larus hyperboreus	Eismöve	Glaucous gull
Larus ridibundus	Lachmöve	Black-headed gull
Lasiorhinus albifrons	Südl. Haarnasen-Wombat	Hairy-nosed wombat
Lasius flavus	Gelbe Wiesenameise	?
Lemmus lemmuns	Berglemming	Brown lemming
Leptonycteris nivalis	Mexik. Langnasenfledermaus	Mexican long-nose bat
Lepus americanus	Schneeschuhhase	Snowshoe hare
Lepus arcticus	Arkt. Schneehase, N-Amerika	Arctic snow hare
Lepus capensis	Kap- oder Wüstenhase	Cape hare
Lepus europaeus	Europäischer Feldhase	European hare, brown hare
Lepus timidus	Schneehase, Eurasien	Snowhare
Liomys salvini	Stacheltaschenmaus	Spiny pocket mouse

Litocranius walleri	Gerenuk, Giraffengazelle	Gerenuk, Waller's gazelle
Loxodonta africana	Afrik. Elephant	African elephant
Loxodonta africana cyclotis	Waldelephant, Rundohrelephant	Forest elephant
Lumbricidae	Regenwürmer	Earth worms
Lumbricus badensis	Badischer Regenwurm	?
Lutra canadensis	Kanadischer Fischotter	Otter
Lutra lutra	Fischotter	Otter
Lutreoloa vison	Mink, Amerikanischer Nerz	Mink
Lymantria dispar	Schwammspinner	Gipsy moth
Lynx canadensis	Kanad. Luchs	Canadian lynx
Lynx lynx	Luchs	Lynx
Lynx rufus	Rotluchs	Bobcat
Lyrurus tetrix	Birkhuhn	Black grouse
Macropus eugenii	Tammar Walleby, Derby Walleby	Dama walleby
Macropus fuliginosus	Westl. Graues Riesenkänguru	Western Grey kangaroo
Macropus giganteus	Graues (Östl.) Riesenkänguru	Grey kangaroo
Macropus parma	Parma Wallaby	Parma walleby
Macropus rufogriseus	Bennet Känguruh	Bennets's walleby
Macropus rufus	Rotes Riesenkänguru	Red kangaroo
Macrotermes spec.	Riesentermiten	Giant termites
Madoqua marsupialis.	Kirkdikdik	Kirk's dik-dik, Damara dik-dik
Marmota bobak bobak	Europäisches Steppenmurmeltier	Bobak
Marmota caudata	Langschwänziges Murmeltier	Long-tailed oder red maramot
Marmota olympus	Olypmisches Murmeltier	Olympic marmot
Martes americana	Fichtenmarder	American marten
Martes martes	Baummarder	Pine marten
Melanoplus frigidus	Nordische Gebirgsschrecke	Northern migratory grasshopper
Melanoplus spec.	Grashüpfer	Grasshopper
Meles meles	Dachs	Badger
Menura novaehollandiae	Leierschwanz	Superb lyrebird
Meriones unguiculatus	Mongolische Rennmaus	Mongolian gerbil
Mesocricetus auratus	Goldhamster	Golden hamsteer
Microtus agrestis	Erdmaus	Field vole
Microtus arvalis	Feldmaus	Common vole
Microtus brandti	Brandt's Wühlmaus	Brandt's vole
Microtus oeconomus	Nord.Wühlmaus, Sumpfmaus	Root vole
Microtus pennsylvanicus	Wiesenwühlmaus	Eastern meadow mouse
Mus musculus	Hausmaus	House mouse
Musca vestustissima	Buschfliege	?
Mustela erminea	Hermelin; Großwiesel	Ermine, Stoat
Mustela nivalis	Mauswiesel, Zwergwiesel	Common weasel
Mustela putorius	Europäischer Iltis, Waldiltis	European polecat, Western polecat
Mustela putorius furo	Frettchen	Ferret
Mustela vison	Amerik. Nerz, Mink	American mink
Myocastor coypus	Nutria, Sumpfbiber, Biberratte	Nutria, Coypus, (S.-Amer. beaver)
Myospalax baileyi	Zokor, Blindmull	Plateau zokor
Myriopoda	Tausenfüßer	Millipeds
Myrmes	Ameise	Ant
Nasutitermes triodiae	?	Nasute
Nematoda	Fadenwürmer	Nematodes

Nonagria typha	Schilfeule	bulrush wainscot
Notornis hochstetteri	Takahé	Takahé
Nucifraga c. caryocatactes	Dickschnäbeliger Tannenhäher	Thick-billed nuntcracker
Nucifraga c. macrorhynchos	Sibirischer Tannenhäher	Slender-billed nutcracker
Nucifraga columbiana	Clark`s Tannenhäher	Clark`s nutcracker
Numenius arquata	Großer Brachvogel	Curlew
Nyctea scandica	Schneeeule	Snowy owl
Nyctereutes procynoides	Marderhund	Racoon dog
Nycticorax nycticorax	Nachtreiher	Nigh heron
Ochotona curzoniae	Schwarzlippen-Pfeifhase	Plateau pika
Ochotona daurica	Daurischer Pfeifhase	Daurian pika
Otocyon megalotis	Löffelhund	Bat-eared fox
Odocoileus hemionus	Maultierhrisch, Schwarzwedelhirsch	Mule deer, Black-tailed deer
Odocoileus hemionus sitkensis	Schwarzwedelhirsch (Alaska)	Black-tailed deer
Odocoileus virgianus	Weißwedelhirsch, Virginiahirsch	White-tailed deer
Odontotermes spec.	Termiten	Termites
Onchorhynchus kisutch	Coho-Lachs	Coho salmon
Ondathra zibethicus	Bisam (Bisamratte)	Muskrat
Onthophagus gazella	Kotkäfer	Scarab beetle
Operophtera brumata	Kleiner Frostspanner	Winter moth
Oreamnos americanus	Schneeziege	Mountain goat
Oreotragus oreotragus	Klippspringer	Klipspringer
Orycteropus afer	Erdferkel	Aardvark, Antbear
Oryctolagus cuniculus	Europäisches Wildkaninchen	European rabbit
Oryx dammah	Spießbock, Säbel-, Oryxantilope	Oryx, scimitar horned oryx
Oryx gazella	Oryxantilope	Gemsbuck, Beisa oryx
Otis tarda	Großtrappe	Great bustard
Otocyon megalotis	Löffelhund	Bat-eared fox
Otomys oreste oreste	Sägezahnratte, Lamellenzahnratte, Ohrenatte	Groove-toothed rat
Otomys slogetti	Sägezahnratte	Slogget´s rat, ice rat
Otomys tropicalis tropicalis	Sägezahnratte	Groove-toothed rat
Ovibos moschatus	Moschusochse	Musk ox
Ovis canadensis	Dickhornschaf	Bighorn sheep
Ovis ammon+A256	Mufflon	Moufflon
Ozoceteros bezoarticus	Pampashisrch	Pampas deer
Pachyptila belcheri	Entensturmvogel	Thin-billed prion
Pantalops hodgsoni	Tibetanische Antilope	Tibetan antelope
Panthera leo	Löwe	Lion
Panthera pardus	Leopard	Leopard
Panthera tigris	Tiger	Tiger
Paradipus ctenodactylis	Wüstenspringmaus	Comb-toed jeroba
Pelecanus erythrorhynchos	Weißer Pelikan	White pelican
Pelecanus occidentalis	Meerespelikan	Brown pelican
Peromyscus maniculatus	Hirschmaus	Deer mouse, white-footed mouse
Petrogale penicillata	Känguruhratte	Brush-tailed rock walleby
Phaocoreus aethiopicus	Warzenschwein	Warthog
Phalacrocorax bougainvillei	Guano-Kormoran	Cormorant, shag
Phalacrocorax capensis	Kapkormoran	Cape cormorant, shag
Phalacrocorax carbo	Weißbrustkormoran	Cormorant, shag

Phascolarctos cinereus	Koalabär	Koala
Philaenus spumarius	Wiesenschaumzikade	Common froghopper
Philetarius socius	Siedelsperling (-weber)	Sociable weaver
Pica pica	Elster	Magpie
Picoides tridactylus	Dreizehenspecht	Northern three-toed woodpecker
Pinicolo enucleator	Hakengimpel	Pine grosbeak
Pissodes pini	Echter o. gestreifter Kiefernrüßler	Banded pine weavil
Pitymys duodecimcostratus	Mittelmeer-Kleinwühlmaus	Mediterranean pine vole
Pityogenes bistridentatus	Borkenkäfer	Bark beetle
Plautus alle	Krabbentaucher	Little auk
Pogonomyrmex occidentalis	Ernte-Ameise	Harvester ant
Pristiphora erichsonii	Blattwespe	Larch sawfly
Procapra guttorosa	Mongolische Gazelle	Mongolian gazelle
Procapra picticaudata	Tibetgazelle	Tibetan gazelle/Chirus
Procapra przewalskii	Przewalskigazelle	Przewalski´s gazelle
Procapra subguttorosa	Kropfgazelle	Zeren, Mongolian gazelle
Procavia johnstoni mackinderi	Klippschliefer	Hyrax
Procellaria aequinoctials	Weiskopfsturmvogel	White-chinned petrel
Procyon lutor	Waschbär	Racoon
Pteleus grossus	Schaumzikade	?
Pterodroma phaeopyia	Hawaii-Sturmvogel	Dark-rumped petrel
Ptyiopterus knotecki	?	?
Puffinus huttoni	Sturmtaucher	Hutton`s shearwater
Puffinus puffinus	Schwarzschnabel-Sturmtaucher	Manx shearwater
Puffinus tenuirostris	Dünnschnäbeliger Sturmtaucher	Slender-billed shearwater
Puffunis griseus	Rußsturmtaucher	Sooty shearwater, "muttonird"
Pygoscelis adeliae	Adeliepinguin	Adelie penguin
Pygoscelis antartica	Kehlstreifen- oder Zügelpinguin	Chinstrap penguin
Quelea quelea (und Unterarten)	Afrikanischer Blutschnabelweber	Red-billed weaver bird
Raphicerus campestris	Steinböckchen	Steenbok
Rallus aquaticus	Wasserralle	Water rail
Rangifer tarandus	Rentier, Karibu	Caribou
Rattus norvegicus	Wanderratte	Brown rat
Rattus rattus	Hausratte	House rat
Redunaca redunca	Riedbock	Bohor reed buck, reed buck
Riesenpieper	Anthus antarcticus	Pipit
Rissa tridactyla	Dreizehenmöve	Kittiwake
Rupicapra rupicapra	Gemse	Chamois
Saiga tartarica	Saigaantilope	Saiga
Salmo clarki	Purpurforelle	Cutthroat
Sciurus aberti	Abert`s Hörchnchen	Abert`s squirrel
Sciurus carolinensis	Grauhörnchen	Grey squirrel
Sciurus griseus	Westliches Grauhörnchen	Grey squirrel
Sciurus leucurus	Rotes Eichhörnchen (England)	Red squirrel
Sciurus variegatoides	Gelbbauchhörchen	Variegated squirrel
Sciurus vulgaris	Eichhörnchen	Squirrel
Scolytidae	Borkenkäfer	Bark beetles
Selenarctos tibetanus japonicus	Japan-Schwärzbär (Kragenbär)	Asian black bear
Serinus serinus	Girlitz	Serin
Sisyphus schaefferi	Kleiner Pillendreher	Scarab

366

Sitta spec.	Kleiber	Nuthatch
Spalacopus cyanus	Coruro	Coruro
Spalax ehrenbergii	Blindmull	Blind mole rat
Spalax microphthalmus	Ostblindmaus	Greater mole rat
Spermophilus parryii	Erdhörnchen	Arctic ground squirrel
Spheniscus demersus	Brillenpinguin	Black-footed penguin
Spheniscus humboldti	Humboldtpinguin	Peruvian penguin
Spheniscus magellanicus	Magellanpinguin	Magellanic penguin
Spilopsyllus cuniculi	Kaninchenfloh	Rabbit flee
Stercorarius pomarius	Spatelraubmöve	Pomarine skua
Stercorarius parasiticus	Schmarotzerraubmöve	Arctic skua
Sterna paradisea	Küstenseeschwalbe	Arctic tern
Streptopelia decaoto	Türkentaube	Collared turtle dove
Struthio camelis	Strauß	Ostrich
Sula nebouxii	Tölpel	Gannet
Sula variegata	Tölpel	Gannet
Sylvilagus brasiliensis	Brasil. Wollschwanzkaninchen	South-Amerik. rabbit
Sus scrofa	Europäisches Wildschwein	European wild pig
Sylvicapra grimmea	Busch-oder Kronenducker	Grey duiker, common duiker
Syncerus caffer	Kaffernbüffel	African buffalo
Tachyoryctes splendens	Hottentotten-Graumull	African mole-rat
Tachyoryctes rex	?	Mt. Kenya mole rat
Talpa europaea	Maulwurf	European mole
Tamasciurus hudsonicus	Rothörnchen	Chickaree (Pine oder Red squirrel)
Tamias sibiricus	Burunduk	Burunduk
Taxidea taxus	Silberdachs	Badger
Thalacomys lagotis	Kaninchennasenbeutler	Rabbit-eared bandicot, Bilby
Thomomys talpoides	Nördl. Taschenratte	Northern pocket gopher
Tortrix viridiana	Grüner Eichenwickler	Green oak tortrix
Tragelaphus imberbis	Kleiner Kudu	Lesser Kudu
Tragelaphus oryx (=Taurotragus oryx)	Elenantilope	Eland, Eland antelope
Tragelaphus strepsiceros	Großer Kudu	Greater Kudu
Trichosurus vulpecula	Fuchskusu, Australisches Opossum,	Brush-tailed Possum (Opossum)
Tringa totanus	Rotschenkel	Redshank
Turdus migratorius	Wanderdrossel	American robbin
Turdus pilarius	Wacholderdrossel	Fieldfare
Uria lomvia	Dickschnabellumme	Brünnich´s guillemot
Ursus americanus	Schwärzbär, Baribal	Black bear
Ursus arctos	Braunbär	Brown bear
Ursus arctos horribilis	Grizzlybär	Grizzly bear
Vanellus vanellus	Kiebitz	Lapwing
Vulpes vulpes	Rotfuchs	Red fox
Wallabia bicolor	Sumpf-Känguru, Sumpf-Walleby	Swamp walleby
Xenopsylla spec.	Rattenflöhe	Tropical rat flea
Xeromys myoides	Falsche Wasserratte	False water rat
Zeiraphera griseana	Grauer Lärchenwickler	Larch-bud moth
Zenaida asiatica mearnsi	Weißflügeltaube	White winged dove